행정사무
실무기초

박
말
호

박영사

머리말

누구나 사회생활을 시작하거나 새로운 조직의 구성원이 될 때 기대와 설렘, 약간의 걱정이 생기는 가운데 희망을 품고 각오 등을 단단히 하게 됩니다.
그러나, 조직 생활을 하다 보면 분명히 아는 것도 실수하고 전혀 모르는 생소한 분야의 일을 맡아 때로는 당혹스럽습니다.

본의 아니게 동료나 다른 사람들에게 피해를 주는지 모르기도 하고 힘들어하는 동료를 돕고는 싶지만, 무엇 때문에 힘들어하는지를 명확히 알지 못해 행동이 쉽게 따르지 않기도 합니다. 이러한 상황들을 겪으면서 점차 사회생활 등에 적응하고 성숙해집니다.

그렇지만, 사전에 기초지식이 쌓여 있으면 전문지식이 다소 부족하거나 힘든 상황을 접할 때 보다 빠르고 순조롭게 극복할 수 있습니다.

이제 막 직장생활을 시작하시거나 취업 및 자영업 등을 준비하시거나 초임조직 구성원 등을 지도하시는 분들, 사회에 진출하는 자녀와 후배, 지인 등에게 격려와 축하를 하고 조언과 경험을 전하고자 하시는 분들께 이 책이 꼭 필요한 『참고도서』가 될 수 있도록 집필하였습니다.

여러 분야를 다루면서 전체적으로 요점 정리하여 이해하기 쉽게 구성하였고, 일상생활과 밀접한 기관에서 일하는 방식, 업무지침, 행정업무 기준과 행정실무 사례, 법령, 참고자료 등을 다양하게 수록하여 기본적인 행정사무 실무기초를 튼튼히 하는 데 많은 도움이 되도록 하였습니다.

이 책의 주요 구성은 다음과 같습니다.

첫째, 행정사무 실무기초 부분입니다.
국가 예산, 사업추진, 문서 · 보고서 작성, 정부 및 민간조직 등 행정사무 실무기초 구조 구성을 요약하였으며, 이를 통해 행정사무 개요와 흐름을 상세히 파악하시는

데 도움을 드리고자 하였습니다.

둘째, 국가 예산 편성 및 운영부터 시작하여 행정사무 실무 전반을 10개 분야로 구분하여 개략적인 행정실무 내용을 주요 요점정리 방식으로 나열하여 이해하기 쉽게 하였습니다.
실제 행정 현장 실무를 체험하면서 보람이 있었고 중요성을 느껴본 주요 사례를 발굴하였고, 특히 신규 구성원이 유의할 사항 등 행정사무 실무에서 필요한 기본적이고 원칙적인 지식을 많이 터득할 수 있게 하였습니다.

셋째, 주요 행정법령, 규정, 참고자료 등을 통해 행정사무 실무기초 분야에 머무르지 않고 자발적으로 전문지식 등을 계속 넓혀 나가거나 일상에서 적극적으로 활용할 수 있게 하였습니다.

아무쪼록, 독자님에게 진심으로 감사를 드리며 소중한 도움이 될 수 있기를 성원합니다.

이 책이 세상에 나올 수 있게 기회를 준 출판사 박영사와 온갖 힘듦에도 선대에 이어 70여 년 법학 도서 출판 외길 사명을 훌륭하게 수행하고 계시는 안종만 회장님과 안상준 대표님께 진심으로 감사를 드리며 박영사의 무궁한 발전을 소망합니다.

저를 발굴해 주신 임재무 전무님과 출간 과정을 주관하신 손준호 과장님, 이 책이 돋보이게 정성스러운 편집에 남다른 정성을 쏟아주신 정수정 선생님께 진정한 고마움을 표합니다.
그리고 출판사 박영사의 임직원 모두의 아낌없는 수고에 대해 더욱 감사드립니다.

이 책의 독자님들에게 항상 행운 가득하시길 기도합니다.

2023. 2.
저자 박 말 호

차 례

행정사무
실무기초

The basics of
administrative affairs

제1장 행정사무 실무기초

구분	주제 및 내용	연구법령 및 규정 등	비고
1	**국가 예산편성 및 운영 등에 대하여** (나라살림에 대하여)	국회법, 정부조직법, 국가 · 지방재정법,국가 · 지방회계법, 국고금관리법, 감사원법, 지방자치법, 한국은행법, 국가계약법	
2	**행정 사업계획과 추진 등에 관하여** (법정의무사업, 임의사업, SOC 직접사업 등)	국무회의 규정, 차관회의 규정, 정부조직법, 지방자치법, 공공기관운영법, 공익법인법, 비영리민간단체지원법, 협동조합법, 법률 및 조례 등, 법정법인 · 협회, 시민단체, 민 · 상법 법인, 개인(자영업자) 등	
3	**문서 및 공공자료 생성 등에 대하여** (공문서, 사문서 등)	민원처리법, 전자문서법, 정보공개법, 행정심판법, 국가배상법, 행정기본법, 행정절차법, 청원법, 행정 효율과 협업 촉진에 관한 규정	
4	**문서분류, 보관 · 관리 · 보안 등 업무 효율화에 대하여** (서류철, 업무책자, 매뉴얼 등)	국유재산법, 공유재산법, 보안업무규정, 발명진흥법, 공무원직무발명규정, 개인정보 보호법, 신용정보법, 부정경쟁방지법, 행정조사기본법, 청년고용법, 저작권법, 직업능력개발법, 근로기준법, 자격기본법, 부패방지권익위법	
5	**보고서 · 계획서 · 청구서 작성기법** (업무보고, 사업보고 등)	정부업무보고, 감사보고, 기관업무보고, 업무실태보고(업무인계 · 인수), 제안보고, 상황보고, 주요현안보고, 사업보고, 애로 · 건의보고, 업무계획 · 추진 · 성과보고, 행정백서, 예산결산보고, 청탁금지법, 공공기록물법, 정부업무평가기본법	
6	**보고서 · 계획서 등 사례 연습** (다양한 보고 형식에 적합한	전자문서 보고(인트라넷), 서면(A4)보고, 쪽지보고, 모바일 문자보고, SNS	

구분	주제 및 내용	연구법령 및 규정 등	비고
	보고서 · 계획서 "틀"과 "구조(설계도면)"구축 · 활용 데이터 · 도표 · 그림 활용, 신문사설 · 기사 등 분석 응용)	보고, E-mail 보고, 수사구두보고, FAX 보고, 비상상황보고, 메모보고, 영상 · 사진보고, 유선무선보고, 건의사항보고, 대면서면보고(노트북)(1인보고, 다수인 공동보고), 일일 · 주간 · 월간업무보고, 주요사업보고(파워포인트), 집회개최보고, 예산요청보고, 기자회견, 자연재해보고, 정보 · 상황보고, 동향보고, 업무성과보고, 민원발생보고, 우수사례발굴, 시정사항보고	
7	행정업무실무 데이터 관리 및 활용 기법 등에 관하여 (업무를 숫자화, 계량화, 도표화, 자료 검색 · 확보 루트 개적, 분야별 업무파일 작성, 업데이트 등)	조직(공동체)는 문서 · 서류가 소통하고, 기록 · 데이터작성 보존과 활용능력을 단련하여 어떤 직무를 하더라도 최선 다하라. 경청전문가가 되어라. (실적 등 자료를 만들고 남겨라) 주기적으로 내가 담당하는 전체 업무들을 점검하고 미흡점을 보완, 업그레이드하라.	
8	업무 상세파악 적응, 비상업무 등 대비 · 대응에 대하여 (전문가그룹 인간관계 교류, 위기는 업무실력 입증기회, 진짜 실력은 비상시에 나타난다. 평소에 철저한 업무파악 상태라야 원활한 비상업무 가능, 실무사례, 자기 업무매뉴얼 작성)	업무창의성은 업무몰입 · 집중, 사명감, 관심 토대 위에 자란다. (업무는 살아 있는 생물이다) 기계 · 도구를 탓하지 말고 녹슨 것은 닦고 갈고, 없는 것은 내가 만들어라. 도전하고 땀 흘리며 노력하라. 빠르고 정확하게 일 처리하고 수시 연구개발 보완하라. 예상치 못한 업무를 맡더라도 당황을 말고, 연구하고 법령 등 공부하고 자료를 찾아 극복하라.	
9	정부행정실무 조직에 대하여 (국가 · 지방 · 공공 행정사무의 체계적이고 능률적인 수행)	정부조직법, 지방자치법, 공공기관의 운영에 관한 법률, 행정기관 직제 · 사무분장 및 위임전결규정 장관 · 차관	

구분	주제 및 내용	연구법령 및 규정 등	비고
		(보) · 실장 · 국장, 기획예산조직실, 정책총괄실, 인사 · 교육 · 총무 · 감사부서, 민원부서, 정책사업부서, 지방 소속관서, 산하공공기관, 지방자치단체(직선제), 직할기관, 산하기관 단체, 국회, 지방의회(선출직)	
10	**비영리 · 민간기업 조직에 대하여** **비영리조직**: 정부행정조직과 유사하나, 비용절감 · 사업효율 극대화 추구, 기부 · 봉사 수렴 **민간기업체**: 이윤 극대화	**비영리조직** − 회장, 부회장, 감사, 상임이사, 사무국장, 총무부, 사업부, 총회, 대의원회, 이사회, 임원 · 부서장 회의 − 기부자 · 자원봉사자 관리, 회원 모집, 각종 행사 **민간기업체**(홈페이지 참조) − 주주총회, 과점주주, 상장기업, 개인사업주, 자영업자 등 다양 − 대표이사(CEO, CFO), 전무, 상무, 이사, 감사, 실장, 팀장 − 인사, 조직, 예산, 고객관리, 생산부, 품질관리, 영업부, 연구개발, 자재구매부, 경리회계, 연수원, 총무부, 기획실, 외주관리, 자회사, 대리점, 직영점, 공장(공장장), 이사회, 임원 · 부서장회의, 직원 · 부서회의, 노동조합 − 관공서 인 · 허가 업무, 금융기관 업무, 행정기관 지도점검 수행업무, 정부지원제도 청구업무 등	

제2장 국가 예산편성 및 운영 등에 대하여(나라살림에 대하여)

관련법령 등
국회법, 정부조직법, 국가·지방재정법, 국가·지방회계법, 국고금관리법, 감사원법, 지방자치법, 한국은행법, 국가계약법

1. "국가 예산편성·운영"

가. 기획재정부가 국가예산을 총괄적으로 편성·집행·결산 등을 관할하는 정부 소관부처이고, 국회에서 최종적인 정부예산안 심의·확정·평가 통해 국가예산을 조화 효율적으로 관장 운영함

나. 각 정부부처 및 소속·산하기관, 정부투자기관, 지방자치단체, 공공기관, 정부예산지원 단체 등이 매년 당해연도 예산집행 결산서를 제출하며, 다음연도분의 예산요구안을 작성, 각 부처 통해 기획재정부에 요구하는 것임

> ※ 기획재정부장관은 매년 3월 31일까지 각 중앙관서장에게 『예산편성지침』 통보 → 각 중앙관서장 매년 5월 31일까지 기획재정부에 『예산요구서』 제출 → 정부 회계연도 개시 120일 전까지 『예산안』의 국회 제출(국가재정법 제33조) → 국회는 회계연도 개시일 30일 전, 즉 12월 2일까지 『예산안 확정』 의결해야 함(헌법 제54조)

다. 감사원은 국가의 세입·세출의 결산검사를 하고, 감사원법 및 다른 법률에서 정하는 회계를 상시 검사·감독하여 그 적정을 기하며, 행정기관 및 공무원의 직무를 감찰하여 행정 운영의 개선과 향상을 기한다. 감사원은 회계검사의 결과에 따라 국가의 세입·세출의 결산을 확인한다.

라. 한국은행 및 금고은행(국고취급은행)은 국고금 출납의 사무를 취급한다.

2. "국가 예산집행·국고금 지급"

가. 기획재정부가 예산 및 자금 배정계획을 수립하여 각 중앙행정기관 및 지방자치단체에 통보

나. 각 중앙행정기관 및 지방자치단체에서는 자체적인 예산 및 자금 배정계획을 수

립하여 소속 및 산하기관 등에 시달, 소속 및 산하·공공기관, 정부투자기관 등은 정부 배정예산을 수령 후 소관 법령, 사업계획 및 예산집행지침에 따라 집행하고 당해연도 연말 결산보고를 하는 것임

다. 법령, 사업계획 및 예산집행지침에 따라 지출원인행위(예산사용)가 이루어진 예산(사업부서 등에서 수행함) 집행 문서 문건이 국고금 출납사무(경리·회계부서에서 처리함) 행정 절차를 따라 국고금 자금집행 지출행위 (자금사용) 지급 승인이 이루어지고 나면 최종적으로 시중은행 국고금 취급지정 점포를 통해 국가와 지방자치단체 등과 거래한 사업체, 개인 등에게 자금지급(금융계좌 이체 지급 등) 실행되는 것임

※ 한국은행 본점(국고금 총괄) → 한국은행 지방 지점(국고금 관리) → 시중은행 국고금 취급지정 점포(국고금 집행, 수납)

※ 일선 행정관청에 예산 배정액과 자금배정액이 회계연도 중에는 상호 일치하지 않으나, 연말이 되면 일치가 이루어짐. 따라서 예산집행 지출원인행위를 할 때 회계·경리부서에 자금 지급이 즉시 이루어질 수 있는지를 확인해야 하고, 예산이 있는데 자금이 부족하면 자금 배정을 요구해야 함

3. "국세·지방세·기금 재정"

가. 국세: 국세청(국세행정 총괄) 소관, 국세청 - 기획재정부 소속임

　　　지방 세무서: 국세징수법 등 집행

　△ 국가의 재정수입을 위하여 국가가 부과·징수하는 조세: 소득세, 법인세, 부가가치세, 상속·증여세, 종합부동산세 등

　△ 일반회계: 일반세입(소득세, 법인세, 부가가치세 등)으로 통상의 국가지출을 담당, 일반적인 "예산" 지칭(국가재정법 제4조 제2항)

　△ 특별회계; 특별한 사업을 운영 목적(국가재정법 제4조 제3항)

　※ 국가균형발전특별법, 특허관리특별회계법, 정부기업예산법 등

나. 지방세: 지방자치단체(지방세수 등 집행) 소관

　△ 지방자치단체가 지방재정 수입에 충당하기 위해 관할구역 내의 주민 재산

또는 수익, 기타 특정 행위에 대해 아무런 대가적 보상 없이 강제적으로 과
징하는 조세: 주민세, 취득세, 등록세, 자동차세, 면허세, 사업소세 등

다. 기금: 중앙부처 등 소관(국가재정법 제5조)

(기금설치 관련 법령 등 의거 국세징수법에 준하여 징수)

△ 국가가 특정한 목적을 위해 특정한 자금을 신축적으로 운용할 필요가 있을
때에 한하여 법률로써 설치되는 특정 자금이고, 기금은 예산원칙의 일반적인
제약으로부터 벗어나 좀더 탄력적으로 재정을 운용할 수 있음

※ 고용보험법, 관광진흥개발기금법, 기술보증기금법, 남북협력기금법 등

4. "예산편성 실무요령"

가. 전년도 예산편성 자료 및 매년 예산편성 지침 책자 철저 숙지

※ 전임자가 USB자료 업무파일을 인계인수하므로 보안 철저 및 업데이트
  – USB자료가 없는 경우 상급기관 담당자 등에게 자료확보 필요

나. 예산편성 실무교육 참석: 상급기관 예산교육 일정 사전확인 필요함

※ 불참 시 예산편성지침 등 교육교재를 반드시 확보, 숙지해야 함

다. 전년도 예산(안)편성 자료를 토대로 신설, 추가, 변경사항 등 확인 후 충실히 반
영하며 예산편성 실무작업을 수행해야 함

※ 결산자료를 예산편성 작업 시 예산편성 지침과 대조, 검토하면서 작업하는 것도 효율적임

라. 주요 사업예산 편성 시에는 미리 각 부서 담당자 등 사전교육·소통채널 구축을
철저하게 하고 예산설명자료를 명확하고 상세히 작성 첨부해야 함

마. 기관 직무성과 평가와 연계되는 주요사업의 예산편성 시, 사업성과가 수치, 데
이터 실적 등으로 실적증빙 도출이 명확히 되는 것인지 등을 세밀하게 검토 확
인이 필요

※ 기관장 성과평가 사업이 각 부서 및 직원들의 성과와 연계되는 것임을 유의할 것

국가재정법 제8조(성과중심의 재정운용) ① 각 중앙관서의 장과 법률에 따라 기금을
관리·운용하는 자(기금의 관리 또는 운용 업무를 위탁받은 자는 제외하며, 이하
"기금관리주체"라 한다)는 재정활동의 성과관리체계를 구축하여야 한다.

※ 불필요한 사업예산, 성과가 뚜렷이 증빙 없는 관행적인 사업 과감히 폐지

5. "예산절감 추진"

가. 연말 불용예산(예산을 집행하고 남는 부분) 발생하면 차기 예산 확보에 차질이 생긴다는 이유로 예산낭비 사례(예산집행 근거가 불명확한데도 집행강행하는 행위) 등이 발생할 수 있음

나. 억지로 불용예산 방지를 위하여 예산낭비를 하거나 부당하게 예산집행을 해서는 안 되며 예산절감 정책 충실히 이행을 하는 것이 바람직함

다. 매년 하반기 무렵부터 예산부서에서 불용예산 방지를 위하여 불용예산 현황을 파악할 때, 사업예산 등 잔액 규모를 철저히 확인하여 불용발생가능성이 있는 예산과목을 철저하게 점검, 조사하여 예산 감액, 전용, 반납 등을 해야 할 것임

6. "사업추진 예산집행 시 유의사항"

가. 행정관청은 법령 및 업무계획 등에 근거하여 세부 사업추진계획을 수립하여 일선 소속 관서 및 산하기관. 공공기관, 관련 단체 등에 시달 시행함

나. 소속 관서 및 산하기관. 공공기관, 관련 단체 등은 매년 하반기에 다음 연도 사업추진계획 보고 및 소요예산을 요구하는 것임

※ 사업추진실적 성과평가 결과 등에 따라 예산 반영 우선순위 등이 정하여지고, 법령 등에 따른 법정의무사업에 대하여는 법령, 지침 등 기준에 따라 예산 반영됨

다. 각 사업부서 실무자는 기관의 직제규정, 사무분장규정, 위임·전결규정, 부서 내 업무분장(실무자별 각종 사업별 세부 담당자를 구분, 업무담당자 있음) 함에 따라, 각 실무자는 사업추진을 함에 있어 "예산 및 자금 흐름" 파악을 철저히 하고 있어야 함

라. 가령, 개인이 은행통장 예금이 100만 원(예산) 있으면, 10만 원 물건을 구매(예산사용 원인행위)하기로 하고, ○○상품을 구입(자금지출 행위)하고 10만 원을 지불(자금지출)할 수 있고, 다른 상품 등을 추가로 구입 시 지출총액이 위 100만 원(예산)을 초과 불가함.
정부 회계연도는 매년 1.1~12.31이라서 당해연도 말에 정부회계 결산을 해야 하고, 계속 또는 이월 사업이더라도 당해연도 결산을 하는 것임

마. 사업총괄부서 등에서 매년 예산 및 자금배정계획을 먼저 시달을 하고, 사업 시기가 도래하면 실제 예산을 사업추진 기관에 배정하고, 자금은 한국은행을 통해

각 지역 국고취급은행 지정점포에 배정을 하는 것임

바. 사업담당자는 예산(사업부서에 예산담당자가 별도 지정되어 있음) 및 자금(경리·회계부) 배정 여부를 확인 후 사업추진을 시작해야 함. 예산 있는데도 자금이 부족하거나 자금 배정이 지연되는 경우 사업차질 및 민원이 발생할 수 있으므로 차질이 없도록 유의해야 함

※ 예산 및 자금을 동시 배정을 하기도 하나, 대체로 자금이 추후 배정되므로 일단, 예산이 있으면 사업추진이 가능한 것임

사. 사업담당자는 원활한 업무추진을 위해 예산담당자 및 경리·회계부 자금담당자에게 수시 예산과 자금 사정을 확인해야 함

아. 민간기업 등도 예산 및 자금계획에 따라 사업을 추진하는 것이 관공서와 유사하나, 특히, 기업의 경우에는 오너 리더십에 따라 긴급하게 사업추진을 하는 것이 있고, 시장경쟁 때문에 엄중한 보안속에 사업추진이 하는 것 등이 있으므로 예산 및 자금 상황 외에도 오너 또는 경영관리책임자의 사업추진 판단 의지 등을 우선적으로 고려해 실패(손해)가 없는 사업을 추진해야 할 것임

※ 기업은 사전에 예산, 자금이 없더라도 오너 및 경영관리책임자 의지 등에 따라 얼마든지 사업추진이 가능한 것임

7. "국가재정법"

제1조(목적) 이 법은 국가의 예산·기금·결산·성과관리 및 국가채무 등 재정에 관한 사항을 정함으로써 효율적이고 성과 지향적이며 투명한 재정운용과 건전재정의 기틀을 확립하고 재정운용의 공공성을 증진하는 것을 목적으로 한다.

제8조(성과중심의 재정운용) ① 각 중앙관서의 장과 법률에 따라 기금을 관리·운용하는 자(기금의 관리 또는 운용 업무를 위탁받은 자는 제외하며, 이하 "기금관리주체"라 한다)는 재정활동의 성과관리체계를 구축하여야 한다.

제16조(예산의 원칙) 정부는 예산을 편성하거나 집행할 때 다음 각 호의 원칙을 준수하여야 한다.
1. 정부는 재정건전성의 확보를 위하여 최선을 다하여야 한다.
2. 정부는 국민부담의 최소화를 위하여 최선을 다하여야 한다.

3. 정부는 재정을 운용할 때 재정지출 및 「조세특례제한법」 제142조의

4. 정부는 예산과정의 투명성과 예산과정에의 국민참여를 제고하기 위하여 노력하여야 한다.

5. 정부는 예산이 여성과 남성에게 미치는 효과를 평가하고, 그 결과를 정부의 예산편성에 반영하기 위하여 노력하여야 한다.

※ 2021년도 예산: 604조

제28조(중기사업계획서의 제출) 각 중앙관서의 장은 매년 1월 31일까지 해당 회계연도부터 5회계연도 이상의 기간 동안의 신규사업 및 기획재정부장관이 정하는 주요 계속사업에 대한 중기사업계획서를 기획재정부장관에게 제출하여야 한다.

제29조(예산안편성지침의 통보) ①기획재정부장관은 국무회의의 심의를 거쳐 대통령의 승인을 얻은 다음 연도의 예산안편성지침을 매년 3월 31일까지 각 중앙관서의 장에게 통보하여야 한다.

제30조(예산안편성지침의 국회보고) 기획재정부장관은 제29조 제1항의 규정에 따라 각 중앙관서의 장에게 통보한 예산안편성지침을 국회 예산결산특별위원회에 보고하여야 한다.

제31조(예산요구서의 제출) ①각 중앙관서의 장은 제29조의 규정에 따른 예산안편성지침에 따라 그 소관에 속하는 다음 연도의 세입세출예산·계속비·명시이월비 및 국고채무부담행위 요구서(이하 "예산요구서"라 한다)를 작성하여 매년 5월 31일까지 기획재정부장관에게 제출하여야 한다.

제32조(예산안의 편성) 기획재정부장관은 제31조 제1항의 규정에 따른 예산요구서에 따라 예산안을 편성하여 국무회의의 심의를 거친 후 대통령의 승인을 얻어야 한다.

제33조(예산안의 국회제출) 정부는 제32조의 규정에 따라 대통령의 승인을 얻은 예산안을 회계연도 개시 120일 전까지 국회에 제출하여야 한다.

8. "국회법"

제1조(목적) 이 법은 국회의 조직·의사(議事), 그 밖에 필요한 사항을 규정함으로써 국민의 대의기관인 국회의 민주적이고 효율적인 운영에 기여함을 목적으로 한다.

제4조(정기회) 정기회는 매년 9월 1일에 집회한다. 다만, 그 날이 공휴일인 때에는 그 다음 날에 집회한다.

제5조(임시회) ① 의장은 임시회의 집회 요구가 있을 때에는 집회기일 3일 전에 공고한다. 이 경우 둘 이상의 집회 요구가 있을 때에는 집회일이 빠른 것을 공고하되, 집회일이 같은 때에는 그 요구서가 먼저 제출된 것을 공고한다.

② 의장은 제1항에도 불구하고 다음 각 호의 어느 하나에 해당하는 경우에는 집회기일 1일 전에 공고할 수 있다.

1. 내우외환, 천재지변 또는 중대한 재정·경제상의 위기가 발생한 경우

2. 국가의 안위에 관계되는 중대한 교전 상태나 전시·사변 또는 이에 준하는 국가비상사태인 경우

③ 국회의원 총선거 후 첫 임시회는 의원의 임기 개시 후 7일에 집회하며, 처음 선출된 의장의 임기가 폐회 중에 만료되는 경우에는 늦어도 임기만료일 5일 전까지 집회한다. 다만, 그 날이 공휴일인 때에는 그 다음 날에 집회한다.

제5조의2(연간 국회 운영 기본일정 등) ① 의장은 국회의 연중 상시 운영을 위하여 각 교섭단체 대표의원과의 협의를 거쳐 매년 12월 31일까지 다음 연도의 국회 운영 기본일정(국정감사를 포함한다)을 정하여야 한다. 다만, 국회의원 총선거 후 처음 구성되는 국회의 해당 연도 국회 운영 기본일정은 6월 30일까지 정하여야 한다.

② 제1항의 연간 국회 운영 기본일정은 다음 각 호의 기준에 따라 작성한다.

1. 2월·3월·4월·5월 및 6월 1일과 8월 16일에 임시회를 집회한다. 다만, 국회의원 총선거가 있는 경우 임시회를 집회하지 아니하며, 집회일이 공휴일인 경우에는 그 다음 날에 집회한다.

2. 정기회의 회기는 100일로, 제1호에 따른 임시회의 회기는 해당 월의 말일까지로 한다. 다만, 임시회의 회기가 30일을 초과하는 경우에는 30일로 한다.

3. 2월, 4월 및 6월에 집회하는 임시회의 회기 중 한 주(週)는 제122조의2에 따

라 정부에 대한 질문을 한다.

제5조의3(법률안 제출계획의 통지) ① 정부는 부득이한 경우를 제외하고는 매년 1월 31일까지 해당 연도에 제출할 법률안에 관한 계획을 국회에 통지하여야 한다.

② 정부는 제1항에 따른 계획을 변경하였을 때에는 분기별로 주요 사항을 국회에 통지하여야 한다.

제22조의2(국회예산정책처) ① 국가의 예산결산·기금 및 재정 운용과 관련된 사항을 연구분석·평가하고 의정활동을 지원하기 위하여 국회예산정책처를 둔다.

제22조의3(국회입법조사처) ① 입법 및 정책과 관련된 사항을 조사·연구하고 관련 정보 및 자료를 제공하는 등 입법정보서비스와 관련된 의정활동을 지원하기 위하여 국회입법조사처를 둔다.

② 국회입법조사처에 처장 1명과 필요한 공무원을 둔다.

③ 처장은 의장이 국회운영위원회의 동의를 받아 임면한다.

④ 이 법에서 정한 사항 외에 국회입법조사처에 관한 사항은 따로 법률로 정한다.

제45조(예산결산특별위원회) ① 예산안, 기금운용계획안 및 결산(세입세출결산과 기금결산을 말한다. 이하 같다)을 심사하기 위하여 예산결산특별위원회를 둔다.

② 예산결산특별위원회의 위원 수는 50명으로 한다. 이 경우 의장은 교섭단체 소속 의원 수의 비율과 상임위원회 위원 수의 비율에 따라 각 교섭단체 대표의원의 요청으로 위원을 선임한다.

③ 예산결산특별위원회 위원의 임기는 1년으로 한다. 다만, 국회의원 총선거 후 처음 선임된 위원의 임기는 선임된 날부터 개시하여 의원의 임기 개시 후 1년이 되는 날까지로 하며, 보임되거나 개선된 위원의 임기는 전임자 임기의 남은 기간으로 한다.

④ 예산결산특별위원회의 위원장은 예산결산특별위원회의 위원 중에서 임시의장 선거의 예에 준하여 본회의에서 선거한다.

⑤ 예산결산특별위원회에 대해서는 제44조 제2항 및 제3항을 적용하지 아니한다.

⑥ 예산결산특별위원회 위원장의 선거 및 임기 등과 위원의 선임에 관하여는 제41조 제3항부터 제5항까지, 제48조 제1항 후단 및 제2항을 준용한다.

제83조의2(예산 관련 법률안에 대한 예산결산특별위원회와의 협의) ① 기획재정부

소관인 재성 관련 법률안과 상당한 규모의 예산상 또는 기금상의 조치를 수반하는 법률안을 심사하는 소관 위원회는 미리 예산결산특별위원회와의 협의를 거쳐야 한다.

② 소관 위원회의 위원장은 제1항에 따른 법률안을 심사할 때 20일의 범위에서 협의기간을 정하여 예산결산특별위원회에 협의를 요청하여야 한다. 다만, 예산결산특별위원회 위원장의 요청에 따라 그 기간을 연장할 수 있다.

③ 소관 위원회는 기획재정부 소관의 재정 관련 법률안을 예산결산특별위원회와 협의하여 심사할 때 예산결산특별위원회 위원장의 요청이 있을 때에는 연석회의를 열어야 한다.

④ 소관 위원회는 제1항부터 제3항까지에 따른 협의가 이루어지지 아니하는 경우에는 바로 심사보고를 할 수 있다.

⑤ 제1항에 따른 상당한 규모의 예산상 또는 기금상의 조치를 수반하는 법률안의 범위 등에 필요한 사항은 국회규칙으로 정한다.

제84조(예산안·결산의 회부 및 심사) ① 예산안과 결산은 소관 상임위원회에 회부하고, 소관 상임위원회는 예비심사를 하여 그 결과를 의장에게 보고한다. 이 경우 예산안에 대해서는 본회의에서 정부의 시정연설을 듣는다.

② 의장은 예산안과 결산에 제1항의 보고서를 첨부하여 이를 예산결산특별위원회에 회부하고 그 심사가 끝난 후 본회의에 부의한다. 결산의 심사 결과 위법하거나 부당한 사항이 있는 경우에 국회는 본회의 의결 후 정부 또는 해당 기관에 변상 및 징계조치 등 그 시정을 요구하고, 정부 또는 해당 기관은 시정 요구를 받은 사항을 지체 없이 처리하여 그 결과를 국회에 보고하여야 한다.

③ 예산결산특별위원회의 예산안 및 결산 심사는 제안설명과 전문위원의 검토보고를 듣고 종합정책질의, 부별 심사 또는 분과위원회 심사 및 찬반토론을 거쳐 표결한다. 이 경우 위원장은 종합정책질의를 할 때 간사와 협의하여 각 교섭단체별 대표질의 또는 교섭단체별 질의시간 할당 등의 방법으로 그 기간을 정한다.

④ 정보위원회는 제1항과 제2항에도 불구하고 국가정보원 소관 예산안과 결산, 「국가정보원법」 제4조 제1항 제5호에 따른 정보 및 보안 업무의 기획·조정 대상 부처 소관의 정보 예산안과 결산에 대한 심사를 하여 그 결과를 해당 부처별 총액으로 하여 의장에게 보고하고, 의장은 정보위원회에서 심사한 예산안과 결산에

대하여 총액으로 예산결산특별위원회에 통보한다. 이 경우 정보위원회의 심사는 예산결산특별위원회의 심사로 본다.

⑤ 예산결산특별위원회는 소관 상임위원회의 예비심사 내용을 존중하여야 하며, 소관 상임위원회에서 삭감한 세출예산 각 항의 금액을 증가하게 하거나 새 비목(費目)을 설치할 경우에는 소관 상임위원회의 동의를 받아야 한다. 다만, 새 비목의 설치에 대한 동의 요청이 소관 상임위원회에 회부되어 회부된 때부터 72시간 이내에 동의 여부가 예산결산특별위원회에 통지되지 아니한 경우에는 소관 상임위원회의 동의가 있는 것으로 본다.

⑥ 의장은 예산안과 결산을 소관 상임위원회에 회부할 때에는 심사기간을 정할 수 있으며, 상임위원회가 이유 없이 그 기간 내에 심사를 마치지 아니한 때에는 이를 바로 예산결산특별위원회에 회부할 수 있다.

⑦ 위원회는 세목 또는 세율과 관계있는 법률의 제정 또는 개정을 전제로 하여 미리 제출된 세입예산안은 이를 심사할 수 없다.

제84조의2(기금운용계획안의 회부 등) ① 국회는 「국가재정법」 제68조 제1항에 따라 제출된 기금운용계획안을 회계연도 개시 30일 전까지 심의·확정한다.

② 제1항에 따른 기금운용계획안과 「국가재정법」 제70조 제2항에 따른 기금운용계획변경안의 회부 등에 관하여는 제84조 중 예산안 관련 규정을 준용한다.

③ 제2항에 따라 상임위원회가 기금운용계획안 등에 대한 예비심사를 하는 경우(제84조 제1항에 따라 결산에 대한 예비심사를 하는 경우를 포함한다) 기금을 운용·관리하는 부처의 소관 상임위원회와 기금사업을 수행하는 부처의 소관 상임위원회가 다를 때에는 기금을 운용·관리하는 부처의 소관 상임위원회는 기금사업을 수행하는 부처의 소관 상임위원회로부터 기금사업에 대한 의견을 들어야 한다. 다만, 기금을 운용·관리하는 부처의 소관 상임위원회의 의결일 전날까지 의견을 제시하지 아니할 경우에는 그러하지 아니하다.

④ 제3항에 따른 기금사업을 수행하는 부처의 소관 상임위원회는 기금사업에 대한 업무보고를 들은 후 의견을 제시할 수 있다.

제127조의2(감사원에 대한 감사 요구 등) ① 국회는 의결로 감사원에 대하여 「감사원법」에 따른 감사원의 직무 범위에 속하는 사항 중 사안을 특정하여 감사를 요구할 수 있다. 이 경우 감사원은 감사 요구를 받은 날부터 3개월 이내에 감사 결

과를 국회에 보고하여야 한다.

② 감사원은 특별한 사유로 제1항에 따른 기간 내에 감사를 마치지 못하였을 때에는 중간보고를 하고 감사기간 연장을 요청할 수 있다. 이 경우 의장은 2개월의 범위에서 감사기간을 연장할 수 있다.

제3장 행정 사업계획과 추진 등에 관하여
(법정의무사업, 임의사업, SOC 직접사업 등)

관련법령 등
국무회의 규정, 차관회의 규정, 정부조직법, 지방자치법, 공공기관운영법, 공익법인법, 비영리 민간단체지원법, 협동조합법, 법률 및 조례 등
법정법인 · 협회, 시민단체, 민 · 상법 법인, 개인(자영업자) 등

1. 중앙부처 및 각 지자체 등은 매년 연말연시에 "○○년도 업무보고(사업계획)" 작성하여 대통령과 각 지자체 장 등에게 보고함

2. 행정기관 홈페이지에 업무보고(사업계획) 게시되고 있어 항상 열람이 가능함 특정사업 또는 현안 문제 등에 대한 행정 사업계획(추진)보고는 일상적으로 행하는 행정관청의 주요 핵심업무에 해당하고, 보고내용 및 보고서식, 보고절차 등에 대해 규정(관행)이 있는 사업은 평소 일상업무 수행 시 각종 자료 등을 업데이트 최신화 관리해야 함
   ※ 백화점 상품을 둘러보면서 쇼핑하는 것처럼 업무 사업계획 수립에 필요할 것으로 판단되는 각종 업무실적, 언론 · 방송보도 기사, 통계 등을 세밀하게 자기의 스타일에 맞게 백화점식 업무 데이터베이스 구축, 활용이 중요함

3. 중앙부처 및 각 지자체에서는 철저한 "업무보고(사업계획)" 작성 과정을 거치는데, 특히 장 · 차관, 실 · 국장의 직접적인 검토 및 예산 확보방안 구상, 사업성과 및 효율성 등을 검증하면서 매우 정밀하게 사업계획을 수립하며,
   ※ 업무를 잘하는 실무자들은 평소 업무수행 과정 및 각종 법령 · 제도, 규정 등제 · 개정할 때 핵심 자료들을 차곡차곡 데이터베이스 한 것을 이때 활용함
가. 주요 정책은 많은 예산 등이 투입되므로 대부분 선거를 통해 정책 검증 평가과정을 거쳐 국민들이 대략적인 내용을 알고 있으나, 그렇다고 하더라도 국민 기

대에 걸맞게 각종 제도를 최대한 불편과 예산낭비 등이 없도록 시행하는 것이 매우 중요하고 "업무보고(사업계획)"하는 주된 목적이기도 함

※ 국가적으로 매우 중요한 사업은 수 년에 걸쳐 외국사례 연구 및 저명한 연구기관 및 학자, 단체 등에 정책연구용역(R&D 사업, 조달청 입찰 등) 통해 제도 마련 등을 하고 있으며, 우리나라는 R&D 예산 비중이 높고 바람직한 것임

나. 특히, "대국민 선거공약사업"이 사업추진 목록 형태로 작성되며, 각 사업별 추진점검 체크리스트가 있는데 세부 추진일정, 사업진도(%), 애로 및 건의사항 등 매우 정교하게 추진·관리하고 있는 등 우리나라가 선진국 행정시스템을 구축했다고 보며 다른 나라에서 벤치마킹 등을 원하는 것으로 알고 있음

※ 우리나라는 IT산업 생태계가 발전하여 요즈음은 갓난아기가 휴대폰 동영상을 보는 것을 자주 보이고, 이러한 우위를 지속적으로 유지발전 시키는 데 소홀해서는 안 되고 온 국민이 함께 더욱 노력해야 함

다. 『대통령 선거공약』 및 『단체장 선거공약』에 대해서는 보수·진보 등의 진영을 떠나 언론·방송 및 전체 국민들이 매우 관심 있게 지켜보는 것이며, 국토균형 발전과 계층·세대, 남녀 성별 간 등 다양한 양극화 문제점 등이 대두하고 있는데 다른 나라들 보다 심화되지 않도록 행정 당국 등이 특별히 관심을 가져 치밀한 행정 업무계획을 수립·추진해야 할 것임

※ 미디어·매체 등이 모든 일상 영역에서 매우 다양하게 구축되어 국가와 지자체 등이 일부러 사업 지연을 시키거나 편파적으로 지역갈등 등을 초래하는 것이 불가능한 시대이며, 예산 한계 및 안보·보건·환경 등 시급한 현안 상황이 생기는 경우 사업추진 시기, 일정 조정이 자연스레 발생하는 것임

4. "선거" 시즌일 때는 지지율 경쟁 등이 치열하여 정부예산 사정 고려 없이 공약을 남발하는 것이 흔히 볼 수 있는데, 우리 국민이 성숙해져서 현실성 없는 공약 등을 판별하며, 무리한 공약 및 이에 따른 사업추진을 강행할 때, 많은 반대와 집회, 소모적인 다툼 등이 안타깝고, 또한 우리나라의 "집회시위 문화"는 낙후되어 "집회시위" 하더라도 요구사항이 관철 여부를 떠나서 집회 여파가 지나치게 국민생활 방해, 불편을 초래하고 있으므로 집회시위 주최 측이 자발적인 집회문화 개선을 하는 것이 바람직함

5. 우리 대한민국은 세계에서 유래를 찾을 수 없는 국제사회에서 "원조"를 받던 나

라에서, 이제 "원조"를 해주는 나라가 되었고,

가. 『민주화』와 『산업화』를 동시에 성공시킨 나라가 되어 있고, 개발도상국 등이 벤치마킹을 하는 자랑스러운 나라임

※ 선진국 G7 국가 국제회의에 초청되고, GDP 10위, 무역순위 10위 이내 등 선진국에 진입한 것임(1인당 국민소득 2020년 기준 3만2860달러, 세계 7위 수준)

6. 우리 대한민국 법령 및 각종 행정, 추진사업 등이 인터넷, 해외 기업, 유학생, 관광객 등 자유롭게 공개되어 있으며, 한편으로 다른 나라의 문화, 상품, 외국인 등을 포용하고 우리보다 발전하고 뛰어난 분야는 적극 배우고 우리나라 현실에 맞게 받아들이는 국민적인 노력이 상시 요구됨

7. 우리나라 법령에 따른 각종 행정 사업 등이 공개(법제처 국가법령정보센터)되어 있기 때문에 외국인 등이 우리나라 상대로 기업 투자를 하거나 비즈니스 등을 위해 많이 찾아오는데, 『법정 의무사업』 등이 해외 투자자, 기업가 등에게 상당한 신뢰를 형성(국가신용)시키는 것임

가. 법정 의무사업: 가령 『실업급여 사업』이라는 것은 고용보험법에 명시되어 있는데 이러한 사업을 의무사업이라 하며, 법령 개정 등이 없는 한 현행 법령대로 반드시 추진되는 것임

※ 제40조(구직급여의 수급 요건) ①구직급여는 이직한 근로자인 피보험자가 다음 각 호의 요건을 모두 갖춘 경우에 지급한다. 다만, 제5호와 제6호는 최종 이직 당시 일용근로자였던 사람만 해당한다(고용보험법).

나. 임의사업: 법령의 위임에 따라 사업재량이 부여되어 있는 사업

※ 제31조(직업능력개발의 촉진) ① 고용노동부장관은 피보험자등의 직업능력 개발·향상을 촉진하기 위하여 다음 각 호의 사업을 실시하거나 이를 실시하는 자에게 그 사업의 실시에 필요한 비용을 지원할 수 있다(고용보험법).

1. 직업능력개발 사업에 대한 기술지원 및 평가 사업
2. 자격검정 사업 및 「숙련기술장려법」에 따른 숙련기술 장려 사업
3. 그 밖에 대통령령으로 정하는 사업

다. 『선거공약 사업』 등 추진계획을 수립할 때, 통상 임의사업 대상으로 기존 비효율 사업을 폐지를 하거나 변경, 또는 새로운 효율적인 사업을 추진하는 것이 많은데, 이러한 신규 사업이 기관장 등 의지에 따라 빠른 추진, 시행이 되므로 사

업추진 부서 및 실무자들은 항상 철저한 준비가 되어 있어야 하는 것임

※ 기존 사업이 폐지 내지 변경되는 경우, 항상 이해관계가 대두 대립하므로 명확한 명분, 효율성 등 추진동력을 충분히 확보해야 하며, 이해관계자들 설득과 이해를 구하는 절차, 공정하고 투명한 참여 보장, 대국민 홍보 등 조화롭게 병행해야 하는 것임

*집단 갈등, 장기 반대투쟁 전개 등이 예상되는 경우 미리 언론·방송 등의 협의 협조를 구하는 등 부정적인 여파가 최소화 하도록 성실하고 정성을 다해 민원 설득 행정 추진을 할 필요가 있음

*돌발적인 민원, 악성 떼법(법률근거 등 명확히 수용 불가한데도 억지요구 행태) 횡포 등을 대비하여 상세한 업무추진 일지(사진 등 첨부) 작성 유지

라. 선거공약 사업 등 추진의 명분과 필요성이 확보되었다고 하더라도, 너무 일방적으로 추진을 하다 보면 여러 가지 측면의 국익과 공익 등이 충분히 반영되지 않을 수 있기에 항상 최적의 사업추진을 위해 노력해야 함

* 반대 목소리 민원, 비판적인 언론 기사 및 방송 보도 등에도 항상 성의껏 경청, 검토 등이 요구됨

8. SOC 사업 등은 장기추진사업이므로 오랜 기간 언론·방송 등에 홍보되어 일반 국민 및 지역 주민, 이해관계자 등이 어느 정도 예측하고 있는 상태에서 대부분 사업추진이 되고 있으나,

가. 그래도, 막상 사업추진 발표가 되면 토지보상 등을 노리는 극성 악성 민원 등이 많이 발생하는 것임

나. 어떤 사업을 아무리 철저히 준비하고 추진하더라도 반대하고 피해를 입는 계층이 생길 수밖에 없으므로 일단 사업추진이 시작하면 세밀한 사전 사업계획에 따라 투명하고 공정·신속하게 업무를 추진해야 하는 것임

9. 무엇보다 사업계획을 수립 추진 시 중요사항은 관련 사업자료를 정확히 파악하여 분석하고 사전교육·토론 등 홍보와 일선 실무담당자에게 사업지도, 안내를 충분히 하는 것임

가. 기존 자료 등을 단순히 수정 활용해서는 결코 안 되며, 현재 시점을 기준으로 현장 중심, 수요자 중심, 국민편익 중심의 관련 실태조사 실시, 각종 데이터를 정확히 파악, 분석하여 활용해야 함

나. 소속·산하기관 및 관련 단체, 협회 등 참여와 협력이 필요한 사업은 사전 집체
   교육계획을 수립, 시행하거나 워크숍·토론회·설명회 개최 등을 통한 현장 여
   론 수렴 등을 철저히 해야 함

   *사업설명 및 교육 책자, 각종 홍보물 등을 상세히 제작하여 배포해야 하고, 워크숍, 설명
   회 강의 파워포인트 등 프레젠테이션 준비 철저

   *워크숍 발표자, 사업개선 및 활성화 제안 제출자 등에 적절한 포상 실시

10. 조달청 입찰 등이 아닌 소규모 수의계약 사업 등을 추진하더라도 내부지침에 따
    라 시행을 하고, 뚜렷한 지침 등이 없는 경우라면 여러 업체로부터 견적을 받아
    업체들 간에 장·단점을 고려하고 직접 현장실거래가격 조사까지 하는 등 최적
    업체를 선정하여야 하며, 하자보수 및 A/S 실적까지 확인 필요함

    ※ 사업참여를 원하는 업체와 과거 거래가 있었던 기관 등에 계약이행 성실도, 사업수행
    능력, 신용 등의 평판을 확인, 조사, 의견수렴하여 계약자 선정 시 반영할 것

11. 사업계획을 수립과정에서 초안을 작성하고 거듭 수정을 거치더라도 초안 등을
    당장 파쇄하지 말고 완료할 때까지 참조하며 활용하고 각종 자료를 일정 기간
    동안 보존하는 것이 필요함

가. 조직에 종사하는 과정에는 항상 인사발령이 이루어지는데, 대체로 정기·수시
   인사발령이 병행됨. 사업계획을 수립 등 과정에 인사발령으로 다른 부서 또는
   기관으로 이동할 수 있고, 이때 사업계획을 수립 중책을 맡고 있었던 사람들은
   후임자 등에게 업무인계를 철저히 해야 함

나. 인사발령 등으로 다른 부서에 이동하더라도 같은 동료 간에는 다른 업무 등으로
   서로 만나거나 업무협조를 서로 해야 하는 상황이 생기므로 맡은 직책에서 터득
   한 업무 노하우, 각종 자료 등을 항상 최선을 다해 인계해 주어야 할 의무가
   있고 인계업무에 대해서는 보안을 유지해야 함

   ※ 업무인계인수 규정이 있으면 이를 충실하게 이행해야 하며, 민간기업·조직 경우에는 통
   상 『근로계약서』에 인계인수 의무조항을 규정하고 있음

12. 사업계획을 시행 후에는 추진 과정, 실적 진도 등을 엄격하게 관리·감독을 하
    여 사업 목표를 차질 없이 달성해야 하며, 사업추진 성과분석이 철저히 이루어

져야 함

가. 어떠한 사업이 추진하더라도 추진과정에서 개선·보완 사항 등이 등장하므로 문제점이 발생하더라도 당황하지 말고 침착하고 차분하게 현안 이슈를 철저히 점검, 대책을 수립하여 상부 보고 등을 통해 신속히 대응 조치해야 함

나. 사전에 사업 체크리스트를 상세하게 만들어 특정한 공정·상황 등에 야기될 수 있는 다양한 문제점 발생 등을 예상하고 이에 대한 수습대책들을 미리 강구하여 대비해야 하며, 실제 상황이 발생했을 경우에도 돌발상황 및 예측하지 못했던 상황이 생기므로 매우 집중하여 점검하고 만약을 대비하여 전문가 자문, 지원체제 등을 갖추어야 할 것임

제4장 문서 및 공공자료 생성 등에 대하여
(공문서, 사문서 등)

관련법령 등

민원처리법, 전자문서법, 정보공개법, 행정심판법, 국가배상법, 행정기본법, 행정절차법, 청원법, 행정 효율과 협업 촉진에 관한 규정

---

1. "공문서"라 함은 행정기관 내부 또는 상호간이나 대외적으로 공무상 작성 또는 시행되는 문서(도면 · 사진 · 디스크 · 테이프 · 필름 · 슬라이드 · 전자문서 등의 특수매체기록을 포함한다. 이하 같다) 및 행정기관이 접수한 모든 문서를 말한다. 〈행정 효율과 협업 촉진에 관한 규정 제3조〉

2. "문서생성"

가. "구두"로 나타내는 의사표시 등 보다 "문서"가 물증이 존재하고 있는 것이므로 증명력, 증거력, 신뢰성 등이 객관적, 법률적 담보되어 매우 중요한 것임

나. "문서"로서 유효하려면 문서생성기관 대표자 날인(관인), 개인 및 당사자 서명 · 날인, 문서생성일자, 서명 결재 존재 등이 필요함

※ 허위 · 위조 문서 존재가 인류 문명과 같이 발달하여 행정사무 실무 수행하거나, 개인 일상을 영위하는 과정에서 항상 주의를 기울여 분별할 수 있어야 하는 것임

다. 『허위 · 위조 정보, 지식 등』 바탕(문서작성자가 허위 · 위조 정보라는 것을 물론 몰랐던 것임) 위에 작성한 문서 문건이 표면적 겉으로는 진정하고 형식적 절차적인 정당성 등을 구비한 상태로 시행되면 국민과 고객 등에게 실효적 효력을 미치게 되는 것이므로, 문서 작성자가 최초 문서를 작성 시 『허위 · 위조 정보, 지식 등』 활용하지 않도록 하는 것이 매우 중요하고 항상 유의하실 것

라. 업무데이터 분석, 활용 등 업무 난이도가 높아 실무작업 진행이 부담이 되는 경우 각 기관에 구성되어 있는 『자문위원회』 등에 상정하거나, 자체적인 『내부 회의 개최』, 자문 변호사 및 관련 전문가에 자문 의뢰 등을 통해 정확한 업무 데이터를 기반으로 문서생성을 해야 함

마. "생성문서"로서 가치를 높이려면, 첫째, 정확성이라 할 수 있고, 둘째, 간결 및 핵심지식·정보가 짜임새 있게 반영되어 검토·결재권자가 신속·명확하게 의사결정 판단을 할 수 있게 작성해야 하고, 셋째, 보고·결재 타이밍을 결코 놓쳐서는 안 되는 것임(서면보고 등 시각이 촉박하면 유선·문자·사진·몸동작 등 최우선 핵심의사를 먼저 전달하고 사후 상세보고를 할 수 있어야 함)

> **행정 효율과 협업 촉진에 관한 규정 제6조**(문서의 성립 및 효력발생) ① 문서는 결재권자가 해당 문서에 서명(전자이미지서명, 전자문자서명 및 행정전자서명을 포함한다. 이하 같다)의 방식으로 결재함으로써 성립한다.
> ② 문서는 수신자에게 도달(전자문서의 경우는 수신자가 관리하거나 지정한 전자적 시스템 등에 입력되는 것을 말한다)됨으로써 효력을 발생한다.
> ③ 제2항에도 불구하고 공고문서는 그 문서에서 효력발생 시기를 구체적으로 밝히고 있지 않으면 그 고시 또는 공고 등이 있은 날부터 5일이 경과한 때에 효력이 발생한다.

3. "행정"은 "문서"로 시작하여 "문서"로 종결되어 완료한다.

   "행정사무 실무담당자"는 "문서"를 생성하고 "문서"를 남기는 일이다.

   ※ 문서는 항상 합법적인 내용이어야 하고 적법절차를 통해 생성해야 함

4. 가장 일상적인 문서 생성이 『기안』, 『보고서』, 『계획서』이다.

   ※ 기안, 보고서, 계획서 세 가지 문서 유형을 한 가지 종류의 업무수행을 하는 과정에서 동시에 작성하는 경우가 있음. 가령, "기안문서"에 "간략한 요약보고서" 및 "상세 업무계획서"를 함께 첨부하는 것임

5. "문서"는 항상 작성자 또는 작성 기관의 관점이 아니라, "문서"를 수령하는 "수신자, 수신처" 입장과 기준으로 작성해야 한다.

   ※ 정중한 표현 문구 사용, 이해하기 쉬운 문장 구성, 충분한 기한·기일을 설정, 명확한 관련 근거 기재, 문서에 대한 문의 방법 및 담당자 명시, 상세한 법령설명 자료 등을 첨부 필요함

6. 『기안』 작성에 대하여

가. 『기안』이 문서의 얼굴이고 본격적으로 "문서생성"하는 것이고, 행정관청의 경우 담당자가 기안을 한 후 전자결재시스템 통해 결재를 상신하는 것이며 결재권자의 결재(승인)완료 후에는 문서대장에 자동적으로 문서번호 부여 등록되어 대외 등에 "문서가 시행·발송되어지는 것임

※ 행정기관, 공공기관 등 상호간에는 전자결재시스템에 의거 자동으로 문서수발(송·수신)되며, 사업장 등에 시행하는 문서는 프린트 출력하여 우편, F.AX 등으로 발송 조치함(보통우편, 보통등기우편, 등기속달우편 등 있음)

※ 내부결재 문서는 기관 내부 부서 간 송·수신 또는 같은 부서 직원 간 공람시킴

1) 관공서 발행 시행문서는 즉시 법적 효력이 발생하는 등 행정관청 인·허가, 상거래 용도, 각종 증명 및 권리설정, 경제적 이익 확보 등을 위해 활용됨

2) 행정사무 실무담당자가 주로 다루는 실무적인 기안문서의 종류, 내용 등은 조직 내부 법규집 또는 내규집, 사규집(요즈음은 컴퓨터 전산망에 게시 등) 또는 전임자 업무인계 업무파일 등을 통해 파악할 수 있으며,

3) 실무자로서 기본적으로 숙지해야 하는 구체적인 업무의 종류는 『부서 내 업무사무분장 규정, 위임·전결규정』에 대부분 자세하게 명시되어 있으며, 추가로 같은 부서 내 선임자 등에게 중요업무를 수시 문의·코칭을 받는 것이 필요하고, 전임자에게 인계받은 문서철, 업무용 컴퓨터 업무파일, 업무인계 인수서 서면자료(USB 인계자료 유무를 확인 요함) 등을 항상 참조해야 함

※ USB 인수인계 시 항상 보안문제를 유의해야 하고 『업무편람·업무매뉴얼』 책자 통해서도 대부분의 기안작성 사무를 파악할 수 있고,

※ 실무자로서 모르는 것이 부끄러운 것이 아니나, 배우려고 노력하지 않는 것은 조직과 동료 등에 심각한 피해를 주는 것임. 전화 문의, 서면문서로 상급부서에 질의 등 업무를 잘하려고 열정적으로 노력하는 분들이 어느 조직에나 있으므로 이러한 분들을 만나 면담, 상담 등을 하여 적극적으로 빨리 업무를 터득하고 조직 분위기 움직임에 보조를 맞춰 공동체 구성원 일원이 되어야 하는 것임

나. 『기안』이 과거에는 "기안서식", 즉 전용 용지 A4 규격의 지정서식이 있었으며 볼펜 등으로 직접 수기로 작성하거나 수동 타자기 타이핑 등으로 작성하였고, 요즈음은 행정관청 등에 전자정부 업무관리시스템(기업체는 독자적인 사무프로그램 등이 있음)이 각 부처 특성 등에 맞게 구축되어 전자결재 방식으로 문서 생성,

유통을 하는 것임

※ 업무파악, 행정사무 실무 숙달이 어느 성도 수준에 도달할 때까지는 노트 등에 연습 기
안을 수 차례 하는 습관이 필요함, 연습용지는 즉시 파쇄 조치

※ 처음에는 선임자·전임자 문서기안을 답습할 수밖에 없는데, 차츰 업무별 『나의 기안스
타일』을 개발해 나가면 업무가 재미있고 업무능력이 향상됨

다. 『기안』 검토 및 최종결재를 하는 팀장, 부서장 등은 담당자 업무를 가르치는 역
할이 아니며, 업무성과를 창출 주도하는 책임을 맡고 있는 것이므로 각 실무자
들이 맡은 법령, 규정, 임무 등이 조화롭게 정상 수행이 원활하여야 부서, 조
직, 기업이 성장, 발전을 하는 것임.

    1) 모든 실무자는 네 바퀴 수레 중에 각자가 하나의 바퀴를 담당하고 있는 것을
깨달아야 하고, 경력이 낮다고 작은 바퀴(작은 바퀴와 큰 바퀴로 동시에 움
직이는 수레가 존재할 수 없는 것이 효율성이 떨어지기 때문임) 담당하고
있는 것이 아니며, 경력이 짧은 사람에게는 옆에 있는 동료 및 선임, 상급
자 등이 나의 몫을 보이지 않게 대신하는 것인데, 그래서 업무를 맡으면 누
구라도 자기 몫을 다해야 할 것임

    2) 길을 걷더라도 오르막 내리막 번갈아 생기듯이 업무성과를 당장 만족할 수
없더라도 실망하거나 낙심해서는 안 되며, 항상 긍정적으로 생각하고 꾸준히
연구·노력을 해야 함

    3) 업무를 정확히, 신속히, 최적기에 처리하는 것이 매우 중요하므로 업무 난이
도가 높다고 판단되는 현안은 미리 상급자 등과 충분히 협의 등을 하면서
업무 코칭을 충실하게 받는 지혜가 있어야 하고, 이럴 때는 나의 생각을 관
철하기보다 조직 리더십 및 관행 등을 수용하며 업무처리를 해야 할 것임

라. 전임자, 선임자들의 일 처리를 무조건 벤치마킹을 하는 것보다 가급적 존중하여
업무 일관성을 유지해야 하며, 『기안』 결재를 상신할 때 분량이 많으면 『별도첨
부』하는 것이며, 『별도첨부』 분량까지 많으면 『별도요약지』를 작성하여 첨부해야
빠른 검토, 결재 등을 받을 수 있음

7. 『관공서 문서』 처리에 대하여

가. 관공서 문서는 주로 법령을 집행하는 문 건이고, 사업체 등이 법적 규정을 이행

여부를 점검, 지도, 시정지시, 영업정지, 과태료 부과, 이의신청 안내, 사실관계 조사에 따른 자료제출 요구, ○○실적 제출 요구, ○○현황 제출 요구, 각종 제도(○○정부지원금 활용) 안내, ○○교육 참석 협조 요청 등이 대부분임

나. 시정지시 등을 명시한 문서에는 관련 근거에 법령 등을 명시하고 있으므로 동 법령을 인터넷 검색하여 철저히 분석, 숙지하고 전임자 등이 이미 처리한 문서 철 및 업무파일 찾아서 행정관청에 보고 또는 제출 문서를 작성하여야 함

1) 관공서 문서에는 반드시 담당 부서, 담당자 성명, 담당 부서 전화번호 명시 되어 있으므로, 담당자에게 전화를 하거나 직접 찾아가서 자세한 설명을 듣 고 회사의 형편, 애로사항 등에 대해 상담 후 상급자 보고 등 통해 대응해 야 하고, 중요한 현안은 변호사 자문, 관련 전문자격사 자문 등을 받아 신 중히 처리해야 할 것이 있음

2) 사업체에서 법령 등에 어긋나는 실수 등이 있었을 경우 이러한 불가피한 사 정, 상황 등을 솔직하게 보고해야 하고, 결코 허위·거짓 자료를 고의로 작 성·보고하면 안 되고 추후 가중처벌을 받게 되는 것임

※ 고의성이 없고 경미한 위법 사례 등에 대하여는 성실한 시정계획을 제출 시 행정관 청이 분할납부, 시정기한 연장 등 대부분 선처, 정상참작을 하는 편임

□『문서시행 사례 기안 (Ⅰ)』

□ □ 행정기관(○○회사)명

〈1〉 제목: ○○제도『설명회』개최 안내

〈2〉 1. 관련 근거: 행정안전부 ○○제도 차질 없는 시행 안내(○○부서-○○, 20 . . .) 관련입니다.

2. 위 관련에 의거 ○○제도 시행을 안내드리고져, 다음과 같이『설명회』를 개최를 하오니 꼭 참석하시기 바랍니다.

　　　가. 개최기간: ○○년 ○월 ~ ○월(3개월)

　　　나. 장　　소: ○○문화원 2층 회의실

　　　다. 참석대상: 날짜별 참석 대상자

　　　　　　*『○○제도 설명회』참석 대상자 명부 "첨부" 참조

　　　라. 내　　용: ○○수당 지급 및 청구 방법 설명 등

　　　마. 행정사항:

　　　　　(1) 참석대상자께서는 설명회 시작 시각 10분 전까지 착석해 주세요.

　　　　　　　※ 현장에서 당일 안내 봉사요원 도움을 받으시면 됩니다.

　　　　　(2) 차량 주차는 인근 ○○민원센터 주차장을 이용 가능합니다.

　　　　　(3) 설명회 참석 시 별첨『○○제도 안내 책자』반드시 지참하세요.

　　　　　(4) 기타 궁금한 사항은 언제든지 담당자 ○○○(전화 ○○○-○○○○)에게 연락을 주시기 바랍니다.

붙 임 1.『○○제도 설명회』참석대상자 명부 1부.

　　　 2. ○○제도 안내 책자 1부. 끝.

□ □ 행정기관장(○○회사 대표이사명) 〔관/직인〕

수신처(받는 곳): ○○○ 외 ○명

【#별첨 1】

『○○제도 설명회』 참석 대상자 명부

일 시	장 소	참석 인원	참석 대상자	비 고
00. 00. 00 00시 00분 (월요일)	○○문화원 2층 회의실	○○명	홍길동, 홍길서, 홍길남 ○○○, ───	불참자는 사전에 담당자에게 전화로 통보해 주시고, 다른 날짜에 참석 가능함
00. 00. 00 00시 00분 (화요일)	상 동	○○명	박길동, 박길서, 박길남 ○○○, ───	"
"	"		"별도첨부"	

※ 참석 대상 인원이 많을 경우 "별도첨부"할 것

【별도첨부】

○○제도 설명회 참석 대상자

　□ 일시: 20 . . , ○요일　　　　　□ 장소: ○○문화원 2층 회의실

연 번	성 　 명	성 별	거주지(○○동)	연락처	참석 확인 (서명)

□ 『문서시행 사례 기안(Ⅱ)』

○○자료 파악 제출 협조요청〈긴급〉

　　1. 관련근거 : 가. ○○. ○.○. 00시 ○○방송보도
　　　　　　　　　나. ○○년도 ○○긴급예산 소요 파악 등
　　2. 위 관련에 의거 ○○자료를 긴급하게 파악을 하고져 하오니, 아래 서식에 따라 작성하시어 ○○. ○.○. ○○시까지 ○○부서(연락처○○○-○○○○)에 FAX 제출(통보)하여 주시기 바랍니다.

구 분	접수일자	민원인	민원요지	처리결과	비 고
○○민원					※접수 및 회신처리 문서까지 제출 바랍니다.
△△민원					"

※ 위 자료는 ○○긴급예산 편성 시 활용코져 하오니 자세히 요약 작성하여 기한 내 제출하여 주시기 바랍니다.

○○년 ○월 ○일

○ ○ 국 장(or ○○본부장)　(서명)

수신처(받는 곳): ○○팀 외 ○개 부서

□ 『현안보고』등 작성 사례

  ○ 『기안』등 통상적인 방법 외에 간략하게 약식보고 또는 요약보고 하는 업무 등
    이 있는 것입니다.

○○ 제도 시행 실무담당자 워크숍 개최

(내부결재)

      ○○년도 ○월부터 ○○제도 시행되고 있으나, 조기에 원활한 제도 정착을
도모하기 위하여 일선 실무자 대상으로 아래와 같이 워크숍을 개최하고자 합니다.

      가. 개최일시: ○○년 ○월 ○일~ ○월 ○일 (2박 3일)

      나. 장   소: ○○연수원

      다. 대   상: 소속기관 ○○제도 담당자 전원 약 ○○명

      라. 행정사항:

          (1) 소요예산은 ○○○－○○ 과목에서 ○○백만 원 한도 지출

          (2) 세부 추진계획은 행사개시 직전에 "별도보고" 후 시달

          (3) 외부 전문강사 초빙 강의 및 실무 팀편성 토론·발표 병행

              ※ 우수과제 제출 및 발표자 포상 등 인센티브 부여

          (4) 행사 후『워크숍 실시 결과』분석 서면보고 철저

○○년 ○월 ○일

	담당자	계 장	과(팀)장	국(본부)장
결 재				

제5장 문서분류, 보관·관리·보안 등 업무효율화에 대하여
(서류철, 업무책자, 매뉴얼 등)

관련법령 등

국유재산법, 공유재산법, 보안업무규정, 발명진흥법, 공무원직무발명규정, 개인정보보호법, 신용정보법, 부정경쟁방지법, 행정조사기본법, 청년고용법, 저작권법, 직업능력개발법, 근로기준법, 자격기본법, 부패방지권익위법

---

1. "행정 효율과 협업 촉진에 관한 규정"(대통령령, 행정안전부)

【목적】이 영은 행정기관의 행정업무 운영에 관한 사항을 규정함으로써 행정업무의 간소화·표준화·과학화 및 정보화를 도모하고 행정기관 간 협업을 촉진하여 행정의 효율을 높이는 것을 목적으로 한다.

※ 행정기관, 회사, 단체 등은 문서관리규정, 업무 규정집, 대관업무 지침, 업무 표준 등의 다양한 형태로 문서에 관한 기준이 제정 체계화 되어 있음

가. 사무의 간소화·표준화·과학화 및 정보화

  1) 워드프로세스 문서 작업, 인트라넷(조직, 기관 내부전용 인터넷망), 인터넷, USB(저장매체), 엑셀, 파워포인트, 노트북, 빔프로젝트, 화상회의 시스템, E-mail, 문자, 카톡, F.A.X, 휴대폰(사진, 문자 전송 기능) 등

  2) 행정사무 시스템이 획기적으로 발전하고 있음

※ 지금도 웬만한 각종 행정증명 서류 등은 「정부민원24」 통한 인터넷 발급가능하고, 「무인민원발급기」 통해서도 상시 간단히 처리되고 있음

나. 정부 부·처는 업무특성에 맞게 「사무 및 문서관리규정」이 있고, 별도 없는 경우는 「행정 효율과 협업 촉진에 관한 규정(대통령령)」이 적용됨

2. "포털" 등을 통한 「지식검색」, 인터넷 방송·언론, 유튜브 등 개인과 소수 방송 채널을 통한 구독자 확보, 클라우드 서비스 등 이러한 상업적인 정보·지식산업 등이 넘쳐 행정기관 및 공공기관 등이 공적으로 제공하는 행정사무 서비스를 압도하고 있음

가. 상업적 또는 특정 세력 또는 집단 등이 생산하는 가짜뉴스, 허위 정보 등에 대한 정확한 정보 지식을 분별, 판단하는 능력과 경험이 부족한 청소년 등이 무방비 노출되어 막대한 사회적 비용이 발생하고 있고,

나. 국가와 기업들 관계에서도 정보와 기술을 탈취, 해킹 등이 상시 시도되고 있는 등 눈에 보이지 않는 사실상 전쟁(사이버 전쟁 등) 매일 일어나는 것이며, 이에 대한 대응으로서 가장 기초적인 것이 행정사무에 대한 중요성을 인식하고 행정사무 전문성을 끊임없이 발전시켜 나가야 하는 것임

3. 선진국 등 각 나라들은 『우주영역』 선점 등을 통한 『정보통신 기술력』 등 통해 국력 과시와 경쟁을 하고 있으며,

가. 인공지능, 로봇, 증강현실, 가상현실, 메타버스 등 정보통신 융합산업이 꽃을 피워 상상을 뛰어넘는 초고속, 초현실적인 사이버 세계(가상이 실제 현실을 지배하는 모험세계 출현 등) 등장이 가시화되는 등 새로운 산업변화, 미래현실에 대응하는 행정 정보·기술 등을 적극 연구개발 및 보호 등을 하는데 많은 관심이 필요한 것임

※ 가상 체험시설 등이 PC방, 노래방처럼 일상화 되어 청소년 등이 가상을 더 현실처럼 몰입을 하면 장기적으로 국가경쟁력 약화에 영향을 미칠 우려가 있으며, 우리나라가 이러한 정책 대응을 잘하고 있으나 항상 경각을 가지고 대비를 철저히 해야 할 정책분야임

4. "공문서"라 함은 행정기관 내부 또는 상호간이나 대외적으로 공무상 작성 또는 시행되는 문서(도면·사진·디스크·테이프·필름·슬라이드·전자문서 등의 특수매체기록을 포함한다. 이하 같다) 및 행정기관이 접수한 모든 문서를 말한다(행정 효율과 협업 촉진에 관한 규정 제3조).

△ 정부의 의사결정: 대통령(국무회의, 국무위원 장관) → 차관회의(전 부처 차관 참석) → 각 부처 장관 주재 회의(차관, 실장, 본부장, 1급 이상 참석) → 차관 주재 회의(실장, 본부장, 국장 이상 참석회의) → 실장 주재 회의(국장, 각 주무 부서 과장 참석) → 국장 주재 회의(각 부서 과장, 주무부서 선임 주무관) → 과장회의(부서직원)

△ 기업의 의사결정(실제와 차이 있을 수 있음): 주주총회(주총) → 임원회의(대표이사 주재) → 이사회(대표이사 및 임원 주재) → 본부장·공장장 회의 → 각 부

서장 회의 → 사업부 팀장회의 → 협력사 사장단(부서장) 회의

※ 제품별 기밀회의, 신제품 전략회의, 연구개발 회의, 품질평가 회의 등 다양

5. "문서분류와 수신확인 등"

가. 사무관리의 원칙: 행정기관의 사무는 용이성 · 정확성 · 신속성 및 경제성이 확보
될 수 있도록 관리하여야 함

나. 행정기관 문서분류(접수): 행정기관에는 문서접수담당자 지정되어 있음

1) 문서담당자는 정부조직법, 사무분장규정, 위임 · 전결규정, 훈령 · 예규집 등
반드시 숙지하여야 하고, 전산실 문서담당자 및 각 부서 문서담당직원 등과
수시 소통하면서 "문서분류" 등 착오가 없도록 해야 함

2) 특히, 문서에 보고기일, 회의참석 요청, 예산소요 제출 등 후속 조치 등이
명시되어 있는지를 자세히 살펴서 확인해야 하며, 『보고내용 등 후속조치 명
시』 문서는 특별히 취급에 유의해야 하는 것임

※ 문서 생산, 시행할 때 보고기일 등 설정 시 밑줄 또는 굵은 글자체 사용하고, 각종
행사를 주최하는 기관의 실무담당자는 회의참석 등 문서를 시행한 이후 수시로 수신
처 기관에 전화, e-mail 등의 방법으로 참석대상자 파악 등을 철저하게 챙겨야 함

3) 시행문서에는 문서 생산부서 담당자, 연락처 등이 명시되어 있으므로 문서접
수담당자가 처리담당부서 지정 등을 판단하기 애매한 것에 대해서는 문서생산
부서에 전화를 하여 상세한 내용을 확인 후 분류 처리하여야 하는 것임

6. "문서 보관 · 관리 · 보안"

가. 공문서의 종류: 공문서(이하 "문서"라 한다)는 다음과 같이 법규문서 · 지시문
서 · 공고문서 · 비치문서 · 민원문서 및 일반문서로 나눈다(행정 효율과 협업 촉진
에 관한 규정 제7조).

나. 요즘에는 문서가 전자업무시스템에 자동으로 시행, 저장, 보관이 되고, 전산관
리실에서는 별도 디스크 등 형태로 주요 문서 등을 영구보존하는 시스템이 구축
되어 있음

※ 문서작성 결재를 올린 서류가 전산업무처리 시스템으로 완료 · 결재 처리된 이후에는 출
력하여 문서파일철에 별도 편철하여 수시 열람 등 활용할 수 있음

※ 긴급한 과거 중요문서 등이 문서검색 등을 통하여도 찾기가 어려운 경우에는 전산실 전자문서 담당자를 방문하여 상담, 해결이 가능할 것임

다. 상급기관, 외부기관, 각 부서 등에서 문서가 시달되고, 업무처리과에서 행정사무 실무처리를 하는 과정 전반에 항상 문서관리, 문서보안을 해야 함

※ 특히, 업무일과 과정에서 책상 위에 처리 중 문서, 자료 등을 여기저기 올려놓고 점심식사를 가거나 다른 부서에 이석을 하는 것 등은 업무 및 문서보안 문제 등이 발생하므로 이러한 업무행태가 없도록 항상 주의해야 할 것임

라. 대외비, 기밀문서 등에 대해서는 접수부터 처리, 보관·보존 등 보안 관리를 매우 철저히 해야 하며, 보안업무규정을 수시 열람하여 충실히 이행해야 함

※ 보안 중요문서를 처리하다가 이석하는 경우에는 반드시 진행 중인 서류, 문서철 등을 보안 캐비넷에 보관 조치를 한 후 이석해야 함

※ 중요 보안문서는 보안인가권자 만이 업무를 할 수 있으므로 보안문서 등을 책상 위에 올려놓고 이석을 하면, 우연히 방문하는 방문객 등에게 노출될 수 있는 것임(보안USB 등 항상 관리를 철저히 해야 함)

마. 부서별로 문서 캐비넷이 있어 문서를 보관, 관리, 보안·유지를 하나, 업무 특성에 따라 특정 담당자가 외부출장 등 부재 시 다른 동료 직원이 민원 고객에게 출장 중인 동료를 대신하여 간단한 상담 및 응대를 해도 무방한 단순 민원에 속하는 문서들을 부서 공통·공용문서 캐비넷을 지정해서 운영이 필요함

바. 특정 담당자가 갑자기 외부 출장 등 일시적으로 공석이 발생하는 경우에는 해당 담당자가 직접 동료에게 방문 민원인 등이 상담 또는 자료발급 등 찾아오는 경우 도와 달라는 메모, 자료를 요약하여 옆자리 동료 등에게 인계를 해야 업무 공백이 없는 친절한 민원서비스 제공이 가능한 것임

※ 대부분의 행정관청, 기업 등이 공석 업무인계를 하고 있으나, 얼마나 성실하고 진정성을 가지고 실천하는지는 행정사무 실무자 등의 마음가짐이 중요함

사. 특히, 악성 억지민원 문서를 처리 중인 상황에서 실무 담당자가 맡은 업무에 자신이 없거나 민원관철 요구자 등과 언쟁, 소란 등을 회피하기 위해 아무런 업무 인계 등이 없이 이석(회피)해서는 안되며, "떼법(억지민원 관철요구)" 행태의 악성 민원 요구자이더라도 함부로 민원인을 응대해서는 안 되는 것임

※ 항상 최선을 다해 친절하게 민원인을 응대해야 할 의무가 있고 지나친 고성 등 업무방해 행위에는 증거 채증하고 안전요원 또는 경찰에 신고 조치해야 함

아. 한편, 검토 중이다, 담당자는 권한이 없다, 상급기관에 질의응답 기다리는 중이

다, 추가로 확인할 자료가 있다, 유사한 사례를 조사 또는 살펴보고 있다, 법령이나 규정에 명확한 업무 기준이 없어서 상급기관에 업무방침을 정해 달라고 요청 중이다, 발령받은 기간이 며칠밖에 되지 않아 좀 기다려 주시면 좋겠다 등의 막연한 민원 응대를 해서는 안 되며, 필요시 처리지연 문서회신을 주기적으로 하거나 전화로 민원처리 중간회신을 하고 기록으로 남기는 등 친절하고 성실한 업무수행을 사명감으로서 실천해야 함

자. 담당 실무자가 경험 부족 등으로 난이도가 높은 악성민원을 처리하는 데 곤란 등을 당할 때, 주위 선임 등이 도와주기는커녕 실무자가 신규자라서 업무를 잘 모르니까 양해해 달라, 윗사람이 가르쳐주지를 않는다, 좀 더 있다가 방문해 달라, 발령받은 초임이고 업무 파악을 하고 있다, 자꾸 전화 또는 방문을 하시면 더 늦어진다, 예산확보가 안 되고 있다 등은 전형적인 행정편의적인 업무방식이므로 개선해야 하며, 오히려 신규 실무자 등이 업무습득과 적응 등을 더 힘들게 하는 주요 요인이 될 수 있음

※ 친절하게 가르쳐 주는 동료들이 많기도 하고, 신규자 자신이 직접 "아직 업무파악 부족해서 죄송하다."라고 솔직히 말하고는 적극적으로 빨리 업무 파악을 하는 스타일 있는 등 누구나 비슷한 유형의 경험을 하면서 조직공동체 생활하는 것임

차. 특히, 어떠한 경우라도 고객 등과 다툼이 발생하면 결코 안 되며, 상대방 측이 일부러 싸움 등을 유도하더라도 신규 담당자 등이 인내하며 경청하거나 주위 동료 및 보안요원에게 도움을 요청해야 하는 것임. 음주를 하고 찾아오거나 위협적인 물건을 소지하여 행패, 소란을 피우는 것이 예상되는 상황 등이 있으면 조직 보고 라인을 통해 보고를 철저히 하는 등 여러 동료 및 조직이 합동해서 대응해야 함

※ 소란 피우는 고객 행위가 있으면 채증(사진 촬영 등) 해야 하고, 보안요원 호출 비상벨 작동, 비상연락처에 연락 등을 해야 함

7. "업무책자, 매뉴얼 등"

가. 업무규정 책자, 업무 매뉴얼, 업무 팸플릿 등이 행정사무 공간, 고객상담실 등에 구비하는 것이 필수사항처럼 되었고, 이러한 자료들이 고객 홍보를 위해 핵심 내용을 간략히 요점정리 된 것이므로 수시 살펴보고 학습하는 것이 필요함

나. 신규자가 되어 업무를 배우는 입장에서는 모든 업무 책자, 업무 매뉴얼을 관심

가지고 중요한 핵심포인트 발견 시, 복사 내지 사진촬영, 스캔 등을 하여 나만의 『업무매뉴얼, 내가 직접 만든 업무책자』를 만드는 것이 필요함(USB 저장매체 활용 등)

8. "행정 효율과 협업 촉진에 관한 규정"이 매우 상세하게 잘 제정되어 있으므로 자주 학습하여 행정실무 기초능력을 함양해야 함

9. 직장 · 사회생활이라는 것은 공동체 구성원으로서 소속하는 것임. 개인적인 판단, 이익 등을 앞세우기 이전에 항상 조직 전체의 『목표 · 목적』이 나아가는 방향 등을 공감 인식을 하고 공동체 전체의 이익과 발전을 위해 기여해야 하는 것이고, 어떤 공동체의 『목표 · 목적』이 개인의 생각과 신념 등과 부합하는 경우에는 조직 공동체에 충성하고 열심히 업무수행을 하나,

가. 조직 공동체는 좋으나 상하 동료 직원, 인적 구성 등이 맞지 않다며 조직적응 고민을 하는 사례가 많이 발생하는바, 항상 상대방과 다른 사람들의 입장 등을 충분히 고려하며 객관적 상황에서 판단하는 유연한 마음가짐이 매우 필요함

나. 『사람 마음이 하루에 12번도 더 변한다』는 옛말이 있는데, 옛날에는 농업을 영위할 때, 하루 12시간 정도를 일을 했는데 매시간마다 손발이 맞지 않아 『일의 능률』이 없어 그만두고 가고 싶은 마음이 자주 생기는 것이고 이럴 때마다 동료 일꾼들이 낙오자를 격려하며 포기하지 않도록 다독이고 서로 참고 힘든 하루 일과를 버티며 마음속에 되뇌던 속담이었는데, 오늘날 조직문화에도 거의 다를 바 없으므로 조직에 적응을 위해 항상 포기 말고 최선의 노력을 해야 함
※ 실수했다가 멋진 일을 하기도 하기 때문에 꾸준히 업무역량을 강화시키는 것이 중요함

제6장 보고서·계획서·청구서 작성기법
(업무보고, 사업보고 등)

관련법령 등

정부업무보고, 감사보고, 기관업무보고, 업무실태보고(업무인계·인수), 제안보고, 상황보고, 주요현안보고, 사업보고, 애로·건의보고, 업무계획·추진·성과보고, 행정백서, 예산결산보고, 청탁금지법, 공공기록물법, 정부업무평가기본법

1. "보고서"의 중요성

가. 인체 심장에서 동력을 얻은 혈액이 혈관을 통해 사람의 체내 곳곳에 혈관을 따라 혈액이 공급되어 생명과 건강을 유지하는 것처럼, 행정사무 분야에서 "보고서"라는 것이 "심장"과 "혈액" 같이 조직에서 매우 중요하며 조직의 성공 여부, 승패를 좌우하기도 하는 것임

나. "주요 보고서(나무뿌리)" 기반으로 세부 후속 보고서가 수립, 시행 등 다양한 행정사무 실무(나뭇가지) 등이 행하여지는 것임

※ 행정기관, 기업, 각종 조직, 단체 등은 공통적으로 가장 기본적인 행정사무로서 『업무보고』 체계가 확립되어 있음

*따라서 어떤 조직 등에 소속하게 될 때, 『업무보고』 자료를 심층분석, 학습하는 것이 업무 파악 등에 매우 필요한 것임

※ 『업무보고』라는 명칭이 아니라, 총회·이사회·임원 『회의자료』라는 용어를 사용하기도 하고, 『ㅇㅇ보고서』 등 명칭이 다양함

2. "보고서(보고)"의 의의

가. 보고자(작성자)가 가지고 있는 정보·지식, 실체적 사실관계 핵심내용을 오염(철저한 기밀·보안확보 상태 등) 없이 100% 진실한 그대로 상태를 보고절차에 따라 신속하게 보고해야 하는 상급기관 또는 보고 수령의 권한을 가진 상급 관리자, 기관장, 대표자 등에게 알리는 사무이고, 행정실무 분야에서 가장 핵심적인 중요한 업무영역임

나. 업무의 긴급성, 위급성 등 중간보고 결재과정을 거치는 것이 시간촉박 등 상황
처리와 대응에 차질이 생긴다는 판단되는 등 불가피한 상황하에서는 기관장, 대
표자 등에게 먼저 신속히 보고하여 지휘 · 관리를 받아야 할 것임

※ 기관장, 대표자 등 신속 보고 이후에 즉시 상급관리자 등 보고계통에 따라 후속보고를
하면서 사정 상황설명을 하는 등 조직적인 대응해야 할 것임

※ 당직근무요령, 비상근무요령 등 비상한 업무에 대한 대응요령, 방법 등이 별도 규정으로
제정되어 있으므로 숙지해야 함

3. "보고서 내용 중요사항"

가. 정확성: 거짓, 허위 · 과장이 있어서는 결코 안 됨
나. 최적의 타이밍:『상황발생 및 문제점 발견 등』항상『보고 시기』유의
다. 향후 전망 및 대책: 보고서의 꽃과 얼굴이라 할 수 있음
라. 사후 조치: 아무런 후속 대응, 조치 등이 없는 사안은『보고가치』없던 것이 되
므로, 적절한 조치와 대응 등 보고 후 조치 확인필요

*사안에 따라 1보, 2보, 등 상황종료까지 후속보고 계속해야 하는 것이 있고, 이럴 때 업무
과중 등 발생하므로 동료 등 상황공유 및 업무분담 요청("보고"라고 할 수 있음) 조치 등이
필요함

*중대상황 · 업무를 담당하여 연일 보고 등 대응을 하느라 업무과로가 쌓여서 이로 인해
"부실보고" 등이 발생하면 결코 면책되지 않는 것임

※ 법령, 규정 등에 정기, 수시 등 각종 자료 및 추진실적을 보고하는 업무는 통상적인 업
무 부류에 속하는 것이고, 예측하지 못한 불특정 긴급현안이 행정사무 실무를 수행하는 과
정에서 불시에 발생할 수도 있는 것임

마. 보고서를 작성 능력이 우월한 직원을 어떤 조직에서도 필요로 하며, 평소신문사
설, 방송토론, 최신 전문서적 탐구 등을 통해 꾸준한 학습이 요구됨

4. "주요업무 보고서"

가. 조직의 핵심임무, 비전, 조직 구성현황(조직도), 연혁, 인원 현황, 소속 및 산하
기관 세부 조직현황, 유관기관 현황, 각 기관 · 부서별 주요업무, 그간 주요 업
무 추진실적, 당해연도 업무추진계획, 예산 현황, 당면 현안(진행 중인 중요 이슈
업무 추진 경과 및 대책 등), 애로 및 건의 사항 등을 종합적으로 구성 작성함

나. 『주요업무 보고서』는 기관장, 대표이사 등의 업무 스타일을 고려하여 보고 업무 (부서) 순서까지 상당한 공을 들여 내부 검토를 철저히 하여 확정하고, 부서 사업별 보고 분량 조율, 구체적인 사업환경 전망, 추진성과 목표, 예산 소요 등을 매우 상세하게 작성하는 것임

다. 『주요업무 보고서』는 기관, 조직 등의 종합적인 업무보고인데 "중요 이슈" 현안에 대해서는 『주요업무 보고서』 이후에 추가 별도로 『현안 이슈별 상세보고서』 보고를 하며, 이때 각 문제점에 대한 구체적 대책 강구 등을 보고드리면서 기관장, 조직의 대표자의 업무지시 등을 받아 후속조치 행정실무 대응을 하게 됨

※ 따라서, 『업무 보고서』에는 사실성, 정확성, 현장성이 잘 담겨야 하고 수치 데이터 자료, 도표 구현, 현장사진 삽입, 긴급상황 및 대응조치 실태 실적 등이 구체적으로 포함되어야 함

5. 행정실무 기획 분야가 주로 보고서 작성 업무를 많이 하는데, 조직 공동체 생활 과정에서 통상적으로 근무를 한 번쯤 하게 되므로 평소 고객과의 상담 과정 및 현장실무 과정에서 보고 듣고 느껴 본 실적 기록들이 좋은 『보고서』 토대가 되기에 민원 등 부서에 종사하더라도 기획 분야와 서로 연관되어 있으므로 항상 현재의 위치에서 최선을 다해 행정사무 실무업무 수행을 해야 함

※ 『보고서』 작성 시 현장 경험이 부족하거나, 관련 업무에 대한 지식, 정보, 전문성이 불충분한 상태라면 부실 『보고서』 생산이 우려되는 것임

가. 충분한 현장행정 경험이 아직 부족한 상태에서도 기획 분야 업무를 맡게 되는데, 이러한 상황에서 불가피하게 『업무 보고서』를 작성해야 하면, 우선 힘들다는 신입감부터 배제하고 기존 보고서를 철저히 참조, 현장 상황 철저 조사 확인, 기획실력이 능숙한 동료 등 상담 자문과 의견 청취, 전문서적 탐구, 상급 검토 관리자의 업무조언 충실 반영 등 통해 『업무 보고서』를 훌륭하게 작성할 수 있는 것임

나. 『업무 보고서』가 허위, 부정한 내용을 반영시키는 것이 아니라, 비효율적이거나 경쟁력이 없는 사업 부분들, 미래 성장발전을 견인할 동력을 찾는 것 등 좋은 사업, 꼭 필요한 시급한 일들을 발견하고 찾아 사업 우선순위 검토, 사업추진 방법 강구, 사업성과 전망하고 평가 기준 등을 마련하는 행정사무이므로 업무성취감을 느끼는 보람되고 중요한 업무인 것임

6. "계획서"에 대하여

"계획서"는 경우에 따라 "보고서"와 같은 의미가 될 수 있는데, 중요업무 및 사업에 대해서는 "계획서" 문건 작성을 의무하는 법규 및 관행이 있음

가. "계획서" 유형을 워낙에 다양하여 몇 종으로 특정하기 힘든데, 개념(기본)계획, 시행계획, 실시(실행)계획, 추진계획, 세부계획, 사업계획, 평가계획, 비상계획, 업무계획, 영업계획, 예산·자금계획, 구매계획, 연구·개발계획, 보완(보충)계획, 준비계획, 행사계획, 감사계획 등 다양함

나. 국가예산 추진사업의 경우, 『단기계획 ← 중기계획 ← 장기계획』등으로 단계적 검토, 추진 필요성 및 경제 여건 등 변화 분석(타당성 조사, 기본설계역량 분석, 사업성 평가, 경제적 타당성 평가) 철저히 한 후 국가예산사업(국비사업) 반영을 하므로써 예산집행의 효율성 달성, 예산낭비 요소를 차단하고 있으므로 이는 "계획서" 행정시스템의 가장 모범적인 모델이고 우리나라는 매우 높은 수준의 국비사업 추진체계를 갖추고 있음

다. 일상적인 업무를 수행하거나 특정 사업을 추진하게 되는 경우 "효율성"을 고려하여 누가 담당을 하더라도 법령, 사업 여건 등 제반 사정을 철저히 검토, 구상한 것을 토대로 나름대로 최초 업무추진계획(안)을 작성해야 하며, 이러한 기본(안)을 가지고 조직 상급자, 구성원 및 유관 전문가 등협의, 자문을 통해 수정·보완계획서(최종안) 작성이 되는 것이고, 이러한 과정을 거쳐 기관장 또는 대표자 최종결재를 통해 "계획서" 수립이 완료되는 것임

※ 계속, 반복사업은 종전 『사업계획서』상 우수사업은 계속 추진, 부진사업은 폐지 내지 개선·보완형식으로 사업추진을 하는 것임

라. 중요사업 또는 업무는 『시행(기본)계획서 → 실시(실행)계획서 → 세부추진계획서』 등 단계적인 계획서 추진 체계를 통하여 시행하며, 사업추진 후 엄격한 성과평가계획(포상 등 상벌계획 포함) 병행하여 점검하고 있음

※ 모든 "계획서" 추진에는 돌발적(예측 착오 등) 상황 변화 및 주변 여건 사정 등이 변수가 있으므로 수정·보완계획이 필요함을 항상 인식하고 있어야 함

※ 계획서 추진 시 『보안확보, 예산절감, 사업효율성 달성』을 매우 중요하게 준수해야 함

7. "보고서" 및 "계획서" 작성 시 고려사항

가. 좋은 "보고서" 및 "계획서"는 해당 업무 분야의 풍부한 『전문지식, 경험, 일에 대한 열정』 3박자를 고루 갖추고 작성해야 하는 것임. 따라서, 어느 1인이 완벽한 "보고서" 및 "계획서"를 만드는 것이 가능할 것이나 비효율적임. 문제점에 대한 해결책을 강구하는 데 있어 사람마다 현실 인식하는 시각, 관점 등이 다르고 이러한 미세한 인식 차이를 좁히는 것이 "문제 해결책"이 되는 경우가 많기 때문에 여러 전문가 또는 소수의 핵심요원들이 긴밀한 협업, 분업을 통해 중요한 "보고서" 및 "계획서"를 수립하고 있는 것임

나. 1인이 『보고서 및 계획서』 전담 작성 시, 해당 실무자가 업무 스트레스를 많이 받게 되는데, 윗선에서 기대하고 요청하는 대책들과 실무자가 판단하는 방안 등이 차이가 생길 때가 있고, 이럴 때는 업무집행 결재권한이 있는 윗선의 의중과 지침 등을 실무자가 수긍하여 최적의 조화로운 대안을 찾아 반영시키는 지혜가 필요함

다. 상급 지시 등이 법규, 지침 등에 명확히 어긋나는 경우에는 상세한 소명자료 등을 작성하여 보고를 통해 무리한 지시 등이 합리적으로 조율되어 법적으로 문제가 발생하지 않는 『보고서 및 계획서』 작성해야 함

※ 그간 선례 등이 없는 완전 새로운 "보고서" 및 "계획서"를 작성하거나, 지침 등에 명확한 기준이 없는 사업 등을 추진할 때는 언론방송 보도기사, 통계자료, 안전확보 민원대응 차원 등 사회통념이 허용하는 최소한 "관련근거" 명분을 확보해야 함

※ 최소한의 "관련근거" 명분 확보가 힘든 사업은 억지로 추진을 지양해야 할 것임

라. 『보고서 및 계획서』 작성 행정실무는 최초 수립하는 과정에서 많은 시행착오, 수정·보완이 생기고 업무 스트레스가 많이 발생하는 직무인데, 기계공구에 사용되는 "철강재료"가 수없이 많은 담금질 과정을 거쳐서 비로소 "철강" 등을 자르고 뚫고 가공하는 "기계공구재료"로써 만들어지는 것처럼 『보고서 및 계획서』 작성 과정이 힘들고 업무 스트레스가 생기더라도 향후 부실과 불량이 없는 좋은 『보고서 및 계획서』를 만드는 과정이라고 긍정적으로 이해하면 업무 스트레스 등이 극복되는 것임

※ "보고서" 및 "계획서"는 장래 세부업무 추진에 대한 지침서, 업무실적평가 기준이 되기에 매우 신중하고 고도의 집중력을 가지고 구체적으로 작성하는 것임

8. "청구서" 등에 대하여

"청구서"라는 것은 "청구하는 내용의 문서"를 의미하는데, 정해진 서식에 따라 청구하는 것이 있고, 규정된 서식이 없어 자유로이 내용을 기재하여 청구하는 것 등이 있음

가. 일반적으로 『서식』 지정이 되어 있으면, "서식작성 요령"까지 같이 제공되고 있으므로 "서식작성 요령"을 준수하여 충실하게 작성해야 하고,
※ 『서식』에 있는 "작성란" 기재내용 외에도 "사실관계 입증 등"을 위하여 추가자료가 있을 경우 『별지』 서식을 작성 후 임의 첨부해야 할 것임

나. 『업무서식』 지정이 있는 청구서에 대해서도 이를 검토, 승인 결재하는 위치에서, 단순히 청구서 기재내용 만으로 사실관계 확인이 명확하지 않거나 다른 유사한 청구서들과 비교하여 특이 문제점이 있는 것으로 보일 때는 실무담당자 통해 청구인에게 『추가자료 제출』 요청하여 추가적인 사실관계 확인 보완을 하라는 업무지시 등이 이루어지고 있음
※ 『청구서 서식』에 별첨자료가 "필요없음"이라는 기재내용이 있더라도 청구인이 "사실관계 입증 등"을 위하여 필요하다고 판단하는 서류는 이를 임의 첨부시켜야 할 것임

9. 『업무서식』 지정이 없는 "청구서(민원청구 등)" 등을 작성 시에는 "청구서"상 성명, 생년월일, 주소, 연락처, 청구요지, 작성날짜, 청구인 날인 및 서명, 제출 행정기관명 형태로 아래 『예시』처럼 작성, 제출하면 될 것임

《예 시 I》

산재조사 청구서

△ 청구인
- 성   명:
- 생년월일:
- 주   소:
- 연 락 처:

△ 청구요지
- 청구인 홍길동은 ○○년 ○월 ○○일 ○시경 ○○에서 ○○건물공사장 작업을 하던 중, 철근 공사용 자재를 들고 작업용 임시시설물 계단을 따라 2층으로 올라가다가 오른발이 헛디뎌 넘어지면서 허리를 부상을 당하였고, 이에 공사업자 측이 재해자에게 일용업자라며 산재보험적용 산재사고가 아니라고 하는바 재해자는 시키는 대로 일을 하다가 사고당한 것이기에 산재요양처리를 받을 수 있도록 민원을 청구합니다.

※ 청구요지는 가급적 "6하원칙" 따라 작성(누가, 언제, 어디서, 무엇을, 어떻게, 왜)

○○년 ○월 ○○일

청구인 홍길동 (인 또는 서명)

○○공단 ○○지사장 귀하
(*민원청구 내용에 따라 처리 행정기관을 달리 기재)

※ 위 산재에 관한 건은 요양신청서 지정서식이 있고 요양 중인 병원에서 신청할 수 있으나, 재해자 등이 병원 등에서 산재처리 접수요청이 거부되어 자택에서 민간요법 등 개인비용으로 요양하며 애로가 있을 경우 등 위 형태로 민원을 청구하시면 관할 기관에서 조사를 받을 수 있을 것임
(*산재 신청이 사업주 동의없이 재해자가 직접 청구하도록 제도개선이 되어 있음)

○○ 민원청구서

△ 청구인
- 성   명:
- 생년월일:
- 주   소:
- 연 락 처:

△ 청구요지

• 청구인 홍길동이 회사 동료 및 친구들과 사적인 자리에서 대화를 하던 중 청구인에게도 ○○ 보상금 수령 대상자가 된다는 이야기를 듣게 되었고,

이에, 청구인이 인터넷 검색 등을 통한 관련 법령 등을 검토해 본바, 청구인이 ○○ 보상금 청구 대상자라고 판단하게 되었습니다.

따라서, 청구인이 ○○보상금을 수령할 수 있도록 확인조사 및 처리를 하여 주시기를 요청합니다.

※ 청구인이 다른 지역으로 작업 출장을 자주 다니는 관계로 우편물을 제대로 확인 수령이 불가하오니 청구인에 대한 출석요구, 조사 통지는 가급적 전화 및 문자메시지로 알려 주시기 바랍니다.

○○년 ○월 ○○일

청구인 홍길동 (인 또는 서명)

○○구청장 귀하

(* 민원청구 내용에 따라 처리 행정기관을 달리 기재)

※ 민원제출 시에는 인터넷 검색하여 관할 행정관청 홈페이지에 직접 내용을 올려 접수 가능하며, F.AX를 보내어 접수하는 것도 가능함

제7장 보고서·계획서 등 사례 연습
(다양한 보고서·계획서 "틀(형태)"과 데이터, 도표, 그림, 사진, 신문사설, 언론방송 보도기사, 동영상 등 응용)

관련법령 등

전자문서 보고(인트라넷), 서면(A4)보고, 쪽지보고, 모바일 문자보고, SNS보고, E-mai 보고, 수시구두보고, F.A.X보고, 비상상황보고, 메모보고, 영상·사진보고, 유선무선보고, 건의사항보고, 대면서면보고(노트북)(1인보고, 다수인 공동보고), 일일·주간·월간 업무보고, 주요사업보고(파워포인트), 집회개최보고, 예산요청보고, 민원발생보고, 기자회견, 자연재해보고, 정보·상황보고, 동향보고, 업무성과보고, 우수사례발굴보고, 시정사항보고

---

1. "보고"의 생명 - 『신속·정확성』

가. 『상황 보고서』 주요내용: 발생 경위, 원인 분석, 피해상황 및 개요, 지속 가능성, 재발 가능성, 긴급조치 내용, 복구·수습대책, 가해자, 피해자, 주최자, 단체특성, 특이 및 중요 고려사항, 상황처리 관련 유관기관, 언론·방송 협의사항 기관별 대응 상황, 건의·긴급지원 필요사항, 국민 협조요청 사항, 향후전망 및 대책 등

나. 상황에 따라 〈1보〉, 〈2보〉 등 후속 보고 필요

※ 중요 국가행정 관련 위기상황 부문은 『비상 위기대응매뉴얼』이 구비되어 있는 것이므로 매뉴얼 및 지침 등 규정대로 신속히 대응조치 해야 함

▲ 『보고서 작성』: 6하원칙 준수 (누가, 언제, 어디서, 무엇을, 어떻게, 왜)

중대사고 발생 상황보고(예시)

△ 보고자: ○○현장소장, 연락처(-)

△ 수신처: ○○(주) 대표이사, 안전보건팀장, ○○노동청 산재예방지도과 등

※ 사업장 중대재해는 관할 노동청에 사고발생 즉시 유선전화 등을 통하더라도 신속 보고 의무가 있음

1. 재해발생 사업장(현장) 개요

사업장명 및 현장명, 대표자(현장소장), 소재지(공사현장), 근로자수, 생산품(○○공

사현장), 연락처 등

2. 피해자 인적사항

성명(○○○외 1명), 생년월일, 소속, 직위(종), 사고정도(중상 ○명)

3. 사고발생 내용

재해자 ○○○, ○○○ 2명이 ○○년 ○월 ○○일 ○시경부터 ○○에서 공장신축 공사 작업을 보조하던 중, 철근 자재를 들고 작업 통로를 이동하다가 작업발판에 미끄러져 넘어지면서 2명이 동시에 2미터 추락을 하였고, 이에 즉시 119 응급 후 송조치를 하고 공사현장 폐쇄조치 하였음(현재까지 확인한 바 2명이 생명이 위급 하지는 않다고 함)

4. 사고 경위 및 조치사항

- 공사현장 작업 안전밸트를 미착용 인해 사고발생함
- 재해자 즉시 119 후송되어 인근 ○○병원 응급실에서 각 응급치료 중임
- 현장폐쇄 조치 및 전문기관 즉시 조사, 점검의뢰 하고 유관 감독 행정기관 등에 보고, 통보조치를 하였음
- 조사를 통해 사고원인 규명 이후 피해자 보상합의를 진행하고, 재발 방지책을 엄격 마련 철저 조치하고 감독기관 작업재개 승인을 받아 작업재개할 것임

※ 공장 산업단지에 화학 유독가스 누출, 폭발, 도심에 야생동물 등이 출현, 폭우, 제방 붕 괴, 지진, 교량 붕괴, 대형화재, 운동장·체육관 등 다중시설 테러, 우발사태 등 일상에서 『긴급 상황보고 업무』 항상 존재하고 있음

2. "계획서"를 잘 만들고 계획대로 잘 추진하면 업무능력자가 되고 이러한 능력을 겸비하는 행정실무자는 어느 조직·직장을 찾더라도 서로 스카우트하려고 하는 것임

가. 조직·직장에서 『계획서』 작성 같은 행정사무를 전혀 하지 않는 직무들이 있고, 상담과 조사 업무를 주로 수행하는 등 "계획서" 수립하는 일이 없다고 하더라 도, 승진 또는 인사발령에 따라 "계획서" 수립업무를 할 수 있으므로 평소에 다 른 부서 업무에도 관심을 가지고 언제든지 수행할 수 있어야 함

나. 『계획서』 작성 활용은 행정사무 직종 근무자가 아니어도, 일반 자영업자 등 개 인 사업을 구상, 추진할 때에도 금융기관 및 신용보증기관 등에서 『사업계획서』 정도는 기본 서류로서 제출을 요구하고 있음

3. 특정 "조직·직장"에서 관행적으로 사용하는 『계획서』 형식이 있는 경우 현행 관행을 따라 업무를 하면 될 것이나,

가. 상급자, 부서장, 대표자 등이 항상 바쁘고, 여러 업무 현안을 항상 있으므로 행정실무자의 "업무 계획서" 수립지도를 조언 방식보다 질책이나 추궁 방식이 될 수 있는데 이러한 것은 행정실무자에게 선의의 업무교육 차원이므로 낙심·실망해서는 안 되고 더욱 노력하고 적극적으로 배우려는 자세를 견지해야 함

나. "계획서" 작성 직무는 서식 내용을 작성하거나 확인, 조사하는 행정실무와는 차원이 다른 영역의 행정사무이고, 상급자 등의 조언과 지시를 충실하게 수렴하고 수립된 계획 추진에 대하여도 책임감을 가지고 성과창출을 해야 하며 필요 시 보완·보충 계획을 수립 시행해야 하는 것임

다. "계획서" 작성 시, 통계자료, 사진, 그림, 도표, 글자 색·서체 선택, 언론방송 보도기사 등을 인용하면 더욱 좋을 것임

4. "계획서" 작성 사례

가. 기본적인 계획서(사례)

○○○ 홍보계획

Ⅰ. 목 적
○○ 캠페인 등 추진을 통해 ○○ 관심을 고취시키고 개선을 적극 유도하고자 함.

Ⅱ. 추진방침
　가. 자원봉사자 모집하여 자원봉사자들의 전문성, 경험 등을 활용한다.
　나. 자원봉사자 관할 행정기관 및 각종 사회봉사단체 등과 협조체제를 구축한다.
　다. 생활정보지 등에 자발적인 참여 희망자 모집과 홍보를 병행한다.

Ⅲ. 추진배경
　가. ○○년 ○월 ○○일 저녁 9시 ○○방송 보도

┌─────────────────────────────┐
│　　　　　〈보도 내용 요약〉　　　　　│
└─────────────────────────────┘

나. ○○방송 보도 관련 사건 발생현황

사건명	발생일자	사건내용	피해상황	문제점

다. ○○ 일대 주변환경 실태

〈현장사진〉

Ⅳ. 세부 추진계획

가. ○○ 캠페인 실시

△ 일시: 9월부터 월 1회 정례 실시

△ 장소: ○○학교 일원 등(장소는 변경 가능, 변경 시 사전공지 철저)

△ 참석대상: 자원봉사자, 자원 참여자 등 ○○명

△ 세부 추진내용: 직원 개인별 전담 임무를 부여, 책임 수행하고 매주 월요일 정례부서회의 시 진행 상황 점검, 부진분야는 부서 차원 지원을 병행

　　－ 직원 A○○는 자원봉사자 및 자원 희망자 파악 참석 안내(8월10일까지)

　　－ 직원 B○○는 사진 촬영 및 홍보 담당하며, 어깨띠 등 제작, 보도자료 작성 배포

　　－ 직원 C○○는 행사 진행 상황 점검 등 실무 총괄을 하며, 유관기관 및 각 부서 등에 행사 협조 요청, 필요예산 확보, 집행 등을 행한다.

△ 보고 및 확인 사항

　　－ 본 계획을 차질 없이 수행하기 위해 필요 시 직원 C○○는 수시 보완 세부계획을 추가 시행할 수 있고 각 부서 등은 적극 협조해야 한다.

　　－ 위 캠페인 준비상황을 사전점검 회의 2회(6월, 7월) 및 수시 실무회의를 실시한다.

※ 직원 C○○는 6월 사전점검 회의 시 캠페인 홍보 문안, 장소, 주요 참여기관 등 회의자료 작성 등 준비하여 회의 3일 전까지 보고한다.

나. ○○ 캠페인 활동 참여 협조 요청

△ 일정: 5월까지 유관기관 등에 문서 협조 요청(담당: 직원 C○○)

다. ○○ 캠페인 생활정보지 등 광고 협조 요청

△ 일정: 5월까지 생활정보지 등에 문서 협조 요청(담당: 직원 B○○)

Ⅴ. 행정 사항

　가. ○○ 캠페인 사전준비 철저

　△ 사전점검 회의 2회(6월, 7월), 그 외 수시점검을 병행한다.

　나. 본 행사 준비과정에서 애로 및 건의 사항 등이 있을 경우 즉시 총괄담당 C ○○에게 통보하고 C○○는 후속 조치계획 수립 시행 등 행사 준비를 철저히 한다.

　－ 총괄담당 직원 C○○는 본계획을 승인 즉시 철저 시행을 한다.

　다. 본 행사참여 우수 자원봉사자 등에게 인센티브 제공(마일리지 부여, 유공자 포상 등)적극 검토 시행한다.

　라. ○○ 캠페인 사업에 대해 12월말 사업성과 평가를 하고, 동 결과에 따라 사업확대 또는 폐지, 대안검토 등을 하기로 한다.

나. 기본 계획서(○○○ 홍보계획) 후속 조치(사례)

제 목: ○○ 캠페인에 따른 예산집행 협조요청

1. 관련근거: ○○○ 홍보계획(20 . . .)
2. 위 관련에 의거 ○○ 캠페인을 효율적으로 실시하고자 하오니 아래와 같이 귀 기관(부서)의 적극적인 협조를 요청드립니다.
　가. ○○ 캠페인 어깨띠 100개 제작에 따른 예산집행 요청(6월 말까지 세부구매내역 통보 예정임, 약 ○○만원 소요)
　나. ○○ 캠페인 참여 자원봉사자 점심 도시락 및 음료수 등 예산집행 요청 (6월 말까지 세부내역 통보 예정임, 약 ○○만원 소요, 9월~12월 4개월분, 연말 사업성과 평가 후 계속 여부 등 결정 예정임)
3. ○○ 캠페인이 원활히 추진되도록 많은 관심과 지원을 당부드리오며, 자세한 문의는 C○○(000-0000) 에게 언제든지 하여 주시기 바랍니다.

붙 임: ○○○ 홍보계획 1부.

5. "보고" 및 "계획서" 작성에 대해 일정한 서식, 절차 등을 자체 규정으로 제정하여 시행하는 곳이 있는데("보고업무규정" 등) 이러한 규정이 있을 경우 규정대로

하되, "별도 첨부물" 형식은 규정과 별개로 자유롭게 할 수 있으므로 "별도 첨부물" 방식을 활용하여 보고서 작성 능력을 과시할 수 있는 것임

　가. 보고규정 등에 "별도첨부 가능"이라는 문구가 없더라도 "별도 첨부"하는 것은 보고자가 적극적이고 구체적으로 현안을 종합하여 상급자 및 상급기관에 보고하는 것이므로 바람직한 업무태도임

　나. 상급기관 등에서 "보고서식 준수"라는 지시가 있으면 "별도첨부" 없이 지정 서식을 상세하게 작성하고, 그래도 서식공간 부족 등 추가의견 제출을 원할 경우 미리 전화통화하여 양해를 구해야 할 것임("취합작업" 혼선 방지필요)

6. "계획서" 작성 등 행정실무를 수행할 때, 가장 유의해야 하는 것이 『관련근거, 관련』이라는 용어를 이해하는 것임. 『관련근거, 관련』 의미는 법령, 업무규정 및 지침, 업무계획 등 행정사무 집행의 근거임. 기관장(회사대표자) 지시사항은 당연히 관련근거이고 언론방송 보도사실 등이 관련근거가 될 수 있으나 기관 및 부서 등의 업무범위 또는 업무권한을 벗어나는 내용은 관련근거가 될 수 없는 것임

가. 기관 및 부서의 업무종류, 권한 등이 정부조직법, 직제규정, 업무 · 사무분장 및 위임 · 전결 규정, 회사 규정집 등에 자세히 규정되어 있고,

나. 부서의 장의 지시사항은 법령 등에 따라 업무권한이 위임되어 있으므로 당연히 관련근거인 것임

7. 『관련근거, 관련』 우선순서는 법령 → 대통령령(대통령 지시사항) → 총리령(총리 지시사항) → 부령(시행규칙, 장관지시사항) 등이고, 기업체는 대표이사 지시사항 → 전무 · 상무이사(사업책임자) 지시사항 → 팀장 업무지시 등으로 볼 수 있음

8. 『○○ 캠페인 계획 수립 추진 (20 ． ． ．)』 형태 문건이 관련근거가 되는 것인데, 이러한 업무계획 자체가 기관장(대표이사) 및 사업소관 부서책임자 등의 최종결재가 반드시 있어야 동 문건의 관련근거가 확보된 것임

　△ 원활하고 효율적인 "보고서, 계획서" 작성 및 수립 · 추진 노하우는 다양하고 많은 현장경험 등이 필요함. 무엇보다 현장현실 및 상황에 가장 부합하게 하는 것이 최적의 최상의 "보고서 · 계획서"인 것임

```
┌─────────────────────────────────────────────────────────────────────┐
│ 언론보도 따른 현안 대책 수립시행(예시)                                  │
│                                                                       │
│ 제 목: ○○집회 시위에 따른 대책 시행(보고)                              │
│                                                                       │
│ 1. 보도내용                                                            │
│   △ 『○○신문, ○○방송사』은 20 . . . 등  ○○ 집회 시위를 연일 보도하였음 │
│                      "스크랩 자료"                                     │
│                                                                       │
│ 2. 사실관계                                                            │
│   △ "○○, ○○" 내용은 사실로 확인되고, ○○, ○○ 사항은 집회를 주관한 ○  │
│   ○ 측이 일방적으로 주장하는 내용이고 과장되어 있는 것으로 판단됨         │
│                                                                       │
│ 3. 대책추진                                                            │
│   △ "○○, ○○" 내용에 대해서는 ○○부서 주관하에 긴급예산을 편성, 시행하여 │
│   ○월 말까지 완료예정임(추진실적 수시 보고할 것임)                       │
│   △ "○○, ○○" 내용에 대해서는 『○○제도 개정 등 법안』 통과가 되어야 할 사 │
│   안인데, 법안 통과를 낙관할 수 없어 진정될 때까지 철저 상황관리 필요함   │
│                                                                       │
│ 4. 유의사항                                                            │
│   △ "○○, ○○" 내용에 대해서는 현행 법령상 수용불가한 것이므로 계속적인 항 │
│   의 및 집회가 당분간 있더라도 『제도보완 및 개선 등을 추진 중이나 법안 통과 │
│   가 선행되어야 하는 사항임』 입장을 완곡하게 해명 설명해야 함            │
│   - 『○○제도 개정 등 법안』의 경우 ○○제도 개정을 반대하는 세력이 많아서 정 │
│   치권에서도 가까운 시일 내 합의점 등 찾기가 어려울 것으로 전망됨          │
│   △ "○○ 단체 등" ○○까지 집회를 계속할 것으로 사료되고 불의의 사고 등이  │
│   발생하지 않도록 유관기관 등과 협의체 구성하여 원활히 대응하고 있음      │
└─────────────────────────────────────────────────────────────────────┘
```

9. "보고서" 및 "계획서" 작성 역량은 매우 중요하고 전문지식, 경험, 정보 외에도 행정사무 전반에 대한 이해도가 높아야 하고 업무 순발력과 유연한 사고 등을 고루 겸비해야 할 것이 요구됨

가. 무엇보다 평소 법령, 업무지침, 언론·방송 보도, 전문서적 등을 많이 연구하고, 현장 상황을 다양하게 경험 접촉하면서 문제점을 찾아내고 이를 해결하는 대안까지 마련할 수 있는 행정사무 능력을 꾸준히 단련하는 『행정업무 헬스』를

평소 일상에서 생활화해야 하는 것임

나. "조직 · 직장"에서 사용하는 "보고서" 및 "계획서"를 업무용 개인 컴퓨터에 주식 종목처럼 치밀하게 데이터베이스화(바이러스 발생 등을 대비하여 USB 저장 및 보관 필요) 시켜놓고 수시로 열람하면서 "보고서" 및 "계획서" 작성 형태 등을 머릿속에 영어단어 암기하듯이 단련해야 함

※ 보안, 기밀관련, 중요 자료는 담당자 외는 위법 처벌되므로 접근 자체를 금지해야 하며, 평소 공람하는 사업계획 또는 각 기관 홈페이지 게시자료 등 눈여겨 봐야 함

다. 긴급 상황 또는 중요한 현안 등 효율 대처 방법으로서

1) 첫째, 신속하고 정확한 상황을 파악하는 순발력이 갖추어야 함. 이러한 순발력은 폭넓게 인간관계(평소 문자 · 메일 안부메시지 교환 등) 필요하고 상 · 하 동료 직원 간 친밀한 소통을 하면서 상대방의 성격, 취향, 장단점을 생각해 보고 상대방 의견표출에 대해서는 상대방 입장에서 이해하면서 경청, 공감하는 업무 습관을 통해 터득하며,

2) 둘째, 문제점을 인식하는 능력인데 이것은 언론 · 방송보도를 자주 분석하거나 조직(사업)의 목표 · 목적 대비 현재의 추진상황을 냉철하게 비교해서 우수 · 부진요인을 명확하게 파악하는 업무경험에서 대부분 감각적으로 습득되는 것이고,

3) 셋째, 문제해결 능력인데 이것은 업무에 대한 사명감, 열정이 있어야 하는 것임

※ 가장 중요한 것은 조직과 공동체를 진정으로 사랑하고 감사하는 마음을 항상 가지고 있으면 스스로 자기업무가 보이고 개선 · 발전 방안까지 찾게 되는 것임

제8장 행정업무실무 데이터 관리 및 활용 기법 등에 관하여 (업무를 숫자화, 계량화, 도표화, 분야별 세부 업무파일 작성 관리)

유의사항

조직(공동체)는 문서·서류가 소통하고, 기록·데이터작성 보존과 활용능력을 단련하여 어떤 직무를 하더라도 최선을 다하라.

경청전문가가 되어라.

(실적 등 자료 만들고 남겨라)

주기적으로 내가 담당하는 전체 업무들을 점검하고 미흡점을 보완, 업그레이드하라.

1. 매일 비슷한 업무를 반복하는 경우, 어느 날 중요하고 특별한 업무를 맡게 됐더라도 자신도 모르게 그냥 평범하게 일 처리가 되는 것임

가. 평소에 비슷하게 보이는 업무이더라도 자세히 분석, 관찰하며 업무유형을 만들어 내어 기억하고, 업무난이도까지 평가하며 일하면 업무 경각심 유지 강화에 효과적임

나. 다른 고객들과 특이 차별 없이 업무 처리를 했는데도 어떤 고객은 매우 불편을 호소하거나 부당하다고 문제 제기를 할 수 있는데, 고객 입장에서 중요하다고 주장하는 내용에 대하여 어떤 설명이나 호응 등이 전혀 없으면 마치 처음부터 결론을 정해놓고 일하는 것처럼 고객이 오해를 할 수 있음

2. 고객 응대 시, 고객 주장을 "경청" 능력이 가장 필요하나 "경청"을 하다 보면 "공감"이 자연스레 이루어지는데, 이때 업무 경각심이 떨어지면 미리 예단하여 성급한 결론을 언급하거나 기대감이 잘못 심어 주어 나중에 엉뚱하게 "부정비리" 시비 거리가 야기될 수 있음을 유의해야 함

가. 고객이 불순한 의도를 가지고 어떤 특정 의견을 언급하게 유도하는 경우가 있으므로, 이럴 때는 "구체적인 의견이 상담 과정에서 거론되면 공정 문제가 생길 수 있어 서면으로 회신합니다. 고객께서 추가의견이 있으시면 서면을 제출해주

세요." 또는 "추가 필요한 자료는 검토 후 문서로 알려 드리겠습니다." 등 가급
적 빨리 상담 종료를 해야 할 것임

나. 고객이 상담을 더하고 싶다며 재촉하는 경우 "행정사무 업무처리는 정해진 업무
처리 절차에 따라 업무전산시스템 통해 처리되며, 문서로 추가의견을 제출 안내
를 드릴텐데 제출기한까지 회신이 없으면 업무절차 따라 처리 후 결과 회신을
해드립니다." 등 친절하고 일관성이 있게 대응해야 함

다. 덧붙여, 혹시 기대한 결과와 다른 회신을 받을 경우에는 이의신청, 심사청구,
행정심판 청구 및 소송, 법률구조공단 무료상담, 행정관청의 자체적인 무료법률
조력 지원제도를 이용할 수 있음을 상황에 따라 안내하는 것이 필요할 수 있음
   *문서회신 시에는 위와 같은 제도를 명시해야 함
   ※ 팜플렛 홍보자료 전달 또는 홈페이지 주소 안내 등 병행

3. 조직 일원이 되어 보면, 본의 아니게 인사발령 되거나 다른 부서 인사발령 등을
받아 새로운 직무를 갑자기 접하게 되는 경우가 발생할 수 있음

가. 어떤 직무를 갑자기 새롭게 맡더라도 침착성을 유지해야 하며, 대부분 전임자가
남긴 『업무인계인수』라는 자료를 통해 업무수행이 원활함

나. 부실하게 『업무인계인수』 자료를 받는 경우 후임자가 업무파악 및 업무수행에
곤란을 당하는 경우 등도 가끔 있을 수 있음

다. 요즈음은 대부분 『업무전산시스템』으로 업무수행이 되어 전임자가 행한 업무가
업무시스템에 저장되어 기록이 있으므로 후임자가 업무파악 등을 하는 것이 도
움될 것임

라. 업무파악을 원활히 할려면 평소 자신이 수행하는 업무 전반에 대해 『업무데이터
자료』를 작성 관리가 필요한데, 전임자가 남긴 각종 『업무데이터 자료』 등이 있
을 텐데 이러한 다른 사람의 『업무데이터 자료』를 그간 자신이 작성 관리해 오
던 『업무데이터 자료』와 비교 및 대조 분석을 하면 업무 차이점 파악이 쉽게 되
고, 『업무데이터 자료』를 가지고 문서파일 등을 찾아보고 각종 『보고서·업무계
획서』까지 심층 검토하면 됨
   ※ 『업무 인계인수서』 자료는 기본적으로 상세히 검토, 숙지해야 함

4. 조직 적응을 빨리하고 능력을 발휘하려면, 열정을 가지고 책임감이 있게 업무를

효율적으로 열심히 수행해야 하며, 조직 구성원들의 소신과 가치관 등이 다르므로 『다른 것을 잘못된 것 또는 맞지 않은 것』으로 판단하여 동료들을 차별적으로 교류·교제를 해서는 안 되는 것임

가. 나 자신이 먼저 조직에 맞추어져야 하고 "리더"가 조직을 이끄는 방향, 목표, 방침 등을 명확히 이해하고 자신이 부여받은 직무를 수행하는 마음가짐(초심)을 항상 스스로 수시 점검하며 조직에 기여하는 자세를 가져야 함

나. 다른 동료 등이 뛰어난 능력을 인정하고 배워야 하며, 나만의 『업무데이터 자료』를 작성, 업데이트하는 등 자기계발을 철저히 하고 업무경각심을 항상 가져야 하는 것임

5. 태어날 때부터 전문가는 찾기 힘듦. 천부적인 소질을 타고났다고 하는 분들이 알고 보면 대부분 남들보다 엄청난 노력을 하고 끊임없이 노력을 멈추지 않는 것임

가. 자동차 도로를 달리면 여러 가지 도로표지판이 나타나고 "숫자" 나타나면 속력을 늦추게 됨. 이러한 것처럼 업무수행에서 자신만의 업무 데이터 도표화·그래프 자료를 구축해 놓으면 불시 업무과제 또는 업무수행 문서를 시달받더라도 이러한 문서 속에 자신이 구축하고 있는 도표, 그래프 등이 보이면 금방 친숙하고 업무집중 되어 업무수행에 도움이 될 것임

※ 건강보험공단 건강진단 결과, 보험회사 개인맞춤 재무분석 자료 등을 보면 도표, 그래프 등이 잘 나타나 있는데, 이러한 것을 벤치마킹 필요함

나. 업무를 항상 신속하고 정확하게 처리하는 노하우를 터득해야 하고, 이를 경험 삼아 일하는 방식과 제도의 개선 등을 찾아 반영 등 자기계발, 발전이 조직 발전이 되어 보람이 되며 컴퓨터, e-mail, 휴대폰, 사진, 동영상 등과 각종 데이터, 앱 도구, 장비까지 행정사무에 융합시켜 활용하는 업무수행 기술을 숙달하여야 함

※ 인공지능이 사람을 대신하는 시대가 도래했으며, 업무를 계량화, 그래프 등 만드는 일을 로봇이 하게 될 것이고, 로봇이 제품을 제작하는 생산 현장뿐만 아니라 사무환경까지 많은 비중을 차지할 것임

※ 컴퓨터, F.A.X, 복사기, 프린트 등 사무기기 → 데이터 작성 소형로봇, 파워포인트(보고수행) 로봇, 업무상담 답변 로봇, 민원안내 로봇, 통역로봇 등 사무기계가 직접 업무수행하는

시대가 되어 행정사무 경쟁자 관계가 되는 것임

6. 행정업무 수행 시, 70~80년대 주산, 수동 타자기, 등사기, 먹지, 회색 사무용지, 다이얼 전화기, 심지이 숫자 계산은 암산하며 업무를 하였으나 요즘은 엑셀, 파워포인트, 레이저 컬러 프린트 등 사무기기가 비약적으로 발전하여 초고속 초정밀의 행정사무기기 자동화 시대가 되었음

※ 재택근무, 이동 관공서, 로봇공무원, 전자문서, 구두·녹음 음성문서 행정 등 생활화 되므로 이러한 행정사무 환경을 미리 예측하고 대비해야 함

7. 업무계획을 수립하거나 예산요청, 언론·방송 보도자료를 작성할 시에는 업무데이터 인용을 많이 하는데, 이러한 업무수행에서 필요한 업무데이터 등이 충분하지 않을 경우 빈약한 업무데이터를 기반하여 업무추진을 강행해서는 안 될 것이며, 통계청, 한국은행 경제통계, 각 부처 통계부서, 상공회의소 등 경제단체 등에서 필요자료를 확보할 수 있는 것임

가. 현장 사업실적 자료, 성과사례 등이 필요할 경우, ○○사업 우수사례 경진대회 등 개최하여 우수사업 선정 건에 대해서는 예산추가 지원, 기관포상 및 담당자 등 인사 혜택 부여 등을 통해 자료발굴시스템을 가동해 필요 자료를 확보해야 할 것임

나. 실무 중에 긴급한 자료가 확보되지 않을 경우, 혼자서 고민하거나 스트레스 받을 것이 아니라, 상급자, 선임자, 전임자 등에게 적극 문의 도움을 요청하거나, 직접 데이터를 관리하는 부서, 담당자를 여러 번 이라도 찾아가서 재촉을 하게 되면 대부분 해결이 되는 것임(때로 업무강단이 필요함)

8. 업무를 『분야별 업무파일』 만들어 보관·활용하면 효율적임

가. "예시" : 『행정사총괄』 업무파일을 √**클릭**하면, 아래와 같음

> ●●●총괄

이름 ^	수정한 날짜	유형
1●●계산서 발행	2020-01-27 오전 11:42	파일 폴더
2자문업체	2020-08-05 오후 12:36	파일 폴더
3행정심판(음주운전 등)	2020-01-04 오후 5:31	파일 폴더
44대보험 업무	2020-01-04 오후 5:31	파일 폴더
5행정경영정보	2020-01-27 오전 11:16	파일 폴더
6●●금	2020-08-05 오후 12:37	파일 폴더
7문서대장(기안, 시행문 총괄)	2020-01-04 오후 5:31	파일 폴더
8대한민국 국적	2020-01-04 오후 5:31	파일 폴더
9산재○○	2020-03-05 오전 10:24	파일 폴더
10●●●조사 보고서	2020-01-04 오후 5:31	파일 폴더
11●●●사업	2020-01-04 오후 5:31	파일 폴더
12●●급여	2020-01-04 오후 5:31	파일 폴더
13견적서청구서	2020-02-16 오후 10:32	파일 폴더
14서무	2020-08-11 오전 9:41	파일 폴더
●●○○	2020-01-04 오후 5:32	파일 폴더
●●컨설팅	2020-01-04 오후 5:32	파일 폴더
감사원	2020-01-04 오후 5:32	파일 폴더
강의○○	2020-01-04 오후 5:32	파일 폴더
게시판	2020-02-02 오후 8:14	파일 폴더
경남도청	2020-01-22 오후 4:36	파일 폴더
계약(서식)	2020-02-03 오후 3:21	파일 폴더
●●지원금	2020-08-13 오전 11:33	파일 폴더
●●○○	2020-04-13 오후 3:31	파일 폴더
공무원(●●심사)	2020-01-04 오후 5:32	파일 폴더
공익법인 설립(●●부 참조)	2020-01-04 오후 5:32	파일 폴더
교대제	2020-01-04 오후 5:32	파일 폴더
교육	2020-01-21 오후 4:53	파일 폴더
국가●●제도(●●청)	2020-05-27 오후 4:14	파일 폴더
국가유공자	2020-01-04 오후 5:32	파일 폴더
국민권익위원회	2020-05-29 오후 6:15	파일 폴더

나. 예시 -『게시판』업무파일

1)

강의	2020-01-04 오후 5:32	파일 폴더	
게시판	2021-02-01 오후 12:54	파일 폴더	√클릭
경남도청	2020-01-22 오후 4:36	파일 폴더	

※ 『게시판』업무파일 내부에 2016년도 ～ 2021년도 파일 있음

2)

2016년도	2020-01-04 오후 5:32	파일 폴더	
2017년도	2020-01-04 오후 5:32	파일 폴더	√클릭
2018년도	2020-01-04 오후 5:32	파일 폴더	
2019년도	2020-01-04 오후 5:32	파일 폴더	
2020년도	2020-12-31 오후 5:29	파일 폴더	
2021년도	2021-07-30 오후 5:55	파일 폴더	

※ 2017년도 파일 √클릭 하면, 아래 3)과 같이 월별 현황이 있음

3)

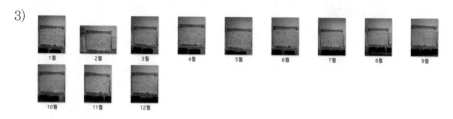

※ 연도별, 월별 『업무게시판』을 사진을 찍어 저장, 활용사례

다. 예시 -『국민권익위원회(고충민원)』업무파일

1)

감사원	2020-01-04 오후 5:29	파일 폴더	
국민권익위원회(고충민원)	2021-05-24 오후 2:44	파일 폴더	√클릭
정부보조금부정신고	2021-05-24 오후 2:44	파일 폴더	
정보공개 청구서(참고)	2018-09-07 오후 3:16	한컴오피스 한글	

※ 국민권익위원회(고충민원) 파일 √클릭 하면, 아래 2) 같이 나타남

2)

2018	2020-01-04 오후 5:29	파일 폴더	
2019	2020-01-04 오후 5:29	파일 폴더	
2020	2021-05-24 오후 2:30	파일 폴더	
2021	2021-02-01 오후 1:10	파일 폴더	
정부보조금 부정신고	2021-05-24 오후 2:44	파일 폴더	√클릭
최신 계약서(예시)	2020-01-04 오후 5:29	파일 폴더	
국민권익위원회(안내)	2018-09-14 오전 11:13	한컴오피스 한글	

※ 위 『정부보조금 부정신고』 파일을 √클릭 하면,

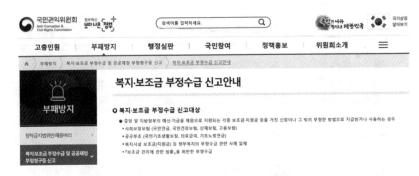

위와 같이 자료화면이 나타남

제9장 업무 상세파악 적응, 비상업무 등 대비·대응에 대하여

(전문가그룹 인간관계 교류, 위기는 업무실력 입증기회, 진짜 실력은
열악한 조건과 환경을 이겨낸다. 평소에 업무 상세파악 완벽한 상태
라야 원활한 비상업무 가능, 개인 실무사례집, 업무매뉴얼 작성)

유의사항

업무창의성은 업무몰입·집중·사명감, 관심 토대 위에 자란다.

(업무는 살아있는 생물이다)

기계·도구를 탓하지 말고 녹슨 것은 닦고 갈고, 없는 것은 내가 만들어라

도전하고 땀 흘리며 노력하라

빠르고 정확하게 일 처리하고 수시 연구개발하고 보완하라

예상치 못한 업무를 맡더라도 당황을 말고, 연구하고 법령 등 공부하고 자료를 찾아 극복하라

---

1. 어떤 조직에 초임 발령을 받을 때, 누구나 긴장하고 업무를 잘하려는 각오로 시
   작하는 것임

   ※ 기계부품 등을 생산하는 기업의 경우, 생산근로자 신규입사 시 약 6개월간 현장적응이
   필요한 것처럼 행정사무 분야 역시 업무익숙 기간이 있는 것임

   * 단순노무 일용근로자 및 기간제 근로자 등은 첫날부터 노동강도가 높은 곳 등 예외가 있음

2. 막상, 업무에 인사배치 발령되면 사전에 신규자 교육과정 또는 오리엔테이션 직
   무교육 등을 충실히 받고 업무매뉴얼까지 있으면 업무파악, 적응이 어느정도 원
   만하게 할 수 있음

노동법 소개

1. 입사시 서면근로계약서 교부의무

   • 근로계약서 명시의무 사항: 임금, 소정근로시간, 휴일, 연차유급휴가, 취업의
   장소, 종사하여야 할 업무에 관한 사항, 업무의 시작과 종료시각, 휴게시간, 휴
   일, 휴가 및 교대근로에 관한 사항, 임금의 결정·계산·지급방법, 임금의 산정
   기간·지급시기 및 승급에 관한 사항, 가족수당의 계산·지급방법에 관한 사항

(가족수당 지급의무사항 아님), 퇴직에 관한 사항, 퇴직급여, 상여 및 최저임금에 관한 사항, 근로자의 식비, 작업 용품 등의 부담에 관한 사항, 근로자를 위한 교육시설에 관한 사항, 출산전후휴가·육아휴직 등 근로자의 모성보호 및 일·가정 양립지원에 관한 사항, 안전과 보건에 관한 사항, 근로자의 성별·연령 또는 신체적 조건 특성에 따른 사업장 환경의 개선에 관한 사항, 업무 상과 업무 외의 재해부조에 관한 사항, 직장 내 괴롭힘의 예방 및 발생 시 조치 등에 관한 사항, 표창과 제재에 관한 사항

2. 상시 10인 이상 사업장: 취업규칙 비치의무

3. 상시 30인 이상 사업장: 노사협의회 설치의무, 고충처리위원회 구성·운영 의무
   • 노사협의회 협의 사항: 생산성 향상과 성과 배분, 근로자의 채용·배치 및 교육훈련, 근로자의 고충처리, 안전·보건, 그 밖의 작업환경 개선과 근로자의 건강증진, 인사·노무관리의 제도 개선, 경영상 또는 기술상의 사정으로 인한 인력의 배치전환·재훈련·해고 등 고용조정의 일반원칙, 작업과 휴게 시간의 운용, 임금의 지불방법·체계·구조 등의 제도 개선, 신기계·기술의 도입 또는 작업 공정의 개선, 작업 수칙의 제정 또는 개정, 종업원지주제와 그 밖에 근로자의 재산형성에 관한 지원, 직무 발명 등과 관련하여 해당 근로자에 대한 보상에 관한 사항, 근로자의 복지증진, 사업장 내 근로자 감시 설비의 설치, 여성근로자의 모성보호 및 일과 가정생활의 양립을 지원하기 위한 사항, 남녀고용평등과 일·가정 양립 지원에 관한 법률 제2조 제2호에 따른 직장 내 성희롱 및 고객 등에 의한 성희롱 예방에 관한 사항, 그 밖의 노사협조에 관한 사항

4. 1인 이상 근로자(직업의 종류를 불문하고 임금·급료 기타 이에 준하는 수입에 의하여 생활하는 자): 노동조합 가입 가능함, 노동조합 조직(2명 이상 가능함)
   ※ 사용자 또는 항상 그의 이익을 대표하여 행동하는 자의 노동조합 가입참가는 허용되지 않는 것임

3. 10인 전후 사업체에 신규 입사하는 경우, 조직 적용이 중요하고 개인의 직무실력 발휘, 능력인정, 성과달성 등이 비교적 명확하게 구별되어 나타나므로 일의 흥미와 성취감, 자부심, 사명감 등을 가지고 빠르게 직업인으로 성장하는 데 도움이 되는 등 장점들이 있으나,

가. 주변 동료 및 상하 직원 간 업무스타일 차이로 의견충돌이 쉽게 생길 수 있고,

단순하게 성격 차이 등으로 사소한 갈등이 겪을 수 있고, 업무 실수, 약점이 빨리 드러나는 등 단점이 있으나, 반대로 활발한 소통을 자주 하므로 신속하게 서로 화합을 도모할 수 있음

4. 30인 전후 사업체부터는 노사협의회 구성 운영 등뿐만 아니라, 인사·총무·관리팀, 생산팀, 협력사관리지원팀, 연구개발팀, 영업·AS팀, 품질관리팀 등의 조직 및 행정사무 체계가 시스템적으로 확립되어 있으므로, 신규 사원들이 입사하여 회사의 대표자, 임원 및 관리책임자, 각 부서 기능, 주요 생산제품 및 거래처, 직원 현황 등을 파악, 숙지하고 취업규칙 등 사규를 참조하며 발령부서에서 신속히 업무적응을 원만히 할 수 있는 것임

5. 어느 조직에 소속하더라도 공통적으로 강조되는 것이 역시 『업무를 잘하려는 다짐이 있었음』 초심을 잃지 않는 것이고, 조직생활 중에 본의 아니게 약간 일탈이 발생하더라도 항상 초심을 회복하여 조직 적응을 해야 하는 것임

가. 건전한 여가 활동, 취미생활 등이 업무 스트레스 해소를 적절히 해주는 것이고, 틈틈이 업무 관련 전문성 향상(평생학습시대임) 통해 『조직과 리더』가 추구하고 나아가는 목표와 방향을 따라 맡은 과업들을 순조로이 성공적으로 수행할 수 있어야 하는 것임

나. 솔직히, 대부분의 사람들이 실수와 실패의 경험들이 있는데, 이러한 실수와 실패를 교훈삼아 유사반복형 실수와 실패를 하지 않는 것이 중요한 것임

6. 전혀 모르는 생소한 업무나 부서 등에 발령을 받을 경우, 매우 당혹스럽고 불안하나 일정 기간 경과하면 자연스레 어느 정도 적응이 되는 것임

가. 어디를 가나 관행적으로 상·하 직원 간, 부서 직원 간, 동료 간에 소통 문화가 있어 업무를 가르쳐 주고 격려를 해주고 하는데, 이러한 배려 기간이 통상 3개월~6개월 정도이므로 이 시기를 헛되이 보내지 말고 매우 집중하여 조직업무 전반 업무를 터득할 수 있어야 함

나. 일용직, 계약직, 기간제 등 비정규직근로자로서 입사 한 경우에는 정규근로자와 차별대우 등이 법적으로 금지되어 있더라도 차별·비교 분위기를 심각하게 느끼

면 부서장 등 상담 건의 등으로 지혜롭고 절차에 따라 대응해야 하고, 소정 계약기간을 낭비하지 않도록 성실히 하고 인간관계를 쌓거나 업무 노력을 철저히 병행하면 정규직에 발탁이 되기도 하며, 나중에 다른 회사, 직종 등에 종사할 때는 경험으로 유익하게 활용할 수 있으므로 힘든 상황이 있더라도 현실을 이겨내고 극복해 나가야 할 것임

7. 요즘에는 SNS, 인터넷 검색, 카톡 단체방, 밴드, e-mail 등 많은 업무소통 공간 등이 있어 이러한 것을 조직 적응 등에 적절하게 활용할 수 있을 것임
   ※ 업무 보안 사항 등 민감한 사안은 공개논의 불가할 것임

8. 자기발전을 위하여는 현재의 담당업무뿐만 아니라, 홈페이지 검색 숙지, 다른 부서 방문, 법령 및 제규정 학습, 전문서적 연구 등을 해야 하고, 열람 가능한 문서파일 검토, 업무 관련 사이버강의 등 수강, 각종 업무보고 및 업무계획 숙지, 원만한 인간관계 관리 등 남다른 노력이 항상 필요한 것임

9. 행정사무 실무 등을 수행하는 초기에는 직장동료 등과의 신앙, 신념, 가치관 등이 다양하므로 대인관계를 원만하게 형성하는 것이 힘든 것이므로 근무시간에 조직목표와 담당업무 수행, 각종 규정을 성실히 준수하는 것에 집중해야 하고, 직장과 공동체 생활을 하면서 타인과 신앙, 신념, 가치관 등에 관한 마찰이 생기지 않도록 하고 항상 상대방을 존중하되 어색한 분위기가 느껴지는 자리는 자연스럽게 피하는 것이 좋은 것임

10. 원만한 대인관계 형성과 조직적응을 하는 과정에서 따돌림, 무시를 당한다는 생각이 들고 능력부족, 적성부적합 등등 그만두거나 다른 직업을 찾아야 하나 고민들이 많이 생기나, 솔직히 직위·직책이 높아 갈수록 난이도가 더 높은 더 많은 고민, 스트레스를 가지고 있는 것이기 때문에 근무시간에는 조직목표와 담당업무 수행, 각종 규정을 성실히 준수하는 것에 더욱 집중하면 시간이 지나면서 다른 고민들과 대체되고 해결이 되는 것임

비상업무 등 대비 · 대응에 대하여

1. 평상시 일상업무에 있어 중대한 오류, 과실 및 고의적인 업무수행 부실이 있을
   경우에는 통상적으로 행정실무 담당자를 가장 무거운 징계처분하나, 위기 · 비
   상 상황시 비상대응 업무가 부실하는 경우에는 행정실무 담당자보다 지휘 · 관
   리 책임자를 즉각 경질 또는 무거운 징계처분을 하게 됨

   가. 행정실무자는 위기 · 비상 상황시 인적 물적 긴급동원 등을 시키는 정보 및
      경험, 권한이 제한되어 있으므로 지휘 · 관리 책임자가 신속하게 현장 상황
      을 장악하고 사태수습 지휘관리를 해야 할 소명이 있는 것임

   나. 일상업무 중에서 행정실무자가 판단하여 위기 · 비상 상황시 국가 · 사회적
      인 대규모 혼란과 피해, 위험 등을 야기시키는 업무가 있을 경우에는, 반
      드시 『위기 · 비상대응 대책강구』 필요 소요보고를 하고 『위기 · 비상대응 대
      책강구』 시행 매뉴얼이 충분한 지 확인하고 미흡시 보완 건의 등을 해야함

   ※ 행정관서, 사업체 등 위기 · 비상 상황 대비하는 매뉴얼이 상시 구비, 즉각 이용할
   수 있어야 하나, 대체로 형식적 업데이트 안되어 실효성이 낮은 편임

2. 특별한 위기 · 비상 상황 발생시 평상시 행정수단 등으로는 위기 · 비상 상황 수
   습 및 감당이 불가능할 경우에는, 반드시 『위기 · 비상대응 대책』 충분히 갖추어
   져야 함

   가. 가정집 등에 강도, 도둑 등이 침입하거나 화재 발생 등 민생 위기 상황을
      예방, 대응 수습을 위해 경찰관서, 소방관서 등에서 수시 순찰, 사전점검
      등을 철저히 하고 있는 것임

3. 위기 · 비상 대응은 신속하고 정확한 상황파악, 보고가 가장 핵심이며, 허위보
   고, 부실보고, 지연보고 등은 위기 · 비상 대응 부실책임을 면하기 위한 것이므
   로 고의성, 중대과실 등이 있으면 사후 징계 등 처분, 처벌을 받는 것임

   가. 긴박한 상황과 즉각적인 대응 등이 불가피하게 필요한 상황에는 현장대응
      조치를 먼저 하고 즉시 보고계통을 통해 세부 후속지휘 따라 추가 대응을
      해야 하는 것임

4. 화학물질 연구 · 생산공장 및 저장시설, 대규모 공사현장, 발전소, 대형지하상가
   등에는 『지진, 정전 등』 비상 상황이 생기더라도 대응하는 비상대책완벽하게 설
   계 확립되어 안전하게 관리되고 있으나, 평범한 일상생활 행정사무에서 『위기와
   안전의식』 이 낮아 항상 경각과 유의를 해야 함

가. 컴퓨터 및 휴대폰 해킹, 무단촬영, 전화 및 휴대폰 문자로 금품 송금사기, 통화녹음, 금품·향응 로비, 고가 물건(특산품, 양주, 운동구, 가방 등) 로비 등 항상 주의

나. 본의아니게 금품·향응 로비 등을 수령하였을 경우, 보고절차 등에 따라 자진 신고하여 반환, 보상 등 책임을 다하고 피해 최소화를 해야 할 것임

5. 중요업무 등을 수행할 때는, 동료 등의 시샘, 각종 음해, 모욕 등을 받을 수 있는데, 이러한 상황을 극복하는 의무까지 중요업무에 포함된다는 판단각오하에 흔들림 없이 차분히 맡은 바 소임을 다해야 하는 것임

6. 소득과 보유자산을 초과하는 지출, 소비생활을 항상 경계해야 하고, 과잉불필요 지출 등을 자제하는 것도 위기·비상 대응에 속하는 것임

제10장 정부행정실무 조직에 대하여
(국가 · 지방 · 공공 행정사무의 체계적이고 능률적인 수행)

관련법령 등
정부조직법, 지방자치법, 공공기관의 운영에 관한 법률
행정기관 직제 · 사무분장 및 위임전결규정
장관 · 차관(보) · 실장 · 국장, 기획예산조직실, 정책총괄실, 인사 · 교육 · 총무 · 감사부서, 민원부서, 정책사업부서
지방 직속관서, 산하공공기관, 지방지치단체(직선제), 직할 기관, 산하기관, 단체
국회, 지방의회(선출직)

1. 정부 조직 관리를 주무부처는 행정안전부 전자정부 구현 등 대한민국 행정시스템이 고도 발전, 자부심과 함께 경각을 갖고 초격차 유지 필요

2. 정부 『조직』 발전이 건물에 비유하면 설계와 시공, 감리 등을 통해 안전성 확보하며 견고하게 완성하는 것처럼, 『조직』 출범과 조직 개편, 행정법률 집행기관 직제 마련, 사무분장, 위임전결 규정 및 인사 · 감사규정 제정, 예산과 인력, 청사 확보, 인사명령과 조직 구성원 배치, 행정관서 개소, 소관 법령 집행, 직무성과 평가 제도 등 통한 상시 및 지속적인 업무효율화 추진하여 『조직』이 생물처럼 성숙해짐(행정조직의 안전성, 행정의 효율성, 행정의 경쟁력 중요함)

가. 건물이 시공 과정에서 '설계 변경' 적용 건이 발생하는 것처럼,

나. 정부 행정 『조직』 관리를 함에도, 국가 · 사회적 다양한 행정환경 변화 등에 효율적으로 대응하기 위해 꾸준한 조직 및 직제, 기구 등이 개편되는 것임

3. 새로운 정부 행정 『조직』 등이 설치 · 개편 진행하는 경우, 많은 국민들이 관심이 높고, 방송 · 언론보도, 유력인사 발탁, 시민단체, 노동조합, 전문가 업역 이익단체 등이 이해대립을 하여 항상 사회적 이슈를 만들고 있으며,

가. 신설 『조직』이 출범 시에는, 철저한 사전준비 과정을 거치는데 비슷한 시기 타부처 사례 및 기존 관서 개소 자료 등을 종합하여 신속한 행정관서 개소, 즉각

적인 업무개시가 매우 원활히게 이루어지는 것임

나. 세부업무 추진은 미리 배포된 업무매뉴얼과 업무처리 전산시스템을 토대로 집행을 하나, 초기 업무과정에서는 전산처리 오류가 특히 많이 발생하고, 업무경험이 부족한 인력이 배치된 기관의 경우 다른 관서에서 업무처리를 한 사례를 벤치마킹을 하므로 업무처리 지연 민원이 발생함

※ ○○조직 출범 추진단 전담조직이 신속한 보완 등 빠른 조직 안정을 달성함

다. 신설 『조직』 출범 직후에는 일선 행정실무담당자 및 정책설계 추진담당자 합동 업무워크숍 개최 통해 현안 문제점을 공유하고 개선 보완책 수립, 시행 등 효율적으로 신설 기관·조직을 관리하고 있음

4. 정부가 선거를 통해 정권을 이양받는 경우 "인수위" 활동기간에 정부조직 개편 "큰틀"이 만들어지고 있고,

가. 정부출범 이후에도 행정환경 변화 등에 효율적 대응 등 위해 수시 『조직』 개편, 신설, 폐지 등이 정교하고 체계적으로 이루어지고 있음

5. 대통령

가. 대통령의 행정감독권(정부조직법 제11조)

① 대통령은 정부의 수반으로서 법령에 따라 모든 중앙행정기관의 장을 지휘·감독한다.

② 대통령은 국무총리와 중앙행정기관의 장의 명령이나 처분이 위법 또는 부당하다고 인정하면 이를 중지 또는 취소할 수 있다.

나. 국무회의(정부조직법 제12조)

① 대통령은 국무회의 의장으로서 회의를 소집하고 이를 주재한다.

② 의장이 사고로 직무를 수행할 수 없는 경우에는 부의장인 국무총리가 그 직무를 대행하고, 의장과 부의장이 모두 사고로 직무를 수행할 수 없는 경우에는 기획재정부장관이 겸임하는 부총리, 교육부장관이 겸임하는 부총리 및 제26조 제1항

에 규정된 순서에 따라 국무위원이 그 직무를 대행한다.

③ 국무위원은 정무직으로 하며 의장에게 의안을 제출하고 국무회의의 소집을 요구
할 수 있다.

④ 국무회의의 운영에 관하여 필요한 사항은 대통령령으로 정한다.

다. 대통령비서실(정부조직법 제14조)

① 대통령의 직무를 보좌하기 위하여 대통령비서실을 둔다.

② 대통령비서실에 실장 1명을 두되, 실장은 정무직으로 한다.

라. 국가안보실(정부조직법 제15조)

① 국가안보에 관한 대통령의 직무를 보좌하기 위하여 국가안보실을 둔다.

② 국가안보실에 실장 1명을 두되, 실장은 정무직으로 한다.

마. 대통령경호처(정부조직법 제16조)

① 대통령 등의 경호를 담당하기 위하여 대통령경호처를 둔다.

② 대통령경호처에 처장 1명을 두되, 처장은 정무직으로 한다.

③ 대통령경호처의 조직·직무범위 그 밖에 필요한 사항은 따로 법률로 정한다.

6. 국무총리

가. 국무총리의 행정감독권(정부조직법 제18조)

① 국무총리는 대통령의 명을 받아 각 중앙행정기관의 장을 지휘·감독한다.

② 국무총리는 중앙행정기관의 장의 명령이나 처분이 위법 또는 부당하다고 인정될
경우에는 대통령의 승인을 받아 이를 중지 또는 취소할 수 있다.

나. 국무조정실(정부조직법 제20조)

① 각 중앙행정기관의 행정의 지휘·감독, 정책 조정 및 사회위험·갈등의 관리, 정

부업무평가 및 규제개혁에 관하여 국무총리를 보좌하기 위하여 국무조정실을 둔다.

② 국무조정실에 실장 1명을 두되, 실장은 정무직으로 한다.

③ 국무조정실에 차장 2명을 두되, 차장은 정무직으로 한다.

다. 국무총리 소속 행정기관

국가보훈처, 인사혁신처, 법제처, 식품의약품안전처

7. 행정각부

① 대통령의 통할하에 다음의 행정각부를 둔다.

1. 기획재정부	2. 교육부	3. 과학기술정보통신부
4. 외교부	5. 통일부	6. 법무부
7. 국방부	8. 행정안전부	9. 문화체육관광부
10. 농림축산식품부	11. 산업통상자원부	12. 보건복지부
13. 환경부	14. 고용노동부	15. 여성가족부
16. 국토교통부	17. 해양수산부	18. 중소벤처기업부

※ 2022.3.9.(수) 제20대 대통령선거에 의거 윤석열 후보가 당선되어 2022.5.10.~2027.5.9. 임기기간임. 윤석열 정부가 출범되어 전임 문재인 정부 행정각부 등 정부조직 개편이 이루어질 수 있음

※ 국내외 다양한 외교안보, 경제 상황 등 변화에 효율적으로 대응 등을 위해 정부조직법이 개정될 수 있고, 공공 및 민간조직 등의 경우에도 조직이 끊임없이 변화와 혁신을 꾀하는 것이 바람직한 것임

② 행정각부에 장관 1명과 차관 1명을 두되, 장관은 국무위원으로 보하고, 차관은 정무직으로 한다. 다만, 기획재정부·과학기술정보통신부·외교부·문화체육관광부·산업통상자원부·보건복지부·국토교통부에는 차관 2명을 둔다.

③ 장관은 소관사무에 관하여 지방행정의 장을 지휘·감독한다.

8. 지방정부(시·도 등)의 『조직』 개편, 신설, 폐지 등은 중앙정부와 유사하고 주무

부처 행정안전부(직제, 공무원 정원 등 관할) 관할 하에 있음

가. 행정안전부 직제규정 제3조(직무): 행정안전부는 국무회의의 서무, 법령 및 조약의 공포, 정부조직과 정원, 상훈, 정부혁신, 행정능률, 전자정부, 정부청사의 관리, 지방자치제도, 지방자치단체의 사무지원·재정·세제, 낙후지역 등 지원, 지방자치단체 간 분쟁조정, 선거·국민투표의 지원, 안전 및 재난에 관한 정책의 수립·총괄·조정, 비상대비, 민방위, 방재 및 국가의 행정사무로서 다른 중앙행정기관의 소관에 속하지 아니하는 사무를 관장한다. (별첨 20 참조)

나. 목적(지방자치법 제1조)

이 법은 지방자치단체의 종류와 조직 및 운영에 관한 사항을 정하고, 국가와 지방자치단체 사이의 기본적인 관계를 정함으로써 지방자치행정을 민주적이고 능률적으로 수행하고, 지방을 균형있게 발전시키며, 대한민국을 민주적으로 발전시키려는 것을 목적으로 한다.

다. 지방자치단체의 종류(지방자치법 제2조)

① 지방자치단체는 다음의 두 가지 종류로 구분한다.
 1. 특별시, 광역시, 특별자치시, 도, 특별자치도
 2. 시, 군, 구
② 지방자치단체인 구(이하 "자치구"라 한다)는 특별시와 광역시의 관할 구역 안의 구만을 말하며, 자치구의 자치권의 범위는 법령으로 정하는 바에 따라 시·군과 다르게 할 수 있다.
③ 제1항의 지방자치단체 외에 특정한 목적을 수행하기 위하여 필요하면 따로 특별지방자치단체를 설치할 수 있다.
④ 특별지방자치단체의 설치·운영에 관하여 필요한 사항은 대통령령으로 정한다.

라. 사무처리의 기본원칙(지방자치법 제8조)

① 지방자치단체는 그 사무를 처리할 때 주민의 편의와 복리증진을 위하여 노력하여야 한다.
② 지방자치단체는 조직과 운영을 합리적으로 하고 그 규모를 적정하게 유지하여야

한다.

③ 지방자치단체는 법령이나 상급 지방자치단체의 조례를 위반하여 그 사무를 처리할 수 없다.

마. 공공기관(공공기관의 운영에 관한 법률 제4조)

① 기획재정부장관은 국가·지방자치단체가 아닌 법인·단체 또는 기관(이하 "기관"이라 한다)으로서 다음 각 호의 어느 하나에 해당하는 기관을 공공기관으로 지정할 수 있다.

1. 다른 법률에 따라 직접 설립되고 정부가 출연한 기관

2. 정부지원액(법령에 따라 직접 정부의 업무를 위탁받거나 독점적 사업권을 부여받은 기관의 경우에는 그 위탁업무나 독점적 사업으로 인한 수입액을 포함한다. 이하 같다)이 총수입액의 2분의 1을 초과하는 기관

3. 정부가 100분의 50 이상의 지분을 가지고 있거나 100분의 30 이상의 지분을 가지고 임원 임명권한 행사 등을 통하여 해당 기관의 정책 결정에 사실상 지배력을 확보하고 있는 기관

4. 정부와 제1호부터 제3호까지의 어느 하나에 해당하는 기관이 합하여 100분의 50 이상의 지분을 가지고 있거나 100분의 30 이상의 지분을 가지고 임원 임명권한 행사 등을 통하여 해당 기관의 정책 결정에 사실상 지배력을 확보하고 있는 기관

5. 제1호부터 제4호까지의 어느 하나에 해당하는 기관이 단독으로 또는 두개 이상의 기관이 합하여 100분의 50 이상의 지분을 가지고 있거나 100분의 30 이상의 지분을 가지고 임원 임명권한 행사 등을 통하여 해당 기관의 정책 결정에 사실상 지배력을 확보하고 있는 기관

6. 제1호부터 제4호까지의 어느 하나에 해당하는 기관이 설립하고, 정부 또는 설립 기관이 출연한 기관

② 제1항에도 불구하고 기획재정부장관은 다음 각 호의 어느 하나에 해당하는 기관을 공공기관으로 지정할 수 없다.

1. 구성원 상호 간의 상호부조·복리증진·권익향상 또는 영업질서 유지 등을 목적으로 설립된 기관

2. 지방자치단체가 설립하고, 그 운영에 관여하는 기관

3. 「방송법」에 따른 한국방송공사와 「한국교육방송공사법」에 따른 한국교육방송
공사

③ 제1항 제2호의 규정에 따른 정부지원액과 총수입액의 산정 기준·방법 및 같은
항 제3호부터 제5호까지의 규정에 따른 사실상 지배력 확보의 기준에 관하여 필
요한 사항은 대통령령으로 정한다.

바. 공공기관의 구분(공공기관의 운영에 관한 법률 제5조)

① 기획재정부장관은 공공기관을 다음 각 호의 구분에 따라 지정한다.

1. 공기업·준정부기관: 직원 정원, 수입액 및 자산규모가 대통령령으로 정하는
기준에 해당하는 공공기관

2. 기타공공기관: 제1호에 해당하는 기관 이외의 기관

② 제1항 제1호에도 불구하고 기획재정부장관은 다른 법률에 따라 책임경영체제가
구축되어 있거나 기관 운영의 독립성, 자율성 확보 필요성이 높은 기관 등 대통
령령으로 정하는 기준에 해당하는 공공기관은 기타공공기관으로 지정할 수 있다.

③ 기획재정부장관은 제1항의 규정에 따라 공기업과 준정부기관을 지정하는 경우
총수입액 중 자체수입액이 차지하는 비중이 대통령령으로 정하는 기준 이상인 기
관은 공기업으로 지정하고, 공기업이 아닌 공공기관은 준정부기관으로 지정한다.

④ 기획재정부장관은 제1항 및 제3항의 규정에 따른 공기업과 준정부기관을 다음
각 호의 구분에 따라 세분하여 지정한다.

1. 공기업

가. 시장형 공기업: 자산규모와 총수입액 중 자체수입액이 대통령령으로 정
하는 기준 이상인 공기업

나. 준시장형 공기업: 시장형 공기업이 아닌 공기업

2. 준정부기관

가. 기금관리형 준정부기관: 「국가재정법」에 따라 기금을 관리하거나 기금의
관리를 위탁받은 준정부기관

나. 위탁집행형 준정부기관: 기금관리형 준정부기관이 아닌 준정부기관

⑤ 기획재정부장관은 제1항 및 제2항에 따라 기타공공기관을 지정하는 경우 기관의

성격 및 업무 특성 등을 고려하여 기타공공기관 중 일부를 연구개발을 목적으로 하는 기관 등으로 세분하여 지정할 수 있다.

⑥ 제3항 및 제4항의 규정에 따른 자체수입액 및 총수입액의 구체적인 산정 기준과 방법 및 제5항에 따른 기타공공기관의 종류와 분류의 세부 기준은 대통령령으로 정한다.

9. 중앙·지방정부 운영, 공공기관 신설 운영 등은 모두 예산반영을 수반하고 있으므로, 반드시 『예산』을 관장하는 기획재정부와 협의, 승인되어야 하며, 기획재정부는 공공기관 평가 등을 매우 효율적으로 관리하고 있음

10. 이러한 각 부처 간에 『조직』 개편, 신설, 폐지 등이 전부 협의를 완료했더라도 최종적으로는 『국회』 예산 심의과정에서 수정보완이 될 수 있음

11. 공무원의 구분(국가공무원법 제2조)

① 국가공무원(이하 "공무원"이라 한다)은 경력직공무원과 특수경력직공무원으로 구분한다.

② "경력직공무원"이란 실적과 자격에 따라 임용되고 그 신분이 보장되며 평생토록 공무원으로 근무할 것이 예정되는 공무원을 말하며, 그 종류는 다음 각 호와 같다.

1. 일반직공무원: 기술·연구 또는 행정 일반에 대한 업무를 담당하며, 직군(職群)·직렬(職列)별로 분류되는 공무원

2. 특정직공무원: 법관, 검사, 외무공무원, 경찰공무원, 소방공무원, 교육공무원, 군인, 군무원, 헌법재판소 헌법연구관, 국가정보원의 직원과 특수 분야의 업무를 담당하는 공무원으로서 다른 법률에서 특정직공무원으로 지정하는 공무원

3. 기능직공무원: 기능적인 업무를 담당하며 그 기능별로 분류되는 공무원

③ "특수경력직공무원"이란 경력직공무원 외의 공무원을 말하며, 그 종류는 다음 각 호와 같다.

1. 정무직공무원

가. 선거로 취임하거나 임명할 때 국회의 동의가 필요한 공무원

나. 고도의 정책결정 업무를 담당하거나 이러한 업무를 보조하는 공무원으로서 법률이나 대통령령(대통령비서실 및 국가안보실의 조직에 관한 대통령령만 해당한다)에서 정무직으로 지정하는 공무원

2. 별정직공무원: 특정한 업무를 담당하기 위하여 별도의 자격 기준에 따라 임용되는 공무원으로서 법령에서 별정직으로 지정하는 공무원

3. 계약직공무원: 국가와의 채용 계약에 따라 전문지식·기술이 요구되거나 임용에 신축성 등이 요구되는 업무에 일정 기간 종사하는 공무원

④ 제3항에 따른 별정직공무원과 계약직공무원의 채용조건·임용절차·근무상한연령, 그 밖에 필요한 사항은 국회규칙, 대법원규칙, 헌법재판소규칙, 중앙선거관리위원회규칙 또는 대통령령으로 정한다.

12. 정의(국가공무원법 제5조)

1. "직위(職位)"란 1명의 공무원에게 부여할 수 있는 직무와 책임을 말한다.

2. "직급(職級)"이란 직무의 종류·곤란성과 책임도가 상당히 유사한 직위의 군을 말한다.

3. "정급(定級)"이란 직위를 직급 또는 직무등급에 배정하는 것을 말한다.

4. "강임(降任)"이란 같은 직렬 내에서 하위 직급에 임명하거나 하위 직급이 없어 다른 직렬의 하위 직급으로 임명하거나 고위공무원단에 속하는 일반직공무원(제4조 제2항에 따라 같은 조 제1항의 계급 구분을 적용하지 아니하는 공무원은 제외한다)을 고위공무원단 직위가 아닌 하위 직위에 임명하는 것을 말한다.

5. "전직(轉職)"이란 직렬을 달리하는 임명을 말한다.

6. "전보(轉補)"란 같은 직급 내에서의 보직 변경 또는 고위공무원단 직위 간의 보직 변경(제4조 제2항에 따라 같은 조 제1항의 계급 구분을 적용하지 아니하는 공무원은 고위공무원단 직위와 대통령령으로 정하는 직위 간의 보직 변경을 포함한다)을 말한다.

7. "직군(職群)"이란 직무의 성질이 유사한 직렬의 군을 말한다.

8. "직렬(職列)"이란 직무의 종류가 유사하고 그 책임과 곤란성의 정도가 서로 다른

직급의 군을 말한다.

9. "직류(職類)"란 같은 직렬 내에서 담당 분야가 같은 직무의 군을 말한다.

10. "직무등급"이란 직무의 곤란성과 책임도가 상당히 유사한 직위의 군을 말한다.

13. 전입(국가공무원법 제28조의2)

국회, 법원, 헌법재판소, 선거관리위원회 및 행정부 상호 간에 다른 기관 소속 공무원을 전입하려는 때에는 시험을 거쳐 임용하여야 한다. 이 경우 임용 자격 요건 또는 승진소요최저연수·시험과목이 같을 때에는 국회규칙, 대법원규칙, 헌법재판소규칙, 중앙선거관리위원회규칙 또는 대통령령으로 정하는 바에 따라 그 시험의 일부나 전부를 면제할 수 있다.

14. 개방형 직위(국가공무원법 제28조의4)

① 임용권자나 임용제청권자는 해당 기관의 직위 중 전문성이 특히 요구되거나 효율적인 정책 수립을 위하여 필요하다고 판단되어 공직 내부나 외부에서 적격자를 임용할 필요가 있는 직위에 대하여는 개방형 직위로 지정하여 운영할 수 있다. 다만, 「정부조직법」 등 조직 관계 법령에 따라 1급부터 3급까지의 공무원 또는 이에 상당하는 공무원으로 보할 수 있는 직위(고위공무원단 직위를 포함하며, 실장·국장 밑에 두는 보조기관 또는 이에 상당하는 직위는 제외한다) 중 계약직공무원으로도 보할 수 있는 직위는 개방형 직위로 지정된 것으로 본다.

② 임용권자나 임용제청권자는 제1항에 따른 개방형 직위에 대하여는 직위별로 직무의 내용·특성 등을 고려하여 직무수행요건을 설정하고 그 요건을 갖춘 자를 임용하거나 임용제청하여야 한다.

③ 삭제

④ 개방형 직위의 운영 등에 필요한 사항은 국회규칙, 대법원규칙, 헌법재판소규칙, 중앙선거관리위원회규칙 또는 대통령령으로 정한다.

15. 공모 직위(국가공무원법 제28조의5)

① 임용권자나 임용제청권자는 해당 기관의 직위 중 효율적인 정책 수립 또는 관리를 위하여 해당 기관 내부 또는 외부의 공무원 중에서 적격자를 임용할 필요가 있는 직위에 대하여는 공모 직위(公募 職位)로 지정하여 운영할 수 있다.

② 임용권자나 임용제청권자는 제1항에 따른 공모 직위에 대하여는 직위별로 직무의 내용·특성 등을 고려하여 직무수행요건을 설정하고 그 요건을 갖춘 자를 임용하거나 임용제청하여야 한다.

③ 삭제

④ 중앙인사관장기관의 장은 공모 직위를 운영할 때 각 기관간 인력의 이동과 배치가 적절한 균형을 유지할 수 있도록 관계 기관의 장과 협의하여 이를 조정할 수 있다.

⑤ 공모 직위의 운영 등에 필요한 사항은 국회규칙, 대법원규칙, 헌법재판소규칙, 중앙선거관리위원회규칙 또는 대통령령으로 정한다.

16. 시험의 공고(국가공무원법 제37조)

① 공개경쟁 채용시험, 공개경쟁 승진시험 또는 경력경쟁채용시험을 실시할 때에는 임용예정 직급, 응시 자격, 선발 예정 인원, 시험의 방법·시기·장소, 그 밖에 필요한 사항을 국회규칙, 대법원규칙, 헌법재판소규칙, 중앙선거관리위원회규칙 또는 대통령령으로 정하는 바에 따라 공고하여야 한다. 다만, 제28조제2항 단서에 따라 다수인을 대상으로 하지 아니한 시험의 경우에는 공고하지 아니할 수 있다.

② 원활한 결원 보충을 위하여 필요하면 근무예정 지역 또는 근무예정 기관을 미리 정하여 공개경쟁 채용시험을 실시할 수 있다. 이 경우 그 시험에 따라 채용된 공무원은 국회규칙, 대법원규칙, 헌법재판소규칙, 중앙선거관리위원회규칙 또는 대통령령으로 정하는 기간 동안 해당 근무 지역 또는 근무 기관에 근무하여야 한다.

17. 지방자치단체의 공무원

가. 지방공무원; 지방자치단체가 경비를 부담하는 지방공무원을 말함

　　※ 지방공무원법 적용

나. 국가공무원법과 유사하되, 인사위원회의 설치(지방공무원법 제7조) 운영

다. 시험의 실시(지방공무원법 제32조)

① 6급·7급 공무원 및 제4조 제2항 제1호에 따라 계급 구분 및 직군·직렬의 분류가 적용되지 아니하는 공무원의 신규임용시험은 시·도 단위로 해당 시·도인사위원회에서 실시한다. 다만, 농촌진흥사업에 종사하는 연구 및 지도직공무원에 대한 신규임용시험은 따로 대통령령으로 정하는 기관에서 실시한다.

② 8급 및 9급 공무원의 신규임용시험과 6·7·8급 공무원에의 승진시험, 6·7·8·9급 공무원의 전직시험은 해당 지방자치단체의 인사위원회에서 실시한다.

③ 5급 이상 공무원의 각종 임용시험은 대통령령으로 정하는 기관에서 실시한다.

④ 임용예정직과 관련이 있는 자격증 소지자의 경력경쟁임용시험은 제3항에도 불구하고 시·도인사위원회에서 실시한다.

⑤ 임용권자는 제36조 및 제39조에 따른 신규임용후보자 또는 승진후보자가 없거나 인사행정 운영상 특히 필요하다고 인정되면 그 직위의 신규임용 또는 승진시험에 상응하는 국가 또는 다른 지방자치단체의 시험에 합격한 사람을 그 직위의 신규임용 및 승진시험에 합격한 사람으로 보아 임용할 수 있다.

⑥ 시장·군수·구청장(자치구의 구청장을 말한다. 이하 같다)은 우수 인력의 확보 또는 시험관리상 필요하다고 인정하면 제2항에도 불구하고 시·도인사위원회에 시험의 실시를 위탁할 수 있다.

라. 국가공무원과의 교류(지방공무원법 제80조)

① 이 법에 따라 임용된 공무원은 그 직에 상응한 국가공무원에 임용될 수 있다.

② 제1항에 따라 공무원을 국가공무원으로 임용하려면 「국가공무원법」에 따른 경력경쟁채용시험을 거쳐야 한다. 다만, 제32조 제3항에 따라 신규임용 및 승진시험을 거친 5급 이상 공무원에 대하여는 이를 면제한다.

③ 공무원이 국가공무원에 임용될 경우 경력계산을 할 때 공무원으로 재직한 기간은 국가공무원으로 재직한 기간으로 본다.

18. 『행정안전부 정부 조직담당 부서 캡처 화면』

정부혁신조직실	디지털정부국	기획조정실
정부혁신기획관	디지털정부정책과	**정책기획관**
혁신기획과	디지털정부기반과	기획재정담당관
협업정책과	디지털안전정책과	정책평가담당관
정보공개정책과	지역디지털협력과	혁신행정담당관
	국제디지털협력과	법무담당관
조직정책관		정보통계담당관
조직기획과	**공공데이터정책관**	
조직진단과	공공데이터정책과	
경제조직과	공공데이터유통과	
사회조직과	빅데이터분석활용과	
	공공지능정책과	
공공서비스정책관	지능행정기반과	
공공서비스혁신과		
국민참여혁신과		
민원제도혁신과		

각 부처 정부조직은 정책의 효율적인 집행을 위해 실·국·부서 명칭, 업무내용 등이 변경될 수 있다. 자세한 현재의 정부조직도를 기관 홈페이지에 접속하면 참조가 가능하다.

19. 특별시·광역시·도 등 지방정부 행정기관 및 산하 공공기관·단체 등의 조직 편성, 관리는 중앙정부 조직과의 원활한 연계성을 구축하는 등 조화롭게 하고 있으며, 지방특색에 꼭 필요할 경우에는 지방의회에서 조례 제정 등 통해 세밀한 지방행정 체계를 확립하고 있음

가. 지방정부에서는 중앙부처인 행정각부 위임사무를 많이 수행하며, 일부 중앙부처의 경우 지방에 직접 소속 지방관서를 설치하고 있는데도 지방정부에 위임사무 시행을 병행하고 있음

나. 공통적인 행정관청 주요 부서: 기획·예산·조직실, 정책실, 인사·교육·총무·감사 부서, 각종 민원처리 부서, 세부 정책사업 추진부서 등으로 조직되어

있음

다. 행정관청에서는 조직 2~4개(부서장 명칭: 과장 또는 팀장, 담당관) 업무 연관 부서를 통할하는 『실, 국, 관』 조직(부서장 명칭: 국장, 본부장, 실장) 두는데,

    1) 『실, 국, 관』 조직 자체 내부의 인사 및 예산운용, 주요정책 결정, 업무 조정, 분장 등을 주도하는 "주무부서"가 지정되어 있음

    2) 중앙 및 지방정부, 주요 행정관서의 업무지휘 조직관리 체계는 『기관장 → 부기관장 → 실장, 본부장 → 국장 → 과장(팀장, 담당관) → 계장(팀장) → 담당자』이고, 지방관서는 『기관장 → 과장 → 계장(팀장) → 담당자』로 대체로 편성되어 있음

    ※ 주무부서는 주요 정책수립, 집행 등의 핵심 사업 등을 주관하는 역할을 함

20. 행정관청 내에도 불필요한 계급·서열문화, 학연·지연·연고 문화 등이 있어 조직 발전을 정체시키고 리더십이 비효율적으로 작동하는 등 혁신요소가 아직도 많이 남아있어 신규로 진입하는 공직자들이 어느 정도 적응시까지 차별을 느끼거나 심리적 위축 등을 받을 수 있으나,

가. 현재 소속해 있는 조직에 감사하는 마음을 가지고 나를 간절하게 필요로 하는 많은 선량한 국민이 있음을 생각하면서 맡은 과업성과를 위해 항상 최선을 다할 의무가 있음

나. 공적인 업무 관련 스트레스보다 경우에 따라서는 조직 내부의 불합리한 의사소통 체계, 업무 스타일 차이, 조직 구성원 화합 리더십 부재 등으로 인한 갈등이 많이 발생하는바, 이러한 갈등요소는 바람처럼 여기고 전문지식 학습, 운동, 건전한 여가활동 등을 병행하여 적응하는 것이 현명하며 불가피한 상황이 조성되면 인사이동 건의 등으로 극복해야 할 것임

21. 행정법령 등을 집행하는 행정사무는 업무주기, 업무내용 등이 법령, 시행령, 시행규칙, 판례와 업무매뉴얼, 업무지침 시달 등을 통해 대부분 예측 가능하므로 열정을 가지고 각자의 각오에 따라 업무를 발전시키면 국가와 국민에게 헌신·봉사를 한 보람 있는 일이므로 매일 변화와 혁신을 통해 업무능력을 꾸준히 발전시켜야 할 것임

제11장 비영리·민간기업 조직에 대하여
(비영리 조직: 비용절감·사업효율 추구, 기부·봉사 활용, 민간기업체: 이윤 극대화)

주요 직위 및 조직 구성 등

비영리조직

회장, 부회장, 감사, 상임이사, 사무국장, 총무부, 사업부, 총회, 대의원회, 이사회, 임원·부서장 회의, 기부자·자원봉사자 관리, 회원 모집, 각종 행사

민간기업체(홈페이지 참조)

주주총회, 과점주주, 상장기업, 개인사업주, 자영업자 등 다양

대표이사(CEO, CFO), 전무, 상무, 이사, 감사, 실장, 팀장

인사, 조직, 예산, 고객관리, 생산부, 품질관리, 영업부, 연구개발, 자재구매부, 경리회계, 연수원, 총무부, 기획실, 외주관리, 자회사, 대리점, 직영점, 공장(공장장)

이사회, 임원·부서장회의, 직원·부서회의, 노동조합

관공서 인·허가 업무, 금융기관 업무, 행정기관 지도점검 수행업무, 정부지원제도 청구업무 등

---

1. 비영리 법인·단체 또는 민간기업 등 어떤 조직이더라도 관리·운영 주체가 사람인 것임

2. 비영리 법인·단체는 『설립목적 달성 효율성』, 민간기업은 『이윤 극대화』를 우선 가치로 추구함

3. 비영리 조직, 민간기업이 권리의무 주체로서 많은 규제 준수이행, 인·허가 행위, 조세부담 등 행정사무 활동을 치열하게 하면서 생존 경쟁력을 유지하므로 행정실무분야 투자, 관심이 중요함

4. 사람이 운동 등으로 건강을 단련하듯이 조직에도 우수인재 확보, 교육, 연구개발, M&A, 구조조정 등이 끊임없이 행하여지고 있음

5. 특히, 비영리 조직 운영의 경우, 정부 예산 지원을 받거나, 자신사업가의 자본 출연과 기부, 자원봉사자 재능기부, 기업체 후원, 자체사업 등을 재원으로 운영 이 되며,

△ 정관 등에 따라 상세한 사업(주로 공익사업)을 구체적으로 명시하고 있음

6. 민간기업은 법적으로 진입 등을 규제하는 인·허가 조건 충족(주로 공공성 확보 필요분야) 사업을 제외하고는 사실상 자유로이 기업(공장이 없는 사업 등이 많음)을 설립, 사업을 영위하여 조세부담 등을 하고 영리 추구를 극대화함

가. 국가 및 지방자치단체 등은 일자리 창출·유지 등이 핵심적인 정책이라서 기업 이 투자를 하고 고용창출을 많이 하도록 각종 행정지원 등을 적극 추진하고 있 으며,

※ 시·도·구·군청 등에서 직접 운영 또는 지원하는 창업지원기관 및 부서, 중소벤처기업 청, 고용노동부 고용센터, 세무서 등 사실상 모든 행정기관이 창업, 일자리 정책을 수행하 므로 행정기관을 방문하여 상담, 조력을 받는 것이 중요함(여러 곳을 방문하며 장·단점 등 을 명확히 터득해야 함)

나. 기업(상업 포함)을 설립, 경영·운영을 계획하는 경우, 신용·기술보증기금, 소상 공인진흥공단, 중소기업진흥공단 등의 기관들을 꼭 방문하여 창업지원 교육 및 자금지원 조건 등을 상세히 파악해야 하며, 창업에 필요한 기술, 자금 등에 대 한 각종 전문적인 조력을 받을 수 있음

※ 시중은행 등 금융기관 방문 상담 등 병행

7. 영리기업의 무한경쟁 환경 심화와 기술의 중요성

가. 기업의 존재는 이익 추구를 목적으로 하며, 기업의 형태와 종류는 헤아리기 불가 할 정도로 다양함(어떤 곤충은 생존필요에 따라 몸의 색깔을 바꾸기도 하는 것임)

나. 특히, 세계 시장을 상거래 하는 글로벌 기업들이 여러 대륙, 국가에 생산공장 과 물류기지, 유통시스템 등을 구축하여 제품 생산, 공급을 현지화 통해 이익 극대화를 추구하고 있음

다. 선진국의 IT, 혁신 플랫폼 기업들이 기술특허 만을 가지고 생산을 글로벌 외주 화(모기업이 설계 도면, 기술 등을 제공하면서 다른 기업들이 부품, 부분품을 생산케

하여 납품을 받는 것) 하청구조 생산체계를 구축하는 방법으로 경쟁력 우위를 선점하고 있음

※ 제조기술, 방법, 유통체게 등 초효율 생산하어 초고속 공급하고 있음

라. 글로벌 기업들은 이미 무한경쟁에 익숙하고 기술, 자본, 노동을 유연하게 융합하며 시장상황 등에 따라 생산기지를 옮기고 있는 것임

마. 우리나라는 국토가 좁고 천연자원이 부족하여 수출주도형 산업육성이 불가피하였는데, 지금은 기술경쟁 시대가 되었고 우리는 인적자원이 풍부하여 세계시장에서 유리한 점이 많은 상황임

※ 과거 산업화 과정에서 부모님들이 자신들을 희생하며 자녀 학업과 공부시켜 놓은 것 때문에 우리나라의 인적자원이 튼튼한 것에 매우 감사함

바. 그러나, 우리 사회가 고령화되고 세계 경쟁이 치열해지면서 청년실업, 남녀차별, 빈부격차 심화 등 이슈화 되어 있는데, 이러한 문제를 앞서 언급한 기술 개발을 통해 세계에 모범되도록 해결해나가야 하는 것임

8. 비영리 및 영리법인(민법)

가. 법인성립의 준칙(민법 제31조)

법인은 법률의 규정에 의함이 아니면 성립하지 못한다.

나. 비영리법인의 설립과 허가(민법 제32조)

학술, 종교, 자선, 기예, 사교 기타 영리 아닌 사업을 목적으로 하는 사단 또는 재단은 주무관청의 허가를 얻어 이를 법인으로 할 수 있다.

다. 영리법인(민법 제39조)

① 영리를 목적으로 하는 사단은 상사회사설립의 조건에 좇아 이를 법인으로 할 수 있다.
② 전항의 사단법인에는 모두 상사회사에 관한 규정을 준용한다.

9. 회사(상법)

가. 상사적용법규(상법 제1조)

상사에 관하여 본법에 규정이 없으면 상관습법에 의하고 상관습법이 없으면 민법의 규정에 의한다.

나. 회사의 의의(상법 제169조)

이 법에서 "회사"란 상행위나 그 밖의 영리를 목적으로 하여 설립한 법인을 말한다.

다. 기본적 상행위(상법 제46조)

영업으로 하는 다음의 행위를 상행위라 한다. 그러나 오로지 임금을 받을 목적으로 물건을 제조하거나 노무에 종사하는 자의 행위는 그러하지 아니하다.

　1. 동산, 부동산, 유가증권 기타의 재산의 매매
　2. 동산, 부동산, 유가증권 기타의 재산의 임대차
　3. 제조, 가공 또는 수선에 관한 행위
　4. 전기, 전파, 가스 또는 물의 공급에 관한 행위
　5. 작업 또는 노무의 도급의 인수
　6. 출판, 인쇄 또는 촬영에 관한 행위
　7. 광고, 통신 또는 정보에 관한 행위
　8. 수신·여신·환 기타의 금융거래
　9. 공중(公衆)이 이용하는 시설에 의한 거래
　10. 상행위의 대리의 인수
　11. 중개에 관한 행위
　12. 위탁매매 기타의 주선에 관한 행위
　13. 운송의 인수
　14. 임치의 인수
　15. 신탁의 인수
　16. 상호부금 기타 이와 유사한 행위
　17. 보험

18. 광물 또는 토석의 채취에 관한 행위

19. 기계, 시설, 그 밖의 재산의 금융리스에 관한 행위

20. 상호·상표 등의 사용허락에 의한 영업에 관한 행위

21. 영업상 채권의 매입·회수 등에 관한 행위

22. 신용카드, 전자화폐 등을 이용한 지급결제 업무의 인수

라. 보조적 상행위(상법 제47조)

① 상인이 영업을 위하여 하는 행위는 상행위로 본다.

② 상인의 행위는 영업을 위하여 하는 것으로 추정한다.

마. 회사의 종류(상법 제170조)

회사는 합명회사, 합자회사, 유한책임회사, 주식회사와 유한회사의 5종으로 한다.

1) 합명회사

• 회사대표(상법 제207조)

정관으로 업무집행사원을 정하지 아니한 때에는 각 사원은 회사를 대표한다. 수인의 업무집행사원을 정한 경우에 각 업무집행사원은 회사를 대표한다. 그러나 정관 또는 총사원의 동의로 업무집행사원중 특히 회사를 대표할 자를 정할 수 있다.

• 손해배상책임(상법 제210조)

회사를 대표하는 사원이 그 업무집행으로 인하여 타인에게 손해를 가한 때에는 회사는 그 사원과 연대하여 배상할 책임이 있다.

• 사원의 책임(상법 제212조)

① 회사의 재산으로 회사의 채무를 완제할 수 없는 때에는 각 사원은 연대하여 변제할 책임이 있다.

② 회사재산에 대한 강제집행이 주효하지 못한 때에도 전항과 같다.

③ 전항의 규정은 사원이 회사에 변제의 자력이 있으며 집행이 용이한 것을 증명한 때에는 적용하지 아니한다.

• 신입사원의 책임(상법 제213조)

회사성립후에 가입한 사원은 그 가입전에 생긴 회사채무에 대하여 다른 사원과 동일한 책임을 진다.

2) 합자회사
• 회사의 조직(상법 제268조)

합자회사는 무한책임사원과 유한책임사원으로 조직한다.

• 준용규정(상법 제269조)

합자회사에는 본장에 다른 규정이 없는 사항은 합명회사에 관한 규정을 준용한다.

• 정관의 절대적 기재사항(상법 제270조)

합자회사의 정관에는 제179조에 게기한 사항 외에 각 사원의 무한책임 또는 유한책임인 것을 기재하여야 한다.

• 업무집행의 권리의무(상법 제273조)

무한책임사원은 정관에 다른 규정이 없는 때에는 각자가 회사의 업무를 집행할 권리와 의무가 있다.

3) 유한책임회사
• 정관의 작성(상법 제287조의2)

유한책임회사를 설립할 때에는 사원은 정관을 작성하여야 한다.

• 정관의 기재사항(상법 제287조의3)

정관에는 다음 각 호의 사항을 적고 각 사원이 기명날인하거나 서명하여야 한다.
1. 제179조 제1호부터 제3호까지, 제5호 및 제6호에서 정한 사항
2. 사원의 출자의 목적 및 가액
3. 자본금의 액
4. 업무집행자의 성명(법인인 경우에는 명칭) 및 주소

• 사원의 책임(상법 제287조의7)

사원의 책임은 이 법에 다른 규정이 있는 경우 외에는 그 출자금액을 한도로 한다.

• 지분의 양도(상법 제287조의8)

① 사원은 다른 사원의 동의를 받지 아니하면 그 지분의 전부 또는 일부를 타인에게 양도하지 못한다.
② 제1항에도 불구하고 업무를 집행하지 아니한 사원은 업무를 집행하는 사원 전원의 동의가 있으면 지분의 전부 또는 일부를 타인에게 양도할 수 있다. 다만, 업무를 집행하는 사원이 없는 경우에는 사원 전원의 동의를 받아야 한다.
③ 제1항과 제2항에도 불구하고 정관으로 그에 관한 사항을 달리 정할 수 있다.

• 업무의 집행(상법 제287조의12)

① 유한책임회사는 정관으로 사원 또는 사원이 아닌 자를 업무집행자로 정하여야 한다.
② 1명 또는 둘 이상의 업무집행자를 정한 경우에는 업무집행자 각자가 회사의 업무를 집행할 권리와 의무가 있다. 이 경우에는 제201조 제2항을 준용한다.
③ 정관으로 둘 이상을 공동업무집행자로 정한 경우에는 그 전원의 동의가 없으면 업무집행에 관한 행위를 하지 못한다.

• 손해배상책임(상법 제287조의20)

유한책임회사를 대표하는 업무집행자가 그 업무집행으로 타인에게 손해를 입힌 경우에는 회사는 그 업무집행자와 연대하여 배상할 책임이 있다.

4) 주식회사

- 발기인(상법 제288조)

주식회사를 설립함에는 발기인이 정관을 작성하여야 한다.

- 정관의 효력발생(상법 제292조)

정관은 공증인의 인증을 받음으로써 효력이 생긴다. 다만, 자본금 총액이 10억원 미만인 회사를 제295조 제1항에 따라 발기설립(發起設立)하는 경우에는 제289조 제1항에 따라 각 발기인이 정관에 기명날인 또는 서명함으로써 효력이 생긴다.

- 발기인의 손해배상책임(상법 제322조)

① 발기인이 회사의 설립에 관하여 그 임무를 해태한 때에는 그 발기인은 회사에 대하여 연대하여 손해를 배상할 책임이 있다.
② 발기인이 악의 또는 중대한 과실로 인하여 그 임무를 해태한 때에는 그 발기인은 제삼자에 대하여도 연대하여 손해를 배상할 책임이 있다.

- 회사불성립의 경우의 발기인의 책임(상법 제326조)

① 회사가 성립하지 못한 경우에는 발기인은 그 설립에 관한 행위에 대하여 연대하여 책임을 진다.
② 전항의 경우에 회사의 설립에 관하여 지급한 비용은 발기인이 부담한다.

- 주주의 책임(상법 제331조)

주주의 책임은 그가 가진 주식의 인수가액을 한도로 한다.

- 총회의 권한(상법 제361조)

주주총회는 본법 또는 정관에 정하는 사항에 한하여 결의할 수 있다.

- 대표이사(상법 제389조)

① 회사는 이사회의 결의로 회사를 대표할 이사를 선정하여야 한다. 그러나 정관으로 주주총회에서 이를 선정할 것을 정할 수 있다.
② 전항의 경우에는 수인의 대표이사가 공동으로 회사를 대표할 것을 정할 수 있다.
③ 제208조 제2항, 제209조, 제210조와 제386조의 규정은 대표이사에 준용한다.

5) 유한회사
- 정관의 작성, 절대적 기재사항(상법 제543조)

① 유한회사를 설립함에는 사원이 정관을 작성하여야 한다.
② 정관에는 다음의 사항을 기재하고 각 사원이 기명날인 또는 서명하여야 한다.
  1. 제179조 제1호 내지 제3호에 정한 사항
  2. 자본금의 총액
  3. 출자1좌의 금액
  4. 각 사원의 출자좌수
  5. 본점의 소재지
③ 제292조의 규정은 유한회사에 준용한다.

- 출자 1좌의 금액의 제한(상법 제546조)

출자 1좌의 금액은 100원 이상으로 균일하게 하여야 한다.

- 사원의 책임(상법 제553조)

사원의 책임은 본법에 다른 규정이 있는 경우 외에는 그 출자금액을 한도로 한다.

- 사원의 의결권(상법 제575조)

각 사원은 출자1좌마다 1개의 의결권을 가진다. 그러나 정관으로 의결권의 수에 관하여 다른 정함을 할 수 있다.

10. 협동조합(협동조합기본법)

가. 목적(협동조합기본법 제1조)

> 이 법은 협동조합의 설립·운영 등에 관한 기본적인 사항을 규정함으로써 자주적·자립적·자치적인 협동조합 활동을 촉진하고, 사회통합과 국민경제의 균형 있는 발전에 기여함을 목적으로 한다.

나. 협동조합(협동조합기본법 제2조 제1호)

> "협동조합"이란 재화 또는 용역의 구매·생산·판매·제공 등을 협동으로 영위함으로써 조합원의 권익을 향상하고 지역 사회에 공헌하고자 하는 사업조직을 말한다.

다. 설립목적(협동조합기본법 제5조)

> 협동조합등 및 협동조합연합회등은 구성원(협동조합의 경우 조합원을, 연합회의 경우 회원을 말한다. 이하 "조합원등"이라 한다)의 복리 증진과 상부상조를 목적으로 하며, 조합원등의 경제적·사회적·문화적 수요에 부응하여야 한다.

라. 기본원칙(협동조합기본법 제6조)

> ① 협동조합등 및 협동조합연합회등은 그 업무 수행 시 조합원등을 위하여 최대한 봉사하여야 한다.
> ② 협동조합등 및 협동조합연합회등은 자발적으로 결성하여 공동으로 소유하고 민주적으로 운영되어야 한다.
> ③ 협동조합등 및 협동조합연합회등은 투기를 목적으로 하는 행위와 일부 조합원등의 이익만을 목적으로 하는 업무와 사업을 하여서는 아니 된다.

11. 실제 창업 등

가. 현실에서는 창업 및 폐업이 상시적으로 일어나고, 성공과 실패 사례 등이 주변 가족 및 지인 등을 통해 알려지거나, 방송·언론 보도 등이 자주 접하게 됨

나. 실패의 확률이 낮은 창업 유형으로는 가족회사에서 분사하는 형태, 기존 회사간

부사원 등이 그간 공헌, 기여도에 대한 보상 성격으로 퇴직하며 협력회사를 창업 경영하면서 종전 회사와 사업노하우 등을 교류하는 방식, 대기업·중견기업이 사업구조조정 등을 할 때 원청회사의 핵심 제품라인 공정부품을 외주납품을 수주하여 창업(이런 경우에 원청과 도급계약서 통해 금융기관 차입 등이 용이함)하는 경우 등임

다. 전문자격을 취득하더라도 현장실무 경험 등이 없이 곧바로 독자적인 창업 등 하는 경우, 현장에서 필요한 다양한 사업 노하우 및 사업 기술 등이 부족하여 실패할 가능성이 발생하는 것임

　　1) 한창 실적이 좋은 회사인데도 돌발적인 불량 발생, 국가 간에 외교 문제 발생, 신기술 출현, 대형사고 야기 등으로 쇠락하는 사례들도 가끔 발생하며,

　　2) 특히, 정년 또는 희망퇴직 등으로 재취업이 힘든 경우 자영업 창업 등을 많이 하는바, 어떤 업종 및 아이템을 가지고 사업을 하려는 경우에는 행정관서 인·허가, 금융기관 상담 등 필수적인 몇 가지 절차를 익혀 성급하게 개업하는 것을 경계할 필요가 있음

라. 창업과 경영관리, 법률상담·지원 등을 무료 컨설팅 제공하는 행정기관 등이 있으므로 실제 창업 등을 추진할 때에는 적극적으로 각종 행정지원제도를 충분히 받는 것이 중요할 것임

마. 가뭄이 올 때, 낮에는 잎을 휘감아 수분 증발을 줄이고 서늘하면 잎을 펴 가뭄을 견디는 화초가 있고, 수분부족 며칠을 감당을 못해 고사하는 식물이 있음. 탁월한 벤처기업가들은 어떠한 악조건이라도 극복하는 것임. 시작은 매우 신중하게 해야 하나, 이미 시작한 일은 최선을 다해 좋은 결과를 창출해야 할 것.

12. 100세 시대가 도래하는데 100년 기업이 많지 않습니다. 과거에는 한 사람이 평생 전문기술 1개를 통해 경제활동을 하기도 했으나, 앞으로 여러 가지 직업을 동시에 영위하는 분들이 많아질 것임. 수십 년을 조직에 몸담고 퇴직 후 생소한 일자리에 종사하는 고령화 사회가 되고 있음. 청년들은 직장생활 경험이 아예 전혀 없는 상태에서 곧바로 창업을 많이 하기도 합니다. 행정기관 및 거래 회사 등을 접촉하거나 새로운 조직에 구성원들과 인간관계를 형성할 때, 『항상 나 자신이 긍정적인 마인드를 가지고 밝은 표정을 가져야 하고 대화할 때 상대방 입장에서 충분히 경청할 수 있으면 어떠한 상황이더라도 대응 가능하고 위기를 극

복할 수 있을 것임』 "아는 길도 물어서 가라"는 옛말 교훈을 새겨 실수와 실패를 하지 않으려면 지금 가지고 있는 지식·정보를 항상 점검하고 정체된 것은 새로운 지식·정보로써 업데이트를 꾸준히 하면 어떤 경쟁 환경이더라도 훌륭하게 적응가능하고 리더할 수 있을 것임

13. 민간기업의 생태는 무한경쟁에서 생존하는 것이 최우선이므로 신규 행정사무 실무자가 업무 파악 및 적응을 하는 것이 행정기관보다 힘들 수 있음
    그러나, 일에 대한 노력 인정, 비교적 자유로운 능력 발휘 보장, 성과 보상 등이 행정기관보다 유리한 측면이 많고 노력 여하에 따라 경제적 안정을 빨리 확보하게 되는 것이므로 개인 성향에 따라 민간기업이 오히려 적성에 맞고 적응을 잘 할 수 있는 것임
    ※ 기업은 업무성과가 탁월하고 일을 잘하면 오너 또는 경영진이 발탁하여 승진시키고 보수 등이 상승하는 기회가 많은 것임

14. 행정기관 및 민간기업 등 공동체에 일원이 되고 나면, 식사 메뉴 선택, 단체 회식 장소, 조직의 음주문화 등 업무 외적인 부분에서 심적 스트레스 등이 발생할 수 있으므로 개인의 취향(하고 싶은 마음이 생기는 방향, 경향) 및 기호(즐기고 좋아함)까지 원만하고 융통성이 있게 조율하고 관리할 수 있게 항상 노력해야 하는 것임

제12장 별 첨

(실무사례 · 자료 · 법령)

1. 산재발생경위서(사례)

산 재 발 생 경 위 서

I. 재해자 개요

성 명	○○○	주민등록번호	******-1*******	연락처	010-****-****
주 소	○○시 ○○구 ○○로 ○○번길 ○				
소 속 사업장명	○○산업			대표자	○○○
소재지	○○시 ○○구 ○○로 ○○번길 ○			연락처	010-****-****

【재해발생 상황】

재해자 ○○○ 0000. 00. 00(○요일) 00:00경 원통모양 ○○기 반제품 소재를 선반에서 ○○홈 가공을 위하여 동 소재 내부에 『치구』를 부착하는 작업을 허리를 굽혀 펴고, 쪼그리고 앉는 동작을 수없이 하고 20~30kg 치구들은 손으로 직접 들고 빼면서 하던 중 허리통증을 크게 왔었음(그러나, 과거 산재장해 이력이 있고 당장 회사에 알릴 경우 일자리를 잃을 걱정이 되어 그간 다시 회복을 기대하며 진통제를 먹는 등 견디다가 밤에 잠을 못 잘 정도의 통증 때문에 0000. 00. 00 수술을 받게 된 것임)

II. 재해발생 경위

1. 재해자의 산재 이력

(주)○○〈○○시 ○○면 소재, 재직기간 0000. 00.00 ~ 0000. 00.00〉에서 선반 작업종사 시 최초 요추〈4-5번 핀고정술 ○급, 1-2번 및 4-5번 수핵탈출증〉 산재 발생하였고 장해○급으로 치유종결함

2. 그간 진행경과

가. ○○산업〈○○시 ○○동 소재, 재직기간 0000.00.00 ~ 0000. 00.00 동사의 부도폐업으로 퇴사〉에서 선반 작업종사 시 『2-3요추 척추후방전위증, 요추 3-4번 간 척추관협착증』산재 신청하였으나, 자문의 소견상 의미 있는 악화 상태 보기 힘들다는 소견 등 산재 불승인됨

※ (주)○○ 소속으로 재요양을 신청했었던 것임(○○병원)

나. ○○정공〈○○시 ○○동 소재, 재직기간 0000. 00. 00 ~ 병가 중〉에서 선반 작업종사 시 『요추 2-3, 3-4번간 척추관협착증』 발병하여, ○○병원 에서 수술함

※ 2-3번 핀고정, 3-4번 ○○술 함(기존 ○급 장해 관련 없는 신규 요양 신청 건임)

3. 업무의 산재 관련성

가. ○○정공〈○○시 ○○동 소재〉에 0000. 00. 00부터 선반공으로 입사하여 작업종사 시 근로시간 09:00~18:00(휴게시간 12:00~13:00)이고, 업무 내 용은 ○○기 부품가공 작업이고, 업무량은 입사 초기에는 작업 물량이 많았 으나 경기침체로 최근에는 작업량이 감소추세이었으나, 작업공정의 특성상 오히려 작업량이 줄어 불규칙적 작업이 되면서 허리에 더 큰 부담요인이 되 었음

나. 주요 업무내용이 ○○기 부품을 선반 가공하는 것이나, ○○기 가공품 크 기가 매우 크므로 각종 『치구』를 ○○스 치수 측정 20여 회 등 허리를 구부 리고 폈다를 반복을 하며 ○○기 가공할 패킹홈에 맞춰 고정시키는 선행작 업을 수행한 후 크레인을 사용하여 선반에 고정시켜 가공함. 이때, 가공 중 에도 선반을 정지시키고 ○○기 부품 균형을 조정하는 등 세부 동작을 추가 로 많이 하기도 함

○ 작업공정

○○기 반제품 → 치구 부착, 고정 → 선반 셋팅 → 가공 → 검사, 완료

△ 주요공구: 스패너(주로 조임, 비틀기, 툭툭 치는 작업 반복), 치구(대형 50kg 이상 – 크레인 사용, 중형 20~50kg 및 소형 20kg 이하 – 손 으로 들고 맞춤작업 수없이 반복)

다. 재해자의 직업력(별첨 '건강보험자격득실확인서' 참조)

(0000. 00. 00부터 0000. 0.현재까지 『선반공』 20여 년 종사자임)

○ 재해자는 평생 동안 우리나라 제조산업 현장의 선반 기능공으로 00세에 이르도록 오직 현장 선반공 외길에만 종사하여 왔음

– '○○정공'에서는 '치구'가 대·중·소 3종류인데 30~40kg 정도의 '치구'

를 손으로 들고 움직이며 차단기 원통 내부에 부착시키는 선반가공 위한 선행 작업공정 과정이 재해자 허리상병에 상당한 영향 미친것임

라. 재해자의 최근 근무 중 진료관계(별첨 '건강보험 요양급여내역' 참조)

(1) '○○정공'에 0000.00.00부터 선반공으로 입사하기 직전 진료(2건)

 - 0000.00.00(○○병원, 진료비 0,000원), 0000.00.00(○○외과, 진료비 0,000원): 경미한 진찰

(2) '○○정공'에 0000.00.00부로 선반공으로 입사 이후 진료(3건)

 - 0000.00.00(○○정형외과, 진료비 0,000원, 입사 초기 작업량이 많았음)

 - 0000.00.00(○○병원, 진료비 00,000원)

 - 0000.00.00○○병원, 진료비 0,000원)

 - 0000.00.00(○○병원에서 수술하고 현재 병가 휴직 중임)

 :〈요추 2-3번 핀고정, 3-4번〉○○술 함

○ 재해자는 기존 산재장해(○급) 등급을 오래전에 받은 바 있어도, '○○정공' 입사 전에 업무에 지장이 있을 정도의 문제가 전혀 없었고,

 - 0000.00.00부터 '○○정공'에 신규 입사한 이후 0년 0개월 이상 근무한 시점부터 기존 장해등급을 판정받은 요추 부위가 아닌 다른 요추 부위에 산재 질병이 새로 발현한 것임.

마. 재해자의 상병 발현 당시 작업 내용 및 진행 상황

(1) 0000.00.00(수): 00:00경 치구를 ○○○ 가공 부분에 부착시키는 들고 빼고 반복 작업 중 허리통증을 크게 왔음

(2) 0000.00.00(수): 작업 물량이 많지 않아 다시 회복을 기대하며 회사에는 알리지 않았음

※ 실제 하루에 몇 개씩 작은 작업 일이 오히려 허리에 부담이 왔음

(3) 0000.00.00(목): 작업 물량 없는 시간에는 청소, 정리 등 하였고 허리 통증을 미보고 상태 유지

(4) 0000.00.00(금): 작업 물량 없어 청소 등 하다가 00:00경 휴식 시 ○○병원에 진료예약(00.00. 토) 전화함

(5) 0000.00.00(수): 휴무, 10:00경 ○○병원에 가서 진찰, MRI 촬영 예약

(6) 0000.00.00(일): 휴무, ○○병원에서 허리 MRI 촬영만 했음

(7) 0000.00.00(목): 퇴근 후 ○○병원에서 MRI 판독을 받음

※ 2-3번 고정수술, 3-4번 디스크 제거수술을 권유받음. 이를 회사에 일이 많지 않은 상태라서 알리면 일자리를 잃을 것이 걱정되고, 또한 혹시나 수술 안 해도 되는 것인지 다른 병원에 다시 판독을 받고 싶었음

(8) 0000.00.00(화): 허리통증 속에 근무하면서 ○○병원에 진료 예약함

※ 동료 중에 허리 진통제를 먹는 사람에게 약을 얻어먹었음

(9) 0000.00.00(수): 허리통증 속에 정상 근무

(10) 0000.00.00(목): ○○병원에서 수술 권유받음(회사 미보고)

※ 업무량이 극히 감소하였고 16:00경 구두 조퇴를 하고 일찍 퇴근하여 병원에 가서 구정을 보낸 이후 0000.00.00(수) 수술 날을 권유받음

※ 00:00경 대형선반에서 작업 중 불량 발생(0000.00.00 개선대책 제출함)

(11) 0000.00.00 ~ 0000.00.00 허리통증이 심하면 진통제 먹었고 회사 일이 별로 없는 상황이라 계속 출근함

※ 회사에 보고하지 않은 이유는 진통제로 견딜만하였고, 보고를 하면 일자리가 없어질까 걱정하였으며 업무량도 많지 않아 출근을 계속하였으나, 업무량이 작은 가운데 일을 한 것이 허리통증을 급격히 악화시켜 밤에 잠도 못자고 수술이 불가피하게 되었음

(12) 0000.00.00(목): 00:00경 허리가 너무 아파 조퇴 후 ○○병원에 가서 혈액검사 등 수술 절차를 따름(회사 미보고)

(13) 0000.00.00(화): 입원, 19:00경 유선으로 회사 대표에게 알림

(14) 0000.00.00(수): ○○병원에서 '수술' 시행

※ 3일쯤 경과 후 사업주가 문병을 와서 산재 신청 처리한다고 하면서 사업주 스스로 자필로 '진술서' 작성 후 재해자가 서명을 하게 함(별첨 '진술서' 참조)

(15) 0000.00.00(수) 회사대표가 대신 작성한 '진술서'에 서명해준 후 산재신청을 기다리고 있었는데, 회사대표가 원청 (주)○○과 협의 결과 '산재신청 불가'하다고 통보하였음

4. 재해자 질병 발현이 구체적 업무관련성

재해자의 주된 작업은 원통형 ○○기 반제품 소재를 선반에서 패킹홈을 가공하

는 공정인데, 가공 소재의 크기가 대, 중, 소형 3가지 부류이고 원통형 모양이어서 구멍을 뚫는 가공 작업을 하기 위해서는 소재 내부에 '치구'를 부착시키는 작업을 필수적으로 해야 하는 것임

※ 주된 가공작업보다 사전 준비작업 공정 수행과정이 재해자 허리질병 발현에 핵심적이 원인 제공이 된 것임

규모가 큰 대형소재는 '치구 설치 및 선반에 이동' 작업시 크레인을 이용하나, 중량이 30kg 이하 되는 중·소형 '치구'들은 『손으로 들고 빼고 반복 작업을 수없이 수행』하게 되며, 때로는 스패너 공구를 가지고 두드리고 조이고 하는 작업도 하고, 선반 위에서 작업을 하는 과정에서도 선반을 멈춰 세워놓고 큰 원통을 오르락 넘고 하면서 '치구' 수정을 하기도 하는 등 허리통증을 유발시키는 작업 자세가 매우 빈번하게 생기는 일이었음

그런데, 이러한 작업을 'ㅇㅇ정공'에 0000.00.00부로 선반공으로 입사한 즉시부터 0년 0개월 이상 계속해 오다가 0000.00.00(화) 00:00경 산재요양 신청 상병이 발현하였으나,

동 상병이 발현할 즈음에는 회사의 작업 물량이 꾸준히 감소추세였고 또한 재해자에게는 기존에 허리에 산재 장해 등급을 받은 이력을 가지고 있는 등 허리통증이 작업 중에 생겼다고 회사에 보고를 하게 되면 혹시 일자리를 잃을 걱정이 되었고,

게다가, 회사에는 작업 물량이 그리 많지도 않은 상태에 있어 회복을 기대하며 진통제를 먹고 근무를 하여 오던 중 밤에 잠을 제대로 잘 수 없을 정도까지 허리통증 악화가 되어 0000.00.00 결국 허리 수술을 불가피하게 받은 것임

회사 측에서 볼 때 작업 물량의 지속 감소로 과로가 없는데 산재가 생기는 것을 받아드리기 어려운 것임을 충분히 이해하면서도, 한편으로는 작업 물량이 감소한 것이 오히려 중간중간 청소 등을 하다가 작업 개시를 불규칙하게 한 것이 허리통증에는 더 악화시키는 결과가 되었는데, 이것은 결코 재해자가 의도적으로 행한 것이 아니며 재해자도 회사 측이 산재 신청을 거부하고 있어 막대한 수술비를 부담하고 있고 병가 휴직을 내고 있는 등 향후 생계까지 막막한 상태에 있는 것임

Ⅲ. 회사 측은 상병 발현을 불인정 및 산재 신청 거부

가. 재해자의 산재 요청 경위

(1) 재해자의 요추 2-3번 및 3-4번 산재 요양 신청 상병 발현이 0000.00.00 (화) 00:00경 '치구'를 부착시키는 들고 빼고 반복 작업을 하던 중에 허리통증을 크게 왔던 것이나, 이를 즉시 회사 측에는 위에서 언급한 것처럼 미보고 상태에서,

수술이 불가피하게 됨에 따라 수술 전날인 0000.00.00(화) 병원에 입원한 후 사업주에게 유선으로 알린 바 있고, 이에 사업주는 0000.00.00(수) 재해자가 수술을 한 날로부터 3일경쯤 지나서 재해자가 입원하고 있는 병원을 찾아왔으며,

(2) 사업주가 재해자를 문병하는 자리에서 산재처리 신청을 구두 약속하면서 산재 신청에 필요하다며 아래와 같은 진술서(별첨 사본 참조)를 사업주가 직접 써서 재해자에게 주면서 서명하라고 하여 서명해 준 사실이 있었음

【진술서 내용】

○○○ 본인은 0000.00.00. 00:00경 허리가 아파서 병원에 간다고 하고 조퇴하였습니다. ○○기 외함 가공 세팅을 위해 ○○센타 취부 작업 시 허리통증이 있었다. 00/00일 통증이 심하여 조퇴하였다. 00/00일 ○○병원 내원해서 진단 결과 수술해야 한다고 하였습니다. 저녁 7시경 회사 대표에게 본 사실을 유선으로 통지하였습니다.

○○○ (인)

위와 같은 진술서 내용을 사업주가 직접 작성하여 재해자에게 건네었고 재해자는 서명을 해주고, 이후 산재 신청을 기다린 것임

(3) 그런데, 이후 사업주는 재해자에게 이 건은 산재 처리가 안 된다고 하고, 원청 (주)○○측에 문의한 결과 산재가 안 된다고 하며, 이에 재해자가 '진술서'를 보내달라고 하여 받은 '진술서'를 검토한바 『0000.00.00. 수술 권

유받음』이라는 메모가 '진술서'에 기재되어 있으므로 누가 이러한 메모를 했는지를 사업주 및 병원 관계자에게 문의하여도 아무도 모른다는 답변만 들었고, 재해자 추측은 『0000.00.00. 수술 권유받음』 메모를 주요 근거로 사업주 측이 산재 신청을 거부하는 것이 아닌가 하는 생각이 들고 있음

나. 재해자의 상병에 대한 산재 신청 거부의 부당성
  (1) 재해자는 기존 산재 장해 보유 이력이 있었으나 근무에 불편은 없었고, 회사의 작업 물량이 입사 때와 비교해서 지속 감소하는 추세에 있는 과정에서 재해자의 산재 상병이 발현했기 때문에 회사에 눈치가 보여 즉시 보고하지 못한 채 회복을 기대하다가 시간이 흘러가게 된 점이 미안함은 있으나 그렇다고 일을 일부러 태만한 것이 없었고,
  (2) 그래도, 재해자는 그간 'ㅇㅇ정공'에서 0년 0개월여를 성실히 근무하여 왔고, 선반가공 업계 00여년 이상 종사자로서 전문기술자인데 병원에 입원하고 수술받은 상황이 왔으면 좀 더 구체적으로 재해자의 상병과 현장 작업 사정 등을 종합적으로 연계하여 재해자가 수긍할 수 있게 설명을 해주던지 하면서 산재 처리 여부를 판단해야 할텐데, 이러한 절차 등이 전혀 없이 일방적으로 산재가 아니라고 판단한 것은 억울하고 생계 고민을 호소할 방법이 없게 된 상태에 있는 등 부당한 것임

Ⅳ. 재해자의 종합의견
재해자는 'ㅇㅇ정공'에 0000.00.00부터 선반공으로 입사하여 원통 모양 ㅇㅇ기 반제품 소재 내부에 다양한 크기의 원형 치구를 부착·고정시키는 공정 작업을 거쳐 최종적으로 가공 선반기계 위에 세팅을 시킨 후에 ㅇㅇㅇ 양측 측면을 정삭 가공(패킹홈)을 하는 작업을 0년 0개월 이상 종사하던 중 0000.00.00(화) 00:00경 치구를 ㅇㅇㅇ 가공 부분에 부착시키는 들고 빼고 반복 작업 중 허리통증을 크게 온부터 상병이 치유되기를 기대하며 회사업무에 계속하여 종사하여 왔으나, 밤에 잠을 잘 수 없을 정도로 상병이 악화하여 재해자는 0000.00.00 ㅇㅇ병원에서 요추 2-3번 고정수술, 3-4번 디스크 제거수술을 받은 것은 평소 업무수행 과정에서 기인한 상병이어서 산재 처리가 타당한 것이라고 판단을 하는 것임

재해자의 업무량이 산재 신청 상병 발현 전후에 지속적으로 감소한 것은 입사 당시와 비교하여 볼 때 사실이지만, 재해자의 상병은 오히려 업무량이 감소하여 작업 물량을 띄엄띄엄 가공하게 된 것이 허리에는 더 큰 부담을 가져온 것이었고 이러한 사정을 이해하지 못하고 회사 측이 어떤 근거로 산재가 아니라고 판단했는지 억울한 심정을 표출할 방법이 없는 상황임

존경하는 산재심사 담당자님! 신청인의 작업공정의 특수성 등을 살펴보시고 의학적 분석 등을 통해 진정으로 신청인의 상병 상태가 산재 발생이 아닌지 판단을 하여주시기를 간절하게 호소를 드립니다.

0000. 00. 00.

재해자:　　○ ○ ○　　(서명)

근로복지공단 ○○지사장님 귀하

2. 행정심판청구서 · 이의신청서(사례)

  □ 중앙행정심판위원회
  □ 지방행정심판위원회(Ⅰ, Ⅱ)
  □ 이의신청서

행정심판 청구서

청 구 인	① 이 름		② 주민(법인)등록번호	
	③ 주 소			(전화번호:)
(대표자) 관리인, 선정대표자, 대리인	④ 이 름		⑤ 주민(법인)등록번호	
	⑥ 주 소			(전화번호:)
⑦ 피 청 구 인	근로복지공단○○지사장			
⑧ 소 관 행정심판위원회	■ 중앙행정심판위원회 □ ( )시 · 도 행정심판위원회 □ 그 밖의 ( ) 행정심판위원회			
⑨ 청구대상인 처분 내용 및 날짜 (부작위의 전제가 되는 신청 내용 및 날짜)	산재보험료 000,000,000원, 고용보험료 00,000,000원 합계 000,000,000원 직권 조사징수 부과처분 (0000년, 0000년도분 : 0000. 0.00처분, 0000년도분 : 0000. 0.00처분)			
⑩ 처분이 있음을 안 날	1) 0000년, 0000년도 소급추징 통지 : 0000. 0.00인지 2) 0000년도분 소급추징 통지 : 0000. 0.00인지			
⑪ 청구 취지와 청구 이유	별지에 적은 내용과 같음			
⑫ 처분청의 고지 유무	고지(유)	⑬고 지 내 용	0000, 0000, 0000년도 산재.고용보험료 소급부과	
⑭ 증거서류(증거물)	1. ○○인 확인서 2. ○○인 확인서			
⑮ 근거 법조문	「행정심판법」 제28조, 같은 법 시행령 제20조			

위와 같이 행정심판을 청구합니다.

0000.   00 .   00 .

청구인   ○ ○ ○ (서명 또는 인)

중앙행정심판위원회 위원장 님   귀하

104

청구취지 및 이유

청 구 취 지

청구인이 제기한 산재보험료 000,000,000원, 고용보험료 00,000,000원 합계 000,000,000원을 조사 징수당한 처분은 부당하므로 동 처분 취소를 구한 이 건 행정심판 청구는 타당하므로 이를 "인정"한다.

라는 결정을 구합니다.

청 구 이 유

1. 근로복지공단ㅇㅇ지사는 청구인에 대해 산재보험료 000,000,000원(0000년도 00,000,000원, 0000년도 00,000,000원, 000년도 00,000,000원) 및 고용 보험료 00,000,000원(0000년도 0,000,000원, 0000년도 00,000,000원, 0000년도 00,000,000원) 합계 000,000,000원을 직권조사 징수통지를 0000.00.00에 하였습니다.
    (※ 0000년도분은 국민건강보험공단에서 0000.00.00 통지함)

2. 청구인은 ㅇㅇ ㅇㅇ군 ㅇㅇㅇ ㅇㅇ-ㅇ번지 ㅇㅇ(주) 내에서 ㅇㅇ테크라는 상 호로 철구조물을 주로 제관하거나 공사 현장에 설치하는 사내도급업을 영위하였 습니다.

3. 청구인은 공장이나 기계·장비를 보유한 것이 없으며, 원청 도급인이 각종 건설 공사에서 철구조물 제관, 설치공사를 수주하여 왔을 때 원청 도급인 ㅇㅇ(주) 내·외에서 청구인을 비롯하여 여러 명이 모여서 함께 제관 작업 등을 행하는 일을 수행하였습니다.

4. 청구인을 비롯한 ㅇㅇ테크 구성원들은 일종의 공동사업자처럼 함께 작업을 수행

했으며 단지, 계약서 작성과 조세 부담을 고려하여 사업자등록을 청구인으로 냈었고 직원들이 스스로 4대 보험을 ○○공업 명의로 일괄 가입을 원하지 않았습니다.

5. 또한, 청구인 ○○공업 및 원청 도급인 ○○(주)는 각종 건설공사 현장에서 원청 시공회사가 산재보험료, 고용보험료를 이미 일괄해서 산정, 납부하는 공사를 수주하여 하도급을 행한 것이고,
통상적으로 건설현장의 철구조물은 형상과 공정에 따라 수차의 도급 과정을 거치는 것이기 때문에 원청 시공회사가 산재·고용보험료를 일괄하여 신고·납부하는 것입니다.

6. 그런데, 이 건 근로복지공단 ○○지사의 ○○테크(대표 ○○○)에 대한 산재보험료 및 고용보험료 각각 3년 소급 적용 직권 부과 조치에서는 우리 업계의 관행과 사정을 충분하게 고려하여 주지 않았고, 구체적 소명 기회 또한 적절하게 부여받지도 못했습니다.

7. 만약, 청구인과 같은 건설공사 현장 철구조물 하도급 업체나 공사에 대하여 청구인이 부과처분을 당한 것처럼 근로복지공단에서 직권 부과를 할 경우 이는 하나의 건설공사를 놓고 산재·고용보험료를 중복으로 부과하는 것이고 이러한 것은 부당한 행정처분이 아닐 수 없습니다.

존경하는 행정심판위원장님!

지금 경제가 어렵고 영세기업은 살아남기 더더욱 어려운 상황입니다.
여러 동료들이 모여서 사내도급을 이루고 버티고 생존하기 위하여 열심히 일을 했는데 엄청난 산재·고용보험료를 추징을 당하여 가정이 붕괴하는 상황입니다.
아무쪼록 이 어려움을 극복할 수 있도록 선처를 하여 주실 것을 간곡히 요청드립니다.

확 인 서

낭사는 ○○ ○○군 ○○○ ○○-○번지에 소재하면서 주로 발전소, 공장, 빌딩 등 플랜트 건설공사 철구조물을 제작 설치하는 사업을 영위하고 있습니다.

○○테크(대표 ○○○)은 당사의 사내협력업체로서 당사가 발주처 원도급자로부터 산재 및 고용보험료를 일괄 신고 납부한 공사물량을 수주하여 왔을 때, ○○○ 대표를 비롯한 제관 및 제작 설치 등 플랜트 작업 기술자들은 일부 공정을 수행하여 원도급공사 현장에 설치하는 사내도급업을 하였습니다.

각종 건설공사 현장의 플랜트 제작 설치 구성 부문의 하도급은 대부분 자재를 원청이 사급하므로 ○○테크(대표 ○○○)과 같은 사내소사장 플랜트 작업 기술자들은 당사 ○○(주)내에서 제관 및 조립 공정만 부분 수행한 후 원청 건설공사 현장에서 설치를 하는 공정이 주된 작업이었습니다.

원청의 공사현장 설치 · 조립과정에서 오류가 발생하면 대부분 현장에서 수정, 교정 작업을 하게 됩니다. 불가피한 것은 다시 공장으로 가져와야 하는데 이럴 경우 공사 적자가 상당하므로 이익창출을 위해 현장에서 오류수정 등 설치작업을 완료했습니다. 따라서, 당사가 ○○테크(대표 ○○○) 측에 공사비 정산을 하여 지급한 하도급 제작 및 제작공사비 0000년, 0000년, 0000년도분 내역은 붙임과 같습니다.

붙 임: 2000.0000.0000년도 ○○공업 공사비정산 내역서

0000. 00. 00.

확 인 자   ○○(주)

○○ ○○군 ○○○ ○○-○번지

대표이사   ○ ○ ○   (인)

근로복지공단 ○○지사장님 귀하

○○테크 공사비정산 내역서

〈0000년도〉

날짜	공 사 명	기 성 지 급 액			비　고
		제작 부문	제작설치 부문	합　계	
01-31	제작공사대	0,760,000	00,500,000	00,260,000	* 제작 부문 90%는 노임임
02-28	제작공사(○○○)	00,219,000	0	00,219,000	
02-28	제작공사대	00,517,500	0	00,517,500	
03-25	제작공사	0,690,000	00,009,000	00,699,000	
03-31	제작공사대	0,416,000	00,698,000	00,114,000	
04-25	제작공사대	0,492,000	00,636,000	00,128,000	
04-30	제작공사	0,421,000	00,073,500	00,494,500	
05-20	제작공사대	00,000,000	0	00,000,000	
05-31	제작공사대	0,652,000	00,115,500	00,767,500	
06-25	○○제작공사	0,621,000	00,379,000	00,000,000	
06-30	제작공사대	0,698,000	00,176,500	00,874,500	
07-25	제작대	0,750,000	0	0,750,000	
07-25	제작대	00,455,000	0	00,455,000	
08-25	설치추가	0	00,841,000	00,841,000	
08-31	제작설치공사	0,524,000	00,721,250	00,245,250	
09-25	제작설치공사	0,453,000	00,144,800	00,597,800	
09-30	○○제작대	0,859,000	00,141,000	00,000,000	
10-25	○○ 제작설치	00,500,000	00,554,000	00,054,000	
10-31	○○제작대	0,741,000	00,002,000	00,743,000	
11-30	○○○ 제작설치	0,961,000	00,847,000	00,808,000	
11-30	○○○ 제작설치	0,452,000	00,518,000	00,970,000	
12-31	○○회관	00,459,000	000,482,500	000,941,500	
12-31	○○육교공사	0,696,000	00,991,980	00,687,980	
합 계		00,336,500	00,831,030	000,167,530	

○○테크 공사비정산 내역서

〈0000년도〉

날짜	공 사 명	기 성 지 급 액			비 고
		제작 부문	제작설치 부문	합 계	
01-31	○○육교공사	0,000,000	00,293,500	00,293,500	
01-31	제작및설치공사	00,300,000	00,081,300	00,381,300	
02-28	○○단지공사	0,340,000	00,087,810	00,427,810	* 제작 부문
03-31	○○센터설치공사	0,000,000	00,200,000	00,200,000	90%는 노임임
03-31	○○제작외	0,400,000	00,338,850	00,738,850	
04-30	○○산업 제작공사	00,500,000	000,355,000	000,855,000	
05-31	○○외제작공사	00,400,000	000,547,700	000,947,700	
06-30	○○중공업 제작대	0,300,000	0	0,300,000	
06-30	○○ 철골공사	00,200,000	000,076,320	000,276,320	
07-31	제작설치	00,450,000	000,015,050	000,465,050	
08-30	제작설치	0,300,000	000,183,300	000,483,300	
09-30	제작설치	0,730,000	000,576,150	000,306,150	
10-31	제작설치	00,600,000	000,651,950	000,251,950	
11-30	제작설치	00,800,000	000,418,585	000,218,585	
12-31	제작설치	00,650,000	000,764,400	000,414,400	
합 계		00,970,000	000,589,915	000,559,915	

○○테크 공사비정산 내역서

〈0000년도〉

날짜	공 사 명	기 성 지 급 액			비 고
		제작 부문	제작설치 부문	합 계	
01-31	○○외	0,300,000	00,433,000	00,733,000	
02-10	철골제작	0,000,000	0	0,000,000	* 제작 부문
02-28	제작수정비	0,000,000	0	0,000,000	90%는 노임임
03-31	○○하이	00,200,000	00,905,400	00,105,400	
03-31	철골제작	0,300,000	000,345,500	000,645,500	
04-01	철골제작설치	0,850,000	000,167,700	000,017,700	
05-06	제작수정비	00,000,000	0	00,000,000	
05-31	제작수정비	000,419,300	0	000,419,300	
07-05	철골제작	0,300,000	00,023,800	00,323,800	
07-31	철골제작	0,100,000	00,913,000	00,013,000	
08-31	철골제작	0,400,000	00,415,000	00,815,000	
09-30	철골제작	0,200,000	00,743,480	00,943,480	
10-31	철골제작	0,900,000	000,299,890	000,199,890	
합 계		00,969,300	000,246,770	000,216,070	

확 인 서

○ 사업장명: ○○테크
○ 소 재 지: ○○ ○○군 ○○○ ○○-○번지
○ 대 표 자: ○○○

당사는 ○○ ○○군 ○○○ ○○-○번지에 소재하는 ○○(주) 사내협력 소사장 도급 업체이었고, 0000년 ~ 0000년도 공사기성금 거래내역은 붙임과 같습니다.

○○공업은 원청 ○○(주)에서 산재 및 고용보험료를 시공(발주)회사 측이 일괄 신고납부한 건설공사 도급 물량을 수주하여 왔을 때, ○○(주) 사내에서 사급 물량을 제관, 용접, 조립의 일부 공정을 수행한 후 시공현장에서 조립, 설치를 완료하는 사업을 했었습니다.

○○테크은 산재 및 고용보험료를 고액 추징을 당한바, 부당한 부과조치이었을 뿐만 아니라 ○○테크이 감당할 수 없는 규모의 금액이었고 게다가 거래처 압류조치 등으로 폐업조치가 불가피하였고, 지금은 건강 악화로 치료를 다니는 중입니다.

그러나, 이번 기회에 저희 업계의 정상을 참작하시어 적정하고 합리적인 방법으로 정산처분을 하여주시면 차입을 하더라도 최선을 다하여 성실납부 의무를 이행할 것을 약속드리며, 붙임과 같이 부과·정산 자료를 제출합니다.

붙 임: 0000, 0000, 0000년도 기성공업 공사비정산 내역서

0000. 00. 00.

확인자 ○○테크

대표 ○ ○ ○ (인)

근로복지공단 ○○지사장님 귀하

○○테크 공사비정산 내역서

〈0000년도〉

날짜	공 사 명	기 성 수 령 액			비 고
		제작 부문	제작설치 부문	합 계	
01-31	제작공사대	0,760,000	00,500,000	00,260,000	* 제작 부문
02-28	제작공사(○○○)	00,219,000	0	00,219,000	90%는 노임임
02-28	제작공사대	00,517,500	0	00,517,500	
03-25	제작공사	0,690,000	00,009,000	00,699,000	
03-31	제작공사대	0,416,000	00,698,000	00,114,000	
04-25	제작공사대	0,492,000	00,636,000	00,128,000	
04-30	제작공사	0,421,000	00,073,500	00,494,500	
05-20	제작공사대	00,000,000	0	00,000,000	
05-31	제작공사대	0,652,000	00,115,500	00,767,500	
06-25	○○제작공사	0,621,000	00,379,000	00,000,000	
06-30	제작공사대	0,698,000	00,176,500	00,874,500	
07-25	제작대	0,750,000	0	0,750,000	
07-25	제작대	00,455,000	0	00,455,000	
08-25	설치추가	0	00,841,000	00,841,000	
08-31	제작설치공사	0,524,000	00,721,250	00,245,250	
09-25	제작설치공사	0,453,000	00,144,800	00,597,800	
09-30	○○제작대	0,859,000	00,141,000	00,000,000	
10-25	○○ 제작설치	00,500,000	00,554,000	00,054,000	
10-31	○○제작대	0,741,000	00,002,000	00,743,000	
11-30	○○○ 제작설치	0,961,000	00,847,000	00,808,000	
11-30	○○○ 제작설치	0,452,000	00,518,000	00,970,000	
12-31	○○회관	00,459,000	000,482,500	000,941,500	
12-31	○○육교공사	0,696,000	00,991,980	00,687,980	
합 계		00,336,500	00,831,030	000,167,530	

○○테크 공사비정산 내역서

〈0000년도〉

날짜	공 사 명	기 성 수 령 액			비　고
		제작 부문	제작설치 부문	합　계	
01-31	○○육교공사	0,000,000	00,293,500	00,293,500	
01-31	제작및설치공사	00,300,000	00,081,300	00,381,300	
02-28	○○단지공사	0,340,000	00,087,810	00,427,810	* 제작 부문
03-31	○○센터설치공사	0,000,000	00,200,000	00,200,000	90%는 노암임
03-31	○○제작외	0,400,000	00,338,850	00,738,850	
04-30	○○산업 제작공사	00,500,000	000,355,000	000,855,000	
05-31	○○외제작공사	00,400,000	000,547,700	000,947,700	
06-30	○○중공업 제작대	0,300,000	0	0,300,000	
06-30	○○ 철골공사	00,200,000	000,076,320	000,276,320	
07-31	제작설치	00,450,000	000,015,050	000,465,050	
08-30	제작설치	0,300,000	000,183,300	000,483,300	
09-30	제작설치	0,730,000	000,576,150	000,306,150	
10-31	제작설치	00,600,000	000,651,950	000,251,950	
11-30	제작설치	00,800,000	000,418,585	000,218,585	
12-31	제작설치	00,650,000	000,764,400	000,414,400	
합 계		00,970,000	000,589,915	000,559,915	

○○테크 공사비정산 내역서

〈0000년도〉

날짜	공 사 명	기 성 수 령 액			비　고
		제작 부문	제작설치 부문	합　계	
01-31	○○외	0,300,000	00,433,000	00,733,000	
02-10	철골제작	0,000,000	0	0,000,000	* 제작 부문
02-28	제작수정비	0,000,000	0	0,000,000	90%는 노암임
03-31	○○하이	00,200,000	00,905,400	00,105,400	
03-31	철골제작	0,300,000	000,345,500	000,645,500	
04-01	철골제작설치	0,850,000	000,167,700	000,017,700	
05-06	제작수정비	00,000,000	0	00,000,000	
05-31	제작수정비	000,419,300	0	000,419,300	
07-05	철골제작	0,300,000	00,023,800	00,323,800	
07-31	철골제작	0,100,000	00,913,000	00,013,000	
08-31	철골제작	0,400,000	00,415,000	00,815,000	
09-30	철골제작	0,200,000	00,743,480	00,943,480	
10-31	철골제작	0,900,000	000,299,890	000,199,890	
합 계		00,969,300	000,246,770	000,216,070	

행정심판 청구서

접수번호		접수일	

청구인	성명
	주소
	주민등록번호(외국인등록번호)
	전화번호

[O] 대표자 [ ] 관리인 [ ] 선정대표자 [ ] 대리인	성명
	주소
	주민등록번호(외국인등록번호)
	전화번호

피청구인	○○군수
소관 행정심판위원회	[ ] 중앙행정심판위원회 [O] ○○○○행정심판위원회 [ ] 기타

처분 내용 또는 부작위 내용	피청구인이 0000. 00. 00. ○○군 고시 제0000-000호 ○○일반산업단지 개발계획 및 실시계획 승인 취소와 사업시행자 지정 취소 고시 처분
처분이 있음을 안 날	0000. 00. 00.
청구취지 및 청구이유	별지참조
처분청의 불복절차 고지 유무	○○군 ○○지원과 – 0000 (0000. 00. 00) 시행공문
처분청의 불복절차 고지 내용	행정심판법 제27조에 따라 처분이 있음을 알게 된 날로부터 90일 이내에 심판을 청구(처분이 있었던 날로부터 180일이 지나면 행정심판을 청구하지 못함) 할 수 있음
증거 서류	별지참조

「행정심판법」 제28조 및 같은 법 시행령 제20조에 따라 위와 같이 행정심판을 청구합니다.

0000 년 00 월 00 일

청구인 ○ ○ ○   (서명 또는 인)

○○○○행정심판위원회 귀중

첨부서류	1. 대표자, 관리인, 선정대표자 또는 대리인의 자격을 소명하는 서류
	   (대표자, 관리인, 선정대표자 또는 대리인을 선임하는 경우에만 제
	   출합니다.)
	2. 주장을 뒷받침하는 증거서류나 증거물
		수수료
		없음

처리 절차			

청구서 작성	→	접수	→	재결	→	송달
청구인		○○행정심판위원회		○○행정심판위원회		

청구취지 및 원인

청 구 취 지

'피청구인이 0000년 00월 00일 청구인에게 한 "○○일반산업단지 개발계획 및 실시계획 승인 취소와 사업시행자 지정 취소" 처분을 취소한다.'라는 결정을 구합니다.

청 구 원 인

1. 이 건 처분에 이르게 된 경위
가. 청구인은 0000년 00월 00일 ○○○○ ○○군 ○○면 ○○리 산○○ 번지 일원에 "○○군 고시 제0000-000호"로 산업단지계획(변경)승인 고시된 "○○일반산업단지 개발계획 및 실시계획 승인과 사업시행자 지정"을 받아 산업단지 조성사업을 계속 시행해 왔으며,

   - 본 사업은 00,000여 평의 산지를 평지화하여 산업단지를 조성하는 사업으로써 산지 훼손에 따른 산지복구예치금 000,000,000을 보증보험으로 예치하고 사업을 진행하였음

나. 본 사업은 임야를 평지화하여 산업단지 용지를 조성 공사 과정에서 방대한 양의 토사 및 암반을 제거하여 반출하는 소요공사비가 단지 조성원가를 높이는 주요 요인이어서, 향후 지역 여건에 맞는 보다 저렴한 단지 분양가 형성을 위해 ○○ 등을 일부 가공하여 산업용 ○○를 생산, 판매(○○○○허가받음)하는 방법의 원가절감 사업을 진행하였음

다. 이에, 임야 표면의 수목을 완전히 제거하고 본격적인 ○○반출을 시작할 즈음에 예기치 못한 사고로써 현장의 저류조의 누수로 ○○가 외부로 유출되는 사고가 생겨 0000년 0월 00일 피청구인으로부터 "○○일반산업단지 조성공사 공사 중지 통보"로 행정조치를 당하게 되었으며,
   - 이러한 '공사중지' 상황 하에서도 현장 유지관리를 해야 하므로 장비 등의

임차료와 인건비, 기타 제경비 등 월 고정비가 ○억여 원을 부담하는 상황에 직면하였고,

  – 게다가, 향후 사고 예방을 위한 안전조치로써 구거 및 산림복구비 추가 증액 예치 등의 자금 추가 소요가 연이어 발생하며 자금난이 발생하였음

  ※ 토사 모래를 반출하여 공사비 회수를 해야 하는데 '공사 중지 행정조치 이행 명령 사항이 완료되지 않음을 이유로 반출 불허 조치(○개항 지시 중에서 ○개항 사실상 이행 완료, ○개항 진행 중이었음)

  – 이미 가공 완료한 ○○ ○○라도 반출허용이 되었다면 판매 이익을 올리며 주변 지인 등으로부터 투자 유치가 용이한데, 공사 중지가 장기화되어서 자금확보를 할 방법이 극히 제한되는 상황이 발생한 것임

라. 자금 투입이 ○○억여 원에 이른 공사 현장에서 결정적으로 가공 ○○ 판매 수익이 생기는 시점에서 과중한 공사 중지 행정처분은 "공사 현장"에 유입될 자금을 차단하고 역설적으로 토사 유출에 의한 행정조치를 이행할 자금 마련을 못 하는 상황을 초래하였고,

  – 급기야, 이 건 "개발계획 및 실시계획 승인의 취소와 사업시행자 지정 취소"에 이르게 된 것임

2. 이 건 처분의 위법·부당성
가. 이 건 처분의 위법성
  1) 이건 ○○일반산업단지 조성사업은 방대한 임야를 깎아내어 평지화를 만드는 공사이고, 막대한 ○○ 등을 반출하는 공사비가 과다하여 원가가 매우 높게 발생하는 구조의 사업이고 향후 분양 시에는 농촌지역 특성상 분양가가 낮아서 사업성을 달성하기가 힘든 사업인 것이 예상할 수 있음
  2) 이러한 약점을 보완하기 위하여 일부 ○○를 가공·판매하여 과다한 원가 발생을 충당하더라도 수익성 전망이 밝다고 할 수 없었던 사업인데,

- 너무 과중한 "공사 중지"의 행정조치를 당하였고, 이미 생산한 ○○마저 ○개조 항 행정조치가 전부 완료가 되지 않았다는 이유(○개 사실상 완료, ○개 진행 중) 때문에 반출 불허하여 자금 조달이 어려워졌고 결국 행정조치를 이행하지 못하여 본 건 사태가 발생한 것임

3) 본 건 사업을 총괄 관리·감독하는 피청구인은 이 건의 경제성, 필요성 등 제반 사정을 너무나 잘 파악하고 있는 것인데 "공사 중지" 처분에 이어 ○개 항목 전부를 이행 완료를 하지 못한 것을 이유로 이미 생산한 ○○마저 반출을 불허하여 자금난에 의해 행정조치를 이행할 수 없게 중요하고 핵심적인 원인제공을 한 측면이 강하므로 행정처분 권한을 너무 남용한 것이므로 위법한 행정처분이었다고 판단함

나. 이 건 처분의 부당성

1) 요즘 행정은 세일즈행정, 경영행정, 고용과 일자리 행정 등 국가를 넘어 외자 유치를 경쟁하고 지자체마다 투자유치를 주요 성과로서 국민들에게 지지를 호소하는 것이 일반화된 상황인데도 이 건은 개인들이 사재를 전부 털어 도심 외곽지역 임야를 산업단지로 조성하고 있는 것이므로 일반국민들의 정서는 약간의 행정적 문제점들이 드러나더라도 관계자들이 지원하고 대안을 찾아주는 등 투자나 사업의 불씨를 살리는 것을 성원할 것이라도 봄

2) 청구인에게 이 건은 결코 포기할 수 없는 사업이므로 사업 정상화를 위해 끊임없는 노력을 하여 왔으며, "공사 중지" 이후부터 어떠한 재해도 발생하지 않게 유지·관리를 해 왔으며, "사업 중지"로 인하여 엄청난 피해를 당할 투자자 및 채권자 등의 피해를 방지하기 위하여 사업 정상화 방안을 충분히 확보하고 있는 상태임

- 그중, ○○의 ○○○○ 채취 금지로 ○○용 ○○ 부족 현상이 생겨 동 현장의 가공 ○○가 ○배 넘는 m³당 00,000원에 가까운 가격대가 형성되어 사업성이 크게 개선될 여지가 있는 상황임

3) 그런데, 본 건 사업이 폐지되면 투자자 투자손실 00억0천0백만원, 금융권 차입 등의 금융채무 00억0천0백만원, 일반인 금융채무 00억0천0백만원, 그리고 공사진행 중 발생한 공사채무 0억0천만원 등 총 00억0천0백만원 직접적인 손실이 발생하게 되고,

- 이로 인해 00여 명의 직접 피해와 0차 피해 등을 감안하면 지역경제에 심각한 영향을 받게 되고, 이미 이와 관계된 가정과 사업체들이 심각한 혼란을 겪고 있는 곳이 많아 각별한 선처가 정말 긴요한 실정임

4) 또한, 현재 방대하게 훼손된 산림을 장마철 우기가 오기 전에 완벽히 복구하여야 하나 현재 확보된 복구예치금은 000,000,000원이며 이 예산을 가지고는 충분한 복구를 사실상 불가능하고, 본 공사 현장의 지반이 대부분 ○○성분이므로 복구를 할 수 없는 지반인데 복구를 하더라도 지반이 약해져 있는 상황(더군다나 소나무 등 자연수림이 제거되어 있음) 이라서 안타깝지만 오히려 ○○ 유출 등 재해가 발생할 여지가 매우 높다고 그간 현장관리 경험을 통해 판단하고 있음(#첨부 공사 현장 사진 참조)

- 청구인이 대략 산림복구 예상 단가를 적용하여 추산한 예상 복구비는 약 00억 0천여만 원(0.0000ha × 000,000,000 = 0,000,000,000)이며, 이에 따라 확보된 복구비 000,000,000원을 제외하고 0,000,000,000원의 복구비 부족분이 발생하게 되는데 이 금액을 피청구인이 부담하여 복구하여야 하는 상황에 놓일 수가 있는 것임
- 설령 예산이 충당된다더라도 다가오는 여름 우기에 대비하여 완전하게 안전조치가 될 정도로 복구하기에는 시간적으로 많은 어려움이 있는 것이 현실임

5) 국토의 균형발전과 지역의 경제발전 및 일자리 창출을 위하여도 본 ○○일반산업단지의 조성을 마무리하여 공장 등의 사업체를 유치함으로서 본래의 사업목적을 이루어야 하는 필요성, 합리성 등은 충분한 상황이고, 가까운 곳은 공사 과정에서 비산 먼지 등으로 애로를 겪은 것을 부인할 수 없으나 먼지가 많이 발생하는 공정은 많이 개선하였고 높은 지반이 많이 제거되어 향

후 비산 먼지가 많지 않을 것인데 향후 공단 조성이 완료되면 지가 상승 등 경제적 이익이 더 많을 것이 확실하고 도심 외곽이 개발되어 도심으로 진입하거나 나가는 개발 연계 효과 및 시너지 효과도 생기게 되며, 무엇보다 본 현장이 방치된다고 가정해 보면 주변 지역에서 상실감을 느끼고 항상 개발 재개를 원하는 행정 소요가 존속할 것임(이미, 임야가 상당 절개되어 주변 지역에 상당한 조망권 등이 형성되었는데 다시 복원하면 여러 가지 문제점이 생길 수 있는 것임)

6) 본 행정처분은 부당성 측면에서 살펴보더라도 본 건 사업을 취소하는 행정 효과 및 실익들 보다 정상화하여 사업 완료하는 경우 얻게 되는 경제성, 고용효과, 지역발전 이익 등이 월등히 높다는 것을 쉽게 알 수 있는 사업임. 따라서, 이건 처분은 사회통념이나 각 지방자치단체 및 국가적 주요 산업 위기대책 추진사업 등의 사례 등을 비추어 보더라도 이렇게 쉽고 가볍게 취소 처분할 행정 대상이 아닌데도 불구하고 여러 가지 요소들을 종합적으로 고려하지 않고 결점 요건만을 부각하여 취소 처분한 것은 통상의 중요 행정 관례 등에 부합하지 않으므로 부당한 결정이라고 판단함

3. 결론

따라서, 이 건 처분은 위와 같은 여러 상황을 종합하여 본바, 본 건 "○○일반 산업단지 개발계획 및 실시계획 승인 취소와 사업시행자 지정 취소"의 결정이 취소되어 지역 경제 사회 및 고용 창출에 기여하고, 더 나아가 국가발전에 크게 기여하도록 정상화할 수 있는 선처를 하여 주심을 간절히 간절히 소망을 올립니다.

증 거 서 류

1. 증 갑제 1호증 "○○일반산업단지 조성공사 공시중지 통보" 사본
2. 증 갑제 2호증 "○○일반산업단지 개발계획 및 실시계획 승인 취소와
   사업시행자 지정 취소 고시 알림" 사본
3. 증 갑제 3호증 "○○일반산업단지 개발계획 및 실시계획 승인 취소와
   사업시행자 지정 취소 관련 알림" 사본
4. 증 갑제 4호증　투자금 및 부채내역
5. 증 갑제 5호증　기타 참고 자료 일체
6. 증 갑제 6호증　현장사진 ○○매

0000. 00. 00.

청구인　○○○ (인)

○○○○행정심판위원회위원장님 귀하

행정심판 청구서

접수번호		접수일		

청구인	성명
	주소
	주민등록번호(외국인등록번호)
	전화번호
[O] 대표자 [ ] 관리인 [ ] 선정대표자 [ ] 대리인	성명
	주소
	주민등록번호(외국인등록번호)
	전화번호
피청구인	○○군수
소관 행정심판위원회	[ ] 중앙행정심판위원회 [O] ○○○○행정심판위원회 [ ] 기타

처분 내용 또는 부작위 내용	피청구인이 0000. 00. 00. 청구인에 대하여 한 영업정지 ○개월 처분
처분이 있음을 안 날	0000. 00. 00.
청구 취지 및 청구 이유	"별 지 참 조"
처분청의 불복절차 고지 유무	처분시 행정심판청구에 대한 자세한 고지(안내)가 있었음
처분청의 불복절차 고지 내용	영업정지 ○개월 행정처분 통지를 받은날로부터 90일 이내 행정심판 청구하는 안내 내용을 동 처분통지 문서에 명시하여 통보하였음
증거 서류	증거목록 참조

「행정심판법」 제28조 및 같은 법 시행령 제20조에 따라 위와 같이 행정심판을 청구합니다.

0000 년   00 월   00 일

청구인   ○ ○ ○   (서명 또는 인)

○○○○행정심판위원회 귀중

첨부서류	1. 대표자, 관리인, 선정대표자 또는 대리인의 자격을 소명하는 서류 (대표자, 관리인,선정대표자 또는 대리인을 선임하는 경우에만 제출 합니다.) 2. 주장을 뒷받침하는 증거서류나 증거물	수수료 없음

처리 절차

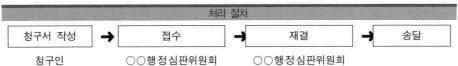

청구서 작성	→	접수	→	재결	→	송달
청구인		○○행정심판위원회		○○행정심판위원회		

청구취지 및 원인

청 구 취 지

'피청구인이 0000.00.00. 청구인에 대하여 한 영업정지 ○개월(0000.00.00부
터 0000.00.00까지) 처분은 이를 취소한다'라는 결정을 구합니다.

청 구 원 인

1. 이 건 처분에 이르게 된 경위
가. 청구인은 0000.00.00 00:00경 ○○ ○○시 ○○구 ○○○로 ○○, ○○호
  (○○동, ○○빌딩) ○○○○○에서 야간 영업 중 청소년 ○○○(○○세, 남)
  외 ○명에게 연령을 확인하지 않고 맥주 ○병, 소주 ○병, 안주 등 도합
  00,000원 상당을 판매하다 ○○경찰서 경찰관에게 적발됨

나. 청구인은 위 사건 관련하여 ○○구청장으로부터 0000.00.00 행정처분의 사전
  통지 영업정지 ○개월 통보를 받음

다. 청구인은 ○○지방검찰청으로부터 위 사건 관련 진술이나 증거 등의 소명 요청
  을 받고, 경찰관서 조사과정에서 진실이 왜곡됐거나 충분하게 소명하지 못한 사
  실들에 대해 반성문 및 증거서류를 제출하였고, 이에 벌금 000만 원 문자 통보
  를 받은 바 있고 동 벌금고지서는 수령 즉시 납부할 것임

라. 청구인은 0000.00.00 ○○○청장으로부터 식품위생법 위반업소 행정처분 통보
  (0000.00.00부터 0000.00.00까지 영업정지 ○개월) 받음

2. 이 건 처분의 위법·부당성
가. 이 건 처분의 위법성
  1) 청구인은 0000.00.00 00:00경 ○○ ○○시 ○○구 ○○○로 ○○, ○○
    호 (○○동, ○○빌딩) ○○○○○에서 야간 영업 중 청소년 ○○○(○○세,

남)외 ○ 명에게 주류를 판매한 위법행위를 하였다고 단속된 사실이 있고,

2) 단속 경찰관이 청구인을 조사하면서 위 청소년들의 연령을 확인하지 않고 맥주 ○병, 소주 ○병, 안주 등 도합 00,000원 상당을 판매했다고 조사했으나,

3) 청구인은 위 청소년들이 미성년자가 아닌 성년들과 함께 들어 왔었고, 모두 함께 들어 온 것이 아니라 1차에 고객이 왔을 때 주민증을 확인한 고객은 미성년자가 아니었고, 주민증을 보여주지 않고 화장실에 갔던 고객이 몰래 나가서 신고한 것으로 추정되나 연령 확인 중에 연이어 다른 고객도 왔고

새벽 시간에 홀 분위기가 더 어둑한데 갑자기 두 테이블의 안주 주문을 받고 주방에서 안주를 바쁘게 만들어 먼저 온 테이블에 가져다주는 과정에서 여러 명이 앉아 있는 것을 보았고 불과 몇 분 사이에 이 중에 미성년자가 있어 단속된 것이고,

그런데, 단속 과정에서 술값을 받지 않는다고 해도 ○○관이 직접 술값을 받아 청구인에게 주었는데, 실제 청구인은 미성년 청소년에게 주류를 팔 고의성 등이 전혀 없었던 것임

4) 또한, 미성년자로 조사된 청소년의 키가 000cm 정도였고 청구인의 가게는 어두침침해서 상대방 얼굴을 정확히 구분하기 어려운 점 등을 감안할 때 충분한 정상참작 등 사정들이 있었으며, 처음 일행 일부 고객에 대해서 연령 확인을 한 사실이 있는데도 신고인 측 등의 주장만을 신빙하고 인정했고 청구인의 진술을 사실상 변명이나 거짓으로 간주한 것은 전후 사정을 충분히 고려하지 않은 너무 ○○적인 단속이었고 법률적 도움 등의 생각은 당시 경제 형편상 겁이 났고 전체적으로 공정성에 문제 많아 위법한 것임

나. 이 건 처분의 부당성
1) 청구인은 청소년주류제공 혐의로 ○○지방검찰청으로부터 벌금 000만 원 통보를 받았는데도 재차 ○○○청장에게서도 영업정지 ○개월 행정처분 통지

를 받은 것은 청구인이 ○○세 연령의 여성임에도 불구하고 생계유지 등을 위해 혼자서 주·야간 철야 장사를 해야 먹고사는 서민에게 너무 감당할 수 없게 과중한 재제를 가한 것임

2) 청구인은 ○○○○ 월세 000만 원 및 주거 월세 00만 원이 고정적인 지출이 되고 있으며, (주)○○○저축은행 대출잔액이 0000만 원(이자율 27.9%), ○○○캐피탈 대출잔액이 000만 원(이자율 27.9%), ○○대부(주) 대출잔액이 0,000,000원(이자율 27.9%), ○○○파이낸셜대부(주) 대출잔액이 000만 원(이자율 27.9%), ○○저축은행 대출잔액이 0,000,000원 등이 현재 각각 있는 극히 생계 경제 곤란의 자영업 소상인으로서 건강도 안 좋지만 돈이 없고 시간까지 없어 병원에도 마음대로 다니지 못하는 상태이고,

남편 ○○○(국가유공자유족, ○○세, 경제활동 능력 없는 상태임)은 건강이 좋지 않고 가족 생계를 위해 돈을 벌기 힘든 연령과 형편이기 때문에 오후 ○○시부터 새벽 ○○까지 철야 영업을 혼자 하면서 벌어야 했던 것이고(또한, 출가 자녀들도 형편이 매우 힘든 상황이고 아들은 실업 상태임), 그래도 인근에 ○○병원 장례식장 고객을 보고 새벽 장사까지 했던 것인데 정말 우연히 본의 아니게 청소년주류제공 위반을 당한 것이고 전혀 고의성 내지 의도가 없었던 것이었음

3) 단속○○○은 마치 ○○건수 올리는 것처럼 청구인이 다른 손님이 동시에 들어와서 주문, 주방일을 하는 허둥지둥한 순간이었고, 혹시 청소년들이 청구인을 의도적으로 속인 행위 등은 일체 조사는 하지 않고 신속하게 일방적인 적발 단속만을 강행했었고,

4) 술값을 받지 않으려고 했는데도 단속○○○이 억지로 받아 주었고 일부 주류는 청소년(성년 고객이 혼재되어 있었음) 등이 냉장고 옆에 앉아 청구인 몰래 꺼낸 것도 있었는바, 청구인은 손자·손녀 ○명이 있는데 미성년자를 알고도 일부러 돈을 벌려고 주류 제공할 사람이 아닌 것이며, 특히 그간 국가유공자 가족이라는 자부심과 긍지를 갖고 살아왔고 도덕적인 지탄받는 삶

을 살아 온 적이 없었음

5) 그래도, 청소년보호라는 우리 사회가 요구하는 법규질서가 얼마나 엄격한 것
인가를 이번 기회에 절실히 깨닫게 되었고, 이러한 정책질서 확립에 앞으로
철저히 더 지키고 솔선수범을 할 것이오니 청구인에 대한 영업정지 ○개월
은 너무 과중하여 부당하므로 ○개월로 감경과 과징금을 대체될 수 있기를
간절히 선처 요청을 하는 것임

3. 결 론

따라서, 이 건 처분은 청구인이 청소년주류제공 당시의 현장 사정, 상황, 새벽
시간대로 철야 장사 중에 충분히 지쳐 있었던 ○○세 여성 업주로서 혼자서 매
우 어둠침침한 가게 내부에서 당황하여 제대로 법적 문제로 방어할 수 없는 상
태이었고 이러한 적발 당시 상황 등에 대해 정상참작 할 만한 자세한 조사 내용
이 부족하며, 범행 적발 당시에 변명 기회를 적절하게 부여한 것 없이 일방적인
방법으로 일사불란처럼 ○○ ○○조치한 이 건은 전체적으로 ○○ 방법, 절차
및 공정성, 피의자 권리보호 등에 흠결이 많아 위법성이 많은 것이며,

또한, 이건 ○○지방검찰청으로부터 벌금 000만 원의 처벌을 받고 ○○○청장
에게서 영업정지 ○개월 행정처분을 받은 것은 청구인이 ○○세 연령의 여성임
에도 불구하고 생계유지 등을 위해 혼자서 주·야간, 철야 장사까지 해야 먹고
사는 서민 형편을 고려하여 볼 때 매우 감당하기 힘든 과중한 처분이라서 부당
하고,

더구나, 청구인은 현재 ○○○○○ 월세 000만 원 및 주거 월세 00만 원이 고
정지출이 되고 있으며, (주)○○○저축은행 대출잔액이 0000만 원(이자율
27.9%), ○○○캐피탈 대출잔액이 000만 원(이자율 27.9%), ○○대부(주) 대
출잔액이 0,000,000원(이자율 27.9%), ○○○파이낸셜대부(주) 대출잔액이
000만 원(이자율 27.9%), ○○저축은행 대출잔액이 0,000,000원 있는 등 지
극히 생계 경제 곤란의 자영업 소상인으로서 건강까지 안 좋은 상태이고,
남편 ○○○은 국가유공자 유족으로서 ○○세 고령자로 경제활동 능력이 없고

청구인은 현재 이유를 불문하고 이 건에 대해 충분히 반성하고 앞으로는 철저한 준법 약속을 한 점 등을 종합적으로 살펴 주시면 청구인이 소망하는 대로 영업정지 ○개월 처분을 ○개월로 감경하시고 과징금으로도 대체할 수 있도록 결정하여 주시는 것이 가하다고 사료되므로 이를 간곡하게 요청드립니다.

그러므로 이건 피청구인이 청구인에게 한 영업정지 ○개월 처분은 위법·부당하므로 취소되어야 합니다.

증 거 서 류

첨 부 1. 증 갑제 1호증 식품위생법 위반업소(○○○○○) 행정처분 통보
     2. 증 갑제 2호증 반성문 사본
     3. 증 갑제 3호증 가족관계증명서 및 국가유공자유족증 사본
     4. 증 갑제 4호증 사업자등록증 및 부가세 과세표준증명 사본
     5. 증 갑제 5호증 ○○○○○ 상가 및 주거 임대차계약서 사본
     6. 증 갑제 6호증 본인 및 남편 병원진료자료 사본
     7. 증 갑제 7호증 통장잔액 및 부채증명서 사본

0000. 00. 00.

청구인   ○ ○ ○ (인)

○○○○행정심판위원회위원장님 귀하

이 의 신 청 서

접수번호		접수일자		처리기간	60일
① 신청인 (처분을 받은 자)	성명			주민등록번호	
	주소			(전화번호　　　　)	

② 처분의 요지	장기요양급여비용 **0,000,000원** 환수 (처분을 한 분사무소: 국민건강보험공단 ○○지역본부)
③ 처분이 있은(도달한) 날	0000 년 00 월 00 일
④ 이의신청의 취지와 이유	1. 신청인이 고령자(만 00세)로서 평생 ○○에 헌신 봉사 후 ○○○○ 퇴임 이후에는 ○○사업, 어린이 ○○○○사업, ○○복지사업(○○○○회장) 등을 적극 추진하였고, 일생의 마지막 봉사로서 노인복지시설을 개소한 것은 경제적 이득, 이윤을 목적으로 한 것이 아니고 사비를 출연하여 ○○○로서 사명을 다하고 국가와 사회에 도움되는 삶의 유산을 남기려 한 순수한 동기이었음. 2. 시설 신규개소 과정에서 법령, 규정에 미숙하고 구청 담당자 등의 상세한 운영·지도가 부족하였고, 신청인 및 시설 종사자들이 업무를 정확하게 파악하지 못한 상태에서 ○○임금 미달(최초 채용 시 구두로 당사자 간 정한 급여가 적다며 퇴사 후 민원 제기함) 문제 발생과정에서 이 건 장기요양급여 부당청구 건도 제보된 것으로 사료되나, ○○임금 건은 민원 해결되었으며, – 위 장기요양급여비용 0,000,000원 환수 처분의 결과는 업무정지 000일 사전처분통지 되어 온 바, 이는 당 시설의 폐쇄처분 조치와 같은 것인데 그간 조사과정에서 이러한 결과가 예상되리라는 어떠한 안내, 예고 없이 일방 공세적인 방법으로 많은 개인 사비 출연한 기관을 폐쇄조치는 부당함 3. 시설개소 최초 운영과정인데도 행정지도 및 관리·감독이 없었고, 이건 조사과정에서 ○○적, 인권○○, 최소한의 소명 내지 변명의 기회를 박탈된 상태로 이루어졌고 이를 근거로 시설 폐쇄 결정을 한 과잉처분이어서 부당한 것임(구체적 내용 "별지" 참조)

　「노인장기요양보험법」 제55조 및 같은 법 시행규칙 제39조에 따라 공단의 처분에 대하여 위와 같이 이의신청합니다.

0000년 00월 00일

신청인 　성 명 :　　　　　　　　　　(서명 또는 인)

대리인 　성 명 :　　　　　　　　　　(서명 또는 인)
주민등록번호:
신청인과의 관계 :
주소 :
전화번호:

국민건강보험공단 이사장 귀하

첨부서류	주장하는 사실을 증명할 수 있는 서류

청구취지 및 이유

청구취지

국민건강보험공단 ○○지역본부가 신청인이 0000.00.00 ～ 0000.00.00(00개월) ○○○○○집을 운영하면서 거짓·부정한 방법으로 ①서비스 일수·횟수를 늘려서 청구(HO2) 000,000원, ②인력 배치기준 위반 청구(H13) 0,000,000원, ③인력 추가배치 가산기준 위반 청구(H15) 0,000,000원 등 총 부당청구액 0,000,000원 (월평균 000,000원, 부당청구비율 00.00%)의 장기요양급여비용을 청구·수령하였 다는 조사(사실상 수사), 판단한 결과를 ○○시 ○○○청에 통보한 결과,

신청인에게 업무정지 000일(사실상 시설 운영 폐쇄조치임)을 당하도록 한 것인바, 실제로는 관계법규 및 업무규정 숙지 부실 내지 장기요양급여비용 청구제도를 정확 하게 모르는 상황에서 신청인이 경제적 이득과 이윤을 추구할 하등의 이유가 없는 그야말로 순수한 ○○○로서 국가와 사회에 마지막 기여하는 사회공헌적인 차원에서 많은 개인 사비를 이미 출연했는데도 불구하고 계속 운영경비 때문에 사비 지출로도 부족한 상태가 되어 별다른 ○○○ 없이 장기요양급여비용 청구가 다소 잘못 ○○ 된 부분이 생긴 것에 대하여 솔직히 인정하고 개선 운영을 다짐해 드렸는데도 신청 인의 그간 사회공헌과 경력, 소명 등은 전혀 감안하여 주지 않고 ○○·○○한 방 법으로 총 부당청구액 0,000,000원을 고의 내지 의도적으로 수령한 것으로 판단한 것이 업무정지 000일 행정처분으로 이루어 진 것이므로 "○○·○○한 방법"이라는 판단을 취소 및 업무정지 000일 행정처분 원인을 취소한다' 라는 결정을 구합니다.

청구이유

1. 이 건 처분에 이르게 된 경위
가. 위 국민건강보험공단 ○○지역본부(이하, '피신청인'이라 한다) 판단을 놓고 보면,
   신청인이 0000.00.00. ○○시 ○○○청에 재가장기요양기관 설치신고증명서
   (재가장기요양기관명: ○○○○○집, 재가장기요양기관기호: 0-00000-00000, 장기
   요양기관의 장: ○○○, 생년월일 : 0000년 00월 00일, 만 00세)를 발급받은바,

- 위 시설을 개설할 최초부터 ○○·○○한 방법을 통해 장기요양급여비용 0,000,000원을 청구하는 등 고의 내지 의도적으로 위법·부당한 재가장기요양기관 설치 운영을 한 매우 ○○○하고 ○○○한 ○○○ 행위자처럼 ○○된 것임

- 그런데, 상식적인 접근을 하더라도 신청인은 00여 년 ○○에 헌신하였고 중 ○○○○ 및 ○○○○○까지 지냈고 ○○후에는 ○○사업(○○ ○○회 회장), ○○단체 대표(전국 ○○○○○회 감사, ○○ ○○○○○ 회장), ○○○○○ 출마(약 00% 득표함), 어린이○○시설 운영(○○○○○집 ○○회 ○○위원) 등을 하면서 일평생을 ○○외길에 봉사하였고 지역 ○○계, ○·○계 등 널리 알려져 있는데 위와 같은 ○○○한 행위를 할 아무런 동기 등이 전혀 없고 상식적으로 위와 같은 위법·부당 행위를 고의 내지 의도적으로 할 이득 등이 전혀 없는 것임
첨부: ○○기록 사본 참조

- 피신청인 판단대로 위 부당청구가 발생한 것에는 본의 아니게 업무규정과 시설 운영에 관한 경험·지식 부족이 있었고, 00세 고연령에 시설을 최초 개설하다 보니 운영할 인력을 충분히 확보하는 데 자금 부족이 있었으며 무엇보다 이러한 시설이 개설되면 관할 행정관청 등에서도 지도 점검을 미리 하는 등 이러한 부당사례가 발생하지 못하게 해 주는 것이 필요한데 이러한 사전 교육 및 행정지도 같은 것이 없었으며,

- 따라서, 신청인은 위 시설을 최초 개설을 준비하면서 건물 리모델링에 0억 0천만 원을 투입하였고, ○○복지사는 1명만을 유지(시설장이 ○○복지사인 경우 별도 ○○복지사 1명만 유지해도 되는 것이었음) 해도 되는 것인데도 동 규정을 정확히 몰라서 2명을 유지해야 하는 것으로 잘못 알고 있는 등 시설개설 초기비용이 많이 투입된 상태에서 인건비 등 운영비가 부족하여 신청인이 현금 0천만 원 이상을 계속 추가 투입하는 상황에 있었기 때문에, 개인 사비를 출원하여 노인복지 공헌사업을 한다는 생각이 앞서 장기요양급여비용 청구에 세심하게 고려하지 못한 잘못은 인정함

- 그러나, 신청인은 위 시설 설치·운영의 목적이 평생 ○○○로 국가와 사회에 헌신해 왔고 인생의 마지막 봉사의 사명감으로서 비슷한 연령에 있는 고령자, 노약자와 함께 지내며 요양교육기관처럼 자리를 잡게 해서 이를 국가와 사회에 좋은 유산(신청인은 재산을 사회에 헌납하게 조치를 해놓았음)으로 남기려 위와 같은 재가장기요양기관을 주변, 지인, 가족 등의 많은 반대에도 불구하고 개설한 것이었고, 신청인 연령에 무슨 경제적 이득을 바라보고 위와 같은 거짓·부정한 방법을 동원하거나 의도성을 가질 이유가 없는 것이기에 피신청인 처분 결정에 매우 ○○적 ○○○인 충격을 받고 밤잠을 설쳐 건강 등에 매우 고통받고 있는 실정임

나. 이 사건이 발생하게 된 배경 및 경과

신청인이 고령의 연령에 불구하고 재가장기요양기관을 설치 운영을 한 것은 앞서 언급한 것처럼 일생을 ○○○에 몸담고 ○○○로서 국가와 사회에 마지막으로 헌신 봉사하며 보람을 가질 수 있다고 판단한 것이 노인요양기관을 운영하면서 입소자들과 가족처럼 지내면서 ○○전문가로서 소양과 경험, 종교적 신념을 나누며 남은 여생을 사랑으로 실천하며 살고자 했던 것이었는데, 막상 재가장기요양기관을 설치·운영하기 시작하면서 직원들을 고용하게 되고 각종 비용들이 지출되면서 나름대로 ○억 원 이상 순수 자본금으로 충분히 운영자금이 될 것으로 판단하였으나 매우 부족을 직면하였고, 재가장기요양기관 운영에 관해 전문지식도 없었고 관계 행정관청에 문의를 하더라도 자세히 안내받을 수 있는 곳도 없었고, 그래서 궁금할 때 쉽게 상담받을 수 있는 전문담당자도 없는 등 매우 힘들게 시작하게 되었으며,

- 무엇보다 시설개설 초기여서 입소○○○들이 아직 많지 않기 때문에 최초 직원을 면접할 때 월급을 ○○법 및 ○○○○법 등과 상관없이 노무 제공업무가 많지 않아 당사자 간에 적정한 수준으로 합의하여 정하였으나, 몇 번 마찰이 있었던 모 직원이 퇴사한 후 ○○청 및 관계기관에 ○○○○법 위반 등을 제보하면서 이 사건이 발생하게 되었고,

- ○○청 조사과정에서는 ○○○○감독관이 신청인의 사정을 충분히 듣고 이

해한 후 ○○○○법의 내용도 준수해야 하지만 당사자 간 합의 내용도 무시할 수 없는 것이라고 하면서 신청인이 개인 사비를 상당히 출연하여 재가장기요양기관을 설치 운영하게 된 것이고 초창기 자본금이 많이 투자된 데다 초기에는 입소○○○들이 많이 없어서 월급 책정을 당사자 합의로 정한 것이나 그렇다고 ○○○○법 이하 월급을 정한 것이 ○○○○법 위반이 되는 것이기는 하나 ○○○○법 위반으로 곧바로 처벌하는 것은 매우 난감하고 신청인의 입장을 참작해 줘야 할 사정이 충분하다면서 양측을 조정하는 가운데 모 직원이 ○○감독관에게 강력 반발과 항의를 함에 따라 신청인은 ○○○○법 미달 급여를 지급하는 것으로 ○○법 행정처분은 종결받은 바 있고, 이 사건 이후에는 ○○관계법을 충분히 이해하여 앞으로는 ○○관계법을 잘 준수하는 계기가 되었으나,

이 건 피신청인 기관의 민원처리 과정에서는 앞서 ○○청 행정처리 방식과 너무 다르게, 사실 ○○청 ○○감독관은 사법권이 있는 ○○○○경찰관인데도 매우 친절하게 사건 동기, 과정 등을 충분히 사실관계를 파악하여 민원해결이 신속히 해결된 데 비해,

– 피신청인 기관 이 건 조사담당자는 신청인을 처음부터 중죄인 취급하며 ○○ ○○ ○○를 하였고 사실관계 조사 내용과 기록에 대해서는 보여주지도 읽어보지도 못하게 하며 보안이라고 하며 날인하게 만들어 나중에 업무정지 000일 사실상 재가장기요양기관을 최초 설치 후 첫 조사에서 곧바로 폐쇄토록 과잉처분을 하였는데 이렇게 되면 시설투자에 리모델링 비용만 하더라도 0억0천만원 이상 투입되는 등 국가적으로도 상당한 손실이 되고 무엇보다 국가가 직접 국비로써 전국의 모든 재가장기요양시설을 직접 설립·운영을 하는 것보다 신청인과 같은 사회봉사와 헌신을 해 온 사람들이 민간시설로써 참여시키는 것이 국가 전체적인 측면에서 효율적인 사회복지정책을 구현하는 것으로 판단한 국가정책 방향과도 배치되는 ○○ ○○행정처분을 당한 것이고, 신청인과 같이 사례가 구제되지 않는 경우 사회복지 투자와 관심이 상당히 위축될 수 있는 것임

2. 이 건 처분의 위법 · 부당성

가. 이 건 처분의 위법성

　이 사건이 발생 후 신청인은 ○○청 민원 해결 과정에서 그래도 희망을 가지고 부족한 점은 보완하면서 재가장기요양기관 운영을 잘해야겠다고 다짐하였고,

　피신청인 기관 이 건에 관해서도 주변 지인 등에게 많은 자문을 구한 바, 한결 같이 신청인의 순수한 동기와 그간 ○○○로 헌신하고 국가와 사회에 그렇게 많이 봉사해 왔고, 연령을 참작하더라도 경제적 이득을 취할 것이 없고 이미 투자한 상당한 사비 출연이 있는 등 종합적으로 고려하여 볼 때 큰 걱정을 모두 하지 말라고 하는 등 시설 폐쇄와 같은 이런 엄청난 처분을 받을 것으로는 진정 상상을 못 했고,

　일반 관례상 판단하더라도 이 정도 행정처분이 내려지는 경우 의견제출을 요청할 때 업무정지 000일 정도 될 것이오니 상세한 소명 등 의견제출을 하라고 해야 할 텐데 구체적인 처분 예상 안내는 전혀 없었고, 나중에 구청 담당자에게 문의하니 부당청구 환수액 0,000,000원을 피신청인 기관에서 결정한 것이고 동 환수액을 기준으로 업무정지 기간을 산정하는 것이므로 피신청인 기관은 의견 제출을 요청할 당시에 업무정지 000일을 산정할 수 있었고, 당연히 산정하여 알려 주면서 이미 입소○○○들이 있는 것이므로 재가장기요양기관 운영에 차질이 있기에 충분한 의견 제출을 하라는 절차를 하지 않은 것은 중대한 행정 절차 위반이므로 부당한 행정처분을 한 것임

나. 이 건 처분의 조사과정에서의 위법성

　이 사건이 제보되어 피신청인 기관의 조사를 받게 되었으나, 시설 운영이 시작 단계에서 신청인의 개인 사비가 본 시설 개설에 많이 지출되었고 어느 정도 입소자가 늘어나기까지 계속적으로 개인 사비 지출이 될 수 밖에 없는 상황인 점, 신청인이 최초 시설을 개설하여 전문지식이 부족하여 업무 실수 등이 있더라도 정상참작과 치유 가능한 행정처분을 예상한 점, 그간 신청인이 국가와 사회에 헌신 봉사해 온 공적 등도 고려될 것으로 생각하여 잘못된 점은 명확히 인정하였기 때문에 ○○(○○)과정의 ○○과 ○○, 인권 ○○을 감내하고 어느 정도

선처를 기대하였으나, 이 건 행정처분 사전통지는 신청인을 사실상 처음부터 ○○○한 ○○○처럼 ○○(○○) 했던 것처럼 행정처분 결과까지도 사실상 ○○○한 ○○○로 간주하여 재가장기요양기관 폐쇄를 시키는 처분을 통보한 것은 도저히 받아들일 수 없고 육체적 정신적 ○○이 되게 만들어 너무나 ○○하고 ○○한 행정처분으로서 부당한 것인데,

- 이러한 일방적이고 ○○한 행정처분을 결정한 ○○(○○) 과정은 말로써 표현할 수 없는 비민주적이고 ○○적이며 인권○○ 등 부당하였고,

- 기억나는 대로 ○○(○○)과정을 말씀해 드리면, ○일간 조사받을 때 갈비뼈가 아파서 수술을 받으라는 의사의 소견서를 제시했지만 보지도 않았고,

- 조금도 쉬는 시간을 주지 않고 3시간을 연속을 ○○식으로 ○○(○○) 후 다음 날도 너무 심한 ○○(○○)로 온몸이 ○○○이 되고 땀이 흘러 ○옷과 ○옷까지 완전히 젖었을 때 그제야 누군가가 다가와서 얼음물을 주어서 마신 적이 있는데 몸무게가 ○kg 빠지고 육체적 정신적 고통으로 ○○처럼 만들었고,

- ○○(○○)를 했으면 답변을 읽어보고 수정 등을 할 권리가 있을 텐데 비밀이고 보안이라고 하면서 검토 수정을 거부하였고 무조건 서명을 하게 하여 신청인이 고령이고 옆에 아무도 도와주는 사람 없이 혼자서 버틸 수 없어 서명해 준 ○○(○○) 결과를 바탕으로 0,000,000원을 환수 결정했으면, 이 금액 기준으로 향후 업무정지 000일 예상되기에 충분한 의견 제출을 하라고 안내라도 해 주어야 할 텐데 구체적인 행정처분 예상 기준에 대한 안내가 전혀 없이 결국 위법 부당한 ○○(○○) 결과를 기준으로 업무정지 000일을 처분한 것은 너무 비민주적이고 ○○하고 ○○적이고 ○○적으로 사회복지 분야에 ○○○로서 순수하게 헌신봉사 목적에서 개인 사비를 출연하여 삶의 마지막 사명감과 사랑을 실천하고자 했던 신청인의 꿈을 ○○○하게 ○○한 부당 행정처분을 한 것임

- 신청인이 피신청인 기관에서 ○○(○○)한 결과에 대해 무조건 ○○하다고 주장하는 것이 아니며, 시설 개설 초기에 충분한 운영·지도 및 예방점검 등이

없었고 구체적으로 운영요령 등을 상담해 주거나 가르쳐 주는 절차도 없었고 이러한 운영방식 때문에 신청인은 많은 개인 사비 출연이 되었고 그간 ○○ 경력과 국가와 사회에 헌신해 온 공적 등을 참작해서 어느 정도 운영 재량을 부여해 줄 것으로 생각하고 신청인의 개인 사비가 계속 많이 투입되고 있는 상황이기 때문에 큰 죄○○ 없이 장기요양급여비용 청구에 있어서 엄격한 검토·확인을 못 한 것은 신청인이 잘못이 있는 점은 이미 시인을 한 바 있었고,

- 신청인이 받아들일 수 있는 예상 처분은 피신청인 기관이 부당청구액으로 판단한 0,000,000원 원금과 이에 대한 행정 벌과금으로서 어느 정도 과징금 처분을 받을 것으로 판단했었던 것인데,

- 위 0,000,000원 부당청구액이 ○○과 ○○한 의도로서 ○○와 같이 발생한 것처럼 판단하고 관할 행정관청에 통보한 것은 피신청인 기관이 오히려 권한을 남용한 위법한 행정처분을 한 것이어서 부당하고, 이번 절차에 의해 시정을 받지 못하는 경우 이 모든 사실들을 가지고 ○까지 ○○을 할 수밖에 없는 것임

3. 결 론

존경하는 국민건강보험공단 이사장님, 그리고 이 사건 심의위원님!
진실로 신청인이 경제적인 이득과 이윤을 추구 목적으로 0000.00.00 ○○○ ○○집이라는 재가 장기요양기관을 설치·신고한 것이 아니라고 판단해 주실 것으로 믿습니다.

주변의 많은 만류에도 불구하고 ○○○의 마지막 사명감과 신청인이 가진 재산을 가족이 아니라 이미 국가와 사회에 관련 절차에 따라 헌납하도록 조치해 둔 상황에서 가급적 좀 더 보람되고 가치 있는 유산을 남겨서 삶의 흔적을 아름답게 장식하고자 했던 마음이 있었고, 더불어 신청인과 비슷한 연령대의 입소자들과 가족처럼 지내며 서로 도움을 베풀며 지내고자 했던 소박한 욕심 같은 마음이 있었습니다.

그런데, 막상 ○억○천만 원 이상 리모델링 비용이 투입되고 직원들 인건비 및

운영비가 계속 투입되는 상황이 계속되는데 사실 정신이 없을 정도로 혼란스러웠고 이러한 과정에서 모 직원과 약간 불협화음이 있었습니다. 신청인이 가지고 있는 아쉬움은 이러한 잘못 청구된 환수 대상 금액에 대해서는 시설장인 신청인에게 꾸짖어 주시고 또 환수하시고 어느 정도의 과징금까지 부과하시는 것은 얼마든지 받아들일 수 있는 것입니다.

그러나, 신청인을 ○○한 ○○○처럼 ○○(○○)하고 ○○적으로 ○○하고 전혀 민주적인 절차는 보장받지 못하고 ○○한 ○○와 ○○ 결과를 토대로 이에 대한 검토, 수정 권한이 보장 없이, 행정처분 결과에 대한 예상처분에 대해서도 전혀 안내가 없는 상황에서 시설 개설 초기에 고용했던 모 직원과의 불협화음의 결과가 ○억 원 이상 신청인의 사재 출연이 되어 있고 입소 ○○○들이 있는 ○○○○○집을 업무정지 000일을 행정처분 하는 것은 누가 보더라도 위반 정도 및 사정에 비해 너무 과중한 것이 아닌가요?

신청인의 주변에 있는 유력 ○○ 및 실무○○○들까지 모두 너무 ○○한 처분을 받았다고 하고 있습니다.

존경하는 국민건강보험공단 이사장님, 그리고 이 사건 심의위원님!
이 건 신청인이 관련 규정을 위반한 부분은 시인하였고 이러한 잘못된 청구가 어떤 경제적 이득이나 이윤을 목적이 아니었던 점은 널리 간절히 이해하여 주실 것을 소망합니다.

아무쪼록 지금 입소하고 계시는 몇 분 ○○○들과 신청인이 ○○○○○ 집 계속 운영해 나갈 수 있도록 행정처분을 조정을 호소드립니다. 간절한 소원과 바램은 적정한 과징금 등으로 대체시켜 주실 것을 간절히 다시 한번 호소를 올립니다.

참 고 서 류

첨 부 1. ○○기록 사본 1부

     2. 자금 투입, 수입 및 지출 관련 자료 등 관련자료 일체

0000. 00. 00

청구인　○ ○ ○ (인)

국민건강보험공단 이사장님 귀하

3. 취업규칙

취 업 규 칙

20 . 00. 00

(주) ○○

목 차

제1장 총 칙

제1조(목적) 이 규칙은 주식회사 ○○(이하 "회사"라 한다) 사원의 채용·복무 및 근로 조건 등에 관한 사항을 정함을 목적으로 한다.

제2조(적용범위) ① 이 규칙은 회사의 사업장에 근무하는 사원에게 적용한다.

② 사원의 복무 및 근로조건에 관하여 법령, 그 밖에 회사규정에 별도로 정함이 있는 경우를 제외하고는 이 규칙이 정하는 바에 의한다.

제3조(사원의 정의) 이 규칙에서 "사원"이라 함은 단시간사원을 포함한 무기계약사원과 기간제사원을 의미한다.

제2장 채용 및 근로계약

제4조(채용기회) 회사는 사원의 모집 및 채용에 있어서 합리적인 이유 없이 성별, 연령, 신앙, 사회적 신분, 출신 지역, 출신 학교, 혼인·임신·출산 또는 병력(病歷) 등에 의한 차등을 두지 않는다.

제5조(전형 및 채용서류) 회사에 입사를 지원하는 자는 다음 각 호의 서류를 제출하여야 한다.

1. 이력서 1통
2. 자기소개서 1통

제6조(근로계약) ① 회사는 채용이 확정된 자와 서면으로 근로계약을 체결하고, 해당자에게 근로계약서 사본 1부를 내어 준다.

② 회사는 근로계약 체결 시 사원에게 임금, 소정근로시간, 휴일, 연차 유급휴가, 취업의 장소와 종사하여야 할 업무에 관한 사항, 근로기준법 제93조 제1호부터 제12호까지의 규정(취업규칙의 작성·신고사항)에서 정한 사항, 근로기준법 제10장의 기숙사에 관한 사항(기숙사가 있는 경우에 한함)을 명확히 제시한다.

③ 회사는 제2항의 내용 중 임금의 구성항목·계산방법·지급방법, 소정근로시간, 휴일, 연차유급휴가에 관한 사항, 취업의 장소와 종사하여야 할 업무에 관한 사항을

서면으로 명확히 제시하여 교부한다. 또한 기간제 근로자인 경우 근로계약기간도 함께 명시한다.

④ 회사는 근로계약 체결 시 제2항 및 제3항의 사항이 적시된 취업규칙을 제시하거나 교부함으로써 제2항의 명시 및 제3항의 서면명시 및 교부의무를 대신할 수 있다.

제7조(수습기간) ① 신규로 채용된 자는 최초로 근무를 개시한 날부터 3개월간을 수습기간으로 한다.

② 제1항의 수습기간은 근속년수에 포함하며, 평균임금산정기간에는 포함하지 아니한다.

제3장 복 무

제8조(복무의무) 사원은 다음 각 호의 사항을 준수하여야 한다.

1. 사원은 맡은바 직무를 충실히 수행하여야 한다.

2. 사원은 직무상 지득한 비밀을 엄수하고 회사기밀을 누설해서는 아니 된다. 단, 공익신고자 보호법상의 '공익신고자'의 경우에는 적용되지 아니한다.

3. 사원은 회사의 제반규정을 준수하고 상사의 정당한 직무상 지시에 따라야 한다.

4. 사원은 사원으로서 품위를 손상하거나 회사의 명예를 실추시키는 행위를 하여서는 아니 된다.

5. 사원은 그 밖에 제1호 내지 제4호에 준하는 행위를 하여서는 아니 된다.

제9조(출근, 결근) ① 사원은 업무시간 시작 전까지 출근하여 업무에 임할 준비를 하여 정상적인 업무수행에 차질이 없도록 하여야 한다.

② 질병이나 그 밖의 부득이한 사유로 결근하고자 하는 경우에는 사전에 소속부서의 장의 승인을 받아야 한다. 다만, 불가피한 사유로 사전에 승인을 받을 수 없는 경우에는 결근 당일에라도 그 사유를 명확히 하여 사후 승인을 받아야 하며 정당한 이유 없이 이러한 절차를 이행하지 아니한 경우 무단결근을 한 것으로 본다.

제10조(지각·조퇴 및 외출) ① 사원은 질병 그 밖의 부득이한 사유로 지각하게 되는 경우에는 사전에 부서의 장 또는 직근 상급자에게 알려야 하며, 부득이한 사정으로 사전에 알릴 수 없는 경우에는 사후에라도 지체 없이 이 사실을 알려야 한다.

② 사원은 근로시간 중에 사적으로 근무 장소를 이탈할 수 없다. 다만, 질병이나 그 밖의 부득이한 사유로 인하여 조퇴 또는 외출하고자 할 경우에는 소속부서의 장의 승인을 받아야 한다.

③ 사원이 지각·조퇴 및 외출한 시간은 무급으로 처리함을 원칙으로 한다.

제11조(공민권 행사 및 공의 직무 수행) ① 회사는 사원이 근무시간 중 선거권, 그 밖의 공민권을 행사하거나 공(公)의 직무를 수행하기 위하여 필요한 시간을 청구할 경우 이를 거부할 수 없으며, 그 시간은 유급으로 처리한다.

② 회사는 제1항의 권리 행사나 공(公)의 직무를 수행하는 데 지장이 없는 범위 내에서 사원이 청구한 시간을 변경할 수 있다.

제12조(출장) ① 회사는 업무수행을 위하여 필요한 경우 사원에게 출장을 명할 수 있다.

② 회사는 행선지별 여비, 숙박비, 현지교통비 등 실비에 충당될 수 있는 비용을 지급한다.

제4장 인 사

제1절 인사위원회

제13조(인사위원회의 구성) ① 인사위원회(이하 "위원회"라 한다)는 대표이사와 부서장 또는 그에 준하는 직급의 사원 중 대표이사가 임명하는 자로 총 5명 이내로 구성하되 근로자위원을 최소 1명 이상 포함되도록 한다.

② 위원회의 위원장은 대표이사 또는 대표이사가 위임한 자로 한다.

③ 위원회에는 인사(총무)담당자 1명을 간사로 둔다.

제14조(위원회의 기능) 위원회는 다음 각 호의 사항을 의결한다.

1. 사원의 표창에 관한 사항
2. 사원의 징계에 관한 사항
3. 그 밖에 사원의 인사에 관하여 위원회의 의결이 필요한 사항

제15조(위원회의 소집 및 운영) ① 위원회는 제14조의 의결사항이 있을 경우 위원장이 소집한다.

② 위원장은 회의를 소집하고자 하는 경우 원칙적으로 회의 개최 7일 전에 회의일시, 장소, 의제 등을 각 위원에게 통보한다.

③ 위원회는 재적위원 과반수의 출석과 출석위원 과반수의 찬성으로 의결한다. 다만, 징계에 관한 사항은 재적위원 3분의 2 이상의 찬성으로 의결한다.

④ 위원장은 표결권을 가지며 가부동수일 때에는 결정권을 가진다.

⑤ 위원회의 회의는 공개하지 아니하며 회의내용과 관련된 사항은 누설하여서는 아니 된다. 다만, 위원회의 의결로 공개할 수 있다.

⑥ 위원회의 의결사항이 특정위원에 관한 사항을 의결할 때에는 당해위원은 그 건의 의결에 참여할 수 없다.

⑦ 위원회의 운영방법 등 기타 필요한 사항에 대하여는 별도의 규정으로 정할 수 있다.

제2절 배치·전직 및 승진

제16조(배치, 전직, 승진) ① 회사는 사원의 능력, 적성, 경력 등을 고려하여 부서의 배치, 전직, 승진 등 인사발령을 하며, 사원은 정당한 사유 없이 이를 거부할 수 없다.

② 회사는 제1항의 인사발령을 함에 있어서 합리적인 이유 없이 남녀를 차별하지 아니한다.

③ 승진 등 인사발령과 관련하여 필요한 사항에 대하여는 별도의 규정으로 정한다.

제3절 휴직 및 복직

제17조(휴직) ① 회사는 다음 각 호의 어느 하나에 해당하는 사유로 사원이 휴직원을 제출하는 경우에는 휴직을 승인할 수 있다. 이 경우 제3호의 휴직 외에는 무급을 원칙으로 한다.

1. 업무 외 질병, 부상, 가사 등으로 직무수행이 어렵다고 인정되는 경우: 필요하다고 인정되는 기간

2. 병역법, 기타 법령에 의해 징집 및 소집되었을 때: 징집 및 소집기간

3. 연수, 직무 등의 사유로 회사가 휴직이 필요하다고 하는 경우: 필요하다고 인정되는 기간

② 휴직자는 휴직기간 중 거주지의 변동 등의 사유가 있을 때에는 회사에 즉시 그 사실을 알려야 한다.

제18조(육아휴직) ① 회사는 만 8세 이하 또는 초등학교 2학년 이하의 자녀(입양한 자녀를 포함한다)를 가진 남녀 사원이 그 자녀의 양육을 위하여 육아휴직을 청구하는 경우에는 이를 허용한다. 단, 계속 근로한 기간이 1년 미만이거나 같은 영유아에 대하여 배우자가 육아휴직 중인 경우에는 허용하지 않을 수 있다.

② 육아휴직 기간은 1년 이내로 한다.

③ 회사는 육아휴직을 이유로 해고나 그 밖의 불리한 처우를 하지 않으며 특히 육아휴직기간에는 해고하지 아니한다.

④ 회사는 사원이 육아휴직을 사용할 경우 고용보험법령이 정하는 육아휴직급여를 받을 수 있도록 증빙서류를 제공하는 등 적극 협조한다.

제19조(가족돌봄휴직 등) ① 회사는 사원이 부모, 배우자, 자녀 또는 배우자의 부모(이하 "가족"이라 한다)의 질병, 사고, 노령으로 인하여 그 가족을 돌보기 위한 휴직(이하 "가족돌봄휴직"이라 한다)을 신청하는 경우 이를 허용하여야 한다. 다만, 대체인력 채용이 불가능한 경우, 정상적인 사업 운영에 중대한 지장을 초래하는 경우 등 남녀고용평등법 시행령으로 정하는 경우에는 그러하지 아니하다.

② 제1항 단서에 따라 가족돌봄휴직을 허용하지 아니하는 경우에는 해당 사원에게 그 사유를 서면으로 통보하고, 다음 각 호의 어느 하나에 해당하는 조치를 하도록 노력하여야 한다.

1. 업무를 시작하고 마치는 시간 조정
2. 연장근로의 제한
3. 근로시간의 단축, 탄력적 운영 등 근로시간의 조정
4. 그 밖에 사업장 사정에 맞는 지원조치

③ 가족돌봄휴직 기간은 연간 최장 90일로 하며, 이를 나누어 사용할 수 있다. 이 경우 나누어 사용하는 1회의 기간은 30일 이상이 되어야 한다.

④ 회사는 가족돌봄휴직을 이유로 해당 근로자를 해고하거나 근로조건을 악화시키는 등 불리한 처우를 하여서는 아니 된다.

⑤ 가족돌봄휴직 기간은 근속기간에 포함한다. 다만, 근로기준법 제2조 제1항 제6호에 따른 평균임금 산정기간에서는 제외한다.

⑥ 회사는 소속 근로자가 건전하게 직장과 가정을 유지하는 데에 도움이 될 수 있도록 필요한 심리상담 서비스를 제공하도록 노력하여야 한다.

제20조(복직) ① 사원은 휴직사유가 소멸되었을 때에는 지체 없이 복직원을 제출해야 하며, 휴직기간이 만료된 때에는 그 만료일 7일 전까지 복직원을 제출하여야 한다.
② 사원은 부득이한 사유가 있는 경우 승인을 얻어 휴직기간을 연장할 수 있다.
③ 회사는 휴직 중인 사원으로부터 복직원을 제출받은 경우에는 최대한 빠른 시일 내에 휴직 전의 직무에 복직시키도록 노력하되, 부득이한 경우에는 그와 유사한 업무나 동등한 수준의 급여가 지급되는 직무로 복귀시키도록 노력한다.

제21조(근속기간의 계산) 휴직기간은 근속기간에 산입한다. 다만, 제17조 제1항 제2호의 병역법에 의한 군복무기간은 퇴직금 산정을 위한 계속 근로년수에서 제외한다.

제5장 근로조건

제1절 근로시간

제22조(근무형태) 근무형태는 주간근무를 원칙으로 하며, 필요할 경우 사원의 대표와 합의하여 교대근무제를 시행할 수 있다.

제23조(근로시간) ① 1주간의 근무일은 월요일부터 금요일까지 5일로 하고 이 경우 매주 토요일은 무급휴무일로 한다.
② 1주간의 근로시간은 휴게시간을 제외하고 40시간으로 한다.
③ 1일의 근로시간은 8시간으로 하되, 제24조의 휴게시간을 제외하고 09:00부터 18:00까지로 한다. 단, 18세 미만 사원의 경우 1일의 근로시간은 7시간 이내로 한다.

제24조(휴게) 휴게시간은 제23조 제3항의 근로시간 중 12:00부터 13:00까지로 한다. 다만, 업무사정에 따라 휴게시간을 달리 정하여 운영할 수 있다.

제25조(탄력적 근로시간제) ① 회사는 업무의 필요에 따라 탄력적 근로시간제를 시행할 수 있으며, 이 경우 사원을 의견을 존중하여 실시의 세부적인 절차 등을 정한다.
② 15세 이상 18세 미만의 사원과 임신 중인 여성사원은 탄력적 근로시간제를 적용하지 아니한다.

제26조(간주근로시간제) ① 사원이 출장, 파견 등의 이유로 근로시간의 일부 또는 전부를 사업장 밖에서 근로하여 근로시간을 산정하기 어려운 경우에는 1일 8시간을

근로한 것으로 본다.

② 사원이 출장, 파견 등의 업무를 수행하기 위하여 통상적으로 1일 8시간을 초과하여 근로할 필요가 있는 경우에는 1일 10시간을 근로한 것으로 본다. 다만, 사원의 대표와 서면 합의를 통하여 이를 달리 정할 수 있다.

제27조(연장 · 야간 및 휴일근로) ① 연장근로는 1주간 12시간을 한도로 사원의 동의하에 실시할 수 있다. 단, 18세 미만 사원은 1일 1시간, 1주일에 6시간을 한도로 사원의 동의하에 실시할 수 있으며, 산후 1년이 지나지 아니한 여성사원에 대하여는 1일 2시간, 1주 6시간, 1년 150시간을 한도로 사원의 동의하에 실시할 수 있으며, 임신 중인 여성사원은 연장근로를 실시할 수 없다.

② 연장 · 야간 및 휴일근로에 대하여는 통상임금의 50%를 가산하여 지급한다.

③ 회사는 사원의 대표와 서면 합의하여 연장 · 야간 및 휴일근로에 대하여 임금을 지급하는 것을 대신하여 휴가를 줄 수 있다.

제28조(야간 및 휴일근로의 제한) ① 18세 이상의 여성 사원을 오후 10시부터 오전 6시까지 근로하게 하거나 휴일에 근로를 시킬 경우 당해 사원의 동의를 얻어 실시한다.

② 임산부와 18세 미만인 사원에 대하여는 오후 10시부터 오전 6시까지의 시간 및 휴일에 근로를 시키지 않는 것을 원칙으로 한다. 다만, 다음 각 호의 어느 하나에 해당하는 경우에는 그 시행 여부와 방법 등에 관하여 사원의 대표와 성실히 협의한 후 고용노동부장관의 인가를 받아 야간 및 휴일근로를 실시할 수 있다.

1. 18세 미만자의 동의가 있는 경우
2. 산후 1년이 지나지 아니한 여성의 동의가 있는 경우
3. 임신 중의 여성이 명시적으로 청구하는 경우

제29조(근로시간 및 휴게 . 휴일의 적용제외) ① 다음 각 호의 하나에 해당하는 사원에 대하여는 1주 40시간, 1일 8시간을 초과하여 연장근로하거나 휴일에 근로하더라도 연장근로 및 휴일근로 가산임금을 지급하지 않는다.

1. 감시 . 단속적 업무로서 고용노동부장관의 승인을 받은 경우
2. 관리 . 감독 업무 또는 기밀취급 업무에 종사하는 경우

② 제1항의 각 호에 해당하는 사원이 야간에 근로한 경우 통상임금의 50%를 가산하여 지급한다.

제2절 휴일·휴가

제30조(유급휴일) ① 1주 동안 소정근로일을 개근한 사원에 대하여는 일요일을 유급주휴일로 부여한다.

② 근로자의 날(5월 1일)은 유급휴일로 한다. 다만, 근로자의 날에 근로를 한 경우 근로기준법 제57조(보상휴가제)에 따라 보상휴가를 줄 수 있다.

제31조(연차유급휴가) ① 1년간 8할 이상 출근한 사원에게는 15일의 유급휴가를 준다. 다만, 1년간 80퍼센트 미만 출근한 사원에게도 개근한 1월에 대하여 1일의 유급휴가를 준다

② 계속하여 근로한 기간이 1년 미만인 사원에게는 1개월 개근 시 1일의 유급휴가를 준다.

③ 최초 1년간의 근로에 대하여 유급휴가를 주는 경우에는 제2항에 따른 휴가를 포함하여 15일로 하고, 사원이 제2항에 따른 휴가를 이미 사용한 경우에는 그 사용한 휴가 일수를 15일에서 뺀다.

④ 3년 이상 근속한 사원에 대하여는 제1항 규정에 의한 휴가에 최초 1년을 초과하는 계속 근로연수 매 2년에 대하여 1일을 가산한 유급휴가를 주며, 가산휴가를 포함한 총 휴가일수는 25일을 한도로 한다.

제32조(연차휴가의 사용) ① 사원의 연차유급휴가는 1년간 행사하지 아니하면 소멸된다. 다만, 사용자의 귀책사유로 사용하지 못한 경우에는 그러하지 아니하다.

② 회사는 근로기준법 제61조에 따라 연차유급휴가 사용을 촉진할 수 있다. 회사의 사용촉진조치에도 불구하고 사원이 사용하지 아니한 연차유급휴가에 대하여는 금전으로 보상하지 아니한다.

제33조(연차유급휴가의 대체) 회사는 사원의 대표와 서면합의에 의하여 연차유급휴가일에 대신하여 특정한 근로일에 사원을 휴무시킬 수 있다.

제34조(하기휴가) 사원은 00월00일부터 00월00일까지 사이에 하기휴가를 사용할 수 있다. 이 경우 휴가개시일 3일 전에 부서의 장에게 승인을 받아야 한다.

제35조(경조사 휴가) ① 회사는 다음 각 호의 어느 하나에 해당하는 범위에서 사원의

신청에 따라 유급의 경조사휴가를 부여한다.

1. 본인의 결혼: 5일

2. 배우자의 출산: 10일

3. 본인 . 배우자의 부모 또는 배우자의 사망: 5일

4. 본인 . 배우자의 조부모 또는 외조부모의 사망: 2일

5. 자녀 또는 그 자녀의 배우자의 사망: 2일

6. 본인 . 배우자의 형제자매 사망 : 1일

② 제1항에 따른 경조사 휴가기간 중 휴일 또는 휴무일이 포함되어 있는 경우에는 이를 포함하여 휴가기간을 계산한다.

제36조(생리휴가) 회사는 여성 사원이 청구하는 경우 월 1일의 무급생리휴가를 부여한다.

제37조(병가) ① 회사는 사원이 업무 외 질병 . 부상 등으로 병가를 신청하는 경우에는 연간 60일을 초과하지 않는 범위 내에서 병가를 허가할 수 있다. 이 경우 병가기간은 무급으로 한다.

② 상해나 질병 등으로 1주 이상 계속 결근 시에는 검진의사의 진단서를 첨부하여야 한다.

제3절 모성보호

제38조(임산부의 보호) ① 임신 중의 여성 사원에게 출산 전과 출산 후를 통하여 90일(한 번에 둘 이상 자녀를 임신한 경우에는 120일)의 출산전후휴가를 준다. 이 경우 반드시 출산 후에 45일(한 번에 둘 이상 자녀를 임신한 경우에는 60일) 이상 부여한다.

② 임신 중인 여성 사원이 유산의 경험 등 근로기준법 시행령이 정하는 사유로 제1항의 휴가를 청구하는 경우 출산 전 어느 때라도 휴가를 나누어 사용할 수 있도록 한다. 이 경우 출산 후의 휴가 기간은 연속하여 45일(한 번에 둘 이상 자녀를 임신한 경우에는 60일) 이상이 되어야 한다.

③ 임신 중인 여성 사원이 유산 또는 사산한 경우로서 해당 사원이 청구하는 경우에는 다음 각 호에 따른 휴가를 부여 한다. 다만, 모자보건법에서 허용되지 않는 인공중절 수술은 제외한다.

1. 유산 또는 사산한 여성 사원의 임신기간이 11주 이내인 경우: 유산 또는 사산한 날로부터 5일까지

2. 유산 또는 사산한 여성 사원의 임신기간이 12주 이상 15주 이내인 경우: 유산 또는 사산한 날로부터 10일까지

3. 유산 또는 사산한 여성 사원의 임신기간이 16주 이상 21주 이내인 경우: 유산 또는 사산한 날로부터 30일까지

4. 유산 또는 사산한 여성 사원의 임신기간이 22주 이상 27주 이내인 경우: 유산 또는 사산한 날로부터 60일까지

5. 임신기간이 28주 이상인 경우: 유산 또는 사산한 날로부터 90일까지

④ 회사는 사원이 출산전후휴가 급여 등을 신청할 경우 고용보험법에 따라 출산전후휴가 급여 등을 받을 수 있도록 증빙서류를 제공하는 등 적극 협조한다.

⑤ 제1항 및 제2항에 따른 휴가 기간 중에 사원이 고용보험법에 따라 지급 받은 출산전후휴가 등 급여액이 그 사원의 통상임금보다 적을 경우 회사는 최초 60일분(한 번에 둘 이상 자녀를 임신한 경우의 출산전후휴가는 75일분)의 급여와 통상임금의 차액을 지급한다.

⑥ 임신 중의 여성 사원에게 연장근로를 시키지 아니하며, 요구가 있는 경우 쉬운 종류의 근로로 전환시킨다.

⑦ 회사는 임신 후 12주 이내 또는 36주 이후에 있는 여성 근로자가 1일 2시간의 근로시간 단축을 신청하는 경우 이를 허용하여야 한다. 다만, 1일 근로시간이 8시간 미만인 근로자에 대하여는 1일 근로시간이 6시간이 되도록 근로시간 단축을 허용할 수 있다.

⑧ 회사는 제7항에 따른 근로시간 단축을 이유로 해당 근로자의 임금을 삭감하여서는 아니 된다.

⑨ 회사는 임산부 등 여성근로자에게 근로기준법65조에 따른 도덕상 또는 보건상의 유해·위험한 직종에 근로시키지 아니한다.

제39조(태아검진 시간의 허용 등) ① 회사는 임신한 여성 사원이 모자보건법 제10조에 따른 임산부 정기건강진단을 받는데 필요한 시간을 청구하는 경우 이를 허용한다.

② 회사는 제1항에 따른 건강진단 시간을 이유로 사원의 임금을 삭감하지 않는다.

제40조(육아기 근로시간 단축) ① 회사는 제18조제1항에 따라 육아휴직을 신청할 수

있는 남녀 사원이 육아휴직 대신 근로시간의 단축(이하 "육아기 근로시간 단축"이라 한다)을 신청하는 경우에는 이를 허용하여야 한다. 다만, 대체인력 채용이 불가능한 경우, 정상적인 사업 운영에 중대한 지장을 초래하는 경우 등 남녀고용평등법 시행령이 정하는 경우에는 그러하지 아니하다.

② 회사가 육아기 근로시간 단축을 허용하지 아니하는 경우에는 해당 사원에게 그 사유를 서면으로 통보하고 육아휴직을 사용하게 하거나 그 밖의 조치를 통하여 지원할 수 있는지를 해당 사원과 협의하여야 한다.

③ 회사가 해당 사원에게 육아기 근로시간 단축을 허용하는 경우 단축 후 근로시간은 주당 15시간 이상이어야 하고 30시간을 넘어서는 아니 된다.

④ 육아기 근로시간 단축의 기간은 1년 이내로 한다.

⑤ 회사는 사원이 육아기 근로시간 단축을 사용할 경우 고용보험법령이 정하는 육아기 근로시간 단축 급여를 받을 수 있도록 증빙서류를 제공하는 등 적극 협조한다.

제41조(육아기 근로시간 단축 중 근로조건 등) ① 회사는 제40조에 따라 육아기 근로시간 단축을 하고 있는 사원에 대하여 근로시간에 비례하여 적용하는 경우 외에는 육아기 근로시간 단축을 이유로 그 근로조건을 불리하게 하여서는 아니 된다.

② 제40조에 따라 육아기 근로시간 단축을 한 근로자의 근로조건(육아기근로시간 단축 후 근로시간을 포함한다.)은 회사와 그 사원 간에 서면으로 정한다.

③ 회사는 제40조에 따라 육아기 근로시간 단축을 하고 있는 사원에게 단축된 근로시간 외에 연장근로를 요구할 수 없다. 다만, 그 사원이 명시적으로 청구하는 경우에는 회사는 주 12시간 이내에서 연장근로를 시킬 수 있다.

④ 육아기 근로시간 단축을 한 사원에 대하여 「근로기준법」 제2조 제6호에 따른 평균임금을 산정하는 경우에는 그 사원의 육아기 근로시간 단축 기간을 평균임금 산정기간에서 제외한다.

제42조(육아휴직과 육아기 근로시간 단축의 사용형태) 사원은 제18조와 제40조에 따라 육아휴직이나 육아기 근로시간 단축을 하려는 경우에는 다음 각 호의 방법 중 하나를 선택하여 사용할 수 있다. 이 경우 어느 방법을 사용하든지 그 총 기간은 1년을 넘을 수 없다.

1. 육아휴직의 1회 사용
2. 육아기 근로시간 단축의 1회 사용
3. 육아휴직의 분할 사용(1회만 할 수 있다)

4. 육아기 근로시간 단축의 분할 사용(1회만 할 수 있다)

5. 육아휴직의 1회 사용과 육아기 근로시간 단축의 1회 사용

제43조(육아시간) 생후 1년 미만의 아동이 있는 여성 사원의 청구가 있는 경우 제24조의 휴게시간 외에 1일2회 각 30분씩 유급 수유시간을 준다.

제6장 임 금

제44조(임금의 구성항목) ① 사원에 대한 임금은 기본급 및 연장 . 야간 . 휴일근로수당 등 법정수당으로 구성한다.

② 제23조의 근로시간을 초과하여 근로한 경우, 야간에 근로한 경우(22:00 ~ 06:00), 휴일에 근로한 경우에는 각각 시간급 통상임금의 50%를 가산하여 지급한다.

③ 제2항의 통상임금에 산입하는 임금의 범위는 기본급으로 하되, 시간급 통상임금은 월 통상임금을 209시간으로 나누어 계산한다.

제45조(임금의 계산 및 지급방법) ① 임금은 매월 초일부터 말일까지를 산정기간으로 하여 해당 월의 00일 사원에게 직접 지급하거나 사원이 지정한 사원 명의의 예금계좌에 입금하여 지급한다. 다만, 지급일이 토요일 또는 공휴일인 경우에는 그 전일에 지급한다.

② 신규채용, 승진, 전보, 퇴직 등의 사유로 임금을 정산하는 경우에는 발령일을 기준으로 그 월액을 일할 계산하여 지급한다.

제46조(비상시 지급) 사원이 다음 각 호의 사유로 청구하는 경우에는 지급기일 전이라도 이미 제공한 근로에 대한 임금을 지급한다.

1. 사원 또는 그의 수입에 의하여 생활을 유지하는 자의 출산, 질병 또는 재해의 비용에 충당하는 경우

2. 사원 또는 그의 수입에 의하여 생활하는 자의 혼인 또는 사망 시 그 비용에 충당하는 경우

3. 사원이 부득이한 사정으로 1주일 이상 귀향하는 경우

제47조(휴업수당) ① 회사의 귀책사유로 휴업하는 경우에는 휴업기간 동안 사원에게 평균임금의 100분 70의 수당을 지급한다. 다만, 평균임금의 100분의 70에 해당하는 금액이 통상임금을 초과하는 경우에는 통상임금으로 지급한다.

② 부득이한 사유로 사업을 계속하는 것이 불가능한 경우에는 노동위원회의 승인을 받아 제1항에 정한 금액에 못 미치는 휴업수당을 지급 할 수 있다.

제48조(상여금지급) ① 회사는 기본급의 00%를 상여금으로 지급한다. 다만, 단체협약에서 달리 정할 경우 그 기준에 의한다.

② 상여금은 연 0회 각 00%를 지급하고 지급사유로 속한 달의 정기 임금지급일에 지급한다.

③ 퇴직자의 경우 상여금 지급일을 기준으로 일할 계산하여 지급하고 계속근로 3개월 미만인 자는 지급대상에서 제외한다.

제7장 퇴직 · 해고 등

제49조(퇴직 및 퇴직일) ① 회사는 사원이 다음 각 호에 해당할 때에는 사원을 퇴직시킬 수 있다.

1. 본인이 퇴직을 원하는 경우
2. 사망하였을 경우
3. 정년에 도달하였을 경우
4. 근로계약기간이 만료된 경우
5. 해고가 결정된 경우

② 제1항에 의한 퇴직의 퇴직일은 다음 각 호와 같다.

1. 사원이 퇴직일자를 명시한 사직원을 제출하여 수리되었을 경우 그 날
2. 사원이 퇴직일자를 명시하지 아니하고 사직원을 제출하였을 경우 이를 수리한 날. 단, 회사는 업무의 인수인계를 위하여 사직원을 제출한 날로부터 30일을 넘지 않는 범위 내에서 퇴직일자를 지정하여 수리할 수 있다.
3. 사망한 날
4. 정년에 도달한 날
5. 근로계약기간이 만료된 날
6. 해고가 결정 · 통보된 경우 해고일

제50조(해고) 사원이 다음 각 호의 경우와 같이 사회통념상 근로관계를 더 이상 존속하기 어렵다고 인정될 정당한 이유가 있는 경우 해고할 수 있다.

1. 신체 또는 정신상 장애로 직무를 감당할 수 없다고 인정되는 경우(의사의 소견이 있는 경우에 한함)
2. 휴직자로서 정당한 사유 없이 휴직기간 만료일 후 7일이 경과할 때까지 복직원을 제출하지 않은 경우
3. 징계위원회에서 해고가 결정된 경우
4. 기타 제1호 내지 제3호에 준하는 경우로서 정당한 이유가 있는 경우

제51조(해고의 제한) ① 사원이 업무상 부상 또는 질병의 요양을 위하여 휴업한 기간과 그 후 30일 동안은 해고하지 아니한다. 다만, 근로기준법 제84조에 따라 일시보상을 하였을 경우에는 해고할 수 있다.

② 산전(産前)·산후(産後)의 여성 사원이 근로기준법에 따라 휴업한 기간과 그 후 30일 동안은 해고 하지 아니한다.

③ 제1항 본문 및 제2항에도 불구하고 사업을 계속할 수 없게 된 경우에는 해당사원을 해고할 수 있다.

제52조(해고의 통지) ① 회사는 사원을 해고하는 경우에는 서면으로 그 사유 및 날짜를 기재하여 통지한다.

② 회사는 제1항에 따라 해고를 통지하는 경우 해고일로부터 적어도 30일 전에 해고예고를 하거나, 30일 전에 해고예고를 하지 아니하였을 때에는 30일분의 통상임금을 지급한다.

제53조(해고예고의 예외) 다음 각 호의 사원에게는 해고예고를 하지 아니한다.

1. 일용 사원으로서 3개월을 계속 근무하지 아니한 자
2. 2개월 이내의 기간을 정하여 사용된 자
3. 월급제 사원으로서 6개월이 되지 아니한 자
4. 계절적 업무에 6개월 이내의 기간을 정하여 사용된 자
5. 수습기간 중인 자(3개월 이내)
6. 사원이 고의로 사업에 막대한 지장을 초래하거나 재산상 손해를 끼친 경우로서 고용노동부령이 정하는 사유에 해당하는 자

제54조(정년) 정년은 만00세에 도달한 날로 한다.

제55조(차별금지) 퇴직·해고·정년에서 남녀를 차별하지 않는다.

제8장 퇴직급여

제56조(퇴직급여제도의 설정 등) ① 회사는 1년 이상 근무한 사원이 퇴직할 경우에는 계속근로기간 1년에 대하여 30일분의 평균임금을 퇴직금으로 지급한다.
② 회사는 근로자퇴직급여보장법 제4조에 따라 제1항의 퇴직금을 지급하는 대신 사원의 과반수 동의를 얻어 퇴직연금제도를 도입할 수 있다.

제57조(중간정산) 회사는 주택구입 등 근로자퇴직급여보장법 시행령에서 정한 사유로 사원이 요구하는 경우에는 퇴직하기 전에 해당 사원의 계속근로기간에 대한 퇴직금을 미리 정산하여 지급할 수 있다. 이 경우 미리 정산하여 지급한 후의 퇴직금 산정을 위한 계속 근로기간은 정산시점부터 새로이 기산한다.

제9장 표창 및 징계

제58조(표창) ① 회사는 사원이 다음 각 호의 1에 해당하는 경우 표창할 수 있다.
 1. 회사의 업무능률향상에 현저한 공로가 인정된 자
 2. 회사의 영업활동에 크게 기여한 자
 3. 업무수행 성적이 우수한 자
 4. 기타 표창의 필요가 인정되는 자
② 표창 대상자 및 표창의 방법은 위원회를 거쳐 결정한다.

제59조(징계) 회사는 다음 각 호에 해당하는 사원에 대하여 징계위원회의 의결을 거쳐 징계할 수 있다. (이 경우 징계위원회는 제13조의 인사위원회로 대신한다).
 1. 부정 및 허위 등의 방법으로 채용된 자
 2. 업무상 비밀 및 기밀을 누설하여 회사에 피해를 입힌 자
 3. 회사의 명예 또는 신용에 손상을 입힌 자
 4. 회사의 영업을 방해하는 언행을 한 자

5. 회사의 규율과 상사의 정당한 지시를 어겨 질서를 문란하게 한 자

6. 정당한 이유 없이 회사의 물품 및 금품을 반출한 자

7. 직무를 이용하여 부당한 이익을 취한 자

8. 회사가 정한 복무규정을 위반한 자

9. 직장 내 성희롱 행위를 한 자

10. 기타 이에 준하는 행위로 직장질서를 문란하게 한 자

제60조(징계의 종류) 사원에 대한 징계의 종류는 다음과 같다.

1. 견책: 징계사유 발생 자에 대하여 시말서를 받고 문서로 견책한다.

2. 감봉(감급): 1회에 평균임금 1일분의 2분의 1, 총액은 월 급여금총액의 10분의 1을 초과하지 않는 범위의 금액을 감액한다.

3. 정직: 중대 징계사유 발생 자에 대하여 3월 이내로 하고, 그 기간 중에 직무에 종사하지 못하며 그 기간동안 임금을 지급하지 아니한다.

4. 해고: 근로계약을 해지하는 것으로 한다.

제61조(징계심의) ① 징계위원회의 위원장은 징계의결을 위한 회의 7일 전까지 징계위원회의 위원들에게는 회의일시, 장소, 의제 등을, 징계대상 사원에게는 서면으로 별지2의 출석통지를 각 통보한다.

② 징계위원회는 징계사유를 조사한 서류와 입증자료 및 당사자의 진술 등 충분한 증거를 확보하여 공정하게 심의한다. 이 경우, 징계대상자가 징계위원회에 출석을 원하지 아니하거나 서면진술을 하였을 때는 별지2 하단의 진술권포기서 또는 별지3의 서면진술서를 징구하여 기록에 첨부하고 서면심사만으로 징계의결을 할 수 있다.

③ 징계위원회의 위원이 징계대상자와 친족관계에 있거나 그 징계사유와 관계가 있을 때에는 그 위원은 그 징계의결에 관여하지 못한다.

④ 징계위원회는 의결 전에 해당사원에게 소명할 기회를 부여한다.

⑤ 징계위원회는 징계 대상자가 2회에 걸쳐 출석요구에 불응하거나 소명을 거부하는 경우 또는 소명을 포기 하는 의사를 표시하는 경우에는 소명 없이 징계의결 할 수 있다.

⑥ 간사는 징계의결을 위한 회의에 참석하여 회의록을 작성하고 이를 보관한다.

제62조(징계결과 통보) 징계결과통보는 해당 사원에게 별지5의 징계처분사유 설명서에

의한다.

제63조(재심절차) ① 징계처분을 받은 사원은 징계결정이 부당하다고 인정될 때 징계 통보를 받은 날로부터 7일 이내에 서면으로 재심신청을 할 수 있다.

② 재심을 요청받은 경우 징계위원회는 10일 이내에 재심을 위한 회의를 개최하여야 하며 그 절차는 제61조 및 제62조를 준용한다.

제10장 교육 및 성희롱의 예방

제64조(직무교육) ① 회사는 사원의 직무능력향상을 위하여 필요한 경우 직무교육을 시킬 수 있으며 사원은 교육과정에 성실히 임하여야 한다.

② 제1항에 의한 직무교육과 제65조에 의한 직장 내 성희롱 예방교육은 근무시간 중에 실시하는 것을 원칙으로 하고 교육을 받는 시간은 근로를 제공한 것으로 본다. 다만, 사원과 합의로 근무시간 외에 직무교육을 받도록 할 수 있으며 이 경우의 처우에 관하여는 교육의 장소.일정 등을 고려하여 따로 정한다.

③ 회사는 교육에 있어 남녀를 차별하지 않는다.

제65조(성희롱의 예방) ① 회사는 직장내 성희롱을 예방하고 사원이 안전한 근로환경에서 일할 수 있는 여건 조성을 위해 1년에 1회 이상 성희롱 관련 법령의 요지, 성희롱 예방을 위한 사업주의 방침, 성희롱 피해자의 권리구제 방법과 가해자의 조치 등을 내용으로 성희롱 예방교육을 한다.

② 회사의 모든 임원 및 사원은 남녀고용평등법에서 금지한 직장 내 성희롱에 해당하는 행위를 하여서는 안된다.

③ 직장 내 성희롱을 하여 물의를 일으킨 임.직원에 대하여는 해고 등의 징계 조치를 취하여야 하며, 성희롱 피해자와 같은 장소에 근무하지 않도록 인사이동을 병행하여 실시한다.

④ 회사는 직장 내 성희롱 피해자의 고충을 해결을 위하여 별도의 고충처리위원회를 둘 수 있으며, 이 경우 고충처리위원은 남녀 동수로 구성하고 피해자의 요청이 있는 경우를 제외하고는 직장 내 성희롱에 대해서는 비공개를 원칙으로 한다.

제11장 안전보건

제66조(안전보건관리규정) ① 회사는 사업장의 안전·보건을 유지하기 위하여 다음 각 호의 사항이 포함된 안전보건관리규정을 작성하여 각 사업장에 게시하거나 갖춰 두고, 이를 근로자에게 알려야 한다.

1. 안전·보건 관리조직과 그 직무에 관한 사항
2. 안전·보건교육에 관한 사항
3. 작업장 안전관리에 관한 사항
4. 작업장 보건관리에 관한 사항
5. 사고 조사 및 대책 수립에 관한 사항
6. 그 밖에 안전·보건에 관한 사항

② 각 부서는 회사의 안전보건관리규정에 따라 각 작업장의 안전보건관리를 실시하여야 한다.

③ 사원은 안전보건관리계획의 효과적인 운용을 위하여 적극적으로 협력하여야 한다.

제67조(안전보건 교육) 회사는 사원의 산업재해예방을 위하여 안전 및 보건에 관한 정기교육, 채용 시의 교육, 작업내용 변경 시의 교육, 유해위험 작업에 사용 시 특별안전 교육 등 산업안전보건법령에 따른 제반 교육을 실시하며 사원은 이 교육에 성실하게 참여하여야 한다.

제68조(위험기계.기구의 방호조치) 회사는 유해하거나 위험한 작업을 필요로 하거나 동력을 작동하는 기계.기구에 대하여 유해.위험 방지를 위한 방호조치를 하여야 하며 사원은 다음 각 호의 위험기계.기구의 방호조치 사항을 준수하여야 한다.

1. 방호조치를 해체하고자 할 경우 소속부서의 장의 허가를 받아 해체할 것
2. 방호조치를 해체한 후 그 사유가 소멸한 때에는 지체없이 원상으로 회복시킬 것
3. 방호장치의 기능이 상실된 것을 발견한 때에는 지체없이 소속부서의 장에게 신고할 것

제69조(보호구의 지급 및 착용) 회사는 사원이 유해.위험작업으로부터 보호 받을 수 있도록 보호구를 지급하여야 하며 사원은 작업시 회사에서 지급하는 보호구를 착용

하여야 한다.

제70조(물질안전보건자료의 작성.비치) 회사는 사업장에서 사용하는 고용노동부령이 정하는 화학물질 및 화학물질을 함유한 제제에 대하여는 물질안전보건자료를 취급근로자가 쉽게 볼 수 있는 장소에 게시하거나 갖추어야 한다.

제71조(작업환경측정) ① 회사는 산업안전보건법에 의한 작업환경측정을 실시하되, 원칙적으로 매 6개월에 1회 이상 정기적으로 실시한다.

② 제1항의 작업환경측정 시 사원 대표의 요구가 있을 때에는 사원 대표를 입회시킨다.

③ 회사는 작업환경측정의 결과를 사원에게 알려주며 그 결과에 따라 당해 시설 및 설비의 설치 또는 개선, 건강진단 등 적절한 조치를 한다.

제72조(건강진단) ① 회사는 사원의 건강보호.유지를 위하여 산업안전보건법이 정하는 바에 따라 매년 1회 일반건강진단을 실시한다. 단, 사무직은 매2년에 1회 실시한다.

② 회사는 산업안전보건법이 정하는 바에 따라 필요한 경우 특수.배치전.수시.임시건강진단 등을 실시한다.

③ 사원은 회사가 실시하는 건강진단을 성실히 받아야 한다.

제73조(산업안전보건법 준수) ① 회사는 이 규칙에서 정하지 아니한 사항에 대하여는 산업안전보건법에 따라 산업재해 예방을 위한 기준을 지켜 사원의 신체적 피로와 정신적 스트레스 등에 의한 건강장해를 예방하고 안전 및 보건을 유지.증진시킨다

② 사원은 산업안전보건법에서 정하는 사항과 그 외에 업무에 관련되는 안전보건에 관하여 상사로부터 지시받은 사항을 정확하게 이행하여야 한다.

제74조(직장 내 괴롭힘의 금지) 사용자 또는 근로자는 직장에서의 지위 또는 관계 등의 우위를 이용하여 업무상 적정범위를 넘어 다른 근로자에게 신체적 · 정신적 고통을 주거나 근무환경을 악화시키는 행위(이하 "직장 내 괴롭힘"이라 한다)를 하여서는 아니 된다.

제75조(직장 내 괴롭힘 발생 시 조치) ① 누구든지 직장 내 괴롭힘 발생 사실을 알게 된 경우 그 사실을 사용자에게 신고할 수 있다.

② 사용자는 제1항에 따른 신고를 접수하거나 직장 내 괴롭힘 발생 사실을 인지한 경우에는 지체 없이 그 사실 확인을 위한 조사를 실시하여야 한다.

③ 사용자는 제2항에 따른 조사 기간 동안 직장 내 괴롭힘과 관련하여 피해를 입은 근로자 또는 피해를 입었다고 주장하는 근로자(이하 "피해근로자등"이라 한다)를 보호하기 위하여 필요한 경우 해당 피해근로자등에 대하여 근무장소의 변경, 유급휴가 명령 등 적절한 조치를 하여야 한다. 이 경우 사용자는 피해근로자등의 의사에 반하는 조치를 하여서는 아니 된다.

④ 사용자는 제2항에 따른 조사 결과 직장 내 괴롭힘 발생 사실이 확인된 때에는 피해근로자가 요청하면 근무장소의 변경, 배치전환, 유급휴가 명령 등 적절한 조치를 하여야 한다.

⑤ 사용자는 제2항에 따른 조사 결과 직장 내 괴롭힘 발생 사실이 확인된 때에는 지체 없이 행위자에 대하여 징계, 근무장소의 변경 등 필요한 조치를 하여야 한다. 이 경우 사용자는 징계 등의 조치를 하기 전에 그 조치에 대하여 피해근로자의 의견을 들어야 한다.

⑥ 사용자는 직장 내 괴롭힘 발생 사실을 신고한 근로자 및 피해근로자등에게 해고나 그 밖의 불리한 처우를 하여서는 아니 된다사용자 또는 근로자는 직장에서의 지위 또는 관계 등의 우위를 이용하여 업무상 적정범위를 넘어 다른 근로자에게 신체적·고통을 주거나 근무환경을 악화시키는 행위(이하 "직장 내 괴롭힘"이라 한다)를 하여서는 아니 된다.

제12장 재해보상

제76조(재해보상) ① 사원이 업무상 부상 또는 질병에 걸린 경우와 사망하였을 때의 보상은 산업재해보상보험법에 의한다.

② 산업재해보상보험법의 적용을 받지 않는 업무상 부상 또는 질병에 대하여는 근로기준법이 정하는 바에 따라 회사가 보상한다.

제13장 취업규칙

제77조(취업규칙의 비치) 회사는 본 규칙을 사업장 내의 사무실·휴게실 등에 비치하여 사원들이 자유롭게 열람할 수 있도록 한다.

제78조(취업규칙의 변경) 이 규칙을 변경할 때에는 사원의 과반수로 조직된 노동조합이 있는 경우 그 노동조합, 근로자의 과반수로 조직된 노동조합이 없는 경우 근로자의 과반수 의견을 청취하도록 한다. 다만, 취업규칙을 불리하게 변경하는 경우에는 그 동의를 받아야 한다.

부 칙

제1조(시행일) 본 규칙은 20 년 월 일부터 시행한다.

표준근로계약서

_____(이하 "사업주"라 함)과(와) _____(이하 "근로자"라 함)은 다음과 같이 근로계약을 체결한다.

1. 근로계약기간 :   년   월   일부터   년   월   일까지

 ※ 근로계약기간을 정하지 않는 경우에는 "근로개시일"만 기재

2. 근 무 장 소 :

3. 업무의 내용 :

4. 소정근로시간 : __시__분부터 __시__분까지 (휴게시간 : 시 분~ 시 분)

5. 근무일/휴일 : 매주 __일(또는 매일단위)근무, 주휴일 매주 __요일

6. 임 금

 − 월(일, 시간)급 : _____원

 − 상여금 : 있음 (   ) _____원, 없음 (   )

 − 기타급여(제수당 등) : 있음 (   ), 없음 (   )

  · _____원, _____원

  · _____원, _____원

 − 임금지급일 : 매월(매주 또는 매일) ____일(휴일의 경우는 전일 지급)

 − 지급방법 : 근로자에게 직접지급(   ), 근로자 명의 예금통장에 입금(   )

7. 연차유급휴가

 − 연차유급휴가는 근로기준법에서 정하는 바에 따라 부여함

8. 근로계약서 교부

 − 사업주는 근로계약을 체결함과 동시에 본 계약서를 사본하여 근로자의 교부요구와 관계없이 근로자에게 교부함(근로기준법 제17조 이행)

9. 기 타

 − 이 계약에 정함이 없는 사항은 근로기준법령에 의함

년   월   일

(사업주) 사업체명 :   (전화 :   )
       주   소 :
       대 표 자 :   (서명)

(근로자) 주   소 :
       연 락 처 :
       성   명 :   (서명)

 * 근로계약서는 본 표준근로계약서 외에도 다른 양식으로 사용을 할 수 있습니다.

출 석 통 지 서

인적사항	① 성명	한글		② 소 속	
		한자		③ 직위(급)	
	④ 주소				
⑤ 출석이유					
⑥ 출석일시		년 월 일 시 분			
⑦ 출석장소					
유의사항		1. 진술을 위한 출석을 원하지 아니할 때에는 아래의 진술권 포기서를 즉시 제출할 것. 2. 사정에 의하여 서면진술을 하고자 할 때에는 징계위원회 개최일 전일까지 도착하도록 진술서를 제출할 것. 3. 정당한 사유서를 제출하지 아니하고 지정된 일시에 출석하지 아니하고, 서면진술서를 제출하지 아니하는 경우에는 진술할 의사가 없는 것으로 인정. 처리 한다.			

제61조의 규정에 의하여 위와 같이 귀하의 출석을 통지합니다.

년   월   일

인사위원회위원장   (직인)

귀 하

─────────────────── 절 취 선 ───────────────────

진 술 권 포 기 서

인적사항	① 성명	한 글		② 소 속	
		한 자		③ 직위(급)	
	④ 주소				

본인은 귀 인사위원회에 출석하여 진술하는 것을 포기합니다.

년   월   일

성 명   (인)

인사위원회위원장 귀하

[별지 3]

<h1 align="center">서 면 진 술 서</h1>

소　　속		직위(급)	
성　　명		제출기일	년　　월　　일
사　건　명			
불　참　사　유			

진 술 내 용

　　제61조의 규정에 의거 위와 같이 서면으로 진술하오며 만약 위 진술내용이 사실과 상이한 경우에는 여하한 처벌도 감수하겠습니다.

년　　　월　　　일

성　명　　　　　　(인)

인사위원회위원장　　귀하

164

[별지 4]

징 계 의 결 서

인 적 사 항	소 속	직 급	성 명
의 결 주 문			
이 유			

년 월 일

인사위원회

위 원 장   (인)

위 원   (인)

위 원   (인)

위 원   (인)

위 원   (인)

위 원   (인)

간 사   (인)

※ 징계이유에는 징계의 원인이 된 사실, 증거의 판단과 관계규정을 기재한다.

징 계 처 분 사 유 설 명 서

① 소 속	② 직 위(급)	③ 성 명

④ 주 문	

⑤ 이 유	별첨 징계의결서 사본과 같음

위와 같이 처분하였음을 통지합니다.

년   월   일

처분권자 (처분제청권자)   (직인)

귀 하

참 고 : 이 처분에 대한 불복이 있을 때에는 제63조에 의하여 이 설명서를 받은 날로부터 7일 이내에 인사위원회에 재심을 청구할 수 있습니다.

4. 단체협약서

단 체 협 약 서

20 .

체 결: 20 . 00. 00 .

전 문

㈜○○(이하,`회사`라 한다)와 ○○노동조합(이하,`조합`이라 한다)은 헌법과 노동관계 법률의 기본정신에 따라 올바른 노사관계 확립을 통해 노동조건과 생활조건을 유지 개선함으로써 조합원의 정치 경제 사회 문화적 지위를 향상하고 나아가 투명하고 효율적인 경영 실현을 위해 이 협약을 체결하며 상호 성실히 준수·이행할 것을 확약 한다.

제1장 총 칙

제1조(당사자) 회사는 단체교섭 및 단체협약의 당사자가 조합임을 인정하고 조합 및 조합원과 관련한 모든 사항에 대하여 조합 외의 단체 및 개인과의 단체교섭 등을 하지 않는다.

제2조(협약의 적용) 이 협약은 회사와 조합 및 모든 조합원에 대하여 적용한다.

제3조(권리존중) 조합은 회사의 경영권, 인사권을 존중하고, 회사는 조합의 단결권, 단체교섭권 및 단체행동권을 존중하며 그 정당한 행사를 방해하지 아니한다.

제4조(협약의 우선) 이 협약에 저촉되거나 상반되는 사규 및 취업규칙 등은 그 부분에 대하여 이 협약 기준에 따른다.

제5조(기존의 근로조건 저하 금지) 회사는 이 협약의 체결, 갱신 또는 협약에 누락되었거나, 근로기준법보다 상회함을 이유로 이미 확보하고 있거나 합법적으로 실시해온 기존의 근로조건을 저하시킬 수 없다.

제6조(조합원의 범위) 1. 다음에 해당하는 자를 제외한 근로자는 자유로이 조합에 가입할 수 있다.

가. 법인등기이사

나. 총무 인사 노무 경리 회계 관리 담당자

다. 법인등기이사가 아니더라도 임원 내지 임원급 부서총괄 책임자(팀장, 부서장은 제외됨)

라 .기타 회사와 조합이 협의하여 인정한 자

2. 회사는 해고의 효력을 다투고 있는 자가 노동위원회에 구제신청을 한 경우 중앙노동위원회의 재심판정 때까지 조합원이 아닌 자로 해석해서는 아니 된다.

3. 조합 간부가 승진으로 조합가입 대상자의 범위를 벗어날 경우 조합은 조속히 간부를 교체한다.

제7조(취업규칙 제정 및 변경) 회사는 취업규칙을 제정 또는 변경하고자 할 때에는 사전에 조합의 의견을 들어야 한다. 다만 취업규칙을 조합원에게 불이익하게 변경할 때에는 그 동의를 얻어야 한다.

제2장 조합활동

제8조(조합활동의 보장) 회사는 조합원의 적법한 조합활동을 보장하고, 그 이유로 어떠한 불이익 처우도 하지 아니한다.

제9조(근무시간 중의 조합활동) 1. 조합원의 조합활동은 근무시간외에 행함을 원칙으로 한다.

2. 조합원이 근무시간 중 다음 각호와 같이 조합활동을 하고자 할 때에는 사전 회사에 서면통보하고 회사는 특별한 사정이 없는 한 이를 허용한다.

1) 단체교섭회의, 노사협의회의

2) 총회(대의원회)등 회사와 합의된 사항

3. 회사가 인정한 시간은 정상 근무한 것으로 간주한다.

제10조(홍보활동 보장) 1. 회사는 조합 활동으로 행해지는 각종 홍보물의 게시 및 배포 등 조합의 자유로운 사내 홍보활동을 보장한다.

2. 회사는 조합간판 및 전용게시판의 설치를 허용한다.

제11조(조합원 교육) 조합원들의 교육을 위해 연간 12시간의 교육시간을 인정한다. 단, 교육시간은 유급으로 한다.

제12조(조합 전임) 회사는 관련법에 따라 조합원 1명이 근로시간면제한도 범위내의 풀타임 동안 전임함을 인정하며, 이 시간은 조합의 자율적 사용을 보장한다.

제13조(전임자의 처우) 회사는 조합 전임자의 근로시간면제제도를 사용한 시간에 대해 정상근무한 것으로 인정하며, 일체의 불이익 처우를 하지 아니한다.

제14조(공직 취임 인정) 회사는 조합원이 노동단체의 공직에 취임함을 인정한다.

제15조(조합비 등 일괄공제) 회사는 조합비 및 조합이 결의하여 요청한 항목을 일괄 공제하여 급료일 다음 7일까지 공제 명세서와 함께 조합에 인도하고, 동일이 휴일일 때는 그 다음 날까지 인도한다. 단, 조합은 신규 조합원 명단을 급료일 1

주일 전까지 회사에 통보하여야 한다.

제16조(시설편의 제공) 1. 회사는 조합 전용사무실과 이에 필요한 집기 비품을 조합에 제공하며, 사무실 유지관리비를 부담한다. 단, 통신기기 사용료는 조합이 부담한다.

2. 회사는 조합의 각종 회의, 교육, 행사에 필요한 장소와 시설 제공에 협조한다.

제17조(문서열람, 편의 및 자료제공) 1. 회사는 조합의 요청이 있을 시 조합원의 임금대장 및 조합 활동에 필요한 자료의 열람에 최대한 협조하여야 한다.

2. 조합은 회사의 요청 시 회사의 업무수행에 필요한 조합 관련 자료 등의 제공에 최대한 협조한다.

3. 자료 등에 관하여 한쪽이 기밀유지를 요구할 때 다른 한쪽은 이를 지켜야 한다.

제18조(통지사항) 회사와 조합은 다음 각 호에 해당하는 경우는 이를 상호 문서로 통지한다.

1. 회사 통지 사항

가. 정관의 변경과 취업규칙 및 제 규정의 개폐

나. 임원 변경 시

다. 사원(촉탁, 계약직 포함)의 채용, 인사이동, 퇴직 시

라. 회사의 조직 및 직제 개편 시

2. 조합 통지 사항

가. 노동조합 명칭 및 규약의 변경

나. 조합 임원의 보직 임면에 관한 사항

다. 조합원 제명 등 조합원의 변동사항

라. 외부단체에의 가입 및 탈퇴 시

제19조(부당노동행위 금지) 1. 회사는 노동조합 및 노동관계조정법에 해당하는 부당노동행위를 하지 아니한다.

2. 회사는 부당노동행위 등으로 불이익처분을 받은 조합원이 노동위원회나 법원의 구제명령을 받았을 경우에는 그 결정에 즉시 따른다.

제3장 합리적 경영 및 노사동반 성장

제20조(노사동반 성장) 회사와 조합은 고객만족과 경영 효율화 실현을 위한 노력을 상호 충실하게 수행한다.

제21조(경영 투명성 제고) 회사와 조합은 경영권 및 조합의 경영참여를 상호 최대한 존중하며 조합은 외부의 부당한 경영권 침범 등의 압력이나 간섭에 공동대응 등 회사의 경영독립 경쟁력 확립에 최대한 협조한다. 회사는 조합에 경영실적과 현황 등을 성실히 제공하여야 한다.

제22조(임원경영진 임면) 회사는 원칙적으로 임원경영진 임면을 독자적으로 행하나 조합의 의견을 최대한 수렴하는 등 아래 사항을 반영할 수 있다.

1. 임원자격은 가급적 업계경력 10년 이상인 자로 한다.

2. 임원후보자에 대해 조합측이 업계 등 세평 등을 수집하여 회사에 중대한 부적격 사유가 있을 경우 등 의견을 내는 경우에 회사는 이를 적극적으로 검토하기로 한다.

3. 임원에 임면된 자가 조합측이 의도성이 없는 상태에서 세평 등을 접한 결과를 토대로 회사발전을 위해 인사반영을 건의할 경우 회사는 이를 검토할 수 있다.

제4장 인사 및 고용안정

제23조(인사원칙) 1. 조합은 인사에 관한 권한이 회사에 있음을 인정한다.

2. 조합의 임원, 간사에 대한 인사에 관하여는 본인과 조합의 동의를 얻어야 한다.

3. 조합활동 필요 등에 따라 조합측이 조합원 인사를 회사에 건의할 수 있다.

제24조(이의제기) 1. 회사의 인사결정에 이의가 있을 때 조합원은 인사결정을 통보받은 날로부터 5일 이내에 서면으로 이의를 제기할 수 있으며, 이 기간에 이의제기가 없는 경우 인사결정에 동의한 것으로 본다. 단 조합을 통해 이의제기할 경우 조합대표의 서면의견을 첨부하여야 한다.

2. 이의가 제기된 경우 해당 조합원과 조합대표가 참석하여 의견을 개진할 수 있으며 회사는 재심의하여 그 결과를 5일 이내에 서면으로 통보하여야 한다.

제25조(채용) 1. 사원의 신규채용은 공개채용을 원칙으로 하며 우수한 인력확보에 최선을 다한다.

2. 회사는 사원 채용 1주일 전에 조합에 채용계획을 통지하며, 면접 시 조합원 대표의 면접위원 참여를 보장한다.

제26조(우선 채용) 회사는 경영상의 이유에 의하여 구조조정 및 해고된 조합원에 대하여는 회사가 3년 이내에 근로자를 채용하고자 할 때에는 위 퇴직 조합원이 원하면 그 조합원을 우선적으로 고용하여야 한다.

제27조(수습기간과 비정규직의 사용제한) 1. 신규 채용자의 수습기간은 3개월을 초과할 수 없다. 단 경력자는 제외한다.

2. 정규직의 업무를 비정규직으로 대체할 경우 반드시 노사협의 해야 한다.

제28조(정년) 조합원의 정년은 만 60세로 한다. 단, 회사가 필요한 경우 촉탁사원으로 재고용할 수 있다

제29조(휴직) 1. 회사는 조합원이 다음 각호에 해당하는 경우에는 그 청원에 따라 휴직을 허가할 수 있다.

가. 병역법에 의해 징집, 소집될 때(징집 소집기간)

나. 일신상의 이유로 직무수행이 곤란할 때(3개월 이내)

2. 조합원이 다음 각호에 해당할 때에는 회사는 휴직을 명할 수 있다.

가. 업무 외 부상.질병으로 장기요양을 요할 때 또는 전염성 질환의 경우(3개월 이내)

나. 천재지변, 전란으로 인하여 생사가 불명일 때(3개월 이내)

다. 형사사건으로 구속 기소되었을 때의 기간

3. 육아휴직

가. 만 8세 이하 또는 초등학교 2학년 이하의 자녀를 둔 조합원이 육아휴직을 신청한 때(단 1년이상 근속자에 한하여 무급)

나. 육아휴직 기간은 1년 이내로 한다.

다. 육아휴직을 이유로 해고나 그 밖의 불리한 처우를 해서는 아니 된다.(육아휴직 기간 중 해고금지)

라. 육아휴직을 마친 뒤 휴직 전과 같은 업무에 복직시켜야 한다.

제30조(휴직자 처우) 1. 휴직기간은 근속연수에 산입하며 승급에 영향을 받지 않는다.

2. 제29조에 의한 휴직자에 대한 급여는 다음 각호와 같이 지급한다.

가. 1항 가, 나호는 임금을 지급하지 않는다.

나. 1항 라호는 임금을 지급치 않는다.

다. 2항 가호는 기본급의 80%

라. 2항 나호는 일반관례에 따른다.

마. 2항 다호는 임금을 지급하지 않는다.

제31조(복직) 1. 휴직된 조합원은 휴직기간이 만료되기 30일 이전에 복직원을 회사에 제출해야 하며, 그러하지 않을 때에는 퇴직한 것으로 간주한다.

2. 휴직기간이 만료되거나 휴직기간 만료 전이라도 휴직사유가 소멸되어 휴직자가 복직을 원할 경우 회사는 즉시 원직에 복직시켜야 한다. 단, 원직의 소멸 또는 6개월 이상의 휴직으로 원직 복귀가 어려울 때에는 동등한 직급으로 복직시킨다.

3. 복직신고를 한 날로부터 7일 이내에 정당한 사유 없이 복직명령을 이행하지 아니할 때는 8일째 되는 날 당연히 복직된 것으로 한다.

제32조(징계사유) 다음 각호에 해당하는 자는 징계위원회의 의결을 거쳐 징계할 수 있다.

1. 단협이나 사규를 위반한 자

2. 정당한 사유 없이 5일 이상 무단결근하였을 때(상병으로 인한 경우 제외)

3. 고의 또는 과실로 회사에 재산상의 손해를 끼쳤거나 명예를 훼손한 때

4. 조합원 또는 조합에 대하여 부당노동행위를 자행했거나 조합에 불이익한 행위를 한 자

5. 입사 후 이력사항의 허위기재 등 중대한 하자가 발견되었을 때

6. 형사상의 범죄로 금고 이상의 유죄확정판결을 받았을 때

제33조(징계종류) 징계의 종류는 다음과 같이 정한다.

1. 경   고 : 구두상의 주의

2. 견   책 : 시말서 제출

3. 감   봉 : 3개월에 한하여 월 통상임금의 1/20을 감액 한다

4. 출근정지 : 1회에 한하여 15일 이내(기간 중 무급)

5. 대   기 : 1개월 이상 6개월 이하로 한다. 단, 출근을 하지 않으며 대기기간중의 급료는 다음에 의한다.

가. 1개월 : 기본급의 100%

나. 2개월 : 기본급의 80%

다. 3~6개월 : 기본급의 50%

6. 정　　직 : 1개월 이상 6개월 이하로 한다. 단, 급여는 지급하지 않는나

7. 강　　직 : 직위 또는 직급을 강하한다.

8. 권고사직 : 권고로 사직원을 제출하게 한다.

9. 징계해고 : 징계위원회의 징계절차에 따른다.

제34조(징계위원회 구성 및 결의) 1. 징계위원회 위원 선정은 부서장급 이상으로 한다.

2. 징계위원수는 4인 이상으로 하고 의결은 징계위원 과반수의 출석과 출석위
원 과반수 이상의 찬성으로 결의하고, 결의사항은 대표이사의 최종재가에 의
하여 시행한다.

3. 조합원의 징계 시는 노조측 대표 2명이 징계위원으로 참석한다.

제35조(징계절차) 회사는 조합원을 징계하고자 할 때에는 징계위원회의 의결을 거쳐
야 하며 그 절차는 다음과 같다.

1. 대상자의 인적사항, 징계사유, 징계위원회 개최일시 및 장소를 명시하여 징
계위원회의 소집 7일전에 조합 및 대상자에게 서면 통보하여야 한다.

2. 징계위원회는 대상자에게 반드시 소명기회를 주어야 하며 증인을 신청할 때
는 이를 승인한다.

3. 정직이상의 중징계를 받은 조합원은 징계가 부당하다고 인정할 때 징계처분
의 통고를 받은 날로부터 5일 이내에 다시 재심을 청구할 수 있고, 재심 청
구가 있을 시 징계위원회는 접수일로부터 7일 이내에 재심사하여 통보하여
야 한다.　단, 이 기간 내 이의가 없을 때에는 동의한 것으로 본다.

제36조(해고) 회사는 다음 각 호를 제외하고는 조합원을 해고할 수 없다.

1. 건강상 장애로 인해 직무를 감당하기 어렵다고 인정될 때

2. 휴직자가 기간 만료 시까지 복직원을 제출하지 않았을 때

3. 형사상의 범죄로 금고이상의 유죄판결을 받았을 때(본인 사망 제외)

4. 파산선고, 금치산 또는 한정치산의 선고를 받았을 때

5. 제33조에 의해 권고사직 및 징계 해고 되었을 때

6. 천재지변 기타 회사 경영상 불가피한 사정에 의하여 인원을 정리할 때

7. 시용 기간 중 채용을 취소하였을 때

8. 무단결근이 계속하여 5일 이상일 때

9. 정직, 휴직, 대기 중인 자가 타 직에 취업했을 때

제37조(부당징계와 해고) 회사는 징계에 의해 해고 등 불이익을 당한 조합원이 고용부, 노동위원회, 법원의 판결에 의해 부당해고 및 불이익이 판명되었을 시 원상복귀 시켜야 한다.

1. 부당징계판정서 또는 결정서가 접수된 날로부터 징계를 무효로 한다.

2. 징계로 인해 출근하지 못한 기간의 임금에 있어서는 출근 시 당연히 받을 수 있었던 금액과 그간에 조합원에게 지급할 상여금등의 일체를 즉시 지급하며 감봉된 조합원에게 공제된 감봉금액을 즉시 지급한다.

3. 회사가 판정에 불복하여 재심청구를 하거나 행정소송을 제기하더라도 일단 초심의 결정에 따라 즉시 복직시켜야 한다.

제38조(정리해고) 회사가 긴박한 경영상의 사유로 조합원을 해고하려 할 때는 적어도 60일 이전에 조합과 합의하여야 한다. 이 때 해고 회피방안, 해고대상 선정기준과 방법, 해고 대상자수와 예정일, 보상금 등 관련된 모든 자료를 조합에 제공하여야 한다. 전직 조합활동을 이유로 불이익 처분을 하지 않는다.

제39조(신기술 도입 등) 1. 회사가 새로운 기술 또는 기계 설비를 도입하거나 작업방식을 바꾸려 할 경우 최소한 60일 이전에 그 계획을 조합에 통보하고 대상자에 대하여는 회사의 부담과 책임 하에 재교육을 실시한다.

2. 새로운 기술습득의 교육에 관해서 사전에 그 계획을 조합에 통보한다.

제5장 임 금

제40조(임금협약) 임금협약은 별도 임금협약서에 의한다.

제41조(임금의 원칙) 회사는 생계비 상승과 물가변동, 생산성 향상 등에 따라 조합원의 실질임금 확보에 최선을 다한다.

제42조(임금인상) 회사는 매년 5월 1일부로 임금을 단체교섭을 통해 인상 조정한다.

제43조(기본급 저하불가) 회사는 조합원의 부서배치전환, 노동시간 단축, 임금지불형태의 전환, 경영부실 등을 이유로 한 어떠한 명목으로도 기본급을 저하 시킬 수 없다.

제44조(임금지급일) 회사는 매월 25일에 임금을 지급한다. 단, 지급일이 휴일인 경우에는 그 전일에 지급한다.

제45조(임금 임의공제 금지) 회사는 다음 각호를 제외하고는 임금에서 공제할 수 없다.

1. 근로소득세, 주민세 등 제 세금
2. 국민건강보험료, 고용보험료, 국민연금 분담금 등
3. 조합비, 조합 결의에 의한 부과금
4. 기타 노사 합의로 공제키로 결정한 사항

제46조(비상시 지불 및 연장, 야간, 휴일근로수당) 회사는 조합원이 다음 각호에 해당할 때 그 비용을 충당하기 위하여 청구하는 경우, 임금 지급일 이전이라도 이를 지급하도록 한다.

1. 비상시 지불
   1) 배우자 또는 본인의 출산 시
   2) 직계가족(본인포함)의 질병, 재해, 사망 시
   3) 본인 또는 자녀의 결혼식
   4) 자녀의 입학 시
   5) 본인의 휴직, 퇴직, 해고 시
   6) 천재지변 기타 돌발적인 사고로 객관적인 타당성을 노사 쌍방이 인정할 때

2. 연장, 야간, 휴일근로수당
   연장,야간,휴일 근로에 대해서는 통상임금의 100분의 50을 가산하여 지급한다. 단, 적용근로대상은 노사협의회의 결정에 따른다.

제47조(상여금) 1. 회사는 조합원의 생활향상 및 사기양양을 위해 6개월 이상 근무자에 대해 상여금을 지급한다. 단, 3개월~6개월 미만자에 대해서는 50%를 지급한다.

2. 상여금 지급액 및 지급시기 등은 별도의 임금협약서에 따른다.

제48조(퇴직금) 퇴직금은 다음 각호에 해당하는 사유가 발생했을 때 지급한다.

1. 의원퇴직
2. 정년퇴직
3. 해직
4. 사망으로 인한 퇴직

제49조(퇴직금 지급액) 1. 회사는 계속근로연수(근속년수) 1년에 대하여 30일분 이

상의 평균임금을 지불한다.

2. 근속기간은 휴직기간 및 정직기간을 포함한다.

3. 근속기간의 단수가 6개월 이상인 경우 1년으로 하고, 6개월 미만인 경우 6개월로 한다.

제6장 근로조건(근로시간.휴일.휴가 등)

제50조(근로조건 원칙) 회사는 적정한 근로조건과 쾌적한 환경에서 일할 수 있도록 충분한 공간과 시설 확보에 노력한다.

제51조(근로시간) 1. 근로시간은 1일 8시간, 1주 40시간, 1주 5일 근무를 기본으로 한다.

2. 시업과 종업은 오전 8시30분과 오후 5시 30분을 원칙으로 하되 부서별 또는 개인별 업무 특성에 따라 협의해 조정할 수 있다.

제52조(휴게시간) 점심시간은 휴게시간에 포함되며 부서별 현장별 특성상 관례대로 한다.

제53조(출장) 1. 회사는 업무에 필요하다고 판단할 경우 출장을 명할 수 있다.

2. 회사는 출장을 수행하는 조합원에 대하여 출장여비를 지급한다.

제54조(당직) 1. 회사는 조합원들에 대해 당직을 명할 수 있다.

2. 당직자에 대해서는 당직비를 지급한다.

제55조(유급휴일) 다음 각 호는 유급휴일로 한다.

1. 주휴일

2. 신정휴무

3. 설날휴무, 추석휴무

4. 노동절(5월1일)

5. 어린이날(5월5일)

6. 법정공휴일(현충일, 석탄일, 성탄절, 3.1절, 광복절, 개천절, 한글날)

7. 기타 노사협의로 결정한 날

제56조(연차휴가) 1. 회사는 1년간 8할 이상 출근한 직원에게 15일의 유급휴가를 준다.

2. 회사는 계속근로연수가 1년 미만인 직원에 대해 1개월간 개근 시 1일의 유

급휴가를 준다.

3. 회사는 3년 이상 계속 근로한 직원에 대하여는 최초 1년을 초과하는 계속근로연수 매2년에 대해 1일을 가산한 유급휴가를 준다. 이 경우 가산휴가를 포함한 총 휴가일수는 25일을 한도로 한다.

4. 직원은 휴가를 적치한 뒤 당해 연도 중 필요한 시기에 나누어 사용할 수 있으며, 회사는 특별한 사정이 없는 한 직원이 원하는 시기에 휴가를 주어야 한다.

5. 제1항 내지 제3항의 규정을 적용함에 있어서 직원이 업무상의 부상 또는 질병으로 휴업한 기간과 산전, 산후의 여성이 휴업한 기간은 출근한 것으로 본다.

6. 미사용 연차휴가는 1년이 경과한 첫 달 월급날까지 연차휴가근로수당으로 지급한다.

제57조(특별경조휴가) 회사는 조합원이 다음 각호에 해당할 시 소정의 특별경조휴가를 부여한다. 단, 특별휴가가 공휴일과 중복 시 그 전일 또는 익일을 휴가로 인정한다.

1. 축하휴가
   가. 본인결혼: 5일
   나. 자녀결혼: 3일
   다. 본인 및 배우자의 형제자매 결혼: 1일
   라. 부모 및 배우자부모 회갑: 1일
   마. 자녀출산: 5일(3일 유급휴가, 휴가는 배우자가 출산한 날로부터 30일이 지나면 청구할 수 없다.)
   바. 본인 입학 또는 졸업: 1일

2. 기복휴가
   가. 배우자상: 7일
   나. 부모 및 배우자부모상: 5일(토,일요일은 일수에서 제외)
   다. 자녀상: 5일
   라. 조부모, 배우자조부모상: 3일
   마. 본인의 형제자매상 및 자녀의 배우자상: 3일
   바. 백숙부모상: 2일

사. 형수, 계수, 매형, 매제상: 1일

아. 배우자의 형제자매 및 배우자의 백숙부모상: 1일

제58조(병가) 1. 회사는 조합원이 부상 또는 질병으로 출근이 불가능한 경우에는 1개월의 범위 내에서 병가를 허가할 수 있다. 단, 동기간 무급이며 업무상 사유는 산재처리 절차에 의한다.

2. 회사는 조합원이 업무외 부상 또는 질병으로 인하여 직무수행이 불가능할 경우에는 연차휴가를 우선 사용하도록 한 뒤, 1개월의 범위 내에서 병가를 허가하되 결근일이 5일을 초과할 때에는 의사진단서를 첨부해야 한다.

제59조(공가) 회사는 조합원이 다음 각호의 사항을 수행하기 위하여 필요한 시간 또는 일수를 청구하면 이를 거부하지 못하며, 이로 인해 근무하지 못한 시간 또는 일수는 근무한 것으로 간주한다.

1. 예비군 훈련, 민방위 훈련, 기타 각종 병역의무를 수행할 때

2. 회사와 관련한 공무소환 및 기타 회사가 인정한 경우

3. 법률의 규정에 의하여 투표에 참가하려 할 때

4. 천재지변으로 출근이 불가능할 때

제60조(하기 및 특별휴가) 1. 회사는 조합원의 사기앙양을 위하여 매년 3일간의 하기휴가를 준다. 단, 사용할 시기는 본인의 뜻에 따라 신축적으로 실시한다.

2. 회사는 조합원이 업무상 공로를 세웠거나, 포상, 표창 등을 받았을 때 특별휴가를 줄 수 있다.

제61조(휴가실시) 1. 조합원이 휴가를 얻고자 할 때에는 사전에 휴가원을 소속 부서장을 경유하여 회사에 제출하여야 한다.

2. 회사는 형편에 따라 휴가 중인 조합원에게 출근을 명할 수 있다.

제62조(휴가기간 중의 공휴일) 공휴일은 휴가일수에 산입하지 않는다. 단, 10일 이상 장기휴가는 그러하지 아니한다.

제7장 남녀평등과 모성보호

제63조(남녀평등과 모성보호) 1. 회사는 헌법의 평등이념 및 남녀고용평등과 일·가정 양립 지원에 관한 법률에 따라 고용에 있어서 남녀의 평등한 기회 및 대우를 보장하는 한편, 모성을 보호하고 직업능력을 개발하여 여성노동자들의

지위향상과 복지증진에 기여한다.

2. 회사는 여성이 가정과 직장을 조화롭게 양립함으로써 실질적인 평등권과 근로권을 실현할 수 있도록 해야 한다.

3. 회사는 노동자의 모집과 채용, 임금, 교육, 배치, 승진, 정년, 퇴직 및 해고에 있어서 여성인 것을 이유로 남성과 차별대우나, 또는 결과적으로 여성에게 현저히 불리하게 작용하는 제도, 규정, 조치 등을 취해서는 아니 된다.

제64조(직장 내 성폭력 예방 및 금지) 1. 회사는 직장 내 성희롱을 예방하고 조합원이 안전한 근로환경에서 일할 수 있는 여건조성을 위해 다음 각호의 조치를 취하여야 한다.

가. 직장 내 성희롱의 예방을 위한 교육의 실시

나. 직장 내 성희롱을 한 자에 대한 부서전환, 징계 기타 이에 준하는 조치

2. 회사는 직장 내 성희롱과 관련하여 그 피해근로자에게 고용상의 불이익한 조치를 하지 않는다.

제65조(생리휴가) 회사는 여성조합원에게 월1일의 무급 생리휴가, 임신 중인 여성조합원의 경우 정기검진을 위해 월 1일의 유급 정기검진 휴가를 주어야 한다.

제66조(산전 산후 휴가 및 임신기 근로시간 단축) 1. 회사는 임신 중의 여성조합원에 대하여 산전후를 통하여 90일의 보호휴가를 주며 이 경우 휴가기간의 배치는 산후에 45일 이상이 되도록 한다.

2. 제1항의 규정에 의한 휴가는 최초 60일은 유급휴가로 한다.

3. 임신 12주 이내 또는 36주 이후 여성조합원이 1일 2시간 근로시간 단축을 신청하는 경우 회사는 임금삭감 없이 이를 허용해야 한다.

4. 임신 12주 초과 36주 미만 여성조합원도 근무시간 단축을 신청할 수 있다. 다만 회사는 단축시간만큼 임금을 삭감할 수 있다.

5. 단축근무를 원하는 여성조합원은 단축 개시 예정일의 3일 전까지 근무개시, 종료 시각, 사용기간 등을 적은 문서와 의사의 진단서를 회사에 제출해야 한다.

6. 사용방식은 ▸출근시간을 1시간 늦추고 퇴근시간을 1시간 앞당기는 방식 ▸출근시간을 2시간 늦추는 방식 ▸휴게시간을 추가로 늘리는 방식 등 제한이 없다.

제67조(유산·사산휴가) 회사는 임신 중인 여성조합원의 유산 및 사산의 경우 이에

대한 의사의 소견서 등 객관적인 증빙자료가 제출되면 다음 기준에 따라 유급휴가를 부여한다.

- 임신 16주 미만 : 10일
- 임신 16주 이상 21주 이내 : 30일
- 임신 22주 이상 27주 이내 : 60일
- 임신 28주 이상 : 90일

제68조(야간근로금지) 회사는 여성조합원에게 오후 10시부터 오전 6시까지의 야간근로를 시키지 못한다. 다만, 해당 조합원 및 조합의 동의를 얻은 경우는 그러하지 아니한다.

제8장 산업안전보건

제69조(안전보건) 1. 회사는 조합원의 안전과 보건을 위하여 산업안전보건법 및 관계 규정에 따라 필요한 시설을 구비하고 조합원의 건강 증진 및 공해, 재해 예방에 노력하여야 한다.

2. 조합원은 안전보건에 관하여 노사협의로 정한 사항과 회사의 제반 규정과 지시를 준수하여야 한다.

제70조(안전보건규정 및 수칙 제정) 회사는 안전보건관리규정을 작성 또는 변경할 때에는 산업안전보건위원회의 심의.의결을 거쳐야 하며, 이를 조합원에게 알려야 한다.

제71조(노동조합의 안전보건활동 보장) 회사는 조합의 안전보건 활동을 위해 조합이 선정한 조합원중 1인을 명예산업안전감독관으로 임명하고 이의 활동을 보장한다.

제72조(안전보호장구) 1. 회사는 안전보호장구를 필요로 하는 조합원에게 검정 합격품의 장구를 무상 지급한다.

2. 조합원은 안전보호장구를 본인 책임 하에 착용 및 유지 관리토록 한다.

제73조(작업환경측정) 1. 회사는 산업안전보건법 등 관계 법령이 정하는 바에 따라 작업환경측정을 연2회 이상 실시하여야 하고 조합의 요구가 있을 때에는 입회시켜야 한다.

2. 회사는 조합이 작업환경측정 등 예비 활동을 하고자 할 때에는 명예산업안전

감독관의 활동을 보장한다.

3. 회사는 조합의 요구가 있는 경우에는 직접 또는 작업환경측정을 실시한 기관으로 하여금 작업환경측정 결과에 대한 설명회를 개최하여야 한다.

4. 회사는 작업환경 측정결과에 따라 당해 시설 및 설비의 설치 또는 개선 등 적절한 조치를 하여야 한다.

5. 회사는 작업환경 측정보고서 및 작업환경 측정과 관련된 제반 자료를 관계 법령에 따라 보존하여야 한다.

제74조(건강진단) 1. 회사는 산업안전보건법 등 관계 법령에 따라 조합의 입회 아래 건강진단을 실시하여야 한다.

2. 회사는 전 사원에 대하여 매년 정기적으로 일반 건강진단을 실시하며, 특수직 조합원에게는 연 1회 이상의 특수건강진단을 실시한다.

3. 만40세 이상의 직원에 대해서는 2년마다 5대 암(위암, 간암, 대장암, 유방암, 자궁암)검진을 실시한다. (단, 만40세 직원은 건강보험공단의 생애전환기 검진으로 대체한다.)

4. 회사는 사전에 검진기관 지정 등에 관해 조합과 논의후 결정한다.

5. 건강진단 비용은 회사가 부담하고, 진단에 소요되는 시간은 근무한 것으로 간주한다.

제75조(재해인정) 회사는 업무와 상당 인과관계가 있는 질병에 한하여 근로복지공단의 승인시 산재보험법에 의한 요양신청 및 제반 업무를 지원한다.

제76조(재해보상 등) 각종 재해보상은 산업재해보상보험법 및 근로기준법에 정하는 바에 따른다.

제77조(재해 질병 발생시의 대책) 회사는 사망 또는 3일이상의 요양을 요하는 부상을 입거나 질병이 발생하였을 때에는 산업재해가 발생한 날로부터 1개월 이내에 산업재해조사표를 작성하여 관할 지방노동관서의 장에게 제출 또는 요양신청서를 작성하여 산업재해가 발생한 날로부터 1개월 이내 근로복지공단에 제출하여야 한다.

제9장 복지후생

제78조(복지후생시설) 회사는 조합원들의 복지후생 향상 및 증진을 위하여 식당, 휴

게실 등을 마련한다.

제79조(학자금 보조) 1. 회사는 조합원의 고등학생 자녀에 한하여 입학금과 등록금
을 학자금으로 지원한다. 단, 특수목적고는 창원지역 공립고등학교를 기준으
로 한다.

2. 회사는 조합원의 휴직 기간 중에도 학자금을 지급하여야 한다.

제80조(경조금) 회사는 조합원의 경조사에 대해 아래와 같이 소정액의 경조금을 지
급한다.(단, 증빙서류 첨부 시)

1. 본인결혼 200,000원(화환 100,000원 상당, 단 재혼은 예외)

2. 자녀결혼 100,000원(화환 100,000원 상당)

3. 부모사망 200,000원

4. 배우자 부모사망 200,000원

5. 배우자 사망 300,000원

6. 본인사망 500,000원

7. 자녀사망 200,000원

제81조(장기근속휴가) 1. 조합원 사기진작과 업무의 효율성 제고를 위하여 15년 장
기근속자는 3일, 20년, 25년, 30년, 35년 장기근속자에게 각각 5일간의 장
기근속휴가를 당해 연도에 준다.

2. 회사는 기간이 끝나기 3개월 전에 본인에게 휴가일수를 통보한다.

제82조(근무복 지급) 회사는 업무수행에 필요한 부서 조합원에게 무상으로 근무복을
지급한다.

제83조(문화체육행사) 회사는 조합원의 체력향상과 사기진작을 위해 연중 1회 체육
행사 또는 야유회를 개최한다.

제84조(구내식당) 회사는 구내식당 등을 운영하고 식대를 부담한다.

제10장 단체교섭

제85조(교섭대상) 단체교섭의 대상은 임금 및 제반 근로조건에 관한 사항에 한한다.

제86조(교섭요구) 회사나 조합이 단체교섭을 요구할 때는 교섭일시, 장소, 교섭위원
명단, 안건 등을 명시한 단체교섭 요구서를 7일전(제2차 교섭부터는 3일전)까지
제출하여야 한다.

제87조(교섭의무) 어느 일방의 단체교섭 요구가 있을 때 다른 일방은 이에 응할 의무가 있으며, 부득이한 사정으로 일시를 연기할 때는 즉시 연기사유와 함께 연기일시를 통보하여야 한다. 단, 3일 이상을 연기할 수 없다.

제88조(교섭위원 구성) 1. 교섭위원은 노사 동수 각 2명으로 구성하며, 쌍방의 대표자가 대표위원이 된다.

2. 회의의 의장은 대표위원이 교대로 한다.

3. 예비교섭위원 약간 명을 둘 수 있다.

제89조(대표위원 의무참석) 1. 쌍방의 대표위원은 단체교섭에 필히 참석해야 하고, 부득이한 사정으로 불참할 때는 대리 대표위원에게 결정권을 부여해야 하며, 상대방에게 위임장을 제출하여야 한다.

2. 단체교섭을 주2회 개최할 경우 회사의 대표자는 1회이상 참석한다.

제90조(간사선임) 1. 노사 쌍방은 각각 간사 1명을 두어 교섭에 필요한 사전준비, 교섭 진행사항 기록, 교섭후 사후조치 등을 취하게 한다.

2. 매 회의 종료 시 노사 쌍방 대표자 날인으로 회의록을 채택, 각각 1부씩 보관한다.

3. 중요 사안에 대해서는 노사 합의하에 녹음할 수 있다.

제91조(합의서 작성) 단체교섭에서 합의된 모든 사항은 문서로 작성하고, 쌍방 교섭 대표위원이 서명 날인하여야 한다

제92조(임시상근) 단체교섭의 준비와 원만한 진행 및 조속한 타결을 위하여 회사는 교섭 기간 중에 교섭위원은 근무한 것으로 인정한다.

제11장   노사협의회

제93조(노사협의회) 1. 회사와 조합은 이 협약의 시행에 따른 제반 문제와 기타 노사합의 사항을 협의등 하기 위하여 노사협의회를 근로자 참여 및 협력 증진에 관한 법에 따라 노사 각 3명 이내로 구성, 운영한다

2. 노사협의회는 매 3개월마다 1회 개최하고 필요한 경우 추가로 협의회를 개최할 수 있다.

제94조(의결사항의 효력) 노사협의회 의결사항은 단체협약 기준을 저하하지 않는 한 단체협약과 동일한 효력을 갖는다.

제12장 노동쟁의

제95조(노동쟁의 원칙) 1. 노사 쌍방은 노동쟁의의 자율적 타결을 위하여 최선의 노력을 다하며, 노동쟁의에 관한 원칙은 노동조합 및 노동관계조정법에 따른다.

2. 노동쟁의가 발생한 때에는 어느 일방이 이를 상대방에게 서면으로 통보하여야 하고, 어느 일방이 노동위원회의 노동쟁의 조정을 신청한 때에는 그 상대방은 이에 성실히 임하여야 한다.

3. 노동위원회의 노동쟁의 중재는 반드시 노사 쌍방의 명의로 신청해야 하며, 어느 일방의 신청은 무효로 간주한다.

제96조(쟁의중 신분보장) 회사는 조합의 정당한 노동쟁의 행위에 대한 간섭, 방해 등 어떠한 행위도 할 수 없으며, 쟁의 기간 중에는 어떠한 징계나 전출 등의 인사조치를 취할 수 없다. 또한 쟁의에 참가한 것을 이유로 사후에 불이익을 줄 수 없다.

제97조(신규채용 및 대체근무 금지) 회사는 쟁의행위로 중단된 업무의 수행을 위해 당해 사업과 관계없는 자를 채용 또는 대체할 수 없다.

부 칙

제1조(유효기간) 1. 본 협약의 유효기간은 20   년 ○월 ○일부터 20   년 ○월 ○○일까지 2년간으로 한다.

2. 본 협약의 유효기간이 만료되더라도 갱신 체결 시까지 본 협약의 효력은 지속된다.

제2조(협약갱신) 노사 쌍방중 어느 일방이 본 협약을 갱신코자 할 때에는 유효기간 만료 30일전에 갱신요구안을 제출하여야 한다. 요구가 없을 때 본 협약은 자동 갱신된 것으로 간주한다.

제3조(보충협약 및 재교섭) 1. 보충협약은 법률의 개정 또는 중대한 사회적 경제적 여건의 변화로 협약을 수정할 필요가 있다고 인정하는 때에는 노사 협의하여 정한다.

2. 보충협약은 본 협약과 동일한 효력을 갖는다.

제4조(준용) 본 협약에 규정되지 아니한 사항은 노동관계 법규 및 관례에 따른다.

제5조(불이행 책임) 회사와 조합은 본 협약을 성실히 준수 이행할 의무를 진다. 본 협약 불이행으로 인해 발생하는 모든 책임은 불이행 당사자가 진다.

제6조(협약의 보관) 본 협약을 입증하기 위하여 3부를 작성하여 노사가 각 1부씩 보관하고 행정관청에 1부를 제출한다.

20   년 ○월 ○○일

주식회사 ○○   ○○노동조합

대표이사 대표 ○ ○ ○ (인)   위원장   ○ ○ ○   (인)

교섭위원   ○ ○ ○ (인)   부위원장 ○ ○ ○   (인)

교섭위원   ○ ○ ○ (인)   교섭위원 ○ ○ ○   (인)

임 금 협 약 서

주식회사 ○○(이하 '회사'라 한다)와 ○○노동조합(이하 '조합'이라 한다)는 단체협약 제40조에 의거, 다음과 같이 임금협약을 체결한다.

다 음

제1조(목적) 이 임금협약은 회사와 조합이 합심하여 회사 발전에 서로 협력하고 회사와 조합과의 임금에 관한 사항을 정함을 목적으로 한다.

제2조(적용범위) 이 협약에 명시하지 아니한 사항은 단체협약, 회사의 관계 규정 및 관행에 따른다.

제3조(임금조정) 임금은 다음과 같이 인상 조정한다.

1. 기본급: ○ % 인상
2. 관리사원수당
    가. ○○수당 ○만원 신설
    나. 가족수당 추가(부모, 자녀, 장인.장모, 단 본인 직접 부양시)

제4조(특약사항) 회사는 특별격려금 50%를 지급한다.(지급기일: 20   . 00.00)

부   칙

본 협약 유효기간은 20   년 ○월 ○○일부터 20   년 ○월 ○○일까지 만 1년으로 한다.

20   .00 .00

주식회사 ○○   ○○노동조합

대표이사 대표 ○ ○ ○ (인)   위원장 ○ ○ ○   (인)
교섭위원   ○ ○ ○ (인)   부위원장 ○ ○ ○   (인)
교섭위원   ○ ○ ○ (인)   교섭위원 ○ ○ ○   (인)

5. 노사협의회 운영규정

노사협의회 운영규정

○○기업

○○기업 노사협의회 운영규정

제1장 총칙

제1조(목적) 본 규정은 근로자와 사용자 쌍방이 이해와 협조를 통하여 노사공동의 이익을 증진함으로써 ○○기업의 발전과 근로자복지증진에 기여함을 목적으로 한다.

제2조(명칭 및 소재지) 이 노사협의회(이하 "협의회"라 한다)는 본사 및 각 사업장에 설치하고 명칭은 다음과 같이 정한다.

설치장소	본사	○○공장
명 칭	전사협의회	○○공장협의회

제3조(신의성실의 의무) 근로자와 사용자는 상호신뢰를 바탕으로 성실하게 협의에 임하여야 한다.

제4조(노동조합과의 관계) 노동조합의 단체교섭 및 기타 모든 활동은 이 규정에 의하여 영향을 받지 않는다.

제5조(사용자의 의무) ① 사용자는 근로자위원의 선출에 개입하거나 방해해서는 안된다.

② 사용자는 근로자위원의 업무를 위하여 장소제공 등 기본적인 편의를 제공한다.

제2장 협의회의 구성

제6조(협의회의 구성) ① 협의회는 근로자와 사용자를 대표하는 각 ○명의 위원으로 구성한다.

※ 노사협의회 위원은 노사동수로 구성하되 노사 각 3명이상 10명 이내로 구성

② 근로자를 대표하는 위원(이하 "근로자위원"이라 한다)은 근로자가 선출한다.

③ 사용자를 대표하는 위원(이하 "사용자위원"이라 한다)은 다음과 같다.

1. ○○○(대표이사)
2. ○○○(공장장)
3. ○○○(관리이사)

4. ○○○(인사노무팀장)

5. 대표이사가 위촉하는 임직원 ○○○

제7조(의장) ① 협의회의 의장은 위원중에서 호선한다. 이 경우 근로자위원과 사용자위원 중 각 1명을 공동의장으로 한다.

② 의장은 협의회를 대표하며 회의업무를 총괄한다.

③ 의장의 임기는 1년으로 한다.

제8조(간사) ① 노사 쌍방은 회의의 기록 등 사무를 담당하는 간사 1명을 각각 둔다.

② 간사는 근로자위원 및 사용자위원 중에서 각각 호선하여 선출된 자로 한다.

제9조(위원의 임기) ① 위원의 임기는 3년으로 하되 연임할 수 있다.

② 보궐위원의 임기는 전임자의 남은 기간으로 한다.

③ 위원은 그 임기가 만료된 경우라도 그 후임자가 선출될 때까지 계속 그 직무를 담당한다.

제10조(위원의 신분) ① 위원은 비상임.무보수로 한다.

② 위원의 협의회 출석시간에 대하여는 근로한 것으로 본다. 아울러, 협의회 출석과 직접 관련된 협의회 출석을 위한 이동시간 및 자료검토시간(회의 1회당 최대 4시간)에 대해서도 근로한 것으로 본다.

제11조(실무소위원회) ① 협의회는 상정된 안건의 사전심의를 위하여 실무소위원회를 구성할 수 있다.

② 실무소위원회는 노사위원 각각 2명으로 구성한다.

③ 노사일방의 협의회대표는 실무소위원회의 개최가 필요하다고 인전되는 경우 상대방에게 7일전까지 이를 통보하여야 한다. 다만, 긴급하거나 신속한 결정이 요구되는 경우는 예외로 한다.

제3장 근로자위원 선출

제12조(선거관리위원회 구성) ① 근로자위원 선출에 관한 선거관리위원회(이하 "선관위"라 한다)는 ○명 이내의 위원으로 구성한다.

② 선관위는 선거공고일부터 14일전에 구성한다.

제13조(선거관리위원회의 임무) 선관위의 임무는 다음 각 호와 같다.

1. 선거 및 일정공고

2. 투표 및 입후보자 등록 등에 관한 사항

3. 당선자 결정에 관한 사항

4. 기타 선거와 관련된 사항

제14조(선거관리위원 선출) 선거관리위원은 선거관리에 참여를 희망하는 근로자 중에서 추첨에 의하여 결정한다.

제15조(선거일) 근로자위원 선거는 근로자위원 임기 만료일 15일 이전에 실시한다.

제16조(후보 등록) ① 근로자위원에 입후보하고자 하는 자는 당해 사업장의 근로자 10명 이상의 추천(복수추천 가능)을 받아 선관위에 등록하여야 한다.

② 선거관리위원은 공정한 투표관리를 위하여 근로자위원에 입후보할 수 없다.

제17조(근로자위원 선출) ① 근로자위원은 직접.비밀.무기명투표에 의하여 선출한다.

② 근로자위원은 부서별 인원비례에 따라 배정된 인원을 선출하되 당선자는 투표결과 다수득표자 순으로 한다.

③ 득표수가 같을 때에는 장기근속자, 연장자 순으로 당선자를 결정한다.

제18조(보궐선거) ① 근로자위원에 결원이 생긴 때에는 결원이 발생한 날부터 30일 이내에 보궐선거를 실시한다.

② 제1항에 불구하고 제17조에 의한 근로자위원으로 선출되지 못한 자 중 다수 득표자순에 의한 차점자 명부를 작성.보관하고, 근로자위원의 결원을 보궐선거 없이 명부상 서열에 따라 충원할 수 있다.

제4장 협의회의 운영

제19조(협의회 회의) ① 협의회의 정기회의는 매분기 말월 첫째주에 개최한다.

② 협의회는 노사대표가 안건을 제기하는 경우 임시회의를 개최할 수 있다.

③ 협의회의 회기는 협의회 개최공고 시 정하여 공고한다.

제20조(회의소집) ① 협의회의 회의는 의장이 소집한다.

② 의장은 노사일방의 대표자가 회의의 목적 등을 문서로 명시하여 회의의 소집을 요구할 때에는 이에 응하여야 한다.

③ 의장은 회의 개최 7일전에 회의일시, 장소, 의제 등을 각 위원에게 통보하여야 한다.

제21조(사전 자료 제공) 근로자위원은 회의의제로 통보된 의제 중 협의사항 및 의결 사항과 관련된 자료를 협의회 회의 개최 전에 사용자에게 요구할 수 있으며, 사용자는 이에 성실히 응하여야 한다. 다만, 그 요구 자료가 기업의 경영.영업상의 비밀 또는 개인정보에 해당하는 경우에는 그러하지 아니한다.

제22조(정족수) 회의는 근로자위원과 사용자위원의 각 과반수의 출석으로 개최하고 출석위원 3분의 2이상의 찬성으로 의결한다.

제23조(회의의 공개) 협의회 회의는 공개한다. 다만, 출석위원 과반수의 의결이 있는 경우 비공개할 수 있다.

제24조(비밀유지) ① 협의회의 위원은 협의회에서 취득한 비밀을 누설하여서는 아니된다. 다만, 비밀의 범위는 매 회의에서 정한다.

② 협의회위원이 비밀을 누설한 경우에는 징계위원회에 회부한다.

제25조(회의록 비치) ① 회의록은 노사쌍방의 간사 중 1명이 작성하여 각 1부씩 보관한다.

② 협의회는 다음 각호의 사항을 기록한 회의록을 작성.비치한다.

    1. 개최일시 및 장소

    2. 출석위원

    3. 협의내용 및 의결사항

    4. 기타 토의사항

③ 회의록에는 출석위원 전원이 서명하거나 날인한다.

④ 회의록은 작성일부터 3년간 보존한다.

제5장 협의회의 임무

제26조(협의사항) ① 협의회는 다음 각호의 1에 해당하는 사항을 협의한다.

    1. 생산성 향상과 성과배분

    2. 근로자의 채용.배치 및 교육훈련

    3. 근로자의 고충처리

    4. 안전, 보건, 그 밖의 작업환경 개선과 근로자의 건강증진

    5. 인사.노무관리의 제도 개선

    6. 경영상 또는 기술상의 사정으로 인한 인력의 배치전환.재훈련.해고

등 고용조건의 일반원칙

    7. 작업과 휴게시간의 운용

    8. 임금의 지불방법.체계.구조 등의 제도개선

    9. 신기계.기술의 도입 또는 작업공정의 개선

    10. 작업수칙의 제정 또는 개정

    11. 종업원 지주제 기타 근로자의 재산형성에 관한 지원

    12. 직무발명 등과 관련하여 당해근로자에 대한 보상에 관한 사항

    13. 근로자의 복지증진

    14. 사업장내 근로자 감시설비의 설치

    15. 여성근로자의 모성보호 및 일과 가정생활의 양립을 지원하기 위한 사항

    16. 그 밖의 노사협조에 관한 사항

② 협의회는 제1항의 각호의 사항에 대하여 의결할 수 있다.

제27조(의결사항) 다음 각호의 1에 해당하는 사항에 대해서는 협의회의 의결을 거쳐야 한다.

    1. 근로자의 교육훈련 및 능력개발 기본 계획의 수립

    2. 복지시설의 설치와 관리

    3. 사내근로복지기금의 설치

    4. 고충처리위원회에서 의결되지 아니한 사항

    5. 각종 노사공동위원회의 설치

제28조(보고사항) ① 사업주는 정기회의에 다음 각호의 1에 해당하는 사항에 관하여 성실하게 보고, 설명하여야 한다.

    1. 경영계획 전반 및 실적에 관한 사항

    2. 분기별 생산계획 및 실적에 관한 사항

    3. 인력계획에 관한 사항

    4. 기업의 경제적 재정적 상황

② 근로자위원은 제1항의 규정에 의한 보고 설명을 이행하지 아니하는 경우에는 제1항의 각호에 관한 자료의 제출을 요구할 수 있으며, 사업주는 이에 성실히 응해야 한다.

③ 근로자위원은 근로자의 요구사항을 보고.설명할 수 있다.

제29조(의결된 사항 등의 공지) ① 의장은 협의회에서 의결된 사항을 10일이내에

공고하여야 한다.

② 협의회는 협의회 운영에 관한 사항을 간행물, 전용게시판 등의 방법으로 안내하여야 한다.

제30조(의결된 사항의 이행) 근로자와 사용자는 협의회에서 의결된 사항을 성실하게 이행하고 그 결과를 상호 신속히 통보하여야 한다.

제31조(임의중재) ① 협의회는 노사대표 각 ○명으로 중재위원회를 구성할 수 있다.

② 중재위원회는 다음 각호의 사항에 대하여 중재한다.

1. 제27조에 규정된 사항에 관하여 협의회가 의결하지 못한 경우

2. 협의회에서 의결된 사항의 해석 또는 이행방법 등에 관하여 의견이 불일치가 있는 경우

3. 그 밖에 중재가 필요한 경우

③ 제2항의 규정에도 중재가 성립하지 않을 경우에는 노동위원회에 중재신청을 할 수 있다.

④ 제2항 및 제3항의 규정에 의한 중재결정이 있는 때에는 협의회의 의결을 거친 것으로 보며 근로자와 사용자는 이에 따라야 한다.

제6장 고충처리

제32조(고충처리위원회) ① 근로자의 고충을 청취하고 이를 처리하기 위하여 고충처리위원회를 설치 운영한다.

② 고충처리위원회는 사업장 단위로 설치한다.

제33조(고충처리위원의 구성) ① 고충처리위원은 협의회위원 중에서 호선하여 노사 각 1명의 위원으로 구성한다.

※ 고충처리위원은 노사를 대표하는 3명 이내의 위원으로 구성

② 고충처리위원의 임기는 3년으로 한다.

③ 근로자의 고충사항을 효과적으로 처리하기 위해 상담원과 사외 상담원을 둘 수 있다. 이 때 사외상담원은 법률, 병무, 건강, 인생, 결혼 등 분야별 학식과 덕망이 있는 인사를 선정하여 위촉할 수 있다.

제34조(고충의 처리) ① 근로자는 고충처리위원에게 구두 또는 서면으로 상담을 신청한다.

② 상담신청을 접수한 고충처리위원은 당해 근로자의 고충을 성실히 청취한 후 접수일로부터 10일 이내에 처리결과를 해당 근로자에게 서면으로 통보하여야 한다. 다만, 사외 상담원의 상담을 요할 시에는 상담일정을 별도로 지정하여 상담을 실시할 수 있다.

③ 고충처리위원이 처리하기 곤란한 사항에 대해서는 협의회에 부의하여 협의 처리한다.

제35조(상담실 운영) 근로자의 고충을 처리하기 위하여 인사노무관련 부서 및 노동조합 사무실에 고충처리상담실을 설치.운영한다.

제36조(대장비치) 고충처리위원은 고충사항의 접수 및 그 처리에 관한 대장을 작성.비치하고 이를 1년간 보존한다.

제7장 보칙

제37조(대표위원의 권한위임) 노사 쌍방의 대표위원은 필요시 그 권한을 타위원에게 위임할 수 있다.

제38조(신고의무사항) 협의회와 관련하여 고용노동부에 신고하여야 할 제반 사항은 사용자측에서 한다.

제39조(운영세칙) 협의회는 협의회운영 등과 관련된 사항에 대하여 운영세칙을 작성할 수 있다.

제40조(규정외의 사항) 이 규정에 명시되지 않은 사항에 대해서는 법령 및 통상관례에 따른다.

부 칙

이 규정은 20 년 월 일부터 시행한다.

6. 근로계약서(사례)

표준근로계약서

_____(이하 "사업주"라 함)과(와) _____(이하 "근로자"라 함)은 다음과 같이 근로계약을 체결한다.

1. 근로계약기간: 년 월 일부터   년 월 일까지
   ※ 근로계약기간을 정하지 않는 경우에는 "근로개시일"만 기재
2. 근무장소:
3. 업무의 내용:
4. 소정근로시간: 시 분부터 시 분까지(휴게시간: 시 분~ 시 분)
5. 근무일/휴일: 매주 일(또는 매일단위) 근무, 주휴일 매주 요일
6. 임 금
   - 월(일, 시간)급: 원
   - 상여금: 있음(   )   원, 없음(   )
   - 기타급여(제수당 등): 있음(   ), 없음(   )
     ·   원,   원
     ·   원,   원
   - 임금지급일: 매월(매주 또는 매일)   일(휴일의 경우는 전일 지급)
   - 지급방법: 근로자에게 직접지급(   ), 근로자 명의 예금통장에 입금(   )
7. 연차유급휴가
   - 연차유급휴가는 근로기준법에서 정하는 바에 따라 부여함
8. 근로계약서 교부
   - 사업주는 근로계약을 체결함과 동시에 본 계약서를 사본하여 근로자의 교부요
     구와 관계없이 근로자에게 교부함(근로기준법 제17조 이행)
9. 기 타
   - 이 계약에 정함이 없는 사항은 근로기준법령에 의함

                    년   월   일

(사업주) 사업체명 :   (전화 :   )

　　　　주　　소 :

　　　　대 표 자 :   (서명)

(근로자) 주　　소 :

　　　　연 락 처 :

　　　　성　　명 :   (서명)

연소근로자(18세 미만인 자) 표준근로계약서

_____(이하 "사업주"라 함)과(와) _____(이하 "근로자"라 함)은 다음과 같이 근로계약을 체결한다.

1. 근로계약기간: 년   월   일부터   년   월   일까지
   ※ 근로계약기간을 정하지 않는 경우에는 "근로개시일"만 기재
2. 근무장소:
3. 업무의 내용:
4. 소정근로시간: 시   분부터   시   분까지(휴게시간: 시   분~   시   분)
5. 근무일/휴일: 매주   일(또는 매일단위) 근무, 주휴일 매주   요일
6. 임 금
   - 월(일, 시간)급: 원
   - 상여금: 있음(   )   원, 없음(   )
   - 기타급여(제수당 등): 있음(   ), 없음(   )
     ·   원,   원
     ·   원,   원
   - 임금지급일: 매월(매주 또는 매일)   일(휴일의 경우는 전일 지급)
   - 지급방법: 근로자에게 직접지급(   ), 근로자 명의 예금통장에 입금(   )
7. 연차유급휴가
   - 연차유급휴가는 근로기준법에서 정하는 바에 따라 부여함
8. 가족관계증명서 및 동의서
   - 가족관계기록사항에 관한 증명서 제출 여부:
   - 친권자 또는 후견인의 동의서 구비 여부:
9. 근로계약서 교부
   - 사업주는 근로계약을 체결함과 동시에 본 계약서를 사본하여 근로자의 교부요구와 관계없이 근로자에게 교부함(근로기준법 제17조, 제67조 이행)
10. 기타

- 13세 이상 15세 미만인 자에 대해서는 고용노동부장관으로부터 취직인허증을
교부받아야 하며, 이 계약에 정함이 없는 사항은 근로기준법령에 의함

년   월   일

(사업주) 사업체명 :   (전화 :   )
        주   소 :
        대 표 자 :   (서명)
(근로자) 주   소 :
        연 락 처 :
        성   명 :   (서명)

친권자(후견인) 동의서

○ 친권자(후견인) 인적사항
　　성　　명:
　　주민등록번호:
　　주　　소:
　　연 락 처:
　　연소근로자와의 관계:

○ 연소근로자 인적사항
　　성　　명:　　　　　　　　　　(만　　세)
　　주민등록번호:
　　주　　소:
　　연 락 처:

○ 사업장 개요
　　회 사 명 :
　　회사주소 :
　　대 표 자 :
　　회사전화 :

본인은 위 연소근로자　　　　　가　위 사업장에서 근로를 하는 것에 대하여
동의합니다.

　　　　　　　　　　　　　　　년　　　월　　　일

친권자(후견인)　　　　　　　(인)

첨　부: 가족관계증명서 1부

건설일용근로자 표준근로계약서

_____(이하 "사업주"라 함)과(와) _____(이하 "근로자"라 함)은 다음과 같이 근로계약을 체결한다.

1. 근로계약기간: 년   월   일부터   년   월   일까지
   ※ 근로계약기간을 정하지 않는 경우에는 "근로개시일"만 기재
2. 근 무 장 소:
3. 업무의 내용(직종):
4. 소정근로시간: 시   분부터   시   분까지(휴게시간: 시 분 ~ 시 분)
5. 근무일/휴일: 매주   일(또는 매일단위)근무, 주휴일 매주   요일(해당자에 한함)
   ※ 주휴일은 1주간 소정근로일을 모두 근로한 경우에 주당 1일을 유급으로 부여
6. 임 금
   − 월(일, 시간)급: 원(해당사항에 ○표)
   − 상여금: 있음 (   )   원, 없음 (   )
   − 기타 제수당(시간외 · 야간 · 휴일근로수당 등):   원(내역별 기재)
    · 시간외 근로수당: 원(월   시간   분)
    · 야 간 근로수당: 원(월   시간   분)
    · 휴 일 근로수당: 원(월   시간   분)
   − 임금지급일 : 매월(매주 또는 매일)   일(휴일의 경우는 전일 지급)
   − 지급방법 : 근로자에게 직접지급(   ), 근로자 명의 예금통장에 입금(   )
7. 연차유급휴가
   − 연차유급휴가는 근로기준법에서 정하는 바에 따라 부여함
8. 근로계약서 교부
   − "사업주"는 근로계약을 체결함과 동시에 본 계약서를 사본하여 "근로자"의 교부요구와 관계없이 "근로자"에게 교부함(근로기준법 제17조 이행)
9. 기 타
   − 이 계약에 정함이 없는 사항은 근로기준법령에 의함

년   월   일

(사업주) 사 업 체 명: (전화:)
        주   소:
        대 표 자: (서명)
(근로자) 주   소:
        연 락 처:
        성   명: (서명)

단시간근로자 표준근로계약서

_____(이하 "사업주"라 함)과(와) _____(이하 "근로자"라 함)은 다음과 같이 근로계약을 체결한다.

1. 근로계약기간: 년   월   일부터   년   월   일까지
   ※ 근로계약기간을 정하지 않는 경우에는 "근로개시일"만 기재
2. 근 무 장 소:
3. 업무의 내용:
4. 소정근로시간: 시   분부터   시   분까지(휴게시간: 시   분 ~   시   분)
5. 근무일/휴일: 매주   일(또는 매일단위)근무, 주휴일 매주   요일
6. 임 금
   - 시간(일, 월)급: 원(해당사항에 ○표)
   - 상여금: 있음 (   )   원, 없음 (   )
   - 기타급여(제수당 등): 있음 (   )   원(내역별 기재), 없음 (   )
   - 초과근로에 대한 가산임금률: %
   - 임금지급일: 매월(매주 또는 매일)   일(휴일의 경우는 전일 지급)
   - 지급방법: 근로자에게 직접지급(   ), 근로자 명의 예금통장에 입금(   )
7. 연차유급휴가: 통상근로자의 근로시간에 비례하여 연차유급휴가 부여
8. 근로계약서 교부
   - "사업주"는 근로계약을 체결함과 동시에 본 계약서를 사본하여 "근로자"의 교부요구와 관계없이 "근로자"에게 교부함(근로기준법 제17조 이행)
9. 기 타
   - 이 계약에 정함이 없는 사항은 근로기준법령에 의함

                        년   월   일

(사업주) 사 업 체 명: (전화:)

           주   소:

           대 표 자: (서명)

(근로자) 주   소:

           연 락 처:

           성   명: (서명)

표준근로계약서
Standard Labor Contract

아래 당사자는 다음과 같이 근로계약을 체결하고 이를 성실히 이행할 것을 약정한다.
The following parties to the contract agree to fully comply with the terms of the contract stated hereinafter :

사업주 Employer	업체명 Name of the enterprise	전화번호 Phone number
	소재지 Location of the enterprise	
	성명 Name of the employer	사업자등록번호 (주민등록번호) Identification number

| 근로자
Worker | 성명 Name of the worker | 생년월일 Birthdate |
| | 본국주소 Address(Home Country) | |

1. 근로계약기간	년　　월　　일부터　　년　　월　　일까지 – 수습기간: [　]활용(입국일부터 [　]1개월 [　]2개월 [　]3개월) [　] 미활용 ※ 최초 입국자의 경우 근로계약기간의 기산일은 입국일로 변경됨
1. Term of Labor contract	from (　　　　　YY/MM/DD) to (　　　　YY/MM/DD) – Probation period: [　]Included (For [　]1 month [　]2 months [　]3 months from entry date) [　]Not included ※ The labor contract enters into effect on the date of entry.
2. 취업 장소	
2. Place of employment	
3. 업무 내용	– 업종: – 사업 내용: – 직무 내용:
3. Description of work	– Industry: – Business description: – Job description:

4. 근무시간	〈제조업, 건설업, 서비스업〉 　　시　　분 ∼　　시　　분 – 1일 평균 시간외 근로시간: 　시간(사업장 사정에 따라 변동 가능) – 교대제([　]2조2교대, [　]3조3교대, [　]4조3교대, [　]기타) 〈농업, 축산업, 어업〉 　– 월 (　　　)시간	※ 가사사용인, 개인간병인, 농업, 축산업 및 어업에 종사하는 사람의 경우에는 기재를 생략할 수 있음. ※ An employer of workers in domestic help, nursing, agriculture and livestock, and fishery can omit the working hours. ※ 「근로기준법」 제63조에 따른 농림, 축산, 양잠, 수산 사업의 경우 같은 법에 따른 근로시간, 휴게, 휴일에 관한 규정은 적용받지 않음.
4. Working hours	〈Manufacturing, construction and service sectors〉 from (　　) to (　　　) – average daily over time: 　hours (changeable depending on the condition of a company) – shift system([　]2groups 2shifts, [　]3groups 3shifts, [　]4groups 3shifts, [　]etc.) 〈Agriculture & livestock and fishery sectors〉 – (　　　　) hours per month	

5. 휴게시간	1일 분	※ In pursuant to the Article 63 of the Labor Standards Act, working hours, recess hours, off-days are not applied to agriculture, forestry, live-stock breeding, silk-raising farming and marine product businesses.
5. Recess hours	( )minutes per day	
6. 휴일	[ ]일요일 [ ]공휴일 [ ]매주 토요일 [ ]기타( )	
6. Holidays	[ ]Sunday [ ]legal holiday [ ]every Saturday [ ]every other Saturday [ ]etc.( )	
7. 임금	1) 월 통상임금 ( )원 − 기본급[월(시간, 일, 주)급] ( )원 − 고정적 수당: (수당: 원), (수당: 원) ※ 수습기간 중 임금 ( )원 2) 연장, 야간, 휴일근로에 대해서는 수당 지급	
7. Payment	1) Monthly Normal wages − Monthly (hourly, daily, or weekly) wage ( )won − Fixed Allowances: ( )allowances: ( )won, ( )allowances: ( )won ※ Probation period − Monthly wage ( )won 2) Additional pay rate applied to overtime, night shift or holiday work.	
8. 임금지급일	매월/매주 ( )일/요일. 다만, 임금 지급일이 공휴일인 경우에는 전날에 지급한다.	
8. Payment date	( ) of every month/every week. If the payment date falls on a holiday, payment will be made on the day before the holiday.	
9. 지급방법	임금 및 수당은 "근로자"에게 직접 지불하거나 "근로자"의 명의로 된 예금통장에 입금한다. "사업주"는 근로자의 명의로 된 예금통장, 도장을 관리해서는 안 된다.	
9. Payment methods	Wages and benefits will be paid to the worker or deposited to the bank account of the worker. The employer will not retain the bank book and the seal of the worker.	
10. 숙식제공	1) 숙박시설 − 숙박시설 제공 여부: [ ]제공 [ ]미제공 − 숙박비용 근로자 부담 여부: [ ]부담 [ ]미부담 2) 식사 제공 − 식사 제공 여부: 제공([ ]조식, [ ]중식, [ ]석식) [ ]미제공 − 식사비용 근로자 부담 여부: [ ]부담 [ ]미부담 ※ 숙식 제공의 범위와 근로자 부담 비용의 수준은 입국 후 사업주와 근로자 간 협의에 따라 별도로 결정	
10. Room and Board	1) Room − Provided by the employer: [ ]Yes, [ ]No − Cost will be shared by the worker: [ ]Yes, [ ]No 2) Board − Provided by the employer: Yes([ ]breakfast, [ ] lunch, [ ]dinner), [ ]No − Cost will be shared by the worker: [ ]Yes, [ ]No ※ The scope of the room and board and the amount of the cost to be borne by the worker will be decided by mutual consultation between the employer and the worker after worker's arrival.	

11. 이 계약에서 정하지 않은 사항은 「근로기준법」에서 정하는 바에 따른다.
※ 가사서비스업 및 개인간병인에 종사하는 외국인근로자의 경우 근로시간, 휴일・휴가, 그 밖에 모든 근로조건에 대해 사용자와 자유롭게 계약을 체결하는 것이 가능합니다.
※ 「근로기준법」 제63조에 따른 농림, 축산, 양잠, 수산 사업의 경우 같은 법에 따른 근로시간, 휴게, 휴일에 관한 규정은 적용받지 않습니다.

11. Other matters not regulated in this contract will follow provisions of the Labor Standard Act.
※ The terms and conditions of the labor contract for workers in domestic help and nursing can be freely decided through the agreement between an employer and a worker.
※ In pursuant to the Article 63 of the Labor Standards Act, working hours, recess hours, off-days are not applied to agriculture, forestry, live-stock breeding, silk-raising farming and marine product businesses.

년   월   일
_____ (YY/MM/DD)

사 업 주: (서명 또는 인)
Employer: (signature)

근 로 자: (서명 또는 인)
Worker: (signature)

(당사자 자율 근로계약서)

(일용)근로계약서

사용자	사 업 장 명		전화번호	
	소 재 지			
	대 표 자			
근로자	성 명			
	주민등록번호		연 락 처	
	주 소			

위 당사자 간 자유의사에 따라 대등한 관계에서 아래와 같이 근로계약을 체결하고 상호 성실히 이행할 것을 약속한다.

1. 계약기간: 20   년   월   일부터 ~ 공사완료시까지 일일 고용한다.
    ※ 작업기간 동안 사용자가 외부에 견적 또는 다른 용무로써 현장을 비우는 경우 현장책임자 역할을 수행하기로 한다.
2. 근무장소:
3. 업무내용:
4. 근로 및 휴게시간: 06시 00분 ~ 19시 00분(휴식시간을 제외하고 8시간 근무 원칙임)
    (휴식시간 08:20~08:30, 10:00~10:10, 12:00~13:00, 15:30~16:00, 그 외 수시 휴식함)
    ※ 인력소개소를 통해서 당일 합류하는 일용근로자와 함께 근로 및 휴식함
5. 휴   일: 매주 5일연속 근무시 익일 주휴일(유급)로 정하고 기타 휴일은 근로기준법 따른다.
6. 임   금:
    가. 일 급: 원
    나. 임금은 매월 말일 현금 지급이 원칙이나 중간에 작업이 완공시 14일 이내에 지급한다.
    다. 4대보험, 공과금 등은 관련 법률의 정함에 따른다.

7. 기타의 조건

　　가. 계약기간 내 중대 사고를 유발하거나 근로자로서 부적격하다고 판단될 때는
　　　　계약해지를 할 수 있다.

　　나. "근로자"는 작업기간에 출근하지 못하는 경우 항시 사전 통보한다.

　　다. 기타 본 계약에 정함이 없는 사항은 노동관계법, 일반 관례 등에 따른다.

20　　년　　월　　일

〈사용자〉　　　　　　　　　　　　　〈근로자〉

회 사 명:　　　　　　　　　　　　　성　　명:　　　　　　　(인)

대 표 자:　　　　　　　(인)　　　　주민등록번호:

(간주)근로계약서

사용자	사 업 장 명		전화번호	
	소 재 지			
	대 표 자			
근로자	성 명			
	주민등록번호		연 락 처	
	주 소			

위 당사자 간 자유의사와 대등한 관계에서 아래와 같이 근로계약을 체결하고 상호 성실히 이행할 것을 약속한다.

1. 계약기간: 20 년   월   일 ~ 20 년   월   일
2. 근무장소: 회사 내 및 각 ○○현장
3. 업무내용: ○○
4. 근로 및 휴게시간: 09시 00분 ~ 17시 00분
   * 통상 근로시간대를 상호 존중하되, ○○상황이 있는 경우 각 현장에서 간주근로하는 "근로자" 판단을 인정하기로 한다), 휴게시간: 12:00 ~ 13:00
5. 휴   일: 주휴일은 일요일로 하며, 토요일은 무급휴무일로 부여한다.
6. 임   금:
   가. 급여 구성항목에는 기본급 월 000시간, 주휴수당 월 00시간, 연장근로 월 00시간, 휴일근로 월 00시간, 야간근로 월 00시간을 포함하여 산정한다.

기본급	주휴수당	연장근로수당	야간근로수당	휴일근로수당	계
0원	0원	0원	0원	0원	0원

   *기본급 = 시급 0,000원, *당사자 간에 약정한 소정 월기본근로시간
   *○○사 운영 특성상 각 ○○행사 ○○ 등 근로시간이 불특정할 경우가 있으므로 위와 같이 당사자 간에 소정근로시간을 약정하는 것에 동의함
   나. 임금은 매월 (1)일부터 (말)일까지 계산하여 (당)월 (말)일에 지급한다.
   다. 4대보험 등은 법률의 정함에 따른다.
7. 연차휴가: 근로기준법 규정대로 준수한다. (상시 5인 이하 사업장은 적용 제외됨)

8. 업무상 책임: "근로자"의 고의 또는 중대과실로 "사용자"에게 재산상 등 손해를 끼치거나 대외적인 명예를 크게 훼손할 경우 이에 대한 책임을 진다.

9. 기타의 조건

　　가. 회사의 모든 서류는 외부 유출할 수 없으며 회사에서 일어나는 모든 사항은 기밀로 한다. 이를 위반시 엄중책임을 물을 수 있다.

　　나. "근로자"는 출근하지 못하는 날에는 최소 3일 전까지 "사용자"에게 통보하여야 한다

　　다. "근로자"는 퇴직하고자 할 때 1개월 전까지 "사용자"에게 통보하고 업무인계를 하여야 하며, "근로자"가 사전 통보없이 퇴직함으로 인한 손해는 "사용자"가 배상을 청구할 수 있다.

　　라. 기타 본 계약에 정함이 없는 사항은 노동관계법, 통상 관례 등에 따른다.

20　년　월　일

〈사용자〉　　　　　　　　　　〈근로자〉

회 사 명:　　　　　　　　　　성　　명:　　　　　(인)

대 표 자:　　　　　(인)　　주민등록번호:

근로계약서

사용자	사 업 장 명		전화번호	
	소 재 지			
	대 표 자			
근로자	성 명			
	주민등록번호		연 락 처	
	주 소			

위 당사자 간 자유의사에 따라 대등한 관계에서 아래와 같이 근로계약을 체결하고 상호 성실히 이행할 것을 약속한다.

1. 담당직무(직위/직종/부서):

2. 근무장소:

　　*회사 사정에 따라 조정이 가능하며, 조정시에는 사전에 근로자와 협의한다.

3. 계약기간: 20　　년　　월　　일 ~ 20　　년　　월　　일

4. 근로시간 및 휴게시간

　　가. 1주간 근로일은 월요일부터 토요일까지로 하며, 매주 토요일은 무급휴무일로 한다.

　　나. 근로시간은 시업시각 11:00, 종업시각 13:00이고, 휴게시간은 12:30 ~ 13:30(1시간), 18:00 ~ 18:30(30분간)이다.

　　다. 전항에 불구하고 시업 및 종업시각, 휴게시간은 업무사정에 따라 근로자대표 등과 협의하여 변경할 수 있으며, 연장근로가 필요한 경우에는 1주일에 12시간 범위 내에서 실시하는 것에 동의한다.

5. 임 금

　　가. 급여 구성항목에는 기본급(주휴포함) 월소정 기본근로시간 209시간, 연장근로 월 25시간(연장근로수당은 별도 현금으로 지급함), 휴일근로 월 15시간, 야간근로 월 00시간을 포함하여 산정한다.

기본급 (주휴 포함)	주휴수당	휴일근로수당	야간근로수당		계
0원	0원 (현금지급)	0원	0원		0원

*기본급(기본시급 0,000원×209H), 통상시급(00원)

*월소정 근로시간(209시간) = 주 40시간×4.3주 + 8시간(주휴일)×4.3주

*월소정 기본근로시간(000시간) = 주 40시간×4.3주 + 8시간(주휴일)×4.3주

*월소정 연장근로시간(000시간) = 주 40시간×4.3주 + 8시간(주휴일)×4.3주

*월소정 휴일근로시간(000시간) = 주 40시간×4.3주 + 8시간(주휴일)×4.3주

*월소정 야간근로시간(000시간) = 주 40시간×4.3주 + 8시간(주휴일)×4.3주
  (22:00 이후)

나. 임금은 매월 1일부터 당월 말일까지 계산하여 익월 20일에 지급한다. 단, 임금지급일이 휴일인 경우에는 지급일 전일에 지급한다.

다. 4대보험, 갑근세 등은 법률에 따라 근로자 부담분은 임금에서 공제하여 납부한다.

6. 휴 일

가. 금요일은 무급휴무일이며, 주휴일은 토요일로 한다. (단, 1주일간 개근한 자에게 부여한다)

나. 약정 유급휴일: 신정(1월 1일), 설(3일), 어린이날(5월 5일), 하계휴가(3일), 추석(3일)

7. 휴 가

가. 연차휴가: 근로기준법에 따라 부여하되, 최소 3일 전에 청구하여 사용자와 사전 협의(연차사용 기간을 조정가능함)하는 것을 원칙으로 하며, 근로자대표와 합의하여 다른 날과 대체할 수 있고, 사용자의 사용권유에도 미사용한 연차는 원칙적으로 소멸하나, 사용자 귀책으로 미사용한 연차일수에 대해서는 연차수당을 지급한다.

나. 경조휴가: 본인 결혼(5일), 자녀 결혼(2일), 본인·배우자의 부모 사망(3일), 배우자 사망(5일), 자녀 또는 자녀의 배우자 사망(3일)

8. 퇴직금: 근로자퇴직급여보장법에 따라 퇴직금을 지급한다.

9. 계약의 해지

　가. 사용자는 근로자에게 다음 각 호의 사유가 발생한 때에는 제3항의 계약기간
　　에도 불구하고 본 계약을 해지할 수 있다.

　　(1) 근로자가 본 근로계약 내용 또는 사용자가 정한 제반 규칙을 위반하여
　　시정을 지시하였음에도 이에 불응한 때

　　(2) 근로자가 고의 또는 중대한 과실로 인하여 회사의 대외적인 이미지를
　　훼손하거나 또는 재산상 손해를 끼친 때

　　(3) 건강상 문제 등으로 근로자가 담당직무를 수행하기가 곤란하다고 판단될 때

　　(4) 기타 사회통념상 근로계약을 계속유지 하기가 어렵다고 판단될 때

　나. 근로자가 본인의 의사에 의해 본 계약의 해지를 원하는 경우 해지하고자 하
　　는 날의 30일 전에 통보하여야 하고 업무인수인계에 적극 협조하여야 한다.
　　사전 통보 없이 퇴사함으로 인한 손해는 사용자가 배상을 청구할 수 있다.

10. 기타의 조건

　가. 신규입사자는 입사일로부터 3개월간은 수습기간으로 하며, 수습기간 중 사
　　고를 유발하거나 직원으로서 부적격하다고 판단될 때는 본 채용을 거부할
　　수 있다.

　나. 본 계약에 정함이 없는 사항은 제반 노동관계법, 사회통념, 관례에 따른다.

20 　년　　월　　일

사용자(대표자):　　　　(인)　　　　근로자:　　　　(서명 또는 인)

근로계약서(월급제)

○○ (이하 "갑"이라 함)과 (와) _____(이하 "을"이라 함)는 다음과 같이 근로 계약을 체결한다.

– 다   음 –

1. 근로계약기간: 20 년   월   일 ~ 20   년   월   일(1년간)
2. 근무장소:
3. 직   책:
4. 업무내용: ○○업무
5. 시용기간
   가. "을"의 시용기간은 3개월로 한다.
   나. 시용기간 중 "을"의 업무능력이 현저히 부족하거나 근무 태도 등이 불량하여, 직원으로 채용하기에 부적격하다고 판단되는 경우 "갑"은 채용을 취소할 수 있다.
6. 근로시간 및 휴게시간: 09:00 ~ 18:00(12:00 ~ 13:00).
7. 근무일/휴일: 주 5일 근무(원칙적으로 토요일은 무급휴일, 일요일은 주휴일로 한다. 단, ○○의 운영상 토요일·일요일에 출근하는 경우 다른 날을 무급휴일, 주휴일로 부여한다.
8. 임   금
   가. 월급여: "을"의 월 급여는 ○○원으로 한다. (주휴수당포함, 위 소정근로시간은 주휴일을 포함하여 209시간임)
   나. 기타 비급여 항목(다음 항목은 표준보수월액 및 퇴직급여 산정 시 포함하지 않는다)
      (1) ○○수당: "○○지침"에 따라 지급한다.
      (2) ○○수당: "○○지침"에 따라 지급한다.
      (3) ○○수당: "○○지침"에 따라 지급한다.
      (4) ○○장려금: "○○지침"에 따라 지급한다.
   다. 임금지급일: 전월 1일부터 전월 말일까지 기산하여 당월 25일 지급하고,

휴일의 경우는 전일 지급한다.

9. 연차유급휴가: 근로기준법 기준대로 시행한다.

10. 기타사항

    가. "을"은 직무의 내외를 막론하고 시설의 명예와 위신을 손상하는 행위를 하는 경우 본 시설의 운영규정 및 취업규칙 등에 의거하여 징계하며, 직무상 과실로 발생한 민, 형사상의 책임을 진다.

    나. "을"이 퇴사하고자 하는 경우에는 최소한 30일 전에 "갑"에게 사직서를 제출하여 통보하고, 제반 업무사항을 후임자에게 성실히 인계, 인수하여야 한다.

    다. "을" 직무상 취득한 정보나 개인정보에 관한 사항에 대하여 비밀을 유지하며, 이를 어길시 민·형사상의 책임을 진다.

    라. 업무상 "을"은 "을"의 개인정보에 대해 제공 및 활용에 승낙한다.

    마. 본 계약서를 타인에게 일체 누설하지 않고 또한 회사에 불이익을 가져오는 것에 사용하지 않을 것을 확약한다.

    바. 이 계약에 정함이 없는 사항은 근로기준법 및 기타 관계법령, 통상 관례 등에 따른다.

20 년 월 일

사용자(대표자):   (인)   근로자: (서명 또는 인)

※ 본 계약서 부본을 교부받았음을 확인하며, 근로계약과 관련한 내용을 설명을 들었음을 확인합니다.   근로자: (서명 또는 인)

단시간근로자 표준근로계약서

_____(이하 "사업주"라 함)과(와) _____(이하 "근로자"라 함)은 다음과 같이 근로계약을 체결한다.

1. 근로계약기간: 년   월   일부터   년   월   일까지
   ※ 근로계약기간을 정하지 않는 경우에는 "근로개시일"만 기재
2. 근무장소:
3. 업무의 내용:
4. 근로일 및 근로일별 근로시간

	( )요일	( )요일	( )요일	( )요일	( )요일	( )요일
근로시간	0시간	0시간	0시간	0시간	0시간	0시간
시업	00시 00분	00시 00분	00시 00분	00시 00분	00시 00분	00시 00분
종업	00시 00분	00시 00분	00시 00분	00시 00분	00시 00분	00시 00분
휴게시간	00시 00분 ~00시 00분	00시 00분 ~00시 00분	00시 00분 ~00시 00분	00시 00분 ~00시 00분	00시 00분 ~00시 00분	00시 00분 ~00시 00분

   ○주휴일 : 매주   요일
5. 임 금
   – 시간(일, 월)급: 원(해당사항에 ○표)
   – 상여금: 있음 (   )   원, 없음 (   )
   – 기타급여(제수당 등): 있음 (   )   원(내역별 기재), 없음 (   )
   – 초과근로에 대한 가산임금률: %
   ※ 단시간근로자와 사용자 사이에 근로하기로 정한 시간을 초과하여 근로하면 법정 근로시간 내라도 통상임금의 100분의 50 이상의 가산임금 지급('14.9.19. 시행)
   – 임금지급일: 매월(매주 또는 매일)   일(휴일의 경우는 전일 지급)
   – 지급방법: 근로자에게 직접지급(   ), 근로자 명의 예금통장에 입금(   )
6. 연차유급휴가: 통상근로자의 근로시간에 비례하여 연차유급휴가 부여
7. 사회보험 적용 여부(해당란에 체크)
   □ 고용보험 □ 산재보험 □ 국민연금 □ 건강보험
8. 근로계약서 교부

- "사업주"는 근로계약을 체결함과 동시에 본 계약서를 사본하여 "근로자"의 교부요구와 관계없이 "근로자"에게 교부함(근로기준법 제17조 이행)

9. 기 타

- 이 계약에 정함이 없는 사항은 근로기준법령에 의함

년   월   일

(사업주) 사 업 체 명: (전화:)

　　　　주　　소:

　　　　대 표 자: (서명)

(근로자) 주　　소:

　　　　연 락 처:

　　　　성　　명: (서명)

※ 단시간근로자의 경우 "근로일 및 근로일별 근로시간"을 반드시 기재하여야 합니다. 다양한 사례가 있을 수 있어, 몇 가지 유형을 예시하오니 참고하시기 바랍니다.

○ (예시①) 주5일, 일 6시간(근로일별 근로시간 같음)

　- 근로일: 주 5일, 근로시간: 매일 6시간

　- 시업시각: 09시 00분, 종업시각: 16시 00분

　- 휴게시간: 12시 00분부터 13시 00분까지

　- 주휴일: 일요일

○ (예시②) 주 2일, 일 4시간(근로일별 근로시간 같음)

　- 근로일: 주 2일(토, 일요일), 근로시간: 매일 4시간

　- 시업시각: 20시 00분, 종업시각: 24시 00분

　- 휴게시간: 별도 없음

　- 주휴일: 월요일

○ (예시③) 주 5일, 근로일별 근로시간이 다름

	월요일	화요일	수요일	목요일	금요일
근로시간	6시간	3시간	6시간	3시간	6시간
시업	09시 00분	09시 00분	09시 00분	09시 00분	09시 00분
종업	16시 00분	12시 00분	16시 00분	12시 00분	16시 00분
휴게시간	12시 00분 ~ 13시 00분	-	12시 00분 ~ 13시 00분	-	12시 00분 ~ 13시 00분

- 주휴일 : 일요일

○ (예시④) 주 3일, 근로일별 근로시간이 다름

	월요일	화요일	수요일	목요일	금요일
근로시간	4시간		6시간		5시간
시업	14시 00분		10시 00분		14시 00분
종업	18시 00분		17시 00분		20시 00분
휴게시간	-	-	13시 00분 ~ 14시 00분	-	18시 00분 ~ 19시 00분

- 주휴일 : 일요일

※ 기간제·단시간근로자 주요 근로조건 서면명시의무 위반 적발 시 과태료 즉시 부과에 유의

근로계약서

사용자	사업장명		전화번호	
	소 재 지			
	대 표 자			
근로자	성 명			
	주민등록번호		연 락 처	
	주 소			

위 당사자 간 자유의사에 따라 대등한 관계에서 아래와 같이 근로계약을 체결하고 상호 성실히 이행할 것을 약속한다.

1. 담당직무(직위/직종/부서):
2. 근무장소:
*회사 사정에 따라 조정이 가능하며, 조정시에는 사전에 근로자와 협의한다.
3. 계약기간: 20 년   월   일부터 20 년 월   일까지
4. 근로시간 및 휴게시간
    가. 근로자의 1주간 근로일은 일요일부터 목요일까지로 하며, 매주 금요일은 당직근무를 할 수 있고 당직근무 주기는 3주에 1회를 하고 당직근무수당을 별도 지급키로 한다.
    나. 근로시간은 시업시각 10:00, 종업시각 19:00이고, 휴게시간은 12:30 ~ 13:30로 한다.
    다. 전 항에 불구하고 시업 및 종업시각, 휴게시간은 업무사정에 따라 근로자대표 등과 협의하여 변경할 수 있으며, 연장근로가 필요한 경우에는 1주일에 12시간 범위 내에서 실시하는 것에 동의한다.
5. 임금
    가. 급여 구성항목에는 기본급(주휴포함) 월 209시간, 연장근로 월 25시간, 휴일근로 월 15시간, 제수당을 포함하여 산정한다.

기본급(주휴 포함)	연장근로수당	휴일근로수당	직책수당		계
0원	0원	0원	0원		0원

*기본급(기본시급 0,000원×209H), 통상시급(0,000원), 연장 · 휴일근로시급(0,000원)

    나. 임금은 매월 1일부터 당월 말일까지 계산하여 익월 20일에 지급한다.   단, 임금지급일이 휴일인 경우에는 지급일 전일에 지급한다.

    다. 4대보험, 갑근세 등은 법률에 따라 근로자 부담분은 임금에서 공제하여 납부한다.

6. 휴일

    가. 금요일은 무급휴무일이며, 주휴일은 토요일로 한다. (단, 1주일간 개근한 자에게 부여한다)

    나. 법정 유급휴일: 근로자의 날(5월 1일)

    다. 약정 유급휴일: 신정(1월 1일), 설(3일), 어린이날(5월 5일), 하계휴가(3일), 추석(3일)

7. 휴가

    가. 연차휴가: 근로기준법에 따라 부여하되, 최소 3일 전에 청구하여 사용자와 사전 협의(연차사용 기간을 조정 가능함) 하는 것을 원칙으로 하며, 근로자 대표와 합의하여 다른 날과 대체할 수 있고, 사용자의 사용 권유에도 미사용한 연차는 원칙적으로 소멸하나, 사용자 귀책으로 미사용한 연차일수에 대해서는 연차수당을 지급한다.

    나. 경조휴가: 본인 결혼(5일), 자녀 결혼(2일), 본인 · 배우자의 부모 사망(3일), 배우자 사망 (5일), 자녀 또는 자녀의 배우자 사망(3일)

8. 퇴직금: 근로자퇴직급여보장법에 따라 퇴직금을 지급한다.

9. 계약의 해지

    가. 사용자는 근로자에게 다음 각 호의 사유가 발생한 때에는 제3항의 계약기간에도 불구하고 본 계약을 해지할 수 있다.

    (1) 근로자가 본 근로계약 내용 또는 사용자가 정한 제반 규칙을 위반하여 시정을 지시하였음에도 이에 불응한 때

    (2) 근로자가 고의 또는 중대한 과실로 인하여 회사의 대외적인 이미지를 훼손

하거나 또는 재산상 손해를 끼친 때

(3) 건강상 문제 등으로 근로자가 담당직무를 수행하기가 곤란하다고 판단될 때

(4) 기타 사회통념상 근로계약을 계속 유지하기가 어렵다고 판단될 때

나. 근로자가 본인의 의사에 의해 본 계약의 해지를 원하는 경우 해지하고자 하는 날의 30일 전에 통보하여야 하고 업무인수인계에 적극 협조하여야 한다. 사전 통보 없이 퇴사함으로 인한 손해는 사용자가 배상을 청구할 수 있다.

10. 기타의 조건

가. 신규입사자는 입사일로부터 3개월간은 수습기간으로 하며, 수습기간 중 사고를 유발하거나 직원으로서 부적격하다고 판단될 때는 본 채용을 거부할 수 있다.

나. 회사의 각종 서류, 업무정보, 기밀에 관련되는 모든 사항은 외부로 유출할 수 없으며 회사에서 일어나는 모든 사항은 기밀로 한다. 이를 위반시 문책 또는 책임을 물을 수 있다.

다. 본 계약에 정함이 없는 사항은 제반 회사규정 및 노동관계법, 사회통념, 관례에 따른다.

라. 사용자와 근로자는 위와 같이 근로계약을 체결하고 각 1부씩 보관한다.

20　년　월　일

사용자(대표자): 　　　　　(인)　　　　근로자: 　　　　　(서명 또는 인)

비밀유지 서약서

○ 성   명:
○ 주민등록번호:
○ 주   소:
○ 전 화 번 호:

상기 본인은 재직 중은 물론 퇴직 후에도 직무상 알게 된 다음의 회사 비밀을 누설하여서는 아니 되며,

퇴직 후 ○년 동안 근속기간 취득한 기술·영업비밀 등이 사용되는 다른 기업에 취업하거나 다른 기업을 창업하지 못하며,

이 서약서를 위반하여 회사에 손해를 끼친 경우 관련 법령에 따른 손해배상 및 부정경쟁방지법 규정에 따라 손해 배상할 것을 엄숙히 서약합니다.

1. 제품의 생산방법 등 기술에 관한 사항
2. 상품의 판매방법 등 영업에 관한 사항
3. 인사, 조직, 재무, 전산 등 관리에 관한 사항
4. 연구, 개발 및 교육.훈련 등에 관한 사항
5. 타사와의 제휴사업에 관한 사항
6. 사업계획 및 연구·개발계획에 관한 사항
7. 관련 회사와의 사업정보에 관한 사항
8. 개인 급여 및 동료 급여에 관한 사항
9. 기타 영업비밀에 관한 사항
10. 기타 본인이 담당했던 제반 사항에 관한 사항

20   .   .   .

서약인   (서명)

(주)○○ 대표이사   귀하

연봉근로계약서

사용자	사 업 장 명		전화번호	
	소 재 지			
	대 표 자			
근로자	성 명			
	주민등록번호		연 락 처	
	주 소			

위 당사자 간 자유의사에 따라 대등한 관계에서 아래와 같이 근로계약을 체결하고 상호 성실히 이행할 것을 약속한다.

1. 계약기간: 년 월 일 ~
2. 근무장소:
3. 업무내용:
4. 근로 및 휴게시간:
5. 휴 일: 일요일을 주휴일로 정하며 토요일은 무급휴무일로 한다.
6. 임금의 계산과 지급

　　가. 연봉은 아래와 같이 "사용자"와 "근로자"가 상호 합의로 정한 금액으로 한다.

급여연봉	퇴직금	1년간 연봉총액	비고
원	원	원	퇴직금은 퇴직연금으로 가입함

　　나. 급여연봉에는 기본급(주휴포함) 월 209시간, 연장근로 월　시간, 휴일근로 월　시간, 야간근로 월　시간을 포함하여 산정한 금액으로 월 임금 구성 항목은 다음과 같다.

기본급 (주휴 포함)	연장근로수당	휴일근로수당	야간근로수당		계
0원	0원	0원	0원		0원

* 기본급(기본시급　　원×209H), 통상시급　　원)

　　다. 임금은 매월　일부터　일까지 계산하여　일에 지급한다. 단, 임금지급일이 휴일인 경우에는 지급일 전일에 지급한다.

　　라. 4대보험, 갑근세 등은 법률에 따라 "근로자"의 부담분은 "근로자"의 임금에서 공제하여 납부한다.

7. 연차휴가: 당사자 간 사전 협의하여 사용하며, 회사 사정에 따라 노사합의로 다른 날과 대체할 수 있고, '사용자'의 사용 권유에도 미사용한 연차는 원칙적으로 소멸한다.

8. 기타의 조건

　　가. 신규입사자는 입사일로부터 3개월간은 수습기간으로 하며, 수습기간 중 사고를 유발하거나 직원으로서 부적격하다고 판단될 때는 본채용을 거부할 수 있다.

　　나. 회사의 각종 서류 등 업무에 사용되는 모든 서류는 외부로 유출할 수 없으며 회사에서 일어나는 모든 사항은 기밀로 한다. 이를 위반시 엄중문책 또는 형사처벌을 물을 수 있다.

　　다. "근로자"는 퇴직하고자 할 때 1개월 전까지 "갑"에게 통보하고 업무인계를 하여야 하며, "근로자"가 사전 통보 없이 퇴직함으로 인한 손해는 "사용자"가 배상을 청구할 수 있다.

　　라. 본 계약내용에 대한 비밀을 유지하며 계약서상 연봉(급여)은 직원 상호간 비교 및 공개하여서는 안 된다. 만일 누설시 어떠한 인사상의 불이익도 감수한다. 기타 본 계약에 정함이 없는 사항은 "사용자"의 취업규칙 및 노동관계법, 관례에 따른다.

20　년　월　일

사용자　　　　　　　　　　　　　　근로자
회사명:　　　　　　　　　　　　　　성　명:　　　　　(서명 또는 인)
대표자:　　　　　　　　(인)

226

근로계약서

사용자 (갑)	성 명		사업종류	
	사업장명			
	소 재 지			
근로자 (을)	성 명		주민등록번호	
	주 소		연 락 처	

위 (갑)과 (을) 당사자는 다음과 같이 근로계약을 체결하고 상호 성실히 준수할 것
을 확인한다.

1. 취업장소 및 직종: 장소(공사현장) - OO사내, 직종 - 용접
2. 근로조건: 근로시간 08시 00분부터 17시 00분까지(1일 8시간근무)

    (1일 8시간 주40시간 근로함을 원칙으로 하며 당사자 간 합의로 연장근로할 수
    있다.

    휴게시간 - 10시 00분부터 10시 10분까지(휴게 10분)

    휴게시간 - 12시 00분부터 13시 00분까지(휴게 1시간)

    휴게시간 - 15시 00분부터 15시 10분까지(휴게 10분)

3. 임 금: 000,000원(시급, 일당, 월급, 연봉)

    임금지급은 매월 0일부터 00일까지 마감하여, 익월 00일에 지급한다.

4. 계약기간: 0000년 0월 0일부터 ~ 0000년 0월 00일까지(년 00월)

    단, 계약기간만료 이후 (갑)과 (을)간 이의가 없을 시 공사에 필요한 기간 범위
    내에서 연장되는 것으로 본다.

5. 지급품 반환: 본 계약의 종료 시 "(을)"은 "(갑)"으로부터 지급받은 지급품이 있
    는 경우 즉시 "(갑)"에게 반환하여야 한다.

6. 신규입사 후 3개월간은 수습기간으로 정한다.

    단, 수습기간 중 근무상태가 불성실하거나 작업분위기를 해치는 불미한 행동을
    하였을때 (갑)은 (을)에게 해고할 수 있다.

    본 계약 제4항에 명시된 계약기간 중에도 다음 사유가 발생될 시 (갑)은 일방적
    으로 (을)에 대하여 계약해지를 통고할 수 있다.

    (가) 공사는 중단 또는 공사량의 감축 기타 사유로 감원이 불가피할 때

(나) (을)이 3일 이상의 무단결근을 하였을 때(단, 정당한 증빙서를 제출시는 예외로 한다)

(다) (을)의 근무상태가 불성실하거나 회사의 기강과 정상적인 작업분위기를 해치는 불미한 행동을 하였을 때

(라) (을)이 질병이나 기타 사유로 현장근무에 적당하지 않은 것으로 판단되었을 때

7. 기타 근로조건: 본 계약서에 명시되지 아니한 세부 근로조건은 취업규칙 및 통상 관례에 따른다.

20 년   월   일

(갑) 사용자   (을) 근로자

사업장 명칭: 성 명: (인)

대표자 성명: (인)

근로계약서

사용자 (갑)	성 명		사업종류	
	사 업 장 명			
	소 재 지			
근로자 (을)	성 명			
	주민등록번호		연 락 처	
	주 소			

위 당사자 간 자유의사에 따라 대등한 관계에서 아래와 같이 근로계약을 체결하고 상호 성실히 이행할 것을 약속한다.

1. 계약기간: 20　년　월　일 부터 ～
2. 근무장소:
3. 업무내용:
4. 근로 및 휴게시간: 평일 08시 00분 ～ 18시 00분 8시간, 토요일 격주근무: 08시 00분 ～ 15시 00분 5시간, 휴게시간 12:00 ～ 13:00
5. 휴 일: 주휴일은 일요일로 하며, 토요일은 무급휴무일로 부여한다.
6. 임 금
   가. 일 당

기본시급	일급	주휴수당	직책수당		일 당
0원	0원	0원	0원		0원

   나. 임금은 매월 1일부터 당월 말일까지 계산하여 익월 20일에 지급한다. 단, 임금지급일이 휴일인 경우에는 지급일 전일에 지급한다.
   다. 국민연금, 건강보험, 장기요양보험, 고용보험, 근로소득세 등은 법률의 정함에 따라 "을"의 부담분은 "을"의 임금에서 공제하여 납부한다.
7. 연차휴가: 당사자 간 사전 협의하여 사용하며, 부득이한 경우에는 노사합의로 다른 날과 대체할 수 있고, '갑'의 사용 권유에도 미사용한 연차는 원칙적으로 소멸한다.
8. 업무상 "을"의 책임: "을"의 고의 또는 중대과실로 "갑"에게 재산상 손해를 끼치

거나 대외적인 명예를 훼손할 경우 "을"은 이에 대한 민·형사상 책임을 진다.

9. 기타의 조건

　가. 신규입사자는 입사일로부터 3개월간은 수습기간으로 하며, 수습기간 중 사고를 유발하거나 직원으로서 부적격하다고 판단될 때는 본채용을 거부할 수 있다.

　나. 회사의 각종 서류 등 업무에 사용되는 모든 서류는 외부로 유출할 수 없으며 회사에서 일어나는 모든 사항은 기밀로 한다. 이를 위반시 엄중문책 또는 형사처벌을 물을 수 있다.

　다. "을"은 퇴직하고자 할 때 1개월 전까지 "갑"에게 통보하고 업무인계를 하여야 하며, "을"이 사전 통보 없이 퇴직함으로 인한 손해는 "갑"이 배상을 청구할 수 있다.

　라. "을"은 "갑"의 요구가 있을 경우 1주 12시간의 연장근로와 월평균 2일 이내의 휴일근로를 할 것을 동의한다.

　마. 본 계약내용에 대한 비밀을 유지하며 계약서상 임금은 직원 상호간 비교 및 공개하여서는 안된다. 만일 누설시 어떠한 인사상의 불이익을 감수한다. 기타 본 계약에 정함이 없는 사항은 "갑"의 취업규칙 및 노동관계법, 관례에 따른다.

20 　년　　월　　일

(갑)　　　　　　　　　　　　　　　　(을)

회 사 명::　　　　　　　　　　　　　성　 명:　　　　　　　　(서명)

대 표 자:　　　　　　　(인)　　　　주민등록번호:

일급 (일일) 일용근로계약서

사용자	사 업 장 명		선화번호	
	소 재 지			
	대 표 자			
근로자	성 명			
	주민등록번호		연 락 처	
	주 소			

위 당사자 간 자유의사와 대등한 관계에서 아래와 같이 일급 일일 일용근로계약을 체결하고 상호 성실히 이행할 것을 약속한다.

1. 계약기간: 20   년   월   일부터 ~ 공사종료일까지 일일 고용한다.
2. 근무장소:
3. 업무내용:
4. 근로 및 휴게시간: 08시 00분 ~ 17시 00분(1일 8시간), 휴게시간 12:00 ~ 13:00
5. 휴 일: 주휴일은 일요일로 하며, 토요일은 무급휴무일로 부여한다.
6. 임 금

　가. 일 당

기본시급	일 당	주휴수당	휴일근로수당		일 급
0원	0원	0원	0원		0원

　　나. 임금은 매월 (   )일부터 (   )일까지 계산하여 (   )월 (   )일에 지급한다.
　　다. 4대보험 등은 법률의 정함에 따른다.
7. 연차휴가: 근로기준법 규정대로 준수한다.
8. 업무상 책임: "근로자"의 고의 또는 중대과실로 "사용자"에게 재산상 손해를 끼치거나 대외적인 명예를 훼손할 경우 이에 대한 민·형사상 책임을 진다.
9. 기타의 조건

　　가. 일용근로 중 사고를 유발하거나 근무 부적격하다고 판단될 때는 일용채용을 중단할 수 있다.

나. 회사의 모든 서류는 외부 유출할 수 없으며 회사에서 일어나는 모든 사항은 기밀로 한다. 이를 위반시 엄중문책 또는 민·형사상 책임을 물을 수 있다.

다. "근로자"는 출근하지 못하는 날에는 최소 1주일 전까지 "사용자"에게 통보하여야 한다

라. 기초안전보건교육 미이수 등 근로자 중대과실로 인한 과태료 발생시 책임진다.

마. 본 계약 내용을 동료 등 비교 및 공개하여서는 안된다. 누설시 책임을 감수한다. 기타 본 계약에 정함이 없는 사항은 "사용자"의 취업규칙 및 노동관계법, 관례에 따른다.

20 년   월   일

〈사용자〉   〈근로자〉

회 사 명::   성 명: (서명)

대 표 자: (인)   주민등록번호:

기간제근로계약서

사용자	사 업 장 명		전화번호	
	소 재 지			
	대 표 자			
근로자	성 명			
	주민등록번호		연 락 처	
	주 소			

위 당사자 간 자유의사에 따라 대등한 관계에서 아래와 같이 근로계약을 체결하고 상호 성실히 이행할 것을 약속한다.

1. 계약기간: 20   년   월   일부터 ~ 20   년   월   일까지
※ 3개월 단위로 근무성과 등을 고려하여 종전과 동일한 근로조건으로 계약갱신을 할 수 있다. 이때, 계약갱신이 이루어지지 않을 경우 근로자는 기간만료로 인한 퇴직을 인정하고 문제제기를 하지 않기로 한다.
2. 근무장소:
3. 업무내용:
4. 근로 및 휴게시간: 주 40시간, 07시 00분 ~ 16시 00분(12:00 ~ 13:00, 점심시간 포함)
5. 휴 일: 주휴일은 일요일로 정하고 기타 약정휴일은 취업규칙을 따른다.
6. 임 금
   가. 월 급: 원
   나. 임금은 매월 10일 통장으로 입금 지급한다.
   다. 국민연금, 건강보험, 장기요양보험, 고용보험, 근로소득세 등은 법률의 정함에 따른다.
   라. 퇴직금 및 계약만료 위로금은 기간제 근로자의 특성상 없는 것을 상호 인정한다.
7. 연차휴가: 당사자 간 사전 협의하여 사용하며, 노사합의로 다른 날과 대체할 수 있고, 사용자의 사용 권유에도 미사용한 연차는 원칙적으로 소멸한다.
8. 업무상 책임: "근로자"의 고의 또는 중대과실로 "회사"에 재산상 손해를 끼치거

나 대외적인 명예를 훼손할 경우 이에 대한 민·형사상 책임을 진다.

9. 기타의 조건

가. 계약기간 내 중대 사고를 유발하거나 직원으로서 부적격하다고 판단될 때는 계약해지를 할 수 있다.

나. 회사에서 일어나는 모든 사항은 기밀로 한다. 이를 유출 등 위반시 엄중문책 또는 형사처벌 등을 물을 수 있다.

다. "근로자"는 중도에 퇴직하고자 할 때 1개월 전에 사전 통보하고 업무인계를 하여야 하며, 사전 통보 없이 퇴직함으로 인한 손해는 배상을 청구할 수 있다.

라. 기타 본 계약에 정함이 없는 사항은 취업규칙 및 노동관계법, 관례 등에 따른다.

20 년 월 일

〈사용자〉   〈근로자〉

회 사 명: 성 명: (서명)

대 표 자: (인)

근로계약서

사용자	대 표 자		전화번호	
	사 업 장 명			
	소 재 지			
근로자	성 명			
	주민등록번호		연 락 처	
	주 소			

위 당사자는 다음과 같이 근로계약을 체결하고 상호 성실히 준수할 것을 확약한다.

1. 취업장소 및 직종:
2. 근로조건
    - 근로시간: 시   분부터   시   분까지
    - 휴게시간: 시   분부터   시   분까지(분),   시   분부터   시
      분까지(분)
3. 임 금: 일급   원
    임금지급은   일부터   일까지 공수를 합산하여, 매월   일에 지급한다.
    * 임금청산은 당사자 간 지급기간 연장 별도합의가 없으면 퇴직일로부터 14일
      이내에 금품청산을 완료한다.
4. 계약기간: 20   년   월   일부터 ~ 20   년   월   일까지(또는 공정완료시
    까지)
5. 지급품 반환: 본 계약의 종료 시 근로자는 사용자로부터 지급받은 지급품이 있는
    경우 즉시 반환하여야 한다.
6. 계약해지 사유
    (가) 근무가 매우 불성실하거나 작업분위기를 해치는 불미한 행동을 하였을때
        사용자는 계약해지(해고)를 할 수 있다.
    (나) 공사의 중단 또는 공기의 단축, 물량 감축, 기타 불가피한 사유가 있을 경우
    (다) 근로자가 3일 이상의 무단결근을 하였을 때(단, 정당한 증빙서를 제출시는
        예외로 한다)
    (라) 근로자의 근무상태가 불성실하거나 현장의 기강과 정상적인 작업분위기를

해치는 불비한 행동을 하였을 때

(마) 근로계약일로부터 3개월을 수습기간으로 하며, 수습기간중 임금은 정상 지급하나 사고를 유발하거나 현장에 적합하지 않은 것으로 판단되었을 때 본 채용(계속근로)를 종료할 수 있다.

7. 기타 근로조건: 본 계약서에 명시되지 아니한 세부근로조건은 노동관계법 및 통상관례, 업계관행에 따른다.

20 년 월 일

〈사용자〉　　　　　　　　　　　　　〈근로자〉

회 사 명:　　　　　　　　　　　　　성 명:　　　　　　　(서명)

대 표 자:　　　　　(인)

근로계약서

사용자	대 표 자		전화번호	
	사 업 장 명			
	소 재 지			
근로자	성 명			
	주민등록번호		연 락 처	
	주 소			

위 당사자는 다음과 같이 근로계약을 체결하고 상호 성실히 준수할 것을 확약한다.

1. 취업장소 및 직종:

2. 근로조건

    - 기본근로: 08시 00분부터 17시 00분까지

    - 휴게시간: 10시 00분부터 10시 10분까지(10분), 12시 00분부터 13시 00분까지(60분), 15시 00분부터 15시 10분까지(10분)

    ※ 오전, 오후 휴게시간은 업무지장이 없는 범위에서 자유롭게 활용가능함

    - 연장근로: 17시 30분부터 19시 30분까지(불가피한 경우 당사자 동의로 추가 가능함)

    - 휴일근로: 긴급한 작업상황이 발생하는 경우 당사자 동의로 근로실시

3. 임 금: 월(일, 시)급　　　　　원

    임금지급은 매월 1일부터 말일까지 계산하여, 익월 25일에 지급한다.

4. 계약기간: 20　년　월　일 부터 ~

5. 지급품 반환: 본 계약의 종료시 근로자는 사용자로부터 지급받은 지급품 등이 있는 경우 즉시 반환하여야 한다.

6. 계약해지 사유

    (가) 근무가 매우 불성실하거나 작업분위기를 해치는 불미한 행동을 하였을 때 사용자는 계약해지(해고)를 할 수 있다.

    (나) 공사(도급계약)의 중단 또는 공기의 단축, 물량 감축, 기타 불가피한 사유가 있을 경우

    (다) 근로자가 3일 이상의 무단결근을 하였을 때(단, 정당한 증빙서를 제출시는

예외로 한다)

(라) 근로자는 퇴직하고자 할 때 1개월 전까지 사용자에게 통보하고 업무인계를
하여야 하며, 근로자가 사전 통보 없이 퇴직함으로 인한 손해는 사용자가
배상을 청구할 수 있다.

(마) 근로계약일로부터 3개월을 수습기간으로 하며, 수습기간 중 임금은 정상
지급하나 사고를 유발하거나 현장에 적합하지 않은 것으로 판단되었을 때
본 채용(계속근로)를 종료할 수 있다.

7. 기타 근로조건: 본 계약서에 명시되지 아니한 세부근로조건은 노동관계법 및 통
상관례, 업계 관행에 따른다.

20 년 월 일

사용자   (인)   근로자   (인)

일일 일용근로계약서

사용자	대 표 자		전화번호	
	사 업 장 명			
	소 재 지			
근로자	성 명			
	주민등록번호		연 락 처	
	주 소			

위 당사자 간 자유의사와 대등한 관계에서 아래와 같이 일일 일용근로계약을 체결하고 상호 성실히 이행할 것을 약속한다.

1. 계약기간: 20 년   월   일부터 ~ 공사종료일까지 일일 고용한다.
2. 근무장소:
3. 업무내용:
4. 근로 및 휴게시간: 08시 00분 ~ 17시 00분(1일 8시간)
   (휴식시간 12:00 ~ 13:00)
5. 휴 일: 주휴일은 5일 연속 출근시 1일을 부여한다.
6. 임 금: 일급   원
※ 임금은 매월 1일 1개월분을 일시지급한다. 중간에 공사가 끝나는 경우 공사종료일에 지급한다.
7. 기타의 조건
   가. 일일계약기간 중이라도 작업능력이 매우 부적격하다고 판단될 때는 계약해지를 할 수 있다.
   나. "근로자"가 작업을 못하는 날은 미리 사전 통보를 해야한다.
   다. 위 공사기간에는 매일 위 내용과 동일하게 본 계약내용이 반복함을 따른다.
   라. 기타 본 계약에 정함이 없는 사항은 노동관계법, 사회통념, 관례 등에 따른다.

20 년 월 일

〈사용자〉   〈근로자〉

회 사 명: 성 명: (서명)

대 표 자: (인)

근로계약서

사용자	대 표 자		전화번호	
	사 업 장 명			
	소 재 지			
근로자	성 명			
	주민등록번호		연 락 처	
	주 소			

위 당사자 간 자유의사에 따라 대등한 관계에서 아래와 같이 근로계약을 체결하고
상호 성실히 이행할 것을 약속한다.

1. 계약기간: 20 년 월 일부터 ~ 공사완료시까지 일일 고용한다.
※ 작업기간 동안 사용자가 외부에 견적 또는 다른 용무로써 현장을 비우는 경우
    현장책임자 역할을 수행하기로 한다.
2. 근무장소:
3. 업무내용:
4. 근로 및 휴게시간: 06시 00분~19시 00분(휴식시간을 제외하고 8시간 근무 원
    칙임)(휴식시간 08:20~08:30, 10:00~10:10, 12:00~13:00, 15:30~16:00,
    그 외 수시 휴식함)
※ 인력소개소를 통해서 당일 합류하는 일용근로자와 함께 근로 및 휴식함
5. 휴 일: 매주 5일 연속근무시 익일 주휴일(유급)로 정하고 기타 휴일은 근로기준
    법 따른다.
6. 임 금
    가. 일 급: 원
    나. 임금은 매월 말일 현금 지급이 원칙이나 중간에 작업이 완공시 14일 이내
        에 지급한다.
    다. 4대보험, 공과금 등은 관련 법률의 정함에 따른다.
7. 기타의 조건
    가. 계약기간 내 중대 사고를 유발하거나 근로자로서 부적격하다고 판단될 때는
        계약해지를 할 수 있다.

나. "근로자"는 작업기간에 출근하지 못하는 경우 항시 사전 통보한다.

라. 기타 본 계약에 정함이 없는 사항은 노동관계법, 일반 관례 등에 따른다.

20 년 월 일

⟨사용자⟩   ⟨근로자⟩

회 사 명: 성 명: (서명)

대 표 자: (인)

근로계약서

사용자	사 업 장 명		전화번호	
	소 재 지			
	대 표 자			
근로자	성 명			
	주민등록번호		연 락 처	
	주 소			

위 당사자 간 자유의사에 따라 대등한 관계에서 아래와 같이 근로계약을 체결하고 상호 성실히 이행할 것을 약속한다.

1. 담당 업무:

2. 근무 장소:

3. 계약 기간: 20 년   월   일부터 ~ 20 년   월   일까지

4. 근로일.근로시간.휴게시간

   가. 근로일은 매월 2주, 3주, 4주의 각 월요일 휴무일(매월 3회) 외에는 전부 근로하는 것이며 주휴일은 월요일로 한다.

   나. 근로시간은 시업시각 09:00, 종업시각 21:00임(변경조정 시 사전 협의 동의를 받는다)

   다. 월소정근로시간을 다음과 정한다.

   * 월소정 기본근로시간(209시간)=〔주40시간×4.34주+〔8시간(주휴일)×4.34주〕

   * 월소정 연장근로시간(52.08시간)=2시간×6일×4.34주

   * 월소정 휴일근로시간(13.4시간)=10시간×1.34주

   다. 휴게시간은 09:30~13:00(30분), 13:00~17:00(60분), 17:00~21:00(30분)이다. 업종 특성상 유연한 휴게부여가 불가피함을 상호 동의하며, 위 휴게시간을 자유롭게 사용하는 것을 사용자는 보장한다.

5. 임 금

   가. 급여 구성항목은 다음과 같이 산정한다.

기본시급 (209h)	연장근로수당 (52.08h)	휴일근로수당 (13.4h)	특정수당 (34.72h)	계
0원	0원	0원	0원	0원

* 기본급(기본시급 0,000원×209H), 가산시급(0,000원), 특정수당(가산시급
  ×8시간×4.34주)

나. 임금은 매월 1일부터 당월 말일까지 계산하여 익월 20일에 지급한다. 단,
임금지급일이 휴일인 경우에는 지급일 전일에 지급한다.

다. 4대보험, 갑근세 등은 법률에 따라 근로자 부담분은 임금에서 공제하여 납
부한다.

※　　　는 방세 000,000원, 관리비 000,000원, 보험료 000,000원을 현금
으로 지급하고 나머지는 금융기관계좌에 입금한다.

6. 휴일 및 휴가

가. 휴일〔신정 1일, 설 3일, 어린이날(5월 5일), 하계휴가(3일), 추석(3일)〕이
며, 연차휴가로 대체하여 활용하도록 한다.

나. 연차휴가는 근로기준법에 따라 부여하되, 최소 3일 전에 청구하여 사용자와
사전 협의(연차사용 기간을 조정 가능함) 하는 것을 원칙으로 하며, 사용자
의 사용 권유에도 미사용한 연차는 소멸한다.

7. 퇴직금: 근로자퇴직급여보장법에 따라 퇴직금을 지급한다.

8. 계약의 해지

가. 다음 각 호의 사유가 발생한 때에는 본 계약을 해지할 수 있다.

(1) 근로자가 본 근로계약 내용 또는 사용자가 정한 제반 규칙을 위반하여 시정
을 지시하였음에도 이에 불응한 때

(2) 근로자가 고의 또는 중대한 과실로 인하여 사용자의 대외적인 이미지를 훼
손하거나 또는 재산상 손해를 끼친 때

(3) 건강상 문제 등으로 근로자가 담당 직무를 수행하기가 곤란하다고 판단될 때

(4) 기타 사회통념상 근로계약을 계속 유지하기가 어렵다고 판단될 때

나. 근로자가 본인의 의사에 의해 본 계약의 해지를 원하는 경우 해지하고자 하
는 날의 30일 전에 통보하여야 하고 업무인수인계에 적극 협조하여야 한다.
사전 통보 없이 퇴사함으로 인한 손해는 사용자가 배상을 청구할 수 있다.

9. 기타의 조건

　　가. 신규입사자는 입사일로부터 3개월간은 시용기간으로 하며, 수습기간 중 사
　　　　고를 유발하거나 직원으로서 부적격하다고 판단될 때는 본 채용을 거부할
　　　　수 있다.

　　나. 근로자는 사용자의 영업비밀, 노하우 등을 제3자 등에게 사용자 동의 없이
　　　　공개금지를 하며, 이를 위반시 손해배상 등 책임을 인정한다.

　　다. 근로자는 본 계약서를 사용자 동의 없이 제3자 공개를 금지하며 이를 위반
　　　　하여 손해 발생시 배상을 청구할 수 있고 기타 본 계약에 정함이 없는 사항
　　　　은 노동법, 사회통념, 관례 등 따른다.

20 　 년 　 월 　 일

사용자(대표자) 　　　　　　　　　　　　(인) 　근로자 　　　　　　　　　　(인)

근로계약서

사용자	사 업 장 명		전화번호	
	소 재 지			
	대 표 자			
근로자	성 명			
	주민등록번호		연 락 처	
	주 소			

위 당사자 간 자유의사에 따라 대등한 관계에서 아래와 같이 근로계약을 체결하고 상호 성실히 이행할 것을 약속한다.

1. 담당직무(직위/직종/부서):
2. 근무장소:
* 회사사정에 따라 조정이 가능하며, 조정시에는 사전에 근로자와 협의한다.
3. 계약기간: 20   년   월   일부터 ~ 20   년   월   일까지
4. 근로시간 및 휴게시간
    가. 1주간 근로일은 월요일부터 금요일까지로 하며, 매주 토요일은 무급휴무일로 한다.
    나. 근로시간은 시업시각   , 종업시각   이고,
        휴게시간은   ~   (1시간),   이다.
    다. 전 항에 불구하고 시업 및 종업시각, 휴게시간은 업무사정에 따라 사전에 협의하여 변경할 수 있으며, 연장근로가 필요한 경우에는 1주일에 12시간 범위 내에서 실시하는 것에 동의한다.
5. 임 금
    가. 급여 구성항목에는 기본급(주휴포함) 월소정 기본근로시간 209시간, 연장근로 월 0시간, 휴일근로 월 0시간, 야간근로 월 0시간을 포함하여 산정한다.

기본급 (주휴포함)	연장근로수당	휴일근로수당	야간근로수당	계
0원	0원	0원	0원	0원

* 기본급(최저시급 0,000원×209H)

* 월소정근로시간(209시간)=주 40시간×4.34주+8시간(주휴일)×4.34주

* 월연장근로시간(00시간)=주 0시간×4.34주×150%(5인 이하 가산임금 제외
  이나 실제 연장근로시간은 150% 적용하여 별도 산정하여 지급한다)

나. 임금은 매월 1일부터 당월 말일까지 계산하여 익월 00일에 지급한다. 단,
임금지급일이 휴일인 경우에는 지급일 전일에 지급한다.

다. 4대보험, 갑근세 등은 법률에 따라 근로자 부담분은 임금에서 공제하여 납
부한다.

6. 휴 일

가. 토요일은 무급휴무일이며, 주휴일은 일요일로 한다. (단, 1주일간 개근한 자
에게 부여한다)

나. 약정 유급휴일: 신정(1월 1일), 설(3일), 어린이날(5월 5일), 하계휴가(3일),
추석(3일)

7. 휴 가

가. 연차휴가: 근로기준법에 따라 부여하되, 최소 3일 전에 청구하여 사용자와
사전 협의(연차사용 기간을 조정 가능함) 하는 것을 원칙으로 하며, 사용자
의 사용 권유에도 미사용한 연차는 원칙적으로 소멸하나, 사용자 귀책으로
미사용한 연차일수에 대해서는 연차수당을 지급한다. (5인 이하 사업장은 동
조항 적용제외됨)

나. 경조휴가: 본인 결혼(5일), 자녀 결혼(2일), 본인.배우자의 부모 사망(3일),
배우자 사망 (5일), 자녀 또는 자녀의 배우자 사망(3일)

8. 퇴직금: 근로자퇴직급여보장법에 따라 퇴직금을 지급한다. (5인 이하 사업장은
동 조항 적용 제외됨)

9. 계약의 해지

가. 사용자는 근로자에게 다음 각 호의 사유가 발생한 때에는 제3항의 계약기간
에도 불구하고 본 계약을 해지할 수 있다.

(1) 근로자가 본 근로계약 내용 또는 사용자가 정한 제반 규칙을 위반하여 시정
을 지시하였음에도 이에 불응한 때

(2) 근로자가 고의 또는 중대한 과실로 인하여 회사의 대외적인 이미지를 훼손
하거나 또는 재산상 손해를 끼친 때

(3) 건강상 문제 등으로 근로자가 담당 직무를 수행하기가 곤란하다고 판단될 때

(4) 기타 사회통념상 근로계약을 계속 유지하기가 어렵다고 판단될 때

나. 근로자가 본인의 의사에 의해 본 계약의 해지를 원하는 경우 해지하고자 하는 날의 30일 전에 통보하여야 하고 업무인수인계에 적극 협조하여야 한다. 사전 통보 없이 퇴사함으로 인한 손해는 사용자가 배상을 청구할 수 있다.

10. 업무상 "근로자"의 책임: "근로자"의 고의 또는 중대과실로 "사용자"에게 재산상 손해를 끼치거나 대외적인 명예를 훼손할 경우 이에 대한 민·형사상 책임을 진다.

11. 기타의 조건

가. 신규입사자는 입사일로부터 3개월간은 시용기간으로 하며, 시용기간 중 사고를 유발하거나 직원으로서 부적격하다고 판단될 때는 본채용을 거부할 수 있다.

나. 회사의 각종 자료 등 업무에 사용되는 모든 서류는 외부로 유출할 수 없으며 회사에서 일어나는 모든 사항은 기밀로 한다. 이를 위반시 엄중문책 또는 형사처벌을 물을 수 있다.

다. "근로자"는 퇴직하고자 할 때 1개월 전까지 "사용자"에게 통보하고 업무인계를 하여야 하며, 사전통보 없이 퇴직함으로 인한 손해는 "사용자"가 배상을 청구할 수 있다.

라. "근로자"는 "사용자"의 요구가 있을 경우 연장근로와 휴일근로를 할 것을 동의한다.

마. 본 계약서상 임금은 직원 상호간 비교 및 공개하여서는 안 된다. 만일 누설시 어떠한 인사상의 불이익을 감수한다. 기타 본 계약에 정함이 없는 사항은 노동관계법, 일반관례 등에 따른다.

20 년 월 일

사용자(대표자)　　　　　　　　(인) 근로자　　　　　　　　(인)

7. 불공정하도급거래행위 신고서(사례)

□ 부당특약, 하도급 대금 미지급 등

□ 하도급 대금 미지급 등

불공정하도급거래행위 신고서

☞ *표시 항목은 필수사항이니 반드시 기재하여 주시고, 나머지 사항은 효율적인 심사를 위하여 가능한 기재해 주시기 바랍니다.

신고인	사업자명(*)			대표자 성명(*)	
	연락처	전화번호(*)		휴 대 폰	
		팩스번호		이 메 일	
	주 소(*)				
	업 종(*)	업 태		☞건설업인 경우 건설 관련 취득 면허 종류 전부 (*)	
		종 목			
	하도급계약 직전년도 매출액 (*) (건설업인 경우, 당해년도 시공능력평가액의 합계)				
	하도급계약 직전년도 12월말 기준 상시고용종업원수 (*)				
피신고인	사업자명(*)			대표자 성명	
	연락처 또는	전화번호		팩스번호	
	주소(*)				
	업 종	업 태		☞건설업인 경우 건설 관련 취득 면허 종류	
		종 목			
	하도급계약 직전년도 매출액 (건설업인 경우, 당해년도 시공능력평가액의 합계)				
	하도급계약 직전년도 12월말 기준 상시고용종업원수				

신고내용 (*)	☞ 신고서와 함께 제공되는「불공정하도급거래행위신고서 작성안내」에 따라, 신고하고자 하는 내용을 가급적 6하 원칙에 맞게 기재하시고, 쓸 공간이 부족하면 별지에 작성하여 첨부해 주시기 바랍니다.

손해배상 소송 관련 ※참조용	□ 손해배상 소송을 이미 제기하였음. □ 향후 손해배상 소송을 제기할 의사가 있음. □ 향후 손해배상 소송을 제기할 의사가 없음. □ 기타 ( ) ※부당한 하도급대금 결정, 부당한 위탁취소, 부당 반품, 대금 감액, 기술자료 유용 행위인 경우, 법원 판결을 통해 손해발생액의 최대 3배까지 손해를 배상받을 수 있습니다.	신고인 신분 공개 동의 여부	□ 공개 □ 비공개 □ 사건 조치 후 공개

첨부자료	1. 사업자등록증 사본 및 법인등기부등본 각 1부 2. 건설업인 경우, 건설업등록수첩 전부 사본 1부 3. 하도급계약 직전년도말 원천징수이행상황신고서 사본 1부 4. 하도급계약 직전년도 및 당해연도 손익계산서, 대차대조표사본 각 1부 5. 기타 관련 증거자료 (예, 하도급계약서 등)

하도급거래공정화에관한법률 제22조, 동법 시행령 제5조 및 공정거래위원회회의운영및사건절차등에관한규칙 제10조 제2항에 의하여 위와 같이 신고합니다.

년   월   일

신 고 인 :   (서명 또는 날인)

신청취지 및 이유

신청 취지

1. (주)○○(대표이사 ○○○, 이하, '피신청인회사'라 한다)는 (주)○○(대표이사 ○○○, 이하, '신청인회사'라 한다)를 각종 불공정 하도급 거래행위한 것을 인정하고 불공정 피해금액을 지급해야 한다.

2. '피신청인회사'가 위 각종 불공정 하도급 거래행위를 불인정하거나 불공정 하도급 거래행위 피해금액을 지급하는 것을 거부할 경우에는『하도급거래 공정화에 관한 법률』등 공정거래에 관한 각종 법률을 위반한 것에 대해 과태료, 과징금, 고발 조치 등 강력한 처분을 하여 주셔서 향후 '신청인회사'가 당한 것과 같은 유사 동일 사례가 재발.반복하는 등 불공정한 하도급 피해가 생기지 않도록 조치하여 주시기 바랍니다.

신청 이유

Ⅰ. 사실관계

신청인은 ○○ 사내에서 ○○구성품 등을 제작하는 하도급업을 하던 중 지인 소개에 의해 피신청인회사에 사내 협력업체로서 등록 후 ○○○○, ○○○○, ○○○○, ○○○○ 등에서 피신청인회사에 발주한 제작 물량을 다시 하도급을 받아서 주로 인건비 도급 형태의 하청 제작을 ○년여간 해 왔으며,

그간 신청인은 위 원·하청 사업관계 속에서 살아남고 생존하기 위해 정말 최선을 다하며 신청인의 모든 재산을 투입하면서 노력했는데도 불구하고 피신청인회사의 불공정(소위 "갑질 횡포") 하청생산관리시스템을 당해 내지 못하고 결국 체불 퇴출을 당한 바, 이에 구체적인 불공정 행위 사실은 다음과 같습니다.

1. 수정 추가 작업 미정산 현황
   ○ 1-1. ○○○○ ○0041/2, ○0082, ○0092/3 수정작업

- 피신청인 회사 측 ○○○ 공장장 및 ○○○ 과장이 나중에 다 정리해 준다고 약속을 한 것인데도 신청인 측이 기성지급을 요청한 00,000,000원을 지급해 주지 않고 있는 건임(※ ○○○ 과장이 확인한 '서명지' 증거 있음)

○ 1-2. ○○○○ ○0095 COX ○○ 추가작업 및 중량차이
- ○○ ○○ ○○○○ 현장에 작업자들과 가니까, '도면'에 없는 작업부분있어서 ○○○○측 성명불상 직원 및 ○○○ 대리에게 '도면'을 다시 확인요청 하니까 신청인회사측 '제작도면'과 현장실태가 차이가 있다고 ○○○○ 대리가 '도면' 누락을 인정했고, 이를 즉시 ○○○ 과장 등 피신청인회사 측에 알렸고 나중에 정산약속까지 받았던 기성물량인데도 신청인측이 요청한 00,000,000원을 지급해 주지 않고 있는 것임
- 초기 작업은 제작만 하는 일이었는데 파이프 ○○ 작업이 추가되고 외부인원 투입 인건비도 삭감시킨 것임

○ 1-3. ○○○○ 0018/21/23 선행오작으로 인한 추가작업
- 신청인측이 요청한 0,000,000원을 피신청인측이 기성인정을 한 것인데도 지급해 주지 않고 있는 건임

○ 1-4. ○○○○ 0009/11, 0054/6/8 설계변경으로 인한 추가작업
- 신청인측과 손해보상(보전) 등을 놓고 대책회의까지 하면서 손해금액을 합의까지 했으나 피신청인측 결재과정에서 00,000,000원만을 지급하고서 잔액 00,000,000원을 지급해 주지 않고 있는 것임
- 작업 전에는 인정해서 시작했으나 작업완료 후에는 NEGO를 시킨 것임

○ 1-5. ○○○○ ○2089 설계변경으로 인한 추가작업
- 하도급 공정이 사실상 90%이상 제작이 진행된 상황에서 설계변경 되면, 구조물을 떼어내거나, 보완, 조립 등의 추가 인력투입이 예상한 것보다 엄청 증가하여 중대한 적자요인이 되는 것임. 이에, 이러한 추가작업에 대해 피신청인회사 및 원발주처 ○○○○측도 인정한 부분들을 기성반영에 인정을 해 주지 않았고, 심지어 신청인회사가 ○○○○측에 직접 요청 및 설득 설명하여 기성인

정을 받아온 것도 지급해 주지 않은 행위는 '갑질'을 떠나 사실상 중간에서 '갈취'한 것이나 마찬가지인데 이러한 이건 제작관련 미지급 기성금이 000,000,000원인 것임

－ ○○○○에서도 작업 인건비를 시간당 00,000원을 책정하여 지급하여 주지만 피신청인회사측은 사실상 제작 공장을 지원하는 것인데도 발주처에서 수령한 대로 다지급하지 않으며, 수긍할 수 있는 적정이윤을 공제하는 것은 원·하청 윈-윈 차원에서 인정될 수 있겠으나 피신청인회사는 하청협력사와 진정성 있는 협력생산체제가 아니라 갖가지 방법으로 기성공제를 일방적으로 자행해 온 것임

※ 1. 원발주처 ○○측에서 책정한 시간당 제작비: 00,000원

8H(1일) 환산시: 000,000원임

－ 실제 하청협력사 제작비

△ 인건비 000,000원(작업자 평균), 용접봉 00,000원, 식대(점심,저녁) 00,000원

4대보험료, 세금 00,000원, 소모품비 0,000원

합계 : 000,000원

－ 1일 제작비 차이 :000,000원 － 000,000원 ＝ 00,000원

※ 2. 작업자 인건비 소요 :

△ 1공수(08:00～17:00), 1.5공수(08:00～20:00), 2공수(08:00～22:00), 4공수(08:00～익일06:00)

※ 3. 추가작업은 대부분 야간 작업을 통해 수행함(주간에는 기본작업을 함)

※ 4. ○○ 공사는 ○○자격보유자에 한하여 공사할수 있으며 ○○사에 따라서 ○○취득이 다르고 ○○○획득까지 ○명당 연습 등 소요시간이 최소 ○개월 걸림

－ ○○○에서 책정한 제작비 단가 전부를 지급하더라도 하청 제작업체에서는 이윤을 발생시키는 것이 힘든 수준인 것임

○ 1-6. ○○○ ○2089 설계변경으로 인한 수정 추가작업 (○1～○12)

－ ○○의 ○○구조물인 '○○' 제작 도면이 ○1 ～ ○12번까지 대부분이 변경되어 추가작업이 ○억 원이상 증가했고 이를 원발주처 ○○○측에서도 인정하고 동 추가제작비를 피신청인회사 측을 통해 지급했는데도 이를 전부 신청인회

사에 지급해 주지않고 이중에서 ○억 여원만 지급하고 차액 000,000,000원을 중간에서 가로채고 있는 건임

○ 1-7. ○○　○0089-510T 설계변경에 따른 중량변경 , 수정 추가비, ○○
장 설치비 누락
- ○○플랜트 ○○의 ○○구조물인 ○2089-510T 설계변경으로 작업량이 대폭 증가하여 원발주처 ○○측에서 실사확인을 한 후 이를 인정했는데도 0,000,000원만을 지급했고, 　신청인회사는 00,000,000원을 부당피해를 당한 것임

○ 1-8. ○○　○241T ○○○품 ○○품 설치
- ○○플랜트 구조물 ○241T ○○장 ○○품 설치비 0,000,000원을 서면계약 없다는 이유로 미지급한 것이나, 피신청인회사측 ○○○ 차장이 지시한 것을 자세히 알고 있으므로 이를 불인정한 것은 부당한 것임

○ 1-9. ○○　○2089 D1, C1, F1, F2, G1, G2
- ○○플랜트 구조물 설치비 0,000,000원을 서면계약 없다는 이유로 미지급한 것이나, 피신청인회사측이 지시한 것이므로 이를 불인정한 것은 부당한 것임

○ 1-10. ○○　0152-F610 절단 오작건 개선작업
- 해양플랜트 구조물 번호 0152-F610 사급 공급자재 불량으로 수정작업이 되어 동 비용 0,000,000원을 지급약속을 불이행한 건임

○ 1-11. ○○　0089 ○○ PLATFORM 중량미정산 (○770, 781, 782, 602, 702)
- 설계변경으로 증가한 작업부분에 대해 원발주처 ○○측에서 인정한 것을 직접 작업을 수행한 신청인회사가 인건비를 투입한 것이므로 ○○측에서 인정한 제작비 0,000,000원을 지급받아야 하는데 피신청인측이 지급하지 않고 있는 건임

○ 1-12. ○○   0089 ○○ PLATFORM 중량미정산 (TP403 15개)

– 신청인측이 지급요청 공문까지 시행하면서 지급요청한 것이나, 피신청인측은
'가불'형식으로 처리하고 실제 설계변경에 의해 발생한 작업대금을 00,000,000
원미지급한 것임(원발주처 ○○측에서 인정한 것임)

2. 공사별 잔여기성 미지급 현황

○ 2-1. ○○   0056-1X2 H/L 오작발생 수정작업 (5명 작업)

– 0056-1X2 H/L 의장품 조립, 구성 구조물이 오작된 것이 들어왔고 이를
신청인측이 수정하도록 피신청인측이 지시 요청한 것인데도 0,000,000원미지
급한 건임

○ 2-2. ○○   0056-1X2 S/T 오작건 수정작업

– 0056-1X2 S/T ○○품 조립, 구성 구조물이 오작된 것이 들어왔고 이를 신
청인측이 수정하도록 피신청인측이 지시 요청한 것인데도 0,000,000원미지급
한 건임

○ 2-3. ○○   SUPPORT, HAND RAIL, STAIR, GRATING 제작 및 ○
○품설치 중량 차이로 인한 금액차이

– ○○ ○○류 작업을 시작 전에 '협의'를 할 때, '○○류'에 대해서는 제작완
료 후 '협의 정산'을 하기로 해놓고 000원을 임의대로 '갑질' 정산하여
000,000,000원을 미지급한 건임

○ 2-4. ○○   계약취소/도면개정으로 인하여 작업완료 후 미정산

– 소형 철○○품들을 제작완료 후 검사까지 마친 상태에서, 도면 개정이 되었
다며 이미 제작했던 소형 철○○품 제작비 0,000,000원을 미지급한 건임

○ 2-5. 0152호선 ○○ 18○○ 093개 설치(0,085톤X15,000원)

– '○○류'에 대해서는 '피신청인회사 – 원발주처 ○○측'이 세부 계약체결이
안 되어 있다는 이유만으로 피신청인 측이 작업지시한 ○○류 제작비용
000,000,000원을 미지급한 건임

○ 2-6. 0152호선 ○○ 수정추가비(0513M/H X 33,546원)

- 설계변경 추가작업을 원발주처 ○○측이 인정했는데도 피신청인측이 000,000,000원을 미지급한 건임.

※ 신청인측은 원발주처 ○○측이 위 추가작업비를 피신청인측에 지급했을 것으로 판단하고 있음(이 부분은 '공정위'측의 조사확인을 요청드림)

3. 공사비 변정산 요청건

○ 3-1. ○○ ○○ ○○ 0810/T810 돌관작업으로 인한 투입비 과다발생

- 0810/T810 블록(○○납품) 제작 건으로 설계·도면 변경으로 제작 중지되어 있다가, 갑자기 급하게 제작재개하게 되었고, 이때 피신청인측이 ○○측 급한 물량이므로 정산해 줄테니 급히작업 해라 하여 작업한 것이고 피신청인 측도 별개로 직접 돌관작업 인부 약 15명을 투입시켰으나 불량을 발생시켜 신청인측 인부들이 수정작업까지 했었던 공사인데 나중에 기성정산에서는 피신청인측이 직접 데려온 돌관인부 인건비 00,000,000원을 일방적으로 신청인측 기성대금에서 삭감방법으로 공제한 것은 부당한 것임

4. 기타 추가 정산 요청건

○ 4-1. ○○ 용접사(○○직영), 인건비 기성 공제

- ○○ 용접사 양성 보유는 피신청인회사측이 영업경쟁력 강화 등에 필요한 것이고 저희는 공정에 따라 필요할 때마다 ○○ 용접사를 일당으로 활용할 수 있는 것인데도, 한번도 보지도 못한 ○○ 용접사들 양성 교육훈련비를 신청인회사측에는 사전에 아무런 의논, 동의를 거치지 않은 채 피신청인측 일방적 독단적으로 신청인회사에 지급할 기성금에서 00,000,000원을 공제한 것은 매우 부당함

○ 4-2. 보관함, 용접기 보관함 제작 설치 의뢰

- 피신청인측이 용접기 보관함 제작 설치를 지시했는데도 비용 0,000,000원을 미지급한 건임. 옥외용접기 제작에 소요된 재료비는 피신청인회사측이 부담하고 인건비는 무상처리라고 피신청인측이 일방적으로 정한 것임

○ 4-3. ○○ 오작, ○○ 제작한 11○ 대신 제작

- 같은 사내협력사 ○○기업 측이 ○○○ 물량 완료 후 운송과정에서 장애물에 걸려 오작이 발생한바, '○○기업'이 퇴출이후 신청인회사가 수정토록 피신청인측이 지시해 놓고 수정비 0,000,000원을 미지급하였음

○ 4-4. 본사의뢰, ○○○ 절단의뢰 작업

- '○○', '○○', '○○' 등 피신청인회사측 각 계열회사에 보내는 파이프 절단 작업 등을 했는데도 제작비 00,000,000원을 미지급한 것임.

○ 4-5. ○○○ ○○공장 A/S, 0624-523/533 ○○업체 오작 공제

- ○○○ ○○조립 오작 부분 수정작업을 피신청인회사 측이 제3업체에 시켰는데 수정제작비 0,000,000원을 신청인회사에 부담시키고 동 기성금을 미지급한 건임

5. 임의단가 NEGO로 인한 차액금액 등 부당공제 후 미지급 행위

○ 5-1. 매출○○계산서 발행액 물증을 무시하고 차액을 미지급

- 0000년도 ~ 0000년도까지 신청인회사측이 피신청인회사측에 발행한 ○○계산서 총액이 0,000,000,000원이고 이에 대한 부가세는 전액을 신청인회사측에 지급하였으나, ○○세를 제외한 총지급액은 0,000,000,000원이므로 차액 000,000,000원이 됨에도 불구하고 미지급하고 있어 지연이자까지 지급해야 하는 것임

매입 · 매출 등 입금내역(VAT포함)

0000년	매출(A)	매입(B)	실지급기성(C)	통장입금액(D)	차액(A-B-D)
6월	036,391,771	0,118,500	07,276,505	00,316,205	02,957,066
7월	00,999,669	0,176,425	06,365,335	03,223,660	03,599,584
8월	03,935,654	0,019,950	08,123,322	00,269,772	0,645,932
9월	025,640,096	0,352,325	02,495,595	00,598,244	09,689,527
		–	01,722,674		
10월	057,089,438	0,950,350	04,697,593	006,101,330	00,037,758
11월	03,378,848	0,182,950	00,344,407	07,252,957	00,942,941
12월	05,462569	0,170,375	09,511,426	04,947,251	00,344,943
계	032,898,044	09,970,875	090,536,857	022,709,419	080,217,750

0000년	매출(A)	매입(B)	실지급기성(C)	통장입금액(D)	차액(A-B-D)
1월	000,996,357	0,220,700	00,028,222	00,273,422	06,502,235
				0,560,000	056,000
2월	015,568,714	0,005,575	00,679,516	04,844,041	08,719,098
3월	083,813,174	0,125,550	071,271,858	025,076,758	04,610,866
	0,950,000			0,500,000	050,000
4월	001,344,514	0,011,700	03,040,736	02,118,236	05,214,578
5월	04,537,774	0,167,550	01,457,975	05,645,675	06,724,549
6월	08,984,762	0,417,700	09,986,147	02,229,787	03,337,275
7월	001,044,307	0,781,150	013,858,182	008,480,282	02,217,125
8월	05,862,891	0,731,140	04,977,883	03,797,318	03,334,433
9월	012,452,102	00,059,400	067,678,394	059,665,170	08,272,468
10월	004,645,150	0,909,988	046,748,127	036,838,140	07,897,022
11월	01,140,774	00,774,775	03,764,340	08,528,609	01,837,390
12월	003,271,759	00,352,899	03,883,417	00,326,370	08,592,490
계	0,391,428,277	00,558,127	0,262,374,797	0,074,883,808	036,986,342

2016년	매출(A)	매입(B)	실지급기성(C)	통장입금액(D)	차액(A-B-D)
1월	00,196,297	00,667,472	06,663,256	06,663,256	02,134,431
2월	017,454,096	0,820,022	006,776,451	04,234,839	06,399,235
3월	007,696,523	00,934,517	07,905,930	07,674,657	03,087,350
4월	086,646,704	00,777,490	044,295,714	00,802,128	03,067,086
5월	054,382,946	00,407,926	000,731,241	004,804,115	08,170,905
6월	022,514,691	00,267,793	011,399,992	02,547,271	04,699,627
7월	07,177,878	0,420,725	045,855,205	008,178,805	04,421,653
8월	03,288,148	024,000	04,830,458	03,906,458	08,457,690
9월	02,127,948	004,000	내역무첨부	08,895,370	02,528,578
10월	-	0,546,225	"	-	0,546,225
11월	-	0,403,600	"	-	0,403,600
12월	03,837,850	033,490	"	08,228,492	0,975,868
계	0,038,323,081	041,507,259	078,458,247	025,935,391	070,880,431
총계	0,062,649,402	051,036,261	0,631,369,901	0,123,528,618	088,084,523

㈜○○ 지급의무 총액	㈜○○ 실지급 총액	㈜○○ 미지급액	차 액 사 유
0,811,613,141원	0,123,528,618원	000,084,523원	부가세만 우선 100% 지급 해주고 000,084,523원을 미지급 상태임

※ △매출(A)는 (주)○○측이 기성확인 후 세금계산서 발행을 지시하여 (주)○○측이 기성청구한 것이고,

△매출(B)는 (주)○○ 경리과에서 소모품 대금 등 기성공제한 것이고

△실지급기성(C)는 (주)○○측 경리과에서 1차 기성공제를 거치고 다시 구매부서에서 2차 기성공제(○○계산서 발행을 하지 않는 편임) 한 다음 실지급기성(C)을 확정한 것이고,〔동 실지급기성(C) 라도 입금되어야 했는데도 실제 통장입금 시에는 전액을 입금하지 않았음〕

△통장입금액(D)는 (주)○○측이 실제 수령한 기성금액인 것임

○ 5-2. 기성지급분이 있음에도 가불을 시키고 대출이자를 부당공제

- 피신청인회사의 부당한 기성정산때문이지 실제로는 더 수령할 기성금이 많이 남아있는 것인데도 신청인회사측에 가불을 활용토록 사실상 강제적으로 시킨 후에 0000. 0월 ~ 0000. 0월까지 이자 0,000,000원을 공제한 것은 위법하고도 부당한 것임

○ 5-3. 용접봉 소모품비 부당공제

- 용접봉 소모품은 직접 구매하더라도 더 저렴하거나 외상구매 등을 활용하면 운전자금을 융통할 수 있는 부분인데, 피신청인회사 측이 일방적으로 유상사급 결정 및 단가를 임의적용한 후 지급기성에서 공제한바, 0000. 0월 ~ 0000. 0월까지 용접봉 대금으로 기성에서 부당공제 당한 금액이 00,000,000원임

- 용접봉 강매 및 기성에서 일방적으로 직권공제, ○○계산서 미발행 등 불공정거래 행위의 심각성

■ 용접봉을 피신청인 회사가 외부에서 직접 구매해 와서 저희 하청업체가 사용토록 하였으며, 무상사급을 공급하던지 아니면 매입○○계산서를 발행해야 하는데 00,000,000원을 용접봉 기성공제를 일방적으로 해놓고 동 용접봉 대금에 해당하는 ○○계산서를 아예 발행해 주지 않았음

■ 용접봉 등을 사실상 강제방식으로 사용토록 하고 직권 기성대금 공제를 통해 우월적 지위를 남용한 것이고 하청 제작단가까지도 삭감을 남용했음

■ 용접봉 강매 및 ○○계산서 미발행 같은 불공정거래 유형이 대수롭지 않은 것처럼 자행되었기에 이러한 부분에 대해서도 철저한 조사를 통해 위법행위가

없었는지 조치가 필요함

○ 5-4. ○○ PLATFROM 자재단가 NEGO
- 0000. 0월 ○○ PLATFROM 제작 견적을 Kg당 0,500원을 내고 피신청
인측이 NEGO 하여 0,000원에 확정 후 작업을 시작했고 초기에는 ○○○○
자재사급이었으나 공사착수시 임의 변경한 것인데, 기성정산시 일방적으로 Kg
당 0,750원을 적용하며 000원을 또다시 NEGO하여 00,000,000원을 피해를
당함

○ 5-5. ○○ PLATFROM 절단비단가 NEGO
- 0000. 0월 ○○ PLATFROM 제작 견적을 내고 작업을 시작할 때 초기에
는 ○○○ 자재의 절단사급이었으나 공사착수 시 임의 변경되어 피신청인회사에
서 하는 걸로 결정하여 절단외주 업체에서 Kg당 000원에 외주처리하게 했고
차후 정리해준다약속했는데도 신청인회사가 절단 외주업체에 선지급한
00,000,000원을 미지급한 것임

○ 5-6. ○○2089 임의 단가 결정 후 또다시 단가 NEGO
- 0000. 0월 ○○2089 제작 물량을 Kg당 0,900원을 협의없이 피신청인회사
측이 확정한 후 또다시 기성지급시 000원을 일방적으로 NEGO 하여 Kg당
0,750원을 부당하게 적용하므로써 00,000,000원을 피해를 당함

○ 5-7. ○○2152 - ○○ 임의 단가 결정 후 또다시 단가 NEGO
- 0000. 0월 ○○2152 - ○○ 제작 물량을 Kg당 0,000원을 협의없이 피신
청인회사측확정한 후 또다시 기성지급시 000원을 일방적으로 NEGO 하여 Kg
당 0,900원을 부당하게 적용하므로써 0,000,000원을 피해를 당함

○ 5-8. ○○○ 물량 임의 단가 NEGO
- 공사 시작 단가는 톤당 0,000원으로 협약하였으나, 최종 적용단가는 0,000
원으로 협의 없이 임의대로 NEGO 하였고,
- 용접봉 사급에서 도급으로 전환하여 단가 NEGO 하고 임의로 단가 또다시

이중으로 NEGO 하였고, 용접봉을 도급 지급하고 관리는 피신청인회사측이 하였으며,

  - 0000. 0월 ○○2152 - ○○ 제작 물량을 Kg당 0,000원을 협의 없이
  - 용접와이어 스풀 매각해서 업체에 지급하기로 하였으나, 단 한 번도 지급해
  주지 않았고 매각에 관한 정확한 내용을 확인이 안 되는 등 ○○○ 물량 제작
  관련 임의 단가 NEGO 조치로 인한 피해액은 000,000,000원임

6. 기성금 및 부가세 지연 지급

  ○ 신청인회사는 피신청인회사로부터 주로 ○○ 구성품 및 ○○플랜트 구조물
  제작 물량을 하도급 받아 제작을 하는 사업을 영위한 것이나, 저희 사업의 이윤
  구조를 살펴보면 사실상 인건비 도급형태이므로 이러한 하도급 구조에서 이윤을
  달성할 수 있는 방법은 작업을 최대한 효율적으로 수행하여 인건비 투입을 줄이
  고 작업기간을 단축하며 불량 등을 없애고 공사기성금을 적기에 수령해야 하는
  것이 필수적입니다.

  - 따라서, 원청에서 제공하는 설계·도면이 변경되거나 돌관물량이 생기는 경
  우에 저희 하도급 업체에서는 인력 투입 조정, 작업공기 변경 등 이윤창출에 상
  당한 어려움을 당합니다.

  - 이러한, 하도급 사업 구조는 리스크가 매우 높은 편인데 원청측에서 기성금
  지연이나 부가세 지연 등의 "갑질"까지 하는 경우 저희 하도급 업체는 생존자체
  가 불가능한 것입니다.

  - 피신청인회사는 저희 회사가 작업에 투입한 최초부터 ○년여 공사를 하는 동
  안 별첨# 소명자료와 같이 기성 및 부가세를 사실상 한 번도 정한 날짜에 적기
  지급한 사실이 없었습니다.

  - 피신청인도 과거에 우리업계에서 오랜 사업경험을 통해 원청의 지위에 있기
  때문에 누구보다도 위와 같은 우리업계의 노임 도급식 사업운영에 있어서 기성
  금 및 부가세 적기 지급이 얼마나 중요한 것인가를 잘아는 것이기 때문에 위

자료같이 상습적으로 기성 및 부가세를 지연 지급을 한 것이 명백하므로 모든 엄중한 법적 책임을 다 적용하여 주시기 바랍니다.

Ⅱ. 불공정 유형 및 피해금액(❶부당한 특약 ❷하도급대금 부당결정 ❸하도급대금 부당감액 ❹부당한 발주취소 ❺하도급대금 미지급 ❻기타)

제작 ITEM	불공정유형	주요 불공정 내용 및 이유	불공정 피해금액
수정 추가 작업 미정산 현황			**015,806,165원**
1- 1. ○ 1641/2, S1582, S1592/3 수정작업	❷,❸,❺	△나중에 다 정리해 준다는 약속을 불이행	00,420,000원
1- 2. ○○ S1195 COX ○○ 주가작업 및 중량차이	❷,❸,❺	△'도면'누락 인정한 것을 미지급	03,100,220원
1- 3. ○○3618/21/23 선행오차으로 인한 추가작업	❷,❸,❺	△기성인정을 한 것인데도 미지급한 것임	0,250,000원
1- 4. ○○ 3509/11,6054/6/8설계변경으로 인한 추가작업	❷,❸,❺	△손해보전 합의까지 했는데도 미지급	08,008,480원
1- 5. ○○ ○○2089 설계변경으로 인한 추가작업	❷,❸,❺	△추가작업을 ○○측 인정한 것도 미지급	040,864,513원
1- 6. ○○ 2089 설계변경으로 인한 수정 추가작업 (R1~R2)	❷,❸,❺	△추가작업비를 ○○측 수행하고도 미지급	094,187,830원
1- 7. ○○ 2089~510T 설계변경에 따른 중량변경, 수정 추가비, ○○장 설치비 누락	❷,❸,❺	△설계변경되어 ○○측 인정했는데도 추가 작업비를 미지급	02,287,122원
1- 8. ○○ 241T ○○장품 ○○품 설치	❷,❸,❺	△신면계약이 없다는 이유로 미지급한 것임	0,915,000원
1- 9. ○○ 2089 D1, C1, F1, F2, G1, G2	❷,❸,❺	△신면계약이 없다는 이유로 미지급한 것임	0,235,000원
1-10. ○○ 2152-F610 절단 오차진 개선작업	❷,❸,❺	△사급 자재물량이 수정작업비 미지급	0,620,000원
1-11. ○○ 2089 ○○ PLATFORM 중량미정산 (770, 781, 782, 602, 702)	❷,❸,❺	△설계변경 증가 작업분을 ○○측 인정했는데도 미지급함	09,746,000원
1-12. ○○ 2089 ○○ PLATFORM 중량미정산 (TP403 15개)	❷,❸,❺	△'가불'처리 및 설계변경 작업비를 미지급	02,172,000원
공사별 잔여기성 미지급 현황			**030,096,761원**
2- 1. ○○ 6056-1X2 H/L 오차발생 수정작업(5명 작업)	❷,❸,❺	△오차 수정 작업지시를 해놓고 작업비 미지급	0,500,000원
2- 2. ○○ 6056-1X2 S/T 오차진 수정작업	❷,❸,❺	△오차 수정 작업지시를 해놓고 작업비 미지급	0,620,000원
2- 3. ○○ SUPPORT, ○○ RAIL, STAIR, GRATING 제작 및 ○○품설치 중량차이로 인한 금액차이	❷,❸,❺	△'○○○'부는 제작완료 후 '협의정산'을 약속했는데 180원을 임의대로 부당정산함	002,040,202원
2- 4. ○○○계약취소/도면 인하여 작업완료후 미정산	❷,❸,❺	△도면개정 이유로 이미 제작한 비용 미지급	0,087,196원
2- 5. ○○ 2152호선 ○○ 18블록 493개 설치(7,085토X15,000원)	❷,❸,❺	△세부계약 없다며 작업지시한 ○○유 제작비 지급한 건임	006,279,500원
2- 6. ○○ 2152호선 ○○ 수정추가비(6513M/H X 33,546원)	❷,❸,❺	△설계변경되어 ○○측 인정했는데도 추가작업 비를 미지급	04,569,863원

제작 ITEM	불공정유형	주요 불공정 내용 및 이유	불공정 피해금액
3. 공사비 변경산 요청건	❷,❸,❺	△불량 낸 동판작업 인부 인건비를 부당 공제	06,125,778원
4. 기타 추가 정산 요청건			08,541,107원
4- 1. ○○ 용접사(○○○직영), 인건비 기성 공제	❷,❸,❺	△○○용접사 양성 교육훈련비를 부당공제	05,476,107원
4- 2. 보관함, 용접기 보관함 제작 설치 의뢰	❷,❸,❺	△용접기 보관함 제작을 마음대로 서비스 처리	0,150,000원
4- 3. ○○ 오작, ○○ 제작한 110블록 대신 제작	❷,❸,❺	△○○○이 퇴출이후 대체수정비 미지급	0,050,000원
4- 4. 본사의뢰, ○○소 절단의뢰 작업	❷,❸,❺	△계열사에 보내는 파이프 절단비 미지급	06,565,000원
4- 5. ○○공장 A/S, 3624-523/5 ○○업체 오작공제	❷,❸,❺	△제3업체에 시킨 오작수정비를 부당하게 공제	0,300,000원
5. 임의단가 NEGO로 인한 차예금액 등 부당공제 후 미지급 행위			0,019,312,727원
5- 1. 매출○○계산서 발행해 물증을 무시하고 차예을미지급	❷,❸,❺	△○○○에는 전부 지급했으나 미수금 미지급	088,084,523원
5- 2. 기성반을었이 있음에도 가불을 시켜 이자를 공제	❷,❸,❺	△미수금 있느네도 가불을 시켜 이자를 공제	0,648,500원
5- 3. 용접봉 소모품비 부당공제	❷,❸,❺	△용접봉 사용을 판에 및 기성에서 부당공제	06,538,388원
5- 4. ○○ PLATFROM 자체단가 NEGO	❷,❸,❺	△제작단가를 이중으로 NEGO 부당함	08,818,882원
5- 5. ○○ PLATFROM 절단네단가 NEGO	❷,❸,❺	△외주처리 지시 후 비용지급약속 불이행	02,724,393원
5- 6. ○○208 임의단가 결정 후 또다시 단가 NEGO	❷,❸,❺	△제작단가를 이중으로 NEGO 부당함	01,813,690원
5- 7. ○○2152 - ○○ 임의 단가 결정 후 또다시 단가 NEGO	❷,❸,❺	△제작단가를 이중으로 NEGO 부당함	0,120,800원
5- 8. ○○ 물량 임의 단가 NEGO	❷,❸,❺	△악성단가 대신 임의단가 적용하여 NEGO	016,563,551원
6. 기성금 및 부가세 지연 지급	❸, ❻	△사업기간 내내 기성금 및 ○○세 항상 지연	금전 환산을 불 류
합 계			0,409,882,538원

Ⅲ. 불공정 피해금액 및 조정(안)

	제작 ITEM	불공정유형	불공정 피해금액	조정(안)	소명자료
1.	**수정 추가 작업 미정산 현황**		**015,806,165원**	**013,688,000원**	
	1-1. ○○ SI641/2, SI582, SI592/3 수정작업	②③⑤	00,420,000원	00,000,000원	소감제 호응
	1-2. ○○ SI195 COX ○○ 추가작업 및 중량차이	②③⑤	03,100,220원	03,000,000원	소감제 호응
	1-3. ○○ 3618/21/23 선행오작으로 인한 추가작업	②③⑤	0,250,000원	0,000,000원	소감제 호응
	1-4. ○○ 3509/11,6054/6 설계변경으로 인한 추가작업	②③⑤	08,008,480원	08,000,000원	소감제 호응
	1-5. ○○ 2089 설계변경으로 인한 추가작업	②③⑤	040,864,513원	040,000,000원	소감제 호응
	1-6. ○○ 2089 설계변경으로 인한 수정 추가작업 (R1~R12)	②③⑤	094,187,830원	094,000,000원	소감제 호응
	1-7. ○○ 2089~510T 설계변경에 따른 중량변경, 수정 추가비, ○○장 설치비 누락	②③⑤	02,287,122원	02,000,000원	소감제 호응
	1-8. ○○ 241T ○○장비 ○○품 설치	②③⑤	0,915,000원	0,915,000원	소감제 호응
	1-9. ○○ 2089 D1, C1, F1, F2, G1, G2	②③⑤	0,235,000원	0,235,000원	소감제 호응
	1-10. ○○ 2152-F610 절단 오작건 개선작업	②③⑤	0,620,000원	0,620,000원	소감제 호응
	1-11. ○○ 2089 ○○ PLATFORM 중량미정산 (TP770, 781, 782, 602, 702)	②③⑤	09,746,000원	09,746,000원	소감제 호응
	1-12. ○○ 2089 ○○ PLATFORM 중량미정산 (TP403 15개)	②③⑤	02,172,000원	02,172,000원	소감제 호응
2	**공사별 잔여기성 미지급 현황**		**030,096,761원**	**027,207,196원**	
	2-1. ○○ 6056-1X2 H/L 오작발생 수정작업(5명 작업)	②③⑤	0,500,000원	0,500,000원	소감제 호응
	2-2. ○○ 6056-1X2 S/T 오작건 수정작업	②③⑤	0,620,000원	0,620,000원	소감제 호응
	2-3. ○○ SUPPORT, HAND RAIL, STAIR, GRATING 제작 및 ○○품설치 중량차이로 인한 금액차이	②③⑤	002,040,202원	000,000,000원	소감제 호응
	2-4. ○○제약취소/도면 인하여 작업완료후 미정산	②③⑤	0,087,196원	0,087,196원	소감제 호응
	2-5. 2152호선 ○○ 18블록 493개 설치(7,085톤X15,000원)	②③⑤	106,279,500원	106,000,000원	소감제 호응
	2-6. 2152호선 ○○ 수정추가비(6513M/H X 33,546원)	②③⑤	214,569,863원	214,000,000원	소감제 호응

제작 ITEM	불공정유형	불공정 피해금액	조정(안)	소명자료	
3. 공사비 변경산 요청건	②, ③, ⑤	06,125,778원	00,000,000원	소감제	호증
기타 추가 정산 요청건		08,541,107원	08,541,107원		
4.					
4-1. ○○ 용정사(○○직영), 인건비 기성 공제	②, ③, ⑤	05,476,107원	05,476,107원	소감제	호증
4-2. 보관함, 용접기 보관창 제작·설치 의뢰	②, ③, ⑤	0,150,000원	0,150,000원	소감제	호증
4-3. ○○ 오작, ○○ 제작한 110블록 마신 제작	②, ③, ⑤	0,050,000원	0,050,000원	소감제	호증
4-4. 본사의뢰, ○○소 절단의뢰 작업	②, ③, ⑤	06,565,000원	06,565,000원	소감제	호증
4-5. ○○○○ A/S, 3624-523/533 이정업체 오작공제	②, ③, ⑤	0,300,000원	0,300,000원	소감제	
임의단가 NEGO로 인한 차액금액 등 부당공제 후 미지급 행위		0,019,312,727원	0,002,743,711원		
5-1. 매출○○계산서 발행해 물증 무시하고 자액을 미지급	②, ③, ⑤	088,084,523원	088,084,523원	소감제	호증
5-2. 기성반응것이 있음에도 가불을 시키고 매출이자를 부당공제	②, ③, ⑤	0,648,500원	0,648,500원	소감제	호증
5. 5-3. 용접봉 소모품비 부당공제	②, ③, ⑤	06,538,388원	06,538,388원	소감제	호증
5-4. ○○ PLATFROM 자체단가 NEGO	②, ③, ⑤	08,818,882원	08,000,000원	소감제	호증
5-5. ○○ PLATFROM 절단비단가 NEGO	②, ③, ⑤	02,724,393원	02,000,000원	소감제	호증
5-6. 2089 임의 단가 결정 후 또다시 단가 NEGO	②, ③, ⑤	01,813,690원	01,000,000원	소감제	호증
5-7. 2152-○○ 임의 단가 결정후 다시 단가 NEGO	②, ③, ⑤	0,120,800원	0,120,800원	소감제	호증
5-8. ○○ 불랑 임의 단가 NEGO	②, ③, ⑤	016,563,551원	010,000,000원	소감제	호증
6. 기성금 및 부가세 지연 지급	③, ⑥	금전 한산을 보류	금전 한산을 보류		
합 계		0,409,882,538원	0,382,180,014원		

Ⅳ. 신청인 의견

존경하옵는 공정거래위원회 위원장님 및 위원님, 조사관님!

저희는 요즘 공정거래위원회의 활동들을 접하면서 이제 제대로 사업할 분위기를 느끼고 있습니다.

그동안 너무 많은 원청의 '갑질' 횡포에 소위 불공정 거래의 고통을 당해왔고 저를 믿고 묵묵히 따라준 하청근로자들도 하청이라는 것 때문에 일을 더 많이 했는데도 불구하고 체불을 당하고 일터에서 이리저리 쫓겨 다녔습니다.

저희가 당한 불공정거래가 해결된다면 저부터 당장 사업재기가 가능하고 많은 일자리가 생기고 생산현장에 공정의 활기, 땀의 보람이 있게 됩니다. 단지 원청이라는 우월적 지위와 함께 사회적 정치적 배경을 만들어 너무 많이 저희 같은 열악한 하청사업자에게 불공정 거래로 착취하며 군림하였습니다. 이 순간에도 저와 같은 사업 동료들이 저와 비슷한 방법으로 당하고 있는 것이 현실입니다.

지금까지의 우리 사회의 현실이 이러하므로 어찌 저희들이 대기업들과 결탁된 원청들을 상대로 민사상 소송을 해서 1심을 승소한다고 하더라도 막대한 재력과 정치 인맥 등을 배경으로 가진 자들과 감당이 될 수 있겠습니까. 저희 같은 영세기업인들은 오직 공정거래위원회 외에는 의지하고 믿을 곳이 없는 것이 현실입니다.

저희는 공정거래위원회마저 외면당하면 빚 독촉 및 사기꾼 등 올가미를 덮어쓸 수밖에 없고 극단적 선택만이 남는 삶이 됩니다. 만약 공정거래위원회에서 모든 잘못이 저의 경영부실 책임이고 원청에 피해보상의 책임이 없다고 결정을 하시면 저는 공정위의 결정을 수긍할 수밖에 없고 마지막 믿었던 언덕이 사라지게 되는 것입니다.
앞에서 제기한 문제들은 저희가 직접당사자로서 당한 불공정거래 피해라고 판단한 것인데 공정거래 관계법령 및 규정에 따라 저희가 구제받는 합리적인 길을 열어 주시기를 간절하게 소망을 드립니다.

지금은 정말 아무것도 가진 것이 없는 상황이고 철저하게 원청 횡포에 당한 상황인데 그간 불공정 사례들을 일일이 확인 검토하면서 정말 도저히 납득이 안되는 경우를 많이 당했는데도 왜 이렇게 무력하게 지내온 것일까 생각해 보니 조금만 더 인내하면 좋은 아이템이나 물량을 받겠지 하는 소망을 너무 간절히 간직한 채로 몰입되어 견디다 보니 감히 나서지 못했던 것 같고,

한편으로는, 너무 적자 손실을 많이 본 상태이었기 때문에 피신청인 회사 측이 그간 적자를 만회나 보전할 물량을 배려할 것으로도 판단을 한 부분도 있는 등 지속적으로 불공정에 대한 문제 제기를 하고 왔으나 모든 것이 역부족이었던 것입니다.

하지만 결국 남은 것은 체불 악덕사업주가 되어 퇴출된 현실이고, 앞으로는 공정거래위원회의 법적 개입이 아니면 더 이상 정말 재기를 할 수 없는 상황입니다.

오로지 납기와 품질, 땀과 노력의 가치만을 믿고 성실하고 최선을 다해 일을 해 온 저희 하도급 협력사들에 대해 우월적 지위로서 기성금 삭감, 미지급 등 터무니없는 온갖 불공정 행위들을 자행한 것에 대해서 마땅한 책임을 물을 수 있는 곳은 오직 공정거래위원회 외에는 없다고 믿습니다. 요즈음은 공정거래위원회의 역할에 온 국민들이 성원하고 있기에 우리 국민들의 뜨거운 성원과 지지를 믿으시고 저희가 당한 불공정이 반드시 치유 보상을 받을 수 있도록 적극적이고 합리적인 조정 관리를 호소드립니다.

첨부 소명자료

1. 소갑제 1-1호증(6p)
2. 소갑제 1-2호증(8p)
3. 소갑제 1-3호증(10p)
4. 소갑제 1-4호증(12p)
5. 소갑제 1-5호증(14p)
6. 소갑제 1-6호증(16p)
7. 소갑제 1-7호증(18p)
8. 소갑제 1-8호증(20p)
9. 소갑제 1-9호증(22p)
10. 소갑제 1-10호증(24p)
11. 소갑제 1-11호증(26p)
12. 소갑제 1-12호증(28p)
13. 소갑제 2-1호증(30p)
14. 소갑제 2-2호증(32p)
15. 소갑제 2-3호증(34p)
16. 소갑제 2-4호증(36p)
17. 소갑제 2-5호증(38p)
18. 소갑제 2-6호증(40p)
19. 소갑제 3-1호증(42p)
20. 소갑제 4-1호증(44p)
21. 소갑제 4-2호증(46p)
22. 소갑제 4-3호증(48p)
23. 소갑제 4-4호증(50p)
24. 소갑제 4-5호증(52p)

0000. 00. 00

신청인   (서명)

불공정하도급거래행위 신고서

☞ *표시 항목은 필수사항이니 반드시 기재하여 주시고, 나머지 사항은 효율적인 심사를 위하여 가능한 기재해 주시기 바랍니다.

<table>
<tr><td rowspan="7">신
고
인</td><td colspan="2">사업자명(*)</td><td></td><td>대표자 성명(*)</td><td></td></tr>
<tr><td rowspan="2">연 락 처</td><td>전화번호(*)</td><td></td><td>휴 대 폰</td><td></td></tr>
<tr><td>팩스번호</td><td></td><td>이 메 일</td><td></td></tr>
<tr><td colspan="2">주 소(*)</td><td></td><td></td><td></td></tr>
<tr><td rowspan="2">업 종(*)</td><td>업 태</td><td></td><td rowspan="2">☞건설업인 경우
건설 관련 취득
면허 종류 전부
(*)</td><td rowspan="2"></td></tr>
<tr><td>종 목</td><td></td></tr>
<tr><td colspan="3">하도급계약 직전년도 매출액 (*)
(건설업인 경우, 당해년도 시공능력평가액의 합계)</td><td colspan="2"></td></tr>
<tr><td></td><td colspan="3">하도급계약 직전년도 12월말 기준 상시고용종업
원수 (*)</td><td colspan="2"></td></tr>
</table>

<table>
<tr><td rowspan="7">피
신
고
인</td><td colspan="2">사업자명(*)</td><td></td><td>대표자 성명</td><td></td></tr>
<tr><td rowspan="2">연 락 처</td><td rowspan="2">전화번호</td><td rowspan="2"></td><td>팩스번호</td><td></td></tr>
<tr><td>또는 주소(*)</td><td></td></tr>
<tr><td rowspan="2">업 종</td><td>업 태</td><td></td><td rowspan="2">☞건설업인 경우
건설 관련 취득
면허 종류</td><td rowspan="2"></td></tr>
<tr><td>종 목</td><td></td></tr>
<tr><td colspan="3">하도급계약 직전년도 매출액
(건설업인 경우, 당해년도 시공능력평가액의 합계)</td><td colspan="2"></td></tr>
<tr><td colspan="3">하도급계약 직전년도 12월말 기준 상시고용종업
원수</td><td colspan="2"></td></tr>
</table>

신고 내용 (*)	별 첨

<table>
<tr><td rowspan="2">손해
배상
소송
관련

※참조
용</td><td>□ 손해배상 소송을 이미 제기하였음.
■ 향후 손해배상 소송을 제기할 의사가 있음.
□ 향후 손해배상 소송을 제기할 의사가 없음.
□ 기타 (   )</td><td rowspan="2">신고인
신분
공개
동의
여부</td><td rowspan="2">■ 공개
□ 비공개
□ 사건 조치 후 공개</td></tr>
<tr><td>※부당한 하도급대금 결정, 부당한 위탁취소, 부당 반품,
대금 감액, 기술자료 유용 행위인 경우, 법원 판결을 통해
손해발생액의 최대 3배까지 손해를 배상받을 수 있습니다.</td></tr>
</table>

첨부 자료	1. 사업자등록증 사본 및 법인등기부등본 각 1부 2. 건설업인 경우, 건설업등록수첩 전부 사본 1부 3. 하도급계약 직전년도말 원천징수이행상황신고서 사본 1부 4. 하도급계약 직전년도 및 당해연도 손익계산서, 대차대조표사본 각 1부 5. 기타 관련 증거자료 (예, 하도급계약서 등)

하도급거래공정화에관한법률 제22조, 동법 시행령 제5조 및 공정거래위원회회의운영및사건절차등에관한규칙 제10조 제2항에 의하여 위와 같이 신고합니다.

년   월   일

신 고 인 :   (서명 또는 날인)

○○산업 신고취지 및 이유

신 고 인

    회 사 명   ○○산 업

    소 재 지   ○○ ○○○ ○○○ ○○로 ○길 ○

    대 표 자   ○○○

    ※ 우편물 송달주소: *****,   ○○ ○○○ ○○○ ○○로 ○길 ○

피신고인

    회 사 명   주식회사 ○○

    소 재 지   ○○ ○○○ ○○○ ○○로 ○길 ○

    대표이사   ○○○

신고인은 피신고인이 불공정 하도급거래행위를 한 사실을 다음과 같이 신고합니다.

0000. 00. 00.

신 고 인 ○○ 산 업
대 표 ○ ○ ○ (인)

공정거래위원회 위원장님 귀하

신고 취지

1. (주)○○(대표이사 ○○○, 이하, '피신청인회사'라 한다)는 ○○산업(대표 ○○○, 이하, '신청인회사'라 한다)을 각종 불공정 하도급 거래행위한 것을 인정하고 불공정 피해금액을 지급해야 한다.

2. '피신청인회사' 및 피신청인회사 대표이사 ○○○(이하, '피신청인'이라 한다)이 '신청인회사'가 주장하는 각종 불공정 하도급 거래행위를 불인정하거나 불공정 하도급 거래행위 피해금액을 지급하는 것을 거부할 경우에는『하도급거래 공정화에 관한 법률』등 공정거래에 관한 각종 규정을 위반한 것에 대해 과태료, 과징금, 고발조치 등 강력한 처분을 하여 주셔서 향후 '신청인회사'가 당한 것과 같은 유사동일 사례가 재발.반복하는 등 추가로 불공정한 하도급 피해가 생기지 않도록 조치하여 주시기 바랍니다.

신고 이유

I. 이 신청을 한 경위

신청인은 주로 피신청인회사 본사 및 ○○공장에 상주하면서 철구조물 플랜트 제작을 하도급 받아 제작을 수행하는 사내 하도급업을 일용근로자 위주로 고용하여 ○○년여 영위하였습니다.

그간 나름대로 최선을 다해 온갖 "갑질횡포"를 감내하면서 맡은 바 제작 공정을 차질없이 정말 성실하게 일을 했습니다. 이러한 하도급 사내하청 제작수행을 하는 과정에서 피신고인 최고경영자가 신고인이 다양한 불이익을 당한 것들을 자세히 알지 못하는 내용들이 참으로 많았을 거라고 생각해 보았습니다.

어쩌면 신고인이 당한 주된 불공정 상황을 알 수 있었을 터인데도 그냥 모른척 하셨는지도 모르겠으나, 신고인은 기다릴 만큼 기다렸지만 더 이상 저희 당사자 간 자율적인 방법으로는 도저히 해결을 기대할 수 없겠다는 생각이 강하게 들어서 이 건 불공정 하도급신고를 하게 되었고 피신고인회사의 불공정(소위 "갑질 횡포") 거래행위들에 대한 구체적인 내용은 다음과 같습니다.

Ⅱ. 주요 세작 건별 불공정피해 내용

1. ○○ 시제품 제작 불공정 하도급 대금 피해에 대하여

　　가. 시제품 제작의 특성상 명확한 도면, 공사예정가격 등이 아직 명확히 확정되지 않는 것이므로 제작 과정에서 얼마든지 도면 등이 빈번하게 변경되기 때문에 이러한 시제품 제작 물량은 하도급을 기피하게 되는 것임

　　나. 피신고인이 ○○ 개발품의 시제품 시험생산을 요청할 때 신고인은 위와 같은 시제품 제작 소요금액이 불명확 등 제작이윤을 판단하기 어렵기 때문에 처음에 제작을 사실상 거부를 하였으나, 피신고인이 처음에는 편성예산 범위에서 우선 착수를 하고 추후 제작금액 소요가추가되는 경우에서 당연히 제작비를 보전해 준다는 구두약정을 했었음

　　다. 그러나, 시제품 제작 과정에서 당초 예산 00,000,000원으로는 턱없이 부족하였고시제품 제작 과정에서 불량이 발생한 인건비 00,000,000원은 신고인이 우선 충당했었고, 시제품 제작 건이므로 소요 인건비는 책임져 준다는 약속을 이행하지 않고 수개월간 동 시제품 제작에 신고인의 인건비 적자가 누적되었음

　　라. 이러한 과정에서 피신고인측과 인건비 지원 약속불이행 등 갈등을 겪는 과정에서 최종적으로 사내하청 철수를 하게 된 것이며, 추후 피신고인측이 위 ○○프로젝트를 마무리하면서 신고인측이 불량 발생 등 하자를 원인제공한 것 때문에 제작비가 많이 소요되었다는 주장을 하였으나, 신고인이 위 ○○ 제작과정에서 인건비 00,000,000원을 투입한 것이 분명한 사실이므로 이것은 지급해 주는 약속을 이미 했던 것이므로 당연히 지급을 해 주어야 하는 것임

2. 사내하도급 철수 당시 확정 정산 하도급대금 미지급에 대하여

　　가. 「○○공장 ○○산업 작업 종료에 따른 정산관련 품의의 건(0000. 00. 00)」이라는 피신고인회사에서 작성한 문건을 보면, 신고인이 지급을 요청한 기성요구 금액이 000,000,000원이고, 추가로 추가정산을 요청한 금액이 00,000,000원으로 명시되어 있음

　　나. 위 문건의 「지급확정금액」이라는 부분을 살펴보면, 기성지급 관련 정산 지급확정금액이 00,000,000원으로 되어 있는바, 동 금액은 피신고인이 이미

이 당시에 신고인에게 지급을 확정한 금액을 의미하는 것임

다. 따라서, 위 00,000,000원 확정금액은 이미 0000. 00. 00 확정되어 있었던 것인데도 피신고인이 하도급 대금을 부당하게 미지급한 것이 명확하여 중대한 불공정임

– 또한, 위 확정정산금 중 일부 00,000,000원에 대해서는 세금계산서까지 발행했으나 동 세금계산서 발행액 00,000,000원 및 이에 따른 부가세 마저도 미지급하였음

3. 사내하도급 철수 당시 일방적인 기성불인정 피해에 대하여

가. 앞에서 살펴 본「○○공장 ○○산업 작업 종료에 따른 정산관련 품의의 건 (0000. 00. 00)」이라는 문 건에 신고인이 추가정산을 요청한 금액이 00,000,000원으로 명시되어 있고,

나. 위 문 건에 신고인이 추가정산을 요청한 금액 00,000,000원에 대해, 피신고인은 00,000,000원을 지급확정 하였고, 추가로「○○ 품질 손실비 정산」 00,000,000원을 공제시켜 놓았음

– 00,000,000원+00,000,000원 기성지급액 – 00,000,000원 손실비 공제 = 00,000,000원

다. 그러나, 위 00,000,000원 공제 내용을 보면, 특정 제작품 1개 set에 ○개의 홀(구멍) 불량이 발생한 것이 생겼는 바, 동 1개 set 제작품 제작비가 약 000,000원 이었고 제작 물량 갯수가 ○○개 set 이었기 때문에 1개 set 불량 때문에 발생하는 총불량액은 많아야 전체 제작비 0,000,000원을 초과할수 없는 것이었고, 이러한 불량제품도 미국 ○○사에 납품 후 사후통보를 받았던 것이나, 이것도 출하 전 사전절차로써 피신고인측 사전검사까지 합격을 했었던 것이었음. 따라서, 신고인측에 고의성이나 전부 책임이 아니므로 일방적인 공제를 해서도 안되는 것임

라. 따라서, 위 문 건에 기재되어 있는 신고인이 추가정산을 요청한 금액 00,000,000원에 대해서도 피신고인이 합리적인 이유 없이 하도급 대금을 지급하지 않고 있는 것임

4. '절단' 공정의 외주하청(○○산업)측 오작 납품에 의해 발생한 수정작업 인건비를

미지급한 것에 대하어

사외 절단외주 업체에서 절단 오작(불량) 상태로 납품을 받은 ㅇㅇ중공업 파이
프 물량에 대해, 원 절단업체인 ㅇㅇ산업 등은 위 불량 부분을 수정하지 못하
는 일이기 때문에 수정기술이 있는 신고인에게 수정작업을 구두로 시켰고,

– 신고인이 인건비를 투입하여 위 오작 파이프 물량의 수정 제작한 하도급 대
금 00,000,000원을 지급하지 않고 있으므로 매우 불공정한 불법이라고 판단함

5. 신고인에게 제작 인력을 투입하라고 해 놓고 정작 투입시킨 인건비를 미지급한
   것에 대하여

   피신고인측 직접 생산 공정에 소요되는 인력부족이 발생했을 때, 신고인에게 인
   력을 보내달라고 요청하여 신고인이 아는 사람들을 보내주었으나 피신고인이 신
   고인이 보내 준 인력들을 활용하고 인건비를 지급해주지 않아 신고인이
   00,000,000원을 대신 지급한바, 이것은 인력을 직접 고용한 피신고인측이 인
   건비를 지급하는 것이 당연한데도 이를 지급해 주지 않고 있는 것임

Ⅲ. 분류별·행위별 세부 피해내역

대분류	소분류	건별 주요 불공정 행위	불공정 피해금액
하도급 대금 미지급	ㅇ 하도급 대금 미지급	1. 피신고인측과 사내 하도급 관계를 중단하고 결별하면서 최종 제작공사 하도급 대금 정산확정한 금액이 00,000,000원이나, 동 금액은 최소한 60일 이내에 지급완료를 해야 함에도, 다른 공정의 불량 공제할 것이 있다는 이유로 미지급하고 있는 것은 부당하고, 불량 공제할 것이 있다는 주장에도 전혀 동의할 수 없는 피신고인측 일방 주장임	00,000,000원
		2. 피신고인측과 하도급 중단에 따른 마감정산 시에 00,000,000원을 추가 기성을 요청한 것에 대해 다른 공정에서 발생한 불량 사례를 매우 심하게 부풀려서 불량하자에 소요되는 비용이 00,000,000원을 초과한다는 이유로 동 기성금 전체를 미지급하고 있는 것은 부당한 것임	00,000,000원
		3. 원발주회사에서 피신고인이 제작비 공사대금 수령하지 못한 것을 이유로 신고인측이 인건비를 투입하여 파이프 물량 제작한 하도급 대금 00,000,000원을 지급하지 않고 있는 부당한 것임	00,000,000원
		4. 피신고인측 직접 생산 공정에 소요되는 인력	00,000,000원

		부족이 발생했을 때, 신고인에게 인력을 보내달라고 요청하여 신고인이 아는 사람들을 보내주었으나 피신고인이 신고인이 보내 준 인력들을 활용하고 인건비를 지급해주지 않아 신고인이 00,000,000원을 대신 지급한 바, 이것은 인력을 직접 고용한 피신고인측이 인건비를 지급하는 것이 당연한데도 이를 지급해 주지 않고 있는 것임	
		5. 시제품 제작을 하도급 시행하면서, 추가소요되는 제작공사비 등 지급을 해 준다고 약속했는데도 시제품 과정에 발생한 불량작업에 소요된 인건비를 제작을 맡은 신고인에게 부당하게 부담시키고 미지급하고 있는 것임	00,000,000원
	○하도급 대금 지연이자 미지급	하도급 대금 지연이자 미지급	00,000,000원
계약서등 서면교부 관련	○서면 미교부	각종 사내 하도급 제작을 시키면서 서면계약서를 교부하지 않았음	–
합 계			000,000,000원

Ⅳ. 불공정 피해별 조정요청(안)

불공정 행위별	불공정유형	불공정 피해금액	조 정 수 락(안)	소명자료
1. 확정정산 대금 미지급 관련	"	00,000,000원	00,000,000원	소갑 제 01 호증
2. 불량 제작비 공제 관련	"	00,000,000원	00,000,000원	소갑 제 01 호증
3. 원발주사 공사비 미수령 관련	"	00,000,000원	00,000,000원	소갑 제 01 호증
4. 인력지원 인건비 관련	"	00,000,000원	00,000,000원	소갑 제 01 호증
5. 시제품 제작관련	○하도급 대금 미지급	00,000,000원	00,000,000원	소갑 제 01 호증
6. 지연이자 미지급	○ 하도급 대금 지연이자 미지급	00,000,000원	00,000,000원	소갑 제 02호증
합 계		000,000,000원	000,000,000원	

Ⅴ. 신청인 의견

존경하옵는 공정거래위원회 위원장님 및 위원님, 조사관님 !

지금까지도 저는 기다리라는 말을 순수하게 믿었고 합리적인 합의안을 제시할 것을 기대하였으나 더 이상 저희 당사자간 자체적으로는 해결이 불가능한 상황이 되었습니다.

저희 같은 영세 중소기업인들은 공정거래위원회의 공정한 조정과 조사.처분 외에는 의지하고 믿을 만한 곳이 마땅히 없는 것이 현실입니다.

누가 보더래도 당연히 지급해야 할 하도급 대금인데도 과장된 이유들을 내세우며 실제 주로 인건비가 투입된 하도급 대금을 오랫동안 지급을 하지 않은 것은 법적으로 엄격히 처벌되어야 한다고 봅니다.

그간 많은 부당함을 감내하면서도 버티어 보았으나 너무 지나친 불공정이 계속되어 사실상 퇴출을 압박당한 것임에 따라 사내하청을 포기하고 철수했던 것이므로 이제, 공정거래관계 법령과 규정 등에 따라 당사가 당한 불공정이 반드시 피해보상이 이루어질 수 있도록 간절히 도와주시기를 호소드립니다.

첨부 소명자료

1. 소갑제 1호증
2. 소갑제 2호증
3. 일반현황표, 재무제표확인, 기타 참고자료

0000. 00. 00.

신청인 ○○○ (인)

8. 표준 하도급계약서

- □ 방산업종
- □ 도소매업
- □ 건설업종

방산업종 표준하도급계약서 [제조위탁]

(2020. 12. 17. 제정)

　이 표준하도급계약서는 「하도급거래 공정화에 관한 법률」 제3조의2의 규정에 따라 공정거래위원회가 사용 및 보급을 권장하고 있는 방산업종 표준하도급계약서입니다.

　이 표준하도급계약서에서는 방산업종 하도급계약(제조위탁)에 있어 표준이 될 계약의 기본적 공통사항만을 제시하였는바, 실제 하도급계약을 체결하려는 계약당사자는 이 표준하도급계약서의 기본 틀과 내용을 유지하는 범위에서 이 표준하도급계약서보다 더 상세한 사항을 계약서에 규정할 수 있습니다.

　또한 이 표준하도급계약서의 일부 내용은 현행『하도급거래 공정화에 관한 법률』및 그 시행령을 기준으로 한 것이므로 계약당사자는 이들 법령이 개정되는 경우에는 개정내용에 부합되도록 기존의 계약을 수정 또는 변경할 수 있으며, 특히 개정법령에 강행규정이 추가되는 경우에는 반드시 그 개정규정에 따라 계약내용을 수정하여야 합니다.

방산업종 하도급계약서(제조) 표지

◇ 계약명(하도급계약명):

◇ 계약기간:　　　　년　　월　　일부터　　　　년　　월　　일까지

◇ 납 기 일:　　　　년　　월　　일

◇ 납품장소:

◇ 계약금액:　금　　　　　　원정(₩　　　　　　　)

　– 공급가액:　금　　　　　　원정(₩　　　　　　　)

　– 부가가치세:　금　　　　　　원정(₩　　　　　　　)

구 분		지급비율	지급금액	지급기일	지급방법
선급금		%			
중도금	1 차	%			
	2 차	%			
	……	%			
잔 금		%			
합 계		100.0%			

◇ 계약이행보증금(선택사항):　　　　　원정

◇ 대금지급보증금(선택사항):　　　　　원정

◇ 지체상금요율: (　　　)%

◇ 지연이자요율: (　　　)% (대금 지급·반환 지연) / (　　　)% (손해배상 지연)

　※ 하도급법령상 지급기일이 지난 경우에는 공정위 고시 지연이자율이 우선 적용

◇ 하자담보책임

　– 하자보수보증금률(선택사항): 계약금액의 (　　　)%

　– 하자보수보증금(선택사항): 금　　　　　　원정(₩　　　　　)

　– 하자담보책임기간: (　　　)년

　※ 계약체결 당시 위 사항을 확정하기 곤란한 경우, 「하도급거래 공정화에 관한 법률」 등 관련법령을 위반하지 않은 범위 내에서 추후 확정할 수 있음

　※ 기본계약을 기초로 개별계약을 통해 발주가 이루어지는 하도급거래의 경우에 계약금액·지급기일·지급방법, 납기일에 대해서는 개별계약을 통해 정할 수 있음

–––––––– (이하 "원사업자"라 한다)와 –––––––– (이하 "수급사업자"라 한다)
는 방위사업청이 발주한 ○○○○ 하도급거래에 관하여 상호존중과 신의성실의 원칙
에 입각하여 다음과 같이 기본계약서 본문에 의하여 이 계약을 체결하고, 계약서 2
통을 작성하여 기명날인한 후 각각 1통씩 보관한다.

년   월   일

원사업자		수급사업자	
상호 또는 명칭:		상호 또는 명칭:	
전화번호:		전화번호:	
주 소:		주 소:	
대표자 성명:	(인)	대표자 성명:	(인)
사업자(법인)번호:		사업자(법인)번호:	

붙 임: 1. 기본계약서 본문
      2. 계약물품 명세서
      3. 비밀보호 특약서

방산업종 하도급계약서(제조) 본문

제1장 총칙

제1조(목적) 이 계약은 원사업자가 수급사업자에게 위탁하는 계약물품 명세서상의 제품(이하 "방위산업물품"이라 한다)의 제조·가공·수리 등(이하 "제조"라 한다)에 관해 원사업자와 수급사업자간의 권리와 의무를 정하는 것을 목적으로 한다.

제2조(정의) ① 이 계약에서 사용하는 용어의 정의는 다음과 같다.
  1. "발주자"라 함은 원사업자에게 방위산업물품의 제조위탁을 의뢰한 자를 말한다.
  2. "납기"라 함은 이 계약에 의하여 방위산업물품을 원사업자와 수급사업자가 협의하여 정하는 장소에 납품할 기일을 말한다.
  3. "선급금"이라 함은 방위산업물품의 제조를 완료하기 전에 원사업자가 수급사업자에게 지급하기로 한 하도급대금의 일부 또는 원사업자가 발주자로부터 방위산업물품의 제조를 완료하기 전에 지급받은 대금의 일부를 말한다.
  4. "지연이자"라 함은 하도급대금 또는 손해배상금 등을 지급하여야 할 자가 지급시기에 지급하지 않을 경우, 상대방에게 지급해야 할 손해배상금을 말한다.
  5. "지체상금"이라 함은 수급사업자가 납품기일에 방위산업물품을 납품하지 않을 경우, 원사업자에게 지급해야 할 손해배상금을 말한다.
  6. "시험품목"이라 함은 시험대상이 되는 군수품조달관리규정 등에 근거한 부분품(한 개의 품목이 그 이상 분해될 수 없거나 또는 그 품목을 더 이상 분해하는 것이 실질적으로 불가능한 최소단위 품목)을 말한다.
  7. "기술자료"라 함은 합리적인 노력에 의하여 비밀로 유지된 제조·수리·시공 또는 용역수행 방법에 관한 자료, 그 밖에 영업활동에 유용하고 독립된 경제적 가치를 가지는 것으로서 「하도급거래 공정화에 관한 법률(이하 "하도급법"이라 한다)」에서 정하는 자료를 말한다.
② 제1항에서 정한 용어에 대한 정의 이외의 용어정의는 하도급법 등 관련 법령에서 정한 바에 따른다.

제3조(계약의 기본원칙) ① 원사업자와 수급사업자는 이 계약에 따라 방위산업물품의 제조를 완료하고, 하도급대금 등을 지급함에 있어 상호 대등한 입장에서 신의성실의

원칙에 따라 자신의 권리를 행사하며, 의무를 이행한다.

② 원사업자와 수급사업자는 이 계약의 이행에 있어서「방위사업법」, 하도급법 및 「독점 규제 및 공정거래에 관한 법률(이하 "공정거래법"이라 한다)」등 관련 법령을 준수한 다.

③ 원사업자와 수급사업자는 이 계약에 명시된 경우를 제외하고, 상대방을 대리하거나 상대방의 의무를 부담하지 아니한다.

제4조(일부 내용이 미 기재된 계약서 교부와 보완) ① 정당한 사유로 인해 계약체결시 점에 확정하기 곤란한 사항이 있는 경우에 원사업자는 전문의 내용 중 일부 사항을 기재하지 아니한 서면을 발급할 수 있다. 이 경우에 원사업자는 해당 사항이 정하여 지지 아니한 이유와 그 사항을 정하게 되는 예정기일을 서면에 기재하여야 하며, 해 당 사항이 확정되는 때에는 지체 없이 그 사항을 적은 계약서를 발급한다.

② 원사업자가 제1항에 따라 일부 사항을 기재하지 않은 계약서를 교부하고, 예정된 기일에 통지하지 않은 경우에 수급사업자는 원사업자에게 기재하지 않은 사항을 적 고 서명(「전자서명법」 제2조 제2호에 따른 전자서명[서명자의 실지명의를 확인할 수 있는 것을 말한다]을 포함한다. 이하 같다) 또는 기명날인한 서면(「전자문서 및 전자 거래기본법」상 전자문서를 포함한다. 이하 같다)에 의한 통지로써 위탁내용의 확인 을 요청할 수 있다.

③ 원사업자는 제2항의 통지를 받은 날부터 15일 이내에 그 내용에 대한 인정 또는 부인(否認)의 의사를 적고 서명 또는 기명날인한 서면에 의하여 회신하여야 하며, 이 기간 내에 회신을 발송하지 아니한 경우에는 수급사업자가 통지한 내용대로 위 탁이 있었던 것으로 추정한다. 다만, 원사업자가 그 기간 내에 천재나 그 밖의 사변 으로 인하여 회신할 수 없었던 경우에는 그 사유가 종료한 날로부터 15일 이내에 발송하여야 한다.

④ 제2항의 통지 또는 제3항의 회신은 내용증명우편이나 그 밖에 회신의 내용 및 수 신 여부를 객관적으로 확인할 수 있는 방법(전자서명이나 공인 전자주소를 이용한 전자우편을 포함한다)으로 하여야 한다.

제2장 방위산업물품의 제조 및 납품

제1절 방위산업물품의 제조

제5조(발주) 원사업자는 이 계약에 따라 수급사업자에게 방위산업물품을 제조위탁할 때에는 수급사업자가 방위산업물품을 제조·납품하는데 지장이 없도록 충분한 시일을 두고 발주하여야 한다.

제6조(사양서류등) ① 원사업자가 수급사업자에게 제시하는 방위산업물품에 대한 사양서류는 다음 각 호와 같다. 다만, 원사업자와 수급사업자가 협의하여 이를 추가하거나 생략할 수 있다.
1. 도면, 승인도
2. 제작도면, 공정표, 사용재료 명세서(BOM)
3. 검사기준 및 규정된 규격(제품규격, 국방규격, License 규격 및 국가별 표준 등)
4. 납품포장지시서(포장, 방진, 손상방지 및 보관을 위해 필요한 방청 등에 관한 조치사항 포함)
② 원사업자는 수급사업자가 방위산업물품의 제작을 착수하기 전에 사양서류를 수급사업자에게 제시하여야 하며, 수급사업자는 발주자 또는 원사업자로부터 승인된 사양서류에 따라 제작하여야 한다.
③ 수급사업자는 제1항의 규정에 의한 사양서류의 내용·규격 등이 불분명하거나 의문이 있다고 인정되는 경우에는 지체 없이 원사업자에게 이를 통지하여 협의하여야 한다.
④ 수급사업자는 제1항에 의한 사양서류를 선량한 관리자의 주의를 가지고 관리하여야 하며 그 내용을 제3자에게 누설하여서는 아니 된다.
⑤ 수급사업자는 계약기간 종료 후 원사업자에게 사양서류를 반납하여야 한다. 수급사업자가 제4항의 내용을 위반하는 경우에는 원사업자는 계약기간 중에도 사양서류의 반환을 요구할 수 있다.
⑥ 원사업자와 수급사업자는 필요하다고 인정하는 경우에는 사양 또는 제작방법의 변경에 관하여 의견을 제시할 수 있으며 그 변경에 따른 구형제품(이미 제조된 방위산업물품)의 사후처리는 협의하여 정한다.

제7조(사급재의 지급) ① 원사업자는 품질의 유지·개선·생산성 또는 안전도의 향상·관련 법령의 준수 등 기타 정당한 사유가 있는 경우에는 방위산업물품의 제작에 사용되는 재료·부품·반제품·제품 또는 금형 등(이하 "사급재"라 한다)을 수급사업자와 협의하여 지급할 수 있다.

② 사급재의 유·무상 여부, 품명·수량·제공일 또는 지급장소, 대가, 그 지급방법 및 지급기일 등은 양 당사자가 협의하여 서면으로 정한다.

③ 수급사업자는 원사업자로부터 사급재를 수령한 때에는 이를 신속하게 검사하여야 하며, 이에 품질·수량 등에 이상이 있는 때에는 즉시 원사업자에게 통지한 후 상호 협의하여 처리한다.

④ 수급사업자는 제3항의 검사 및 통지를 태만히 하여 발생한 사급재의 하자 및 수량 부족에 대한 책임은 수급사업자가 부담하여야 한다. 다만, 다음 각 호의 어느 하나 에 해당하는 경우에 사급재의 하자로 인하여 목적물에 하자가 발생하더라도 수급사 업자는 책임을 지지 아니한다.

1. 사급재의 성질상 수령 즉시 하자를 발견할 수 없는 경우로서 수령 후 6개월 이내 에 사급재의 숨겨진 하자를 발견하여 이를 통지한 경우. 다만, 6개월 내에 하자가 발견되기 어렵다고 인정되는 경우에는 협의하여 추가로 6개월을 연장할 수 있다.

2. 원사업자가 사급재의 하자 또는 수량부족에 대해 알았던 경우

⑤ 수급사업자는 무상으로 사급재를 수령한 경우 이를 사용하고 남은 재료·스크랩 등 의 처리에 대하여 원사업자의 요구에 따라야 한다.

⑥ 수급사업자는 원사업자의 사급재에 가공불량을 발생시킨 경우 또는 원사업자의 사 급재로 인하여 방위산업물품에 불량이 발생한 경우에는 신속히 원사업자에게 이를 통지하여야 하며 불량발생에 대한 보상책임은 원인제공자가 부담한다. 다만, 책임의 소재가 명확하지 아니한 경우에는 상호 합의하여 처리한다.

제8조(사급재의 소유권) 사급재의 소유권은 원사업자가 보유한다. 다만, 원사업자가 유 상으로 지급한 사급재의 경우에 수급사업자가 그 대금을 완제하였을 때에 수급사업 자에게 이전한다.

제9조(물품구매대금 등의 부당결제 청구의 금지) 원사업자는 수급사업자에게 방위산업 물품의 제조에 필요한 물품 등을 자기로부터 사게 하거나 자기의 장비 등을 사용하 게 한 경우 정당한 사유 없이 다음 각 호의 어느 하나에 해당하는 행위를 하여서는 아니 된다.

1. 해당 방위산업물품에 대한 하도급대금의 지급기일 전에 구매대금이나 사용대가의 전부 또는 일부를 지급하게 하는 행위

2. 자기가 구입·사용하거나 제3자에게 공급하는 조건보다 현저하게 불리한 조건으

로 구매대금이나 사용대가를 지급하게 하는 행위

제10조(사급재의 취급) ① 수급사업자는 원사업자가 제공한 사급재에 대하여 선량한
관리자의 주의를 가지고 관리하여야 한다.

② 수급사업자는 제7조의 규정에 의한 사급재가 지급된 후 그 멸실 또는 훼손에 대하
여 책임을 진다.

③ 수급사업자는 원사업자의 동의 없이 제1항의 규정에 의한 사급재를 소정의 용도 이
외에 전용하거나 제3자에게 양도·대여 또는 저당 등의 행위를 하여서는 아니 된다.

④ 수급사업자는 사급재 중 특히 무상사급재를 수급사업자의 자산과 명확히 구분하여
관리하고, 원사업자의 소유임을 명시하기 위한 적절한 조치를 하여야 한다.

⑤ 수급사업자는 강제집행, 파산선고신청, 회생의 신청 또는 노동쟁의 등과 같은 사유
의 발생으로 대금 완제전의 사급재에 대한 원사업자의 소유권 보전에 영향을 미칠
우려가 있는 경우에는 즉시 원사업자에게 그 사실을 통지하여야 하며, 필요한 경우
이들 물품의 보관장소를 이전하는 등 원사업자의 소유권이 침해되지 아니하도록 적
절한 조치를 하여야 한다.

⑥ 수급사업자는 사급재를 유상으로 양도받아 그 대금을 완제한 경우에도 제5항에서
정한 사유가 발생한 때에는 지체없이 원사업자에게 그 사실을 통지하여야 하며, 방
위산업물품의 납품에 영향을 받지 아니하도록 그 처리방법을 상호 협의할 수 있다.

제11조(품질보증) ① 수급사업자는 방위산업물품에 대하여 기획, 설계, 생산 및 납품
등 전 과정에 걸쳐 유기적인 품질보증체제를 확립·운영하여 제6조에서 정한 사양
서류에 일치시켜야 하며, 원사업자가 요구하는 품질과 신뢰성을 확보하도록 품질보
증 활동을 하여야 한다. 다만, 수급사업자의 품질보증의 범위는 계약 범위에 한정되
며, 원사업자는 수급사업자에게 계약에 명시되지 않은 사항에 대한 품질보증을 요구
할 수 없다.

② 원사업자는 정당한 사유가 있는 경우에 수급사업자에게 생산관리·품질관리 등에
관한 자료를 요구할 수 있으며, 방위산업물품 제조 또는 품질보증과 관련하여 수급
사업자의 동의를 받아 그의 공정설비·생산관리실태 등을 조사할 수 있다.

제12조(기술의 지도·훈련 및 협력) ① 원사업자는 방위산업물품의 제작 및 품질향상
등을 위하여 제조에 필요하거나 수급사업자의 요청이 있을 경우에는 원사업자의 기

술자를 수급사업자의 사업장에 파견하여 제작기술, 공법, 자재·생산관리 및 품질보증 등의 지도와 조언을 하거나 수급사업자의 기술자를 원사업자의 사업장에서 필요한 훈련을 하게 할 수 있다.

② 제1항에 따른 비용은 원칙적으로 원사업자가 부담한다.

제13조(재하도급) ① 수급사업자는 이 계약에서 정한 업무를 직접 수행한다. 다만, 수급사업자는 원사업자의 서면 동의를 받아 그 업무의 일부를 제3자에게 재하도급할 수 있으며, 이 경우 다음 각 호에서 정한 문서(사본)를 원사업자에게 교부한다.

1. 재하도급계약서(방산업종 하도급계약서)
2. 재하도급대상 제조 범위 및 물량
3. 하수급사업자에 대한 하도급대금의 지급 방법

② 제1항 단서에 따라 수급사업자가 업무의 일부를 제3자에게 재하도급한 경우, 제3자의 행위로 인하여 발생한 원사업자의 손해에 대해 수급사업자는 제3자와 연대하여 책임을 진다.

③ 수급사업자는 다음 각 호의 어느 하나에 해당하는 경우, 제2항에 따른 책임을 지지 않는다.

1. 수급사업자 및 제3자에게 고의 또는 과실이 없음을 증명한 경우. 다만, 하자담보책임 또는 제조물책임 등 무과실책임을 부담하는 경우에는 그러하지 아니하다.
2. 원사업자의 지명에 따라 수급사업자가 제3자를 선임한 경우에 수급사업자가 제3자의 부적임 또는 불성실함을 알고 원사업자에게 고지하였거나 수급사업자가 제3자의 해임을 해태하지 않은 경우

④ 원사업자의 제3자에 대한 대금지급에 관하여는 제31조를 준용한다. 이 경우에 '발주자'는 '원사업자'로, '원사업자'는 '수급사업자'로, '수급사업자'는 '제3자'로 한다.

제14조(계약 이외 목적물의 제작·판매 및 사용의 금지) 수급사업자는 다음 각 호의 어느 하나에 해당하는 경우를 제외하고는 원사업자의 지식재산권과 영업비밀을 침해할 수 있는 방위산업물품의 제작·판매 등을 스스로 하거나 제3자에게 시켜서는 아니 된다.

1. 원사업자가 허락한 경우
2. 이미 상호 합의하여 원사업자의 승낙이 불필요하다고 인정되는 경우
3. 수급사업자가 자신의 비용으로 방위산업물품을 독자적으로 개발한 경우

제15조(환경오염의 최소화 및 안전경영) ① 수급사업자는 원사업자의 방위산업물품의 생산·제조 및 최종납품을 위한 포장 과정에서 환경친화성 자재를 사용하는 등 환경오염을 최소화할 수 있도록 노력하여야 한다.

② 수급사업자는 제조공정간 발생되는 대기, 수질 및 폐기물 등의 오염원이 지속적으로 감소될 수 있도록 자체관리계획을 만들어 운영하여야 한다.

③ 수급사업자는 환경오염의 최소화 및 안전관리를 위해 자체관리규정(또는 절차)을 만들어 운영하여야 한다.

④ 수급사업자는 수급사업자의 근로자들에게 산업재해가 발생하지 않도록 관련 법규를 준수하고 감독의무를 성실히 이행하여야 하며, 안전관리대책 마련 시 필요한 경우 원사업자에게 지도 협조를 요청할 수 있다.

⑤ 수급사업자는 제13조에 따라 원사업자의 승인하에 재하도급을 시켰을 때에도 환경오염의 최소화 및 안전경영에 대한 이 계약상의 의무를 수행하여야 한다.

제2절 방위산업물품의 납품 및 검사

제16조(납품) ① 수급사업자는 표지에서 정한 납기일 및 납품장소에 방위산업물품을 납품한다.

② 수급사업자는 납기 전에 방위산업물품을 납품하고자 하는 경우에는 사전에 원사업자와 협의하여 변경할 수 있다.

③ 수급사업자는 방위산업물품을 납기까지 납품할 수 없다고 판단될 경우 사전에 그 원인 및 실제 납품예정일을 원사업자에게 통보하고, 원사업자의 서면 승인이 있는 경우에만 연장된 납기에 따라 방위산업물품을 납품할 수 있다.

④ 제3항의 경우 원사업자는 이로 인해 발생한 손해에 대해 배상을 청구할 수 있다. 다만, 수급사업자에게 고의 또는 과실이 없는 경우에는 그러하지 아니하다.

⑤ 원사업자는 사정변경 등의 사유로 인하여 납기를 변경하고자 하는 경우에는 수급사업자와 협의하여 변경하여야 한다.

제17조(방위산업물품의 수령) ① 원사업자는 정당한 이유 없이 수급사업자의 납품에 대해 수령을 거부하거나 지연하지 아니한다.

② 제1항을 위반한 경우 그 효과는 다음 각 호에서 정한 바에 따른다.

  1. 원사업자의 수령거부 또는 지연기간 중에 수급사업자의 고의 또는 중대한 과실에

의한 채무불이행에 따라 발생한 원사업자의 손해에 대하여만 수급사업자가 책임을 진다.

2. 방위산업물품의 멸실·훼손이 원사업자가 방위산업물품 수령을 부당하게 거부·지체하고 있는 기간 중에 발생한 경우 그 손실은 원사업자가 부담하고, 원사업자는 수급사업자에게 하도급대금 전부를 지급한다.

3. 수급사업자가 방위산업물품을 다시 납품함에 있어서 소요되는 비용 및 방위산업물품의 보관비용은 원사업자가 부담한다.

③ 제16조에 따른 방위산업물품의 납품이 있는 경우에 원사업자는 검사 전이라도 즉시 수령증명서를 수급사업자에게 발급하여야 한다.

제18조(검사 및 이의신청 등) ① 원사업자는 수급사업자로부터 방위산업물품의 전부 또는 일부에 대한 제조의 완료통지를 받거나 납품을 받은 경우에 이 계약에서 정한 바에 따라 제조되었는지의 여부 등을 지체 없이 검사한다.

② 방위산업물품의 제조에 대한 검사의 기준 및 방법은 원사업자와 수급사업자가 협의하여 정하며 객관적이고 공정·타당한 기준 및 방법으로 정한다.

③ 정당한 사유가 있는 경우를 제외하고 원사업자는 방위산업물품을 납품받은 날로부터 10일 이내에 검사결과를 수급사업자에게 서면(전자문서 포함)으로 통지하고, 원사업자가 이 기간 내에 검사결과를 통지하지 않은 경우에는 검사에 합격한 것으로 본다.

④ 원사업자는 검사 기간 중 방위산업물품을 선량한 관리자의 주의로 관리한다.

⑤ 원사업자가 기성 또는 완료 부분에 대해 불합격으로 판정할 경우에 그 구체적인 사유를 서면으로 기재하여 수급사업자에게 통지한다.

⑥ 정당한 사유가 있는 경우를 제외하고 수급사업자는 원사업자로부터 방위산업물품의 제조에 대한 불합격 통지서를 받은 날로부터 10일 이내에 서면으로 이의를 신청할 수 있다. 이 경우에 원사업자는 정당한 이유가 있는 경우를 제외하고 수급사업자의 이의신청을 받은 날로부터 10일 이내에 재검사를 실시한 후 그 결과를 서면으로 통지한다.

⑦ 제6항에 따른 재검사비용은 다음 각 호에서 정한 바에 따른다.

1. 재검사에서 합격한 경우 : 원사업자. 다만, 재검사를 위해 수급사업자가 보수 또는 변경 등을 한 경우에는 수급사업자가 부담한다.

2. 재검사에서 불합격한 경우 : 수급사업자

제19조(부족분·불합격품 또는 과납품의 처리) ① 방위산업물품에 대한 검사결과 수량 부족 및 불합격품이 있는 경우 수급사업자는 원사업자의 지시에 따라 신속히 부족분 또는 대체품을 납품한다.

② 제1항의 경우에 수급사업자는 그 부족분 또는 불합격품의 비율에 따라 손해배상책임을 부담한다.

③ 수급사업자는 불합격품 또는 과납품을 원사업자가 지정하는 기간 내에 인수한다.

④ 수급사업자가 제3항의 기간 내에 불합격품 또는 과납품을 인수하지 아니할 경우 원사업자는 이를 수급사업자에게 반송하거나 또는 수급사업자의 요구에 따라 폐기할 수 있다. 이 경우에 소요되는 비용은 수급사업자가 부담한다.

⑤ 제3항에서 정한 기간을 초과한 후 원사업자가 보관하는 불합격품 또는 과납품의 전부 또는 일부가 멸실·훼손 또는 변질되었을 경우 수급사업자는 원사업자에게 그에 대한 책임을 물을 수 없다. 다만, 원사업자에게 고의 또는 중과실이 있는 경우에는 그러하지 아니하다.

⑥ 수급사업자는 불합격품·과납품을 원사업자의 사전동의 없이 시중 거래선에 판매할 수 없으며, 원사업자의 동의 없이 원사업자의 관련 업소에 판매함으로써 원사업자에게 발생한 손해에 대해 배상한다.

제20조(부당한 위탁취소 및 부당반품 금지) ① 원사업자는 방위산업물품의 제조를 위탁을 한 후 수급사업자의 책임으로 돌릴 사유가 없는 경우에는 그 위탁을 임의로 취소하거나 변경하지 아니한다.

② 원사업자는 수급사업자로부터 방위산업물품을 수령한 경우, 수급사업자의 책임으로 돌릴 수 있는 사유가 아니면 그 방위산업물품을 반품하지 아니한다. 이 경우에 다음 각 호의 어느 하나에 해당하는 원사업자의 행위는 부당반품으로 인정한다.

1. 발주자로부터의 발주취소 또는 경제상황의 변동 등을 이유로 방위산업물품을 반품하는 행위

2. 검사의 기준 및 방법을 불명확하게 정함으로써 방위산업물품을 부당하게 불합격으로 판정하여 이를 반품하는 행위

3. 원사업자가 공급한 사급재의 품질불량으로 인하여 방위산업물품이 불합격품으로 판정되었음에도 불구하고 이를 반품하는 행위

4. 원사업자의 사급재 공급 지연으로 인하여 납기가 지연되었음에도 불구하고 이를 이유로 방위산업물품을 반품하는 행위

③ 제2항에 따른 부당반품의 경우에 제17조제2항을 준용한다.

제21조(방위산업물품의 소유권 이전) 방위산업물품의 소유권은 검사결과 합격한 후 원
　사업자가 지정한 장소에 납품된 시점에 원사업자에게 이전된다. 다만, 검사를 위해
　일부 방위산업물품만 납품된 경우에는 나머지 방위산업물품의 소유권은 원사업자에
　게 인도된 시점에 이전된다.

제22조(기술자료제공 요구금지 등) ① 원사업자는 수급사업자의 기술자료를 자기 또는
　제3자에게 제공하도록 요구하지 아니한다. 다만, 정당한 사유가 있는 경우에는 그러
　하지 아니하다.
② 원사업자가 제1항 단서에 따라 수급사업자에게 기술자료를 요구할 경우에는 그 목
　적 달성을 위해 필요최소한의 범위 내에서 기술자료를 요구한다. 이 경우에 원사업
　자는 다음 각 호의 사항을 수급사업자와 미리 협의하여 정한 후 이를 기재한 서면
　을 수급사업자에게 교부한다.
　1. 기술자료의 명칭 및 범위
　2. 기술자료 요구목적
　3. 요구일 · 제공일 및 제공방법
　4. 비밀유지에 관한 사항
　5. 기술자료의 권리귀속관계
　6. 대가 및 대가의 지급방법
　7. 요구대상 기술자료의 사용기간
　8. 반환 또는 폐기방법
　9. 반환일 또는 폐기일
　10. 원사업자의 기술자료 제공요구가 정당함을 증명하는 사항
③ 원사업자는 취득한 수급사업자의 기술자료에 관하여 부당하게 다음 각 호의 어느
　하나에 해당하는 행위를 하지 않는다.
　1. 자기 또는 제3자를 위하여 사용하는 행위
　2. 제3자에게 제공하는 행위

제23조(기술자료 임치) ① 제22조에도 불구하고, 원사업자와 수급사업자는 합의하여
　「대 · 중소기업 상생협력 촉진에 관한 법률」 등에 따른 기술자료임치기관에 「하도급

거래 공정화에 관한 법률」에 따른 기술자료(이하 '기술자료'라 한다)를 임치할 수 있다.

② 다음 각호의 어느 하나에 해당하는 경우, 원사업자는 제1항에 따른 기술자료임치기관에 대해 수급사업자가 임치한 기술자료를 내 줄 것을 요청할 수 있다.

　1. 수급사업자가 동의한 경우

　2. 수급사업자가 파산선고를 받거나 해산결의를 한 경우

　3. 수급사업자가 사실상 사업장을 폐쇄하거나 폐업신고를 한 경우

　4. 원사업자와 수급사업자가 협의하여 정한 기술자료 교부조건이 발생한 경우

③ 제1항에 따른 기술자료임치에 소요되는 비용은 원사업자가 부담한다. 다만, 수급사업자가 원사업자의 요구없이 기술자료를 임치할 경우에는 수급사업자가 부담한다.

제24조(지식재산권 등의 보증 등) ① 수급사업자는 방위산업물품의 제조와 관련하여 원사업자로부터 사용을 허락받은 특허권, 실용신안권, 디자인권, 의장권, 상표권, 저작권 기술, 노하우(이하 "지식재산권 등"이라 한다)를 방위산업물품의 제조 외에는 사용하지 못하며, 원사업자의 서면승낙 없이 제3자에게 지식재산권 등을 사용하게 할 수 없다.

② 원사업자와 수급사업자는 방위산업물품의 제조와 관련하여 원사업자 또는 수급사업자와 제3자 사이에 지식재산권 등과 관련한 분쟁이 발생하거나 발생할 우려가 있는 경우 지체 없이 상대방에게 문서로서 통지하여야 한다. 이 경우에 그 분쟁은 원사업자와 수급사업자가 상호 협의하여 처리하며, 원사업자 또는 수급사업자 중 책임이 있는 자가 상대방의 손해를 배상한다.

③ 수급사업자는 수급사업자의 제조방법에 의해 방위산업물품을 제작하는 경우 방위산업물품 및 그 제조방법이 제3자의 지식재산권 등을 침해하지 않음을 보증한다. 다만, 원사업자의 제조방법에 따라 방위산업물품을 제작하는 경우에는 그러하지 아니하다.

제3장 하도급대금의 조정 및 지급

제1절 하도급대금의 조정

제25조(하도급대금의 결정) ① 방위산업물품의 단가는 수량 · 품질 · 사양 · 납기 · 대금

지급방법·재료가격·노무비·시가의 동향 등을 고려하여 합리적인 산정방식에 따라 원사업자와 수급사업자 간의 협의로써 결정한다.

② 신제품(초도품) 제작 등과 같이 발주 전에 확정단가를 정하기 어려운 경우와 같은 특별한 사정이 있는 때에는 원사업자와 수급사업자가 협의하여 정한 임시단가를 우선 적용하되, 추후 확정단가가 정해지는 때, 임시단가와 확정단가의 차액을 정산하여야 한다.

제26조(하도급대금의 조정) ① 원사업자는 수급사업자에게 제조위탁을 하는 경우 부당하게 방위산업물품과 같거나 유사한 것에 대하여 일반적으로 지급되는 대가보다 낮은 수준으로 하도급대금을 결정(이하 "부당한 하도급대금의 결정"이라 한다)하거나 하도급받도록 강요하여서는 아니 된다.

② 다음 각 호의 어느 하나에 해당하는 원사업자의 행위는 부당한 하도급대금의 결정으로 본다.

1. 정당한 사유 없이 일률적인 비율로 단가를 인하하여 하도급대금을 결정하는 행위

2. 협조요청 등 어떠한 명목으로든 일방적으로 일정 금액을 할당한 후 그 금액을 빼고 하도급대금을 결정하는 행위

3. 정당한 사유 없이 다른 수급사업자에 비하여 수급사업자를 차별 취급하여 하도급대금을 결정하는 행위

4. 수급사업자에게 발주량 등 거래조건에 대하여 착오를 일으키게 하거나 다른 사업자의 견적 또는 거짓 견적을 내보이는 등의 방법으로 수급사업자를 속이고 이를 이용하여 하도급대금을 결정하는 행위

5. 원사업자가 일방적으로 낮은 단가에 의하여 하도급대금을 결정하는 행위

6. 경쟁입찰에 의하여 이 계약을 체결할 때 정당한 사유 없이 최저가로 입찰한 금액보다 낮은 금액으로 하도급대금이 결정되도록 하는 행위

7. 계속적 거래계약에서 원사업자의 경영적자, 판매가격 인하 등 수급사업자의 책임으로 돌릴 수 없는 사유로 수급사업자에게 불리하게 하도급대금을 결정하는 행위

③ 제1항 또는 제2항에 해당할 경우 수급사업자는 원사업자에게 부당하게 감액된 하도급대금의 지급을 청구할 수 있다.

제27조(감액금지) ① 원사업자는 제조위탁을 할 때 정한 하도급대금을 감액하여서는 아니 된다. 다만, 원사업자가 정당한 사유를 입증한 경우에는 하도급대금을 감액할

수 있다.

② 다음 각 호의 어느 하나에 해당하는 원사업자의 행위는 정당한 사유에 의한 감액행위로 보지 아니한다.

1. 위탁할 때 하도급대금을 감액할 조건 등을 명시하지 아니하고 위탁 후 협조요청 또는 발주자로부터의 발주취소, 경제상황의 변동 등 불합리한 이유를 들어 하도급대금을 감액하는 행위

2. 수급사업자와 단가 인하에 관한 합의가 성립된 경우 그 합의 성립 전에 위탁한 부분에 대하여도 합의 내용을 소급하여 적용하는 방법으로 하도급대금을 감액하는 행위

3. 하도급대금을 현금으로 지급하거나 지급기일 전에 지급하는 것을 이유로 하도급대금을 지나치게 감액하는 행위

4. 원사업자에 대한 손해발생에 실질적 영향을 미치지 아니하는 수급사업자의 과오를 이유로 하도급대금을 감액하는 행위

5. 위탁수행에 필요한 사급재를 자기로부터 사게 하거나 사용하게 한 경우에 적정한 구매대금 또는 사용대가 이상의 금액을 하도급대금에서 공제하는 행위

6. 하도급대금 지급 시점의 물가나 자재가격 등이 납품등의 시점에 비하여 떨어진 것을 이유로 하도급대금을 감액하는 행위

7. 경영적자 또는 판매가격 인하 등 불합리한 이유로 부당하게 하도급대금을 감액하는 행위

8. 「고용보험 및 산업재해보상보험의 보험료징수 등에 관한 법률」, 「산업안전보건법」 등에 따라 원사업자가 부담하여야 하는 고용보험료, 산업안전보건관리비, 그 밖의 경비 등을 수급사업자에게 부담시키는 행위

③ 원사업자가 제1항 단서에 따라 하도급대금을 감액할 경우에는 다음 각 호의 사항을 적은 서면을 수급사업자에게 미리 제시하거나 제공한다.

1. 감액의 사유와 기준

2. 감액의 대상이 되는 물량

3. 감액금액

4. 공제 등 감액방법

5. 그 밖에 감액이 정당함을 증명할 수 있는 사항

④ 원사업자가 정당한 사유 없이 하도급대금을 감액한 경우, 그 금액 역시 수급사업자에게 지급한다.

⑤ 원사입자가 제4항에 따라 지급해야 할 금액을 방위산업물품의 수령일로부터 60일이 지난 후에 지급하는 경우에 원사업자는 그 60일을 초과한 기간에 대하여 「하도급거래 공정화에 관한 법률」 등에 따라 공정거래위원회 등이 고시한 지연이자율을 곱하여 산정한 지연이자(이하 "지연배상금"이라 한다)를 지급한다.

제28조(설계변경 등에 따른 계약금액의 조정) ① 원사업자는 방위산업물품을 제조위탁을 한 후에 다음 각 호의 경우에 모두 해당하는 때에는 그가 발주자로부터 이 계약과 관련하여 증액 받은 계약금액의 내용과 비율에 따라 하도급대금을 증액하여야 한다. 다만, 원사업자가 발주자로부터 계약금액을 감액받은 경우에는 그 내용과 비율에 따라 하도급대금을 감액할 수 있다.
1. 설계변경, 방위산업물품의 납품 등 시기의 변동 또는 경제상황의 변동 등을 이유로 계약금액이 증액되는 경우
2. 제1호와 같은 이유로 방위산업물품의 완성 또는 완료에 추가비용이 들 경우
② 제1항에 따라 하도급대금을 증액 또는 감액할 경우, 원사업자는 발주자로부터 계약금액을 증액 또는 감액받은 날부터 15일 이내에 발주자로부터 증액 또는 감액받은 사유와 내용을 수급사업자에게 통지하여야 한다. 다만, 발주자가 그 사유와 내용을 수급사업자에게 직접 통지한 경우에는 그러하지 아니하다.
③ 제1항에 따른 하도급대금의 증액 또는 감액은 원사업자가 발주자로부터 계약금액을 증액 또는 감액 받은 날부터 30일 이내에 하여야 한다.
④ 원사업자가 제1항의 계약금액 증액에 따라 발주자로부터 추가금액을 지급받은 날부터 15일이 지난 후에 추가 하도급대금을 지급하는 경우의 이자에 관하여는 제31조제8항을 준용하고, 추가 하도급대금을 어음 또는 어음대체결제수단을 이용하여 지급하는 경우의 어음할인료 · 수수료의 지급 및 어음할인율 · 수수료율에 관하여는 제31조제6항 · 제7항 · 제9항 및 제10항을 준용한다. 이 경우 "목적물등의 수령일부터 60일"은 "추가금액을 받은 날부터 15일"로 본다.

제29조(공급원가 변동에 따른 하도급대금의 조정) ① 수급사업자는 이 계약을 체결한 후 다음 각 호의 어느 하나에 해당하여 하도급대금의 조정이 불가피한 경우에는 원사업자에게 하도급대금의 조정을 신청할 수 있다.
1. 방위산업물품의 공급원가가 변동되는 경우
2. 수급사업자의 책임으로 돌릴 수 없는 사유로 방위산업물품의 납품 등 시기가 지

연되어 관리비 등 공급원가 외의 비용이 변동되는 경우

② 원사업자는 제1항의 신청이 있은 날부터 10일 안에 조정을 신청한 수급사업자와 하도급대금 조정을 위한 협의를 개시하여야 하며, 정당한 사유없이 협의를 거부하거나 게을리하여서는 아니 된다.

③ 원사업자와 수급사업자는 다음 각 호의 어느 하나에 해당하는 경우 하도급분쟁조정협의회 등에 조정을 신청할 수 있다.

1. 제1항에 따른 신청이 있은 날부터 10일이 지난 후에도 원사업자가 하도급대금의 조정을 위한 협의를 개시하지 아니한 경우

2. 원사업자와 수급사업자가 제1항에 따른 신청이 있은 날부터 30일 안에 하도급대금의 조정에 관한 합의에 도달하지 아니한 경우

3. 원사업자 또는 수급사업자가 협의 중단의 의사를 밝힌 경우

4. 원사업자 및 수급사업자가 제시한 조정금액이 상호 간에 2배 이상 차이가 나는 경우

5. 합의가 지연되면 영업활동이 심각하게 곤란하게 되는 등 원사업자 또는 수급사업자에게 중대한 손해가 예상되는 경우

6. 그 밖에 이에 준하는 사유가 있는 경우

④ 하도급대금의 조정은 조정요건에 해당하는 경우 사유를 명시하여 증빙자료와 함께 서면(전자서면 포함)으로 신청한다.

⑤ 「하도급거래 공정화에 관한 법률」제16조의2에서 정하는 요건을 충족한 경우 수급사업자는 중소기업협동조합에게 자신을 대신하여 원사업자와 하도급대금을 조정할 것을 요청할 수 있다. 이 경우에 제2항부터 제4항까지를 준용한다.

제2절 하도급대금의 지급

제30조(선급금의 지급) ① 수급사업자에게 제조위탁을 한 원사업자가 발주자로부터 선급금을 받은 경우에는 수급사업자가 제조를 시작할 수 있도록 그가 받은 선급금의 내용과 비율에 따라 선급금을 받은 날(제조위탁을 하기 전에 선급금을 받은 경우에는 제조위탁을 한 날)부터 15일 이내에 선급금을 수급사업자에게 지급하여야 한다.

② 원사업자가 발주자로부터 받은 선급금을 제1항에 따른 기한이 지난 후에 지급하는 경우에는 그 초과기간에 대하여 연 100분의 40 이내에서「은행법」에 따른 은행이 적용하는 연체금리 등 경제사정을 고려하여 공정거래위원회가 정하여 고시하는 이율에 따른 이자를 지급하여야 한다.

③ 원사업자가 제1항의 선급금을 수급사업자에게 어음 또는 어음대체결제수단으로 지급하는 경우의 어음할인료·수수료율의 지급 및 어음할인료·수수료율에 관하여는 제31조제6항·제7항·제9항 및 제10항을 준용한다. 이 경우 "목적물 등의 수령일부터 60일"은 "원사업자가 발주자로부터 선급금을 받은 날부터 15일"로 본다.

④ 수급사업자는 원사업자의 동의없이 선급금을 이 계약 외에 사용할 수 없으며, 노임지급 및 원부자재의 확보에 우선적으로 사용한다.

⑤ 정당한 사유가 있는 경우를 제외하고, 수급사업자는 원사업자로부터 선급금 사용계획의 제출을 요구받은 날부터 14일 이내에 사용계획서를 제출하여야 한다.

제31조(하도급대금의 지급 등) ① 원사업자가 수급사업자에게 제조위탁을 하는 경우에는 방위산업물품의 수령일(납품 등이 잦아 원사업자와 수급사업자가 월 1회 이상 세금계산서의 발행일을 정한 경우에는 그 정한 날을 말한다. 이하 같다)부터 60일 이내의 가능한 짧은 기한으로 정한 지급기일까지 수급사업자에게 하도급대금을 지급하여야 한다. 다만, 다음 각 호의 어느 하나에 해당하는 경우에는 그러하지 아니하다.

1. 원사업자와 수급사업자가 대등한 지위에서 지급기일을 정한 것으로 인정되는 경우

2. 방위산업 업종의 특수성과 경제여건에 비추어 그 지급기일이 정당한 것으로 인정되는 경우

② 하도급대금의 지급기일이 정하여져 있지 아니한 경우에는 방위산업물품의 수령일을 하도급대금의 지급기일로 보고, 방위산업물품의 수령일부터 60일이 지난 후에 하도급 대금의 지급기일을 정한 경우(제1항 단서에 해당되는 경우는 제외한다)에는 방위

산업물품의 수령일부터 60일이 되는 날을 하도급대금의 지급기일로 본다.

③ 원사업자는 수급사업자에게 제조위탁을 한 경우 원사업자가 발주자로부터 제조수행 행위의 완료에 따라 준공금을 받았을 때에는 하도급대금을, 제조수행 행위의 진척에 따라 기성금을 받았을 때에는 수급사업자가 제조행위를 수행한 부분에 상당하는 금 액을 그 준공금이나 기성금 등을 지급받은 날부터 15일(하도급대금의 지급기일이 그 전에 도래하는 경우에는 그 지급기일) 이내에 수급사업자에게 지급하여야 한다.

④ 원사업자가 수급사업자에게 하도급대금을 지급할 때에는 원사업자가 발주자로부터 해당 제조위탁과 관련하여 받은 현금비율 미만으로 지급하여서는 아니 된다.

⑤ 원사업자가 하도급대금을 어음으로 지급하는 경우에는 해당 제조위탁과 관련하여 발주자로부터 원사업자가 받은 어음의 지급기간(발행일부터 만기일까지)을 초과하는 어음을 지급하여서는 아니 된다.

⑥ 원사업자가 하도급대금을 어음으로 지급하는 경우 그 어음은 법률에 근거하여 설립 된 금융기관에서 할인이 가능한 것이어야 하며, 어음을 교부한 날로부터 어음의 만 기일까지의 기간에 대한 할인료를 어음을 교부하는 날에 수급사업자에게 지급하여야 한다. 다만, 방위산업물품의 수령일부터 60일(제1항 단서에 따라 지급기일이 정하여 진 경우에는 그 지급기일을, 발주자로부터 선급금이나 중도금 등을 받은 경우에는 제3항에서 정한 기일을 말한다. 이하 이 조에서 같다) 이내에 어음을 교부하는 경우 에는 방위산업물품의 수령일부터 60일이 지난 날 이후부터 어음의 만기일까지의 기 간에 대한 할인료를 방위산업물품의 수령일부터 60일 이내에 수급사업자에게 지급 하여야 한다.

⑦ 원사업자는 하도급대금을 어음대체결제수단을 이용하여 지급하는 경우 지급일(기업 구매전용카드의 경우는 카드결제 승인일을, 외상매출채권 담보대출의 경우는 납품 등의 명세 전송일을, 구매론의 경우는 구매자금 결제일을 말한다. 이하 같다)부터 하도급대금 상환기일까지의 기간에 대한 수수료(대출이자를 포함한다. 이하 같다)를 지급일에 수급사업자에게 지급하여야 한다. 다만, 방위산업물품의 수령일부터 60일 이 지난 날 이후부터 하도급대금 상환기일까지의 기간에 대한 수수료를 방위산업물 품의 수령일부터 60일 이내에 수급사업자에게 지급하여야 한다.

⑧ 원사업자가 하도급대금을 방위산업물품의 수령일부터 60일이 지난 후에 지급하는 경우에는 그 초과기간에 대하여 연 100분의 40 이내에서「은행법」에 따른 은행이 적 용하는 연체금리 등 경제사정을 고려하여 공정거래위원회가 정하여 고시하는 이율에 따른 이자를 지급하여야 한다.

⑨ 제6항에서 직용하는 할인율은 연 100분의 40 이내에서 법률에 근거하여 설립된 금융기관에서 적용되는 상업어음할인율을 고려하여 공정거래위원회가 정하여 고시한 이율을 적용한다.

⑩ 제7항에서 적용하는 수수료율은 원사업자가 금융기관(「여신전문금융업법」제2조제2호의2에 따른 신용카드업자를 포함한다)과 체결한 어음대체결제수단의 약정상 수수료율로 한다.

⑪ 하도급법에서 정한 정당한 사유가 없는 한, 원사업자가 하도급대금을 하도급법령상 법정지급기일 이후에 지급하는 경우에는 그 초과기간에 대하여 지연배상금을 지급하여야 한다.

제32조(발주자의 직접 지급) ① 수급사업자는 다음 각 호의 어느 하나에 해당하는 사유가 발생한 경우에 발주자에게 자신이 수행한 부분에 해당하는 하도급대금의 직접 지급을 청구할 수 있다.

1. 원사업자의 지급정지·파산, 그 밖에 이와 유사한 사유가 있거나 사업에 관한 허가·인가·면허·등록 등이 취소되어 원사업자가 하도급대금을 지급할 수 없게 된 경우로서 수급사업자가 하도급대금의 직접 지급을 요청한 때

2. 발주자가 하도급대금을 직접 수급사업자에게 지급하기로 발주자·원사업자 및 수급사업자 간에 합의한 때

3. 원사업자가 지급하여야 하는 하도급대금의 2회분 이상을 수급사업자에게 지급하지 아니한 경우로서 수급사업자가 하도급대금의 직접 지급을 요청한 때

4. 이 계약에 따라 원사업자가 하도급대금 지급보증 의무를 이행하기로 약정하였지만, 이를 이행하지 아니한 경우로서 수급사업자가 하도급대금의 직접 지급을 요청한 때

② 제1항에 따른 사유가 발생한 경우 원사업자에 대한 발주자의 대금지급채무와 수급사업자에 대한 원사업자의 하도급대금 지급채무는 그 범위에서 소멸한 것으로 본다.

③ 원사업자가 발주자에게 하도급 계약과 관련된 수급사업자의 임금, 자재대금 등의 지급 지체 사실(원사업자의 책임있는 사유로 그 지급 지체가 발생한 경우는 제외한다)을 증명할 수 있는 서류를 첨부하여 해당 하도급대금의 직접 지급 중지를 요청한 경우, 발주자는 제1항에도 불구하고 그 하도급대금을 직접 지급하지 않는다.

④ 제1항에 따라 발주자가 수급사업자에게 하도급대금을 직접 지급할 때에 발주자가 원사업자에게 이미 지급한 금액은 제외하고 지급한다.

⑤ 제1항에 따라 수급사업자가 발주자로부터 하도급대금을 직접 받기 위하여 기성부분의 확인 등이 필요한 경우 원사업자는 지체 없이 이에 필요한 조치를 이행한다.

⑥ 발주사는 하도급대금을 직접 지급할 때에 「민사집행법」 등의 공탁사유가 있는 경우에는 해당 법령에 따라 공탁(供託)할 수 있다.

제33조(대금의 상계) ① 원사업자는 지체상금, 손해배상금, 기타 수급사업자로부터 받아야 할 확정된 채권이 있는 경우 이를 수급사업자에 대한 납품대금의 지급채무와 상계 할 수 있다. 다만, 원사업자는 수급사업자에게 정당한 사유 없이 기성납품대금을 초과하여 상계할 수 없다.

② 원사업자가 제1항의 상계를 하고자 할 경우 상계할 원사업자와 수급사업자의 채권액을 명시한 정산서를 수급사업자에게 발급해야 한다.

제34조(부당한 대물변제 금지) ① 원사업자는 하도급대금을 물품으로 지급하여서는 아니 된다. 다만, 다음 각 호의 어느 하나에 해당하는 사유가 있는 경우에는 그러하지 아니하다.

1. 원사업자가 발행한 어음 또는 수표가 부도로 되거나 은행과의 당좌거래가 정지 또는 금지된 경우

2. 원사업자에 대한 「채무자 회생 및 파산에 관한 법률」에 따른 파산신청, 회생절차 개시 또는 간이회생절차개시의 신청이 있은 경우

3. 「기업구조조정 촉진법」에 따라 금융채권자협의회가 원사업자에 대하여 공동관리 절차 개시의 의결을 하고 그 절차가 진행 중이며, 수급사업자의 요청이 있는 경우

② 원사업자는 제1항 단서에 따른 대물변제를 하기 전에 수급사업자에게 다음 각 호의 구분에 따른 자료를 제시한다.

1. 대물변제의 용도로 지급하려는 물품이 관련 법령에 따라 권리·의무 관계에 관한 사항을 등기 등 공부(公簿)에 등록하여야 하는 물품인 경우: 해당 공부의 등본(사본을 포함한다)

2. 대물변제의 용도로 지급하려는 물품이 제1호 외의 물품인 경우: 해당 물품에 대한 권리·의무 관계를 적은 공정증서(「공증인법」에 따라 작성된 것을 말한다)

③ 제2항에 따른 자료를 제시하는 방법은 다음 각 호의 어느 하나에 해당하는 방법으로 한다. 이 경우 문서로 인쇄되지 아니한 형태로 자료를 제시하는 경우에는 문서의 형태로 인쇄가 가능하도록 하는 조치를 하여야 한다.

1. 문서로 인쇄된 자료 또는 그 자료를 전자적 파일 형태로 담은 사기니스크(사기베이프, 그 밖에 이와 비슷한 방법으로 그 내용을 기록 · 보관 · 출력할 수 있는 것을 포함한다)를 직접 또는 우편으로 전달하는 방법

2. 수급사업자의 전자우편 주소로 제1항에 따른 자료가 포함된 전자적 파일을 보내는 방법. 다만, 원사업자가 전자우편의 발송 · 도달 시간의 확인이 가능한 자동수신 사실 통보장치를 갖춘 컴퓨터 등을 이용한 경우로 한정한다.

④ 원사업자는 제2항에 따른 자료를 제시한 후 대물변제를 하기 전에 그 물품의 권리 · 의무 관계가 변경된 경우에는 그 변경된 내용이 반영된 제2항에 따른 자료를 제3항에 따른 방법으로 수급사업자에게 지체 없이 다시 제시하여야 한다.

⑤ 원사업자는 제2항 및 제4항에 따라 자료를 제시한 후 지체 없이 다음 각 호의 사항을 적은 서면을 작성하여 수급사업자에게 내주고 원사업자와 수급사업자는 해당 서면을 보관하여야 한다.

1. 원사업자가 자료를 제시한 날

2. 자료의 주요 목차

3. 수급사업자가 자료를 제시받았다는 사실

4. 원사업자와 수급사업자의 상호명, 사업장 소재지 및 전화번호

5. 원사업자와 수급사업자의 서명 또는 기명날인

제4장 보칙

제35조(권리 · 의무의 양도 금지) 원사업자와 수급사업자는 이 계약으로부터 발생하는 채권 및 채무를 제3자에게 양도하거나 담보로 제공하지 아니한다. 다만, 상대방이 동의한 경우에는 그러하지 아니하다.

제36조(비밀유지) ① 원사업자와 수급사업자는 이 계약에서 알게 된 상대방의 업무상 비밀을 상대방의 동의 없이 이용하거나 제3자에게 누설하지 않는다.

② 법원 또는 수사기관 등이 법령에 따라 상대방의 업무상 비밀의 제공을 요청한 경우에 원사업자 또는 수급사업자는 지체 없이 상대방에게 그 내용을 통지한다. 다만, 상대방에게 통지할 수 없는 정당한 사유가 있는 경우에는 비밀을 제공한 후에 지체 없이 통지한다.

③ 제1항에 따른 비밀유지에 관한 구체적인 내용은 【별첨】 비밀보호 특약서에서 정한

바에 따른다.

제37조(개별약정) ① 원사업자와 수급사업자는 이 계약에서 정하지 아니한 사항에 대하여 대등한 지위에서 상호 합의하여 서면으로 정할 수 있고, 이 경우에 원사업자는 수급사업자의 이익을 부당하게 침해하거나 제한하는 조건을 요구하지 아니한다.

② 이 계약 및 개별약정에서 정하고 있는 내용 중 다음 각 호의 어느 하나에 해당하는 약정은 무효로 한다.

1. 원사업자가 계약서 등에 기재되지 아니한 사항을 요구함에 따라 발생된 비용을 수급사업자에게 부담시키는 약정

2. 원사업자가 부담하여야 할 민원처리, 산업재해 등과 관련된 비용을 수급사업자에게 부담시키는 약정

3. 원사업자가 입찰내역에 없는 사항을 요구함에 따라 발생된 비용을 수급사업자에게 부담시키는 약정

4. 다음 각 목의 어느 하나에 해당하는 비용이나 책임을 수급사업자에게 부담시키는 약정

　가. 관련 법령에 따라 원사업자의 의무사항으로 되어 있는 인·허가, 환경관리 또는 품질관리 등과 관련하여 발생하는 비용

　나. 원사업자(발주자를 포함한다)가 설계나 작업내용을 변경함에 따라 발생하는 비용

　다. 원사업자의 지시(요구, 요청 등 명칭과 관계없이 재작업, 추가작업 또는 보수작업에 대한 원사업자의 의사표시를 말한다)에 따른 재작업, 추가작업 또는 보수작업으로 인하여 발생한 비용 중 수급사업자의 책임 없는 사유로 발생한 비용

　라. 관련 법령, 발주자와 원사업자 사이의 계약 등에 따라 원사업자가 부담하여야 할 하자담보책임 또는 손해배상책임

5. 천재지변, 매장문화재의 발견, 해킹·컴퓨터바이러스 발생 등으로 인한 작업기간 연장 등 위탁시점에 원사업자와 수급사업자가 예측할 수 없는 사항과 관련하여 수급사업자에게 불합리하게 책임을 부담시키는 약정

6. 하도급거래의 특성을 고려하지 아니한 채 간접비(하도급대금 중 재료비, 직접 노무비 및 경비를 제외한 금액을 말한다)의 인정범위를 일률적으로 제한하는 약정. 다만, 발주자와 원사업자 사이의 계약에서 정한 간접비의 인정범위와 동일하게 정한 약정은 제외한다.

7. 계약기간 중 수급사업자가 하도급법 제16조의2에 따라 하도급내금 조정을 신청할 수 있는 권리를 제한하는 약정

8. 제1호부터 제7호까지의 규정에 준하는 약정으로서 법에 따라 인정되거나 법에서 보호하는 수급사업자의 권리·이익을 부당하게 제한하거나 박탈한다고 공정거래위원회가 정하여 고시하는 약정

③ 제2항에 따라 무효가 되는 약정에 근거하여 수급사업자가 비용을 부담한 경우 또는 이로 인해 손해를 입은 경우에 수급사업자는 이에 해당하는 비용의 지급 또는 손해의 배상을 원사업자에게 청구할 수 있다. 다만, 원사업자가 고의 또는 과실없음을 증명한 경우에 수급사업자는 손해배상을 청구할 수 없다.

제38조(계약 이외의 사항) ① 이 계약 등에서 정한 것 이외의 사항에 대해서는 관련 법령의 강행법규에서 정한 바에 따르며, 그 이외의 사항에 대해서는 양 당사자가 추후 합의하여 정한다. 다만, 합의가 없는 경우에 이 계약과 관련된 법령 또는 상관습에 의한다.

② 원사업자와 수급사업자는 이 계약을 이행함에 있어「방위사업법」,하도급법 및 공정거래법 등 관련 법령을 준수한다.

③ 원사업자는 수급사업자가 다음 각 호의 어느 하나에 해당하는 행위를 한 것을 이유로 그 수급사업자에 대하여 수주기회(受注機會)를 제한하거나 거래의 정지, 그 밖에 불이익을 주는 행위를 하지 않는다.

1. 원사업자가 하도급법 등을 위반하였음을 관계 기관 등에 신고한 행위

2. 원사업자에 대한 하도급대금의 조정신청 또는 하도급분쟁조정협의회에 대한 조정신청

3. 관계 기관의 조사에 협조한 행위

4. 하도급거래 서면실태조사를 위하여 공정거래위원회 등이 요구한 자료를 제출한 행위

④ 원사업자는 다음 각 호에서 정한 행위를 하지 않는다.

1. 하도급 거래량을 조절하는 방법 등을 이용하여 수급사업자의 경영에 간섭하는 행위

2. 정당한 사유 없이 수급사업자가 기술자료를 해외에 수출하는 행위를 제한하거나 기술자료의 수출을 이유로 거래를 제한하는 행위

3. 정당한 사유 없이 수급사업자로 하여금 자기 또는 자기가 지정하는 사업자와 거

래하도록 구속하는 행위

4. 정당한 사유 없이 수급사업자에게 원가자료 등 공정거래위원회가 고시하는 경영 상의 정보를 요구하는 행위

⑤ 원사업자는 정당한 사유 없이 수급사업자에게 자기 또는 제3자를 위하여 금전, 물품, 용역, 그 밖의 경제적 이익을 제공하도록 하는 행위를 하여서는 아니 된다.

제39조(계약의 변경) ① 합리적이고 객관적인 사유가 발생하여 부득이하게 계약변경이 필요하다고 인정되는 경우에 원사업자와 수급사업자는 상호 합의하여 이 계약의 내용을 서면으로 변경할 수 있다.

② 원사업자의 요구에 따라 위탁내용이 변경되거나 방위산업물품의 제조 작업량이 증감되어 계약금액의 조정이 필요한 경우, 원사업자와 수급사업자는 협의하여 계약금액을 합리적으로 조정한다.

③ 방위산업물품의 제조 물량 등이 변경된 경우, 원사업자는 계약변경 이전까지 수급사업자가 이미 수행한 부분에 대해서는 정산하여 계약금액을 지급한다. 다만, 변경계약의 내용이 종전 계약과 동일성을 유지하면서 단순히 단가변경, 계약기간의 조정 등일 경우에는 그러하지 아니하다.

④ 일방에 의한 계약변경의 요청이 있은 날로부터 10일이 지난 후에도 상대방이 협의를 개시하지 아니하거나, 요청이 있은 날로부터 30일 이내에 합의에 도달하지 못한 경우에는 원사업자 또는 수급사업자는 하도급법에 따라 설치된 하도급분쟁조정협의회 등에 조정을 신청할 수 있다.

제40조(물품 등의 구매강제 금지) 원사업자는 수급사업자에게 제조위탁을 하는 경우에 방위산업물품에 대한 품질의 유지·개선 등 정당한 사유가 있는 경우 외에는 그가 지정하는 물품·장비 또는 역무의 공급 등을 수급사업자에게 매입 또는 사용(이용을 포함한다)하도록 강요하여서는 아니 된다.

제5장 방위사업계약

제41조(계약의 형태) ① 이 장은 다음 각 호의 어느 하나의 계약에 적용한다

1. 확정계약

2. 개산계약 (일반개산계약 등)

② 발주자와 원사업자간에 정산하기로 한 방위산업물품의 제조에 관한 원사업자와 수급사업자의 계약은 제1항제2호에 의한 개산계약으로 체결하는 것을 원칙으로 한다. 다만, 원사업자와 수급사업자는 협의하여 이와 다르게 정할 수 있다.

제42조(하도급대금의 정산) ① 이 계약이 제41조제1항제2호의 개산계약인 경우에는 방위사업청에서 정한 규정 등에 따라 정산한다.

② 발주자가 원사업자와 개산계약 체결 시 제41조제2항에 따라 정산품목으로 명시하지 않아 원사업자와 수급사업자가 확정계약을 한 경우, 발주자와 원사업자간의 정산을 이유로 원사업자와 수급사업자간 확정계약과 달리 그 품목에 대해 정산하여서는 아니 된다.

제43조(부정행위 금지) ① 수급사업자는 원사업자 또는 원사업자의 임직원에게 본 계약과 관련하여 영업 기타 부당한 이익을 취득 또는 유지할 목적으로 직접 또는 제3자를 통하여 부당한 금전 기타의 이익을 제의·약속하거나 또는 제공해서는 아니 된다.

② 수급사업자는 원사업자의 임직원이나 원사업자의 임직원임을 사칭하는 자로부터 금품 등의 제공 요구를 받은 경우 수급사업자는 원사업자에게 동 사실을 통보하여야 한다.

제44조(계약금액의 착오등과 부당이득금등의 환수 등) ① 본 계약체결 후 원가계산자료 및 계산의 착오로 인한 계약금액의 부당한 결정으로 수급사업자가 부당이득을 취한 사실이 발견되거나 기타 착오로 손해를 끼친 사실이 확인될 경우에는 수급사업자는 지체없이 부당이득금을 원사업자에게 반환하여야 한다. 특히, 수급사업자가 허위 그 밖에 부정한 내용의 원가계산자료를 제출하여 예정가격 또는 계약금액이 부당하게 결정되고 그 결과 원사업자가 부당이득을 얻은 경우에, 수급사업자는 부당이득금과 부당이득금의 2배 이내에 해당하는 가산금을 원사업자에게 지급하여야 한다.

② 제3자가 「국가계약법 시행규칙」제10조제3호에 따른 견적가격을 허위 그 밖에 부정한 내용으로 제출하여 예정가격 또는 계약금액이 부당하게 결정되고 그 결과 수급사업자가 부당이득을 얻은 경우에, 수급사업자는 부당이득금을 원사업자에게 지급하여야 한다.

③ 수급사업자가 위조 또는 변조된 시험성적서를 제출한 경우에 위조 또는 변조된 시험성적서로 검사한 물품(위·변조된 시험품목) 대금의 100분의 30에 해당하는 금액을 원사업자에게 지급하여야 한다.

④ 수급사업자는 발주자가 제1항에 따른 부당이득금을 산정하기 위하여 원가자료 및 관련 자료의 제출 또는 열람을 요구할 경우 응하여야 한다.

제6장 피해구제 및 분쟁해결

제45조(계약이행보증금 및 대금지급보증금) ① 이 계약에서 계약이행보증금 또는 대금지급보증금을 약정한 경우 수급사업자는 계약의 의무이행을 위하여 계약이행보증금을 계약체결 전까지 원사업자에게 현금 등으로 납부하고, 원사업자는 계약체결일로부터 30일 이내에 대금지급보증금을 지급한다.

② 제1항에 따른 계약이행보증금 또는 대금지급보증금은 보증기관이 발행한 보증서로 납부할 수 있다.

제46조(손해배상) ① 원사업자 또는 수급사업자가 이 계약을 위반하여 상대방에게 손해를 입힌 경우에 배상할 책임이 있다. 다만, 고의 또는 과실 없음을 증명한 경우에는 그러하지 아니하다.

② 원사업자 또는 수급사업자가 책임있는 사유로 방위산업물품의 제조와 관련하여 제3자에게 손해를 입힌 경우에는 연대하여 그 손해를 배상할 책임이 있다. 이 경우에 제3자에게 배상한 자는 그 책임비율에 따라 상대방에게 구상권을 행사할 수 있다.

③ 수급사업자는 이 계약에 따른 의무를 이행하기 위해 제3자를 사용한 경우, 그 제3자의 행위로 인하여 원사업자에게 발생한 손해에 대해 제3자와 연대하여 책임을 진다. 이 경우에 제13조 제3항을 준용한다.

④ 원사업자가 제17조제1항, 제20조제1항·제2항, 제22조제3항, 제26조, 제27조제1항·제2항 및 제38조제3항을 위반한 경우, 수급사업자는 이로 인해 발생한 손해의 3배를 넘지 아니하는 범위에서 배상을 청구할 수 있다. 다만, 원사업자가 고의 또는 과실이 없음을 입증한 경우에는 그러하지 아니하다.

제47조(지체상금) ① 수급사업자가 기한 내에 방위산업물품을 납품하지 않은 경우에 원사업자는 지체일수에 전문에서 정한 지체상금요율을 곱하여 산정한 지체상금을 청구할 수 있다. 납품 후 검사에 합격하지 않은 경우에도 같다.

② 세1항의 경우, 기성부분 또는 완료부분을 원사업자가 검사결과 합격한 후 원사입자가 지정한 장소에 납품된 경우(인수하지 아니하고 관리·사용하고 있는 경우를 포함한다. 이하 이 조에서 같다)에는 그 부분에 상당하는 금액을 하도급대금에서 공제한 금액을 기준으로 지체상금을 계산한다.

③ 원사업자는 다음 각 호의 어느 하나에 해당한 경우에 그 해당 일수를 제1항의 지체일수에 산입하지 아니한다.

1. 태풍, 홍수, 기타 악천후, 전쟁 또는 사변, 지진, 화재, 폭동, 항만봉쇄, 방역 및 보안상 출입제한 등 불가항력의 사유에 의한 경우

2. 원사업자가 공급하기로 한 사급재의 공급이 지연되는 사정으로 제조 등의 진행이 불가능하였을 경우

3. 원사업자의 책임있는 사유로 제조가 지연되거나 중단된 경우

4. 그 밖에 수급사업자에게 책임 없는 사유로 인하여 지체된 경우

④ 원사업자는 제1항의 지체상금을 수급사업자에게 지급하여야 할 하도급대금에서 공제하거나 계약이행보증금에서 회수할 수 있다. 다만, 수급사업자의 하도급대금에서 공제할 대금이 없거나 부족한 경우에는 상호 협의하여 원사업자에게 납부한다.

제48조(하자담보책임 등) ① 수급사업자는 전문에서 정한 하자보수보증금율을 계약금액에 곱하여 산출한 금액(이하"하자보수보증금"이라 한다) 또는 하도급법 제13조의2 제5항 각 호에서 정한 보증서를 그 하도급대금을 지급받을 때까지 원사업자에게 납부 또는 교부한다. 다만, 방위산업물품의 성질상 하자보수보증금의 납부가 필요하지 아니한 경우에는 그러하지 아니하다.

② 원사업자는 검사를 마친 날로부터 전문에서 정한 하자담보책임기간 동안에 수급사업자의 제조로 인해 발생한 하자에 대해 상당한 기간을 정하여 그 하자의 보수를 청구할 수 있다. 다만, 다음 각 호의 어느 하나의 사유로 발생한 하자에 대하여는 그러하지 아니하다.

1. 원사업자가 제공한 사급재 등의 품질이나 규격 등의 기준미달로 인한 경우

2. 원사업자의 지시에 따라 제작한 경우

③ 원사업자와 수급사업자는 하자발생에 대한 책임이 분명하지 아니한 경우, 상호 협의하여 전문기관에 조사를 의뢰할 수 있다. 이 경우에 조사비용은 다음 각 호에서 정한 바에 따라 부담한다.

1. 하자가 수급사업자의 사유로 인해 발생한 경우 : 수급사업자

2. 제1호 이외의 사유로 발생한 경우 : 원사업자

④ 수급사업자가 전문에서 정한 하자담보책임기간 중 원사업자로부터 하자보수의 요구를 받고 이에 응하지 아니하면 제1항의 하자보수보증금 중 하자보수에 소요되는 비용에 해당하는 금액은 원사업자에게 귀속한다.

제49조(제조물책임) 수급사업자가 납품한 방위산업물품에 대하여 원사업자에게 제조물책임이 청구되거나 소(訴)가 제기된 경우에 수급사업자는 원사업자가 소송을 수행함에 있어 필요한 협력을 하여야 한다.

제50조(계약의 해제 또는 해지) ① 원사업자 또는 수급사업자는 다음 각 호의 어느 하나에 해당하는 경우에는 서면으로 이 계약의 전부 또는 일부를 해제 또는 해지할 수 있다.

1. 원사업자 또는 수급사업자가 금융기관으로부터 거래정지처분을 받아 이 계약을 이행할 수 없다고 인정되는 경우

2. 원사업자 또는 수급사업자가 감독관청으로부터 인·허가의 취소, 영업취소·영업정지 등의 처분을 받아 이 계약을 이행할 수 없다고 인정되는 경우

3. 원사업자 또는 수급사업자가 어음·수표의 부도, 제3자에 의한 강제집행(가압류 및 가처분 포함), 파산·회생절차의 신청 등 영업상의 중대한 사유가 발생하여 이 계약을 이행할 수 없다고 인정되는 경우

4. 원사업자 또는 수급사업자가 해산, 영업의 양도 또는 타 회사로의 합병을 결의하여 이 계약을 이행할 수 없다고 인정되는 경우. 다만, 영업의 양수인 또는 합병된 회사가 그 권리와 의무를 승계함에 대해 상대방이 동의한 경우에는 그러하지 아니하다.

5. 원사업자 또는 수급사업자가 재해 기타 사유로 인하여 이 계약의 내용을 이행하기 곤란하다고 쌍방이 인정한 경우

② 원사업자 또는 수급사업자는 다음 각 호의 어느 하나에 해당하는 사유가 발생한 경우에는 상대방에게 상당한 기간을 정하여 서면으로 그 이행을 최고하고, 그 기간 내에 이를 이행하지 아니한 때에는 이 계약의 전부 또는 일부를 해제·해지할 수 있다. 다만, 원사업자 또는 수급사업자가 이행을 거절하거나 제조기한 내에 이행하여야 이 계약의 목적을 달성할 수 있는 경우에는 최고 없이 해제 또는 해지할 수 있다.

1. 원사업자 또는 수급사업자가 이 계약상의 중요한 의무를 이행하지 않은 경우

2. 원사업자가 수급사업자의 책임 없이 방위산업물품의 제조에 필요한 사항의 이행을 지연하여 수급사업자의 제조 등에 지장을 초래한 경우

3. 수급사업자가 원사업자의 책임 없이 약정한 제조 개시일을 경과하고도 제조를 시작하지 아니한 경우

4. 수급사업자가 원사업자의 책임 없이 제조를 거부하거나 지연하여 납품일자 내에 방위산업물품의 제조완료가 곤란하다고 객관적으로 인정되는 경우

5. 수급사업자의 인원·장비 및 품질관리능력이 현저히 부족하여 이 계약을 원만히 이행할 수 없다고 인정되는 등 수급사업자의 책임있는 사유가 인정되는 경우

6. 원사업자나 수급사업자가 하도급대금지급보증이나 계약이행보증을 하지 아니한 경우. 다만, 이를 약정하지 않은 경우에는 그러하지 아니한다.

③ 제1항 또는 제2항에 따른 해제 또는 해지는 기성검사를 필한 부분과 기성검사를 필하지 않은 부분 중 객관적인 자료에 의해 제조의 완료사실이 확인된 부분(추후 검사결과 불합격으로 판정된 경우는 그러하지 아니하다)에 대해 적용하지 아니한다.

④ 제1항 또는 제2항에 따라 계약이 해제·해지된 때에는 각 당사자의 상대방에 대한 일체의 채무는 기한의 이익을 상실하고, 당사자는 상대방에 대한 채무를 지체 없이 이행한다.

⑤ 원사업자 또는 수급사업자는 이 계약의 전부 또는 일부가 해제 또는 해지된 경우에 이로 인하여 발생한 상대방의 손해를 배상한다. 다만, 손해배상의 책임을 지는 원사업자 또는 수급사업자가 고의 또는 과실없음을 증명한 경우에는 그러하지 않는다.

⑥ 제1항 또는 제2항에 따라 계약을 해제 또는 해지한 경우, 원사업자는 기성검사를 필한 부분과 기성검사를 필하지 않은 부분 중 객관적인 자료에 의해 제조 완료사실이 확인된 부분(추후 검사결과 불합격으로 판정된 경우는 그러하지 아니하다)에 대한 하도급대금을 수급사업자에게 지급하고, 동시에 수급사업자는 하자보수보증금(또는 보증서)을 원사업자에게 납부한다.

⑦ 수급사업자는 제6항의 하자보수보증금을 현금으로 납부한 경우, 방위산업물품의 검사 후 하자보수보증서로 대체할 수 있다.

⑧ 제1항 및 제2항에 따라 이 계약이 전부 해제된 경우, 원사업자와 수급사업자는 다음 각 호에서 정한 의무를 동시에 이행한다. 다만, 일부 해제 또는 해지된 경우에는 그러하지 않는다.

1. 원사업자는 수급사업자로부터 인도받은 방위산업물품과 관련된 모든 자료를 반환

하고, 저장된 자료를 삭제한다.

2. 수급사업자는 원사업자로부터 지급받은 하도급대금과 그 이자를 더하여 반환한다.

3. 수급사업자는 원사업자로부터 제공받은 지식재산 등을 반환하며, 이를 활용하지 아니한다.

⑨ 원사업자가 제1항 또는 제2항에 따라 계약을 해제 또는 해지한 경우, 수급사업자는 다음 각 호의 사항을 이행한다.

1. 해제 또는 해지의 통지를 받은 부분에 대한 방위산업물품의 제조를 지체 없이 중지한다.

2. 대여품이 있을 때에는 지체 없이 원사업자에게 반환한다. 이 경우에 그 대여품이 수급사업자의 고의 또는 과실로 인하여 멸실 또는 훼손되었을 때에는 원상회복 또는 그 손해를 배상한다.

3. 사급재 중 방위산업물품의 기성부분으로서 인수된 부분에 사용한 것을 제외한 잔여자재를 지체 없이 원사업자에게 반환한다. 이 경우, 그 자재가 수급사업자의 고의 또는 과실로 인하여 멸실 또는 훼손되었거나 방위산업물품의 기성부분으로서 인수되지 아니한 부분에 사용된 때에는 원상회복하거나 그 손해를 배상한다.

⑩ 손해배상금을 지급하거나 하도급대금을 반환해야 할 자가 이를 지연한 경우, 그 지연기간에 대해 전문에서 정한 지연이자를 더하여 지급한다.

제51조(잔존의무) 원사업자와 수급사업자는 본 계약의 기간만료 후 및 계약의 해제 · 해지 및 종료 후에도 다음 각 호에 관한 의무를 진다.

1. 제22조부터 제24조까지에서 정하는 기술자료, 지식재산권 등에 관한 사항

2. 제36조에 정하는 비밀유지에 관한 사항

3. 제48조에 정하는 하자담보책임 등에 관한 사항

4. 제49조에 정하는 제조물책임에 관한 사항

제52조(분쟁해결) ① 이 계약과 관련하여 분쟁이 발생한 경우, 원사업자와 수급사업자는 상호 협의하여 분쟁을 해결하기 위해 노력한다.

② 제1항의 규정에도 불구하고 분쟁이 해결되지 않은 경우, 원사업자 또는 수급사업자는 공정거래법 등에 따른 공정거래조정원 또는 하도급분쟁조정협의회,「중소기업 기술보호지원에 관한 법률」에 따른 중소기업 기술분쟁조정위원회 등에 조정을 신청할

수 있다. 이 경우에 원사업자와 수급사업자는 조정절차에 성실하게 임하며, 원활한 분쟁해결을 위해 노력한다.

③ 제1항의 규정에도 불구하고, 분쟁이 해결되지 않은 경우에 원사업자 또는 수급사업자는 법원에 소를 제기하거나 중재법에 따른 중재기관 등에 중재를 신청할 수 있다.

제53조(재판관할) 이 계약과 관련된 소는 원사업자 또는 수급사업자의 주된 사무소를 관할하는 지방법원에 제기한다.

붙임 2. 계약물품 명세서

순위	품 명 (품목번호)	단위	수량	단 가 (금 액)	납 기 (납 지)	비 고
합 계						

비밀보호 특약서

ㅇㅇㅇ 회사(이하 "원사업자"라 한다)와 ㅇㅇㅇ 회사(이하 "수급사업자"라 한다)는 방위사업청이 발주한 ㅇㅇㅇㅇ 하도급거래를 수행함에 있어서 국방부훈령 제2132호 방위산업 보안업무훈령 [별표3] '비밀보호 특약'에 따라 보안업무를 이행하여야 한다.

제 1 조 (목적)

이 비밀보호 특약은 방위사업관련 군사비밀의 효율적인 보호·관리를 위하여 필요한 사항을 규정함을 목적으로 한다.

제 2 조 (군사비밀 자료)

군사비밀 자료(이하 "비밀자료"라 한다)라 함은 군사비밀이라고 표시 고지된 문서(전자문서 포함), 도면, 장비 또는 자재 등을 말한다.

제 3 조 (보안책임)

① 원사업자는 수급사업자에게 제공 또는 설명하는 자료 중 비밀자료는 이 특약이 규정하는 바에 의하여야 한다.

② 수급사업자는 원사업자로부터 제공 또는 설명 받은 비밀자료는 이 특약이 규정하는 바에 의하여 보호·관리하여야 한다.

제 4 조 (비밀의 표시 고지)

① 원사업자는 수급사업자에게 제공(설명)하는 비밀자료는「방위산업보안업무훈령」에서 규정한 바에 의하여 군사비밀 표시를 하거나 고지하여야 한다.

② 수급사업자는 원사업자로부터 제공(설명)받은 비밀자료에 표시·고지된 내용을 삭제, 변조, 훼손 등 임의로 변경할 수 없다.

제 5 조(비밀의 열람 제한)

① 수급사업자는 원사업자가 비밀로 표시, 고지한 문서, 도면 또는 장비, 자재(이하 "비밀문서 및 장비"라 한다) 등을 취급함에 있어서 신중을 기할 것이며, 기술용역 또는 제조에 직접 관계없는 자에게 열람 또는 누설해서는 아니 된다.

② 기술용역 또는 제조와 관계가 있는 자에 대해서도 작업에 필요한 한도를 벗어나서 비밀문서 및 장비를 열람하게 하거나 또는 누설해서는 아니 된다.

제 6 조 (비밀문서 및 장비의 보호관리)
① 수급사업자는 원사업자가 제공한 비밀에 속하는 비밀문서 및 장비에 대하여 성실히 보호·관리할 책임이 있다.
② 수급사업자는 제1항의 비밀문서 및 장비의 보관관리를 위하여 원사업자가 점검하고 인정한 용기를 비치하여야 한다.
③ 수급사업자는 일과 후 공휴일 등에는 반드시 원사업자가 지정한 보관용기에 안전하게 보호 관리하여야 한다.

제 7 조 (비밀의 생산 및 배포)
① 수급사업자는 원사업자가 지시하거나 또는 요청한 외에 비밀문서를 생산 배부할수 없다. 다만, 수급사업자가 원사업자 이외의 자로부터 비밀의 배부 요청이 있을 때에는 사전에 원사업자의 허가를 얻어야 한다.
② 수급사업자는 위촉된 과제연구, 개발 또는 제조를 함에 있어서 원사업자가 지정하는 장소 이외에서 연구, 개발 또는 제조를 하여서는 아니 된다. 다만, 부득이하여 장소를 변경하고자 할 때에는 미리 원사업자의 동의를 받아야 하며, 원사업자는 시설의 적절성 여부를 심의하기 위한 보안측정을 실시한다.

제 8 조 (비밀의 활용)
① 수급사업자는 계약에 특별히 명시되어 있는 경우를 제외하고는 위촉된 연구과제 또는 이와 관련된 비밀사항에 대하여 학술적인 목적의 토의, 발표(세미나) 등을 할 수 없다.
② 수급사업자는 원사업자의 사전 동의를 받지 않고 원사업자가 제공한 비밀자료를 용역·위촉 등을 이유로 대외에 제공하거나 설명할 수 없다.
③ 수급사업자는 원사업자와 계약한 사업이 타 사업자의 참여 없이는 추진이 불가능하다고 판단될 경우에 다음 각 호의 사항을 기재한 서면을 제출하여 원사업자의 사전 서면승인을 받아야 한다.
  1. 위촉 또는 하도급 사유와 내용

2. 보인대책

3. 그 밖에 참고사항 등

제 9 조 (방문 및 출입통제)

① 수급사업자는 연구실, 공작실(제조), 시험시설 등 보호구역에 내·외국인이 방문할 때에는 원사업자의 사전승인을 받아야 한다.

② 원사업자는 제1항의 방문을 승인한 때에는 방문자에 대한 비밀 공개범위를 지정하고 필요한 보안조치에 관한 요구를 하여야 한다.

③ 수급사업자는 제1항의 외래인의 방문통제 이외에 소속직원 또는 종사원으로서 본업무와 직접 관련 없는 자의 출입을 허용해서는 아니 된다.

제 10조 (위촉 및 하도급)

수급사업자는 원사업자가 위촉한 비밀에 속하는 용역 또는 제조를 함에 있어 타 사 위촉 또는 하도급 내용과 사유 및 보안대책 등을 포함한 내용을 서면으로 원사업자에게 통보하여 승인을 얻어야 한다.

제 11 조 (보안조치)

① 수급사업자는 연구실 또는 제조실(공작실), 비밀공사장, 시험분석실 등에 비밀보호 조치를 위하여 이 계약을 체결한 날로부터 1주일 이내에 비밀보호 조치를 위한 세부 실천계획을 작성, 원사업자의 확인을 받아야 한다.

② 제1항의 세부실천계획에는 다음 각 호에 정한 사항을 명확히 포함하여야 한다.

1. 보관책임관의 임명 및 책임

2. 보안담당관 임명

3. 취업 간 또는 취업종료 후 보안대책 및 경비에 관한 사항

4. 방문 및 출입 통제대책

5. 비밀의 접근 또는 열람한계 설정 및 인원에 대한 보안대책

6. 비밀제공 및 설명에 따른 보안대책

7. 비밀장비의 포장 및 수송 간 보안대책

8. 직원, 종사원에 대한 보안교육계획

9. 보안사고의 대책 및 조치

316

10. 그 밖에 필요한 보안대책

제 12 조 (보안점검)

① 원사업자 또는 대리자(원사업자의 보안지원기관을 포함한다)가 필요하다고 인정할 때에는 수급사업자에 대하여 보안점검을 실시할 수 있으며 또한 필요한 보안조치를 요구할 수 있다.

② 수급사업자가 보안조치 통보를 접수한 때에는 반드시 시정 조치하고 그 결과를 원사업자 또는 대리자에게 통보하여야 한다.

제 13조 (보안사고 발생 시 조치)

수급사업자는 비밀의 누설 혐의가 있거나 분실 또는 과실파기 등 사고가 발생한 때에는 적절한 보안조치를 취하고 상세한 전말을 원사업자에게 통보하여야 한다.

제 14조 (비밀의 반납)

수급사업자는 원사업자와의 계약 종료와 동시 1주일 이내에 연구개발 또는 제조와 관련하여 원사업자가 교부한 비밀문서 및 장비와 연구개발 또는 제조기간 중 생산되었거나 복제, 복사한 비밀 등(원고인 경우 초고를 포함한다) 일체의 비밀을 원사업자에게 반납하여야 한다.

년   월   일

원사업자

상호 또는 명칭:

전화번호:

주 소:

대표자 성명: (인)

사업자(법인)번호:

수급사업자

상호 또는 명칭:

전화번호:

주 소:

대표자 성명: (인)

사업자(법인)번호:

프랜차이즈(도소매업) 표준계약서

공정거래위원회

이 표준계약서의 목적은 도소매업을 운영하는 가맹사업에 있어서 가맹본부와 가맹점사업자 간에 공정한 계약조건에 따라 가맹계약(프랜차이즈계약)을 체결하도록 하기 위한 표준적 계약 조건을 제시함에 있습니다.

이 표준계약서에서는 도소매업 가맹사업의 운영에 있어서 표준이 될 계약의 기본적 공통사 항만을 제시하였습니다. 따라서 실제 가맹계약을 체결하려는 계약당사자는 이 표준계약서의 기본 틀과 내용을 유지하는 범위에서 이 표준계약서보다 더 상세한 사항을 계약서에 규정하 거나 특약으로 달리 약정할 수 있습니다.

또한 이 표준계약서의 일부 내용은 현행 「가맹사업거래의 공정화에 관한 법률」 및 그 시행 령을 기준으로 한 것이므로 계약당사자는 이들 법령이 개정되는 경우에는 개정내용에 부합되 도록 기존의 계약을 수정 또는 변경할 수 있으며 특히 개정법령에 강행규정이 추가되는 경우 에는 반드시 그 개정규정에 따라 계약내용을 수정하여야 합니다.

이 표준계약서는 하위가맹본부(지사 등)가 가맹본부로부터 계약체결권을 부여받아 가맹점사 업자를 모집할 경우에도 그 하위가맹계약의 표준이 될 수 있습니다.

제 1 장 총 칙

제1조 (목 적)
이 표준계약서는 상품 도소매업을 영업으로 하는 가맹사업에 있어서 가맹본부와 가맹점사업자 간에 공정한 계약조건에 따른 가맹계약을 체결하도록 하기 위한 표준적 계약조건을 제시함을 목적으로 한다.

제2조 (용어의 정의)
이 계약서에서 사용된 용어는 다음 각 호와 같은 의미를 갖는다.

1. "가맹사업"이라 함은 가맹본부가 가맹점사업자(가맹희망자를 포함한다)로 하여금 자신의 상표 . 서비스표 . 상호 . 간판 그 밖의 영업표지(이하 "영업표지"라 한다)를 사용하여 일정한 품질기준이나 영업방식에 따라 상품을 판매하도록 함과 아울러 이에 따른 경영 및 영업활동 등에 대한 지원 . 교육과 통제를 하고, 가맹점사업자는 이에 대한 대가로 가맹본부에 가맹금을 지급하는 것을 내용으로 하는 계속적인 거래관계를 말한다.

2. "가맹본부"라 함은 가맹계약과 관련하여 가맹점사업자에게 가맹점운영권을 부여하는 사업자를 말한다.

3. "가맹점사업자"라 함은 가맹계약과 관련하여 가맹본부로부터 가맹점운영권을 부여받은 사업자를 말한다.

4. "가맹금"이라 함은 명칭이나 지급형태의 여하에 관계없이 가맹점사업자가 가맹계약에 따라 가맹본부에 지급하는 대가를 말하며, 최초가맹금, 계속가맹금, 계약이행보증금을 포함한다.

5. "최초가맹금"이라 함은 가입비 . 입회비 . 계약금 . 할부금 . 오픈지원비 . 최초교육비 등 명칭을 불문하고 가맹점사업자가 가맹점운영권을 부여받아 가맹사업에 착수하기 위하여 가맹본부에 지급하는 대가를 말한다.

6. "계속가맹금"이라 함은 상표사용료, 교육비, 경영지원비 등 명칭을 불문하고 가맹점사업자가 가맹사업에 착수한 이후 가맹사업을 유지하기 위하여 영업표지의 사용과 영업활동 등에 관한 지원 . 교육, 그 밖의 사항과 관련하여 가맹본부에 정기적으로 또는 비정기적으로 지급하는 모든 대가를 말한다.

7. "계약이행보증금"이란 가맹점사업자가 가맹본부로부터 공급받는 상품의 대금 등에 관한 채무액이나 이와 관련한 손해배상액의 지급을 담보하기 위하여 가맹본부에

지급하는 대가를 말한다.

8. "영업비밀"이라 함은 공공연히 알려져 있지 아니하고 독립된 경제적 가치를 가지는 것으로서, 가맹본부의 상당한 노력에 의하여 비밀로 유지된 생산방법, 판매방법, 그 밖에 영업활동에 유용한 기술상 또는 경영상의 정보를 말한다.

제3조 (계약당사자의 지위)

① 가맹본부와 가맹점사업자는 상호간에 독립한 사업자로서 대등한 관계에서 이 건 가맹계약을 체결한다.

② 가맹본부와 가맹점사업자 사이에는 상호간에 대리관계나 위임관계, 사용자와 피용자 관계, 동업자 관계 등 여하한 특별한 관계도 존재하지 아니한다.

제4조 (신의성실의 원칙)

가맹본부와 가맹점사업자는 이 가맹계약에 따라 가맹사업을 영위함에 있어서 각자의 업무를 신의에 따라 성실하게 수행하여야 한다.

제5조 (가맹본부의 준수사항)

가맹본부는 이 계약에서 정한 의무 외에 다음 각 호의 사항을 준수한다.

1. 가맹사업의 성공을 위한 사업구상

2. 상품이나 용역의 품질관리와 판매기법의 개발을 위한 계속적 노력

3. 가맹점사업자에 대하여 합리적 가격과 비용에 의한 점포설비의 설치, 상품 또는 용역 등의 공급

4. 가맹점사업자와 그 직원에 대한 교육 · 훈련

5. 가맹점사업자의 경영 · 영업활동에 대한 지속적인 조언과 지원

6. 가맹계약기간 중 가맹점사업자의 영업지역에서 자기의 직영점이나 가맹점을 설치하거나 가맹점사업자와 동일한 업종의 가맹점을 설치하는 행위의 금지

7. 가맹점사업자와의 대화와 협상을 통한 분쟁해결 노력

8. 특정 가맹점사업자에 대한 보복 목적의 관리 및 감독, 근접출점, 출혈 판촉행사, 사업자 단체활동 등을 이유로 한 불이익 제공 행위 금지

9. 분쟁 조정신청, 공정거래위원회의 조사 및 서면실태조사 협조 등을 이유로 한 보복 조치 금지

제6조 (가맹점사업자의 준수사항)

가맹점사업자는 이 계약에서 정한 의무 외에 다음 각 호의 사항을 준수한다.

1. 가맹사업의 통일성 및 가맹본부의 명성을 유지하기 위한 노력
2. 가맹본부의 공급계획과 소비자의 수요충족에 필요한 적정한 재고유지 및 상품진열
3. 가맹본부가 상품 또는 용역에 대하여 제시하는 적절한 품질기준의 준수
4. 제3호의 규정에 의한 품질기준의 상품 또는 용역을 구입하지 못하는 경우 가맹본부가 제공하는 상품 또는 용역의 사용
5. 가맹본부가 사업장의 설비와 외관, 운송수단에 대하여 제시하는 적절한 기준의 준수
6. 취급하는 상품 · 용역이나 영업활동을 변경하는 경우 가맹본부와의 사전 협의
7. 상품 및 용역의 구입과 판매에 관한 회계장부 등 가맹본부의 통일적 사업경영 및 판매전략의 수립에 필요한 자료의 유지와 제공
8. 가맹점의 업무현황 및 제7호의 규정에 의한 자료의 확인과 기록을 위한 가맹본부의 임직원 그 밖의 대리인의 사업장 출입 허용
9. 가맹본부의 동의를 얻지 아니한 경우 사업장의 위치변경 또는 가맹점운영권의 양도금지
10. 가맹계약기간 중 가맹본부와 동일한 업종을 영위하는 행위의 금지
11. 가맹본부의 영업기술이나 영업비밀의 누설 금지
12. 가맹본부의 영업표지 기타 지적재산권에 대한 침해사실을 인지하는 경우 가맹본부에 대한 침해사실의 통보와 금지조치에 필요한 적절한 협력

제7조 (불공정거래행위의 금지)

가맹본부는 다음 각 호의 어느 하나에 해당하는 행위로서 가맹사업의 공정한 거래를 저해할 우려가 있는 행위를 하거나 제3자에게 이를 행하도록 하지 아니한다.

1. 가맹점사업자의 귀책으로 보기 어려운 행위 등을 이유로 가맹점사업자에게 상품이나 용역의 공급 또는 영업지원 등을 중단 또는 거절하거나 그 내용을 현저히 제한하는 행위
2. 가격구속, 거래상대방 구속, 상품 또는 용역의 판매제한, 영업지역 준수강제 등의 방법으로 가맹점사업자가 취급하는 상품 또는 용역의 가격, 거래상대방, 거래지역이나 가맹점사업자의 사업활동을 가맹본부의 상표권 보호, 상품 또는 용역의 동일성 유지 등 가맹사업경영에 필수적인 수준에 비추어 과도하게 구속하거나 제한하는

행위

3. 거래상 지위를 이용하여 구입강제, 경제적이익제공 또는 비용부담 강요, 가맹점
사업자에게 불리한 계약조항 설정 또는 변경, 경영간섭, 판매목표 강제 등의 방법으
로 가맹점사업자에게 불이익을 주는 행위

4. 계약의 목적과 내용, 발생할 손해 등에 비하여 과중한 위약금 또는 지연손해금을
설정·부과하는 행위

5. 경쟁가맹본부의 가맹점사업자를 자기와 거래하도록 유인하여 자기의 가맹점사업
자의 영업에 불이익을 주는 행위 등 제1호 내지 제4호 외의 행위로서 가맹사업의
공정한 거래를 저해할 우려가 있는 행위

제 2 장 개점의 준비

제8조 (가맹점의 표시)

이 계약에 의하여 가맹점사업자가 개설하게 되는 가맹점의 표시는 다음과 같다.

　　(1) 점포명:

　　(2) 상호 및 대표자:

　　(3) 점포 소재지:

　　(4) 점포 규모:　　　　　　　　㎡

　　(5) 영업지역: 별첨[1]에 표시된 지역

제9조 (가맹점운영권의 부여)

① 가맹본부는 가맹점사업자가 계약기간 중에 가맹본부의 영업시스템에 따라 도소매업
을 운영하도록 하기 위하여 필요한 범위에서 가맹점사업자에게 다음 각 호의 권리
를 부여한다.

 1. 가맹본부의 영업표지의 사용권

 2. 가맹사업과 관련하여 등기·등록된 권리나 영업비밀의 사용권

 3. 상품 또는 원·부자재(이하 "상품 등"이라 한다)를 공급받을 권리

 4. 노하우(know-how) 전수, 지도, 교육 기타 경영지원을 받을 권리

 5. 기타 가맹본부가 본 계약상의 영업과 관련하여 보유하는 권리로서 당사자가 사
용허가의 대상으로 삼은 권리

② 이 계약에서 가맹점사업자에게 사용이 허가된 영업표지의 표시는 별첨[2]와 같다.

제10조 (지식재산권의 확보)

① 가맹본부는 가맹사업에 사용하는 영업표지에 대한 배타적 독점권을 확보하여야 한다.

② 가맹본부는 가맹점사업자에게 사용을 허가한 각종 권리의 진정성과 적법성 및 대항력에 대하여 책임을 진다.

③ 가맹본부가 사용을 허가한 지식재산권이 기간 만료 등으로 인하여 더 이상 사용할 수 없게 된 경우 가맹본부는 가맹본부의 책임과 비용으로 가맹점사업자에게 이를 대체할 수 있는 수단을 제공하여야 하며 이로 인하여 발생한 손해를 배상할 책임을 진다.

제11조 (계약의 발효일과 계약기간)

이 계약은 20　년　　월　　일부터 발효되며 그 기간은 계약 발효일로부터 20　년　월　　일까지 (　　　)년간으로 한다.

제12조 (영업지역의 보호)

① 가맹점사업자의 영업지역은 별첨[1]과 같이 하며, 가맹본부는 계약기간 중 가맹점사업자의 영업지역에서 가맹점사업자와 동일한 업종의 자기 또는 계열회사의 직영점이나 가맹점을 개설하지 아니한다.

② 가맹본부는 계약기간 중 또는 계약갱신과정에서 가맹점사업자의 영업지역을 축소할 수 없다. 다만, 계약갱신 과정에서 다음 각 호의 어느 하나에 해당하여 기존 영업지역을 변경하고자 하는 경우 가맹점사업자와 합의하여야 한다.

1. 재건축, 재개발 또는 신도시 건설 등으로 인하여 상권의 급격한 변화가 발생하는 경우

2. 해당 상권의 거주인구 또는 유동인구가 현저히 변동되는 경우

3. 소비자의 기호변화 등으로 인하여 해당 상품·용역에 대한 수요가 현저히 변동되는 경우

4. 제1호부터 제3호까지의 규정에 준하는 경우로서 기존 영업지역을 그대로 유지하는 것이 현저히 불합리하다고 인정되는 경우

③ 가맹점사업자는 가맹본부와 약정한 영업지역을 준수하며, 영업지역을 벗어나 다른 가맹점의 영업지역을 침범하지 아니한다. 가맹점사업자가 자신의 영업지역을 벗어나 다른 가맹점사업자의 영업지역에 속한 고객에게 영업활동을 하는 경우 가맹본부는

다음 각 호의 어느 하나의 조치를 취하여 가맹점시업자 상호간의 이혜관계를 합리적으로 조정할 수 있다.

1. 가맹본부가 두 가맹점사업자 간의 보상금 지불에 대한 중재안을 제시

2. 영업지역을 침해받은 가맹점사업자의 영업지역 조정 요구가 있는 경우 매출액 현황 조사 등 필요한 조치 수행

3. 특정 가맹점사업자가 다른 가맹점사업자의 영업지역을 반복적으로 침해하여 다른 가맹점사업자의 영업과 가맹본부의 가맹사업 경영에 심각한 손해를 가한 경우 그 가맹점사업자에게 행위의 시정을 요구하고 손해배상 청구

제13조 (점포의 설비)

① 가맹점사업자의 점포설비(인테리어)는 가맹사업 전체의 통일성과 독창성을 유지할 수 있도록 가맹본부가 정한 사양에 따라 설계 . 시공한다(기존시설을 변경하는 경우에도 같다). 가맹본부는 기본적인 설계도면과 시방서를 마련하고 계약체결 이후 가맹점사업자에게 이를 제공하여야 한다.

② 가맹점사업자는 가맹본부가 정한 사양에 따라 직접 시공하거나 가맹본부가 지정한 업체를 선정하여 시공할 수 있다. 이 경우 가맹본부는 공사의 원활한 진행을 위하여 자신의 비용으로 직원을 파견할 수 있고, 영업설비기간 . 공사세부내역 . 구체적인 부담액 . 담보기간 등 구체적인 내용은 별도로 협의하여 정한다.

③ 가맹점사업자의 의뢰가 있는 경우에는 가맹본부가 직접 시공할 수 있다.

④ 점포설비에 따른 제반 인 . 허가는 이 계약체결일로부터 (   )일 이내에 가맹점사업자가 자신의 책임과 비용으로 취득한다. 다만, 가맹본부가 직접 시공한 경우 또는 가맹본부가 지정하거나 권유한 업체를 통하여 시공한 경우에는 당사자간 협의하여 그 책임과 비용을 분담할 수 있다.

⑤ 가맹본부는 점포의 시설, 장비, 인테리어 등의 노후화가 객관적으로 인정되는 경우 또는 위생·안전의 결함이나 이에 준하는 사유로 인하여 가맹사업의 통일성을 유지하기 어렵거나 정상적인 영업에 현저한 지장을 주는 경우에는 점포환경개선을 요구 또는 권유할 수 있다.

⑥ 가맹본부는 가맹점사업자의 점포환경개선에 간판교체비용, 인테리어 공사비용(장비·집기의 교체비용을 제외한 실내건축공사에 소요되는 일체의 비용을 말한다)이 소요될 경우에는 그 금액의 20%(점포의 확장 또는 이전을 수반하는 경우에는 40%)를 부담한다. 다만, 가맹본부의 권유 또는 요구가 없음에도 가맹점사업자가 자발적

의사에 의하여 점포환경을 개선하거나 가맹점사업자의 귀책사유로 위생·안전 및 이와 유사한 문제가 발생하여 불가피하게 점포환경을 개선하는 경우는 그러하지 아니하다.

제14조 (가맹점사업자 피해보상보험계약 등의 체결)
① 가맹본부는 가맹점사업자의 피해를 보상하기 위하여 다음 각 호의 어느 하나에 해당하는 계약(이하 "가맹점사업자 피해보상보험 등"이라 한다)을 체결할 수 있다.
  1. 「보험업법」에 따른 보험계약
  2. 가맹점사업자 피해보상금의 지급을 확보하기 위한 「금융감독기구의 설치 등에 관한 법률」 제38조에 따른 기관의 채무지급보증계약
  3. 공정거래위원회의 인가를 받아 설립된 공제조합과의 공제계약
② 가맹본부가 가맹점사업자 피해보상보험 등을 체결한 경우, 가맹본부는 가맹점사업자로부터 최초가맹금을 직접 수령할 수 있다.

제 3 장 가맹점사업자의 부담

제15조 (최초가맹금)
① 가맹점사업자가 가맹본부에 지급하여야 할 최초가맹금의 내역은 다음 표와 같다.

최초가맹금 내역	금액 (단위: 천원)	포함내역	지급 기한	반환 조건	반환될 수 없는 사유
가입비		장소선정 지원비, 가맹사업운영매뉴얼 제공비, 오픈지원비 등			
최초교육비					
합계					

② 가맹점사업자는 가맹점 영업이 개시되거나 계약체결일로부터 ( )일이 경과할 때까지 제1항의 최초가맹금 중 다음 표에 기재된 내역을 가맹본부가 지정하는 아래 금융회사에 예치하여야 한다. 다만, 가맹본부가 제14조의 가맹점사업자 피해보상보험 등을 체결한 경우에는 가맹본부가 직접 지급받을 수 있다.

예치가맹금 내역	금액(단위: 천원)
가입비	
최초교육비	
합계	

* 예치금융회사:　　은행　　지점　　　　부

　계좌번호:　　　　　　　　　　　예금주:

③ 가맹본부는 다음 각 호의 어느 하나에 해당하는 경우에 위 예치기관의 장에게 예치
　가맹금의 지급을 요청할 수 있다.

　1. 가맹점사업자가 영업을 개시한 경우

　2. 가맹계약 체결일로부터 2개월이 경과한 경우

제16조 (가맹금의 반환)

① 가맹점사업자 또는 가맹희망자는 다음 각 호의 어느 하나에 해당하는 경우에 이 계
　약의 체결일로부터 4개월 이내(제3호의 경우 가맹본부의 영업중단일로부터 4개월
　이내)에 가맹본부에 서면으로 가맹금의 반환을 청구할 수 있다. 이 경우 반환하는
　가맹금의 금액은 가맹계약의 체결 경위, 금전이나 그 밖에 지급된 대가의 성격, 가
　맹계약기간, 계약이행기간, 가맹사업당사자의 귀책정도 등을 고려하여 당사자의 협
　의에 의하여 결정한다.

　1. 가맹본부가 등록된 정보공개서를 제공하지 아니하거나 정보공개서를 제공한 날로
　부터 14일(제43조에 따라 변호사 또는 가맹거래사의 자문을 받은 경우에는 7일)이
　지나지 아니하였음에도 가맹금을 수령(가맹금을 예치하는 경우에는 예치)하거나 가
　맹계약을 체결한 경우

　2. 가맹본부가 가맹희망자에게 정보를 제공함에 있어 허위 또는 과장된 정보를 제공
　하거나 중요사항을 누락하여 계약 체결에 중대한 영향을 준 것으로 인정되는 경우

　3. 가맹본부가 정당한 사유 없이 가맹사업을 일방적으로 중단한 경우

② 가맹점사업자는 계약기간 내에 자기의 귀책사유 없는 사유로 계약이 해지되는 등
　가맹계약이 중도에 종료되는 경우에는 영업표지 사용료, 영업시스템의 계속적 이용
　료 등과 같이 전체 계약기간에 대한 선급금의 성질을 갖는 가맹금 중 미경과 잔여
　계약기간의 비율에 해당하는 금액의 반환을 청구할 수 있다. 다만, 이는 손해배상의

청구에 영향을 미치지 아니한다.

③ 제2항의 경우에 최초교육비 등과 같이 계약기간에 따른 선급금의 성질을 갖지 않는 가맹금 중 이행이 완료된 급부의 대가에 해당하는 가맹금에 관하여는 공평의 관념에 어긋나지 않는 범위에서 당사자의 약정에 따라 반환하지 아니할 수 있다.

④ 제1항 또는 제2항에 의해 가맹본부가 가입비의 일부를 반환해야 하는 경우에는 가맹점사업자의 청구가 있는 날로부터 (   )일 이내에 반환하여야 한다.

※ 가맹사업법 제10조 제1항에 의하여 가맹점사업자의 청구가 있는 날로부터 1개월을 초과할 수 없음

제17조 (계속가맹금)

① 가맹점사업자가 가맹본부에 지급하여야 할 계속가맹금의 내역은 다음 표와 같다.

계속가맹금 내역	금액 (단위: 천원)	지급기한	반환조건	반환될 수 없는 사유
영업표지 사용료				
수시교육비				
광고비				
판촉비				
합계				

② 가맹점사업자는 분기 종료 후 (   )일 까지 직전 분기의 총매출액을 서면 또는 POS시스템을 통하여 가맹본부에게 통지하여야 한다.

제18조 (계약이행보증금)

① 가맹점사업자는 영업표지 사용료, 광고·판촉비(가맹점사업자가 부담하게 되는 금액에 한한다) 등 계속가맹금 및 상품 등의 대금과 관련한 채무액 또는 손해배상액의 지급을 담보하기 위하여 직전년도 전체 가맹점사업자의 1회 평균 상품 등의 대금의 3배이내에서 계약이행보증금으로 (   )원을 가맹본부에게 지급하거나 이에 상당하는 계약이행보증보험증권 또는 담보를 제공하여야 한다.

② 전항의 계약이행보증금을 금전으로 지급하는 경우, 가맹점사업자는 가맹점 영업이 개시되거나 계약체결일로부터 (   )일이 경과할 때까지 위 금전을 제15조 제2항에 지

정된 금융회사에 예치하여야 한다. 다만, 가맹본부가 제14조의 가맹점사업자 피해보
상보험 등을 체결한 경우에는 가맹본부에 직접 지급할 수 있다.

③ 계약이 기간만료 또는 해지 등의 사유로 인하여 종료된 경우 가맹본부는 기간만료
일 또는 해지일로부터 (   )일 이내에 가맹점사업자에게 계약이행보증금으로 잔존
채무액과 손해배상액을 정산한 잔액을 상환하고 정산서를 교부하여야 한다.

④ 물적담보가 제공된 경우에는 가맹본부는 가맹점사업자로부터 잔존 채무액과 손해배
상액을 지급받음과 동시에 물적담보의 말소에 필요한 서류를 담보권설정자에게 교부
하여야 한다.

⑤ 가맹본부는 가맹점사업자가 적정한 계약이행보증금 등을 제공하였음에도 인적보증
등 담보를 추가로 요구해서는 아니 된다.

제19조 (최저임금 인상 등 비용부담 증가로 인한 가맹금의 조정)
① 가맹점사업자는 최저임금 인상 등으로 인해 비용이 증가하는 경우 가맹본부에게 가
맹금의 조정을 요청할 수 있다.

② 가맹본부는 제1항에 따른 요청이 있은 날부터 10일 이내에 가맹금 조정을 위한 협
의를 개시하며, 천재지변이나 전시.사변 등의 부득이한 사유 없이 협의를 거부하거
나 게을리 하지 아니한다.

제 4 장   영업활동의 조건

제20조 (교육 및 훈련)
① 가맹본부가 정한 교육 및 훈련과정을 이수하지 아니하는 자는 가맹점의 관리자로
근무할 수 없다.

② 가맹본부의 교육훈련은 다음 표와 같이 구분하여 실시한다.

교육훈련과정	실시시기	가맹점사업자 부담비용 (단위: 천원)
최초교육		
정기교육	연 ( )회	
특별교육		

328

③ 정기교육은 이를 실시하기 (   )일 전에 그 교육계획을 수립하여 가맹점사업자에게 서면으로 통지한다.

④ 특별교육은 이를 실시하기 (   )일 전에 장소와 시간을 정하여 서면으로 통지힌다.

⑤ 가맹본부는 실비를 기준으로 교육비용을 산출하고, 그 산출근거를 명시한 서면에 의하여 가맹점사업자에게 그 지급을 요구하여야 한다.

⑥ 가맹점사업자는 자신이 비용을 부담하여 가맹본부에게 교육 및 훈련요원의 파견을 요청할 수 있다.

제21조 (경영지도)

① 가맹본부는 가맹점사업자의 경영활성화를 위하여 경영지도를 할 수 있다.

② 가맹점사업자는 자신의 비용부담으로 가맹본부에게 경영지도를 요청할 수 있다. 다만, 가맹점사업자가 부담하여야 할 비용은 가맹금에 포함된 통상의 경영지도 비용을 초과한 부분에 한한다.

③ 제2항의 요청을 받은 가맹본부는 경영지도계획서를 가맹점사업자에 제시하여야 한다.

④ 제3항의 경영지도계획서에는 경영지도내용, 기간, 경영진단 및 지도관계자의 성명, 소요비용 등이 포함되어야 한다.

⑤ 가맹본부는 경영지도결과 및 경영개선 방안을 경영지도 후 (   )일 이내에 가맹본부 담당자가 가맹점사업자에게 직접 방문하여 서면으로 제시하고 이를 설명하도록 한다.

제22조 (감독 및 통제)

① 가맹본부는 가맹점사업자의 경영상태를 파악하기 위하여 월(주)(   )회 점포를 점검하고 가맹점사업자에 그 결과를 지체 없이 통지하여야 하며 기준에 위반하는 사항에 대한 시정을 요구할 수 있다.

② 점포의 점검은 청결, 위생, 회계처리, 각종설비관리, 상품 등의 관리상태를 대상으로 한다.

③ 가맹본부는 점포관리기준을 가맹점사업자에게 제시하고, 제시 후 (   )일부터 그 기준에 의하여 점검한다. 점포관리기준을 변경하는 경우에도 같다.

제23조 (설비 및 기기)

① 가맹점사업자는 가맹점운영에 필요한 설비 및 기기를 구비하여야 한다.

② 기맹본부는 가맹점사업자의 요청이 있는 경우 가맹점 영업에 필요한 설비 . 기기를 유상으로 대여할 수 있다. 이 경우 대여할 설비 및 기기의 내역, 대여비용 등 구체적인 사항은 당사자간에 합의하여 별도로 결정한다.

③ 가맹점사업자는 대여 받은 설비 . 기기를 제3자에게 양도하거나 담보로 제공할 수 없다.

④ 가맹점사업자는 대여 받은 설비 . 기기를 자신의 비용으로 유지 . 보수한다.

⑤ 가맹점사업자가 대여 받은 설비 . 기기를 멸실 . 훼손한 경우에는 구입가격에서 감가상각한 금액으로 배상한다.

제24조 (광고)

① 가맹본부는 가맹사업 및 가맹점 영업의 활성화를 위하여 전국단위 및 지역단위로 광고를 시행할 수 있다. 다만, 해당지역 가맹점사업자 과반수의 반대가 있는 경우에는 그러하지 아니하다.

② 광고의 목적 . 횟수 . 시기 . 매체 등에 관한 기본적 사항은 가맹본부가 정하는 바에 의한다. 이와 관련하여 필요한 세부사항은 가맹본부가 합리적으로 결정하여 시행하고 위 세부사항을 기재한 서면으로 가맹점사업자에게 사후 통지한다.

③ 전국단위 광고에 소요되는 비용은 가맹본부가 ( )%, 해당 가맹점사업자가 ( )%씩 각각 분담한다. 가맹점사업자 간의 개별 분담액은 광고시행 직전 분기의 각 가맹점사업자의 총매출액 비율에 따라 산정한다.

④ 가맹본부는 당해분기에 지출한 광고비 중에서 각 가맹점사업자가 부담해야 할 금액을 다음 분기 첫달의 말일까지 명세서를 첨부하여 통지하고, 가맹점사업자는 그 통지를 받은 날로부터 ( )일 이내에 지급한다.

⑤ 가맹점사업자는 자기의 비용으로 영업지역 내에서 광고를 시행할 수 있다. 이 경우 가맹점사업자는 광고의 계획과 문안, 기타 광고와 관련된 세부사항에 관하여 사전에 가맹본부의 승인을 받아야 한다.

제25조 (판촉)

① 가맹본부는 가맹사업 및 가맹점 영업의 활성화를 위하여 전국단위 및 지역단위로 할인판매, 경품제공, 이벤트 등과 같은 판촉활동을 시행할 수 있다. 다만, 해당지역 가맹점사업자 30% 이상이 판촉활동의 시행여부 및 판촉행사의 주요내용에 반대가 있는 경우에는 그러하지 아니하다.

330

② 제1항의 절차에 따라 판촉행사를 실시하는 경우에 가맹본부는 판촉행사의 주요내용 (판촉시기, 판촉물품의 종류, 가맹본부와 가맹점사업자 간의 비용분담 기준)을 포함한 판촉계획을 사전에 가맹점사업자에게 제공하여야 한다.

③ 가맹점에서 판매하는 상품의 할인비용이나 제공하는 경품 . 기념품 등의 비용, 판촉활동을 위한 통일적 팜플렛.전단.리플렛.카달로그 등의 제작비용 등 판촉행사에 소요되는 비용은 가맹본부와 가맹점사업자가 균등하게 분담한다.

④ 가맹점사업자는 자기의 비용으로 자기 지역 내에서 판촉활동을 할 수 있다. 이 경우 가맹점사업자는 판촉활동의 구체적 내용에 관하여 가맹본부와 사전에 협의하여야 한다.

제26조 (상품 등의 조달과 관리)

① 가맹본부가 가맹점사업자에게 공급하여야 할 상품 등의 내역 및 가격은 별첨[3]와 같다. 다만, 물가인상 기타 경제여건의 변동으로 인하여 상품 등의 공급내역, 가격의 변경이 필요할 경우 가맹본부는 변경내역, 변경사유 및 변경가격 산출 근거를 가맹점사업자에 서면으로 제시하고 양 당사자가 협의하여 결정한다.

② 가맹본부가 공급하지 아니하거나 합리적 사유 없이 공급을 지연하는 상품 등은 가맹점사업자가 직접 조달하여 판매할 수 있다. 이 경우 가맹점사업자는 브랜드의 동일성을 해치지 않도록 하여야 한다.

③ 가맹본부는 가맹점사업자가 제2항에 의하여 직접 조달하는 상품 등에 대하여 품질관리기준을 제시하고 그 기준의 준수여부를 검사할 수 있다. 이 경우 가맹점사업자는 가맹본부의 품질검사에 협조하여야 한다.

④ 가맹본부와 가맹점사업자는 관련 법률에서 정한 설비와 장비를 갖추고 상품 등의 성질에 적합한 방법으로 운반 . 보관하여야 한다.

⑤ 가맹본부는 가맹사업의 목적달성에 필요한 합리적 사유가 있는 경우에는 상품 등의 공급원을 자기 또는 특정한 제3자로 한정할 수 있다.

⑥ 가맹점사업자는 공급받은 상품 등을 가맹본부의 허락 없이 타인에게 제공하거나 대여할 수 없다.

제27조 (상품 등의 검사와 하자통지의무)

① 가맹점사업자는 상품 등을 공급받는 즉시 수량 및 품질을 검사하여야 하고, 하자를 발견하였을 경우 지체 없이 이를 서면으로 가맹본부에게 통지하여야 한다.

② 가맹점사업자가 상품 등의 성질상 수령 즉시 하자를 발견할 수 없는 경우에는 6개월 이내에 이를 발견하여 통지하고 완전물로 교환을 청구할 수 있다.

③ 가맹점사업자가 제1항 및 제2항의 검사를 태만히 하여 이로 인한 손해가 발생한 경우에는 가맹본부에 대하여 반품 . 수량보충 또는 손해배상을 청구할 수 없다. 다만, 가맹본부가 상품 등에 하자가 있음을 알면서 공급한 경우에는 제2항의 기간과 상관없이 가맹본부에 손해배상 등을 청구할 수 있다.

④ 가맹본부는 그의 상표를 사용하여 공급한 상품 등의 하자로 인하여 소비자 등 제3자가 입은 손해에 대하여 책임이 있다. 다만, 가맹본부가 공급하지 않은 상품 등을 가맹점사업자가 판매하여 제3자에게 손해를 가한 경우나 가맹점사업자의 보관상의 주의의무위반, 가맹점사업자의 상품제공상의 별도 과실로 인한 경우에는 이에 대한 책임을 지지 아니한다.

⑤ 계약이 기간만료, 해지 등으로 인하여 종료한 때에는 가맹점사업자는 공급된 상품 등의 중에서 완전물을 가맹본부에 반환할 수 있고, 이에 대하여 가맹본부는 공급가격으로 상환하여야 한다. 다만, 가맹점사업자의 책임있는 사유로 인하여 해지된 경우에는 그러하지 아니하다.

⑥ 제5항의 경우에 하자 있는 상품 등에 대하여는 그 상태를 감안하여 가맹본부와 가맹점사업자의 협의에 의하여 상환가격을 결정한다.

제28조 (상품 등 공급의 중단)

① 가맹본부는 다음 각 호의 어느 하나에 해당하는 경우에는 (   )일 전에 해당사유를 적시한 서면으로 예고하고 가맹점사업자에 대한 상품 등의 공급을 중단할 수 있다. 다만, 위 기간 중 가맹점사업자가 해당사유를 시정한 경우에는 그러하지 아니하다.

1. 가맹점사업자가 (   )개월에 걸쳐 3회 이상 상품 등에 관한 대금 등의 지급의무를 지체하는 경우

2. 가맹점사업자가 2회 이상 정기납입경비의 지급을 연체하는 경우

3. 가맹점사업자가 정기납입경비의 산정을 위한 총매출액 또는 매출액 증가비율을 3회 이상 허위로 통지하는 경우

4. 가맹본부의 품질관리기준을 (   )개월에 걸쳐 3회 이상 위반하는 경우

5. 가맹점사업자가 가맹본부와의 협의 없이 점포 운영을 3일 이상 방치하는 경우

6. 가맹점사업자가 가맹본부와 약정한 판매촉진활동을 이행하지 않는 경우

7. 가맹점사업자가 정당한 사유 없이 제13조 제5항에 의한 노후 점포설비의 교체 ·

보수 요청에 따르지 않는 경우

8. 가맹점사업자가 가맹본부로부터 본 계약상의 의무위반을 지적받고 상당한 기간 내에 시정조치를 취하지 않는 경우

② 가맹본부는 다음 각 호의 어느 하나에 해당하는 경우에는 즉시 상품 등의 공급을 중단할 수 있다.

1. 가맹점사업자에게 파산 신청이 있거나 강제집행절차 또는 회생절차가 개시된 경우

2. 가맹점사업자가 발행한 어음 . 수표가 부도 등으로 지급거절된 경우

3. 천재지변, 중대한 일신상의 사유 등으로 가맹점사업자가 더 이상 가맹사업을 경영할 수 없게 된 경우

4. 가맹점사업자가 공연히 허위사실을 유포함으로써 가맹본부의 명성이나 신용을 뚜렷이 훼손하거나 가맹본부의 영업비밀 또는 중요 정보를 유출하여 가맹사업에 중대한 장애를 초래한 경우

5. 가맹점사업자가 가맹사업의 운영과 관련되는 법령의 위반사실을 통보받은 후 10일 이내에 이를 시정하지 아니한 경우

6. 가맹점사업자의 가맹사업과 관련한 가맹본부의 시정요구에 따른 후에 다시 같은 위반행위를 2회 이상 반복한 경우

7. 가맹점사업자가 가맹점 운영과 관련된 행위로 형사처벌을 받은 경우

8. 가맹점사업자가 공중의 건강이나 안전에 급박한 위해를 일으킬 염려가 있는 방법이나 형태로 가맹점을 운영하는 경우

9. 가맹점사업자가 정당한 사유 없이 연속하여 7일 이상 영업을 중단한 경우

③ 제1항 및 제2항의 경우 가맹본부는 상품 등의 공급중단조치를 취함과 동시에 재공급조건을 가맹점사업자에 서면으로 통지하여야 한다.

제29조 (영업)

① 가맹점사업자는 주 (   )일 이상 월 (   )일 이상 개장하여야 하고, 연속하여 (   )일 이상 임의로 휴업할 수 없다.

② 가맹점사업자가 특정일에 점포를 열지 못할 특별한 사정이 있는 경우에는 이를 3일 전부터 매장 입구에 개시하여 고객이 알 수 있도록 하여야 한다.

③ 가맹점사업자가 일정기간 휴업할 경우에는 사전에 가맹본부에게 그 사유를 서면으로 통지하고 가맹본부의 승인을 얻어야 한다.

④ 영업시간은 (　　)부터 (　　)까지로 한다.

⑤ 가맹본부는 가맹점사업자가 심야영업시간대(오전 1시부터 오전 6시까지)의 매출이 저조하여 영업시간 단축을 요구한 날이 속한 달의 직전 6개월 동안 영업손실이 발생함에 따라 영업시간 단축을 요구하거나 질병의 발병과 치료 등 불가피한 사유로 인하여 영업시간의 단축을 요구하는 경우에는 이를 허용한다.

제30조 (복장)

① 가맹점사업자와 종업원은 가맹점영업과 관련하여 가맹본부가 지정한 복장을 착용하여야 한다.

② 가맹본부는 복장의 색상, 규격을 가맹점사업자에게 서면으로 통지한다.

③ 가맹본부는 가맹점사업자의 청구에 따라 종업원의 복장을 공급할 수 있다.

④ 가맹점사업자는 임직원 및 종업원이 도소매업소에 근무하는 자로서의 품격에 어긋나지 않는 복장상태를 유지하도록 하여야 한다.

제31조 (보고의무)

① 가맹점사업자는 가맹점 영업과 관련하여 영업장부와 회계자료를 성실히 작성 · 유지하여야 한다.

② 가맹점사업자는 년(월, 주) (　　)회 매출상황과 회계원장 등을 가맹본부에 서면 또는 POS시스템을 통하여 보고하여야 한다.

③ 가맹점사업자는 가맹본부가 파견한 경영지도원의 서면에 의한 요구가 있을 때에는 영업장부 등 관련서류를 제시하여야 한다.

④ 가맹점사업자는 가맹본부로부터 사용허가를 받은 영업표지와 특허권 등에 대한 침해를 이유로 제3자가 소를 제기한 경우에는 이를 가맹본부에 보고하여야 한다.

제32조 (보험)

① 가맹본부는 가맹점사업자가 영업상 과실, 상품의 하자, 점포의 화재 등으로 소비자나 제3자에게 부담하는 손해배상책임을 보장하기 위하여 책임보험에 가입할 것을 권유할 수 있다.

② 가맹점사업자는 자신의 책임으로 보험업자, 보험의 종류, 피보험자를 정한다.

제33조 (영업양도 및 담보제공)

① 가맹점사업자는 가맹본부의 승인을 얻어 영업을 양도, 임대하거나 영업재산을 담보로 제공(이하 "영업양도 등"이라 한다)할 수 있다.

② 제1항의 경우 가맹점사업자는 영업양도일(또는 영업임대일, 담보제공일. 이하 같다)(   )일 전에 가맹본부에 대하여 서면으로 영업양도 등의 승인을 요청하여야 한다.

③ 가맹본부는 전항의 승인을 요청받은 날로부터 (   )일 이내에 그 사유를 명시한 서면으로 승인 또는 거절의 의사를 표시하여야 한다. 가맹본부가 이 기간 중에 이유를 적시하여 거절하지 않으면 영업양도 등을 승인한 것으로 본다.

④ 영업양도의 경우 영업양수인은 가맹점사업자의 가맹본부에 대한 권리와 의무를 승계한다.

⑤ 영업양수인, 영업임차인은 제15조의 최초가맹금의 지급의무가 면제된다. 다만, 양도 등에 따라 가맹본부에게 초래된 행정적 실비 및 소정의 교육비, 계약이행보증금은 면제되지 아니한다.

⑥ 가맹본부는 영업양수인이 요청하는 경우에는 영업양도인의 잔여 계약기간 대신에 완전한 계약기간을 영업양수인에게 부여할 수 있다. 이 경우에는 신규계약을 체결하여야 한다.

⑦ 가맹본부가 가맹사업을 타인에게 양도하는 경우 가맹점사업자는 가맹계약을 종료하고 계약관계에서 탈퇴할 수 있다. 이 경우 가맹본부는 가맹점사업자에 대하여 제16조 제2항의 금원을 반환하여야 한다.

⑧ 가맹본부는 가맹점운영권의 양도와 관련된 분쟁을 예방하기 위하여, 승인 전후를 불문하고 양도인의 투자비 내역, 영업 현황 등의 자료를 양수희망자 또는 양수인에게 제공할 수 있다.

제34조 (영업의 상속)

① 가맹점사업자의 상속인은 가맹점 영업을 상속할 수 있다.

② 상속인이 영업을 상속할 경우에는 상속개시일로부터 3개월 이내에 상속사실을 가맹본부에게 통지하여야 한다.

③ 상속인이 미성년자, 피성년후견인, 피한정후견인에 해당하거나 이에 준하는 사유가 있는 경우 가맹본부는 영업의 상속을 승인하지 아니할 수 있으며, 이 경우 가맹계약은 종료한다. 다만, 가맹본부는 상속인에게 제37조 제2항 및 제3항의 금원을 지급

하여야 한다.

④ 상속인에 대해서는 제15조의 최초가맹금이 면제된다. 단, 소정의 교육비, 계약이행
   보증금은 면제되지 아니한다.

제 5 장   계약의 갱신, 해지, 종료

제35조 (계약의 갱신과 거절)

① 가맹본부는 가맹점사업자가 가맹계약기간 만료 전 180일부터 90일까지 사이에 가
   맹계약의 갱신을 요구하는 경우에는 정당한 사유가 없으면 이를 거절하지 못한다.
   다만 가맹점사업자가 다음 각 호의 어느 하나에 해당하는 경우에는 갱신을 거절할
   수 있다.
   1. 가맹계약상의 가맹금 등의 지급의무를 지키지 아니한 경우
   2. 다른 가맹점사업자에게 통상적으로 적용되는 계약조건이나 영업방침을 가맹점사
   업자가 수락하지 아니한 경우
   3. 가맹점의 운영에 필요한 점포 . 설비의 확보나 법령상 필요한 자격 . 면허 . 허가
   의 취득에 관한 가맹본부의 중요한 영업방침을 지키지 아니한 경우
   4. 상품의 품질을 유지하기 위하여 필요한 제조공법 또는 서비스기법의 준수에 관하
   여 가맹본부가 정한 영업방침을 지키지 아니한 경우
   5. 가맹본부의 가맹사업 경영에 필수적인 지식재산권의 보호에 관하여 가맹본부가
   정한 영업방침을 지키지 아니한 경우
   6. 다른 가맹본부가 통상적으로 요구하는 비용에 의하여 가맹본부가 가맹점사업자에
   게 정기적으로 실시하는 교육 · 훈련의 준수에 관한 가맹본부의 영업방침을 지키
   지 아니한 경우.
② 제1항의 가맹점사업자의 계약갱신요구권은 최초 가맹계약기간을 포함한 전체 가맹
   계약기간이 10년을 초과하지 아니하는 범위 내에서만 행사할 수 있다.
③ 가맹본부가 제1항에 따른 갱신요구를 거절하는 경우에는 갱신을 요구받은 날로부터
   15일 이내에 가맹점사업자에게 거절사유를 적은 서면으로 통지하여야 한다.
④ 가맹본부가 제1항 단서의 어느 사유를 들어 계약만료 전 180일부터 90일까지 갱신
   하지 않는다는 사실을 서면으로 통지하거나 제3항의 거절통지를 한 경우가 아니면,
   가맹계약은 종전계약과 동일한 조건으로 (   )년간 갱신된 것으로 본다.

⑤ 다음 각 호의 어느 하나에 해당하는 경우에는 제4항을 적용하지 아니한다.

1. 가맹점사업자가 계약만료 60일전까지 이의를 제기한 경우

2. 천재지변 등 양 당사자에게 책임 없는 사유로 인하여 가맹계약을 유지하기 어려운 경우

3. 가맹본부나 가맹점사업자에게 파산신청이 있거나 강제집행절차 또는 회생절차가 개시된 경우

4. 가맹본부나 가맹점사업자가 발행한 어음 . 수표가 부도 등으로 지급거절된 경우

5. 가맹점사업자에게 중대한 일신상의 사유가 발생하여 더 이상 가맹사업을 경영할 수 없게 된 경우

제36조 (계약의 해지)

① 가맹본부는 가맹점사업자에게 제28조 제1항 각호의 사유가 있는 경우에는 가맹계약을 해지할 수 있다. 이 경우 가맹계약을 해지하기 위해서는 가맹점사업자에게 2개월 이상의 유예기간을 두고 계약의 위반사실을 구체적으로 밝히고 이를 시정하지 아니하면 그 계약을 해지한다는 사실을 서면으로 2회 이상 통지하여야 하고, 이 절차를 거치지 아니한 가맹계약의 해지는 그 효력이 없다.

② 가맹본부는 가맹사업의 거래를 지속하기 어려운 경우로서 다음 각 호의 어느 하나에 해당하는 경우에는 제1항의 절차를 거치지 아니하고 계약을 해지할 수 있다.

1. 가맹점사업자에게 파산신청이 있거나 강제집행절차 또는 회생절차가 개시된 경우

2. 가맹점사업자가 발행한 어음 · 수표가 부도 등으로 지급거절된 경우

3. 천재지변, 중대한 일신상의 사유 등으로 가맹점사업자가 더 이상 가맹사업을 경영할 수 없게 된 경우

4. 가맹점사업자가 공연히 허위사실을 유포함으로써 가맹본부의 명성이나 신용을 뚜렷이 훼손하거나 가맹본부의 영업비밀 또는 중요정보를 유출하여 가맹사업에 중대한 장애를 초래한 경우

5. 가맹점사업자가 가맹사업의 운영과 관련되는 법령의 위반사실을 통보받은 후 10일 이내에 이를 시정하지 아니한 경우

6. 가맹점사업자가 제1항 후문에 따른 가맹본부의 시정요구에 따른 후 다시 같은 위반행위를 2회 이상 반복한 경우

7. 가맹점사업자가 가맹점운영과 관련된 행위로 형사처벌을 받은 경우

8. 가맹점사업자가 공중의 건강이나 안전에 급박한 위해를 일으킬 염려가 있는 방법

이나 형태로 가맹점을 운영하는 경우

9. 가맹점사업자가 정당한 사유 없이 연속하여 7일 이상 영업을 중단한 경우.

③ 가맹점사업자는 가맹본부가 약정한 상품 등의 공급, 경영지원 등을 정당한 이유 없이 이행하지 않거나 지체하는 경우 등 이 계약상 의무를 불이행하는 경우에는 상당한 기간을 정하여 서면으로 그 시정을 요구하고 그래도 시정하지 않을 경우에는 가맹계약을 해지할 수 있다.

④ 가맹점사업자는 다음 각 호의 어느 하나에 해당하여 재정상태가 객관적으로 악화됨에 따라 본 계약의 유지가 어렵다고 합리적 . 객관적으로 판단되는 경우에는 최고 없이 즉시 계약을 해지할 수 있다.

1. 가맹본부가 파산한 경우

2. 가맹본부가 발행한 어음 . 수표가 부도 등으로 지급거절된 경우

3. 가맹본부가 (가)압류, 가처분, 강제집행, 체납처분 또는 이와 유사한 법적 . 행정적 처분을 당한 경우

4. 천재지변으로 가맹점 운영이 곤란한 경우

⑤ 가맹본부와 가맹점사업자는 계약기간 중에도 서면에 의하여 양 당사자가 합의하여 해지할 수 있다. 다만, 해지를 원하는 당사자는 상대방에 대하여 「약관의 규제에 관한 법률」 제8조(손해배상액의 예정)에 위반되지 아니하는 범위 내에서 금 (   )원을 위약금으로 지급하여야 하며, 이는 손해배상액의 예정으로서의 성격을 갖는다.

제37조 (계약의 종료와 조치)

① 계약이 기간만료나 해지로 인하여 종료된 경우, 가맹점사업자는 지체 없이 가맹본부의 상호 . 간판 등 영업표지의 사용을 중단하고 이를 철거 내지 제거하여야 하며, 가맹본부가 제공한 설비, 전산시스템 등 영업관련 자산을 가맹본부에 반환하여야 한다.

② 제1항의 규정에도 불구하고 가맹점사업자가 계약이행보증금을 지급한 경우에는 가맹본부로부터 제18조 제3항의 정산잔액과 정산서를 받을 때까지(계약이행보증보험증권이나 물적 담보를 제공한 경우에는 잔존 채무 . 손해배상액의 통지서를 받을 때까지) 제1항의 의무이행을 거절할 수 있다. 가맹본부가 제16조 제2항에 의하여 가맹금의 일부를 반환해야 하는 경우에도 또한 같다.

③ 제1항의 철거 · 원상복구의 비용은 계약이 가맹점사업자의 귀책사유로 종료되는 경우에는 가맹점사업자가 부담하고 가맹본부의 귀책사유로 종료되는 경우에는 가맹본

부가 부담한다. 다만, 합의해지의 경우에는 가맹본부와 가맹점사업자가 협의하여 비용을 분담할 수 있다.

④ 가맹본부는 가맹계약서를 가맹사업의 거래가 종료된 날부터 3년간 보관하여야 한다.

제 6 장 기   타

제38조 (가맹점사업자의 비밀유지, 경업금지 의무)

① 가맹점사업자는 계약 및 가맹점 운영상 알게 된 가맹본부의 영업비밀을 계약기간은 물론 계약종료 후에도 제3자에게 누설해서는 안 된다.

② 가맹점사업자는 가맹본부의 허락 없이 교육과 세미나 자료 기타 가맹점운영과 관련하여 가맹본부의 영업비밀이 담긴 관계서류의 내용을 인쇄 또는 복사할 수 없다.

③ 가맹점사업자는 계약의 존속 중에 가맹본부의 허락 없이 자기 또는 제3자의 명의로 가맹본부의 영업과 동종의 영업을 하지 않는다.

제39조 (개량기술의 사용)

가맹점사업자가 가맹본부로부터 지원받은 영업노하우 등 기술과 관련하여 독자적으로 기술을 개량한 경우, 개량기술에 대한 소유권은 가맹점사업자에게 있는 것으로 한다. 다만, 가맹본부는 기술개발비, 예상수익, 원천기술의 기여분, 개량기술의 가치 등이 반영된 정당한 대가를 지급하고 그 소유권의 이전이나 실시권, 사용권 등의 설정을 가맹점사업자에게 청구할 수 있다.

제40조 (지연이자)

계약의 일방당사자가 본 계약과 관련하여 상대방에게 부담하는 일체의 금전지급의무를 지체하는 경우에는 미지급액에 대하여 지급기일의 다음날부터 지급하는 날까지 연 ( )%의 비율에 의한 지연이자를 가산하여 지급한다.

제41조 (손해배상)

이 계약의 당사자는 상대방의 계약위반이나 불법행위로 인한 손해에 대하여 이 계약상 구제수단 외에 별도로 손해배상을 청구할 수 있다.

① 이 계약의 당사자는 상대방의 계약위반이나 불법행위로 인한 손해에 대하여 본 계약상 구제수단 외에 별도로 손해배상을 청구할 수 있다.

② 가맹점사업자는 가맹본부 또는 그 소속 임원의 위법행위 또는 가맹사업의 명성이나 신용을 훼손하는 등 사회상규에 반하는 행위로 인해 손해가 발생한 경우 가맹본부에게 본 계약 상 구제수단 외에 별도로 손해배상을 청구할 수 있다.

제42조 (분쟁의 해결)

① 이 계약의 당사자는 이 계약의 해석 또는 이 계약에 의하여 명시되지 아니한 사항에 관하여 다툼이 있을 경우 우선적으로 대화와 협상을 통하여 분쟁을 해결하도록 최선을 다한다.

② 제1항에 의한 해결이 되지 아니한 경우에는 「가맹사업거래의 공정화에 관한 법률」 제22조에 따라 한국공정거래조정원의 가맹사업거래분쟁조정협의회에 조정을 신청하거나 다른 법령에 의하여 설치된 중재기관에 중재를 신청할 수 있다.

③ 가맹본부 및 가맹점사업자의 협의에 의하여 제2항에 의한 중재를 신청하지 아니하는 경우, 이 계약에 관한 분쟁의 관할법원은 가맹점사업자의 주소지나 점포소재지를 관할하는 법원으로 한다. 다만, 가맹본부와 가맹점사업자가 합의하여 관할법원을 달리 정하는 경우에는 그러하지 아니하다.

제43조 (정보공개서의 자문)

① 가맹본부는 이 계약을 체결하기 전에 가맹희망자에게 정보공개서를 제공하고 충분한 숙고기간을 부여하여야 하며 정보공개서의 이해를 돕기 위하여 가맹거래사 또는 변호사의 자문을 받을 수 있다는 사실을 고지하여야 한다.

② 가맹점사업자는 제1항의 자문을 받은 경우 자문일자가 기재된 확인서를 가맹본부에 제출하여야 한다.

제44조 (정보공개서 및 가맹계약서의 수령일)

① 가맹점사업자는 가맹금의 일부를 지급하거나 이 계약을 체결하는 날로부터 14일(제43조의 자문을 받은 경우에는 7일) 이상 이전인 20   년   월   일에 가맹본부로부터 관련 정보공개서를 제공받았음을 확인한다.

② 가맹점사업자는 가맹본부가 가맹금을 최초로 수령한 날(가맹금을 예치한 경우에는 예치한 날, 예치하기로 합의한 경우에는 예치 예정일)과 이 계약을 체결한 날 중 빠

른 날 전인 20 년   월   일에 이 계약서를 사전제공 받았음을 확인한다.

별첨 [1] : 영업지역의 표시
별첨 [2] : 가맹점사업자에게 사용이 허가된 영업표지의 표시
별첨 [3] : 공급 상품 등의 내역

가맹본부와 가맹점사업자는 이 가맹계약서에 열거된 각 조항을 면밀히 검토하고 충분히 이해하였으며, 이 계약의 체결을 증명하기 위하여 계약서 2통을 작성하여 각각 기명 . 날인한 후 각 1통씩 보관한다.

20 년 월 일

[가맹본부]

대   표   자: (인)
사업자등록번호:
상   호:
주   소:
연   락   처:

[가맹점사업자]

성   명: (인)
생 년 월 일:
점   포   명:
주   소:
연   락   처:

별첨 [1] : 영업지역의 표시

※ 영업지역을 표시한 지도를 첨부하여 주십시오

별첨 [2] : 가맹점사업자에게 사용이 허가된 영업표지의 표시

(1) 허용대상 영업표지

영업표지 견본	
등록번호(출원번호)	
등록결정(심결) 연월일	
존속기간 (예정) 만료일	
지정상품 또는 지정서비스업	
등록권리자	

(2) 영업표지 사용방법 : 간판, 상징물, 홍보물, 집기 비품, 문구류 등에 표시
(3) 영업표지의 사용기간 : 이 계약의 효력이 존속되는 기간과 원칙적으로 동일함
(4) 영업표지의 사용지역 : 별도 약정이 없는 한 해당 영업지역 내로 한정됨

별첨 [3] : 공급상품 등의 내역

연번	상품명	공급가격

344

건설업종 표준하도급계약서

(2020. 12. 17. 개정)

공정거래위원회

이 표준하도급계약서는 『하도급거래 공정화에 관한 법률』 제3조의2의 규정에 의거 공정거래위원회가 사용 및 보급을 권장하고 있는 표준하도급계약서입니다

이 표준하도급계약서에서는 건설업종 하도급계약에 있어 표준이 될 계약의 기본적 공통사항만을 제시하였는바, 실제 하도급계약을 체결하려는 계약당사자는 이 표준하도급계약서의 기본 틀과 내용을 유지하는 범위에서 이 표준하도급계약서보다 더 상세한 사항을 계약서에 규정할 수 있습니다.

또한 이 표준하도급계약서의 내용은 현행 「하도급법」 및 그 시행령을 비롯하여 건설업종 관련 법령을 기준으로 한 것이므로 계약당사자는 계약체결시점에 관련 법령이 개정된 경우에는 개정규정에 부합되도록 이 표준계약서의 내용을 수정 또는 변경하여야 하며, 특히 개정된 법령에 강행규정이 추가되는 경우에는 반드시 그 개정규정에 따라 계약 내용을 수정하여야 합니다.

건설업종 표준하도급계약서(표지)

1. 발 주 자:
   ○ 도급공사명:

2. 하도급공사명:
   ○ 하도급공사 등록업종:

3. 공 사 장 소:

4. 공 사 기 간: 착공   년   월   일
                준공   년   월   일

5. 계 약 금 액: 일금   원정 (₩   )

   ○공급가액: 일금   원정 (₩   )
    노 무 비: 일금   원정 (₩   )
     * 건설산업기본법 시행령 제84조 규정에 의한 노무비
   ○부가가치세 : 일금   원정 (₩   )
   ※ 변경 전 계약금액 : 일금 원정 (₩   )

6. 대금의 지급
   가. 선급금
   ○ 계약체결 후 (   )일 이내에 일금   원정 (₩   )
   ※ 발주자로부터 선급금을 지급받은 날 또는 계약일로부터 15일 이내 그 내용과
     비율에 따름
   나. 기성금
   (1) (   )월 (   )회
   (2) 목적물 인수일로부터 (   )일 이내
   (3) 지급방법 : 현금   %, 어음   %, 어음대체결제수단   %

※ 발주자로부터 지급받은 현금비율 이상 지급. 지급 받은 어음 등의 지급기간을
　 초과하지 않는 어음 등을 교부
다. 설계변경, 경제상황변동 등에 따른 하도급대금 조정 및 지급
　(1) 발주자로부터 조정 받은 날부터 30일 이내 그 내용과 비율에 따라 조정
　(2) 발주자로부터 지급받은 날부터 15일 이내 지급

7. 지급자재의 품목 및 수량: 별도첨부

8. 계약이행보증금
　ㅇ 계약금액의 (　)%, 일금　　　　원정 (₩　　　　　　)

9. 하도급대금 지급보증금
　ㅇ 계약금액의 (　)%, 일금　　　　원정 (₩　　　　　　)

10. 하자담보책임
　가. 하자보수보증금율: 계약금액의 (　　　)%
　나. 하자보수보증금: 일금　　　원정 (₩　　　　　　)
　다. 하자담보책임기간:　　　　년

11. 지체상금요율: 연 (　　)%

12. 지연이자율: 연 (　　)% (대금 지급·반환 지연) / 연 (　　)% (손해배상 지
　　연)
　※ 하도급법령상 지급기일이 지난 경우에는 공정위 고시 지연이자율이 우선 적용

양 당사자는 위 내용과 별첨 건설공사 표준하도급계약서(본문), 설계도(　)장, 시방
서(　)책에 따라 이 건설공사 하도급 계약을 체결하고 계약서 2통을 작성하여 기명
날인 후 각각 1통씩 보관한다.

년   월   일

원사업자
상호 또는 명칭:
전화번호:
주 소:
대표자 성명: (인)
사업자(법인)번호:

수급사업자
상호 또는 명칭:
전화번호:
주 소:
대표자 성명: (인)
사업자(법인)번호:

건설업종 표준하도급계약서(본문)

제1장 총칙

제1조(목적) 이 계약은 원사업자가 수급사업자에게 위탁하는 건설공사에 관한 원사업자와 수급사업자간의 권리와 의무를 정하는 것을 목적으로 한다.

제2조(정의) 이 계약에서 사용하는 용어의 정의는 다음과 같다.
1. "하도급"이라 함은 원사업자가 도급받은 건설공사의 일부를 수급사업자에게 위탁하는 것을 말한다.
2. "발주자"라 함은 건설공사를 원사업자에게 도급하는 자를 말한다.
3. "설계서"라 함은 공사시방서, 설계도면(물량내역서를 작성한 경우 이를 포함한다) 및 현장설명서를 말한다.
4. "산출내역서"라 함은 물량내역서에 수급사업자가 단가를 기재하여 원사업자에게 제출한 내역서를 말한다.
5. "선급금"이라 함은 하도급 공사를 완료하기 전에 원사업자가 수급사업자에게 지급하는 하도급대금의 일부 또는 원사업자가 발주자로부터 공사의 완료 전에 지급받은 도급대금의 일부를 말한다.
6. "지연이자"라 함은 대금 또는 손해배상금 등을 지급하여야 할 자가 지급시기에 지급하지 않을 경우 상대방에게 지급해야 할 손해배상금을 말한다.
7. "지체상금"이라 함은 수급사업자가 계약의 이행을 지체한 경우 원사업자에게 지급해야 할 손해배상금을 말한다.
8. "기술자료"라 함은 합리적인 노력에 의하여 비밀로 유지된 제조·수리·시공 또는 용역수행 방법에 관한 자료, 그 밖에 영업활동에 유용하고 독립된 경제적 가치를 가지는 것으로서 「하도급거래 공정화에 관한 법률」에서 정하는 자료를 말한다.

제3조(계약의 기본원칙) 원사업자와 수급사업자는 이 계약에 따라 건설공사를 완료하고, 하도급대금 등을 지급함에 있어 상호 대등한 입장에서 신의성실의 원칙에 따라 자신의 권리를 행사하며, 의무를 이행한다.

제2장 건설공시의 시공

제1절 건설공사의 시공·관리 등

제4조(시공협의 및 지시) ① 수급사업자는 계약체결 후 지체 없이 다음 각 호에 해당하는 서류를 원사업자에게 제출하고 승인을 받는다. 다만 계약체결 전 내역입찰을 통해서 제출한 서류는 제외한다.
1. 공사공정예정표
2. 현장대리인 등을 포함한 조직도
3. 관련법령에 따라 수급사업자가 부담하는 안전·환경 및 품질관리에 관한 계획서
4. 공정별 인력 및 장비투입계획서
5. 착공전 현장사진
6. 산출내역서
7. 기타 이 공사와 관련하여 필요하다고 원사업자와 수급사업자가 협의하여 정한 서류
② 원사업자는 공사공정예정표등이 하도급공사의 목적과 일치하지 않을 경우에 그 기간을 정하여 수정을 요구할 수 있다. 이 경우 수급사업자는 원사업자와 협의하여 공사공정예정표등을 수정하고, 그 사실을 통지한다.
③ 원사업자는 하도급공사가 준공되기 전까지 그 시공에 필요한 지시를 할 수 있으며, 수급사업자는 그 지시를 따른다. 다만, 수급사업자가 그 지시를 따르기에 부적합한 사유가 있다고 판단할 경우에는 협의하여 달리 정할 수 있다.
④ 원사업자가 공사공정예정표등을 마련하여 수급사업자에게 제시한 경우에는 제1항(제2호는 제외) 및 제2항을 적용하지 아니한다. 다만, 원사업자가 제시한 공사공정예정표등이 적합하지 않을 경우 수급사업자는 원사업자와 협의하여 공사공정예정표등을 수정할 수 있다.

제5조(공사의 시공 및 변경) ① 수급사업자는 「하도급거래 공정화에 관한 법률」, 「건설산업기본법」 등 관련 법령의 규정, 이 계약서의 내용과 설계서(총액단가계약의 경우는 산출내역서를 포함하며, 양식은 기획재정부 계약예규의 양식을 준용

한다. 이하 같다) 및 공사공정예정표에서 정한 바에 따라 공사를 시공한다.

② 공사 착공일과 준공일은 이 계약에 따른다. 다만, 수급사업자의 책임 없는 사유로 착공일에 착공할 수 없는 때에는 수급사업자의 현장 인수일을 착공일로 한다.

③ 시공 품질의 유지·개선 등의 정당한 사유가 있는 경우를 제외하고, 원사업자는 특정한 자재·장비 또는 역무의 공급 등을 매입 또는 사용(이용을 포함한다. 이하 같다)하게 하지 아니한다.

④ 제3항에서 정한 정당한 사유에 따라 원사업자가 지정한 자재나 장비 또는 역무의 공급 등이 품절 등의 사유로 조달할 수 없는 경우에 수급사업자는 원사업자와 협의하여 이를 변경할 수 있다.

제6조(하도급계약통보서의 제출) ① 원사업자는 이 계약을 체결한 날로부터 30일 이내에 하도급계약통보서(「건설산업기본법」 시행규칙 별지 제23호 서식)에 다음 각 호의 서류를 첨부하여 발주자에게 제출한다. 다만, 원사업자가 기한 내에 통지를 하지 아니한 경우에는 수급사업자가 발주자에게 이를 통지할 수 있다.

1. 하도급계약서(변경계약서를 포함한다) 사본
2. 공사량(규모)·공사단가 및 공사금액 등이 명시된 공사내역서
3. 예정공정표
4. 하도급대금지급보증서 사본(다만 하도급대금지급보증서 교부의무가 면제되는 경우에는 그 증빙서류)
5. 현장설명서(현장설명을 실시한 경우만 해당한다)

② 원사업자는 수급사업자가 이 계약 및 관련법령에 부합되게 시공할 수 있도록 공사목적물과 관련된 현황을 알려주는 등 수급사업자에게 이 공사 이행에 필요한 협조와 지원을 한다.

③ 원사업자는 하도급공사에 필요한 공정의 세부작업 방법 등을 정함에 있어 미리 수급사업자의 의견을 청취한다.

제7조(자재검사) ① 공사에 사용할 자재는 신품(가설기자재는 예외로 함)이어야 하며, 품질, 품명 등은 반드시 설계서와 일치하여야 한다. 다만, 설계서에 품질·품명 등이 명확히 규정되지 아니한 것은 표준품 또는 표준품에 상당하는 자재로

서 계약의 목적을 달성하는 데 가장 적합한 것이어야 힌다.

② 공사에 사용할 자재는 사용 전에 감독원의 검사를 받아야 하며 불합격된 자재는 즉시 대체하여 다시 검사를 받아야 한다. 이 경우에 수급사업자는 이를 이유로 계약기간의 연장을 청구할 수 없다.

③ 검사결과 불합격품으로 결정된 자재는 공사에 사용할 수 없다. 다만, 감독원의 검사에 이의가 있을 때에는 수급사업자는 원사업자에 대하여 재검사를 요청할 수 있으며, 재검사가 필요 할 때에는 원사업자는 지체 없이 재검사하도록 조치한다.

④ 원사업자는 수급사업자로부터 공사에 사용할 자재의 검사 또는 제3항에 따른 재검사의 요청을 받은 때에는 정당한 사유 없이 검사를 지체하지 아니한다.

⑤ 수급사업자가 불합격된 자재를 즉시 제거하지 않거나 대품으로 대체하지 않을 경우에는 원사업자는 이를 대신할 수 있으며, 그 비용은 수급사업자가 부담한다.

⑥ 수급사업자는 자재의 검사를 받을 때에는 감독원의 지시에 따라야 하며, 검사에 소요되는 비용은 별도로 정한 바가 없으면 자재를 조달하는 자가 부담한다. 다만, 검사에 소요되는 비용을 발주자로부터 지급받았을 경우에는 원사업자가 이를 부담한다.

⑦ 공사에 사용하는 자재 중 조합(調合) 또는 시험이 필요한 것은 감독원의 참여하에 그 조합 또는 시험을 한다.

⑧ 정당한 사유가 있는 경우를 제외하고, 수급사업자는 공사현장 내에 반입한 공사자재를 감독원의 승낙 없이 공사현장 밖으로 반출하지 못한다.

⑨ 수중 또는 지하에 설치하는 공작물과 기타 준공 후 외부로부터 검사할 수 없는 공작물의 검사는 감독원의 참여 없이 시공할 수 없다.

제8조(지급자재 등) ① 이 계약에 따라 원사업자가 지급하는 자재의 인도 시기는 공사공정예정표에 따르고, 그 인도 장소는 시방서에 따로 정한 바가 없으면 공사현장으로 한다.

② 제1항에 따라 인도된 자재의 소유권은 원사업자에게 속하며, 감독원의 서면 승낙 없이 수급사업자의 공사현장에 반입된 자재를 이동할 수 없다.

③ 수급사업자는 원사업자 또는 감독원이 지급자재가 비치된 장소에 출입하여 이를 검사하고자 할 때에는 이에 협조한다.

④ 원사업자는 건설공사의 품질유지·개선이나 기타 정당한 사유가 있는 경우 또는

수급사업자의 요청이 있는 때에 공사와 관련된 기계·기구(이하 "대여품"이라 한다) 등을 대여할 수 있다. 이 경우 원사업자는 대여품을 지정된 일시와 장소에서 인도하며 사용후 반송비용은 다음 각호에서 정한 바에 따른다.

1. 수급사업자가 요청한 경우 : 수급사업자

2. 수급사업자의 요청없이 원사업자가 대여한 경우 : 원사업자

⑤ 제1항의 지급자재 또는 제4항의 대여품이 인도된 후 수급사업자는 그 멸실 또는 훼손에 대하여 책임을 진다. 다만 선량한 관리자의 주의의무를 다한 경우에는 그러하지 아니하다.

⑥ 원사업자가 인도한 자재와 대여품 등은 이 계약의 목적을 수행하는 데에만 사용한다.

⑦ 원사업자가 자재 또는 대여품 등의 인도를 지연하여 이 공사가 지연될 우려가 있을 때에 수급사업자는 원사업자의 서면승낙을 얻어 자기가 보유한 자재를 대체 사용할 수 있다. 이 경우, 대체사용에 따른 경비는 원사업자가 부담한다.

⑧ 원사업자는 제7항에 따라 대체 사용한 자재를 그 사용 당시의 가격으로 산정한 대가를 공사 기성금에 포함하여 수급사업자에게 지급한다. 다만 현품 반환을 조건으로 자재의 대체사용을 승인한 경우에는 그러하지 아니하다.

⑨ 감독원은 지급자재 및 대여품을 수급사업자의 입회하에 검사하여 인도한다.

⑩ 수급사업자는 공사내용의 변경으로 인하여 필요 없게 된 지급자재 또는 대여품을 지체 없이 원사업자에게 반환한다. 이 경우, 반환에 소요되는 비용은 다음 각호에서 정한 바에 따른다.

1. 공사내용 변경이 수급사업자의 요청에 의한 경우 : 수급사업자

2. 공사내용 변경이 원사업자의 요청에 의한 경우 : 원사업자

⑪ 원사업자가 임차한 건설기계를 사용하여 수급사업자가 건설공사를 수행하는 경우 원사업자는 건설기계의 가동시간(초과작업시간 포함)·작업가능 여부 등을 수급사업자에게 명확히 제공하여 원활한 공사진행이 이루어질 수 있도록 조치한다.

⑫ 제11항의 건설기계조종사가 건설기계관리법·국가기술자격법 위반, 부당한 금품 요구 또는 고의로 작업 방해 등을 하여 수급사업자의 공사수행에 지장을 초래한 경우에 원사업자는 수급사업자로부터 해당 건설기계조종사의 교체 요구가 있을 때에는 지체없이 해당 건설기계임대인과 협의하여 원활한 공사수행이 이루어질 수 있도록 협조한다.

제9조(품질관리 등) ① 수급사업자는 시공 내용이 「건설산업기본법」 등의 관련 법령과 이 계약에서 정한 기준과 규격에 맞는지를 자체적으로 검사한다.

② 수급사업자는 공사의 품질유지를 위해 생산 공정에 관한 원사업자의 정당한 요구를 따르며, 품질 및 공정관리를 위해 원사업자의 직원을 상주시킬 경우에 적극 협조한다. 다만, 원사업자의 직원을 상주시킬 경우 이에 따른 비용은 원사업자가 부담한다.

③ 수급사업자는 건설공사의 품질에 영향을 미치는 주요 공정 및 공법, 주요자재 등의 변경에 대해 사전에 원사업자의 승인을 얻는다. 다만, 부득이한 경우에 한하여 사후 승인을 얻을 수 있다.

④ 원사업자는 제3항에 따라 수급사업자의 변경요청이 있은 날로부터 10일 이내에 승인여부를 결정하여 수급사업자에게 서면으로 통지하여야 하며, 이 기간 내에 통지하지 아니한 경우에는 변경요청을 승인한 것으로 본다. 다만, 변경사항에 대한 타당성 검토 등에 그 이상의 기간이 요구되는 경우 등 정당한 사유가 있는 경우 수급사업자에게 서면으로 통지한 후 그 기간을 연장할 수 있다.

제10조(관련공사와의 조정) ① 원사업자는 도급공사를 원활히 수행하기 위하여 도급공사와 관련이 있는 공사(이하 "관련공사"라 한다)와의 조정이 필요한 경우에 수급사업자와 상호 협의하여 이 공사의 공사기간, 공사내용, 계약금액 등을 변경할 수 있다.

② 수급사업자는 관련공사의 시공자와 긴밀히 연락 협조하여 이 공사와 도급공사의 원활한 완공에 협력한다.

제11조(추가·변경공사에 대한 서면 확인 등) ① 원사업자는 수급사업자와 협의하여 이 계약 외에 설계변경 또는 그 밖의 사유로 하도급계약의 산출 내역에 포함되어 있지 아니한 공사(이하"추가·변경공사"라 한다)에 관한 사항을 결정한다. 이 경우에 원사업자는 수급사업자가 추가·변경공사를 착공하기 전까지 추가·변경공사와 관련된 서면을 발급한다.

② 추가·변경공사와 관련된 서면에는 다음 각호의 사항 등을 기재한다. 다만, 착공 전까지 확정이 곤란한 사항에 대해서는 확정이 곤란한 사유 및 확정에 대한 예

354

정기일을 기재하여 수급사업자에게 제공하고 해당 사항이 확정되는 때 지체 없이 새로운 사항을 포함한 서면을 발급한다.

1. 수급사업자가 원사업자로부터 위탁받은 추가 · 변경공사의 내용

2. 공사목적물을 원사업자에게 인도하는 시기 및 장소

3. 공사의 검사의 방법 및 시기

4. 대금(선급금, 기성금 및 하도급대금을 조정한 경우에는 그 조정된 금액을 포함한다. 이하 같다)과 그 지급방법 및 지급기일

5. 원사업자가 수급사업자에게 공사에 필요한 자재 등을 제공하려는 경우에는 그 자재 등의 품명 · 수량 · 제공일 · 대가 및 대가의 지급방법과 지급기일

6. 공사를 위탁한 후 공사의 공급원가 변동에 따른 하도급대금 조정의 요건, 방법 및 절차

7. 기타 추가 · 변경공사와 관련된 사항

③ 원사업자의 지시에 따라 수급사업자가 시공한 추가 · 변경공사에 대해 원사업자는 발주자로부터 증액을 받지 못하였다 하더라도 수급사업자에게 증액하여 지급한다.

제12조(추가 · 변경공사 추정) ① 원사업자가 추가 · 변경공사를 위탁하면서 서면을 발급하지 아니한 경우 수급사업자는 원사업자에게 위탁사실에 대한 확인을 요청할 수 있다. 이 경우 수급사업자는 서면에 다음 각 호의 사항을 적고 서명(「전자서명법」 제2조 제2호에 따른 전자서명을 포함한다. 이하 이 계약에서 같다) 또는 기명날인한 후에 해당 서면을 원사업자에게 송부하는 방법으로 확인을 요청한다.

1. 수급사업자가 원사업자로부터 위탁받은 추가 · 변경공사의 내용

2. 하도급대금

3. 원사업자로부터 위탁받은 일시

4. 원사업자와 수급사업자의 사업자명과 주소 (법인 등기사항증명서상 주소와 사업장 주소를 포함한다)

5. 그 밖에 원사업자가 위탁한 내용

② 원사업자는 수급사업자로부터 제1항에서 정한 방법으로 위탁사실에 대한 확인 요청을 받은 날부터 15일 안에 그 내용에 대한 인정 또는 부인(否認)의 의사를

수급사업자에게 서명 또는 기명날인한 서면으로 회신하며, 이 기간 내에 회신을 발송하지 아니한 경우 수급사업자가 통지한 내용대로 위탁이 있는 것으로 추정한다. 다만, 자연재해 등 불가항력으로 인한 경우에는 그러하지 아니하다.

③ 위탁사실에 대한 확인 요청과 이에 대한 회신은 다음 각 호의 어느 하나에 해당하는 방법을 이용하여 상대방의 주소(전자우편주소 또는 공인전자주소를 포함한다)로 한다.

1. 내용증명우편

2.「전자문서 및 전자거래 기본법」제2조 제1호에 따른 전자문서로서 다음 각 목의 어느 하나에 해당하는 요건을 갖춘 것

가.「전자서명법」제2조 제2호에 따른 전자서명이 있을 것

나.「전자문서 및 전자거래 기본법」제2조 제8호에 따른 공인전자주소를 이용할 것

3. 그 밖에 통지와 회신의 내용 및 수신 여부를 객관적으로 확인할 수 있는 방법

④ 원사업자의 현장대리인·감독원 또는 현장소장이 서면을 발급하지 아니하고 추가·변경공사 등을 위탁한 경우에는 해당 현장대리인·감독원 또는 현장소장에게도 위탁사실에 대한 확인을 요청할 수 있다. 이 경우 현장대리인·감독원 또는 현장소장이 한 인정 또는 부인의 의사는 원사업자가 한 것으로 본다.

제13조(공사의 중지 또는 공사기간의 연장) ① 원사업자가 계약조건에 의한 선급금, 기성금 또는 추가공사 대금을 지급하지 않는 경우에 수급사업자가 상당한 기한을 정하여 그 지급을 독촉하였음에도 불구하고 원사업자가 이를 지급하지 아니하면 수급사업자는 공사중지 기간을 정하여 원사업자에게 통보하고 공사의 전부 또는 일부를 일시 중지할 수 있다. 이 경우 중지된 공사기간은 표지에서 정한 공사기간에 포함되지 않으며, 지체상금 산정시 지체일수에서 제외한다.

② 원사업자에게 책임 있는 사유 또는 태풍·홍수·악천후·전쟁·사변·지진·전염병·폭동 등 불가항력(이하 "불가항력"이라고 한다)의 발생, 원자재 수급불균형 등으로 현저히 계약이행이 어려운 경우 등 수급사업자에게 책임 없는 사유로 공사수행이 지연되는 경우에 수급사업자는 서면으로 공사기간의 연장을 원사업자에게 요구할 수 있다.

③ 원사업자는 제2항에 따른 공사기간 연장의 요구가 있는 경우 즉시 그 사실을 조

사·확인하고 공사가 적절히 이행될 수 있도록 공사기간의 연장 등 필요한 조치를 한다.

④ 원사업자는 제3항에 따라 공사기간의 연장을 승인하였을 경우 동 연장기간에 대하여는 지체상금을 부과하지 아니한다.

⑤ 제3항에 따라 공사기간을 연장하는 경우에 원사업자와 수급사업자는 협의하여 하도급대금을 조정한다. 다만, 원사업자가 이를 이유로 발주자로부터 대금을 증액받은 경우에는 그 증액된 금액에 전체 도급대금 중 하도급대금이 차지하는 비율을 곱한 금액 이상으로 조정한다.

제14조(감독원) ① 원사업자는 자기를 대리하는 감독원을 임명하였을 때에는 이를 서면으로 수급사업자에게 통지한다.

② 감독원은 다음 각 호의 직무를 수행한다.

　1. 시공일반에 대하여 감독하고 입회하는 일

　2. 계약이행에 있어서 수급사업자 또는 수급사업자의 현장대리인에 대한 지시, 승낙 또는 협의하는 일

　3. 공사자재와 시공에 대한 검사 또는 시험에 입회하는 일

　4. 공사의 기성부분검사, 준공검사 또는 목적물의 인도에 입회하는 일

　5. 수급사업자로 하여금 「건설산업기본법」 등에서 금지하는 재하도급 등에 관한 규정을 준수하도록 관리하는 일

　6. 이 계약 및 「산업안전보건법」 등에서 규정하는 안전조치를 취하는 일

③ 수급사업자가 원사업자 또는 감독원에 대하여 검사입회 등을 요구한 때에는 원사업자 또는 감독원은 지체 없이 이에 응한다.

④ 원사업자 또는 감독원이 수급사업자나 수급사업자의 현장대리인에게 제2항에 따른 직무를 수행하기 위해 수급사업자의 현장을 점검하거나 자료의 제출을 요청하는 경우에는 수급사업자 또는 수급사업자의 현장대리인은 특별한 사정이 없는 한 이에 협조한다.

⑤ 수급사업자는 감독원의 행위가 적절하지 않다고 인정될 때에는 원사업자에 대하여 그 사유를 명시한 서면으로써 그 시정을 요청할 수 있다.

제15조(현장대리인) ① 수급사업자는 이 계약의 책임·품질시공 및 안전·기술관리

를 위하여 「건설산업기본법」 등 관련 법령에서 정한 바에 따라 건설기술자를 배치하고, 그 중 1인을 현장대리인으로 선임한 후 이를 착공 전에 원사업자에게 서면으로 통지한다.

② 「건설산업기본법」 등 관련 법령에 규정된 경우를 제외하고, 현장대리인은 공사현장에 상주하며 수급사업자를 대리하여 시공에 관한 일체의 사항을 처리한다.

③ 현장대리인이 「건설산업기본법」 등 관련 법령에 따른 건설기술자의 현장배치 기준에 적합한 기술자가 아닌 경우에는 수급사업자는 공사관리 및 기타 기술상의 관리를 위하여 적격한 건설기술자를 별도로 배치하고 원사업자에게 통지한다

제16조(근로자 등) ① 수급사업자가 공사를 시공함에 있어서 종업원 또는 근로자를 사용할 때에는 당해 그 공사의 시공 또는 관리에 관한 상당한 기술과 경험이 있는 자를 배치한다.

② 수급사업자는 그의 현장대리인, 안전관리자, 종업원 또는 근로자의 위법행위에 대하여 사용자로서의 책임을 지며, 원사업자가 수급사업자의 종업원 또는 근로자에 대하여 공사의 시공 또는 관리에 있어 매우 부적절하다고 인정하여 그 교체를 요구한 때에는 정당한 사유가 없는 한 지체 없이 이에 응한다.

③ 수급사업자는 제2항에 따라 교체된 현장대리인, 종업원 또는 근로자를 원사업자의 동의 없이 당해 공사를 위하여 다시 배치할 수 없다.

제17조(일요일 공사 시행의 제한) ① 긴급 보수·보강 공사 등에 해당하는 경우 등 「건설기술진흥법」에서 정하는 사유에 해당하여 발주자가 사전에 승인한 경우를 제외하고, 원사업자는 수급사업자가 일요일에 공사를 시행하도록 지시하지 않는다. 다만, 재해가 발생하거나 발생할 것으로 예상되어 일요일에 긴급 공사 등이 필요한 경우에 원사업자는 먼저 수급사업자에게 공사의 시행을 지시하고, 사후에 발주자의 승인을 받을 수 있다.

② 수급사업자는 제1항에 따른 지시없이 일요일에 공사를 시행하지 않는다.

③ 제1항 및 제2항은 발주자가 건설기술진흥법상 발주청에 해당하는 경우로 한정한다.

제2절 건설공사의 안전 등

제18조(원사업자의 안전조치 의무) ① 원사업자는 수급사업자의 건설시공으로 인하여 안전사고가 발생하지 않도록 관리·감독한다.

② 원사업자는 원사업자의 근로자와 수급사업자의 근로자가 작업을 할 때에 생기는 산업재해를 예방하기 위한 다음 각 호의 조치를 한다.

1. 원사업자와 수급사업자를 구성원으로 하는 안전 및 보건에 관한 협의체의 구성 및 운영

2. 작업장 순회점검

3. 수급사업자가 근로자에게 하는 산업안전보건법에 따른 안전보건교육을 위한 장소 및 자료의 제공 등 지원

4. 수급사업자가 근로자에게 하는 산업안전보건법에 따른 안전보건교육의 실시 확인

5. 다음 각 목의 어느 하나의 경우에 대비한 경보체계 운영과 대피방법 등 훈련

   가. 작업 장소에서 발파작업을 하는 경우

   나. 작업 장소에서 화재·폭발, 토사·구축물 등의 붕괴 또는 지진 등이 발생한 경우

6. 위생시설 등 산업안전보건법 시행규칙으로 정하는 시설의 설치 등을 위하여 필요한 장소의 제공 또는 원사업자가 설치한 위생시설 이용의 협조

③ 원사업자는 수급사업자의 근로자가 원사업자의 사업장에서 작업을 하는 경우에 자신의 근로자와 수급사업자 근로자의 산업재해를 예방하기 위하여 안전 및 보건 시설의 설치 등 필요한 안전조치 및 보건조치를 하여야 한다. 다만, 보호구 착용의 지시 등 수급사업자 근로자의 작업행동에 관한 직접적인 조치는 제외한다.

④ 원사업자는 「산업안전보건법」 등에서 정하는 바에 따라 원사업자의 근로자, 수급사업자 및 수급사업자가 사용하는 근로자와 함께 정기적으로 또는 수시로 작업장에 대한 안전점검을 한다.

⑤ 원사업자는 수급사업자가 인화성 물질 또는 인화성 물질을 함유한 제제(製劑)를 제조·사용·운반 또는 저장하는 설비를 개조하는 등 안전상 유해하거나 위험한 작업을 수행하는 경우 「산업안전보건법」 등에서 정하는 바에 따라 안전에 관한

정보를 수급사업자에게 제공하는 등 필요한 조치를 한다.

⑥ 원사업자는 안전한 작업 수행을 위하여 다음 각 호의 사항을 준수한다.

  1. 설계서 등에 따라 산정된 공사기간을 단축하지 아니할 것

  2. 공사비를 줄이기 위하여 위험성이 있는 공법을 사용하거나 정당한 사유 없이 공법을 변경하지 아니할 것

제19조(수급사업자의 안전조치 의무) ① 수급사업자는 작업을 할 때 다음 각 호의 위험을 예방하기 위하여 필요한 조치를 한다.

  1. 기계·기구, 그 밖의 설비에 의한 위험

  2. 폭발성, 발화성 및 인화성 물질 등에 의한 위험

  3. 전기, 열, 그 밖의 에너지에 의한 위험

② 수급사업자는 굴착, 채석, 하역, 벌목, 운송, 조작, 운반, 해체, 중량물 취급, 그 밖의 작업을 할 때 불량한 작업방법 등으로 인하여 발생하는 위험을 방지하기 위하여 필요한 조치를 한다.

③ 수급사업자는 작업 중 근로자가 추락할 위험이 있는 장소, 토사·구축물 등이 붕괴할 우려가 있는 장소, 물체가 떨어지거나 날아올 위험이 있는 장소, 그 밖에 작업 시 천재지변으로 인한 위험이 발생할 우려가 있는 장소에는 그 위험을 방지하기 위하여 필요한 조치를 한다.

④ 수급사업자는 제1항부터 제3항까지의 내용에 대해 「산업안전보건법」 등에서 정하는 사항을 준수한다.

⑤ 수급사업자는 원사업자의 안전조치에 관한 지시에 따라야 한다. 다만, 정당한 사유가 있는 경우에 원사업자와 협의하여 안전조치를 취한다.

제20조(응급조치) ① 수급사업자는 화재방지 등을 위하여 필요하다고 인정될 때에는 미리 응급조치를 취하고 즉시 이를 원사업자에게 통지한다.

② 원사업자 또는 감독원은 화재방지, 기타 공사의 시공 상 긴급하고 부득이하다고 인정될 때에는 수급사업자에게 응급조치를 요구할 수 있다. 이 경우에 수급사업자는 즉시 이에 응한다. 다만, 수급사업자가 요구에 응하지 아니할 때에는 원사업자는 제3자로 하여금 필요한 조치를 하게 할 수 있다.

③ 제1항 및 제2항의 응급조치에 소요된 경비에 대하여는 원사업자와 수급사업자가

협의하여 정한다. 다만, 응급조치 원인에 대한 책임이 수급사업자에게 있는 경우 수급사업자의 부담으로 한다.

제21조(산업안전보건관리비) ① 원사업자는 「건설업의 산업안전보건관리비 계상 및 사용기준」(고용노동부 고시)에 따라 산업안전보건관리비를 책정한다.

② 원사업자는 제1항에 따라 책정된 산업안전보건관리비를 제3항에 따라 수급사업자가 산업안전보건관리비 사용계획 등을 제출한 때에 지체없이 지급하며, 그 사용에 대해 감독한다.

③ 수급사업자는 계약체결 후 지체 없이 산업안전보건관리비 사용기준, 하도급공사 특성에 적합한 안전관리계획 및 안전관리비 사용계획을 작성하여 원사업자에게 제출하고, 이에 따라 산업안전보건관리비를 사용한다.

④ 수급사업자는 기성부분의 지급신청 및 공사완료시 제3항에 따라 사용한 산업안전보건관리비 사용내역을 원사업자에게 제출하여야 하며, 원사업자가 수급사업자에게 지급한 산업안전보건관리비가 실제로 사용된 산업안전보건관리비보다 많거나 적은 경우에는 이를 정산한다.

제22조(보험료의 지급 및 정산) ① 원사업자 또는 수급사업자는 다음 각 호에서 정하는 바에 따라 이 공사와 관련된 수급사업자의 근로자에 대한 보험을 가입한다.

  1. 원사업자 : 「고용보험 및 산업재해보상보험의 보험료징수 등에 관한 법률」에 따른 보험(단, 공단의 승인을 받은 경우에는 수급사업자가 가입) 등 관련법령에 따라 가입하여야 하는 보험

  2. 수급사업자 : 「국민연금법」에 따른 국민연금, 「국민건강보험법」에 따른 건강보험, 「노인장기요양보험법」에 따른 노인장기요양보험 등 관련법령에 따라 가입하여야 하는 보험

② 원사업자는 제1항에 따라 수급사업자가 가입하여야 하는 보험의 보험료에 해당하는 금액(하도급대금산출내역서에 기재된 금액)을 수급사업자에게 지급한다. 이 경우 원사업자는 수급사업자에게 지급한 금액이 실제로 보험자(공단, 보험회사 등)에게 납부된 금액보다 적거나 많은 경우에는 이를 정산한다.

③ 원사업자는 제1항에 의해 보험 등에 가입한 경우에는 당해 사업장의 근로자가

보험금 등을 지급받아야 할 사유가 발생한 때에는 관계법령에 의한 보험금 등의 혜택을 받을 수 있도록 한다.

④ 원사업자는 재해발생에 대비하여 수급사업자에게 다음 각 호의 보험(「건설산업기본법」에 따른 손해공제를 포함한다. 이하 같다)을 택일 또는 중복하여 가입하도록 요구할 수 있고, 수급사업자는 보험가입 후 원사업자에게 보험증권을 제출한다. 이 경우 원사업자는 그 보험료 상당액을 수급사업자에게 지급한다.

1. 근로자재해보장책임보험
2. 영업배상 책임보험
3. 건설공사보험

⑤ 원사업자가 산업재해보험에 일괄 가입하였을 경우에 수급사업자가 책임이 있는 경우를 제외하고 원사업자가 재해발생으로 인한 모든 책임을 진다.

제3절 공사목적물의 준공 및 검사

제23조(공사목적물의 인도) ① 수급사업자는 표지에서 정한 준공기일까지 공사목적물을 인도한다.

② 수급사업자가 준공기일 전에 공사목적물을 인도하고자 하는 경우에는 사전에 원사업자와 협의하여 그 인도시기를 변경할 수 있다.

③ 수급사업자는 공사목적물을 준공기일까지 인도할 수 없다고 판단될 경우 사전에 그 원인 및 실제 인도예정일을 원사업자에게 통보하고, 원사업자의 서면 승인이 있는 경우에만 연장된 준공기일에 따라 공사목적물을 인도할 수 있다.

④ 건설산업기본법 제34조 제9항에 따른 공사에 해당할 경우에 수급사업자는 공사를 완료하고, 인도할 때에 현장근로자·자재납품업자 또는 건설장비대여업자에게 임금·자재대금 또는 건설장비대여대금을 지급한 사실을 증명하는 서류를 원사업자에게 교부한다. 다만, 수급사업자가 「건설산업기본법」 등에 따라 건설기계 대여대금 지급보증서 등을 건설기계 대여업자 등에게 교부하고, 이를 원사업자에게 통지한 경우에는 그러하지 아니하며, 임금의 지급사실을 증명하는 서류의 제출은 모든 공사에 대해 적용한다.

제24조(공사목적물의 수령) ① 원사업자는 정당한 이유 없이 수급사업자가 인도하는

공사목적물에 대한 수령을 거부하거나 지연하지 아니한다.

② 제1항을 위반한 경우 그 효과는 다음 각 호에서 정한 바에 따른다.

　1. 원사업자의 수령거부 또는 지연기간 중에 수급사업자의 고의 또는 중대한 과실에 의한 채무불이행에 따라 발생한 원사업자의 손해에 대하여는 수급사업자가 책임을 진다.

　2. 목적물의 멸실 · 훼손이 원사업자가 목적물 수령을 부당하게 거부 · 지체하고 있는 기간 중에 발생한 경우 그 손실은 원사업자가 부담하고, 원사업자는 수급사업자에게 하도급대금 전부를 지급한다.

　3. 수급사업자가 공사목적물을 다시 인도함에 있어서 소요되는 비용 및 관리비용은 원사업자가 부담한다.

③ 원사업자는 검사에 합격한 목적물을 인수하여야 한다.

제25조(검사 및 이의신청) ① 원사업자는 수급사업자로부터 기성 또는 준공의 통지를 받은 경우 통지 부분이 이 계약에서 정한 바에 따라 시공되었는지의 여부를 지체 없이 검사한다.

② 목적물에 대한 검사의 기준 및 방법은 원사업자와 수급사업자가 협의하여 정하며, 객관적이고 공정 · 타당한 기준 및 방법으로 정한다.

③ 원사업자는 목적물을 납품받은 날로부터 10일 이내에 검사결과를 수급사업자에게 서면(전자문서 포함)으로 통지하고, 만일 원사업자가 이 기간 내에 검사결과를 통지하지 않은 경우는 검사에 합격한 것으로 본다. 다만 원사업자에게 통지 지연에 대한 정당한 사유가 있는 경우에는 그러하지 아니하다.

④ 원사업자는 검사 기간 중 공사목적물을 선량한 관리자의 주의로 관리한다.

⑤ 원사업자가 기성 또는 준공 부분에 대해 불합격을 판정할 경우 그 구체적인 사유를 서면으로 기재하여 수급사업자에게 통지한다.

⑥ 수급사업자는 원사업자로부터 목적물에 대한 불합격 통지서를 받은 날로부터 10일 이내에 서면으로 이의를 신청할 수 있다. 이 경우에 원사업자는 정당한 이유가 있는 경우를 제외하고, 수급사업자의 이의신청을 받은 날로부터 10일 이내에 그 결과를 서면으로 통지한다.

제26조(부당한 위탁취소 및 부당반품 금지) ① 원사업자는 공사를 위탁한 후 수급

사업자의 책임으로 돌릴 사유가 없는 경우에는 그 위탁을 임의로 취소하거나 변경하지 아니한다.

② 원사업자는 수급사업자로부터 목적물을 인수한 경우 수급사업자의 책임으로 돌릴 사유가 아니면 그 목적물을 반품하지 아니한다. 이 경우에 다음 각호의 어느 하나에 해당하는 원사업자의 행위는 부당반품으로 본다.

1. 발주자의 발주취소 또는 경제상황의 변동 등을 이유로 반품한 경우

2. 검사의 기준 및 방법을 불명확하게 정함으로써 부당하게 불합격으로 판정하여 이를 반품한 경우

  3. 원사업자가 공급한 원재료의 품질불량 등으로 인하여 불합격으로 판정되었음에도 불구하고 반품하는 경우

  4. 원사업자의 원재료 공급 지연으로 인하여 납기가 지연되었음에도 불구하고 이를 이유로 반품하는 경우

③ 제2항에 따른 부당반품의 경우에 제24조 제2항을 준용한다.

제27조(부적합한 공사) ① 원사업자는 수급사업자가 시공한 공사 중 설계도서에 적합하지 아니한 부분이 있으면 이에 대한 시정을 요청할 수 있으며, 수급사업자는 지체 없이 이에 응한다. 이 경우 수급사업자는 계약금액의 증액 또는 공기의 연장을 요청할 수 없다.

② 제1항의 경우에 그 부적합한 시공이 원사업자의 요청 또는 지시에 의하거나 기타 수급사업자의 책임으로 돌릴 수 없는 사유로 인한 때에는 수급사업자는 그 책임을 지지 아니한다.

제28조(부분사용) ① 원사업자는 준공 전이라도 수급사업자의 동의를 얻어 공사목적물의 전부 또는 일부를 사용할 수 있다.

② 제1항의 경우 원사업자는 그 사용부분에 대해 선량한 관리자의 주의의무를 다하여야 한다.

③ 원사업자는 제1항에 의한 사용으로 수급사업자에게 손해를 끼치거나 수급사업자의 비용을 증가하게 한 때는 그 손해를 배상하거나 증가된 비용을 부담한다.

제29조(기술자료 제공요구금지 등) ① 원사업자는 수급사업자의 기술자료를 자기 또

는 제3자에게 제공하도록 요구하지 아니한다. 다만, 공사목적물로 인해 생명, 신체 등의 피해가 발생하여 그 원인을 규명하기 위한 경우 등 정당한 사유가 있는 경우에는 그러하지 아니하다.

② 원사업자가 제1항 단서에 따라 수급사업자에게 기술자료를 요구할 경우에는 그 목적 달성을 위해 필요최소한의 범위 내에서 기술자료를 요구한다. 이 경우에 원사업자는 다음 각 호의 사항을 수급사업자와 미리 협의하여 정한 후 이를 기재한 서면을 수급사업자에게 교부한다.

1. 기술자료 제공 요구목적
2. 비밀유지방법 등 요구대상 기술자료의 비밀유지에 관한 사항
3. 요구대상 기술자료와 관련된 권리귀속 관계
4. 요구대상 기술자료의 대가 및 대가의 지급방법
5. 요구대상 기술자료의 명칭 및 범위
6. 요구일, 제공일 및 제공방법
7. 요구대상 기술자료의 사용기간
8. 반환 또는 폐기방법
9. 반환일 또는 폐기일
10. 그 밖에 원사업자의 기술자료 제공 요구가 정당함을 입증할 수 있는 사항

③ 원사업자는 취득한 수급사업자의 기술자료에 관하여 부당하게 다음 각 호의 어느 하나에 해당하는 행위를 하여서는 아니 된다.

1. 자기 또는 제3자를 위하여 사용하는 행위
2. 제3자에게 제공하는 행위

제30조(기술자료 임치) ① 원사업자와 수급사업자는 합의하여 「대 · 중소기업 상생협력 촉진에 관한 법률」 등에 따른 임치기관에 기술자료를 임치할 수 있다.

② 다음 각호의 어느 하나에 해당하는 경우에 원사업자는 제1항에 따른 기술자료임치기관에 대해 수급사업자가 임치한 기술자료를 내줄 것을 요청할 수 있다.

1. 수급사업자가 동의한 경우
2. 수급사업자가 파산선고 또는 해산결의로 그 권리가 소멸된 경우
3. 수급사업자가 사업장을 폐쇄하여 사업을 할 수 없는 경우
4. 원사업자와 수급사업자가 협의하여 정한 기술자료 교부조건에 부합하는 경우

③ 제1항에 의하여 기술자료를 임치한 경우에 수급사업자는 임치한 기술자료에 중요한 변경사항이 발생한 때에는 그 변경사항이 발생한 날로부터 30일 이내에 추가 임치한다.

④ 제1항 및 제3항에 따른 기술자료임치에 소요되는 비용은 원사업자가 부담한다. 다만, 수급사업자가 원사업자의 요구없이 기술자료를 임치할 경우에는 수급사업자가 부담한다.

제31조(지식재산권 등) ① 수급사업자는 목적물의 시공과 관련하여 원사업자로부터 사용을 허락받은 특허권, 실용신안권, 디자인권, 의장권, 상표권, 저작권 기술, 노하우(이하 "지식재산권 등"이라 한다)를 목적물 시공 외에는 사용하지 못하며, 원사업자의 서면승낙 없이 제3자에게 지식재산권 등을 사용하게 할 수 없다.

② 원사업자와 수급사업자는 목적물 시공과 관련하여 원사업자 또는 수급사업자와 제3자 사이에 지식재산권 등과 관련한 분쟁이 발생하거나 발생할 우려가 있는 경우 지체 없이 상대방에게 문서로서 통지하여야 하며, 원사업자와 수급사업자가 상호 협의하여 처리하되, 원사업자 또는 수급사업자 중 책임이 있는 자가 상대방의 손해를 배상한다.

③ 원사업자와 수급사업자가 공동 연구하여 개발한 지식재산권 등의 귀속은 상호 협의하여 정하되, 다른 약정이 없는 한 공유로 한다.

④ 수급사업자는 이 계약기간 도중은 물론 계약의 만료 및 계약의 해제 또는 해지 후에도 원사업자의 도면, 사양서, 지도내용 외에 자신의 기술을 추가하여 시공한 목적물 및 그 시공방법(이하 "개량기술"이라 한다)에 관하여 사전에 원사업자에 문서로서 통지한 후 지식재산권 등을 획득할 수 있다. 다만, 원사업자의 요청이 있는 경우 수급사업자는 원사업자의 원천기술의 기여분과 수급사업자의 개량기술의 가치를 고려하여 합리적인 조건으로 원사업자에게 통상실시권을 허락한다.

제3장 하도급대금 조정 및 지급

제1절 하도급대금의 조정

제32조(부당한 하도급대금의 결정금지) ① 원사업자는 계약의 목적물과 같거나 유사한 것에 대해 통상 지급되는 대가보다 낮은 수준으로 대금이 결정되도록 수급사업자에게 부당하게 강요하지 아니 한다.

② 다음 각 호의 어느 하나에 해당하는 원사업자의 행위는 제1항에 따른 부당한 하도급대금의 결정으로 본다.

1. 정당한 사유 없이 일률적인 비율로 단가를 인하하여 하도급대금을 결정하는 행위

2. 협조요청 등 어떠한 명목으로든 일방적으로 일정 금액을 할당한 후 그 금액을 빼고 하도급대금을 결정하는 행위

3. 정당한 사유 없이 수급사업자를 차별 취급하여 하도급대금을 결정하는 행위

4. 수급사업자에게 발주량 등 거래조건에 대하여 착오를 일으키게 하거나 다른 사업자의 견적 또는 거짓 견적을 내보이는 등의 방법으로 수급사업자를 속이고 이를 이용하여 하도급대금을 결정하는 행위

5. 원사업자가 일방적으로 낮은 단가에 의하여 하도급대금을 결정하는 행위

(수의계약인 경우 앞의 제6호가 적용되고, 경쟁입찰일 경우 뒤의 제6호가 적용됨)
6. 수의계약으로 이 계약을 체결할 때 정당한 사유 없이 원사업자의 도급내역서상의 재료비, 직접노무비 및 경비의 합계(다만, 경비 중 원사업자와 수급사업자가 합의하여 원사업자가 부담하기로 한 비목 및 원사업자가 부담해야 하는 법정경비는 제외한다)보다 낮은 금액으로 하도급대금이 결정되도록 하는 행위
6. 경쟁입찰에 의하여 이 계약을 체결할 때 정당한 사유 없이 최저가로 입찰한 금액보다 낮은 금액으로 하도급대금이 결정되도록 하는 행위

7. 계속적 거래계약에서 원사업자의 경영적자, 판매가격 인하 등 수급사업자의 책임으로 돌릴 수 없는 사유로 수급사업자에게 불리하게 하도급대금을 결정하는 행위

③ 제1항 또는 제2항에 해당할 경우 수급사업자는 원사업자에게 부당하게 감액된 하도급대금의 지급을 청구할 수 있다.

④ 제3항에 따라 원사업자가 부당하게 감액된 하도급대금을 지급하지 않고, 이로 인해 계약의 목적을 달성할 수 없는 경우에 수급사업자는 이 계약의 전부 또는 일부를 해제 또는 해지할 수 있다.

제33조(감액금지) ① 원사업자는 이 계약에서 정한 하도급대금을 감액하지 아니한다. 다만, 원사업자가 정당한 사유를 증명한 경우에는 하도급대금을 감액할 수 있다.

② 다음 각 호의 어느 하나에 해당하는 원사업자의 행위는 정당한 사유에 의한 감액행위로 보지 아니한다.

1. 위탁할 때 하도급대금을 감액할 조건 등을 명시하지 아니하고 위탁 후 협조요청 또는 거래 상대방으로부터의 발주취소, 경제상황의 변동 등 불합리한 이유를 들어 하도급대금을 감액하는 행위

2. 수급사업자와 단가 인하에 관한 합의가 성립된 경우 그 합의 성립 전에 위탁한 부분에 대하여도 합의 내용을 소급하여 적용하는 방법으로 하도급대금을 감액하는 행위

3. 하도급대금을 현금으로 지급하거나 지급기일 전에 지급하는 것을 이유로 하도급대금을 지나치게 감액하는 행위

4. 원사업자에 대한 손해발생에 실질적 영향을 미치지 아니하는 수급사업자의 책임을 이유로 하도급대금을 감액하는 행위

5. 목적물의 시공에 필요한 물품 등을 자기로부터 사게 하거나 자기의 장비 등을 사용하게 한 경우에 적정한 구매대금 또는 적정한 사용대가 이상의 금액을 하도급대금에서 공제하는 행위

6. 하도급대금 지급 시점의 물가나 자재가격 등이 납품등의 시점에 비하여 떨어진 것을 이유로 하도급대금을 감액하는 행위

7. 경영적자 또는 판매가격 인하 등 불합리한 이유로 부당하게 하도급대금을 감액하는 행위

8. 「고용보험 및 산업재해보상보험의 보험료징수 등에 관한 법률」, 「산업안전보건법」 등에 따라 원사업자가 부담하여야 하는 고용보험료, 산업안전보건관리비, 그 밖의 경비 등을 수급사업자에게 부담시키는 행위

9. 그 밖에 「하도급거래 공정화에 관한 법률」에서 정하는 행위

③ 원사업자가 제1항 단서에 따라 하도급대금을 감액할 경우에는 다음 각 호의 사항을 적은 서면을 수급사업자에게 미리 제시하거나 제공한다.

1. 감액의 사유와 기준

2. 감액의 대상이 되는 시공물량

3. 감액금액

4. 공제 등 감액방법

5. 그 밖에 감액이 정당함을 증명할 수 있는 사항

④ 원사업자가 정당한 사유 없이 하도급대금을 감액할 경우 그 해당 금액 역시 수급사업자에게 지급한다.

⑤ 원사업자가 제4항에 따라 지급해야 할 금액을 원사업자가 공사목적물의 인수일로부터 60일이 지난 후에 지급하는 경우 원사업자는 그 60일을 초과한 기간에 대하여 「하도급거래 공정화에 관한 법률」에 따라 공정거래위원회가 고시한 지연이자율을 곱하여 산정한 지연이자(이하 "지연배상금"이라 한다)를 지급한다.

제34조(설계변경 등에 따른 계약금액의 조정) ① 원사업자는 공사목적물의 시공을 위탁 후 다음 각 호에 모두 해당하는 때에는 그가 발주자로부터 증액 받은 계약금액의 내용과 비율에 따라 하도급대금을 증액하여야 한다. 다만, 원사업자는 발주자로부터 계약금액을 감액 받은 경우에는 그 내용과 비율에 따라 하도급대금을 감액할 수 있다.

1. 설계변경, 목적물등의 납품등 시기의 변동 또는 경제상황의 변동 등을 이유로 계약금액이 증액되는 경우

2. 제1호와 같은 이유로 공사목적물의 완성 또는 완료에 추가비용이 들 경우

② 제1항에 따라 하도급대금을 증액 또는 감액할 경우 원사업자는 발주자로부터 계약금액을 증액 또는 감액 받은 날부터 15일 이내에 발주자로부터 증액 또는 감액 받은 사유와 내용을 수급사업자에게 통지한다. 다만, 발주자가 그 사유와 내용을 수급사업자에게 직접 통지한 경우에는 그러하지 아니하다.

③ 제1항에 따른 하도급대금의 증액 또는 감액은 원사업자가 발주자로부터 계약금액을 증액 또는 감액 받은 날부터 30일 이내에 한다.

④ 제1항의 규정에 의한 계약금액의 조정은 다음 각 호의 기준에 의한다. 다만 발주자의 요청에 의한 설계변경의 경우 조정 받은 범위 내에서 그러하다.

1. 증감된 공사의 단가는 산출내역서상의 단가(이하 "계약단가"라 한다)로 한다.

2. 계약단가가 없는 신규 비목의 단가는 설계변경 당시를 기준으로 산정한 단가에 낙찰률을 곱한 금액으로 한다.

3. 발주자가 설계변경을 요구한 경우에는 제1호 및 제2호의 규정에 불구하고 증

가된 물량 또는 신규비목의 단가는 설계변경당시를 기준으로 하여 산정한 단가
와 동 단가에 낙찰률을 곱한 금액을 합한 금액의 100분의 50이내에서 계약 당
사자간에 협의하여 결정한다.

⑤ 하도급대금의 증감분에 대한 일반관리비 및 이윤은 계약체결 당시의 비율에 따른
다.

⑥ 원사업자의 지시에 따라 공사량이 증감되는 경우 원사업자와 수급사업자는 공사
시공 전에 증감되는 공사량에 대한 대금 및 공사기간 등을 확정한다. 다만, 긴
급한 상황이나 사전에 하도급대금을 정하기가 불가능할 경우에는 원사업자와 수
급사업자는 서로 합의하여 시공완료 후 즉시 하도급대금 및 적정 공사기간 등을
확정한다.

⑦ 원사업자는 발주자로부터 증액 받은 대금을 수령한 경우 수령한 날로부터 15일
안에 수급사업자에게 증액한 하도급대금을 지급한다. 발주자로부터 증액 받은
대금의 일부만 수령한 경우에는 증액 받은 대금 중 수령한 대금의 비율에 따라
증액한 하도급대금을 지급한다.

⑧ 원사업자가 제1항의 계약금액 증액에 따라 발주자로부터 추가금액을 지급받은 날
부터 15일이 지난 후에 추가 대금을 지급하는 경우에 그 지연기간에 대해 지연
배상금을 지급하며, 추가 대금을 어음 또는 어음대체결제수단을 이용하여 지급
하는 경우의 어음할인료 · 수수료의 지급 및 어음할인율 · 수수료율에 관하여는
제38조를 준용한다. 이 경우 "공사목적물의 인수일로부터 60일"은 "추가금액을
받은 날부터 15일"로 본다.

제35조(공급원가 변동으로 인한 하도급대금의 조정) ① 수급사업자는 건설공사를 위
탁받은 후 다음 각 호의 어느 하나에 해당하여 하도급대금의 조정이 불가피한
경우에는 원사업자에게 하도급대금의 조정을 신청할 수 있다.

1. 목적물등의 공급원가가 변동되는 경우
2. 수급사업자의 책임으로 돌릴 수 없는 사유로 목적물등의 납품등 시기가 지연
되어 관리비 등 공급원가 외의 비용이 변동되는 경우

② 원사업자는 제1항에 따른 신청이 있는 날부터 10일 이내에 하도급대금 조정을
위한 협의를 개시하며, 정당한 사유 없이 협의를 거부하거나 게을리 하지 아니
한다.

③ 원사업자 또는 수급사업자는 다음 각 호의 어느 하나에 해당하는 경우 하도급분
　쟁조정협의회에 조정을 신청할 수 있다.
　1. 제1항에 따른 신청이 있은 날부터 10일이 지난 후에도 원사업자가 대금의 조
　　정을 위한 협의를 개시하지 아니한 경우
　2. 원사업자와 수급사업자가 제1항에 따른 신청이 있은 날부터 30일 안에 대금의
　　조정에 관한 합의에 도달하지 아니한 경우
　3. 원사업자 또는 수급사업자가 협의 중단의 의사를 밝힌 경우
　4. 원사업자와 수급사업자가 제시한 조정금액이 상호 간에 2배 이상 차이가 나는
　　경우
　5. 합의가 지연되면 영업활동이 심각하게 곤란하게 되는 등 원사업자 또는 수급
　　사업자에게 중대한 손해가 예상되는 경우
　6. 그 밖에 이에 준하는 사유가 있는 경우
④ 계약금액의 조정은 원재료가격 변동 기준일 이후에 반입한 재료와 제공된 용역의
　대가에 적용하되, 시공 전에 제출된 공사공정예정표상 원재료가격 변동기준일
　이전에 이미 계약이행이 완료되었어야 할 부분을 제외한 잔여부분의 대가에 대
　하여만 적용한다. 다만, 원사업자의 책임 있는 사유 또는 천재지변 등 불가항력
　으로 인하여 지연된 경우에는 그러하지 아니하다.
⑤ 「하도급거래 공정화에 관한 법률」제16조의2에서 정하는 요건을 충족한 경우 수급
　사업자는 중소기업협동조합에게 자신을 대신하여 원사업자와 하도급대금을 조정
　할 것을 요청할 수 있다. 이 경우에 제2항부터 제4항까지를 준용한다.

제2절 대금의 지급

제36조(선급금) ① 원사업자와 수급사업자는 협의하여 정한 선급금을 표지에서 정한
　시기에 지급한다.
② 선급금은 계약목적 외에 사용할 수 없으며, 노임지급 및 자재확보에 우선 사용하
　도록 한다.
③ 수급사업자는 선급금 사용 완료 후 그 사용내역서를 원사업자에게 제출하며, 목
　적외 사용시 당해 선급금 잔액에 대한 약정이자상당액[별도 약정이 없는 경우
　사유발생 시점의 금융기관 대출평균금리(한국은행 통계월보상의 대출평균금리)에

따라 산출한 금액을 말한다.]을 가산하여 반환한다. 이 경우 이자상당액의 계산 방법은 매일의 선급잔액에 대한 일변계산에 의하며, 계산기간은 반환 시까지로 한다. 다만, 원사업자는 선급금 통장 공동관리 약정 등 수급사업자의 선급금 인출 또는 사용을 제한하는 행위를 하지 아니한다.

제37조(발주자의 선급금) ① 원사업자가 발주자로부터 선급금을 받은 경우 그 선급금의 내용과 비율에 따라 이를 받은 날(공사를 위탁하기 전에 선급금을 받은 경우에는 공사를 위탁한 날)부터 15일 이내에 선급금을 수급사업자에게 지급한다.

② 원사업자가 발주자로부터 받은 선급금을 제1항에 따른 기한이 지난 후에 지급하는 경우에는 그 초과기간에 대해 지연배상금을 지급한다.

③ 원사업자가 제1항에 따른 선급금을 어음 또는 어음대체결제수단을 이용하여 지급하는 경우의 어음할인료·수수료의 지급 및 어음할인율·수수료율에 관하여는 제38조를 준용한다.

④ 선급금은 기성부분의 대가를 지급할 때마다 다음 산식에 따라 산출한 금액을 정산한다.

선급금 정산액 = 선급금액 × (기성부분의 대가상당액 ÷ 계약금액)

⑤ 원사업자는 수급사업자가 선급금에 대한 적절한 보증을 하지 않을 경우 선급금을 지급하지 아니할 수 있다.

⑥ 발주자의 선급금에 대해서는 제36조 제2항 및 제3항을 준용한다.

제38조(하도급대금의 지급 등) ① 원사업자는 이 계약에서 정한 하도급대금의 지급기일까지 수급사업자에게 하도급대금을 지급한다. 다만, 하도급대금의 지급기일은 목적물 인수일부터 60일을 초과하지 아니한다.

② 원사업자는 발주자로부터 공사의 완료에 따라 준공금 등을 받았을 때에는 하도급대금을, 공사의 진척에 따라 기성금 등을 받았을 때에는 수급사업자가 수행한 부분에 상당하는 금액을, 발주자로부터 그 준공금이나 기성금 등을 지급받은 날부터 15일(대금의 지급기일이 그 전에 도래하는 경우에는 그 지급기일) 이내에 수급사업자에게 지급한다.

③ 원사업자가 수급사업자에게 하도급대금을 지급할 때에는 원사업자가 발주자로부터 해당 공사와 관련하여 받은 현금비율 이상으로 지급한다.

④ 원사업자가 하도급대금을 어음으로 지급하는 경우에는 해당 공사와 관련하여 발주자로부터 원사업자가 받은 어음의 지급기간(발행일부터 만기일까지)을 초과하는 어음을 지급하지 아니한다.

⑤ 원사업자가 하도급대금을 어음으로 지급하는 경우에 그 어음은 법률에 근거하여 설립된 금융기관에서 할인이 가능한 것이어야 하며, 어음을 교부한 날부터 어음의 만기일까지의 기간에 대한 할인료를 어음을 교부하는 날에 수급사업자에게 지급한다. 다만, 공사목적물의 인수일부터 60일(제1항에 따라 지급기일이 정하여진 경우에는 그 지급기일을, 발주자로부터 준공금이나 기성금 등을 받은 경우에는 제3항에서 정한 기일을 말한다. 이하 이 조에서 같다) 이내에 어음을 교부하는 경우에는 공사목적물의 인수일부터 60일이 지난 날 이후부터 어음의 만기일까지의 기간에 대한 할인료를 공사목적물의 인수일부터 60일 이내에 수급사업자에게 지급한다.

⑥ 원사업자는 하도급대금을 어음대체결제수단을 이용하여 지급하는 경우에는 지급일(기업구매전용카드의 경우는 카드결제 승인일을, 외상매출채권 담보대출의 경우는 납품등의 명세 전송일을, 구매론의 경우는 구매자금 결제일을 말한다. 이하 같다)부터 하도급대금 상환기일까지의 기간에 대한 수수료(대출이자를 포함한다. 이하 같다)를 지급일에 수급사업자에게 지급한다. 다만, 공사목적물의 인수일부터 60일 이내에 어음대체결제수단을 이용하여 지급하는 경우에는 공사목적물의 인수일부터 60일이 지난 날 이후부터 하도급대금 상환기일까지의 기간에 대한 수수료를 공사목적물의 인수일부터 60일 이내에 수급사업자에게 지급한다.

⑦ 제5항에서 적용하는 할인율은 연 100분의 40 이내에서 법률에 근거하여 설립된 금융기관에서 적용되는 상업어음할인율을 고려하여 공정거래위원회가 정하여 고시한 할인율을 적용한다.

⑧ 제6항에서 적용하는 수수료율은 원사업자가 금융기관(「여신전문금융업법」 제2조 제2호의2에 따른 신용카드업자를 포함한다)과 체결한 어음대체결제수단의 약정 수수료율로 한다.

⑨ 하도급법에서 정한 정당한 사유가 없는 한, 원사업자가 하도급대금을 하도급법령상 법정지급기일 이후에 지급하는 경우에는 그 초과기간에 대하여 지연배상금을 지급하여야 한다.

제39조(발주자에 대한 직접 지급 요청) ① 다음 각 호의 어느 하나에 해당하는 사유가 발생한 경우 수급사업자는 발주자에게 자신이 수행한 부분에 해당하는 하도급대금의 직접 지급을 청구할 수 있다.

1. 원사업자의 지급정지·파산, 그 밖에 이와 유사한 사유가 있거나 사업에 관한 허가·인가·면허·등록 등이 취소되어 원사업자가 하도급대금을 지급할 수 없게 된 경우로서 수급사업자가 하도급대금의 직접 지급을 요청한 때

2. 발주자가 하도급대금을 직접 수급사업자에게 지급하기로 발주자·원사업자 및 수급사업자 간에 합의한 때

3. 원사업자가 지급하여야 하는 하도급대금의 2회분 이상을 해당 수급사업자에게 지급하지 아니한 경우로서 수급사업자가 하도급대금의 직접 지급을 요청한 때

4. 원사업자가 하도급대금 지급보증 의무를 이행하지 아니한 경우로서 수급사업자가 하도급대금의 직접 지급을 요청한 때

② 제1항에 따른 사유가 발생한 경우 원사업자에 대한 발주자의 대금지급채무와 수급사업자에 대한 원사업자의 하도급대금 지급채무는 그 범위에서 소멸한 것으로 본다.

③ 원사업자가 발주자에게 해당 하도급 계약과 관련된 수급사업자의 임금, 자재대금 등의 지급 지체 사실(원사업자의 책임있는 사유로 그 지급 지체가 발생한 경우는 제외한다)을 입증할 수 있는 서류를 첨부하여 해당 하도급대금의 직접 지급 중지를 요청한 경우, 발주자는 제1항에도 불구하고 그 하도급대금을 직접 지급하여서는 아니 된다.

④ 제1항에 따라 발주자가 해당 수급사업자에게 하도급대금을 직접 지급할 때에 발주자가 원사업자에게 이미 지급한 금액은 빼고 지급한다.

⑤ 제1항에 따라 수급사업자가 발주자로부터 하도급대금을 직접 받기 위하여 기성부분의 확인 등이 필요한 경우 원사업자는 지체 없이 이에 필요한 조치를 이행하여야 한다.

⑥ 발주자는 하도급대금을 직접 지급할 때에 「민사집행법」 제248조 제1항 등의 공탁사유가 있는 경우에는 해당 법령에 따라 공탁(供託)할 수 있다.

⑦ 제1항이 적용되는 경우, 발주자는 원사업자에 대한 대금지급의무의 범위에서 하도급대금 직접 지급 의무를 부담한다.

⑧ 제1항이 적용되는 경우, 대금의 직접 지급 요건을 갖추고, 그 수급사업자가 시공

한 분(分)에 대한 하도급대금이 확정된 경우, 발주자는 도급계약의 내용에 따라 수급사업자에게 하도급대금을 지급하여야 한다.

⑨ 발주자가 수급사업자에게 하도급대금을 직접 지급한 경우에 수급사업자는 발주자 및 원사업자에게 하도급대금의 사용내역(자재·장비대금 및 임금, 보험료 등 경비에 한함)을 하도급대금 수령일부터 20일 이내에 통보한다.

제40조(미지급 임금 등의 지급 요구) ① 수급사업자가 기성금을 받았음에도 당해 공사현장과 관련된 근로자등에게 임금등을 지급하지 않은 경우에 원사업자는 1 회당 15일의 기간을 정하여 2회 이상 서면으로 그 지급을 요구할 수 있다. 이 경우 수급사업자는 원사업자의 요구사항에 대해 지체없이 응한다.

② 수급사업자가 원사업자의 제1항에 따른 요구에 응하지 아니하여 근로자등이 원사업자에게 임금등의 지급을 요청하는 경우 원사업자는 수급사업자에게 지급해야 할 차기 기성금 또는 준공금에서 근로자등에게 임금등을 직접 지급할 수 있다.

③ 제2항의 경우에 원사업자는 그 지급 전에 현장근로자등에게 임금등을 직접 지급할 것임을 수급사업자에게 통지하고, 그 진위 여부에 대해 이의가 있을 경우 수급사업자는 원사업자에게 이의를 제기할 수 있다. 원사업자는 임금등을 지급한후 지체없이 그 지급내역을 서면으로 수급사업자에게 통지한다.

④ 수급사업자는 원사업자가 현장근로자등에게 임금등을 지급하기 전에 미지급 임금등을 현장근로자등에게 지급하고, 그 사실을 원사업자에게 통지할 수 있다. 이 경우 원사업자는 해당 하도급대금을 지체없이 수급사업자에게 지급한다.

⑤ 수급사업자가 현장근로자등의 채무불이행을 증명하는 서류를 첨부하여 임금등의 직접 지급을 중지하도록 요청한 경우에는 그 범위내의 임금등에 대해서 제1항 및 제2항을 적용하지 아니한다.

제41조(부당한 대물변제 금지) ① 원사업자는 하도급대금을 물품으로 지급하여서는 아니 된다. 다만, 다음 각 호의 어느 하나에 해당하는 사유가 있는 경우에는 그러하지 아니하다.
  1. 원사업자가 발행한 어음 또는 수표가 부도로 되거나 은행과의 당좌거래가 정지또는 금지된 경우
  2. 원사업자에 대한 「채무자 회생 및 파산에 관한 법률」에 따른 파산신청, 회생절

차개시 또는 간이회생절차개시의 신청이 있은 경우

　3. 「기업구조조정 촉진법」에 따라 금융채권자협의회가 원사업자에 대하여 공동관리절차 개시의 의결을 하고 그 절차가 진행중이며, 수급사업자의 요청이 있는 경우

② 제1항 단서의 경우에도 발주자로부터 대금의 일부를 물품으로 지급받은 경우에 원사업자는 수급사업자에게 물품으로 하도급대금을 지급할 때 발주자로부터 물품으로 지급받은 대금의 비율을 초과할 수 없다.

③ 원사업자는 제1항 단서에 따른 대물변제를 하기 전에 수급사업자에게 다음 각호의 구분에 따른 자료를 제시한다.

　1. 대물변제의 용도로 지급하려는 물품이 관련 법령에 따라 권리·의무 관계에 관한 사항을 등기 등 공부(公簿)에 등록하여야 하는 물품인 경우: 해당 공부의 등본(사본을 포함한다)

　2. 대물변제의 용도로 지급하려는 물품이 제1호 외의 물품인 경우: 해당 물품에 대한 권리·의무 관계를 적은 공정증서(「공증인법」에 따라 작성된 것을 말한다)

④ 제3항에 따른 자료를 제시하는 방법은 다음 각 호의 어느 하나에 해당하는 방법으로 한다. 이 경우 문서로 인쇄되지 아니한 형태로 자료를 제시하는 경우에는 문서의 형태로 인쇄가 가능하도록 하는 조치를 하여야 한다.

　1. 문서로 인쇄된 자료 또는 그 자료를 전자적 파일 형태로 담은 자기디스크(자기테이프, 그 밖에 이와 비슷한 방법으로 그 내용을 기록·보관·출력할 수 있는 것을 포함한다)를 직접 또는 우편으로 전달하는 방법

　2. 수급사업자의 전자우편 주소로 제3항에 따른 자료가 포함된 전자적 파일을 보내는 방법. 다만, 원사업자가 전자우편의 발송·도달 시간의 확인이 가능한 자동수신사실 통보장치를 갖춘 컴퓨터 등을 이용한 경우로 한정한다.

⑤ 원사업자는 제3항에 따른 자료를 제시한 후 대물변제를 하기 전에 그 물품의 권리·의무 관계가 변경된 경우에는 그 변경된 내용이 반영된 제3항에 따른 자료를 제4항에 따른 방법으로 수급사업자에게 지체 없이 다시 제시하여야 한다.

⑥ 원사업자는 제3항 및 제5항에 따라 자료를 제시한 후 지체 없이 다음 각 호의 사항을 적은 서면을 작성하여 수급사업자에게 내주고 원사업자와 수급사업자는 해당 서면을 보관하여야 한다.

　1. 원사업자가 자료를 제시한 날

2. 자료의 주요 목차

3. 수급사업자가 자료를 제시받았다는 사실

4. 원사업자와 수급사업자의 상호명, 사업장 소재지 및 전화번호

5. 원사업자와 수급사업자의 서명 또는 기명날인

제42조(서류제출) 수급사업자는 이 계약과 관련된 공사의 임금, 자재·장비대금, 산업재해보상보험금의 지급, 요양 등에 관한 서류에 대하여 원사업자의 요청이 있을 때에는 이에 협조한다. 다만, 원사업자가 정당한 사유없이 이를 요구하였을 경우에 수급사업자는 이를 거부할 수 있다.

제4장 보칙

제43조(채권·채무의 양도금지) 원사업자와 수급사업자는 이 계약으로부터 발생하는 권리 또는 의무를 제3자에게 양도하거나 담보로 제공하지 아니한다. 다만 상대방의 서면에 의한 승낙(보증인이 있으면 그의 승낙도 필요하다)을 받았을 때에는 그러하지 아니하다.

제44조(비밀유지) ① 원사업자와 수급사업자는 이 계약에서 알게 된 상대방의 업무상 비밀을 상대방의 동의 없이 이용하거나 제3자에게 누설하지 아니한다.

② 법원 또는 수사기관 등이 법령에 따라 상대방의 업무상 비밀의 제공을 요청한 경우에 원사업자 또는 수급사업자는 지체 없이 상대방에게 그 내용을 통지한다. 다만, 상대방에게 통지할 수 없는 정당한 사유가 있는 경우에는 비밀을 제공한 후에 지체없이 통지한다.

③ 제1항에 따른 비밀유지에 관한 구체적인 내용은 【별첨】 비밀유지계약서에서 정한 바에 따른다.

제45조(기본계약 및 개별약정) ① 원사업자와 수급사업자는 이 계약에서 정하지 아니한 사항에 대하여 대등한 지위에서 상호 합의하여 서면으로 개별약정을 정할 수 있고, 이 경우 원사업자는 수급사업자의 이익을 부당하게 침해하거나 제한하는 조건을 요구하지 아니한다.

② 기본계약 및 개별약정에서 정하고 있는 내용 중 다음 각 호의 어느 하나에 해당

하는 약정은 무효로 한다.

1. 원사업자가 기본계약 및 개별약정 등의 서면에 기재되지 아니한 사항을 요구함에 따라 발생된 비용을 수급사업자에게 부담시키는 약정

2. 원사업자가 부담하여야 할 민원처리, 산업재해 등과 관련된 비용을 수급사업자에게 부담시키는 약정

3. 원사업자가 입찰내역에 없는 사항을 요구함에 따라 발생된 비용을 수급사업자에게 부담시키는 약정

4. 다음 각 목의 어느 하나에 해당하는 비용이나 책임을 수급사업자에게 부담시키는 약정

    가. 관련 법령에 따라 원사업자의 의무사항으로 되어 있는 인·허가, 환경관리 또는 품질관리 등과 관련하여 발생하는 비용

    나. 원사업자(발주자를 포함한다)가 설계나 시공내용을 변경함에 따라 발생하는 비용

    다. 원사업자의 지시(요구, 요청 등 명칭과 관계없이 재작업, 추가작업 또는 보수작업에 대한 원사업자의 의사표시를 말한다)에 따른 재작업, 추가작업 또는 보수작업으로 인하여 발생한 비용 중 수급사업자의 책임 없는 사유로 발생한 비용

    라. 관련 법령, 발주자와 원사업자 사이의 계약 등에 따라 원사업자가 부담하여야 할 하자담보책임 또는 손해배상책임

5. 천재지변, 매장문화재의 발견, 해킹·컴퓨터바이러스 발생 등으로 인한 공사기간 연장 등 계약체결시점에 원사업자와 수급사업자가 예측할 수 없는 사항과 관련하여 수급사업자에게 불합리하게 책임을 부담시키는 약정

6. 해당 공사의 특성을 고려하지 아니한 채 간접비(하도급대금 중 재료비, 직접노무비 및 경비를 제외한 금액을 말한다)의 인정범위를 일률적으로 제한하는 약정. 다만, 발주자와 원사업자 사이의 계약에서 정한 간접비의 인정범위와 동일하게 정한 약정은 제외한다.

7. 계약기간 중 수급사업자가 「하도급거래 공정화에 관한 법률」 제16조의2에 따라 하도급대금 조정을 신청할 수 있는 권리를 제한하는 약정

8. 계약체결 이후 설계변경, 경제상황의 변동에 따라 발생하는 계약금액의 변경을 상당한 이유 없이 인정하지 아니하거나 그 부담을 상대방에게 떠넘기는 경우

9. 계약체결 이후 공사내용의 변경에 따른 계약기간의 변경을 상당한 이유 없이 인정하지 아니하거나 그 부담을 상대방에게 떠넘기는 경우

10. 하도급계약의 형태, 공사의 내용 등 관련된 모든 사정에 비추어 계약체결 당시 예상하기 어려운 내용에 대하여 상대방에게 책임을 떠넘기는 경우

11. 계약내용에 대하여 구체적인 정함이 없거나 당사자 간 이견이 있을 경우 계약내용을 일방의 의사에 따라 정함으로써 상대방의 정당한 이익을 침해한 경우

12. 계약불이행에 따른 당사자의 손해배상책임을 과도하게 경감하거나 가중하여 정함으로써 상대방의 정당한 이익을 침해한 경우

13. 「민법」 등 관계 법령에서 인정하고 있는 상대방의 권리를 상당한 이유 없이 배제하거나 제한하는 경우

14. 그 밖에 법에 따라 인정되거나 법에서 보호하는 수급사업자의 권리·이익을 부당하게 제한하거나 박탈한다고 공정거래위원회가 정하여 고시하는 약정

③ 제2항에 따라 무효가 되는 약정에 근거하여 수급사업자가 비용을 부담한 경우 수급사업자는 이에 해당하는 금액의 지급을 원사업자에게 청구할 수 있다.

제46조(계약 이외의 사항) ① 기본계약 등에서 정한 것 이외의 사항에 대해서는 관련 법령의 강행법규에서 정한 바에 따르며, 그 이외의 사항에 대해서는 양당사자가 추후 합의하여 정한다. 다만, 합의가 없는 경우 이 계약과 관련된 법령 또는 상관습에 의한다.

② 원사업자와 수급사업자는 이 계약을 이행하는 과정에서「건설산업기본법」, 「하도급거래 공정화에 관한 법률」, 「독점규제 및 공정거래에 관한 법률」 및 기타 관련 법령을 준수한다.

③ 원사업자는 이 계약에 따른 권리를 행사하는 경우 이외에는 수급사업자의 경영활동에 대한 지시·명령·요구 등의 간섭을 하지 아니한다.

④ 원사업자는 정당한 사유 없이 수급사업자에게 자기 또는 제3자를 위하여 금전, 물품, 용역, 그 밖의 경제적 이익을 제공하도록 요구하지 아니한다.

제47조(계약의 변경) ① 합리적이고 객관적인 사유가 발생하여 부득이하게 계약변경이 필요하다고 인정되는 경우 원사업자와 수급사업자는 상호 합의하여 기본계약 등의 내용을 서면으로 변경할 수 있다. 다만, 원사업자는 공사내용이 변경되기

전에 수급사업자가 이미 수행한 부분은 정산하여 지급한다.

② 당초의 계약내역에 없는 계약내용이 추가ㆍ변경되어 계약기간의 연장ㆍ대금의 증액이 필요한 경우 원사업자는 수급사업자와 협의하여 계약기간 연장ㆍ대금 증액에 관해 필요한 조치를 한다.

③ 원사업자는 계약내용의 변경에 따라 비용이 절감될 때에 한하여 대금을 감액할 수 있다. 이 경우에 원사업자는 제33조 제3항 각 호의 사항을 기재한 서면을 수급사업자에게 미리 제시하거나 제공한다.

④ 수급사업자가 정당한 사유를 제시하여 원사업자의 하도급공사 변경 요청을 거절한 경우 원사업자는 이를 이유로 수급사업자에게 불이익을 주는 행위를 하지 아니한다.

⑤ 수급사업자는 계약체결 후 계약조건의 미숙지, 덤핑 수주 등을 이유로 계약금액의 변경을 요구하거나 시공을 거부하지 아니 한다.

제48조(건설폐기물의 처리 등) ① 원사업자와 수급사업자는 「건설폐기물의 재활용촉진에 관한 법률」 등 관련법률에서 정하는 바에 따라 건설폐기물을 처리한다.

② 원사업자는 관련법령에서 정하는 바 또는 발주자와의 계약에 따라 수급사업자의 건설폐기물 처리에 소요되는 비용을 지급한다.

제49조(현장근로자의 편의시설 설치 등) ① 수급사업자는 「건설근로자의 고용개선 등에 관한 법률」 등 관련 법률에서 정하는 바에 따라 건설공사가 시행되는 현장에 화장실ㆍ식당ㆍ탈의실 등의 시설을 설치하거나 이용할 수 있도록 조치한다.

② 원사업자는 관련법령에서 정하는 바 또는 발주자와의 계약에 따라 수급사업자의 제1항에 따른 시설의 설치 또는 이용에 소요되는 비용을 지급한다.

제5장 피해구제 및 분쟁해결

제50조(계약이행 및 대금지급보증 등) ① 원사업자는 계약체결일부터 30일 이내에 수급사업자에게 다음 각 호의 구분에 따라 이 계약에서 정한 계약금액의 지급을 보증(지급수단이 어음인 경우에는 만기일까지를, 어음대체결제수단인 경우에는 하도급대금 상환기일까지를 보증기간으로 한다)하며, 수급사업자는 원사업자에게

계약금액의 100분의 10에 해당하는 금액으로 계약이행을 보증한다. 다만, 원사업자의 재무구조와 공사의 규모 등을 고려하여 보증이 필요하지 아니하거나 보증이 적합하지 아니하다고 인정되는 경우로서 「하도급거래 공정화에 관한 법률」 또는 「건설산업기본법」 등의 관련법령에서 규정한 경우에는 그러하지 아니한다.

1. 공사기간이 4개월 이하인 경우: 계약금액에서 선급금을 뺀 금액
2. 공사기간이 4개월을 초과하는 경우로서 기성부분에 대한 대가의 지급 주기가 2개월 이내인 경우: 다음의 계산식에 따라 산출한 금액

$$보증금액 = \frac{하도급계약금액 - 계약상 선급금}{공사기간(개월 수)} \times 4$$

3. 공사기간이 4개월을 초과하는 경우로서 기성부분에 대한 대가의 지급 주기가 2개월을 초과하는 경우: 다음의 계산식에 따라 산출한 금액

$$보증금액 = \frac{하도급계약금액 - 계약상 선급금}{공사기간(개월 수)} \times 기성부분에 대한 대가의 지급주기(개월 수) \times 2$$

② 원사업자는 제1항 단서에 따른 공사대금의 지급보증이 필요하지 아니하거나 적합하지 아니한 사유가 소멸한 경우에는 그 사유가 소멸한 날부터 30일 이내에 공사대금 지급보증을 이행한다. 다만, 계약의 잔여기간, 위탁사무의 기성률, 잔여대금의 금액 등을 고려하여 보증이 필요하지 아니하다고 인정되는 경우로서 「하도급거래 공정화에 관한 법률」로 정하는 경우에는 그러하지 아니하다.

③ 다음 각 호의 어느 하나에 해당하는 자와 건설공사에 관하여 장기계속계약(총액으로 입찰하여 각 회계연도 예산의 범위에서 낙찰된 금액의 일부에 대하여 연차별로 계약을 체결하는 계약으로서 「국가를 당사자로 하는 계약에 관한 법률」 제21조 또는 「지방자치단체를 당사자로 하는 계약에 관한 법률」 제24조에 따른 장기계속계약을 말한다. 이하 이 조에서 "장기계속건설계약"이라 한다)을 체결한 원사업자가 해당 건설공사를 장기계속건설하도급계약을 통하여 건설위탁하는 경우 원사업자는 최초의 장기계속건설하도급계약 체결일부터 30일 이내에 수급사업자에게 제1항 각 호 외의 부분 본문에 따라 공사대금 지급을 보증하고, 수급사업자는 원사업자에게 최초 장기계속건설하도급계약 시 약정한 총 공사금액의 100분의 10에 해당하는 금액으로 계약이행을 보증하여야 한다.

1. 국가 또는 지방자치단체
2. 「공공기관의 운영에 관한 법률」에 따른 공기업, 준정부기관 또는 「지방공기업

법」에 따른 지방공사, 지방공단

④ 제3항에 따라 수급사업자로부터 계약이행 보증을 받은 원사업자는 장기계속건설계약의 연차별 계약의 이행이 완료되어 이에 해당하는 계약이행보증금을 같은 항 각 호의 어느 하나에 해당하는 자로부터 반환받을 수 있는 날부터 30일 이내에 수급사업자에게 해당 수급사업자가 이행을 완료한 연차별 장기계속건설하도급계약에 해당하는 하도급 계약이행보증금을 반환하여야 한다. 이 경우 이행이 완료된 부분에 해당하는 계약이행 보증의 효력은 상실되는 것으로 본다.

⑤ 제1항부터 제3항까지의 규정에 따른 원사업자와 수급사업자 간의 보증은 현금(체신관서 또는 「은행법」에 따른 은행이 발행한 자기앞수표를 포함한다)의 지급 또는 다음 각 호의 어느 하나의 기관이 발행하는 보증서의 교부에 의하여 한다.

1. 「건설산업기본법」에 따른 각 공제조합

2. 「보험업법」에 따른 보험회사

3. 「신용보증기금법」에 따른 신용보증기금

4. 「은행법」에 따른 금융기관

5. 그 밖에 「하도급거래 공정화에 관한 법률」로 정하는 보증기관

⑥ 원사업자는 제5항에 따라 지급보증서를 교부할 때 그 공사기간 중에 건설위탁하는 모든 공사에 대한 공사대금의 지급보증이나 1회계연도에 건설위탁하는 모든 공사에 대한 공사대금의 지급보증을 하나의 지급보증서의 교부에 의하여 할 수 있다.

⑦ 원사업자가 제1항 각 호 외의 부분 본문, 제2항 본문 또는 제3항 각 호 외의 부분에 따른 공사대금 지급보증을 하지 아니하는 경우에는 수급사업자는 계약이행을 보증하지 아니할 수 있다.

⑧ 제1항 또는 제3항에 따른 수급사업자의 계약이행 보증에 대한 원사업자의 청구권은 해당 원사업자가 제1항부터 제3항까지의 규정에 따른 공사대금 지급을 보증한 후가 아니면 이를 행사할 수 없다. 다만, 제1항단서 또는 제2항단서에 따라 공사대금 지급을 보증하지 아니하는 경우에는 그러하지 아니하다.

⑨ 원사업자가 공사대금의 지급을 지체하여 수급사업자로부터 서면으로 지급독촉을 받고도 이를 지급하지 아니한 경우 수급사업자는 보증기관에 공사대금 중 미지급액에 해당하는 보증금의 지급을 청구할 수 있고, 원사업자가 현금을 지급한 경우에는 동 금액에서 공사대금 중 미지급액에 해당하는 금액은 수급사업자에게

귀속한다.

⑩ 수급사업자는 원사업자에게 이 계약 표지에서 정한 금액으로 계약이행을 보증하며, 계약이행보증금은 다음 각 호의 사항 등을 포함하여 계약불이행에 따른 손실에 해당하는 금액의 지급을 담보한다. 이 경우 계약이행보증금액이 「하도급거래 공정화에 관한 법률」 등 관련법령에서 정한 내용보다 수급사업자에게 불리한 때에는 「하도급거래 공정화에 관한 법률」 등에서 정한 바에 따른다.

1. 수급사업자의 교체에 따라 증가된 공사 금액. 다만, 그 금액이 과다한 경우에는 통상적인 금액으로 한다.

2. 이 계약의 해제·해지 이후 해당 공사를 완공하기 위해 후속 계약을 체결함에 있어서 소요되는 비용

3. 기존 수급사업자의 시공으로 인해 발생한 하자를 보수하기 위해 지출된 금액. 다만, 수급사업자가 제54조에 따라 하자보수보증금을 지급하거나 보증증권을 교부한 경우에는 그러하지 아니하다.

⑪ 원사업자의 공사대금 미지급액 또는 수급사업자의 계약불이행 등에 의한 손실액이 보증금을 초과하는 경우에는 원사업자와 수급사업자는 그 초과액에 대하여 상대방에게 청구할 수 있다.

⑫ 원사업자와 수급사업자가 납부한 보증금은 계약이 이행된 후 계약상대방에게 지체 없이 반환한다. 이 경우 원사업자가 수급사업자에게 공사대금을 어음 또는 상환청구권이 있는 어음대체결제수단으로 지급한 경우 각 어음만기일 또는 어음대체결제수단의 상환기일을 공사대금 지급보증에 있어서의 계약이행완료일로 본다.

⑬ 제3항에 따라 수급사업자로부터 계약이행보증을 받은 원사업자는 장기계속건설계약의 연차별 계약의 이행이 완료되어 이에 해당하는 계약보증금을 제3항 각호의 어느 하나에 해당하는 자로부터 반환받을 수 있는 날부터 30일 이내에 수급사업자에게 해당 수급사업자가 이행을 완료한 연차별 장기계속건설하도급계약에 해당하는 하도급 계약이행보증금을 반환한다. 이 경우 이행이 완료된 부분에 해당하는 계약이행 보증의 효력은 상실되는 것으로 본다.

⑭ 제3항이 적용되지 않은 장기계속건설하도급계약의 경우 수급사업자가 제1항 본문에 따른 계약이행보증을 할 때에 제1차 계약 시 부기한 총 공사 금액의 10%에 해당하는 금액으로 계약이행보증을 하고, 원사업자는 연차별 계약의 이행이 완

료된 때에는 당초의 계약보증금 중 이행이 완료된 부분의 계약이행보증 효력은 상실하는 것으로 하여 해당 하도급 계약보증금액을 수급사업자에게 반환한다. 이 경우에 제1항 단서, 제2항, 제5항부터 제12항까지를 준용한다.

⑮ 제9항 및 제10항의 규정은 장기계속건설하도급계약에 있어서 수급사업자가 2차 이후의 계약을 체결하지 아니한 경우에 이를 준용한다.

제51조 (보복조치 금지) 원사업자는 수급사업자 또는 수급사업자가 소속된 조합이 다음 각호의 어느 하나에 해당하는 행위를 한 것을 이유로 그 수급사업자에 대하여 수주기회(受注機會)를 제한하거나 거래의 정지, 그 밖에 불이익을 주는 행위를 하지 않는다.

 1. 원사업자가 관련법령(「하도급거래 공정화에 관한 법률」등)을 위반하였음을 관계 기관 등에 신고한 행위

 2. 원사업자에 대한 하도급대금의 조정신청 또는 하도급분쟁조정협의회에 대한 조정신청

 3. 관계 기관의 조사에 협조한 행위

 4. 하도급거래 서면실태조사를 위하여 관계기관(공정거래위원회 등)이 요구한 자료를 제출한 행위

제52조(손해배상) ① 원사업자 또는 수급사업자가 이 계약을 위반하여 상대방에게 손해를 입힌 경우 그 손해를 배상할 책임이 있다. 다만, 고의 또는 과실 없음을 증명한 경우에는 그러하지 아니하다.

② 원사업자는 수급사업자가 책임있는 사유로 하도급공사의 시공과 관련하여 제3자에게 손해를 입힌 경우에는 수급사업자와 연대하여 그 손해를 배상할 책임이 있다. 이 경우 원사업자가 제3자에게 배상하면 그 책임 비율에 따라 수급사업자에게 구상권을 행사할 수 있다.

③ 수급사업자는 이 계약에 따른 의무를 이행하기 위해 제3자를 사용한 경우 그 제3자의 행위로 인하여 원사업자에게 발생한 손해에 대해 제3자와 연대하여 책임을 진다. 다만, 수급사업자 및 제3자가 고의 또는 과실 없음을 증명한 경우에는 그러하지 아니하다.

④ 원사업자가 제24조 제1항, 제26조 제1항·제2항, 제29조 제3항, 제32조 제1항·

제2항, 제33조 또는 제51조를 위반한 경우, 수급사업자는 이로 인해 발생한 손해의 3배를 넘지 아니하는 범위에서 배상을 청구할 수 있다. 다만, 원사업자가 고의 또는 과실이 없음을 증명한 경우에는 그러하지 않는다.

제53조(지체상금) ① 수급사업자가 정당한 사유없이 계약의 이행을 지체한 경우 원사업자는 해당 지체일수에 표지에서 정한 지체상금요율을 곱하여 산정한 지체상금을 수급사업자에게 청구할 수 있다.

② 제1항의 경우 기성부분 또는 완료부분을 원사업자가 검사를 거쳐 인수한 경우(인수하지 아니하고 관리·사용하고 있는 경우를 포함한다. 이하 이 조에서 같다)에는 그 부분에 상당하는 금액을 대금에서 공제한 금액을 기준으로 지체상금을 계산한다. 이 경우 기성부분 또는 완료부분은 성질상 분할할 수 있는 공사목적물에 대한 완성부분으로 인수한 것에 한한다.

③ 원사업자는 다음 각 호의 어느 하나에 해당한 경우 그 해당 일수를 제1항의 지체일수에 산입하지 아니한다.

1. 태풍, 홍수, 기타 악천후, 전쟁 또는 사변, 지진, 화재, 폭동, 항만봉쇄, 방역 및 보안상 출입제한 등 불가항력의 사유에 의한 경우

2. 원사업자가 지급하기로 한 지급자재의 공급이 지연되는 사정으로 공사의 진행이 불가능하였을 경우

3. 원사업자의 책임있는 사유로 착공이 지연되거나 시공이 중단된 경우

4. 수급사업자의 부도 등으로 연대보증인이 보증이행을 할 경우(부도 등이 확정된 날부터 원사업자가 보증이행을 지시한 날까지를 의미한다)

5. 수급사업자의 부도 등으로 보증기관이 보증이행업체를 지정하여 보증이행할 경우(원사업자로부터 보증채무이행청구서를 접수한 날부터 보증이행개시일 전일까지를 의미함, 다만 30일이내에 한한다)

6. 원사업자가 대금지급을 지체하고, 그 이행이 현저히 곤란한 것을 이유로 수급사업자가 공사를 진행하지 않은 경우

7. 그 밖에 수급사업자에게 책임 없는 사유로 인하여 지체된 경우

④ 지체일수의 산정기준은 다음 각 호의 어느 하나에 의한다.

1. 준공기한 내에 공사목적물을 인도한 경우 : 검사에 소요된 기간은 지체일수에 산입하지 아니한다. 다만, 검사결과(불합격판정에 한한다)에 따라 원사업자가 보

수를 요구한 날로부터 최종검사에 합격한 날까지의 기간은 지체일수에 산입한다.

2. 준공기한을 도과하여 공사목적물을 인도한 경우 : 준공기한의 익일부터 실제인도한 날까지의 기간 및 제1호 단서에 해당하는 기간은 지체일수에 산입한다.

⑤ 원사업자는 제1항의 지체상금을 수급사업자에게 지급하여야 할 하도급대금 또는 기타 예치금에서 합의 후 공제할 수 있다.

제54조(하자담보책임 등) ① 수급사업자는 이 계약에서 정한 하자보수보증금률을 계약금액에 곱하여 산출한 금액(이하 "하자보수보증금"이라 한다)을 준공검사 후 그 공사대금을 지급 받을 때까지 현금 또는 증서로 원사업자에게 납부 또는 교부한다. 다만, 공사의 성질상 하자보수보증금의 납부가 필요하지 아니한 경우로 규정한 경우에는 그러하지 아니하다.

② 원사업자는 준공검사를 마친 날로부터 이 계약에서 정한 하자담보책임기간의 범위에서 수급사업자의 공사로 인해 발생한 하자에 대해 상당한 기간을 정하여 그 하자의 보수를 청구할 수 있다. 다만, 다음 각 호의 어느 하나의 사유로 발생한 하자에 대하여는 그러하지 아니하다.

1. 원사업자가 제공한 재료의 품질이나 규격 등이 기준미달로 인한 경우

2. 원사업자의 지시에 따라 시공한 경우

3. 원사업자가 건설공사의 목적물을 관계 법령에 따른 내구연한(耐久年限) 또는 설계상의 구조내력(構造耐力)을 초과하여 사용한 경우

③ 이 계약에서 정한 하자담보책임기간이 「건설산업기본법」 등 관련법령에서 정한 하자담보책임기간 보다 더 장기인 경우에는 「건설산업기본법」 등에서 정한 기간으로 한다.

④ 원사업자와 수급사업자는 하자발생에 대한 책임이 분명하지 아니한 경우 상호 협의하여 전문기관에 조사를 의뢰할 수 있다.

⑤ 수급사업자가 이 계약에서 정한 하자보수 의무기간 중 원사업자로부터 하자보수의 요구를 받고 이에 응하지 아니하면 제1항의 하자보수보증금은 원사업자에게 귀속한다.

⑥ 원사업자는 하자보수 의무기간이 종료한 후 수급사업자의 청구가 있는 날로부터 10일 이내에 수급사업자에게 제1항의 하자보수보증금을 반환한다.

⑦ 장기계속공사의 경우 수급사업자는 연차계약별로 준공 검사 후 그 공사의 대가를 지급받을 때까지 원사업자에게 하자보수보증금을 납부하며, 연차계약별로 하자 남보책임을 구분할 수 없는 공사인 경우에는 총 공시의 준공검사 후에 이를 납 부한다. 또 원사업자는 연차계약별로 하자보수 의무기간이 종료한 후 수급사업 자의 청구가 있는 날로부터 10일 이내에 하자보수보증금을 반환한다.

제55조(계약의 해제 또는 해지) ① 원사업자 또는 수급사업자는 다음 각 호의 어느 하나에 해당하는 경우에는 서면으로 이 계약의 전부 또는 일부를 해제 또는 해 지할 수 있다. 다만, 기성부분에 대해서는 해제하지 아니한다.

1. 원사업자 또는 수급사업자가 금융기관으로부터 거래정지처분을 받아 이 계약을 이행할 수 없다고 인정되는 경우

2. 원사업자 또는 수급사업자가 감독관청으로부터 인·허가의 취소, 영업취소·영 업정지 등의 처분을 받아 이 계약을 이행할 수 없다고 인정되는 경우

3. 원사업자 또는 수급사업자가 어음·수표의 부도, 제3자에 의한 강제집행(가압 류 및 가처분 포함), 파산·회생절차의 신청 등 영업상의 중대한 사유가 발생하 여 이 계약을 이행할 수 없다고 인정되는 경우

4. 원사업자 또는 수급사업자가 해산, 영업의 양도 또는 타 회사로의 합병을 결 의하여 이 계약을 이행할 수 없다고 인정되는 경우. 다만, 영업의 양수인 또는 합병된 회사가 그 권리와 의무를 승계함에 대해 상대방이 동의한 경우에는 그러 하지 아니하다.

5. 원사업자 또는 수급사업자가 재해 기타 사유로 인하여 이 계약의 내용을 이행 하기 곤란하다고 쌍방이 인정한 경우

② 원사업자 또는 수급사업자는 다음 각 호의 어느 하나에 해당하는 사유가 발생한 경우에는 상대방에게 상당한 기간을 정하여 서면으로 그 이행을 최고하고, 그 기간 내에 이를 이행하지 아니한 때에는 이 계약의 전부 또는 일부를 해제·해 지할 수 있다. 다만, 원사업자 또는 수급사업자가 이행을 거절하거나 준공기한 내에 이행하여야 이 계약의 목적을 달성할 수 있는 경우에는 최고 없이 해제 또는 해지할 수 있다.

1. 원사업자 또는 수급사업자가 이 계약상의 중요한 의무를 이행하지 않은 경우

2. 원사업자가 수급사업자의 책임 없이 하도급공사 수행에 필요한 사항의 이행을

지연하여 수급사업자의 하도급공사 수행에 지장을 초래한 경우

3. 수급사업자가 원사업자의 책임 없이 약정한 착공기간을 경과하고도 공사에 착공하지 아니한 경우

4. 수급사업자가 원사업자의 책임 없이 착공을 거부하거나 시공을 지연하여 인도일자 내에 공사목적물의 인도가 곤란하다고 객관적으로 인정되는 경우

5. 수급사업자의 인원·장비 및 품질관리능력이 현저히 부족하여 이 계약을 원만히 이행할 수 없다고 인정되는 등 수급사업자의 책임 있는 사유가 인정되는 경우

6. 원사업자가 공사내용을 변경함으로써 하도급대금이 100분의 40이상 감소한 경우

7. 수급사업자의 책임 없이 공사의 중지기간이 전체공사 기간의 100분의 50이상인 경우

8. 원사업자나 수급사업자가 대금지급보증이나 계약이행보증을 하지 아니한 경우

9. 발주기관의 불가피한 사정으로 도급계약이 해제 또는 해지된 경우

③ 제1항 또는 제2항에 따른 해제 또는 해지는 기성검사를 필한 부분과 기성검사를 필하지 않은 부분 중 객관적인 자료에 의해 시공사실이 확인된 부분(추후 검사결과 불합격으로 판정된 경우는 그러하지 아니하다)에 대해 적용하지 아니한다.

④ 제1항 또는 제2항에 따라 계약이 해제·해지된 때에는 각 당사자의 상대방에 대한 일체의 채무는 기한의 이익을 상실하고, 당사자는 상대방에 대한 채무를 지체 없이 이행한다.

⑤ 원사업자 및 수급사업자는 자신의 책임 있는 사유로 인하여 이 계약의 전부 또는 일부가 해제 또는 해지된 경우에 이로 인하여 발생한 상대방의 손해를 배상한다.

⑥ 제1항 또는 제2항에 따라 계약을 해제 또는 해지한 경우 원사업자는 기성검사를 필한 부분과 기성검사를 필하지 않은 부분 중 객관적인 자료에 의해 시공사실이 확인된 부분(추후 검사결과 불합격으로 판정된 경우는 그러하지 아니하다)에 대한 대금을 수급사업자에게 지급하고, 동시에 수급사업자는 하자보수보증금을 제54조 제1항의 규정에 따라 원사업자에게 납부한다.

⑦ 수급사업자는 제6항의 하자보수보증금을 현금으로 납부한 경우 공사 준공검사 후 하자보수보증서로 대체할 수 있다.

⑧ 제1항 및 제2항에 따라 이 계약이 해제된 경우 원사업자와 수급사업자는 다음 각 호에서 정한 의무를 동시에 이행한다. 다만, 일부 해제 또는 해지된 경우에 잔존계약의 이행과 관련된 범위내에서는 그러하지 않는다.

　1. 원사업자 또는 수급사업자는 상대방으로부터 제공받은 공사와 관련한 모든 자료를 반환하고, 저장된 자료를 삭제한다.

　2. 원사업자 또는 수급사업자는 상대방으로부터 제공받은 공사와 관련한 자료를 활용하지 않는다.

　3. 수급사업자는 원사업자로부터 지급받은 대금과 그 이자를 더하여 반환한다.

　4. 수급사업자 또는 원사업자는 상대방으로부터 이용허락받은 지식재산 등을 이용하지 않는다.

⑨ 원사업자가 제1항 또는 제2항에 따라 계약을 해제 또는 해지한 경우 수급사업자는 다음 각 호의 사항을 이행한다.

　1. 해제 또는 해지의 통지를 받은 부분에 대한 공사를 지체 없이 중지하고 모든 공사 관련 시설 및 장비 등을 공사현장으로부터 철거한다.

　2. 대여품이 있을 때에는 지체 없이 원사업자에게 반환한다. 이 경우 당해 대여품이 수급사업자의 고의 또는 과실로 인하여 멸실 또는 파손되었을 때에는 원상회복 또는 그 손해를 배상한다.

　3. 지급자재 중 공사의 기성부분으로서 인수된 부분에 사용한 것을 제외한 잔여자재를 지체 없이 원사업자에게 반환한다. 이 경우 당해 자재가 수급사업자의 고의 또는 과실로 인하여 멸실 또는 파손되었거나 공사의 기성부분으로서 인수되지 아니한 부분에 사용된 때에는 원상으로 회복하거나 그 손해를 배상한다.

⑩ 손해배상금을 지급하거나 또는 대금을 반환해야 할 자가 이를 지연한 경우 그 지연기간에 대해 지연이자를 더하여 지급한다.

제56조(분쟁해결) ① 이 계약과 관련하여 분쟁이 발생한 경우 원사업자와 수급사업자는 상호 협의하여 분쟁을 해결하기 위해 노력한다.

② 제1항의 규정에도 불구하고 분쟁이 해결되지 않은 경우 원사업자 또는 수급사업자는 「독점규제 및 공정거래에 관한 법률」에 따른 한국공정거래조정원, 「건설산업기본법」에 따른 건설분쟁조정위원회 또는 「하도급거래 공정화에 관한 법률」에 따른 하도급분쟁조정협의회 등에 조정을 신청할 수 있다. 이 경우에 원사업자와

수급사업자는 조정절차에 성실하게 임하며, 원활한 분쟁해결을 위해 노력한다.

③ 제1항의 규정에도 불구하고, 분쟁이 해결되지 않은 경우에 원사업자 또는 수급사업자는 법원에 소송을 제기하거나 중재법에 따른 중재기관에 중재를 신청할 수 있다.

제57조(재판관할) 이 계약과 관련된 소송은 원사업자 또는 수급사업자의 주된 사무소를 관할하는 지방법원에 제기한다.

【별첨】

비밀유지계약서

원사업자와 수급사업자는 비밀정보의 제공과 관련하여 다음과 같이 비밀유지계약을 체결한다.

제1조(계약의 목적) 이 계약은 원사업자와 수급사업자가 하도급계약과 관련하여 각자 상대방에게 제공하는 비밀정보를 비밀로 유지하고 보호하기 위하여 필요한 제반 사항을 규정함을 목적으로 한다.

제2조(비밀정보의 정의) ① 이 계약에서 '비밀정보'라 함은 원사업자 또는 수급사업자가 이 업무 수행 과정에서 스스로 알게 되거나, 상대방 또는 그 직원(이하 '상대방'이라 함)으로부터 제공받아 알게 되는 상대방에 관한 일체의 기술상 혹은 경영상의 정보 및 이를 기초로 새롭게 발생한 일체의 기술상 혹은 경영상의 정보를 말한다.

② 제1항의 비밀정보는 서면(전자문서를 포함하며, 이하 같음), 구두 혹은 기타 방법으로 제공되는 모든 노하우, 공정, 도면, 설계, 실험결과, 샘플, 사양, 데이터, 공식, 제법, 프로그램, 가격표, 거래명세서, 생산단가, 아이디어 등 모든 기술상 혹은 경영상의 정보와 그러한 정보가 수록된 물건 또는 장비 등을 모두 포함한다.

제3조(비밀의 표시) ① 각 당사자가 상대방에게 서면으로 비밀정보를 제공하는 경우, 그 서면에 비밀임을 알리는 문구('비밀' 또는 '대외비' 등의 국문 또는 영문 표시)를 표시해야 한다.

② 각 당사자가 상대방에게 구두, 영상 또는 당사자의 시설, 장비 샘플 기타 품목들을 관찰·조사하게 하는 방법으로 비밀정보를 제공할 경우에는, 그 즉시 상대방에게 해당 정보가 비밀정보에 속한다는 사실을 고지하여야 한다. 이 경우에 비밀정보를 제공한 당사자는 비밀정보 제공일로부터 15일 이내에 상대방에게 해당 정보가 비밀정보에 속한다는 취지의 서면을 발송하여야 한다.

제4조(정보의 사용용도 및 정보취급자 제한) ① 각 당사자는 상대방의 비밀정보를 이 계약에서 정한 목적으로만 사용하여야 한다.

② 각 당사자가 이 계약에서 정한 업무의 수행을 위하여 상대방의 비밀정보를 제3자에게 제공하고자 할 때에는 사전에 상대방으로부터 서면에 의한 동의를 얻어야 하며, 그 제3자와 사이에 해당 비밀정보의 유지 및 보호를 목적으로 하는 별도의 비밀유지계약을 체결한 이후에 그 제3자에게 해당 비밀정보를 제공하여야 한다.

③ 각 당사자는 직접적, 간접적으로 하도급계약을 이행하는 임직원들에 한하여 상대방의 비밀정보를 취급할 수 있도록 필요한 조치를 취하여야 하며, 해당 임직원 각자에게 상대방의 비밀정보에 대한 비밀유지의무를 주지시켜야 한다. 이때 상대방은 반대 당사자에게 해당 임직원으로부터 비밀유지 서약서를 제출 받는 등의 방법으로 해당 정보의 비밀성을 유지하기 위하여 필요한 조치를 요구할 수 있다.

제5조(비밀유지의무) ① 각 당사자는 상대방의 사전 서면승낙 없이 비밀정보를 포함하여 이 계약의 체결사실이나 내용, 이 계약의 내용 등을 공표하거나 제3자에게 알려서는 아니 된다. 다만, 객관적인 증거를 통하여 다음 각 호에 해당함이 입증되는 정보는 비밀정보가 아니거나 비밀유지의무가 없는 것으로 간주한다.

 1. 상대방의 비밀정보 제공 이전에 다른 당사자가 이미 알고 있거나 알 수 있는 정보

 2. 비밀정보를 제공받은 당사자의 고의 또는 과실에 의하지 않고 공지의 사실로 된 정보

 3. 비밀정보를 제공받은 당사자가 적법하게 제3자로부터 제공받은 정보

 4. 비밀정보를 제공받은 당사자가 비밀정보와 관계없이 독자적으로 개발하거나 알게 된 정보

 5. 제3조 제2항에 의하여 비밀정보임을 고지하지 아니하거나, 비밀정보에 속한다는 취지의 서면을 발송하지 아니한 정보

 6. 법원 기타 공공기관의 판결, 명령 또는 관련법령에 따른 공개의무에 따라 공개한 정보

② 각 당사자가 제1항 제6호에 따라 정보를 공개할 경우에는 사전에 상대방에게 그

사실을 서면으로 통지하고, 상대방으로 하여금 적절한 보호 및 대응조치를 할 수 있도록 하여야 한다.

제6조(자료의 반환) ① 각 당사자는 상대방의 요청이 있으면 언제든지 상대방의 비밀 정보가 기재되어 있거나 이를 포함하고 있는 제반 자료, 장비, 서류, 샘플, 기타 유체물(복사본, 복사물, 모방물건, 모방장비 등을 포함)을 즉시 상대방에게 반환하거나, 상대방의 선택에 따라 이를 폐기하고 그 폐기를 증명하는 서류를 상대방에게 제공하여야 한다.

② 제1항의 자료의 반환 또는 폐기에 소요되는 비용은 각 당사자가 균등하게 부담하기로 한다. 다만, 자료의 반환 또는 폐기 의무자가 우선 그 비용을 지출한 이후 상대방에게 그 부담부분을 정산하여 청구한다.

제7조(권리의 부존재 등) ① 이 계약에 따라 제공되는 비밀정보에 관한 모든 권리는 이를 제공한 당사자에 속한다.

② 이 계약은 어떠한 경우에도 비밀정보를 제공받는 자에게 비밀정보에 관한 어떠한 권리나 사용권을 부여하는 것으로 해석되지 않는다.

③ 이 계약은 어떠한 경우에도 당사자 간에 향후 어떠한 확정적인 계약의 체결, 제조물의 판매나 구입, 실시권의 허락 등을 암시하거나 이를 강제하지 않으며, 기타 이 계약의 당사자가 비밀정보와 관련하여 다른 제3자와 어떠한 거래나 계약 관계에 들어가는 것을 금지하거나 제한하지 않는다.

④ 비밀정보의 제공자는 상대방에게 비밀정보를 제공할 적법한 자격이 있음을 보증한다.

⑤ 각 당사자는 이 계약의 목적을 위하여 상대방의 시설을 방문하거나 이를 이용할 경우에는 상대방의 제반 규정 및 지시사항을 준수하여야 한다.

제8조(계약기간) ① 이 계약은 전문에서 정한 기간동안 효력을 가진다.

② 제1항에도 불구하고, 제4조, 제5조 및 제7조의 의무는 계약기간이 만료되거나, 이 계약이 해제·해지 등의 사유로 종료된 이후부터 계속하여 유효하게 존속하는 것으로 한다.

제9조(손해배상) 이 계약을 위반한 당사자는 이로 인하여 상대방이 입은 손해를 배상하여야 한다. 다만, 그 당사자가 고의 또는 과실없음을 증명한 경우에는 그러하지 않는다.

제10조(권리의무의 양도, 계약의 변경) ① 각 당사자는 상대방의 사전 서면동의 없이 이 계약상의 권리의무를 제3자에게 양도하거나 이전할 수 없다.
② 이 계약의 수정이나 변경은 양 당사자의 정당한 대표자가 기명날인 또는 서명한 서면합의로만 이루어질 수 있다.

제11조(일부무효의 특칙) 이 계약의 내용 중 일부가 무효인 경우에도 이 계약의 나머지 규정의 유효성에 영향을 미치지 않는다. 다만, 유효인 부분만으로 계약의 목적을 달성할 수 없는 경우에는 전부를 무효로 한다.

제12조(분쟁의 해결) 비밀유지계약과 관련하여 분쟁이 발생한 경우 당사자의 상호 협의에 의한 해결을 모색하되, 분쟁에 관한 합의가 이루어지지 아니한 경우에는 하도급계약의 관할법원에 소를 제기할 수 있다.

원사업자와 수급사업자는 이 계약의 성립을 증명하기 위하여 계약서 2부를 작성하여 각각 서명(또는 기명날인)한 후 각자 1부씩 보관한다.

20____년 ____월 ____일

원사업자
상호 또는 명칭:
전화번호:
주 소:
대표자 성명: (인)
사업자(법인)번호:

수급사업자
상호 또는 명칭:
전화번호:
주 소:
대표자 성명: (인)
사업자(법인)번호:

394

9. 행정 효율과 협업 촉진에 관한 규정

행정 효율과 협업 촉진에 관한 규정
[대통령령 제31380호]

제1장 총칙

제1조(목적) 이 영은 행정기관의 행정업무 운영에 관한 사항을 규정함으로써 행정업무의 간소화·표준화·과학화 및 정보화를 도모하고 행정기관 간 협업을 촉진하여 행정의 효율을 높이는 것을 목적으로 한다. 〈개정 2016. 4. 26.〉

제2조(적용범위) 중앙행정기관(대통령 직속기관과 국무총리 직속기관을 포함한다. 이하 같다)과 그 소속기관, 지방자치단체의 기관과 군(軍)의 기관(이하 "행정기관"이라 한다)의 행정업무 운영에 관하여 다른 법령에 특별한 규정이 있는 경우를 제외하고는 이 영에서 정하는 바에 따른다.

제3조(정의) 이 영에서 사용하는 용어의 뜻은 다음과 같다. 〈개정 2014. 2. 18., 2021. 1. 5.〉

1. "공문서"란 행정기관에서 공무상 작성하거나 시행하는 문서(도면·사진·디스크·테이프·필름·슬라이드·전자문서 등의 특수매체기록을 포함한다. 이하 같다)와 행정기관이 접수한 모든 문서를 말한다.

2. "전자문서"란 컴퓨터 등 정보처리능력을 가진 장치에 의하여 전자적인 형태로 작성되거나 송신·수신 또는 저장된 문서를 말한다.

3. "문서과"란 행정기관 내의 공문서를 분류·배부·보존하는 업무를 수행하거나 수신·발신하는 업무를 지원하는 등 문서에 관한 업무를 주관하는 과(課)·담당관 등을 말한다.

4. "처리과"란 업무 처리를 주관하는 과·담당관 등을 말한다.

5. "서명"이란 기안자·검토자·협조자·결재권자[제10조에 따라 결재, 위임전결 또는 대결(代決)하는 자를 말한다. 이하 같다] 또는 발신명의인이 공문서(전자문서는 제외한다)에 자필로 자기의 성명을 다른 사람이 알아볼 수 있도록 한글로 표시하는 것을 말한다.

6. "전자이미지서명"이란 기안자 · 검토자 · 협조자 · 결재권자 또는 발신명의인이 전자문서상에 전자적인 이미지 형태로 된 자기의 성명을 표시하는 것을 말한다.

7. "전자문자서명"이란 기안자 · 검토자 · 협조자 · 결재권자 또는 발신명의인이 전자문서상에 자동 생성된 자기의 성명을 전자적인 문자 형태로 표시하는 것을 말한다.

8. "행정전자서명"이란 기안자 · 검토자 · 협조자 · 결재권자 또는 발신명의인의 신원과 전자문서의 변경 여부를 확인할 수 있도록 그 전자문서에 첨부되거나 결합된 전자적 형태의 정보로서「전자정부법 시행령」제29조에 따른 인증기관으로부터 인증을 받은 것을 말한다.

9. "전자이미지관인"이란 관인의 인영(印影: 도장을 찍은 모양)을 컴퓨터 등 정보처리능력을 가진 장치에 전자적인 이미지 형태로 입력하여 사용하는 관인을 말한다.

10. "전자문서시스템"이란 문서의 기안 · 검토 · 협조 · 결재 · 등록 · 시행 · 분류 · 편철 · 보관 · 보존 · 이관 · 접수 · 배부 · 공람 · 검색 · 활용 등 모든 처리절차가 전자적으로 처리되는 시스템을 말한다.

11. "업무관리시스템"이란 행정기관이 업무처리의 모든 과정을 제22조제1항에 따른 과제관리카드 및 문서관리카드 등을 이용하여 전자적으로 관리하는 시스템을 말한다.

12. "행정정보시스템"이란 행정기관이 행정정보를 생산 · 수집 · 가공 · 저장 · 검색 · 제공 · 송신 · 수신하고 활용할 수 있도록 하드웨어 · 소프트웨어 · 데이터베이스 등을 통합한 시스템을 말한다.

13. "정보통신망"이란「전기통신사업법」제2조제2호에 따른 전기통신설비를 활용하거나 전기통신설비와 컴퓨터 및 컴퓨터의 이용기술을 활용하여 정보를 수집 · 가공 · 저장 · 검색 · 송신 또는 수신하는 정보통신체제를 말한다.

14. "정책실명제"란 정책의 투명성과 책임성을 높이기 위하여 행정기관에서 소관 업무와 관련하여 수립 · 시행하는 주요 정책의 결정 및 집행 과정에 참여하는 관련자의 실명과 의견을 기록 · 관리하는 제도를 말한다.

제2장 공문서 관리 등 행정업무의 처리

제1절 공문서의 작성 및 처리

제4조(공문서의 종류) 공문서(이하 "문서"라 한다)의 종류는 다음 각 호의 구분에 따른다.

1. 법규문서: 헌법·법률·대통령령·총리령·부령·조례·규칙(이하 "법령"이라 한다) 등에 관한 문서

2. 지시문서: 훈령·지시·예규·일일명령 등 행정기관이 그 하급기관이나 소속 공무원에 대하여 일정한 사항을 지시하는 문서

3. 공고문서: 고시·공고 등 행정기관이 일정한 사항을 일반에게 알리는 문서

4. 비치문서: 행정기관이 일정한 사항을 기록하여 행정기관 내부에 비치하면서 업무에 활용하는 대장, 카드 등의 문서

5. 민원문서: 민원인이 행정기관에 허가, 인가, 그 밖의 처분 등 특정한 행위를 요구하는 문서와 그에 대한 처리문서

6. 일반문서: 제1호부터 제5호까지의 문서에 속하지 아니하는 모든 문서

제5조(문서의 전자적 처리) 행정기관의 장(법령에 따라 행정권한을 위임받거나 위탁받은 자를 포함한다. 이하 같다)은 문서의 기안·검토·협조·결재·등록·시행·분류·편철·보관·보존·이관·접수·배부·공람·검색·활용 등 처리절차를 전자문서시스템 또는 업무관리시스템 상에서 전자적으로 처리하도록 하여야 한다.

제6조(문서의 성립 및 효력 발생) ① 문서는 결재권자가 해당 문서에 서명(전자이미지서명, 전자문자서명 및 행정전자서명을 포함한다. 이하 같다)의 방식으로 결재함으로써 성립한다.

② 문서는 수신자에게 도달(전자문서의 경우는 수신자가 관리하거나 지정한 전자적 시스템 등에 입력되는 것을 말한다)됨으로써 효력을 발생한다.

③ 제2항에도 불구하고 공고문서는 그 문서에서 효력발생 시기를 구체적으로 밝히고 있지 않으면 그 고시 또는 공고 등이 있은 날부터 5일이 경과한 때에 효력이 발생한다.

제7조(문서 작성의 일반원칙) ① 문서는 「국어기본법」 제3조제3호에 따른 어문규범에 맞게 한글로 작성하되, 뜻을 정확하게 전달하기 위하여 필요한 경우에는 괄호 안에 한자나 그 밖의 외국어를 함께 적을 수 있으며, 특별한 사유가 없으면 가로로 쓴다.

② 문서의 내용은 간결하고 명확하게 표현하고 일반화되지 않은 약어와 전문용어 등의 사용을 피하여 이해하기 쉽게 작성하여야 한다.

③ 문서에는 음성정보나 영상정보 등이 수록되거나 연계된 바코드 등을 표기할 수 있다.

④ 문서에 쓰는 숫자는 특별한 사유가 없으면 아라비아 숫자를 쓴다.

⑤ 문서에 쓰는 날짜는 숫자로 표기하되, 연·월·일의 글자는 생략하고 그 자리에 온점을 찍어 표시하며, 시·분은 24시각제에 따라 숫자로 표기하되, 시·분의 글자는 생략하고 그 사이에 쌍점을 찍어 구분한다. 다만, 특별한 사유가 있으면 다른 방법으로 표시할 수 있다.

⑥ 문서 작성에 사용하는 용지는 특별한 사유가 없으면 가로 210밀리미터, 세로 297밀리미터의 직사각형 용지로 한다.

⑦ 제1항부터 제6항까지에서 규정한 사항 외에 문서 작성에 필요한 사항은 행정안전부령으로 정한다. 〈개정 2013. 3. 23., 2014. 11. 19., 2017. 7. 26.〉

제8조(문서의 기안) ① 문서의 기안은 전자문서로 하는 것을 원칙으로 한다. 다만, 업무의 성질상 전자문서로 기안하기 곤란하거나 그 밖의 특별한 사정이 있으면 그러하지 아니하다.

② 문서의 기안은 행정안전부령으로 정하는 기안문으로 하여야 한다. 다만, 관계 서식이 따로 있는 경우에는 그 내용을 관계 서식에 기입하는 방법으로 할 수 있다. 〈개정 2013. 3. 23., 2014. 11. 19., 2017. 7. 26.〉

③ 둘 이상의 행정기관의 장의 결재가 필요한 문서는 그 문서 처리를 주관하는 행정기관에서 기안하여야 한다.

④ 기안문에는 행정안전부령으로 정하는 바에 따라 발의자(기안하도록 지시하거나 스스로 기안한 사람을 말한다)와 보고자를 알 수 있도록 표시하여야 한다. 다만, 다음 각 호의 문서에는 발의자와 보고자의 표시를 생략할 수 있다. 〈개정 2013. 3. 23., 2014. 11. 19., 2017. 7. 26.〉

1. 검토나 결정이 필요하지 아니한 문서

2. 각종 증명 발급, 회의록, 그 밖의 단순 사실을 기록한 문서

3. 일상적·반복적인 업무로서 경미한 사항에 관한 문서

제9조(문서의 검토 및 협조) ① 기안문은 결재권자의 결재를 받기 전에 보조기관 또는 보좌기관의 검토를 받아야 한다. 다만, 보조기관 또는 보좌기관이 출장 등의

사유로 검토할 수 없는 등 부득이한 경우에는 검토를 생략할 수 있으며, 이 경우 검토자의 서명란에 출장 등의 사유를 적어야 한다.

② 기안문의 내용이 행정기관 내의 다른 보조기관 또는 보좌기관의 업무와 관련이 있을 때에는 그 보조기관 또는 보좌기관의 협조를 받아야 한다.

③ 보조기관 또는 보좌기관이 제1항에 따라 기안문을 검토하는 경우에 그 내용과 다른 의견이 있으면 기안문을 직접 수정하거나 기안문 또는 별지에 그 의견을 표시하여야 한다.

④ 보조기관 또는 보좌기관이 제2항에 따라 협조하는 경우에 그 내용과 다른 의견이 있으면 기안문 또는 별지에 그 의견을 표시하여야 한다.

제10조(문서의 결재) ① 문서는 해당 행정기관의 장의 결재를 받아야 한다. 다만, 보조기관 또는 보좌기관의 명의로 발신하는 문서는 그 보조기관 또는 보좌기관의 결재를 받아야 한다.

② 행정기관의 장은 업무의 내용에 따라 보조기관 또는 보좌기관이나 해당 업무를 담당하는 공무원으로 하여금 위임전결하게 할 수 있으며, 그 위임전결 사항은 해당 기관의 장이 훈령이나 지방자치단체의 규칙으로 정한다.

③ 제1항이나 제2항에 따라 결재할 수 있는 사람이 휴가, 출장, 그 밖의 사유로 결재할 수 없을 때에는 그 직무를 대리하는 사람이 대결하고 내용이 중요한 문서는 사후에 보고하여야 한다.

제11조(문서의 등록 등) ① 행정기관은 문서를 생산(제6조제1항에 따라 문서가 성립된 경우를 말한다. 이하 같다)하였을 때에는 지체 없이 「공공기록물 관리에 관한 법률 시행령」 제20조에 따라 생산등록번호(이하 "생산등록번호"라 한다)를 부여하고 등록하여야 한다.

② 제4조제1호부터 제3호까지의 규정에 따른 문서에는 생산등록번호 외에 행정안전부령으로 정하는 번호를 부여한다. 〈개정 2013. 3. 23., 2014. 11. 19., 2017. 7. 26.〉

제12조(시행문의 작성) ① 결재를 받은 문서 가운데 발신하여야 하는 문서는 행정안전부령으로 정하는 시행문으로 작성하여 발신한다. 〈개정 2013. 3. 23., 2014. 11. 19., 2017. 7. 26.〉

② 시행문의 수신자가 여럿인 경우 그 수신자 전체를 함께 표시하여 시행문을 작성·시행할 수 있다. 다만, 수신자의 개인정보 보호 등을 위하여 필요할 때에는

수신자별로 작성·시행하여야 한다.

제13조(발신 명의) ① 문서의 발신 명의는 행정기관의 장으로 한다. 다만, 합의제기관의 권한에 속하는 문서의 발신 명의는 그 합의제기관으로 한다.

② 제1항에도 불구하고 행정기관 내의 보조기관 또는 보좌기관 상호간에 발신하는 문서는 해당 보조기관 또는 보좌기관의 명의로 한다.

③ 발신할 필요가 없는 내부결재문서는 발신 명의를 표시하지 아니한다.

제14조(관인날인 또는 서명) ① 제13조제1항 본문 또는 단서에 따라 행정기관의 장 또는 합의제기관의 명의로 발신하는 문서의 발신 명의에는 관인(전자이미지관인을 포함한다. 이하 이 조에서 같다)을 찍는다. 이 경우 제13조제1항 본문에 따라 행정기관의 장의 명의로 발신하는 문서의 발신 명의에는 행정기관의 장이 관인의 날인(捺印)을 갈음하여 서명(전자문자서명과 행정전자서명은 제외한다)을 할 수도 있다.

② 제13조제2항에 따라 행정기관 내의 보조기관 또는 보좌기관 상호 간에 발신하는 문서의 발신 명의에는 보조기관 또는 보좌기관이 서명을 한다.

③ 관보나 신문 등에 실리는 문서에는 관인을 찍거나 서명하지 아니하며, 경미한 내용의 문서에는 행정안전부령으로 정하는 바에 따라 관인날인 또는 서명을 생략할 수 있다. 〈개정 2013. 3. 23., 2014. 11. 19., 2017. 7. 26.〉

④ 관인을 찍어야 할 문서로서 다수의 수신자에게 동시에 발신 또는 교부하거나 알리는 문서에는 관인의 날인을 갈음하여 관인의 인영을 인쇄하여 사용할 수 있다. 이 경우 실제 규격대로 인쇄하기 어려운 경우에는 관인의 실제 규격보다 축소하여 인쇄할 수 있다.

제15조(문서의 발신) ① 문서는 직접 처리하여야 할 행정기관에 발신한다. 다만, 필요한 경우에는 행정조직상의 계통에 따라 발신한다.

② 하급기관이 바로 위 상급기관 외의 상급기관(바로 위 상급기관에 대한 지휘·감독권을 가지는 상급기관을 말한다)에 발신하는 문서 중에서 필요하다고 인정되는 문서는 그 바로 위 상급기관을 거쳐 발신하여야 한다.

③ 상급기관이 바로 아래 하급기관 외의 하급기관(바로 아래 하급기관의 지휘·감독을 받는 하급기관을 말한다)에 발신하는 문서 중에서 필요하다고 인정되는 문서는 그 바로 아래 하급기관을 거쳐서 발신하여야 한다.

④ 다음 각 호의 어느 하나에 해당하는 경우에는 해당 문서를 생산한 처리과의

장의 승인을 받아 이미 발신한 문서의 수신자를 변경하거나 추가하여 다시 발신할 수 있다.

1. 결재권자나 해당 문서를 생산한 처리과의 장의 지시가 있는 경우
2. 수신자의 명칭이 변경된 경우
3. 착오로 인하여 수신자를 누락하였거나 잘못 지정한 경우
4. 해당 업무와 관련된 기관의 요청이 있는 경우

제16조(문서의 발신방법 등) ① 문서는 정보통신망을 이용하여 발신하는 것을 원칙으로 한다.

② 제1항에도 불구하고 업무의 성질상 제1항에 따른 발신방법이 적절하지 아니하거나 그 밖의 특별한 사정이 있으면 우편·팩스 등의 방법으로 문서를 발신할 수 있으며, 내용이 중요한 문서는 등기우편이나 그 밖에 발신 사실을 증명할 수 있는 특수한 방법으로 발신하여야 한다.

③ 행정기관이 아닌 자에게는 행정기관의 홈페이지나 행정기관이 공무원에게 부여한 전자우편주소를 이용하여 문서를 발신할 수 있다.

④ 행정기관의 장은 문서를 수신·발신하는 경우에 문서의 보안 유지와 위조, 변조, 분실, 훼손 및 도난 방지를 위한 적절한 조치를 마련하여야 한다.

⑤ 결재권자는 비밀사항이거나 누설되면 국가안전보장, 질서유지, 경제안정, 그 밖의 국가이익을 해칠 우려가 있는 내용의 문서를 결재할 때에는 그 문서 내용의 암호화 등 보안 유지가 가능한 발신방법을 지정하여야 한다.

제17조(결재받은 문서의 수정) 결재를 받은 문서의 일부분을 삭제하거나 수정할 때에는 재작성하여 결재를 받아야 한다. 다만, 종이문서의 경우로서 삭제하거나 수정하려는 사항이 명백한 오류의 정정 등 경미한 사항인 경우에는 행정안전부령으로 정하는 바에 따라 삭제하거나 수정할 수 있다. 〈개정 2013. 3. 23., 2014. 11. 19., 2017. 7. 26.〉

제18조(문서의 접수·처리) ① 문서는 처리과에서 접수하여야 하며, 접수한 문서에는 접수일시와 「공공기록물 관리에 관한 법률 시행령」 제20조에 따른 접수등록번호(이하 "접수등록번호"라 한다)를 전자적으로 표시하되, 종이문서인 경우에는 행정안전부령으로 정하는 접수인을 찍고 접수일시와 접수등록번호를 적는다. 〈개정 2013. 3. 23., 2014. 11. 19., 2017. 7. 26.〉

② 제1항에도 불구하고 문서과에서 받은 문서는 문서과에서 접수일시를 전자적으

로 표시하거나 적고 지체 없이 처리과에 배부하여야 한다. 이 경우 처리과는 배부받은 문서에 접수등록번호를 표시하거나 적는다.

③ 행정기관은 문서의 접수 및 배부 경로에 관한 정보를 「공공기록물 관리에 관한 법률 시행령」 제20조에 따른 등록정보로 관리하여야 한다.

④ 처리과에서 문서 수신·발신 업무를 담당하는 사람은 접수한 문서를 처리담당자에게 인계하여야 하고, 처리담당자는 행정안전부령으로 정하는 문서인 경우에는 공람할 자의 범위를 정하여 그 문서를 공람하게 할 수 있다. 이 경우 전자문서를 공람하였다는 기록이 업무관리시스템 또는 전자문서시스템 상에서 자동으로 표시되도록 하여야 한다. 〈개정 2013. 3. 23., 2014. 11. 19., 2017. 7. 26.〉

⑤ 제4항에 따라 공람을 하는 결재권자는 문서의 처리기한과 처리방법을 지시할 수 있으며, 필요하면 조직 관계 법령 또는 제60조에 따라 업무분장된 담당자 외에 그 문서의 처리담당자를 따로 지정할 수 있다.

⑥ 행정기관의 홈페이지나 행정기관이 부여한 공무원의 전자우편주소 등 정보통신망을 이용하여 행정기관이 아닌 자로부터 받은 문서는 제1항부터 제5항까지의 규정에 따라 처리한다. 이 경우 해당 문서에 대한 위조·변조 방지 조치 등으로 인하여 접수일시와 접수등록번호를 표시할 수 없으면 그 문서에 표시하지 아니할 수 있고 발신자의 주소와 성명 등이 불분명할 때에는 접수하지 아니할 수 있다.

제19조(문서의 쪽 번호 등 표시) 2장 이상으로 이루어진 문서가 제1호 각 목의 어느 하나에 해당하는 경우에는 제2호 각 목의 구분에 따라 쪽 번호 또는 발급번호를 표시하거나 간인(間印) 등을 해야 한다. 〈개정 2013. 3. 23., 2014. 11. 19., 2017. 7. 26., 2021. 1. 5.〉

1. 대상 문서

가. 문서의 순서 또는 연결 관계를 명백히 할 필요가 있는 문서

나. 사실관계나 법률관계의 증명에 관계되는 문서

다. 허가, 인가 및 등록 등에 관계되는 문서

2. 표시 방법

가. 전자문서인 경우: 행정안전부령으로 정하는 바에 따라 전자적 방법으로 쪽 번호 또는 발급번호를 표시한다.

나. 종이문서인 경우: 관인 관리자가 관인을 이용하여 간인한다. 다만, 민원서
　　류나 그 밖에 필요하다고 인정하는 종이문서에는 간인을 갈음하여 구멍뚫기(천
　　공)방식으로 표시할 수 있다.

제20조(외국어로 된 문서 등에 대한 특례) 외국어로 된 문서에는 제7조, 제13조,
　　제14조, 제17조 및 제19조를 적용하지 아니할 수 있고, 법규문서 중에서 법률
　　에 관한 문서는 이 영의 적용을 받지 아니하는 기관에서 다른 관행이 있는 경
　　우에는 그 관행에 따를 수 있다.

제2절 업무관리시스템의 구축·운영

제21조(업무관리시스템) ① 행정기관의 장은 업무처리의 모든 과정을 효율적으로 관
　　리하기 위하여 업무관리시스템을 구축·운영하여야 한다. 다만, 업무의 성질상
　　업무관리시스템의 구축·운영이 곤란하거나 그 밖의 특별한 사유가 있는 경우에
　　는 그러하지 아니하다.

　② 중앙행정기관, 지방자치단체 또는 지방교육행정기관의 장은 제1항 본문에 따라
　　업무관리시스템을 구축·운영하는 경우에 그 소속기관 등을 포함하여 구축·운
　　영할 수 있다.

　③ 행정안전부장관은 제1항과 제2항에 따른 업무관리시스템의 구축·운영을 지원
　　하기 위한 계획을 수립·시행할 수 있다. 〈개정 2013. 3. 23., 2014. 11.
　　19., 2017. 7. 26.〉

제22조(업무관리시스템의 구성 및 운영) ① 업무관리시스템에는 행정기관 업무의 기
　　능별 단위 과제의 담당자·내용·추진실적 등을 기록·관리하기 위한 카드(이하
　　"과제관리카드"라 한다)와 문서의 작성·검토·결재·등록·공개·공유 등 문서
　　처리의 모든 과정을 기록·관리하는 카드(이하 "문서관리카드"라 한다) 등이 포
　　함되어야 한다. 이 경우 문서관리카드는 다음 각 호의 사항을 포함하여야 한다.
　　〈개정 2014. 2. 18.〉

　1. 기안 내용

　2. 의사결정 과정에서 제기된 의견, 수정 내용과 지시 사항

　3. 의사결정 내용

　② 제1항과 제2항에서 규정한 사항 외에 업무관리시스템의 구성 및 운영 등에 필
　　요한 세부사항은 행정안전부령으로 정한다. 〈개정 2013. 3. 23., 2014. 11.

19., 2017. 7. 26.〉

제23조(업무관리시스템 등과 행정정보시스템 간의 연계ㆍ운영) ① 행정기관의 장은 효율적인 업무수행을 위하여 업무관리시스템 또는 전자문서시스템을 기능분류시스템(행정기관의 업무를 기능별로 분류하고 관련 행정정보를 연계하여 전자적으로 관리하는 시스템을 말한다. 이하 같다) 등 행정정보시스템과 연계하여 운영하여야 한다. 다만, 업무의 성질상 연계하여 운영하는 것이 적합하지 아니하거나 그 밖의 특별한 사유가 있는 경우에는 그러하지 아니하다.

② 행정기관의 장은 업무관리시스템으로 관리한 업무실적 등을 효과적으로 활용하도록 노력하여야 한다.

제24조(업무관리시스템 등의 표준 고시) ① 행정안전부장관은 다음 각 호의 표준을 정하여야 한다. 다만, 「산업표준화법」에 따른 한국산업표준이 제정되어 있는 사항은 그 표준을 따른다. 〈개정 2013. 3. 23., 2014. 11. 19., 2017. 7. 26.〉

1. 업무관리시스템의 규격에 관한 표준과 업무관리시스템을 이용한 전자문서 등의 유통에 관한 표준

2. 전자문서시스템의 규격에 관한 표준과 전자문서시스템을 이용한 전자문서 등의 유통에 관한 표준

3. 업무관리시스템 또는 전자문서시스템과 행정정보시스템 간 연계를 위한 표준

② 행정안전부장관은 제1항에 따른 규격ㆍ유통 및 연계에 관한 표준을 정하였으면 그 내용을 관보에 고시하고 인터넷에 게시하여야 한다. 그 표준을 변경하는 경우에도 또한 같다. 〈개정 2013. 3. 23., 2014. 11. 19., 2017. 7. 26.〉

③ 행정기관의 장은 특별한 사유가 없으면 제2항에 따라 고시된 표준과 「공공기록물 관리에 관한 법률」 제39조에 따른 표준에 적합한 업무관리시스템이나 전자문서시스템을 구축ㆍ운영하여야 한다.

제25조(정부전자문서유통지원센터) ① 행정안전부장관은 전자문서의 원활한 유통을 지원하기 위하여 행정안전부에 정부전자문서유통지원센터(이하 이 조에서 "센터"라 한다)를 둔다. 〈개정 2013. 3. 23., 2014. 11. 19., 2017. 7. 26.〉

② 센터는 다음 각 호의 업무를 수행한다.

1. 전자문서의 원활한 유통을 위한 지원과 유통 및 연계에 관한 표준 등의 운영

2. 전자문서의 효율적인 유통을 위한 프로그램의 개발 및 보급

3. 전자문서의 유통 시 발생하는 장애를 복구하기 위한 지원

4. 유통되는 전자문서의 위조·변조·훼손 또는 유출을 방지하기 위한 보호대책 마련

③ 제1항 및 제2항에서 규정한 사항 외에 센터의 운영에 필요한 세부 사항은 행정안전부령으로 정한다. 〈개정 2013. 3. 23., 2014. 11. 19., 2017. 7. 26.〉

제3절 서식의 제정 및 활용

제26조(서식의 제정) 행정기관에서 장기간에 걸쳐 반복적으로 사용하는 문서로서 정형화할 수 있는 문서는 특별한 사유가 없으면 서식으로 정하여 사용한다.

제27조(서식 제정 방법) ① 다음 각 호의 서식은 법령으로 정하여야 한다. 다만, 법령에서 고시 등으로 정하도록 한 경우와 그 밖의 특별한 사유가 있는 경우에는 고시·훈령·예규 등으로 정할 수 있다.

1. 국민의 권리·의무와 직접 관련되는 사항을 기재사항으로 정하는 서식

2. 인가, 허가, 승인 등 민원에 관계되는 서식

3. 행정기관에서 공통적으로 사용하는 서식 중 중요한 서식

② 제1항에 따른 서식 외의 서식은 고시·훈령·예규 등으로 정할 수 있다.

제28조(서식 설계의 일반 원칙) ① 서식은 글씨의 크기, 항목 간의 간격, 적어 넣을 칸의 크기 등을 균형 있게 조절하여 서식에 적을 사항을 쉽게 알 수 있도록 하여야 한다.

② 서식에는 누구나 쉽게 이해할 수 있는 용어를 사용하고, 불필요하거나 활용도가 낮은 항목을 넣어서는 아니 된다.

③ 서식은 특별한 사유가 없으면 별도의 기안문과 시행문을 작성하지 아니하고 그 서식 자체를 기안문과 시행문으로 갈음할 수 있도록 생산등록번호·접수등록번호·수신자·시행일 및 접수일 등의 항목을 넣어야 한다.

④ 법령에서 서식에 날인하여야 한다고 정하고 있지 아니하면 서명이나 날인을 선택할 수 있도록 하여야 한다.

⑤ 서식에는 가능하면 행정기관의 로고·상징·마크·홍보문구 등을 표시하여 행정기관의 이미지를 높일 수 있도록 하여야 한다.

⑥ 민원서식에는 민원인의 편의를 도모하기 위하여 그 민원업무의 처리흐름도, 처리기간, 전자적 처리가 가능한지 등을 표시하여야 하며, 음성정보나 영상정보 등을 수록하거나 연계한 바코드 등을 표기할 수 있다.

⑦ 서식에는 용지의 규격과 지질을 표시하여야 한다.

⑧ 제1항부터 제7항까지에서 규정한 사항 외에 서식 설계에 관한 세부 기준은 행정안전부령으로 정한다. 〈개정 2013. 3. 23., 2014. 11. 19., 2017. 7. 26.〉

제29조(서식의 승인 등) ① 중앙행정기관이 제27조제1항 각 호 외의 부분 본문에 따라 법령으로 서식을 제정하거나 변경하려는 경우에는 제28조에 따라 설계하여야 한다. 이 경우 서식을 제정하려는 경우에는 행정안전부장관의 승인을 받아야 하며, 서식을 변경하려는 경우에는 해당 중앙행정기관의 장은 제28조에 따른 원칙과 기준에 따라 자체심사를 하여야 한다. 〈개정 2013. 3. 23., 2014. 11. 19., 2015. 8. 3., 2017. 7. 26.〉

② 중앙행정기관의 소속기관이 서식을 정하거나 변경하려는 경우에는 제28조에 따라 설계하여 소속 중앙행정기관의 장의 승인을 받아야 한다.

③ 제1항 및 제2항에 따라 승인된 서식을 업무관리시스템, 행정정보시스템 등에서 그대로 사용할 수 없는 경우에는 서식의 주요 내용을 변경하지 아니하는 범위에서 기재항목 또는 형식 등을 변경할 수 있고, 필요한 경우에는 단순히 자구, 활자크기, 용지의 지질 등을 변경하여 사용할 수 있다. 이 경우 제1항 및 제2항에도 불구하고 사후통보로 승인을 갈음할 수 있다.

④ 서식을 제정한 기관은 그 서식을 폐지하였을 때에는 지체 없이 그 서식을 승인한 기관에 그 사실을 통보하여야 한다.

⑤ 제27조제1항 각 호 외의 부분 본문에 따른 서식 외에 지방자치단체의 장이나 지방교육행정기관의 장은 소관 업무의 수행을 위하여 필요한 서식을 제28조에 따라 정할 수 있다.

제30조(서식 승인의 신청) ① 중앙행정기관은 해당 법령의 입법예고와 동시에 제29조제1항에 따른 서식 승인의 신청을 하여야 한다.

② 둘 이상 기관의 업무에 관계되는 서식은 관계 기관 간의 사전 협의를 거쳐 승인을 신청하여야 한다.

제31조(서식의 제공) 행정기관의 장은 정보통신망을 이용하여 소관 업무와 관련된 서식을 제공하여 국민이 편리하게 그 서식을 사용할 수 있도록 노력하여야 한다.

제32조(서식에 해당 국가 언어의 병기 등) 재외공관의 장은 재외공관에서 사용하는 서식에 그 국가의 언어를 함께 적어 사용하게 하거나 그 국가의 언어로 번역한 서식을 사용하게 할 수 있다. 〈개정 2021. 1. 5.〉

제4절 관인의 관리

제33조(관인의 종류 및 비치) ① 관인은 행정기관의 명의로 발신하거나 교부하는 문서에 사용하는 청인(廳印)과 행정기관의 장이나 보조기관의 명의로 발신하거나 교부하는 문서에 사용하는 직인(職印)으로 구분한다.

② 각급 행정기관은 다음 각 호의 구분에 따라 관인을 가진다.

1. 합의제기관은 청인을 가진다. 다만, 행정기관의 소관 사무에 관한 자문에 응하기 위하여 설립된 합의제기관은 필요한 경우에만 청인을 가진다.

2. 제1호 외의 기관은 그 기관장의 직인을 가진다.

3. 「정부조직법」 제6조제2항에 따라 보조기관이 위임받은 사무를 행정기관으로서 처리하는 경우에는 그 사무 처리를 위하여 직인을 가진다.

4. 합의제기관의 장이 법령에 따라 합의제기관의 장으로서 사무를 처리하는 경우에는 그 사무 처리를 위하여 직인을 가질 수 있다.

③ 각급 행정기관은 전자문서에 사용하기 위하여 전자이미지관인을 가진다.

제34조(특수 관인) ① 행정기관의 장은 유가증권 등 특수한 증표 발행, 민원업무 또는 재무에 관한 업무 등 특수한 업무 처리에 사용하는 관인을 따로 가질 수 있다.

② 세입징수관, 지출관, 회계 등 재무에 관한 업무를 담당하는 공무원의 직인은 기획재정부장관이, 국립의 각급 학교에서 사용하는 관인은 교육부장관이, 외교부와 재외공관에서 외교문서에 사용하는 관인은 외교부장관이, 검찰기관에서 사용하는 관인은 법무부장관이, 군 기관에서 사용하는 관인은 국방부장관이 각각 그 규격과 등록 등 관리에 필요한 사항을 정한다. 〈개정 2013. 3. 23.〉

제35조(규격) 관인의 모양은 별표의 규격을 초과하지 아니하는 범위에서 행정기관의 장이 정한다.

제36조(등록) ① 행정기관은 행정안전부령으로 정하는 바에 따라 관인의 인영을 그 행정기관의 관인대장에 등록하여야 하며, 전자이미지관인의 인영은 그 행정기관의 전자이미지관인대장에 등록하여야 한다. 다만, 부득이한 경우에는 그 행정기관의 바로 위 상급기관에 등록할 수 있다. 〈개정 2013. 3. 23., 2014. 11. 19., 2017. 7. 26.〉

② 행정기관은 제1항에 따라 등록하지 아니한 관인을 사용할 수 없다.

③ 행정기관의 장은 관인을 위조·변조하거나 부정하게 사용하지 못하도록 필요

한 조치를 하여야 한다.

제37조(재등록 및 폐기) ① 행정기관이 관인을 분실하거나 닳아 없어지는 등의 사유로 관인을 갱신할 때에는 제36조에 따라 등록한 행정기관에 갱신한 관인을 등록(이하 "재등록"이라 한다)해야 한다. 〈개정 2021. 1. 5.〉

② 행정기관이 관인을 폐기할 때에는 행정안전부령으로 정하는 바에 따라 관인대장에 관인 폐기일과 폐기 사유 등을 적고, 그 관인을 제39조에 따른 관인폐기 공고문과 함께 「공공기록물 관리에 관한 법률」에 따른 영구기록물관리기관에 이관하여야 한다. 이 경우 영구기록물관리기관은 폐기된 관인이 사용되거나 유출되지 아니하도록 하여야 한다. 〈개정 2013. 3. 23., 2014. 11. 19., 2017. 7. 26.〉

③ 전자이미지관인을 사용하는 기관은 관인을 폐기하거나 재등록한 경우 즉시 사용 중인 전자이미지관인을 삭제하고, 재등록한 관인의 인영을 전자이미지관인으로 재등록하여 사용하여야 한다.

④ 전자이미지관인을 사용하는 기관은 사용 중인 전자이미지관인의 인영의 원형이 제대로 표시되지 아니하는 경우 전자이미지관인을 재등록하여 사용하여야 한다.

⑤ 제3항과 제4항에 따라 전자이미지관인을 폐기하거나 재등록하는 경우 전자이미지관인대장에 그 사유를 적어야 한다.

제38조(전자이미지관인의 제출 및 관리) ① 둘 이상의 행정기관이 공동으로 사용하는 행정정보시스템을 구축·운영하는 행정기관의 장(이하 이 조에서 "행정정보시스템 운영기관장"이라 한다)은 그 행정정보시스템에 전자이미지관인을 전자입력하기 위하여 그 행정정보시스템을 사용하는 행정기관의 장에게 전자이미지관인을 제출하게 할 수 있다.

② 제1항에 따라 전자이미지관인을 제출한 행정기관의 장은 제37조에 따라 전자이미지관인을 재등록하거나 폐기하려는 경우에는 그 사실을 지체 없이 행정정보시스템 운영기관장에게 통보하여야 한다.

③ 제37조에 따라 전자이미지관인을 재등록하거나 폐기한 행정기관의 장은 공동으로 사용하는 행정정보시스템에 재등록한 전자이미지관인을 전자입력하거나 폐기한 전자이미지관인을 삭제하여야 한다. 다만, 직접 전자이미지관인을 전자입력하거나 삭제할 수 없는 경우에는 행정정보시스템 운영기관장이 제37조에 따라 재등록된 전자이미지관인을 제출받아 전자입력하거나 폐기된 전자이미지관인

을 삭제할 수 있다.

제39조(공고) 제36조에 따른 등록기관은 관인을 등록 또는 재등록하거나 폐기하였을 때에는 행정안전부령으로 정하는 바에 따라 그 사실을 관보에 공고하여야 한다. 〈개정 2013. 3. 23., 2014. 11. 19., 2017. 7. 26.〉

제40조(공인) 지방자치단체의 기관에서 사용하는 공인(公印)에 관하여는 이 절의 규정에도 불구하고 그 지방자치단체의 조례로 정하는 바에 따른다.

제3장 행정업무의 효율적 수행

제1절 행정협업의 촉진 〈개정 2016. 4. 26.〉

제41조(행정협업의 촉진) ① 행정기관의 장은 업무의 효율성을 높이고 행정서비스에 대한 국민의 만족도를 높이기 위하여 다른 행정기관과 공동의 목표를 설정하고 해당 행정기관 상호간의 기능을 연계하거나 시설·장비 및 정보 등을 공동으로 활용하는 방식의 행정기관 간 협업(이하 "행정협업"이라 한다)을 촉진하고 이에 적합한 업무과제(이하 "행정협업과제"라 한다)를 발굴하여야 한다. 이 경우 행정기관의 장은 발굴한 행정협업과제 수행을 위하여 노력하여야 한다. 〈개정 2016. 4. 26.〉

② 행정협업과제는 다음 각 호의 어느 하나에 해당하는 업무를 대상으로 한다. 〈신설 2016. 4. 26.〉

1. 다수의 행정기관이 공동으로 수행할 필요가 있는 업무

2. 다른 행정기관의 행정지원을 필요로 하는 업무

3. 법령에 따라 다른 행정기관의 인가·승인 등을 거쳐야 하는 업무

4. 행정기관 간 행정정보의 공유 또는 제46조의4에 따른 행정정보시스템의 상호 연계나 통합이 필요한 업무

5. 그 밖에 다른 행정기관의 협의·동의 및 의견조회 등이 필요한 업무

③ 행정안전부장관은 행정협업을 촉진하기 위한 계획을 수립·시행할 수 있다. 〈개정 2013. 3. 23., 2014. 11. 19., 2016. 4. 26., 2017. 7. 26.〉

④ 행정안전부장관은 필요하다고 인정하는 경우 국무조정실장에게 행정협업의 촉진에 필요한 지원을 요청할 수 있다. 〈신설 2016. 4. 26., 2017. 7. 26.〉

[제목개정 2016. 4. 26.]

[제44조에서 이동, 종전 제41조는 사제]

제42조(행정협업과제의 등록) ① 행정기관의 장은 제41조제1항 전단에 따라 발굴한 과제를 행정안전부장관이 정하는 바에 따라 제46조의2에 따른 행정협업시스템에 등록·관리하여야 한다. 이 경우 행정기관의 장은 등록하려는 행정협업과제를 공동으로 수행할 관련 행정기관의 장과 사전에 협의하여야 하며, 협의를 요청받은 행정기관의 장은 협조하여야 한다. 〈개정 2017. 7. 26.〉

② 행정기관의 장은 제1항에 따라 행정협업과제를 행정협업시스템에 등록하려는 경우에는 다음 각 호의 사항을 포함하여 등록하여야 한다. 〈개정 2017. 7. 26.〉

1. 행정협업과제의 주관부서 및 과제담당자와 협업부서 및 담당자

2. 행정협업과제와 관련된 다른 행정기관의 단위과제

3. 행정협업과제의 이력, 내용 및 취지

4. 그 밖에 행정안전부장관이 정하는 사항

[본조신설 2016. 4. 26.]

[종전 제42조는 제46조의2로 이동 〈2016. 4. 26.〉]

제43조(행정협업과제의 추가 발굴 등) ① 행정안전부장관은 행정협업을 촉진하기 위하여 제41조제1항 전단에 따라 행정기관의 장이 발굴한 행정협업과제 외의 행정협업과제를 추가로 발굴할 수 있다. 〈개정 2017. 7. 26.〉

② 행정안전부장관은 제1항에 따라 행정협업과제를 추가로 발굴하기 위하여 필요한 경우에는 행정기관, 국민, 공공기관, 민간 기업 또는 단체 등을 대상으로 다음 각 호의 사항과 관련된 행정협업의 수요, 현황 및 애로사항 등을 조사할 수 있다. 〈개정 2017. 7. 26.〉

1. 목표달성을 위하여 다수의 행정기관이 함께 협력할 필요가 있고 구심적 역할을 수행하는 행정기관이 필요한 정책 또는 사업

2. 행정기관 간 협력을 통하여 비용 또는 예산을 절감할 수 있는 정책 또는 사업

3. 행정기관 간 이해상충 가능성이 높아 이견에 대한 협의·조정이 필요한 정책 또는 사업

4. 그 밖에 관련 행정기관과의 협의 결과 행정협업과제 발굴을 위하여 필요하다고 인정하는 사항

③ 행정안전부장관은 제2항에 따른 조사의 전문성 및 효율성을 높이기 위하여 필

요한 경우에는 행정안전부장관이 정하는 바에 따라 관련 학회 등 연구단체, 전문기관 또는 민간 기업에 제1항 각 호의 사항의 전부 또는 일부에 관한 조사를 의뢰할 수 있다. 〈개정 2017. 7. 26.〉

④ 행정안전부장관은 제2항에 따른 조사 결과로 발굴된 행정협업과제를 관련 행정기관과의 협의를 통하여 확정한다. 〈개정 2017. 7. 26.〉

⑤ 행정안전부장관은 제4항에 따라 확정된 행정협업과제를 제46조의2에 따른 행정협업시스템에 등록·관리하여야 한다. 〈개정 2017. 7. 26.〉

⑥ 제5항에 따른 행정협업과제의 등록 사항에 관하여는 제42조제2항을 준용한다.

[본조신설 2016. 4. 26.]

[종전 제43조는 제46조의3으로 이동 〈2016. 4. 26.〉]

제44조(행정협업과제의 점검·관리 및 지원) ① 행정협업과제를 수행하는 행정기관은 관련 행정기관과 협조하여 그 진행 상황을 지속적으로 점검하여야 한다. 〈개정 2016. 4. 26.〉

② 행정기관의 장은 그 행정기관의 행정협업과제의 수행 성과를 평가·분석하고 체계적으로 관리하여야 한다. 〈개정 2016. 4. 26.〉

③ 행정안전부장관은 필요하다고 인정하거나 관련 행정기관이 요청한 경우에는 행정협업과제의 수행에 필요한 지원을 할 수 있다. 〈개정 2016. 4. 26., 2017. 7. 26.〉

④ 행정안전부장관은 행정협업과제의 발굴 및 수행 과정에서 관련 행정기관 간 이견이 발생하는 경우 제46조제1항에 따라 임명된 관련 행정기관의 협업책임관 간의 회의 등을 통하여 원활한 협의가 이루어질 수 있도록 필요한 지원을 할 수 있다. 〈신설 2016. 4. 26., 2017. 7. 26.〉

[제목개정 2016. 4. 26.]

[제46조에서 이동, 종전 제44조는 제41조로 이동 〈2016. 4. 26.〉]

제44조의2

[제44조의2는 제46조의4로 이동 〈2016. 4. 26.〉]

제44조의3

[제44조의3은 제46조의5로 이동 〈2016. 4. 26.〉]

제45조(협의체 구성 및 업무협약 체결) 행정기관은 행정협업과제의 효율적인 수행을 위하여 필요한 경우 관련 행정기관과 협의체를 구성하거나 행정협업과제의 목

적, 협력 범위 및 기능 분담 등에 관한 업무협약을 체결할 수 있다. 〈개정 2016. 4. 26.〉

제46조(협업책임관) ① 행정기관의 장은 소속 기획조정실장 또는 이에 준하는 직위의 공무원을 해당 행정기관의 행정협업에 관한 업무를 총괄하는 책임관(이하 "협업책임관"이라 한다)으로 임명하여야 한다.

② 협업책임관의 업무는 다음 각 호와 같다. 〈개정 2017. 10. 17.〉

1. 해당 행정기관의 행정협업 과제 발굴 및 수행의 총괄

2. 해당 행정기관의 행정정보시스템의 다른 행정기관과의 연계 및 효율적 운영에 관한 총괄 관리

3. 해당 행정기관의 행정협업 촉진을 위한 행정업무 절차, 관련 제도 등의 정비·개선

4. 해당 행정기관의 행정협업과제 수행과 관련된 다른 행정기관과의 협의·조정

5. 해당 행정기관의 공공기관, 기업, 단체 등과의 협업 추진에 관한 업무를 총괄하는 부서의 지정·운영

6. 그 밖에 행정협업의 촉진을 위하여 필요한 업무

③ 행정기관의 장은 제1항에 따라 협업책임관을 임명한 경우에는 행정안전부장관이 정하는 바에 따라 그 사실을 제46조의2에 따른 행정협업시스템에 등록하여야 한다. 〈개정 2017. 7. 26.〉

[본조신설 2016. 4. 26.]

[종전 제46조는 제44조로 이동 〈2016. 4. 26.〉]

제46조의2(행정협업시스템의 구축·운영) ① 행정안전부장관은 행정협업이 원활하게 수행되도록 실시간 의사소통이 가능하고 공동작업 및 실적관리가 필요한 업무를 등록·관리할 수 있는 전자적 협업지원시스템(이하 "행정협업시스템"이라 한다)을 구축하여야 한다. 〈개정 2014. 2. 18., 2014. 11. 19., 2016. 4. 26., 2017. 7. 26.〉

② 행정기관의 장은 행정협업시스템을 이용하여 행정협업을 수행하도록 노력하여야 하며, 행정협업시스템을 이용하여 행정협업을 요청하거나 요청받은 행정기관은 관련문서 등을 행정협업시스템을 통하여 공동으로 이용할 수 있도록 하여야 한다. 다만, 업무의 성질상 행정협업시스템을 통하여 공동으로 이용하는 것이 곤란하거나 그 밖의 특별한 사정이 있는 경우에는 그러하지 아니하다. 〈개정

2016. 4. 26.〉

③ 제1항 및 제2항에서 규정한 사항 외에 행정협업시스템의 구축·운영 등에 필요한 세부 사항은 행정안전부장관이 정한다. 〈개정 2013. 3. 23., 2014. 11. 19., 2016. 4. 26., 2017. 7. 26.〉

[제목개정 2016. 4. 26.]

[제42조에서 이동 〈2016. 4. 26.〉]

제46조의3(행정협업시스템의 활용 촉진) ① 행정기관의 장은 소관 업무 중 행정협업시스템을 이용하여 업무를 수행한 실적 등 행정협업시스템 활용 실태를 평가·분석하고 그 활용을 촉진하여야 한다. 〈개정 2016. 4. 26.〉

② 행정안전부장관은 각급 행정기관의 행정협업시스템 활용 실태를 점검·평가하고 필요한 지원을 할 수 있다. 〈개정 2013. 3. 23., 2014. 11. 19., 2016. 4. 26., 2017. 7. 26.〉

[제목개정 2016. 4. 26.]

[제43조에서 이동 〈2016. 4. 26.〉]

제46조의4(행정정보시스템의 상호 연계 및 통합) ① 행정협업과제를 수행하는 행정기관의 장은 행정협업과제의 원활한 추진을 위하여 행정기관 간 행정정보시스템의 상호 연계나 통합을 적극적으로 추진하여야 한다. 〈개정 2016. 4. 26.〉

② 행정안전부장관은 행정협업과제의 수행을 위하여 필요하다고 인정되거나 관련 행정기관의 지원 요청이 있는 경우 행정정보시스템의 연계·통합에 필요한 지원을 할 수 있다. 〈개정 2014. 11. 19., 2016. 4. 26., 2017. 7. 26.〉

[본조신설 2014. 2. 18.]

[제44조의2에서 이동 〈2016. 4. 26.〉]

제46조의5(행정협업조직의 설치) ① 행정기관의 장은 다수의 행정기관이 수행하는 사무의 목적, 대상 또는 관할구역 등이 유사하거나 연관성이 높은 경우에는 관련 기능, 업무처리절차 및 정보시스템 등을 연계·통합하거나 시설·인력 등을 공동으로 활용하는 등 협력하여 업무를 수행하는 조직(이하 "행정협업조직"이라 한다)을 설치·운영할 수 있다. 〈개정 2016. 4. 26.〉

② 제1항에 따라 행정협업조직 설치·운영에 참여하는 관계 행정기관의 장은 해당 행정협업조직의 운영을 위하여 필요한 공동운영규정을 제정할 수 있다. 〈개정 2016. 4. 26.〉

[본조신설 2015. 8. 3.]

[제목개정 2016. 4. 26.]

[제44조의3에서 이동 〈2016. 4. 26.〉]

제46조의6(행정협업 관련 시설 등의 확보) ① 행정기관의 장은 행정협업의 효율적 수행을 위하여 필요한 경우 공동시설·공간·설비 등을 마련하여 다른 행정기관에 제공할 수 있다.

② 행정안전부장관은 「전자정부법」 제32조에 따라 전자적 행정업무 수행을 위하여 정부가 설치한 시설이 행정협업 관련 시설로 활용되거나 연계되도록 노력하여야 한다. 〈개정 2017. 7. 26.〉

[본조신설 2016. 4. 26.]

제46조의7(행정협업문화의 조성 및 국제협력 등) ① 행정안전부장관은 행정협업에 대한 인식을 높이고, 행정협업문화를 조성하기 위하여 다음 각 호의 사업을 추진할 수 있다. 〈개정 2017. 7. 26., 2017. 10. 17.〉

1. 행정협업 우수사례의 발굴·포상 및 홍보

2. 행정협업 활성화를 위한 자문 등 전문인력 및 기술지원

3. 행정협업 활성화를 위한 포럼 및 세미나 개최

4. 행정협업 활성화를 위한 교육콘텐츠의 개발·보급

5. 행정협업 활성화를 위한 정책연구 및 제도개선 사업

6. 행정협업 활성화를 위한 사무공간 혁신 등 조직문화 조성

7. 그 밖에 행정협업의 활성화에 필요한 사업

② 행정안전부장관은 행정협업의 참고사례 발굴 및 우수사례의 전파, 전문인력의 양성 및 교류, 관련 전문기술의 확보 등을 위하여 국제협력을 적극적으로 추진하여야 한다. 〈개정 2017. 7. 26.〉

③ 행정기관의 장은 행정협업이 원활하게 수행될 수 있도록 조직 내 활발한 소통을 유도하는 사무공간을 마련하는 데 노력하여야 한다. 〈신설 2017. 10. 17.〉

[본조신설 2016. 4. 26.]

제46조의8(행정협업우수기관 포상 및 홍보 등) ① 행정안전부장관은 행정협업성과가 우수한 행정기관을 선정하여 포상 또는 홍보할 수 있다. 〈개정 2017. 7. 26.〉

② 행정기관의 장은 행정협업에 이바지한 공로가 뚜렷한 공무원 등을 포상하고 인사상 우대조치 등을 할 수 있다.

[본조신설 2016. 4. 26.]

제3절 지식행정의 활성화

제47조(행정기관의 지식행정 활성화) ① 행정기관의 장은 해당 기관의 행정정보(「전자정부법」 제2조제6호에 따른 행정정보를 말한다), 행정업무 수행의 경험 및 업무에 관한 지식(이하 "행정지식"이라 한다)의 공동이용 등을 통하여 정책과 행정서비스의 질을 높이는 방식의 행정(이하 "지식행정"이라 한다)을 활성화하도록 노력하여야 한다. 〈개정 2014. 2. 18.〉

② 중앙행정기관, 지방자치단체 및 지방교육행정기관의 장은 다음 각 호의 사항을 포함하는 지식행정활성화계획을 매년 수립·시행하여야 한다. 다만, 「전자정부법 시행령」 제35조제1항에 따른 행정지식관리시스템(이하 "행정지식관리시스템"이라 한다)을 구축·운영하지 아니하는 경우에는 제4호의 사항은 제외할 수 있다. 〈개정 2016. 4. 26., 2017. 10. 17.〉

1. 지식행정의 목표 및 활용 전략

2. 지식행정 담당자의 지정

2의2. 연구모임에 관한 사항

2의3. 지식정보의 수집·관리·활용 방안

3. 지식행정 활성화를 위한 평가·보상 방안

4. 행정지식관리시스템의 관리자의 지정 및 운영에 관한 사항

5. 그 밖에 지식행정 활성화를 위하여 필요한 사항

③ 행정기관의 장은 특별한 사유가 없으면 전자문서시스템, 업무관리시스템, 행정지식관리시스템 등 각종 행정정보시스템과 「전자정부법 시행령」 제35조제3항에 따라 행정안전부장관이 구축·운영하는 행정지식의 공동 활용을 위한 시스템(이하 "정부통합지식행정시스템"이라 한다)을 연계하여 행정지식이 범정부적으로 활용·관리되도록 하여야 한다. 〈개정 2013. 3. 23., 2014. 2. 18., 2014. 11. 19., 2017. 7. 26.〉

제48조(정부지식행정활성화계획) 행정안전부장관은 행정기관의 지식행정 활성화를 위하여 다음 각 호의 사항을 포함하는 정부지식행정활성화계획을 매년 수립·시행하여야 한다. 〈개정 2013. 3. 23., 2014. 11. 19., 2017. 7. 26., 2017. 10. 17.〉

1. 정부 지식행정 활성화 추진 전략

2. 행정지식관리시스템과 정부통합지식행정시스템의 운영 및 활용 실태의 점검·
   평가에 관한 사항

3. 지식행정 우수사례 발굴·포상에 관한 사항

4. 분야별 전문가가 질의에 답변하는 운영방식 등 전문지식 활용 촉진에 관한 사
   항

5. 그 밖에 정부 지식행정 활성화를 위하여 필요한 지원 등에 관한 사항

제4절 정책연구의 관리

제49조(정책연구) 중앙행정기관(그 소속기관을 포함한다. 이하 이 절에서 같다)의
  장은 정책의 개발 또는 주요 정책현안에 대한 조사·연구 등을 목적으로 정책
  연구를 수행할 자(이하 "연구자"라 한다)와의 계약을 통하여 정책연구를 하게
  할 수 있다.

제50조(정책연구심의위원회 설치) ① 중앙행정기관의 장은 제49조에 따른 계약을
  통한 정책연구(이하 "정책연구"라 한다)에 관한 다음 각 호의 사항을 심의하기
  위하여 정책연구심의위원회(이하 이 절에서 "위원회"라 한다)를 둔다.

1. 연구과제와 연구자의 선정에 관한 사항

2. 연구결과의 평가에 관한 사항

3. 연구결과의 활용상황 점검 및 공개 등에 관한 사항

4. 그 밖에 정책연구의 체계적인 관리를 위하여 필요한 사항

② 위원회는 위원회의 업무를 효율적으로 수행하기 위하여 필요하면 소위원회를
  둘 수 있으며, 제1항 각 호의 사항 중에서 연구과제의 선정을 제외한 사항에 대
  한 심의를 소위원회에 위임할 수 있다. 이 경우 위원회는 소위원회의 심의 내용
  을 확인·점검할 수 있다.

③ 위원회나 소위원회의 위원은 본인 또는 본인의 배우자, 4촌 이내의 혈족, 2촌
  이내의 인척 또는 그 사람이 속한 기관·단체와의 정책연구 계약에 관한 사항
  의 심의·의결에 관여하지 못한다.

④ 제1항부터 제3항까지에서 규정한 사항 외에 위원회와 소위원회의 구성·운영
  등에 필요한 사항은 행정안전부령으로 정한다. 〈개정 2013. 3. 23., 2014.
  11. 19., 2017. 7. 26.〉

제51조(연구과제와 연구자의 선정) ① 중앙행정기관의 장은 공정하고 투명하게 정책연구가 이루어지도록 위원회의 심의를 거쳐 연구과제를 선정하여야 하며 연구과제별로 담당부서의 과장급 공무원을 과제담당관으로 지정하여야 한다. 다만, 다음 각 호의 어느 하나에 해당하는 경우에는 위원회의 심의를 거치지 아니한다.

1. 제2항 각 호에 따라 위원회의 심의를 거치지 아니하고 연구자를 선정하여 정책연구를 하는 경우 중 긴급하게 정책연구를 할 필요가 있어 연구과제를 선정하는 경우

2. 예산의 편성에 따라 특정 사업 수행의 일부로 정책연구 사업이 정해진 경우로서 그 사업을 주관하는 부서의 장이 그 사업의 내용에 따라 연구과제를 선정하는 경우

② 중앙행정기관의 장은 「국가를 당사자로 하는 계약에 관한 법률」에 따른 계약의 방법으로 연구자를 선정하되, 같은 법에 따라 계약상대자를 결정하기 전에 연구자 선정에 관하여 위원회의 심의를 거쳐야 한다. 다만, 다음 각 호의 어느 하나에 해당하는 경우에는 위원회의 심의를 거치지 아니한다.

1. 「국가를 당사자로 하는 계약에 관한 법률」 제7조 본문에 따른 일반경쟁 방식으로 연구자를 선정하는 경우

2. 「국가를 당사자로 하는 계약에 관한 법률 시행령」 제13조에 따른 입찰참가자격 사전심사를 하는 경우

3. 「국가를 당사자로 하는 계약에 관한 법률 시행령」 제43조제1항에 따라 제안서를 제출받아 평가하는 경우

제52조(연구결과의 평가 및 활용) 중앙행정기관의 장은 정책연구가 종료된 후 그 정책연구결과를 평가하여야 하며, 정책연구 종료일부터 6개월 이내에 정책연구결과 활용상황을 점검하여야 한다. 이 경우 정책연구결과 평가 및 활용상황 점검에 관한 사항은 위원회의 심의를 거쳐야 한다.

제53조(정책연구관리시스템의 구축·운영) 행정안전부장관은 중앙행정기관이 전자적으로 정책연구과정을 관리하고 정책연구결과를 공동으로 이용할 수 있도록 정책연구관리시스템을 구축·운영하여야 한다. 〈개정 2013. 3. 23., 2014. 11. 19., 2017. 7. 26.〉

제54조(정책연구의 공개) ①중앙행정기관의 장은 다음 각 호의 사항을 그 공개가 가능한 때에 지체 없이 정책연구관리시스템을 통하여 공개하여야 한다. 〈개정

2014. 2. 18.〉

1. 정책연구의 계약 체결 내용

2. 정책연구결과 및 그 평가 결과

3. 정책연구결과 활용상황

4. 그 밖에 중앙행정기관의 장이 필요하다고 인정하는 정책연구에 관한 사항

② 지방자치단체의 장은 정책연구가 종료된 후 제1항제2호에 따른 정책연구결과를 해당 지방자치단체의 조례로 정하는 바에 따라 정책연구관리시스템을 통하여 공개하여야 한다. 〈신설 2014. 2. 18., 2017. 10. 17.〉

③ 「공공기관의 정보공개에 관한 법률」 제9조에 따른 비공개 대상 정보에 대해서는 제1항 및 제2항을 적용하지 아니한다. 〈신설 2014. 2. 18.〉

제55조(기관별 성과점검 등 관리) ① 중앙행정기관의 장은 매년 기관의 정책연구 추진과정, 연구결과의 공개 및 활용상황 등을 점검하여야 한다.

② 행정안전부장관은 제1항에 따른 기관별 점검사항을 종합하여 정책연구의 성과를 점검할 수 있다. 〈개정 2013. 3. 23., 2014. 11. 19., 2017. 7. 26.〉

③ 행정안전부장관은 제2항에 따른 종합점검 결과를 해당 중앙행정기관의 장, 기획재정부장관 및 감사원장에게 통보할 수 있다. 〈개정 2013. 3. 23., 2014. 11. 19., 2017. 7. 26.〉

④ 기획재정부장관은 제3항에 따라 행정안전부장관으로부터 통보받은 점검결과를 다음 해 예산을 편성할 때에 반영할 수 있다. 〈개정 2013. 3. 23., 2014. 11. 19., 2017. 7. 26.〉

제56조(다른 법령에 따라 관리되는 정책연구 등) 중앙행정기관이 다음 각 호의 어느 하나에 해당하는 연구 또는 조사를 하는 경우에는 이 절의 규정을 적용하지 아니한다. 〈개정 2012. 1. 20., 2013. 3. 23., 2014. 11. 19., 2017. 7. 26.〉

1. 「과학기술기본법」 제11조에 따른 국가연구개발사업의 연구

2. 「학술진흥법」에 따른 학술연구

3. 「국민건강증진법」 제19조에 따른 건강증진사업 관련 조사·연구

4. 기술·전산·임상 연구, 그 밖의 단순 반복적인 설문조사

5. 대가로 지급하는 금액이 1천만원 이하인 조사·연구

6. 그 밖에 다른 법령에 따라 관리되고 있는 연구로서 행정안전부장관이 정하는 연구

제5절 영상회의의 운영

제57조(영상회의실의 설치·운영 및 지정) ① 행정기관의 장은 다음 각 호의 회의를 개최하기 위하여 영상회의실을 설치·운영할 수 있다. 〈개정 2013. 3. 23., 2014. 2. 18.〉

1. 국무회의 및 차관회의

2. 장관·차관이 참석하는 회의

3. 둘 이상의 정부청사에 위치한 기관 간에 개최하는 회의

4. 정부청사에 위치한 기관과 지방자치단체 간에 개최하는 회의

5. 그 밖에 원격지(遠隔地)에 위치한 기관 간 회의

② 행정안전부장관은 제1항 각 호의 회의를 개최하기 위하여 정부영상회의실을 설치·운영하거나 행정기관이 공동으로 사용할 수 있는 영상회의실을 지정할 수 있다. 이 경우 행정안전부장관은 원활한 공동사용을 위하여 필요한 지원을 할 수 있다. 〈개정 2014. 2. 18., 2014. 11. 19., 2017. 7. 26.〉

③ 행정안전부장관이 제2항에 따라 지정한 영상회의실을 운영하는 행정기관의 장은 다른 기관이 영상회의실 사용을 요청하면 적극 협조하여야 한다. 〈개정 2014. 2. 18., 2014. 11. 19., 2017. 7. 26.〉

④ 제1항부터 제3항까지에서 규정한 사항 외에 영상회의실 및 정부영상회의실의 설치·운영, 지정 등에 필요한 사항은 행정안전부령으로 정한다. 〈개정 2014. 2. 18., 2014. 11. 19., 2017. 7. 26.〉

⑤ 삭제 〈2014. 2. 18.〉

[제목개정 2014. 2. 18.]

제58조(영상회의시스템의 구축 및 연계·운영) ①행정기관의 장은 영상회의시스템을 구축하는 경우에 특별한 사유가 없으면 행정안전부장관이 정하는 기술규격에 적합하도록 하여 다른 행정기관 등의 영상회의시스템과 연계하여 운영할 수 있도록 하여야 한다. 〈개정 2013. 3. 23., 2014. 2. 18., 2014. 11. 19., 2017. 7. 26.〉

② 행정안전부장관은 영상회의실의 연계를 원활히 하고, 이용 편의를 높이기 위하여 공통기반 및 통합 이용 시스템을 구축·운영할 수 있다. 〈신설 2014. 2. 18., 2014. 11. 19., 2017. 7. 26.〉

제59조(영상회의시스템 이용 활성화) ① 행정기관의 장은 원격지에 위치한 기관 간

에 회의를 개최하는 경우 영상회의를 우선적으로 활용하여야 한다.

② 행정안전부장관은 영상회의를 활용하여야 하는 주요 회의와 이용 목표를 정하여 행정기관의 장에게 영상회의를 적극 활용할 것을 요청할 수 있다. 이 경우 행정기관의 장은 특별한 사유가 없으면 요청에 따라야 한다. 〈개정 2014. 11. 19., 2017. 7. 26.〉

③ 행정안전부장관은 행정기관의 영상회의 활용실적을 정기적으로 점검·평가할 수 있다. 〈개정 2014. 11. 19., 2017. 7. 26.〉

④ 행정기관의 장은 해당 기관의 영상회의를 총괄적으로 관리하기 위하여 영상회의 책임관과 영상회의 전담부서를 지정하여야 한다.

⑤ 영상회의 책임관은 해당 기관의 영상회의 현황 및 영상회의 실적관리, 영상회의 활성화 계획의 수립·이행 등의 임무를 수행한다.

⑥ 행정안전부장관은 행정기관의 영상회의 활성화를 위하여 영상회의 이용 홍보 및 교육, 영상회의 책임관 회의 개최, 행정기관별 영상회의 활용 우수사례 발굴·공유 및 우수기관 포상 등을 할 수 있다. 〈개정 2014. 11. 19., 2017. 7. 26.〉

[전문개정 2014. 2. 18.]

제4장 행정업무의 관리

제60조(업무의 분장) 각 처리과의 장은 업무를 효율적으로 처리하고 책임소재를 명확하게 하기 위하여 소관 업무를 단위업무별로 분장하되, 소속 공무원 간의 업무량이 균형을 이룰 수 있도록 하여야 한다.

제61조(업무의 인계·인수) ① 공무원이 조직개편, 인사발령 또는 업무분장 조정 등의 사유로 업무를 인계·인수할 때에는 해당 업무에 관한 모든 사항이 구체적으로 나타나도록 행정안전부령으로 정하는 바에 따라 업무관리시스템이나 전자문서시스템을 이용하여 인계·인수하여야 한다. 〈개정 2013. 3. 23., 2014. 11. 19., 2017. 7. 26.〉

② 행정기관의 장은 제1항에 따른 인계·인수가 원활하게 이루어질 수 있도록 기능분류시스템의 자료를 최신의 정보로 유지하여야 한다.

제62조(업무편람의 작성·활용) ① 행정기관이 상당 기간에 걸쳐 반복적으로 하는 업무는 그 업무의 처리가 표준화·전문화될 수 있도록 업무편람을 작성하여 활

용하는 것을 원칙으로 한다.

② 업무편람은 다음 각 호의 구분에 따라 행정편람과 직무편람으로 구분한다.

1. 행정편람: 업무처리 절차와 기준, 장비운용 방법, 그 밖의 일상적 근무규칙 등에 관하여 각 업무담당자에게 필요한 지침·기준 또는 지식을 제공하는 업무지도서 또는 업무참고서 등

2. 직무편람: 제60조에 따라 분장하는 단위업무에 대한 업무계획, 업무현황 및 그 밖의 참고자료 등을 체계적으로 정리한 업무 자료철 등

③ 행정기관의 장은 행정편람을 발간할 때 필요하면 그 기관의 공무원이나 관계 전문가에게 자문할 수 있다.

제63조(정책의 실명 관리) ① 행정기관의 장은 주요 정책의 결정이나 집행과 관련되는 다음 각 호의 사항을 종합적으로 기록·관리하여야 한다.

1. 주요 정책의 결정과 집행 과정에 참여한 관련자의 소속, 직급 또는 직위, 성명과 그 의견

2. 주요 정책의 결정이나 집행과 관련된 각종 계획서, 보고서, 회의·공청회·세미나 관련 자료 및 그 토의내용

② 행정기관의 장은 주요 정책의 결정을 위하여 회의·공청회·세미나 등을 개최하는 경우에는 일시, 참석자, 발언내용, 결정사항, 표결내용 등을 처리과의 직원으로 하여금 기록하게 하여야 한다.

③ 행정기관이 언론기관에 보도자료를 제공하는 경우에는 그 보도자료에 담당부서·담당자·연락처 등을 함께 적어야 한다.

제63조의2(정책실명제 책임관 지정) ① 행정기관의 장은 해당 기관의 정책실명제를 효율적으로 운영하기 위하여 기획조정실장 등 해당 기관의 기획 업무를 총괄하는 직위에 있는 공무원을 정책실명제 책임관으로 지정하여야 한다.

② 정책실명제 책임관은 다음 각 호의 임무를 수행한다.

1. 해당 기관의 정책실명제 활성화 계획 수립 및 시행

2. 해당 기관의 정책실명제 대상사업 선정 및 추진실적 공개

3. 자체 평가 및 교육

4. 그 밖에 해당 기관의 정책실명제 운영을 위하여 필요한 업무

[본조신설 2014. 2. 18.]

제63조의3(정책실명제 중점관리 대상 선정) ① 행정기관의 장은 다음 각 호의 사항

중에서 정책실명제 중점관리 대상사업을 선정하여 관리하여야 한다. 〈개정 2018. 11. 27.〉

1. 주요 국정 현안에 관한 사항

2. 대규모 예산이 투입되는 사업

3. 일정 규모 이상의 연구용역

4. 법령 또는 자치법규의 제정·개정 및 폐지

5. 제63조의5제1항에 따라 행정안전부장관이 정한 절차에 따라 국민이 신청한 사업

6. 그 밖에 중점관리가 필요한 사업

② 행정기관의 장은 제1항에 따른 정책실명제 중점관리 대상사업 선정을 위하여 자체 세부 기준을 마련하고, 심의위원회를 구성하여 심의를 거친 후 대상사업을 선정하여야 한다.

③ 행정기관의 장은 정책실명제 중점관리 대상사업의 추진실적을 해당 기관의 인터넷 홈페이지 등을 통하여 공개하여야 한다. 다만, 「공공기관의 정보공개에 관한 법률」 제9조에 따른 비공개 대상 정보에 해당하는 경우에는 그러하지 아니하다.

[본조신설 2014. 2. 18.]

제63조의4(정책실명제 평가) 행정안전부장관은 정책실명제의 활성화를 위하여 필요한 경우 각 행정기관의 정책실명제 추진실적 등을 평가할 수 있다. 〈개정 2014. 11. 19., 2017. 7. 26.〉

[본조신설 2014. 2. 18.]

제63조의5(정책실명제 세부 규정) ① 정책실명제 중점관리 대상사업 선정, 심의위원회의 구성, 정책실명제 추진실적 평가기준 및 그 밖에 정책실명제 운영을 위하여 필요한 세부 사항은 행정안전부장관이 정한다. 〈개정 2014. 11. 19., 2017. 7. 26.〉

② 이 영에서 규정한 사항 외에 지방자치단체에서 운영하는 정책실명제의 대상 및 범위 등에 관하여 필요한 세부 사항은 해당 지방자치단체의 조례로 정할 수 있다. 〈개정 2017. 12. 29.〉

[본조신설 2014. 2. 18.]

제64조(업무개선 및 행정효율성진단) ① 행정기관의 장은 국민에 대한 서비스의 질을 향상시키고 행정의 효율성을 높이기 위하여 지속적으로 해당 기관의 행정업

무의 수행절차 및 방법을 개선하여야 한다.

② 행정안전부장관은 업무개선을 촉진하기 위하여 행정기관이 참여하는 행정업무 개선 우수사례 경진대회 등을 개최할 수 있으며, 우수사례에 대해서는 포상할 수 있다. 〈개정 2013. 3. 23., 2014. 11. 19., 2017. 7. 26.〉

③ 행정안전부장관은 행정기관의 업무 효율성 향상을 위하여 행정업무 수행의 절차와 방법, 수행체계 및 관련 제도 등을 분석하고 재설계하는 행정효율성진단을 하고 이에 따라 업무개선을 권고할 수 있다. 〈개정 2013. 3. 23., 2014. 11. 19., 2017. 7. 26.〉

④ 행정안전부장관은 다음 각 호의 어느 하나에 해당하는 진단 등을 할 때에 제3항에 따른 행정효율성진단 결과를 활용하게 할 수 있다. 〈개정 2013. 3. 23., 2014. 11. 19., 2017. 7. 26., 2018. 3. 30.〉

1. 「전자정부법」 제48조에 따른 행정기관의 업무 재설계

2. 「행정기관의 조직과 정원에 관한 통칙」 제32조에 따른 조직진단

⑤ 행정안전부장관은 행정효율성진단을 하는 경우 해당 분야에 대한 경험이나 전문능력을 가진 각급 행정기관 소속 공무원이나 관계 전문가의 지원을 받을 수 있다. 〈개정 2013. 3. 23., 2014. 11. 19., 2017. 7. 26.〉

제5장 보칙

제65조(행정업무 운영에 관한 교육) 행정기관의 장은 소속 공무원에 대하여 매년 1회 이상 행정업무의 효율성 증진을 위한 교육을 하여야 한다.

제66조(행정업무 운영에 관한 감사) 행정안전부장관이 필요하다고 인정하면 국무총리의 명을 받아 각급 행정기관에 대하여 이 영에서 규정하는 업무운영에 관한 감사를 할 수 있다. 〈개정 2013. 3. 23., 2014. 11. 19., 2017. 7. 26.〉

제67조(문서 미등록자 등에 대한 조치) 행정기관의 장은 다음 각 호의 어느 하나에 해당하는 공무원에게 징계나 그 밖에 필요한 조치를 하여야 한다.

1. 결재받은 문서를 등록하지 아니한 사람

2. 제10조제2항에 따라 훈령이나 규칙으로 정한 결재권자를 상향 또는 하향 조정하여 기안하거나 검토·결재를 한 사람

3. 관인을 부당하게 사용한 사람

4. 업무협조 지연의 책임이 있는 사람

5. 공무가 아닌 목적으로 업무관리시스템이나 전자문서시스템을 이용한 사람

제68조(대통령 또는 국무총리 명의로 시행하는 문서에 관한 특례) 법령에 따라 대통령 또는 국무총리 명의로 시행하여야 하는 문서의 형식 및 처리 방법에 관한 사항은 법령에 특별한 규정이 있는 경우를 제외하고는 대통령훈령으로 정한다.

제69조(국가정보원의 업무운영에 대한 특례) ① 제8조제3항에 따라 국가정보원이 아닌 행정기관에서 문서를 기안할 경우 국가정보원 소관 사항은 국가정보원에서 따로 기안할 수 있다.

② 국가정보원에서 작성하는 시행문에는 기안자, 검토자, 협조자, 결재권자의 직위 또는 직급과 서명 및 연락처 등을 표시하지 아니할 수 있다.

③ 국가정보원장은 제39조에도 불구하고 관인공고 절차를 생략하거나 제63조제3항에 따른 보도자료를 비실명으로 제공할 수 있다.

제70조(권한의 위임) 행정안전부장관은 정부영상회의실의 관리·운영에 관한 권한을 정부청사관리본부장에게 위임한다. 〈개정 2013. 3. 23., 2014. 11. 19., 2016. 12. 27., 2017. 7. 26.〉

부칙 〈제31380호, 2021. 1. 5.〉 (어려운 법령용어 정비를 위한 473개 법령의 일부개정에 관한 대통령령)

이 영은 공포한 날부터 시행한다. 〈단서 생략〉

10. 산재보험 업무상 질병 인정 기준

■ 산업재해보상보험법 시행령 [별표 3]

업무상 질병에 대한 구체적인 인정 기준

(제34조 제3항 관련)

1. 뇌혈관 질병 또는 심장 질병

   가. 다음 어느 하나에 해당하는 원인으로 뇌실질내출혈(腦實質內出血), 지주막하출혈(蜘蛛膜下出血), 뇌경색, 심근경색증, 해리성 대동맥자루(대동맥 혈관벽의 중막이 내층과 외층으로 찢어져 혹을 형성하는 질병)가 발병한 경우에는 업무상 질병으로 본다. 다만, 자연발생적으로 악화되어 발병한 경우에는 업무상 질병으로 보지 않는다.

   1) 업무와 관련한 돌발적이고 예측 곤란한 정도의 긴장·흥분·공포·놀람 등과 급격한 업무 환경의 변화로 뚜렷한 생리적 변화가 생긴 경우

   2) 업무의 양·시간·강도·책임 및 업무 환경의 변화 등으로 발병 전 단기간 동안 업무상 부담이 증가하여 뇌혈관 또는 심장혈관의 정상적인 기능에 뚜렷한 영향을 줄 수 있는 육체적·정신적인 과로를 유발한 경우

   3) 업무의 양·시간·강도·책임 및 업무 환경의 변화 등에 따른 만성적인 과중한 업무로 뇌혈관 또는 심장혈관의 정상적인 기능에 뚜렷한 영향을 줄 수 있는 육체적·정신적인 부담을 유발한 경우

   나. 가목에 규정되지 않은 뇌혈관 질병 또는 심장 질병의 경우에도 그 질병의 유발 또는 악화가 업무와 상당한 인과관계가 있음이 시간적·의학적으로 명백하면 업무상 질병으로 본다.

   다. 가목 및 나목에 따른 업무상 질병 인정 여부 결정에 필요한 사항은 고용노동부장관이 정하여 고시한다.

2. 근골격계 질병

   가. 업무에 종사한 기간과 시간, 업무의 양과 강도, 업무수행 자세와 속도, 업무

수행 장소의 구조 등이 근골격계에 부담을 주는 업무(이하 "신체부담업무"라 한
다)로서 다음 어느 하나에 해당하는 업무에 종사한 경력이 있는 근로자의 팔·
다리 또는 허리 부분에 근골격계 질병이 발생하거나 악화된 경우에는 업무상 질
병으로 본다. 다만, 업무와 관련이 없는 다른 원인으로 발병한 경우에는 업무상
질병으로 보지 않는다.

　1) 반복 동작이 많은 업무

　2) 무리한 힘을 가해야 하는 업무

　3) 부적절한 자세를 유지하는 업무

　4) 진동 작업

　5) 그 밖에 특정 신체 부위에 부담되는 상태에서 하는 업무

나. 신체부담업무로 인하여 기존 질병이 악화되었음이 의학적으로 인정되면 업무
　상 질병으로 본다.

다. 신체부담업무로 인하여 연령 증가에 따른 자연경과적 변화가 더욱 빠르게 진
　행된 것이 의학적으로 인정되면 업무상 질병으로 본다.

라. 신체부담업무의 수행 과정에서 발생한 일시적인 급격한 힘의 작용으로 근골격
　계 질병이 발병하면 업무상 질병으로 본다.

마. 신체부위별 근골격계 질병의 범위, 신체부담업무의 기준, 그 밖에 근골격계
　질병의 업무상 질병 인정 여부 결정에 필요한 사항은 고용노동부장관이 정하여
　고시한다.

3. 호흡기계 질병

가. 석면에 노출되어 발생한 석면폐증

나. 목재 분진, 곡물 분진, 밀가루, 짐승털의 먼지, 항생물질, 크롬 또는 그 화합
　물, 톨루엔 디이소시아네이트(Toluene Diisocyanate), 메틸렌 디페닐 디이소
　시아네이트(Methylene Diphenyl Diisocyanate), 핵산메틸렌 디이소시아네이
　트(Hexamethylene Diisocyanate) 등 디이소시아네이트, 반응성 염료, 니켈,
　코발트, 포름알데히드, 알루미늄, 산무수물(acid anhydride) 등에 노출되어 발
　생한 천식 또는 작업환경으로 인하여 악화된 천식

다. 디이소시아네이트, 염소, 염화수소, 염산 등에 노출되어 발생한 반응성 기도
　과민증후군

라. 디이소시아네이트, 에폭시수지, 산무수물 등에 노출되어 발생한 과민성 폐렴

마. 목재 분진, 짐승털의 먼지, 항생물질 등에 노출되어 발생한 알레르기성 비염

바. 아연 · 구리 등의 금속분진(fume)에 노출되어 발생한 금속열

사. 장기간 · 고농도의 석탄 · 암석 분진, 카드뮴분진 등에 노출되어 발생한 만성폐쇄성폐질환

아. 망간 또는 그 화합물, 크롬 또는 그 화합물, 카드뮴 또는 그 화합물 등에 노출되어 발생한 폐렴

자. 크롬 또는 그 화합물에 2년 이상 노출되어 발생한 코사이벽 궤양 · 천공

차. 불소수지 · 아크릴수지 등 합성수지의 열분해 생성물 또는 아황산가스 등에 노출되어 발생한 기도점막 염증 등 호흡기 질병

카. 톨루엔 · 크실렌 · 스티렌 · 시클로헥산 · 노말헥산 · 트리클로로에틸렌 등 유기용제에 노출되어 발생한 비염. 다만, 그 물질에 노출되는 업무에 종사하지 않게 된 후 3개월이 지나지 않은 경우만 해당한다.

4. 신경정신계 질병

가. 톨루엔 · 크실렌 · 스티렌 · 시클로헥산 · 노말헥산 · 트리클로로에틸렌 등 유기용제에 노출되어 발생한 중추신경계장해. 다만, 외상성 뇌손상, 뇌전증, 알코올중독, 약물중독, 동맥경화증 등 다른 원인으로 발생한 질병은 제외한다.

나. 다음 어느 하나에 해당하는 말초신경병증

1) 톨루엔 · 크실렌 · 스티렌 · 시클로헥산 · 노말헥산 · 트리클로로에틸렌 및 메틸 n-부틸 케톤 등 유기용제, 아크릴아미드, 비소 등에 노출되어 발생한 말초신경병증. 다만, 당뇨병, 알코올중독, 척추손상, 신경포착 등 다른 원인으로 발생한 질병은 제외한다.

2) 트리클로로에틸렌에 노출되어 발생한 세갈래신경마비. 다만, 그 물질에 노출되는 업무에 종사하지 않게 된 후 3개월이 지나지 않은 경우만 해당하며, 바이러스 감염, 종양 등 다른 원인으로 발생한 질병은 제외한다.

3) 카드뮴 또는 그 화합물에 2년 이상 노출되어 발생한 후각신경마비

다. 납 또는 그 화합물(유기납은 제외한다)에 노출되어 발생한 중추신경계장해, 말초신경병증 또는 폄근마비

라. 수은 또는 그 화합물에 노출되어 발생한 중추신경계장해 또는 말초신경병증.

다만, 전신마비, 알코올중독 등 다른 원인으로 발생한 질병은 제외한다.

마. 망간 또는 그 화합물에 2개월 이상 노출되어 발생한 파킨슨증, 근육긴장이상 (dystonia) 또는 망간정신병. 다만, 뇌혈관장해, 뇌염 또는 그 후유증, 다발성 경화증, 윌슨병, 척수·소뇌 변성증, 뇌매독으로 인한 말초신경염 등 다른 원인으로 발생한 질병은 제외한다.

바. 업무와 관련하여 정신적 충격을 유발할 수 있는 사건에 의해 발생한 외상후 스트레스장애

사. 업무와 관련하여 고객 등으로부터 폭력 또는 폭언 등 정신적 충격을 유발할 수 있는 사건 또는 이와 직접 관련된 스트레스로 인하여 발생한 적응장애 또는 우울병 에피소드

5. 림프조혈기계 질병

가. 벤젠에 노출되어 발생한 다음 어느 하나에 해당하는 질병

1) 빈혈, 백혈구감소증, 혈소판감소증, 범혈구감소증. 다만, 소화기 질병, 철결 핍성 빈혈 등 영양부족, 만성소모성 질병 등 다른 원인으로 발생한 질병은 제외한다.

2) 0.5피피엠(ppm) 이상 농도의 벤젠에 노출된 후 6개월 이상 경과하여 발생한 골수형성이상증후군, 무형성(無形成) 빈혈, 골수증식성질환(골수섬유증, 진성 적혈구증다증 등)

나. 납 또는 그 화합물(유기납은 제외한다)에 노출되어 발생한 빈혈. 다만, 철결 핍성 빈혈 등 다른 원인으로 발생한 질병은 제외한다.

6. 피부 질병

가. 검댕, 광물유, 옻, 시멘트, 타르, 크롬 또는 그 화합물, 벤젠, 디이소시아네이트, 톨루엔·크실렌·스티렌·시클로헥산·노말헥산·트리클로로에틸렌 등 유기용제, 유리섬유·대마 등 피부에 기계적 자극을 주는 물질, 자극성·알레르겐·광독성·광알레르겐 성분을 포함하는 물질, 자외선 등에 노출되어 발생한 접촉피부염. 다만, 그 물질 또는 자외선에 노출되는 업무에 종사하지 않게 된 후 3개월이 지나지 않은 경우만 해당한다.

나. 페놀류·하이드로퀴논류 물질, 타르에 노출되어 발생한 백반증

다. 트리클로로에틸렌에 노출되어 발생한 다형홍반(多形紅斑), 스티븐스존슨 증후

군. 다만, 그 물질에 노출되는 업무에 종사하지 않게 된 후 3개월이 지나지 않은 경우만 해당하며 약물, 감염, 후천성면역결핍증, 악성 종양 등 다른 원인으로 발생한 질병은 제외한다.

라. 염화수소·염산·불화수소·불산 등의 산 또는 염기에 노출되어 발생한 화학적 화상

마. 타르에 노출되어 발생한 염소여드름, 국소 모세혈관 확장증 또는 사마귀

바. 덥고 뜨거운 장소에서 하는 업무 또는 고열물체를 취급하는 업무로 발생한 땀띠 또는 화상

사. 춥고 차가운 장소에서 하는 업무 또는 저온물체를 취급하는 업무로 발생한 동창(凍瘡) 또는 동상

아. 햇빛에 노출되는 옥외작업으로 발생한 일광화상, 만성 광선피부염 또는 광선각화증(光線角化症)

자. 전리방사선(물질을 통과할 때 이온화를 일으키는 방사선)에 노출되어 발생한 피부궤양 또는 방사선피부염

차. 작업 중 피부손상에 따른 세균 감염으로 발생한 연조직염

카. 세균·바이러스·곰팡이·기생충 등을 직접 취급하거나, 이에 오염된 물질을 취급하는 업무로 발생한 감염성 피부 질병

7. 눈 또는 귀 질병

가. 자외선에 노출되어 발생한 피질 백내장 또는 각막변성

나. 적외선에 노출되어 발생한 망막화상 또는 백내장

다. 레이저광선에 노출되어 발생한 망막박리·출혈·천공 등 기계적 손상 또는 망막화상 등 열 손상

라. 마이크로파에 노출되어 발생한 백내장

마. 타르에 노출되어 발생한 각막위축증 또는 각막궤양

바. 크롬 또는 그 화합물에 노출되어 발생한 결막염 또는 결막궤양

사. 톨루엔·크실렌·스티렌·시클로헥산·노말헥산·트리클로로에틸렌 등 유기용제에 노출되어 발생한 각막염 또는 결막염 등 점막자극성 질병. 다만, 그 물질에 노출되는 업무에 종사하지 않게 된 후 3개월이 지나지 않은 경우만 해당한다.

아. 디이소시아네이트에 노출되어 발생한 각막염 또는 결막염

자. 불소수지·아크릴수지 등 합성수지의 열분해 생성물 또는 아황산가스 등에 노
출되어 발생한 각막염 또는 결막염 등 점막 자극성 질병

차. 소음성 난청

　　85데시벨[dB(A)] 이상의 연속음에 3년 이상 노출되어 한 귀의 청력손실이 40
데시벨 이상으로, 다음 요건 모두를 충족하는 감각신경성 난청. 다만, 내이염,
약물중독, 열성 질병, 메니에르증후군, 매독, 머리 외상, 돌발성 난청, 유전성
난청, 가족성 난청, 노인성 난청 또는 재해성 폭발음 등 다른 원인으로 발생한
난청은 제외한다.

1) 고막 또는 중이에 뚜렷한 손상이나 다른 원인에 의한 변화가 없을 것

2) 순음청력검사결과 기도청력역치(氣導聽力閾値)와 골도청력역치(骨導聽力閾
値) 사이에 뚜렷한 차이가 없어야 하며, 청력장해가 저음역보다 고음역에서 클
것. 이 경우 난청의 측정방법은 다음과 같다.

　　가) 24시간 이상 소음작업을 중단한 후 ISO 기준으로 보정된 순음청력계기
를 사용하여 청력검사를 하여야 하며, 500헤르츠(Hz)(a)·1,000헤르츠
(b)·2,000헤르츠(c) 및 4,000헤르츠(d)의 주파수음에 대한 기도청력역치를 측
정하여 6분법[(a+2b+2c+d)/6]으로 판정한다. 이 경우 난청에 대한 검사항목
및 검사를 담당할 의료기관의 인력·시설 기준은 공단이 정한다.

　　나) 순음청력검사는 의사의 판단에 따라 48시간 이상 간격으로 3회 이상(음
향외상성 난청의 경우에는 요양이 끝난 후 30일 간격으로 3회 이상을 말한다)
실시하여 해당 검사에 의미 있는 차이가 없는 경우에는 그 중 최소가청역치를
청력장해로 인정하되, 순음청력검사의 결과가 다음의 요건을 모두 충족하지 않
는 경우에는 1개월 후 재검사를 한다. 다만, 다음의 요건을 충족하지 못하는 경
우라도 청성뇌간반응검사(소리자극을 들려주고 그에 대한 청각계로부터의 전기
반응을 두피에 위치한 전극을 통해 기록하는 검사를 말한다), 어음청력검사(일
상적인 의사소통 과정에서 흔히 사용되는 어음을 사용하여 언어의 청취능력과
이해의 정도를 파악하는 검사를 말한다) 또는 임피던스청력검사[외이도(外耳道)
를 밀폐한 상태에서 외이도 내의 압력을 변화시키면서 특정 주파수와 강도의 음
향을 줄 때 고막에서 반사되는 음향 에너지를 측정하여 중이강(中耳腔)의 상태
를 간접적으로 평가하는 검사를 말한다] 등의 결과를 종합적으로 고려하여 순음

청력검사의 최소가청역치를 신뢰할 수 있다는 의학적 소견이 있으면 재검사를 생략할 수 있다.

  (1) 기도청력역치와 골도청력역치의 차이가 각 주파수마다 10데시벨 이내일 것

  (2) 반복검사 간 청력역치의 최대치와 최소치의 차이가 각 주파수마다 10데시벨 이내일 것

  (3) 순음청력도상 어음역(語音域) 500헤르츠, 1,000헤르츠, 2,000헤르츠에서의 주파수 간 역치 변동이 20데시벨 이내이면 순음청력역치의 3분법 평균치와 어음청취역치의 차이가 10데시벨 이내일 것

8. 간 질병

가. 트리클로로에틸렌, 디메틸포름아미드 등에 노출되어 발생한 독성 간염. 다만, 그 물질에 노출되는 업무에 종사하지 않게 된 후 3개월이 지나지 않은 경우만 해당하며, 약물, 알코올, 과체중, 당뇨병 등 다른 원인으로 발생하거나 다른 질병이 원인이 되어 발생한 간 질병은 제외한다.

나. 염화비닐에 노출되어 발생한 간경변

다. 업무상 사고나 유해물질로 인한 업무상 질병의 후유증 또는 치료가 원인이 되어 기존의 간 질병이 자연적 경과 속도 이상으로 악화된 것이 의학적으로 인정되는 경우

9. 감염성 질병

가. 보건의료 및 집단수용시설 종사자에게 발생한 다음의 어느 하나에 해당하는 질병

1) B형 간염, C형 간염, 매독, 후천성면역결핍증 등 혈액전파성 질병

2) 결핵, 풍진, 홍역, 인플루엔자 등 공기전파성 질병

3) A형 간염 등 그 밖의 감염성 질병

나. 습한 곳에서의 업무로 발생한 렙토스피라증

다. 옥외작업으로 발생한 쯔쯔가무시증 또는 신증후군 출혈열

라. 동물 또는 그 사체, 짐승의 털·가죽, 그 밖의 동물성 물체, 넝마, 고물 등을 취급하여 발생한 탄저, 단독(erysipelas) 또는 브루셀라증

마. 말라리아가 유행하는 지역에서 야외활동이 많은 직업 종사자 또는 업무수행자에게 발생한 말라리아

바. 오염된 냉각수 등으로 발생한 레지오넬라증

사. 실험실 근무자 등 병원체를 직접 취급하거나, 이에 오염된 물질을 취급하는 업무로 발생한 감염성 질병

10. 직업성 암

가. 석면에 노출되어 발생한 폐암, 후두암으로 다음의 어느 하나에 해당하며 10년 이상 노출되어 발생한 경우

　1) 가슴막반(흉막반) 또는 미만성 가슴막비후와 동반된 경우

　2) 조직검사 결과 석면소체 또는 석면섬유가 충분히 발견된 경우

나. 석면폐증과 동반된 폐암, 후두암, 악성중피종

다. 직업적으로 석면에 노출된 후 10년 이상 경과하여 발생한 악성중피종

라. 석면에 10년 이상 노출되어 발생한 난소암

마. 니켈 화합물에 노출되어 발생한 폐암 또는 코안·코곁굴[부비동(副鼻洞)]암

바. 콜타르 찌꺼기(coal tar pitch, 10년 이상 노출된 경우에 해당한다), 라돈-222 또는 그 붕괴물질(지하 등 환기가 잘 되지 않는 장소에서 노출된 경우에 해당한다), 카드뮴 또는 그 화합물, 베릴륨 또는 그 화학물, 6가 크롬 또는 그 화합물 및 결정형 유리규산에 노출되어 발생한 폐암

사. 검댕에 노출되어 발생한 폐암 또는 피부암

아. 콜타르(10년 이상 노출된 경우에 해당한다), 정제되지 않은 광물유에 노출되어 발생한 피부암

자. 비소 또는 그 무기화합물에 노출되어 발생한 폐암, 방광암 또는 피부암

차. 스프레이나 이와 유사한 형태의 도장 업무에 종사하여 발생한 폐암 또는 방광암

카. 벤지딘, 베타나프틸아민에 노출되어 발생한 방광암

타. 목재 분진에 노출되어 발생한 비인두암 또는 코안·코곁굴암

파. 0.5피피엠 이상 농도의 벤젠에 노출된 후 6개월 이상 경과하여 발생한 급성·만성 골수성백혈병, 급성·만성 림프구성백혈병

하. 0.5피피엠 이상 농도의 벤젠에 노출된 후 10년 이상 경과하여 발생한 다발성

골수종, 비호지킨림프종. 다만, 노출기간이 10년 미만이라도 누적노출량이 10피피엠·년 이상이거나 과거에 노출되었던 기록이 불분명하여 현재의 노출농도를 기준으로 10년 이상 누적노출량이 0.5피피엠·년 이상이면 업무상 질병으로 본다.

거. 포름알데히드에 노출되어 발생한 백혈병 또는 비인두암

너. 1,3-부타디엔에 노출되어 발생한 백혈병

더. 산화에틸렌에 노출되어 발생한 림프구성 백혈병

러. 염화비닐에 노출되어 발생한 간혈관육종(4년 이상 노출된 경우에 해당한다) 또는 간세포암

머. 보건의료업에 종사하거나 혈액을 취급하는 업무를 수행하는 과정에서 B형 또는 C형 간염바이러스에 노출되어 발생한 간암

버. 엑스(X)선 또는 감마(Υ)선 등의 전리방사선에 노출되어 발생한 침샘암, 식도암, 위암, 대장암, 폐암, 뼈암, 피부의 기저세포암, 유방암, 신장암, 방광암, 뇌 및 중추신경계암, 갑상선암, 급성 림프구성 백혈병 및 급성·만성 골수성 백혈병

11. 급성 중독 등 화학적 요인에 의한 질병

가. 급성 중독

1) 일시적으로 다량의 염화비닐·유기주석·메틸브로마이드·일산화탄소에 노출되어 발생한 중추신경계장해 등의 급성 중독 증상 또는 소견

2) 납 또는 그 화합물(유기납은 제외한다)에 노출되어 발생한 납 창백, 복부 산통, 관절통 등의 급성 중독 증상 또는 소견

3) 일시적으로 다량의 수은 또는 그 화합물(유기수은은 제외한다)에 노출되어 발생한 한기, 고열, 치조농루, 설사, 단백뇨 등 급성 중독 증상 또는 소견

4) 일시적으로 다량의 크롬 또는 그 화합물에 노출되어 발생한 세뇨관 기능 손상, 급성 세뇨관 괴사, 급성 신부전 등 급성 중독 증상 또는 소견

5) 일시적으로 다량의 벤젠에 노출되어 발생한 두통, 현기증, 구역, 구토, 흉부 압박감, 흥분상태, 경련, 급성 기질성 뇌증후군, 혼수상태 등 급성 중독 증상 또는 소견

6) 일시적으로 다량의 톨루엔·크실렌·스티렌·시클로헥산·노말헥산·트리클

로로에틸렌 등 유기용제에 노출되어 발생한 의식장해, 경련, 급성 기질성 뇌증후군, 부정맥 등 급성 중독 증상 또는 소견

7) 이산화질소에 노출되어 발생한 점막자극 증상, 메트헤모글로빈혈증, 청색증, 두근거림, 호흡곤란 등의 급성 중독 증상 또는 소견

8) 황화수소에 노출되어 발생한 의식소실, 무호흡, 폐부종, 후각신경마비 등 급성 중독 증상 또는 소견

9) 시안화수소 또는 그 화합물에 노출되어 발생한 점막자극 증상, 호흡곤란, 두통, 구역, 구토 등 급성 중독 증상 또는 소견

10) 불화수소·불산에 노출되어 발생한 점막자극 증상, 화학적 화상, 청색증, 호흡곤란, 폐수종, 부정맥 등 급성 중독 증상 또는 소견

11) 인 또는 그 화합물에 노출되어 발생한 피부궤양, 점막자극 증상, 경련, 폐부종, 중추신경계장해, 자율신경계장해 등 급성 중독 증상 또는 소견

12) 일시적으로 다량의 카드뮴 또는 그 화합물에 노출되어 발생한 급성 위장관계 질병

나. 염화비닐에 노출되어 발생한 말단뼈 용해(acro-osteolysis), 레이노 현상 또는 피부경화증

다. 납 또는 그 화합물(유기납은 제외한다)에 노출되어 발생한 만성 신부전 또는 혈중 납농도가 혈액 100밀리리터(㎖) 중 40마이크로그램(㎍) 이상 검출되면서 나타나는 납중독의 증상 또는 소견. 다만, 혈중 납농도가 40마이크로그램 미만으로 나타나는 경우에는 이와 관련된 검사(소변 중 납농도, ZPP, δ-ALA 등을 말한다) 결과를 참고한다.

라. 수은 또는 그 화합물(유기수은은 제외한다)에 노출되어 발생한 궤양성 구내염, 과다한 타액분비, 잇몸염, 잇몸고름집 등 구강 질병이나 사구체신장염 등 신장 손상 또는 수정체 전낭(前囊)의 적회색 침착

마. 크롬 또는 그 화합물에 노출되어 발생한 구강점막 질병 또는 치아뿌리(치근)막염

바. 카드뮴 또는 그 화합물에 2년 이상 노출되어 발생한 세뇨관성 신장 질병 또는 뼈연화증

사. 톨루엔·크실렌·스티렌·시클로헥산·노말헥산·트리클로로에틸렌 등 유기용제에 노출되어 발생한 급성 세뇨관괴사, 만성 신부전 또는 전신경화증

(systemic sclerosis, 트리클로로에틸렌을 제외한 유기용제에 노출된 경우에 해당한다). 다만, 고혈압, 당뇨병 등 다른 원인으로 발생한 질병은 제외한다.

아. 이황화탄소에 노출되어 발생한 다음 어느 하나에 해당하는 증상 또는 소견

1) 10피피엠 내외의 이황화탄소에 노출되는 업무에 2년 이상 종사한 경우

가) 망막의 미세혈관류, 다발성 뇌경색증, 신장 조직검사상 모세관 사이에 발생한 사구체경화증 중 어느 하나가 있는 경우. 다만, 당뇨병, 고혈압, 혈관장해 등 다른 원인으로 인한 질병은 제외한다.

나) 미세혈관류를 제외한 망막병변, 다발성 말초신경병증, 시신경염, 관상동맥성 심장 질병, 중추신경계장해, 정신장해 중 두 가지 이상이 있는 경우. 다만, 당뇨병, 고혈압, 혈관장해 등 다른 원인으로 인한 질병은 제외한다.

다) 나)의 소견 중 어느 하나와 신장장해, 간장장해, 조혈기계장해, 생식기계장해, 감각신경성 난청, 고혈압 중 하나 이상의 증상 또는 소견이 있는 경우

2) 20피피엠 이상의 이황화탄소에 2주 이상 노출되어 갑작스럽게 발생한 의식장해, 급성 기질성 뇌증후군, 정신분열증, 양극성 장애(조울증) 등 정신장해

3) 다량 또는 고농도 이황화탄소에 노출되어 나타나는 의식장해 등 급성 중독소견

12. 물리적 요인에 의한 질병

가. 고기압 또는 저기압에 노출되어 발생한 다음 어느 하나에 해당되는 증상 또는 소견

1) 폐, 중이(中耳), 부비강(副鼻腔) 또는 치아 등에 발생한 압착증

2) 물안경, 안전모 등과 같은 잠수기기로 인한 압착증

3) 질소마취 현상, 중추신경계 산소 독성으로 발생한 건강장해

4) 피부, 근골격계, 호흡기, 중추신경계 또는 속귀 등에 발생한 감압병(잠수병)

5) 뇌동맥 또는 관상동맥에 발생한 공기색전증(기포가 동맥이나 정맥을 따라 순환하다가 혈관을 막는 것)

6) 공기가슴증, 혈액공기가슴증, 가슴세로칸(종격동), 심장막 또는 피하기종

7) 등이나 복부의 통증 또는 극심한 피로감

나. 높은 압력에 노출되는 업무 환경에 2개월 이상 종사하고 있거나 그 업무에 종사하지 않게 된 후 5년 전후에 나타나는 무혈성 뼈 괴사의 만성장해. 다만,

만성 알코올중독, 매독, 당뇨병, 간경변, 간염, 류머티스 관절염, 고지혈증, 혈소판감소증, 통풍, 레이노 현상, 결절성 다발성 동맥염, 알캅톤뇨증(알캅톤을 소변으로 배출시키는 대사장애 질환) 등 다른 원인으로 발생한 질병은 제외한다.

다. 공기 중 산소농도가 부족한 장소에서 발생한 산소결핍증

라. 진동에 노출되는 부위에 발생하는 레이노 현상, 말초순환장해, 말초신경장해, 운동기능장해

마. 전리방사선에 노출되어 발생한 급성 방사선증, 백내장 등 방사선 눈 질병, 방사선 폐렴, 무형성 빈혈 등 조혈기 질병, 뼈 괴사 등

바. 덥고 뜨거운 장소에서 하는 업무로 발생한 일사병 또는 열사병

사. 춥고 차가운 장소에서 하는 업무로 발생한 저체온증

13. 제1호부터 제12호까지에서 규정된 발병요건을 충족하지 못하였거나, 제1호부터 제12호까지에서 규정된 질병이 아니더라도 근로자의 질병과 업무와의 상당인과관계(相當因果關係)가 인정되는 경우에는 해당 질병을 업무상 질병으로 본다.

11. 산재보험 장해등급의 기준

■ 산업재해보상보험법 시행령 [별표 3]

장해등급의 기준

(제53조 제1항 관련)

제1급

1. 두 눈이 실명된 사람
2. 말하는 기능과 씹는 기능을 모두 완전히 잃은 사람
3. 신경계통의 기능 또는 정신기능에 뚜렷한 장해가 남아 항상 간병을 받아야 하는 사람
4. 흉복부 장기의 기능에 뚜렷한 장해가 남아 항상 간병을 받아야 하는 사람
5. 두 팔을 팔꿈치관절 이상의 부위에서 잃은 사람
6. 두 팔을 완전히 사용하지 못하게 된 사람
7. 두 다리를 무릎관절 이상의 부위에서 잃은 사람
8. 두 다리를 완전히 사용하지 못하게 된 사람
9. 진폐의 병형이 제1형 이상이면서 동시에 심폐기능에 고도 장해가 남은 사람

제2급

1. 한쪽 눈이 실명되고 다른 쪽 눈의 시력이 0.02 이하로 된 사람
2. 두 눈의 시력이 각각 0.02 이하로 된 사람
3. 두 팔을 손목관절 이상의 부위에서 잃은 사람
4. 두 다리를 발목관절 이상의 부위에서 잃은 사람
5. 신경계통의 기능 또는 정신기능에 뚜렷한 장해가 남아 수시로 간병을 받아야 하는 사람
6. 흉복부 장기의 기능에 뚜렷한 장해가 남아 수시로 간병을 받아야 하는 사람

제3급

1. 한쪽 눈이 실명되고 다른 쪽 눈의 시력이 0.06 이하로 된 사람

2. 말하는 기능 또는 씹는 기능을 완전히 잃은 사람
3. 신경계통의 기능 또는 정신기능에 뚜렷한 장해가 남아 평생 동안 노무에 종사할
   수 없는 사람
4. 흉복부 장기의 기능에 뚜렷한 장해가 남아 평생 동안 노무에 종사할 수 없는 사
   람
5. 두 손의 손가락을 모두 잃은 사람
6. 진폐증의 병형이 제1형 이상이면서 동시에 심폐기능에 중등도 장해가 남은 사람

제4급

1. 두 눈의 시력이 각각 0.06 이하로 된 사람
2. 말하는 기능과 씹는 기능에 뚜렷한 장해가 남은 사람
3. 고막 전부가 상실되거나 그 외의 원인으로 두 귀의 청력을 완전히 잃은 사람
4. 한쪽 팔을 팔꿈치관절 이상의 부위에서 잃은 사람
5. 한쪽 다리를 무릎관절 이상의 부위에서 잃은 사람
6. 두 손의 손가락을 모두 제대로 못 쓰게 된 사람
7. 두 발을 발목발허리관절(족근중족관절) 이상의 부위에서 잃은 사람

제5급

1. 한쪽 눈이 실명되고 다른 쪽 눈의 시력이 0.1 이하로 된 사람
2. 한쪽 팔을 손목관절 이상의 부위에서 잃은 사람
3. 한쪽 다리를 발목관절 이상의 부위에서 잃은 사람
4. 한쪽 팔을 완전히 사용하지 못하게 된 사람
5. 한쪽 다리를 완전히 사용하지 못하게 된 사람
6. 두 발의 발가락을 모두 잃은 사람
7. 흉복부 장기의 기능에 뚜렷한 장해가 남아 특별히 쉬운 일 외에는 할 수 없는
   사람
8. 신경계통의 기능 또는 정신기능에 뚜렷한 장해가 남아 특별히 쉬운 일 외에는
   할 수 없는 사람
9. 진폐증의 병형이 제4형이면서 동시에 심폐기능에 경도장해가 남은 사람

438

제6급

1. 두 눈의 시력이 각각 0.1 이하로 된 사람
2. 말하는 기능 또는 씹는 기능에 뚜렷한 장해가 남은 사람
3. 고막 대부분이 상실되거나 그 외의 원인으로 두 귀의 청력이 모두 귀에 대고 말하지 아니하면 큰 말소리를 알아듣지 못하게 된 사람
4. 한쪽 귀가 전혀 들리지 않게 되고 다른 쪽 귀의 청력이 40센티미터 이상의 거리에서는 보통의 말소리를 알아듣지 못하게 된 사람
5. 척주에 극도의 기능장해나 고도의 기능장해가 남고 동시에 극도의 척추 신경근장해가 남은 사람
6. 한쪽 팔의 3대 관절 중 2개 관절을 제대로 못 쓰게 된 사람
7. 한쪽 다리의 3대 관절 중 2개 관절을 제대로 못 쓰게 된 사람
8. 한쪽 손의 5개의 손가락 또는 엄지손가락과 둘째 손가락을 포함하여 4개의 손가락을 잃은 사람

제7급

1. 한쪽 눈이 실명되고 다른 쪽 눈의 시력이 0.6 이하로 된 사람
2. 두 귀의 청력이 모두 40센티미터 이상의 거리에서는 보통의 말소리를 알아듣지 못하게 된 사람
3. 한쪽 귀가 전혀 들리지 않게 되고 다른 쪽 귀의 청력이 1미터 이상의 거리에서는 보통의 말소리를 알아듣지 못하게 된 사람
4. 신경계통의 기능 또는 정신기능에 장해가 남아 쉬운 일 외에는 하지 못하는 사람
5. 흉복부 장기의 기능에 장해가 남아 쉬운 일 외에는 하지 못하는 사람
6. 한쪽 손의 엄지손가락과 둘째 손가락을 잃은 사람 또는 엄지손가락이나 둘째 손가락을 포함하여 3개 이상의 손가락을 잃은 사람
7. 한쪽 손의 5개의 손가락 또는 엄지손가락과 둘째 손가락을 포함하여 4개의 손가락을 제대로 못 쓰게 된 사람
8. 한쪽 발을 발목발허리관절(족근중족관절) 이상의 부위에서 잃은 사람
9. 한쪽 팔에 가관절(假關節, 부러진 뼈가 완전히 아물지 못하여 그 부분이 마치 관절처럼 움직이는 상태)이 남아 뚜렷한 운동기능장해가 남은 사람

10. 한쪽 다리에 가관절이 남아 뚜렷한 운동기능장해가 남은 사람

11. 두 발의 발가락을 모두 제대로 못 쓰게 된 사람

12. 외모에 극도의 흉터가 남은 사람

13. 양쪽의 고환을 잃은 사람

14. 척주에 극도의 기능장해나 고도의 기능장해가 남고 동시에 고도의 척추 신경근장해가 남은 사람 또는 척주에 중등도의 기능장해나 극도의 변형장해가 남고 동시에 극도의 척추 신경근장해가 남은 사람

15. 진폐증의 병형이 제1형·제2형 또는 제3형이면서 동시에 심폐기능에 경도 장해가 남은 사람

제8급

1. 한쪽 눈이 실명되거나 한쪽 눈의 시력이 0.02 이하로 된 사람

2. 척주에 극도의 기능장해가 남은 사람, 척주에 고도의 기능장해가 남고 동시에 중등도의 척추신경근 장해가 남은 사람, 척주에 중등도의 기능장해나 극도의 변형장해가 남고 동시에 고도의 척추 신경근장해가 남은 사람 또는 척주에 경미한 기능장해나 중등도의 변형장해가 남고 동시에 극도의 척추 신경근장해가 남은 사람

3. 한쪽 손의 엄지손가락을 포함하여 2개의 손가락을 잃은 사람

4. 한쪽 손의 엄지손가락과 둘째 손가락을 제대로 못 쓰게 된 사람 또는 엄지손가락이나 둘째 손가락을 포함하여 3개 이상의 손가락을 제대로 못 쓰게 된 사람

5. 한쪽 다리가 5센티미터 이상 짧아진 사람

6. 한쪽 팔의 3대 관절 중 1개 관절을 제대로 못 쓰게 된 사람

7. 한쪽 다리의 3대 관절 중 1개 관절을 제대로 못 쓰게 된 사람

8. 한쪽 팔에 가관절이 남은 사람

9. 한쪽 다리에 가관절이 남은 사람

10. 한쪽 발의 5개의 발가락을 모두 잃은 사람

11. 비장 또는 한쪽의 신장을 잃은 사람

제9급

1. 두 눈의 시력이 0.6 이하로 된 사람

2. 한쪽 눈의 시력이 0.06 이하로 된 사람

3. 두 눈에 모두 반맹증 또는 시야협착이 남은 사람

4. 두 눈의 눈꺼풀이 뚜렷하게 상실된 사람

5. 코가 고도로 상실된 사람

6. 말하는 기능과 씹는 기능에 장해가 남은 사람

7. 두 귀의 청력이 모두 1미터 이상의 거리에서는 큰 말소리를 알아듣지 못하게 된 사람

8. 한쪽 귀의 청력이 귀에 대고 말하지 아니하면 큰 말소리를 알아듣지 못하고 다른 귀의 청력이 1미터 이상의 거리에서는 보통의 말소리를 알아듣지 못하게 된 사람

9. 한쪽 귀의 청력을 완전히 잃은 사람

10. 한쪽 손의 엄지손가락을 잃은 사람 또는 둘째 손가락을 포함하여 2개의 손가락을 잃은 사람 또는 엄지손가락과 둘째 손가락 외의 3개의 손가락을 잃은 사람

11. 한쪽 손의 엄지손가락을 포함하여 2개의 손가락을 제대로 못 쓰게 된 사람

12. 한쪽 발의 엄지발가락을 포함하여 2개 이상의 발가락을 잃은 사람

13. 한쪽 발의 발가락을 모두 제대로 못 쓰게 된 사람

14. 생식기에 뚜렷한 장해가 남은 사람

15. 신경계통의 기능 또는 정신기능에 장해가 남아 노무가 상당한 정도로 제한된 사람

16. 흉복부 장기의 기능에 장해가 남아 노무가 상당한 정도로 제한된 사람

17. 척주에 고도의 기능장해가 남은 사람, 척주에 중등도의 기능장해나 극도의 변형장해가 남고 동시에 중등도의 척추 신경근장해가 남은 사람, 척주에 경미한 기능장해나 중등도의 변형장해가 남고 동시에 고도의 척추 신경근장해가 남은 사람 또는 척주에 극도의 척추 신경근장해가 남은 사람

18. 외모에 고도의 흉터가 남은 사람

19. 진폐증의 병형이 제3형 또는 제4형이면서 동시에 심폐기능에 경미한 장해가 남은 사람

제10급

1. 한쪽 눈의 시력이 0.1 이하로 된 사람

2. 한쪽 눈의 눈꺼풀이 뚜렷하게 상실된 사람

3. 코가 중등도로 상실된 사람

4. 말하는 기능 또는 씹는 기능에 장해가 남은 사람

5. 14개 이상의 치아에 치과 보철을 한 사람

6. 한 귀의 청력이 귀에 대고 말하지 않으면 큰 말소리를 알아듣지 못 하게 된 사람

7. 두 귀의 청력이 모두 1미터 이상의 거리에서는 보통의 말소리를 알아듣지 못하게 된 사람

8. 척주에 중등도의 기능장해가 남은 사람, 척주에 극도의 변형장해가 남은 사람, 척주에 경미한 기능장해나 중등도의 변형장해가 남고 동시에 중등도의 척추 신경근장해가 남은 사람 또는 척주에 고도의 척추 신경근장해가 남은 사람

9. 한쪽 손의 둘째 손가락을 잃은 사람 또는 엄지손가락과 둘째 손가락 외의 2개의 손가락을 잃은 사람

10. 한쪽 손의 엄지손가락을 제대로 못 쓰게 된 사람 또는 둘째 손가락을 포함하여 2개의 손가락을 제대로 못 쓰게 된 사람 또는 엄지손가락과 둘째 손가락외의 3개의 손가락을 제대로 못 쓰게 된 사람

11. 한쪽 다리가 3센티미터 이상 짧아진 사람

12. 한쪽 발의 엄지발가락 또는 그 외의 4개의 발가락을 잃은 사람

13. 한쪽 팔의 3대 관절 중 1개 관절의 기능에 뚜렷한 장해가 남은 사람

14. 한쪽 다리의 3대 관절 중 1개 관절의 기능에 뚜렷한 장해가 남은 사람

제11급

1. 두 눈이 모두 안구의 조절기능에 뚜렷한 장해가 남거나 또는 뚜렷한 운동기능 장해가 남은 사람

2. 두 눈의 눈꺼풀에 뚜렷한 운동기능장해가 남은 사람

3. 두 눈의 눈꺼풀의 일부가 상실된 사람

4. 한쪽 귀의 청력이 40센티미터 이상의 거리에서는 보통의 말소리를 알아듣지 못 하게 된 사람

5. 두 귀의 청력이 모두 1미터 이상의 거리에서는 작은 말소리를 알아듣지 못하게 된 사람

6. 두 귀의 귓바퀴가 고도로 상실된 사람
7. 척주에 경도의 기능장해가 남은 사람, 척주에 고도의 변형장해가 남은 사람, 척주에 경미한 기능장해나 중등도의 변형장해가 남고 동시에 경도의 척추 신경근장해가 남은 사람 또는 척주에 중등도의 척추 신경근장해가 남은 사람
8. 한쪽 손의 가운데손가락 또는 넷째 손가락을 잃은 사람
9. 한쪽 손의 둘째 손가락을 제대로 못 쓰게 된 사람 또는 엄지손가락과 둘째 손가락 외의 2개의 손가락을 제대로 못 쓰게 된 사람
10. 한쪽 발의 엄지발가락을 포함하여 2개 이상의 발가락을 제대로 못 쓰게 된 사람
11. 흉복부 장기의 기능에 장해가 남은 사람
12. 10개 이상의 치아에 치과 보철을 한 사람
13. 외모에 중등도의 흉터가 남은 사람
14. 두 팔의 노출된 면에 극도의 흉터가 남은 사람
15. 두 다리의 노출된 면에 극도의 흉터가 남은 사람
16. 진폐증의 병형이 제1형 또는 제2형이면서 동시에 심폐기능에 경미한 장해가 남는 사람, 진폐증의 병형이 제2형·제3형 또는 제4형인 사람

제12급

1. 한쪽 눈의 안구의 조절기능에 뚜렷한 장해가 남거나 뚜렷한 운동기능장해가 남은 사람
2. 한쪽 눈의 눈꺼풀에 뚜렷한 운동기능장해가 남은 사람
3. 한쪽 눈의 눈꺼풀의 일부가 상실된 사람
4. 7개 이상의 치아에 치과 보철을 한 사람
5. 한쪽 귀의 귓바퀴가 고도로 상실된 사람 또는 두 귀의 귓바퀴가 중등도로 상실된 사람
6. 코가 경도로 상실된 사람
7. 코로 숨쉬기가 곤란하게 된 사람 또는 냄새를 맡지 못하게 된 사람
8. 쇄골(빗장뼈), 흉골(복장뼈), 늑골(갈비뼈), 견갑골(어깨뼈) 또는 골반골(골반뼈)에 뚜렷한 변형이 남은 사람
9. 한쪽 팔의 3대 관절 중 1개 관절의 기능에 장해가 남은 사람

10. 한쪽 다리의 3대 관절 중 1개 관절의 기능에 장해가 남은 사람

11. 장관골에 변형이 남은 사람

12. 한쪽 손의 가운데손가락 또는 넷째 손가락을 제대로 못 쓰게 된 사람

13. 한쪽 발의 둘째 발가락을 잃은 사람 또는 둘째 발가락을 포함하여 2개의 발가락을 잃은 사람 또는 가운데발가락 이하의 3개의 발가락을 잃은 사람

14. 한쪽 발의 엄지발가락 또는 그 외에 4개의 발가락을 제대로 못 쓰게 된 사람

15. 신체 일부에 심한 신경증상이 남은 사람

16. 척주에 경미한 기능장해가 남은 사람, 척주에 중등도의 변형장해가 남은 사람 또는 척주에 경도의 척추 신경근장해가 남은 사람

17. 두 팔의 노출된 면에 고도의 흉터가 남은 사람

18. 두 다리의 노출된 면에 고도의 흉터가 남은 사람

제13급

1. 한쪽 눈의 시력이 0.6 이하로 된 사람

2. 한쪽 눈에 반맹증 또는 시야협착이 남은 사람

3. 한쪽 귀의 귓바퀴가 중등도로 상실된 사람 또는 두 귀의 귓바퀴가 경도로 상실된 사람

4. 5개 이상의 치아에 치과 보철을 한 사람

5. 한쪽 손의 새끼손가락을 잃은 사람

6. 한쪽 손의 엄지손가락 뼈의 일부를 잃은 사람

7. 한쪽 손의 둘째 손가락 뼈의 일부를 잃은 사람

8. 한쪽 손의 둘째 손가락 끝관절을 굽혔다 폈다 할 수 없게 된 사람

9. 한쪽 다리가 다른 쪽 다리보다 1센티미터 이상 짧아진 사람

10. 한쪽 발의 가운데발가락 이하의 1개 또는 2개의 발가락을 잃은 사람

11. 한쪽 발의 둘째 발가락을 제대로 못 쓰게 된 사람 또는 둘째 발가락을 포함하여 2개의 발가락을 제대로 못 쓰게 된 사람 또는 가운데발가락 이하의 3개의 발가락을 제대로 못 쓰게 된 사람

12. 척주에 경도의 변형장해가 남은 사람 또는 척주의 수상 부위에 기질적 변화가 남은 사람

13. 외모에 경도의 흉터가 남은 사람

14. 두 팔의 노출된 면에 중등도의 흉터가 남은 사람

15. 두 다리의 노출된 면에 중등도의 흉터가 남은 사람

16. 진폐증의 병형이 제1형인 사람

제14급

1. 한쪽 귀의 청력이 1미터 이상의 거리에서는 작은 말소리를 알아듣지 못하게 된 사람

2. 한쪽 귀의 귓바퀴가 경도로 상실된 사람

3. 3개 이상의 치아에 치과 보철을 한 사람

4. 두 팔의 노출된 면에 경도의 흉터가 남은 사람

5. 두 다리의 노출된 면에 경도의 흉터가 남은 사람

6. 한쪽 손의 새끼손가락을 제대로 못 쓰게 된 사람

7. 한쪽 손의 엄지손가락과 둘째 손가락 외의 손가락 뼈의 일부를 잃은 사람

8. 한쪽 손의 엄지손가락과 둘째 손가락 외의 손가락 끝관절을 굽혔다 폈다 할 수 없게 된 사람

9. 한쪽 발의 가운데발가락 이하의 1개 또는 2개의 발가락을 제대로 못 쓰게 된 사람

10. 신체 일부에 신경증상이 남은 사람

11. 척주에 경미한 변형장해가 남은 사람 또는 척추의 수상 부위에 비기질적 변화가 남은 사람

12. 산재보험 간병급여의 지급대상

■ 산업재해보상보험법 시행령 [별표 7]

간병급여의 지급대상
(제59조 제1항 관련)

구분	지급 대상
상시 간병급여	1. 신경계통의 기능, 정신기능 또는 흉복부 장기의 기능에 장해등급 제1급에 해당하는 장해가 남아 일상생활에 필요한 동작을 하기 위하여 항상 다른 사람의 간병이 필요한 사람 2. 두 눈, 두 팔 또는 두 다리 중 어느 하나의 부위에 장해등급 제1급에 해당하는 장해가 남고, 다른 부위에 제7급 이상에 해당하는 장해가 남아 일상생활에 필요한 동작을 하기 위하여 항상 다른 사람의 간병이 필요한 사람
수시 간병급여	3. 신경계통의 기능, 정신기능 또는 흉복부 장기의 기능에 장해등급 제2급에 해당하는 장해가 남아 일상생활에 필요한 동작을 하기 위하여 수시로 다른 사람의 간병이 필요한 사람 4. 장해등급 제1급(제53조제2항에 따른 조정의 결과 제1급이 되는 경우를 포함한다)에 해당하는 장해가 남아 일상생활에 필요한 동작을 하기 위하여 수시로 다른 사람의 간병이 필요한 사람

13. 산재보험 심사청구서(사례)

산업재해보상보험
심사청구서

※ 고용.산재보험 토탈서비스(http://total.kcomwel.or.kr)에서도 제출할 수 있습니다.

접수번호	접수일	처리기한: 60일

청구인	①성 명		②생년월일 (사업자등록 번호)		③재해자와의 관 계
	④주 소	(전화번호)		(휴대전화)	
대리인	⑤성 명		⑥생년월일		⑦재해자와의 관 계
	⑧주 소		(전화번호) (휴대전화)		
재해를 입은 사 람	⑨성 명		⑩생년월일		
	⑪사업장명		⑫사업장소재지		
원처분 내 용	⑬결정기관		⑭결 정 년 월 일	년 월 일	
	⑮결정내용	장해등급 일반 14급10호	⑯결 정 을 안 날	년 월 일	
⑰원처분기관의 고지 유무 및 그 내용		**결정이 있음을 안 날로부터 90일 이내에 심사청구 할 수 있음을 고지 받음**			
⑱청구취지 및 이유		(별지의 기재와 같음)			

산업재해보상보험법 제103조 및 같은 법 시행령 제96조에 따라 위와 같이 심사청구합니다.

20 년 월 일

청구인 　　　　　　　(서명 또는 인)

위 대리인 　　　　　(서명 또는 인)

근로복지공단 이사장 귀하

첨부서류:

　　1. 청구의 취지 및 이유

　　2. 위임장(대리인을 선임한 경우에 한합니다.)

　　3. 증거조사 신청서(증거조사를 신청할 때에 한합니다.)

　　4. 구술심리 신청서(구술심리를 신청할 때에 한합니다.)

※ 뒷면 작성방법을 참고하여 주시기 바랍니다.

청구취지 및 이유

1. 청구취지

0000. 00. 00. 근로복지공단○○지사장(이하 '결정기관'이라 한다)이 재해 근로자 ○○○(이하 '청구인'이라 한다)에게 행한 장해등급 일반 14급10호 처분은 이를 취소하고 '○급○호, ○급○호, ○급○호, ○급○호, ○급○호 또는 ○호'라는 상위 장해등급 결정을 구합니다.

2. 청구이유

가. 최초 재해발생 상황

재해자가 ○○시 ○○구 ○○1길 ○번지 소재의 ○층주택 옥상방수 및 외벽 페인트공사 중, 1층 옥상에서 2층벽에 사다리를 걸쳐놓고 빠대(크랙 메우는 것) 작업 중 사다리가 넘어져 ○m이상 높이에서 추락하여 우측 견관절 외상, 우측 족관절 외상을 입은 사고임

나. 그간 요양경위

1) 재해자의 기존 장해 및 생계활동

○ 재해자는 그간 자녀○명의 학비 및 생계를 위해 페인트 도장 일용 일을 해야 함에도, 산재사고에 의한 발목 등 장해(○급) 때문에 일감을 확보하는 어려움이 많아서,

– 사고위험이 낮고 작업난이도가 높은 옥상 방수 작업과 로프(밧줄)를 타고 작업하는 노하우를 터득해서 주로 옥상 방수, 로프 페인트 일용 작업을 종사하여 왔음

○ 재해자는 0000. 00.00. 00:00경 ○○시 ○○구 ○○1길 ○번지 소재의 ○층 주택 옥상방수 및 외벽 페인트 일용 작업 중, 1층 옥상에서 2층벽에 사다리를 걸쳐놓고 빠대(크랙 메우는 작업) 작업하다가 사다리가 넘어져 오른쪽 어깨, 오른쪽 발목, 갈비뼈 등을 다치는 부상을 당했음(※오른 발목 산재 부위가 부자연하여 균형유지 못했음)

2) 재해자의 요양 경과

○ 재해자는 "우측 견관절, 우측 족관절 운동장애, 우측 견관절의 심한 회전근 개 파열 관절병증, 우측 족관절 심한 관절병증 등을 근로복지공단 측의 요양담 당부서 및 담당자들의 공정하고 합리적인 일처리에 힘입어 주요 병증치료를 원 활하게 받을 수 있었고,

– 의료기관 주치의 및 담당자 등으로부터도 헌신적인 요양진료를 받아 그간 요 양 경위에 대해서는 달리 문제가 없었음

다. 장해등급 판정

  1) 재해자는 종전 장해등급 판정을 받은 바 있는 근로자이었고, 이건 재해에 대 하여0000. 00. 00. 결정기관이 청구인에게 장해등급 일반 14급10호 처분 한 것은,

  – 재해자의 기존 장해등급 보유 상태를 고려하여 가중 등급 등의 절차가 없는 것인지 ? 있다면 이러한 절차를 적용하였는 지 의문이며,

  – 가중 적용 등의 제도가 없는 것이라면 종전 장해요소까지 포함하여 장해등급 결정을 하는 것이 필요했다고 봄

  2) 장해등급 일반 14급10호 등급은 "신체 일부에 신경증상이 남은 사람"인 것 이므로 재해자의 사고상황, 연령 등을 고려하여 볼 때 너무 보수적인 결정 이었다고 판단하고 있는 것임

  3) 재해자가 판단하는 장해등급으로는 'ㅇ급ㅇ호, ㅇ급ㅇ호, ㅇ급ㅇ호, ㅇ급ㅇ 호, ㅇ급ㅇ호 또는 ㅇ호'라는 상위 장해등급 등이 있음

  4) 재해자가 위와 같은 상위 장해등급을 생각하는 것은 다음과 같은 뚜렷한 증 상이 상시 있는데 날씨가 흐리거나 작업장에서 약간이라도 육체 노동을 하 는 경우 한의원을 다녀야 하고, 작업을 갈 때는 산재환자 신분을 모르는 사 람들한테는 가급적 감추고, 지인들의 경우에는 청구인을 배려하여 경미한 노 무에 종사토록 해주어 진료를 받으면서 근로생활을 근근히 유지하고 있으나, 병원비 부담으로 종합병원 같은 곳을 찾을 수 없는 형편임(요양종결 이후 상시 수시 통증진료 등을 받으면서 근로생활을 할 수 밖에 없는 건강상태이 므로 14급10호 등급은 받아들이기 어려운 상황임)

라. 장해등급 적절성 세부검토 필요

　　1) 청구인의 0000. 00. 00. 현재 상병상태는 아래와 같이 자가요양 중에 있음

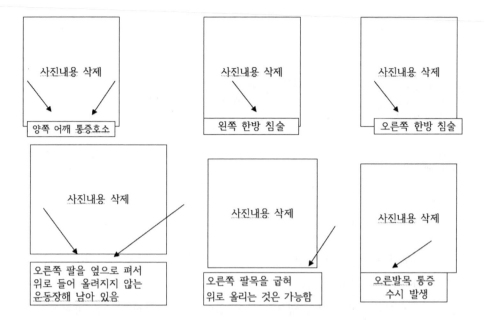

　　2) 청구인에게 분류될 수 있는 장해등급의 기준 유형

　　　□　산업재해보상보험법 시행령 〈별표 6〉 장해등급의 기준

장해등급의 기준(제53조 제1항 관련)
제7급 4. 신경계통의 기능 또는 정신기능에 장해가 남아 쉬운 일 외에는 하지 못하는 사람 10. 한쪽 다리에 가관절이 남아 뚜렷한 운동기능장해가 남은 사람 제8급 6. 한쪽 팔의 3대 관절 중 1개 관절을 제대로 못 쓰게 된 사람 7. 한쪽 다리의 3대 관절 중 1개 관절을 제대로 못 쓰게 된 사람 8. 한쪽 팔에 가관절이 남은 사람 9. 한쪽 다리에 가관절이 남은 사람 제9급 15. 신경계통의 기능 또는 정신기능에 장해가 남아 노무가 상당한 정도로 제한된 사람 제10급

13. 한쪽 팔의 3대 관절 중 1개 관절의 기능에 뚜렷한 장해가 남은 사람
14. 한쪽 다리의 3대 관절 중 1개 관절의 기능에 뚜렷한 장해가 남은 사람

제11급
특이 해당항목 없음

제12급
9. 한쪽 팔의 3대 관절 중 1개 관절의 기능에 장해가 남은 사람
10. 한쪽 다리의 3대 관절 중 1개 관절의 기능에 장해가 남은 사람
15. 신체 일부에 심한 신경증상이 남은 사람

제13급
특이 해당항목 없음

제14급
10. 신체 일부에 신경증상이 남은 사람

3) 청구인은 결정기관의 장해등급 판정 결과를 최초 받아보고 매우 당혹하였으나 즉각 수긍하여 대학생 ○명 자녀들의 학비 등을 벌기 위해 현장복귀를 하였으나 오른쪽 팔이 옆으로 들어 위로 올리는 동작은 고통 때문에 불가하고 오른쪽 팔목을 접어 위로 올리는 동작은 가능하나 이러한 운동장애로 인해 작업능률이 발생하지 않아 업계 동료 등으로부터 사실상 작업능률 없는 사람으로 간주되고 있는 등 생계활동에 매우 곤란을 당하고 있어 장해재심사를 생각하게 되었음

4) 청구인의 판단은 최소한 제○급○호 내지 제○급○호가 적정한 장해등급으로 판단하며, 종전 장해등급과 가중하여 전체 제○급○호 분류하심이 타당하다고 봄

마. 의 견

청구인은 연령에 비해 대학생 자녀 ○명이 있어 현장작업을 계속 다녀야 하고 마이너스통장이 0,000만원이상 되는 넉넉하지 못한 생활을 그래도 열심히 생활을 해오다 불의의 추락 사고를 당하게 되었고, 산재보험제도를 통해 이러한 생계위험을 무난하게 극복하며 도움을 받게 된 것은 무한한 감사를 드립니다.

그러나, 현장에 복귀하여 동료들과 일을 함에 있어 작업능률이 떨어지는 현상을

더 이상 감출 수도 없고 그래도 청구인이 업계에 오랜 종사자이고 고급 작업기술 노하우를 가지고 있어 힘든 작업공정은 배려를 받아가며 일을 다니고 있으나 작업물량이 부족한 상황에서는 작업능률이 없는 신체장애 때문에 일을 맡는 것이 매우 힘들게 되었고 생계곤란을 무척으로 겪고 있습니다.

무리한 부탁이 되는 것인지 알 수 없으나 청구인의 산재장해 상태를 심층적으로 살펴 주셔서 배려를 하시는 것이 가능한 부분이 있으시면 도와주시기를 간절하게 호소를 올립니다.

붙 임   장해등급 결정통지서 사본 1부.

0000. 00. 00 .

청구인 ○ ○ ○ (인)

근로복지공단 이사장님 귀하

청구취지 및 이유 추가 의견서

1. 원처분기관 의견에 대하여

가. 심사청구 제기요건에 대한 의견

○ 원처분기관은 심사청구는 보험급여 결정이 있음을 안 날로부터 90일 이내에 제기하지 않았으므로 이 건 산업재해보상보험법 제103조(심사청구의 제기)에 따른 적법한 심사청구에 해당되지 않는다고 하였습니다.

○ 청구인이 장해등급 결정통지서를 수령한 날은 0000. 00.00. 이고 원처분기관 통지일자가 0000. 00. 00 기준으로 90일 이내를 판단한 것은 부당하며 이 건 정당한 심사청구 요건을 구비한 것입니다.

나. 본안 의견

○ 전문의사 소견 및 기존 장해
△ 주치의 소견
  – 우측 어깨관절 일반 동통
  – 우측 발목관절 완고 동통(관절면이 불규칙한 관절염 소견)
  – 우측 어깨관절 운동제한 : 075도
  – 우측 발목관절 운동제한 : 05도
△ ○○병원 장해 전문 진단 소견
  – 우측 어깨관절 및 우측 발목관절, 연부조직 유착으로 인한 일반 동통
  – 우측 어깨관절 운동제한 : 010도
  – 우측 발목관절 운동제한 : 00도
△ 0000. 0.00. 재해 장해판정 내역(치유일 : 0000. 00.00)
  – 우측 발목관절 운동제한 : 0동 ⇒ 장해 ○급 ○호

○ 원처분기관은 우측 발목관절은 0000년 장해판정 이후 동일부위 등급상향이 없어 가중 미적용 하였고, 우측 어깨 동통에 의한 장해등급 14급 10호 결정은

454

정당한 처분입니다.

○ 원처분기관이 청구인의 운동장해가 남은 것에 대해 고려를 충분하게 하지 못한 것이라고 판단합니다. 심사청구서에 자세하게 휴유장애 상태를 설명한 바 있는 등 청구인이 오른쪽 팔을 제대로 사용하지 못해 작업장에 일하러 다님에도 작업능률이 없어 생계곤란을 극심하고 당하고 있는 실정입니다.

– 신경장애를 인정하시더라도 현행 「제14급 10호. 신체 일부에 신경증상이 남은 사람」에 해당하는 장해등급으로 결정하신 것은 청구인의 사고 상황, 그간 요양 경위, 현재 치유 상황, 주치의를 비롯한 소견 등을 종합적으로 충분히 반영시키지 못한 점이 상당하다고 판단합니다.

2. 청구인의 종합의견

청구인이 이 사고를 당한 시점에는 대학생 자녀 ○명 이었는데 예상하지 못한 동 산재사고로 인해 매월 생활비 및 학비 등을 제대로 벌지 못하는 상황이 오래 지속되는 등 가정 불화가 발생하여 ○○은 엄마와 ○○ 지역에서 생활을 하고 ○○은 최근에 ○○병원에 입원 치료를 받고 있는 등 많이 울었습니다.

일을 하러 다니기도 하는데 오른팔을 제대로 사용하지 못해 일의 작업능률이 없어 구두로 작업 노하우 기술을 전수하여 주는 방식으로 현장근로자를 하는 것이 매우 힘들고 요즘 ○○대 연령층도 대부분 건강하게 공사현장 등을 일하고 있고 오히려 젊은 연령층이 공사현장에 일꾼들이 없어 걱정을 하는 상황입니다.

청구인 오랜기간 페인트 일을 종사해 왔고 오른팔이 제대로 사용할 수 있으면 청구인이 갈 수 있는 페인트 일용 일자리는 많이 있는 상태입니다.

그런데, 오른쪽 팔 및 발목 등의 산재 장해 휴유증으로 인해서 재대로 현장일자리에 복귀를 하지 못하는 장해 상태입니다. 병원비 걱정에 민간요법 등으로 치료를 하면서 일을 하러 다니지만 며칠하면 금방 악화되어 생계가 너무나 막막합니다.

청구인은 오랫동안 페인트 도장 등의 기피업종에 종사하여 왔고 관련 기술 노하우라고 자랑스레 내세우기는 그래도 많은 동료, 젊은 사람들에게 작업 노하우를 배워주며 나름대로 건설현장 작업 공헌을 해왔고 현재도 하고 있는 것으로 자부심을 가지고 있기도 합니다.

존경하옵는 심사위원님 ! 청구인이 삶의 의지를 유지하면서 힘든 상황을 잘 견뎌낼 수 있도록 한줄기 빛이 되어 주시기를 간절하고 진심으로 소망을 드립니다.

0000. 00. 00

청구인 ○ ○ ○ (인)

근로복지공단 이사장님 귀하

14. 징계실무(사례)

㈜ ○ ○

기안일자 : 0000. 00. 00

결재	담 당	과 장	팀 장	이 사	사 장
	협 조		지시사항		

담   당 : 총무팀장
협   조 : 징계요구부서장
제   목 : 징계위원회 개최 및 징계대상자 징계위원회 회부

　당사 ○○○에 대한 징계사유가 아래와 같이 발생하였기에 취업규칙 제○○조 근거하여 징계위원회 소집 및 징계위원회 회부를 품의하오니 재가하여 주시기 바랍니다.

1. 징계대상자
　　가. 성　명: ○○○(생년월일)
　　나. 입사일:
　　다. 징계사유 : 상기인은 ○○ 행위로 당사 취업규칙 제○○조, ○○ 등 의거하여 징계위원회에 회부되었음(징계의결요구서 : 별첨)
2. 징계위원회 구성.개최
　　가. 징계위원회 구성
　　　○ 위원장: 사장(불참시 위원장 직무대행 지정가능)
　　　○ 위　원: 공장장, 생산팀장, 000(남성, 노사협의위원), 000(여성, 노사협의위원)
　　　※ 간사: 총무팀장,　구성근거 : 취업규칙 제00조
　　나. 징계위원회 개최
　　　○ 일　시: 20　.　.　00:00
　　　○ 장　소: 회의실
　　　○ 참석대상: 징계위원, 징계대상자
　　　※ 재심 징계위원회 개최: 20　.　.　00:00
　　　　(당사자의 재심신청이 있을 경우 개최, 절차.방법은 초심을 준용)
3. 징계절차
　　가. 징계위원회 출석통지(각 위원, 징계대상자): 20　.　.　.
　　※ 진술준비 등 기간을 최소 1주일이상 부여하여 출석통지 철저(통지사실 수령서명 받거나 배달증명우편 등 근거확보)
　　나. 소명자료 제출 및 징계위원회 출석여부 확인: 징계위 1일전까지
　　※ 피징계자 서면소명자료 준비안내 및 징계위원회 출석포기원하면 진술권 포기서 서면제출 안내
　　다. 징계요청서, 징계위원회 진행순서, 징계의결서 등 준비: 징계위원회 개최 당일 회의실에 각 징계자료를 사전비치

라. 징계의결
  ○ 징계위원회 심의, 소명절차 등 진행 후 가급적 당일 의결
  ○ 징계회의록, 징계의결서, 징계처분장, 징계처분 사유설명서 작성
마. 징계결과 통지: 징계처분장, 징계처분 사유설명서를 작성하여 반드시 서면통지(직
  접전달 또는 배달증명 우편)
※ 재심 징계위원회 절차 있음을 안내

붙 임 1. 징계의결 요구서(피징계자 부서장) 1부.
      2. 징계요청서(피해자 또는 관련부서 해당자) 1부. 끝.

㈜ ○ ○

서면진술서

인적 사항	성 명		소 속	
	주민등록번호		직 책	
	주 소			
사 건 명				
불 참 사 유				

진술내용:

첨 부:

20 년 월 일

진술자 　 (서명)

(주)○○ 징계위원회위원장 귀하

재심심사결정서

재 심 피징계자 인적사항	성 명		소 속	
	주민등록번호		직 책	
	주 소			
재심징계위원회 개최일시				
재심징계위원회 개최장소				
재심 징계의결 결과				
이 유				

  본 재심 징계에 대하여 회사의 제반 규정에 준하여 각 위원들의 양심과 사회의 선량한 풍속.관행 및 그간 징계 사례, 재심 피징계인의 개전의 정, 공적 등을 종합적으로 고려하여 위와 같이 재심 결정하였습니다.

위 원   (서명)

위 원   (서명)

위 원   (서명)

위 원   (서명)

위원장   (서명)

20 년   월   일

(주)○○ 재 심 징 계 위 원 회

진술권포기서

인적 사항	성 명		소 속	
	주민등록번호		직 책	
	주 소			

본인은 귀 징계위원회에 출석하여 진술하는 것을 포기합니다.

20 년 월 일

성 명 (서명)

(주)○○ 징 계 위 원 회 위 원 장 귀하

462

징계재심 청구서

징계재심 신 청 인	성 명		소 속	
	주민등록번호		직 책	
	주 소			

재심 취지	
재심의 이유 및 입증	

위와 같이 재심을 청구합니다.

20 년   월   일

(주)○○ 징 계 위 원 회 위 원 장 귀 하

※ 재심의 취지, 재심의 이유 및 입증은 별지 작성 가능

징계요청서

1. 피징계자 인적사항
  ○ 성 명 :
  ○ 소 속 :
  ○ 연락처 :

2. 요청 사유
  ○

3. 구체적 사유
  ○
  ○
  ○

첨 부 1. 00 자료
      2. 사진 00부
      3. 확인서 00부.

상기인에 대하여 징계조치를 요구합니다.

20 년   월   일

징계요청자 성 명(주민등록번호):   (서명)
          연락처:

(주)○○   ○○**부서장** 귀하

징계의결요구서

피징계자 인적사항	소 속	00부서	직 위	
	성 명		입사일	
	주 소			
징 계 사 유	취업규칙 제00조 00항 위반 규정에 의함			
징계요구자 의 견				

위와 같이 징계의결을 요구합니다.

20 년   월   일

00팀장 :　　　　(서명)

㈜○○ **징계위원회위원장** 귀하

징계의결서

피징계자 인적사항	성 명		소 속	
	주민등록번호		직 책	
	주 소			
징계위원회 개최일시				
징계위원회 개최장소				
징계의결 결과				

    본 징계 건에 대하여 회사의 제반 규정에 준하여 각 위원들의 양심과 사회의 선량한 풍속.관행 및 그간 징계 사례, 피징계인의 개전의 정, 공적 등을 종합적으로 고려하여 위와 같이 결정하였습니다.

위   원   (서명)

위   원   (서명)

위   원   (서명)

위   원   (서명)

위원장   (서명)

20 년   월   일

(주)○○ 징 계 위 원 회

징계처분 사유설명서

피징계자 인적사항	성 명		소 속	
	주민등록번호		직 책	
	주 소			
징계위원회 개최일시				
징계위원회 개최장소				
징계처분 의결 결과				

　　본 징계 건을 심의.의결하면서 위원장을 비롯하여 각 위원들은 우선 회사의 제반 규정을 고려하였고, 회사의 내부 사정을 잘하는 각 위원들의 양심적인 판단과 사회의 일반적이고 통상적인 선량한 풍속.관행으로 보아 징계 수위가 그리 가혹하지 않은 지를 따져 보았으며, 또한 그간 회사의 징계 사례를 살피었고, 마지막으로 피징계인의 개전의 정 및 회사에 기여한 공적 등을 종합적으로 고려하여 위와 같이 결정하였습니다.

위 원　　　　　　　　(서명)

위 원　　　　　　　　(서명)

위 원　　　　　　　　(서명)

위 원　　　　　　　　(서명)

위원장　　　　　　　　(서명)

20 년 월 일

(주)○○ 징 계 위 원 회

징계처분장

피징계자 인적사항	성 명		소 속	
	주민등록번호		직 책	
	주 소			

귀하에 대한 징계위원회 징계처분 결과를 다음과 같이 통보합니다.

   1. 징계위원회 일시 및 장소: 20 년 월 일, 당사 회의실

   2. 징계사유: 당사 취업규칙 제00조 0항, 제00조 0항, 제00조 0항 위반

   3. 적용규정: 당사 취업규칙 제00조 0항, 제00조 0항

   4. 처분결과: 징계해고

   5. 해고예고: 20 년 월 일부로 해고를 통보함

   6. 재심절차: 당사 취업규칙 제00조0항에 의거 징계처분에 이의가 있을 경우,
동 처분을 받은 날로부터 7일 이내에 재심을 신청할 수 있음

붙 임: 징계처분 사유설명서 1부.

20 년 월 일

(주)○○ 대표이사 ○○○ (인)

징계회의록

간사	본 징계위원장은 본 징계 건에 대하여 위원장직을 전무이사에게 위임하였습니다.
간사	징계요청서를 낭독하다.
위원장	피징계인에게 징계요청서상 귀책사유 1번 ~ 5번항까지 이의가 있는 지 하나씩 물어보고 이의유무를 확인하다.
피징계인	귀책사유를 각각 인정하고 이의없음을 답변하다.
위원장	본 징계위원회 징계의결을 차후 인정하시겠습니까 ?
피징계인	예, 모두 인정하겠습니다. 선처를 간곡히 부탁드립니다.
위원장	본 징계위원회 징계결과는 별도 서면으로 통보드리도록 하겠습니다.
	피징계인 퇴장 요청 및 피징계인 퇴장하다.
위원장	피징계인이 징계요청서 상의 귀책사유에 대하여 모두 인정하였기에, 본 징계 건에 대하여 처분의견을 각 위원에게 구하다.
00위원	피징계인에게 정직 1월 처분이 적정하다고 하다.
00위원	피징계인에게 정직 1월 처분이 적정하다고 하다.
위원장	전체 위원에게 피징계인에게 정직 1월 처분이 적정한 지 의견을 구하다.
위원전체	모두 피징계인에게 정직 1월 처분이 적정하다고 동의하다.
위원장	피징계인에게 정직 1월 징계처분을 결정하고 본 징계위원회 폐회를 선언하다.
간사	20 년 월 일 00:00 본 징계위원회는 피징계인에게 정직 1월 징계처분이 결정되었음을 알리고 폐회를 알리다.

출석통지서

출 석 자 인적사항	성 명		소 속	
	주민등록번호		직 책	
	주 소			

출 석 이 유	당사 취업규칙 제00조0항, 제00조0항에 의거 징계위원회에 회부되었음
출 석 일 시	20 년 월 일 00:00
출 석 장 소	당사 회의실

유 의 사 항	1. 징계사유에 대한 소명을 위한 출석을 원하지 않을 때는
	   진술포기서를 제출하실 것
	2. 사정에 의하여 서면진술로 대체 하고자 할 때에는 징계
	   위원회 개최 전일까지 서면진술서를 제출하실 것
	3. 정당한 사유서를 제출하지 않고 불출석하거나 서면진술서
	   또는 진술포기서 등도 제출하지 않을 경우에는 소명의사
	   없는 것으로 인정하여 처리함

위와 같이 징계위원회에 출석하시어 귀하의 징계사유에 대하여 충분히 소명하여 주시기 바랍니다.(※ 자세한 사항은 담당 000, ☎   -   문의바랍니다)

붙 임 1. 징계요청서 사본 1부.
      2. 징계의결요구서 사본 1부.

20 년 월   일

(주)○○ 징 계 위 원 회 위 원 장   (인)

○ ○ ○ 귀 하

해고예고통보서

(수신) 주 소
    성 명: ○○○(주민등록번호)
    소 속:
    직 책:

(발신) 주 소
    (주)○○ 대표이사 ○○○

- 내 용 -

귀하는 아래의 사유로 인해 20 년 월 일부로 "징계해고" 됨을 예고통보하여 드립니다.

징계사유 : ○○, ○○○ 등으로 취업규칙 제○○조○항, 제○○조○항, 등으로 징계위원회에 회부되어, 동 징계위원회의 결정사항으로 "징계해고"를 통보받음.

20 년 월 일

(주)○○ 대표이사 ○○○ (인)

――――――――――――――――― 절 취 선 ――――――――――――――――

해고예고통보서 수령증

    성 명:
    소 속:
    직 책:
    해고일: 20 년 월 일부

20 년 월 일

수령자 ○○○ (서명)

15. 문서시행 독촉

○ ○ (주)

우○○○○○　　○○시 ○○구 ○○로 ○　　　　　담당 010-0000-0000

문서번호 : 0000 - 제00호

시행일자 : 0000. 00. 00.

선결				지시		
접수	일자 시간	．　．　．	：	결재		
	번호			． 공람		
처리과						
담당자						

수　　신 : **(주)○○ 대표이사**님

(참　조) : ○○부서장님

　　　　　(담당 ○○○님)

제　　목 : ○○**용역대금 지급요청**

---

　　1. 귀사의 무궁한 발전을 성원드립니다.

　　2. 그간 저희 ○○(주)와 ○○검사 거래관계를 유지하여 주신데 대하여 감사드리며, 당사는 항상 귀사를 높이 신뢰중이고 앞으로도 더욱 발전시켜 나갈것을 확인하면서, 아래와 같이 ○○검사료 문제를 0000. 0. 00까지는 해결하여 주시기를 간절히 요청드립니다.

계산서발행일	적 요	발행액	입금(수금)액	미수금
0000-00-00	○○검사료	00,780,000원		
0000-00-00	"	00,890,000원		
0000-00-00	"		00,000,000원	
0000-00-00	"	0,168,700원		
0000-00-00	"	0,669,400원		
합　　계		000,934,435원	00,000,000원	00,934,435원

　　3. 부득이, 위 기일까지 전액을 해결하는 것이 어려울 경우에는 붙임과 같이 지급계획 및 지불각서를 작성하여 주시기를 바라며, 당사의 담당자가 이 건과 관련하여 귀사를 방문시에 적극 협조를 부탁드립니다.

붙 임 : ○○검사료 지불각서 1부.

○○(주) 대표이사 ○○○ (인)

○○검사료 지불각서

1. ○○(주)측에 미결재중에 있는 ○○검사료

계산서발행일	적 요	발행액	입금(수금)액	미수금
0000-00-00	○○검사료	00,780,000원		
0000-00-00	"	00,890,000원		
0000-00-00	"		00,000,000원	
0000-00-00	"	0,168,700원		
0000-00-00	"	0,669,400원		
합 계		000,934,435원	00,000,000원	00,934,435원

0000. 00. 00 현재 위 합계 00,000,000원 ○○검사료를 미지급하고 있음을 확인함.

2. (주)○○측의 ○○검사료 지급계획

   ○ 0000. 0 . 0 . 까지   0원을 지급하고,

   ○ 0000. 0 . 0 . 까지   0원을 지급하고,

   ○ 0000. 0 . 0 . 까지   0원을 지급하고,

   ○ 0000. 0 . 0 . 까지   0원을 지급완료한다.

위와 같이 ○○검사료 지급계획을 확약하며 위 각서대로 미이행시에는 귀사에서 어떠한 법적조치를 하더라도 모두 감수하겠습니다.

붙 임 1. 사업자등록증사본 2부(○○(주), (주)○○)

        2. ○○계산서 7부.

0000. 00. 00.

                    확인자 (주)○○ 대표이사 ○○○ (인)

                           (주)○○ 실경영자 ○○○ (인)

○○(주) 대표이사 ○○○ 귀하

내 용 증 명

수신자 : (주)○○ 대표이사 ○○○
주 소 : ○○시 ○○구 ○○로 ○○번길 ○

발신자 : ○○○(주식회사 ○○ ○○현장소장 및 용역계약자)
주 소 : ○○ ○○시○○구 ○○로 ○○번길 ○

제 목: ○○ 공사경비 및 노무비 지급 요청

1. 귀사의 무궁한 발전을 성원 드리오며 항상 귀사와 원만한 신뢰 관계를 지속유지하는 것을 소망하고 있습니다.

2. 본인은 ○○(사업자등록번호 000-00-0000) 대표로서 귀사가 수행한 ○○ ○○군 ○○ 현장의 『○○ 설치 件』공사를 공사기간 '00년 0월 00일 ~ 00월末, 공급가 0,000,000,000원을 약정으로 수주하여 진행한 바 있으며 동 현장의 귀사 소속 현장소장으로도 재직하였습니다.

3. 귀사의 경우에도 직상도급회사 측과 분쟁 등으로 현재 위 현장에서 공사참여가 중단되는 상황이 발생하였고 이에 따라 원발주회사 등 관계회사 측이 참여하에 본인의 노무경비 및 공사경비 하여 도합 00,000,000원을 합의금으로 확정한 바 있는데도 아직 미지급을 하고 있습니다.

4. 귀사측에서도 직상도급회사측으로부터 공사대금을 지급받지 못하고 있는 것을 이유로 본인에게 위 합의금을 미지급하는 것은 어떠한 명분을 내세우더라도 결코 정당화 되거나 합리적이지 못한 경우입니다.

5. 본인은 귀사측과 위 현장에서는 용역계약자 지위와 현장소장이라는 노동법을 적용 보호받는 근로자 지위를 이중으로 겸직하는 신분이었고, 본인은 최선을 다하여 위 현장을 원만하게 관리 내지 공사추진을 적극적으로 하였습니다.

○ 이러한 임무 수행과정에서 식대 지출, 공구 소요, 자재 구매, 컨테이너 임대, 숙소 임대 비용 등이 발생한 것이며, 일부는 본인이 이미 지불한 건도 상당하나 본인 인건비까지 지급받지 못한 상황이고 자금사정 때문에 더 이상 위 각종 공사경비 결재를 못해 채무독촉에 매일 고통속에 생활하고 있으며, 다른 현장으로 가지도 못하는 상황에 처해 있습니다.

6. 무엇보다 본인이 그간 위 현장에서 정말 열심히 근무를 하고 책임있게 공사진행을 한 것들을 현장총괄 관리하는 발주회사 관계자들이 잘알고 있었기에 발주회사 관계자들이 주관하여 앞서 언급해 드린 합의금 00,000,000원이 당사자들 합의로 정해진 것이었고 이 논의 결과를 본인이 받아 들인 이유는,

○ 오랫동안 ○○ 업계에 종사한 사람으로서 앞으로도 귀사 등과 다시 다른 현장에서도 계속 함께 할 가능성이 있는 등 조금씩 양보해서 좋은 신뢰관계를 더 중요하게 생각했었기 때문이었고,

○ 그런데, 위 합의금 00,000,000원 마저도 약속일자까지 지급하지 않고 있는 것은 이해하기 어렵고, 귀사의 최종적인 입장을 재확인하는 차원에서 본인은 **0000. 00.00(○요일)까지 위 합의금 00,000,000원을 전액 지급**을 촉구하오니 부디 수용하여 주시기 바랍니다.

7. 위 기일까지도 전액 지급을 하지 않을 경우 본인은 위 합의금 액수가 아닌 피해금액 전액에 대해 행정기관 민원제기, 민·형사 문제 제기 등의 법적절차 진행을 할 것임을 알려드리오니 아무쪼록 원만한 합의이행을 간절히 거듭 호소합니다.

0000. 00 . 00 .

○ ○ ○ (인)

(주)○○ **대표이사** ○○○ 귀하

○ ○

우00000 ○○ ○○군 ○○면 ○○로 ○,(000)000-000, F.A.X(000)000-0000, 담당소장 ○○○ 010-0000-0000

문서번호: 0000 - 제00호	선결			지시		
시행일자: 0000. 00. 00 .	접수	일자 시간	· · · :	결재		
수 신: (주)○○ 대표이사님		번호			·	
(참 조): 외주관리 부서장님	처리과			공람		
(○○○ 부장님)	담당자					

제   목 : ○○ **내부**○○ **및** ○○ **작업 공사비 지급 협조요청**

1. 협력사와 항상 상생을 하시는 귀사의 무궁한 발전을 진심으로 성원드립니다.

2. ○○ 수행 관련하여 당사와 도급업체 주식회사 ○○, 원발주사 귀사 등 ○개사는 0000. 00. 00. 대금 직불요청(동의)서를 작성하여 원만하게 이행 중에 있습니다만 아래와 같은 협조요청 건이 발생하였기에 알려드리오니 해결 될 수 있도록 검토하여 주시기를 간절히 요청드립니다.

가. 발생 현안: ○○ 작업수행 공사대금(00,000,000원) 미결재

(내부○○작업 ○○2 - 00,000,000원, 내부○○오일1회-0,000,000원)

※ 철금속 전용 ○○성 ○○제 ○○ 000 사용

나. 진행경과

○ 주식회사 ○○:『주식회사 ○○』측으로부터 상기 공사대금수령없으므로『0000. 00. 00. 대금 직불요청(동의)서』직불 방식 처럼 ○○에 지급할 것이 없다는 입장임

○ ○○: 위 내부○○작업 ○○2 및 내부○○오일 1회 작업 대금 견적은, 외부작업 견적서와 동일한 견적서 제출서식(즉, 내부 작업 및 외부작업 통합 견적서를 제출하였음) 이었는데,

- 외부공사에 대해서는 위『0000. 00. 00. 대금 직불요청(동의)서』직불 방식대로 공사대금을 지급하고 있는데 불구하고,

- 내부 작업 공사대금에 대해서는 지급할 것이 없다고 주장하는 것에 대해서는 도저히 납득을 할 수 없는 상황임

다. 협조요청 사항

○ 주식회사 ○○ 및 주식회사 ○○ 측은 당사가 수행한 ○○ 작업 (공사대금 00,000,000원 미결재 상태임) 공정에 대해 자세하게 알고 있는 것이기에 동 공정의 공사 대금(인건비 비중이 매우 높은 공정임) 해결이 될 수 있도록 하여 주시기 바랍니다.

붙 임 : 관련자료 2부.

○○(주) 대표이사 ○○○ (인)

내 용 증 명

수신자 : (주)○○ 대표이사 ○○○

주 소 : ○○시 ○○구 ○○로 ○○번길 ○

발신자 : ○○○(주식회사 ○○ ○○현장소장 및 용역계약자)

주 소 : ○○ ○○시○○구 ○○로 ○○번길 ○

제 목: 건설공사 시공참여계약 해제 및 해지 통보에 따른 회신

　　　1. 귀사가 당사와 0000. 0. 00. 체결한 건설공사 시공참여계약 관련하여 0000. 0. 00. 보낸 위 제목 문서 관련입니다.

　　　2. 독점규제 및 공정거래에 관한 법률(이하, "공정거래법"이라 한다) 제1조 목적은 『이 법은 사업자의 시장지배적지위의 남용과 과도한 경제력의 집중을 방지하고, 부당한 공동행위 및 불공정거래행위를 규제하여 공정하고 자유로운 경쟁을 촉진함으로써 창의적인 기업활동을 조장하고 소비자를 보호함과 아울러 국민경제의 균형 있는 발전을 도모함을 목적으로 한다』라고 규정하고 있으며,

　　　같은법 제3조의2(시장지배적지위의 남용금지) ① 시장지배적사업자는 다음 각호의 1에 해당하는 행위를 하여서는 아니된다.

　　1. 상품의 가격이나 용역의 대가(이하 "價格"이라 한다)를 부당하게 결정·유지 또는 변경하는 행위

　　2. 상품의 판매 또는 용역의 제공을 부당하게 조절하는 행위

　　3. 다른 사업자의 사업활동을 부당하게 방해하는 행위

　　4. 새로운 경쟁사업자의 참가를 부당하게 방해하는 행위

　　5. 부당하게 경쟁사업자를 배제하기 위하여 거래하거나 소비자의 이익을 현저히 저해할 우려가 있는 행위

　　② 남용행위의 유형 또는 기준은 대통령령으로 정할 수 있다. 라고 규정하고 있고,

　　　같은법 제23조(불공정거래행위의 금지) 조항 등을 두고 있습니다. 이러한

478

법률을 정한 것은 귀사의 위와 같이 하도급 업체에 부당한 압력 등을 행하지 않도록 하고 서로 상생 성장·발전을 도모하게 한 것으로 판단합니다.

3. 귀사의 구체적 부당행위 부문에 대하여는 다음과 같은 실제 사례가 있는 것입니다.

① 하청업체(당사)가 계약에 따라 하도급 공사를 시행하면서 대규모 적자 당하면서 현장에서 작업 인력을 상주시키고 공사를 진행하고 있음에도 사실상 일방적으로 공사 중단을 시키는 경우 이것은 지위남용이 되는 등 부당하고 효력이 없는 것이라고 분명히 말씀드립니다.

– 귀사는 계약서 일부 조항 및 성실시공각서, 체불임금 해결 촉구 등을 명분으로 활용하여 당사가 스스로 "공사포기"를 하게 하거나, 아니면 일방적으로 "퇴출"을 시키려고 하는 의도인 것인 바,

– 귀사는 당사와 최초 위 건 공사계약을 할 때 당사가 일부○○ 시공자격 없는 ○자격 ○○업체라는 것을 알고 있으면서 공사계약을 체결(귀사가 발주처에 성실시공의무 위반 등 해당하는 것임)한 후 발주처로부터 수령한 "선급금"을 시공하도급 업체에는 한 푼도 분배 지급하지 않았고, 자재 공급을 고의적으로 지연시켰으며 이러한 과정을 통해 실제 근로자를 고용하여 현장작업을 담당한 당 하도업체에 막대한 손실을 야기시켰는데 이제 와서 일방적인 "퇴출" 시도를 하는 것을 볼 때,

– 귀사는 처음부터 ○○ 하도급 요건을 미달하는 ○○을 가지고 있는 당사를 속이고자 이건 공사에 끌여들이고 귀사측만 일방적인 이득을 독점한 후에 용도폐기처럼 처리하는 행위는 "○○죄"가 성립되는 것이 아닐 까 생각하고 있음을 알려드립니다.

② 일부 공정의 경우에는 서면 계약서를 없이 공사를 시켜 당사가 상당한 기성수령을 못하고 있는 부분은 명백한 ○○거래법 위반으로 판단하며, 공정위에서 정식 조사가 취해지는 경우 ○○계약서, 작업일보 등 당사는 충분한 소명 근거를 가지고 있습니다.

③ 또한, 당사와 정식 계약을 체결할 때, 종전 구두 계약으로 퇴출시킨 업체에서 고용한 근로자들을 전부 고용승계시켰고 이에 대한 비용 반영을 시켜주지 않아 당사는 많은 비용 부담을 떠않게 만든 것 등은 ○○거래법 위반으로 판단합니다.

④ 귀사와 "○○ ○○○" 및 "○○ ○○○" 2건의 별도계약 공사를 진행하였으나 ○○ ○○○ 현장 관련해서 귀사는 공사 기성비가 0000만원이 추가 지급되었고 이를 당사가 반환요구에 응하지 않는다고 다른 공사완료 한 "○○ ○○○" 정산 공사대금을 연계시켜 미지급하고 있는 것은 매우 부당한 것입니다.

4. 귀사는 귀사 자체의 부당하고 불공정한 하도급 행위 등에 대한 책임은 생각하지 않고 모든 문제가 당사에 있는 것처럼 왜곡시킨 위 "내용증명" 통지로써 "○○ ○○○" 공사포기 등을 압박하는 것으로 보이나,

위에서 언급한 것과 같은 부당한 귀사의 "갑질" 불공정 등이 많이 당하고 있는 상태이므로, 당사는 어떠한 경우에도 위 공사현장 작업 포기를 할 수 없다는 것을 명백히 밝혀 드립니다.

귀사의 일방적인 조치로 인해 당사에 계속 불이익이 생기는 경우 "○○죄" ○○사건 제기 및 "공정거래위원회" 불공정 행위신고, 민사 손해배상 소송 등을 통해 법적으로 강력하게 대응 할 것임을 알려 드리오며, 아무쪼록 양 당사자 간에 원만 의견조율로써 이 건 수습하기를 진심으로 희망합니다.

0000. 00 . 00 .

(주)○○ 대표이사 ○ ○ ○ (인)

(주)○○ **대표이사** ○○○ 귀하

16. 정 관

□ 주식회사

□ 비영리 사단법인

□ 비영리 재단법인

□ 협동조합

定　款

0000. 00 . 00 .

○○ 주식회사

제1장 총 칙

제1조 (상호)

본 회사는 ○○ '주식회사' (이하 "회사"라고한다)'이라 한다.

제2조 (목적)

본 회사는 다음 사업을 경영함을 목적으로 한다.

1. ○○○○업
2. ○○○○업
3. ○○○○○업
4. ○○○○○○업
5. ○○○○○사업
6. ○○○○사업
7. ○○○○○○업
8. ○○○○업
9. ○○○○업
10. ○○○○업
11. 위 각 항에 부대하는 사업일체

제3조 (본점 소재지)

본 회사의 본점은 ○○시내에 둔다. 단, 이사회의 결의로 각지에 지점 및 영업소
를 둘 수 있다.

제4조(공고방법)

본 회사의 공고는 ○○시내에서 발행하는 일간 ○○○○에 게재한다.

제2장 주식과 주권

제5조 (회사가 발행 할 주식의 총수 및 내용과 수)

본 회사가 발행할 주식의 총 수는 000,000주로 한다.

제6조 (1주의 금액)

본 회사가 발행하는 주식 1주의 금액은 금 10,000원으로 한다.

제7조 (회사 설립시 발행하는 주식의 총수)

본 회사가 회사 설립 시에 발행하는 주식의 총수는 00,000주로 한다.

제8조 (주식 및 주권의 종류)

본 회사의 주식은 보통주식으로서 전부 기명주식으로 하고, 주권은 1주권, 5주권, 10주권, 50주권100주권, 500주권, 1,000주권, 10,000주권의 8종류로 한다.

제9조(주권의 불소지)

본 회사는 주권의 불소지 제도를 채택하지 아니한다.

제10조(주금납입의 지체)

주금 납입을 지체한 주주는 납입기일 다음날부터 납입이 끝날 때까지 주금 100원에 대하여 일변 10전의 비율로서 과태금을 회사에 지급하고 또 이로 인하여 손해가 생겼을 때는 그 손해를 배상하여야 한다

제11조 (신주인수권)

① 이 회사의 주주는 신주발행에 있어서 그가 소유한 주식수에 비례하여 신주의 배정을 받을 권리를 가진다. 그러나, 신주인수권을 포기 또는 상실하거나 신주 배정에서 단주가 발생하는 경우 그 처리방법은 주주총회의 결의에 의한다.

② 회사는 제1항의 규정에도 불구하고 다음 각 호의 어느 하나에 해당하는 경우 주주총회의결의로 주주 외의 자에게 신주를 배정 할 수 있다.

1. 발행주식총수의 100분의 50을 초과하지 않는 범위 내에서 자본시장과 금융투자업에 관한 법률 제165조의 6에 따라 일반공모증자 방식으로 신주를 발행하는 경우

2. 상법 제542조의 3에 따른 주식매수선택권의 행사로 인하여 신주를 발행하는 경우

3. 발행하는 주식총수의 100분의 20범위 내에서 우리사주조합원에게 주식을

우선 배정하는 경우

4. 발행주식총수의 100분의 30을 초과하지 않는 범위 내에서 사업상 중요한 기술도입, 연구개발, 생산/판매/자본제휴를 위하여 그 상대방에게 신주를 발행하는 경우

5. 발행주식총수의 100분의 30을 초과하지 않는 범위 내에서 자본시장과 금융투자업에 관한 법률 제 165조의 16의 규정에 의하여 주식예탁증서(DR)발행에 따라 신주를 발행하는 경우

6. 회사가 경영상 필요로 외국인투자촉진법에 의한 외국인 투자를 위하여 신주를 발행하는 경우

7. 발행주식총수의 100분의 30을 초과하지 않는 범위 내에서 긴급한 자금조달을 위하여 국내외 금융기관 또는 기관투자자에게 신주를 발행하는 경우

8. 근로자복지기본법 제39조의 규정에 의한 우리사주매수선택권의 행사로 인하여 신주를 발행하는 경우

9. 주권을 코스닥시장에 상장하기 위하여 신주를 모집하거나 인수인에게 인수하게 하는 경우

10. 우리사주조합원에게 신주를 배정하는 경우

③ 제2항에 따라 주주 외의 자에게 신주를 배정하는 경우 상법 제416조 제1호, 제2호, 제2호의2, 제3호 및 제4호에서 정하는 사항을 그 납입기일의 2주 전까지 주주에게 통지하거나 공고하여야 한다.

1. 신주의 종류와 수

2. 신주의 발행가액과 납입기일

3. 무액면주식의 경우에는 신주의 발행가액 중 자본금으로 계상하는 금액

4. 신주의 인수방법

5. 현물출자를 하는 장의 성명과 그 목적인 재산의 종류, 수량, 가액과 이에 대하여 부여할 주식의 종류와 수

④ 제2항 각 호 중 어느 하나의 규정에 의해 신주를 발행 할 경우 발행 할 주식의 종류와 수 및 발행가격 등은 주주총회의 결의로 정한다.

⑤ 신주인수권의 포기 또는 상실에 따른 주식과 신주배정에서 발생한 단주에 대한 처리방법은 주주총회의 결의로 정한다.

제12조(주식의 발행가격)

본 회사는 신주를 발행함에 있어서 그 일부 또는 전부를 시가 또는 액면이상의 금액으로 할 수 있으며, 이때에 그 발행가격은 이사회의 결의로 정한다.

제13조(주식매수선택권)

① 회사는 임직원에게 발행주식총수의 100분의 10의 범위 내에서 상법 제542조의 3의 규정에 의한 주식매수선택권을 주주총회의 특별결의에 의하여 부여 할 수 있다.

② 주식매수선택권을 부여받을 자는 회사의 설립, 경영, 기술혁신 등에 기여하거나 기여할 수 있는 임직원으로 하되 다음 각 호의 1에 해당하는 자는 제외한다.

1. 최대주주(상법 제542조의 8 제2항 제5호의 최대주주를 말한다. 이하 같다) 및 그 특수관계인.(자본시장과 금융투자업에 관한 법률 시행령 제8조의 규정에 의한 특수관계인을 말한다.이하 같다) 다만, 당해 법인의 임원이 됨으로써 특수관계인에 해당하게 된 자(그 임원이 계열회사의 상무에 종사하지 아니하는 이사,감사인 경우를 포함한다.)는 제외한다.

2. 주요주주(자본시장과 금융투자업에 관한 법률 제9조 제1항 제2호의 규정에 의한 주요주주를 말한다. 이하 같다.) 및 그 특수관계인. 다만, 당해 법인의 임원이 됨으로써 특수관계인에 해당하게 된 자(그 임원이 계열회사의 상무에 종사하지 아니하는 이사, 감사인 경우를 포함한다)는 제외한다.

3. 주식매수선택권의 행사로 주요주주가 되는 자

③ 주식매수선택권의 행사로 교부할 주식(주식매수선택권의 행사가격과 시가와의 차액을 현금 또는 자기주식으로 교부하는 경우에는 그 차액의 산정기준이 되는 주식을 말한다)은 기명식 보통 주식으로 한다.

④ 주식매수선택권의 부여대상이 되는 임직원의 수는 재직하는 임직원의 100분의 50을 초과 할 수 없고, 임원 또는 직원 1인에 대하여 부여하는 주식매수선택권은 발행주식 총수의 100분의 10을 초과 할 수 없다.

⑤ 주식매수선택권은 행사 할 주식의 1주당 행사가격은 다음 각 호의 가액 이상이어야 한다. 주식매수선택권을 부여한 후 그 행사가격을 조정하는 경우에도 또한 같다.

1. 새로이 주식을 발행하여 교부하는 경우에는 다음 각목의 가격 중 높은 금액

가. 주식매수선택권의 부여일을 기준으로 자본시장과 금융투자업에 관한 법률 시행령 제176조의 7 제2항 제1호의 규정을 준용하여 평가한 당해 주식의 주가

　나. 당해주식의 권면액

　2. 제1호 이외의 경우에는 제1호 가목의 규정에 의하여 평가한 당해 주식의 시가

⑥ 주식매수선택권을 부여받은 자는 제1항의 결의일부터 2년 이상 재임 또는 재직하여야 행사 할 수 있다. 다만, 주식매수선택권을 부여받은 자가 제1항의 결의일부터 2년 내에 사망하거나 정년으로 인한 퇴임 기타 본인의 귀책사유가 아닌 사유로 퇴임 또는 퇴직한 경우에는 그 행사기간 동안 주식매수선택권을 행사 할 수 있다.

⑦ 주식매수선택권의 행사로 인하여 발행한 신주에 대한 이익의 배당에 관하여는 자본시장과 금융투자업에 관한 법률 시행령 제142조의 규정을 준용한다.

⑧ 다음 각 호의 어느 하나에 해당하는 경우에는 주주총회의 결의로 주식매수선택권의 부여 를 취소 할 수 있다.

　1. 당해 주식매수선택권을 부여 받는 자가 주식매수선택권을 부여받은 후 임의로 사임 또는 퇴직한 경우

　2. 당해 주식매수선택권을 부여 받은 자가 고의 또는 과실로 회사에 중대한 손해를 초래하게 한 경우

　3. 기타 주식매수선택권 부여계약에서 정한 취소사유가 발생 한 경우

제14조 (일반공모 증자 등)

① 본 회사는 발행주식총수의 100분의 30을 초과하지 않는 범위 내에서 자본시장과 금융투자업에 관한 법률 제 165조의6의 규정에서 정하는 방법에 따라 이사회의 결의로서 일반공모증자방식에 의한 신주를 발행할 수 있다.

② 본 회사는 발행주식총수의 100분의 30을 초과하지 않는 범위내에서 자본시장과 금융투자업에 관한 법률 제 165조의 16의 규정에 따라 이사회의 결의로 주식예탁증서(DR)를 발행할 수 있다.

③ 본 회사는 발행주식총수의 100분의 30을 초과하지 않는 범위내에서 경영상 필요로 외국인투자촉진법에 의한 외국인 투자를 위하여 이사회 결의로 신주를 발행할 수 있다.

④ 본 회사는 발행주식총수의 100분의 30을 초과하지 않는 범위내에서 기술도입

을 필요로 그 제휴회사에게 이사회의 결의로 신주를 발행할 수 있다.

⑤ 본 회사는 발행주식총수의 100분의 30을 초과하지 않는 범위내에서 긴급한 자금의 조달을 위하여 국내의 금융기관에게 이사회의 의결로 신주를 발행할 수 있다.

⑥ 제1항 내지 제5항의 방식에 의해 신주를 발행할 경우에는 발행할 주식의 종류의 수 및 발행가격 등은 이사회의 결의로써 정한다. 다만, 이 경우 신주의 발행가격은 자본시장과 금융투자업에 관한 법률 시행령 제176조의 8의 규정에서 정하는 가격 이상으로 하여야 한다.

제15조 (자기주식의 취득과 처분)

① 회사는 다음의 방법에 따라 자기의 명의와 계산으로 자기주식을 취득 할 수 있다.

1. 거래소에서 시세가 있는 주식의 경우에는 거래소에서 취득하는 방법

2. 주식의 상환에 관한 종류주식의 경우 외에 각 주주가 가진 주식 수에 따라 균등한 조건으로 아래의 방법으로 취득하는 것.

가. 회사가 모든 주주에게 자기주식 취득의 통지 또는 공고를 하여 주식을 취득하는 방법

나. 자본시장과 금융투자업에 관한 법률 제133조부터 제146조까지의 규정에 따른 공개매수의 방법

② 자기주식을 취득한 회사는 지체없이 취득내용을 적은 자기주식 취득내역서를 본점에 6개월간 갖추어 두어야 한다.

③ 자기주식 취득가액의 총액은 직전 결산기의 대차대조표상의 순자산액에서 다음 각 호의 금액을 뺀 금액을 초과하지 못한다. 회사는 해당 영업연도의 결산기에 대차대조표상의 순자산액에서 다음 각 호의 금액의 합계액에 미치지 못할 우려가 있는 경우에는 자기주식의 취득을 하여서는 아니된다. 그럼에도 불구하고 회사가 자기주식을 취득한 경우에는 이사는 회사에 연대하여 그 미치지 못한 금액을 배상할 책임을 진다. 다만 이사가 위와 같은 우려가 없다고 판단하는 대에 주의를 게을리하지 아니하였음을 증명한 경우에는 그러하지 아니하다.

1. 자본금의 액

2. 그 결산기까지 적립된 자본준비금과 이익준비금의 합계액

3. 상법시행령에서 정하는 미실현이익

4. 그 결산기에 적립하여야 할 이익준비금

④ 회사는 자기주식을 취득하기 위하여 미리 주주총회의 결의로 다음의 사항을 결정하여야 한다. 다만, 이사회의 결의로 이익배당을 할 수 있다고 정관으로 정하고 있는 경우에는 이사회의 결의로써 주주총회의 결의를 갈음 할 수 있다.

1. 취득 할 수 있는 주식의 종류 및 수

2. 취득가액의 총액의 한도

3. 1년을 초과하지 아니하는 범위에서 자기주식을 취득 할 수 있는 기간

제16조 (특정목적에 의한 자기주식의 취득)

회사는 다음 각 호의 하나에 해당하는 경우에는 제 10조에도 불구하고 자기의 주식을 취득할 수 있다.

1. 회사의 합병 또는 다른 회사의 영업전부의 양수로 인한 경우

2. 회사의 권리를 실행함에 있어 그 목적을 달성하기 위하여 필요한 경우

3. 단주의 처리를 위하여 필요한 경우

4. 주주가 주식매수선택권을 행사한 경우

제17조 (자기주식 취득의 방법)

① 회사가 제10조 제4항에 따른 결정을 하여 자기주식을 취득하는 경우에는 주주총회의 결의로 다음 각 호의 사항을 정하고 주식취득의 조건은 주주총회의 결의시마다 균등하게 정하여야 한다.

1. 자기주식 취득의 목적

2. 취득할 주식의 종류 및 수

3. 주식 1주를 취득하는 대가로 교부 할 금전이나 그 밖의 재산 (본 회사의 주식은 제외, 이하 "금전 등"이라 함) 의 내용 및 그 산정 방법

4. 주식 취득의 대가로 교부 할 금전 등의 총액

5. 20일 이상 60일 내의 범위에서 주식양도를 신청 할 수 있는 기간 (이하 "양도신청기간"이라 함)

6. 양도신청기간이 끝나는 날부터 1개월의 범위에서 양도의 대가로 금전 등을 교부하는 시기와 그 밖에 주식 취득의 조건

② 회사는 양도신청기간이 시작하는 날의 2주 전까지 각 주주에게 회사의 재무현황, 자기주식 보유 현황 및 제1항 각 호의 사항을 서면 또는 각 주주의 동의를 받아 전자문서로 통지하여야 한다. 다만, 무기명식의 주권을 발행한 경우에는 3주 전에 공고하여야 한다.

③ 회사에 주식을 양도하려는 주주는 양도신청기간이 끝나는 날까지 양도하려는 주식의 종류와 수를 적은 서면으로 주식양도를 신청하여야 한다.

④ 주주가 제3항에 따라 회사에 대하여 주식양도를 신청한 경우 회사와 그 주주 사이의 주식취득을 위한 계약 성립의 시기는 양도신청기간이 끝나는 날로 정하고, 주주가 신청한 주식의 총수가 제1항 제2호의 취득 할 주식의 총수를 초과하는 경우 계약 성립의 범위는 취득할 주식의 총수를 신청한 주식의 총수로 나눈 수에 제 3항에 따라 주주가 신청한 주식의 수를 곱한 수로 정하며 끝수는 버린다.

제18조(자기주식 취득의 처분)

회사가 보유하는 자기의 주식을 처분하는 경우에 다음 각 호의 사항에 관하여 주주총회가 결정하여 처분한다.

1. 처분할 주식의 종류와 수
2. 처분할 주식의 처분가액과 납입기일
3. 주식을 처분할 상대방 및 처분방법

제19조 (주권의 명의개서 등)

① 주식의 양도로 인하여 명의개서를 청구할 때에는 본 회사 소정의 청구서에 주권을 첨부하여 제출해야 한다. 상속, 유증 기타 계약 이외의 사유로 인하여 명의개서를 청구할 때에는 본 회사 소정의 청구서에 주권 및 취득원인을 증명하는 서류를 첨부하여 제출하여야 한다.

② 본 회사는 주주명부의 기재에 관한 사무를 처리하기 위하여 명의개서 대리인을 둘 수 있다. 명의개서 대리인은 이사회의 결의에 의하여 선정한다.

제20조 (질권의 등록 및 신탁재산의 표시)

본 회사의 주식에 관하여 질권의 등록 또는 신탁재산의 표시를 청구함에 있어서는 본 회사가 정하는 청구서에 당사자가 기명날인하고 이에 주권을 첨부하여 제출하여야 한다. 그 등록 또는 표시의 말소를 청구함에 있어서도 같다.

제21조 (주권의 재발행)

① 주권의 분할, 병합, 오손 등의 사유로 인하여 주권의 재발행을 청구함에 있어서는 본 회사가 정하는 청구서에 기명날인하고 이에 주권을 첨부하여 제출하여야 한다.

② 주권의 상실로 인하여 그 재발행을 청구함에 있어서는 본 회사가 정하는 청구서에 기명 날인하고 이에 제권 판결의 정본 또는 등본을 첨부하여 제출하여야 한다.

제22조 (수수료)

제17조 내지 제19조에서 정하는 청구를 하는 자는 본 회사가 정하는 수수료를 납부하여야 한다.

제23조 (주주명부의 폐쇄)

① 본 회사는 영업년도 종료익일부터 정기주주 총회의 종결일 까지 주주명부의 기재의 변경 을 정지한다.

② 제 1항의 경우 이외에 주주 또는 질권자로서 권리를 행사할 자를 확정하기 위하여 필요한 때에는 이사회의 결의에 의하여 주주명부의 기재의 변경 정지와 기준일을 함께 정할 수가 있다. 회사는 이를 2주 전에 공고하여야 한다.

제24조 (주주의 주소등의 신고)

본 회사의 주주 및 등록된 질권자 또는 그 법정대리인이나 대표자는 본 회사가 정하는 서식에 의하여 그의 성명, 주소와 인감을 본 회사에 신고하여야 한다. 신고사항에 변경이 있는 때에도 또한 같다.

제3장 사 채

제25조 (사채의 발행)

본 회사는 최종의 대차대조표에 의하여 회사에 현존하는 순자산총액의 4배를 초과하지 않는 범위 내에서 이사회의 결의로 주주 및 주주외의 자에게 사채, 전환사채, 신주인수권부 사채 및 교환사채를 발행할 수 있다.

① 전환사채는 다음 각호의 경우에 발행 할 수 있다.

1. 전환사채를 일반공모의 방법으로 발행하는 경우.

2. 경영상 필요로 외국인투자촉진법에 의한 외국인투자를 위하여 전환사채를 발행하는 경우.

3. 기술도입 필요에 의하여 그 제휴회사에 전환사채를 발행하는 경우.

② 전환사채의 총액, 전환의 조건, 전환으로 발생할 주식의 내용, 전환을 청구 할 수 있는 기간 등은 이사회의 결의로 정한다.

제26조 (신주인수권부사채의 발행)

① 신주인수권부사채는 다음 각호의 경우에 발행할 수 있다.

1. 신주인수권부 사채를 일반공모의 방법으로 발행하는 경우.

2. 경영상 필요로 외국인투자촉진법에 의한 외국인투자를 위하여 신주인수권부 사채를 발행하는 경우.

3. 기술도입 필요에 의하여 그 제휴회사에 신주인수권부사채를 발행하는 경우.

② 신주인수권부사채의 총액, 신주인수권부사채에 부여된 신주인수권의 내용, 신주인수권의 행사 기간, 주주 및 주주외의 자에게 신주인수권을 준다는 뜻과 신주인수권부사채의 총액, 신주인수권행사로 발행할 주식의 종류는 이사회의 결의로 정한다.

제27조 (사채발행에 관한 준용규정)

이 정관에서 정한 주주명부의 폐쇄 및 기준일, 주주의 성명 및 인감신고 등의 규정은 사채발 행의 경우에 준용한다.

제4장 주주총회

제28조 (소집)

① 본 회사의 정기주주총회는 영업년도 말일의 다음날부터 3월 이내에 소집하고 임시주주총회는 필요한 경우에 수시 소집한다.

② 총회의 소집은 법령에 다른 규정이 있는 경우를 제외하고는 이사회의 결의에 의하여 대표이사가 소집한다.

③ 대표이사의 유고시는 이 정관이 정한 직무대행자 순으로 소집한다.

제29조 (소집통지)

① 주주총회를 소집함에는 그 일시, 장소 및 회의의 목적사항을 기명주주에게는 총회일 10일전에 무기명주주에게는 총회일 2주전에 서면으로 통지서를 발송하거나 각 주주의 동의를 받아 전자문서로 통지를 발송하여야 한다. 다만, 총 주주의 동의가 있는 경우 소집절차를 생략 할 수 있다.

② 의결권이 있는 발행 주식 총수의 100분의 1이하의 주식을 소유한 주주에 대한 소집통지는 2주전에 주주 총회를 소집한다는 뜻과 회의 목적사항을 등기된 공고방법에 따라 2회 이상 공고함으로서 서면에 의한 소집통지를 갈음 할 수 있다.

제30조 (의장)

대표이사가 주주총회의 의장이 된다. 그러나 대표이사 유고 시에는 이사회에서 선임한 다른 이사가 의장이 된다.

제31조 (의장의 질서유지권 등)

① 주주총회의 의장은 주주총회에서 의사진행을 고의로 방해하기 위한 발언,기타 질서를 문란하게 하는 자에게 그 발언의 정지 또는 퇴장을 명할 수 있다.

② 주주총회의 의장은 원활한 의사진행을 위하여 필요하다고 인정할 때에는 주주의 발언 시간과 회수를 제한 할 수 있다.

제32조 (주주총회의 결의 및 의결정족수)

① 주주총회의 결의는 정관 및 법률에 다른 정함이 있는 경우를 제외하고 출석한 주주의 의결권의 과반수와 발행주식총수의 4분의 1이상의 수로 한다.

② 의결권이 없는 주식은 의결권의 과반수와 발행주식총수에 산입하지 아니한다.

③ 다음 사항은 출석한 주주의 의결권의 3분의 2이상의 수와 발행주식총수의 3분의 1 이상의 수로써 하여야 한다.

1. 정관의 변경

2. 수권자본의 증가

3. 회사의 합병, 분할, 분할합병, 해산, 청산 또는 회사정리법에 따른 회사정리

4. 본 회사의 영업 및 자산의 전부 또는 2분의 1이상의 양도, 또는 다른 회사의 영업 및 자산의 전부 도는 2분의 1이상의 양수

5. 이사 및 감사, 청산인의 해임

6. 자본의 감소

7. 주식매수선택권을 부여 받을 자의 성명, 주식매수선택권의 부여방법, 주식매수선택권의 행사가격 및 행사기간, 주식매수선택권을 부여받을 자 각각에 대하여 주식매수선택권의 행사로 교부할 주식의 종류 및 수

8. 기타 법령의 규정에 의한 경우

④ 주주전원의 서면 동의로써 주주총회의 결의에 갈음 할 수 있다.

제33조 (의결권 등)

① 주주의 의결권은 1주마다 1개로 한다.

② 주주는 대리인으로 하여금 의결권을 행사 할 수 있다. 대리인이 의결권을 행사함에는 표결전에 그 권한을 증명하는 서면을 의장에게 제출하여야 한다.

제34조 (총회의 의사록)

주주총회 의사록에는 의사의 경과 요령과 그 결과를 기재하고 의장과 출석한 이사가 기명날인 또는 서명하여야 한다.

제5장　이　사

제35조 (이사의 원수)

본 회사의 이사는 1인 이상으로 한다. 단, 이사의 수가 1인 또는 2인일 경우에는 이사회를 구성하지 않는다.

제36조 (이사의 임기)

이사의 임기는 취임 후 3년으로 한다. 그러나 이사의 임기가 임기 중 최종의 결산기에 관한 정기주주총회의 종결 전에 끝날 때는 그 총회 종결에 이르기까지 그 임기를 연장할 수 있다.

제37조 (이사의 선임과 보선)

① 이사는 주주총회에서 선임한다.

② 이사의 선임은 출석한 주주의 의결권의 과반수로 하되 발행주식총수의 4분의 1이상의 수로 하여야 한다.

③ 이사가 결원되었을 때는 임시주주총회를 소집하여 보결 선임한다. 그러나, 잔여임원의 법정원수가 충족되고 또한 업무집행상 지장이 없을 때는 보결 선임을 보류 도는 다음 정기주주총회시까지 연기할 수 있다.

④ 보결 또는 증원에 의하여 선임된 이사의 임기는 다른 이사의 잔여임기와 같이 한다.

제38조 (대표이사의 선임)

대표이사는 이사회가 구성되어 있는 경우에는 이사회에서 선임하고 없는 경우 주주총회에서 선임한다.

제39조 (업무집행)

① 대표이사는 본 회사의 업무를 총괄한다. 단, 대표이사가 수명일 때는 이사회의 결의로 각자 또는 공동으로 대표할 것을 정하여야 한다.

② 대표이사가 유고 시에는 이사회에서 정한 순서에 따라 사내이사 중 1명이 대표이사의 직무를 대행한다.

제40조 (이사의 의무)

① 이사는 법령과 정관의 규정에 따라 선량한 관리자의 주의로서 회사를 위하여 그 직무를 수행하여야 한다.

② 이사는 회사에 현저하게 손해를 미칠 염려가 있는 사실을 발견한 때에는 즉시 이를 감사에게 보고하여야 한다. 단, 감사를 선임하지 않은 경우에는 주주총회에

보고하여야 한다.

③ 이사는 재임 중뿐만 아니라 퇴임 후에도 직무상 취득한 회사의 영업상 비밀을 누설하여서는 아니된다.

제41조 (이사의 회사에 대한 책임감면)

① 상법 제399조에 따른 이사의 책임은 주주 전원의 동의로 면제 할 수 있다.

② 회사는 정관으로 정하는 바에 따라 상법 제399조에 따른 이사의 책임을 이사가 그 행위를 한 날 이전 최근 1년간의 보수액(상여금과 주식매수선택권의 행사로 인한 이익 등을 포함한다)의 6배(사외이사의 경우는 3배)를 초과하는 금액에 대하여 면제할 수 있다. 다만, 이사가 고의 또는 중대한 과실로 손해를 발생시킨 경우와 상법 제397조.제397조의2 및 제398조에 대항 하는 경우에는 그러하지 아니하다.

제42조 (이사의 보수, 상여금 , 퇴직금, 사망위로금)

① 이사의 보수는 주주총회의 결의를 거친 별도의 '임원보수지급규정'에 의한다.

② 이사의 상여금은 주주총회의 결의를 거친 별도의 '임원상여금지급규정'에 의한다.

③ 이사의 퇴직금은 주주총회의 결의를 거친 별도의 '임원퇴직금지급규정'에 의한다.

③ 이사의 업무 중에 사망한 경우의 사망위로금은 주주총회의 결의를 거친 별도의 '유족보상금지급규정'에 의한다

제 6장 감 사

제43조(감사의 원수)

본 회사의 감사는 1인 이상으로 한다. 단, 자본금이 10억원 미만인 경우 감사를 선임하지 않을 수 있다.

제44조(감사의 임기)

이사의 임기는 취임 후 3년으로 한다. 그러나 이사의 임기가 임기 중 최종의 결

산기에 관한 정기주주총회의 종결 전에 끝날 때는 그 총회 종결에 이르기까지 그 임기를 연장할 수 있다.

제45조(감사의 보선)

감사 중 결원이 생긴 때에는 주주총회에서 이를 선임한다. 그러나 이 정관 제 54 조에서 정하는 원수를 결하지 아니하고 업무수행상 지장이 없는 경우에는 그러하지 아니하다.

제46조(감사의 직무)

① 감사는 본 회사의 회계와 업무를 감사한다.

② 감사는 회의의 목적사항과 소집의 이유를 기재한 서면을 대표이사에게 제출하여 임시주주총회의 소집을 청구할 수 있다.

③ 감사는 그 직무를 수행가히 위하여 필요한 때에는 자회사에 대하여 영업의 보고를 요구할 수 있다. 이 경우 자회사가 지체없이 보고를 하지 아니할 때 또는 그 보고 내용을 확인할 필요가 있을 때에는 자회사의 업무와 재산상태를 조사할 수 있다.

제47조(감사의 감사록)

감사는 감사에 관하여 감사록을 작성하여야 하며, 감사록에는 감사의 실시요령과 그 결과를 기재하고 그 감사를 실시한 감사가 기명날인 또는 서명을 하여야 한다.

제48조(감사의 보수, 상여금 , 퇴직금, 사망위로금)

① 감사의 보수는 주주총회의 결의를 거친 별도의 '임원보수지급규정'에 의한다.

② 감사의 상여금은 주주총회의 결의를 거친 별도의 '임원상여금지급규정'에 의한다.

③ 감사의 퇴직금은 주주총회의 결의를 거친 별도의 '임원퇴직금지급규정'에 의한다.

③ 감사의 업무 중에 사망한 경우의 사망위로금은 주주총회의 결의를 거친 별도의 '사망위로금지급규정'에 의한다

제7장 이사회

제49조 (이사회)
① 본 회사의 이사는 이사회를 조직하여 매월 최초의 월요일에 정기 이사회를 개최함을 원칙으로 하고, 필요에 따라 수시로 임시 이사회를 개최할 수 있다.
② 이사회는 대표이사 1명을 사장에 보하고 또는 필요할 때에는 대표이사 1명을 더 선임하여 회장에 보하고 전무이사, 상무이사를 임명할 수 있다.
③ 이사회는 동영상과 음성을 동시에 송수신하는 통신수단으로 개최할 수 있다.

제50조 (이사회의 소집)
이사회는 대표이사 또는 이사회에서 따로 정한 이사가 있는 때에는 그 이사가 회의일의 일 주일전에 각 이사에게 통지하여 소집한다. 그러나, 이사전원의 동의가 있는 때에는 소집절차를 생략 할 수 있다.

제51조 (이사회의 결의)
① 이사회의 결의방법은 이사 과반수의 출석과 출석이사 과반수로 한다. 단 전환사채의 발행, 신주인수권부사채의 발행은 이사 과반수의 출석과 출석이사 3분의 2의 찬성으로 한다.
② 이사회결의에 특별한 이해관계가 있는 이사는 의결권을 행사하지 못한다.

제52조 (이사회 의사록)
① 이사회의 의사에는 의사록을 작성하여야 한다.
② 이사회의사록에는 의장과 출석한 이사의 기명날인 또는 서명하여 본점에 비치한다.

제7장 계 산

제53조 (영업년도)
본 회사의 영업년도는 매년 1월 1일부터 12월 31일까지로 한다.

제54조 (재무제표, 영업보고서의 작성비치)

① 본 회사의 대표이사는 정기총회일 6주전에 다음서류 및 그 부속명세서와 영업
보고서를 작성하여 이사회의 승인을 받아 정기총회에 제출하여야 한다.

1. 대차대조표

2. 손익계산서

3.이익금 처분계산서 또는 결손금 처리계산서

4. 영업보고서 및 재산목록

② 제1항의 서류는 정기총회 2주 전부터 본 회사의 본점과 지점에 비치하여야 하
고, 총회의 승인을 얻었을 때에는 그 중 대차대조표를 지체없이 공고하여야 한
다.

제55조 (이익금의 처분)

매기 총수익금에서 총지출금을 공제한 잔액을 이익금으로 하여 이를 다음과 같이
처분한다.

① 이익준비금 금전에 의한 이익배당액의 10분의 1이상

② 기타의 법정적립금

③ 주주배당금 약간

④ 후기이월금 약간

⑤ 임의 적립금

제56조 (이익배당)

이익배당금은 금전 또는 주식으로 하며, 매 결산기 말일 현재의 주주 또는 질권
자에게 지급한다.

제57조 (중간배당)

① 본 회사는 영업연도 중 1회에 한하여 이사회의 의결로 일정한 날을 정하여 그
날의 주주에 대하여 중간배당을 할 수 있다. 중간배당은 금전으로 한다.

② 중간배당은 직전 결산기의 대차대조표상의 순자산액에서 다음 각 호의 금액을
공제한 액을 한도로 한다.

1. 직전 결산기의 자본금의 액

2. 직전 결산기까지 적립된 자본준비금과 이익준비금의 합계액

3. 직전 결산기의 정기주주총회에서 이익으로 배당하거나 또는 지급하기로 정한 금액

4. 중간배당에 따라 당해 결산기에 적립 하여야 할 이익준비금

③ 제1항의 배당은 이사회결의 날 현재의 주주명부에 기재된 주주 또는 질권자에게 지급한다.

제58조 (배당금지급청구권 소멸시효)

① 배당금지급청구권은 5년간 이를 행사하지 아니하면 소멸시효가 완성한다.

② 소멸시효 완성으로 인한 배당금은 본 회사에 귀속한다.

부 칙

제59조 (준용규정 및 내부규정)

① 본 정관에 규정되지 않은 사항은 주주총회의 결의, 상법 및 기타의 법령에 따른다.

② 본 회사는 필요에 따라 이사회의 의결로 업무수행 및 경영상 필요한 세칙 등 내규를 정할 수 있다.

제60조 (초초의 사업 연도)

본 회사의 최초의 사업연도의 시점은 회사 설립일로부터 당해 연도 12월31일까지로 한다.

이상과 같이 정관을 작성하고 이사 및 감사가 이에 서명 또는 기명날인 한다.

별지 1)

임원보수지급규정

제1조(목적)

이 규정은 당사 정관에서 위임한 임원의 보수에 대한 지급규정을 정함을 목적으로 한다.

제2조(적용범위)

① 이 규정에서 임원이라 함은 주주총회에서 선임 된 이사 및 감사 이상의 상근 임원에 대하여 적용함을 원칙으로 한다.

② 업무 영업 및 업무형편에 의하여 직책 및 직급을 임원으로 근무할지라도 실질 관계가 근로자로 별도의 계약에 의하여 근무하는 자는 그 별도의 계약에 의하며, 근로기준법을 적용한다.

제3조(보수의 종류)

임원의 보수는 급여, 제수당, 성과급으로 하고, 퇴직금 산정시에는 상여금 중 성과 상여금은 보수총액에서 제외한다.

제4조(직책 별 연간 보수 한도액)

임원의 직위에 따른 연간 보수 한도액은 다음을 초과하지 못한다.

직 위	연간 보수 한도액	상여금(연간)	제수당(월)
대표이사	000,000,000원	000,000,000	0,000,000
사내이사	000,000,000원	000,000,000	0,000,000
감 사	000,000,000원	00,000,000	0,000,000

제5조(지급방법)

① 보수의 계산기준은 월단위 정액으로 한다.

② 보수는 회사가 지정한 급여일에 매월 현금으로 지급한다. 다만, 지급일이 토요일 또는 공휴일인 때에는 그 전일에 지급한다.

③ 제 보수의 계산에 있어서 '천 원'미만의 단수는 이를 절상한다.

제6조(규정개폐)
　이 규정의 개폐는 주주총회의 결의에 의한다.

- 부 칙 -

제1조(시행일) 이 규정은 0000년 00월 00일부터 시행한다.

별지 2)

임원상여금지급규정

제1조(목적)

이 규정은 당사 정관에서 위임한 임원의 상여금에 대한 지급규정을 정함을 목적으로 한다.

제2조(적용범위)

① 이 규정에서 임원이라 함은 주주총회에서 선임 된 이사 및 감사 이상의 상근 임원에 대하여 적용함을 원칙으로 한다.

② 업무 영업 및 업무형편에 의하여 직책 및 직급을 임원으로 근무할지라도 실질 관계가 근로자로 별도의 계약에 의하여 근무하는 자는 그 별도의 계약에 의하며, 근로기준법을 적용한다.

제3조(지급대상)

이 규정에 의한 상여금 지급이 확정되는 시점에 근무하는 임원에 한하여 지급한다.

제4조(정기상여금)

① 당사는 임원의 기본 월급여의 000%의 범위 내에서 년 2회 이상의 시기를 정하여 분할 지급 할 수 있다.

② 지급시마다 이사회 결의에 의하여 그 금액을 확정한다.

제5조(성과상여금)

① 성과상여금은 매년(성과급 산출기준액 × 지급기준율)의 금액으로 정한다.

② 성과급 산출기준액은 (매년 당기순이익에서 1/10을 제외한 나머지)의 범위 내에서 주주총회 결의에 의하여 그 금액을 확정하여 지급 할 수 있다.

③ 지급기준율은 다음과 같이 한다.

직 위	지급기준율
대표이사	10%
이사	7%
감사	5%

제6조(지급방법)

① 정기상여금과 성과상여금은 현금으로 지급함을 원칙으로 한다.

② 상여금의 지급은 주주총회의 결의에 의하며 확정일로부터 3개월 이내에 지급한다.

제7조(규정개폐)

이 규정의 개폐는 주주총회의 결의에 의한다.

– 부 칙 –

제1조(시행일) 이 규정은 0000년 00월 00일부터 시행한다.

별지 3)

임원퇴직금지급규정

개 정 : 0000년 00월 00일

제1조(목적)

이 규정은 당사 정관에서 위임한 임원의 퇴직금에 관한 사항을 규정함을 목적으로 한다

제2조(적용범위)

① 이 규정에서 임원이라 함은 주주총회에서 선임 된 이사 및 감사 이상의 상근 임원에 대하여 적용함을 원칙으로 한다.

② 업무 영업 및 업무형편에 의하여 직책 및 직급을 임원으로 근무할지라도 실질 관계가 근로자로 별도의 계약에 의하여 근무하는 자는 그 별도의 계약에 의하며, 근로기준법을 적용한다.

제3조(지급사유)

① 임기만료로 인한 퇴임

② 사임

③ 재임 중에 사망

④ 근로기준법에 준용한 중간정산 사유일 때

⑤ 기타 법인세법 시행령 제44조의 현실적인 퇴직이 발생한 경우

제4조(근속년수의 계산)

근속년수의 계산은 다음에 의한다.

① 1년 미만의 근속년수는 월할로 계산한다.

제5조(퇴직금의 산정)

임원의 퇴직금의 산정은 0000년 00월 00일까지의 퇴직금은 0000년 00월 00일

재정한 임원퇴직금 지급규정에 의하고 0000년 0월 0일 이후의 퇴직금은 아래의 퇴직금 지급 방법에 의한다.

① 퇴직한 날로부터 직전 ○년 동안 지급받은 총급여액의 연평균환산액(근무기간이 ○년 미만인 경우는 해당근무기간) × 1/10 × 근속년수 × 해당지급배수

② 해당지급배수는 다음과 같다.

직 위	지급배수
이사 및 감사	3배수

제6조(퇴직금의 지급방법)

① 퇴직급여는 현금으로 지급함을 원칙으로 하며, 회사의 사정으로 인해 현금으로 지급할 수 없는 사유가 발생하거나, 또는 퇴직 임원의 요구가 있고 회사가 동의한 경우에는 현금 이외의 회사의 자산(재고자산, 고정자산, 유가증권, 금융상품, 보험금, 보험 상품 등) 으로 지급할 수 있다

② 퇴직급여로 지급되는 현금외의 자산의 평가는 상속세 및 증여세법에 의한다.

③ 퇴직급여는 퇴직한 당사자에게 지급하며, 퇴직급여의 당사자가 사망한 경우에는 법이 정하는 바에 따라 유족에게 지급한다

제7조(무보수 기간의 근속년수 계산)

① 법인설립 후 회사의 재정상황 또는 경영환경이 악화되어 임원에게 급여를 지급할 수 없어 무보수로 근속한 기간이 있는 경우 퇴직금 정산에서는 무보수 기간도 근속년수 계산에 합산한다.

② 무보수로 근무한 기간이 있는 임원의 적용은 등기임원에 한한다.

제8조(퇴직당월의 급여)

퇴임 당월의 급여는 근무일수에 관계없이 해당월 급여 전액을 지급한다.

- 부 칙 -

제1조(시행일)

이 규정은 0000년 00월 00일부터 시행한다.

제2조(근속연수에 적용례)

해당 임원의 근속년수는 임원으로 등재되어 있는 시점을 기준으로 소급적용한다.

다만, 중간정산을 한 임원에 대하여는 중간 정산이후에 적립을 원칙으로 한다.

별지 4)

유족보상금지급규정

제1조(목적)

이 규정은 당사 정관에서 위임한 유족보상금에 관한 사항을 규정함을 목적으로
한다

제2조(적용범위)

① 이 규정에서 임원이라 함은 주주총회에서 선임 된 이사 및 감사 이상의 상근
임원에 대하여 적용함을 원칙으로 한다.

② 업무 영업 및 업무형편에 의하여 직책 및 직급을 임원으로 근무할지라도 실질
관계가 근로자로 별도의 계약에 의하여 근무하는 자는 그 별도의 계약에 의하
며, 근로기준법을 적용한다.

제3조(사망위로금 및 장의비 지급방법)

사망위로금 및 장의비는 유족에게 지급하며 유족의 범위는 민법이 정하는 바에
따른다.

제4조(사망위로금 및 장의비 지급액의 산정)

① 사망위로금 및 장의비의 지급금액은 다음과 같다.

② 제1항의 사망위로금은 산업재해보상법에 의거하여 보상받은 금액이 있는 경우
그 금액을 차감하고 지급한다.

제5조(청구기간)

이 규정에 의하여 발생한 청구권은 권리발생일(사망일을 말한다)로부터 6개월간
이행하지 않으면 소멸한다.

제6조(지급시기)

사망위로금의 지급은 현금으로 지급함을 원칙으로 하되, 유족의 요청 또는 동의가

있는 경우 현금 외의 회사의 자산(재고자산, 금융자산, 유가증권, 고정자산, 보험증권)으로 지급할 수 있다.

– 부 칙 –

제1조(시행일) 이 규정은 0000년 00월 00일부터 시행한다. ;

이사 및 감사동의서

0000년 00월 00일 이사 및 감사의 동의로서 다음의 이사회 소집절차를 생략하는 것을 결의함

결 의 사 항

1. 상법 제 390조 제 4항에 의거 이사회의 소집절차를 생략함.

위와 같이 동의함.

0000년 00월 00일

○ ○ 주식회사 (인)

대표이사 ○ ○ ○ (인)
사내이사 ○ ○ ○ (인)
사내이사 ○ ○ ○ (인)
사내이사 ○ ○ ○ (인)
감   사 ○ ○ ○ (인)

이사회 회의록

1. 개최일시: 0000년 00월 00일 00:00 ~ 00:00
1. 개최장소: ○○ 회의실
1. 출석이사: 이사총수 4명 중 4명
1. 출석이사: 감사총수 1명 중 1명
1. 안   건: 임시주주총회 소집에 관한 건

의장인 대표이사 ○○○는 회의가 적법하게 성립되었음을 선언하고 임시주주총회의 소집에 관하여 출석이사 전원의 찬성으로 다음과 같이 가결하다.

다   음

1. 임시주주총회 소집일시: 000년 00월 00일(월) 오전 00시
2. 임시주주총회 소집장소: ○○시 00 0000 00(000)
3. 임시주주총회 부의안건: 제 1호 의안 정관 변경의 건
             첨부별지 승인의 건

   별지 1) 임원보수지급규정
   별지 2) 임원상여금지급규정
   별지 3) 임원퇴직금지급규정
   별지 4) 유족보상금지급규정

이상과 같이 심의를 완료하였으므로 의장은 폐회를 선언한다. 오늘의 결의 사실을 명백히 하기 위하여 의사록을 작성하고 의장과 출석이사 및 감사가 아래와 같이 기명 날인한다.

0000년 00월 00일

○ ○ 주식회사 (인)

대표이사   ○ ○ ○   (인)
사내이사   ○ ○ ○   (인)
사내이사   ○ ○ ○   (인)
사내이사   ○ ○ ○   (인)

총주주동의서

0000년 00월 00일 총주주의 동의로서 다음의 주주총회 소집절차를 생략하는 것을 결의함

결의사항

    1. 상법 제 363조 제5항에 의거 주주총회의 소집절차를 생략함

    위와 같이 동의함

                0000년 00월 00일

                ○○ 주식회사　(인)

                              주주 ○○○　(인)

                              주주 ○○○　(인)

                              주주 ○○○　(인)

                              주주 ○○○　(인)

                              주주 ○○○　(인)

                              주주 ○○○　(인)

                              주주 ○○○　(인)

                              주주 ○○○　(인)

임시주주총회 의사록

○○ 주식회사

위 회사는 서기 0000. 00. 00 오전 00시 ○○ 회의실에서 임시주주총회를 개최하다.

출석 주주 수 ○명   총주주의 수 ○명
출석주주의 주식수 100,000주   주식의 총수 100,000주

대표이사(○○○)는 정관규정에 따라 이 회의 진행을 위하여 의장석에 등단하여 위와 같이 법정수에 달하는 주식수를 보유한 주주가 출석하였음으로 본 총회가 적법히 성립되었음을 알리고 개회를 선언한 후 다음 의안을 부의하고 심의를 구하다.

정관 개정의 건

의장은 본 회사의 정관이 현재와 미래의 회사발전에 미비한 점이 있다고 설명하고 아래와 같은 정관 개정안과 별첨규정을 차례로 설명하여 이에 대한 동의를 구한바 주주전원이 만장일치로 정관의 개정안과 별첨규정을 승인 가결하다

첨부: 개정정관
     별지 1) 임원보수지급규정
     별지 2) 임원상여금지급규정
     별지 3) 임원퇴직금지급규정
     별지 4) 유족보상금지급규정

의장은 이상으로서 총회의 목적인 의안을 심의 종료하였으므로 폐회한다고 선언하다.
(종료시간 오전 00시)

514

위 의사의 경과요령과 결과를 명확히 하기 위하여 이 의사록을 작성하고 회의에 참석한 이사 및 감사기 기명 날인 또는 서명하다.

0000. 00. 00.

○○ 주식회사

의장 대표이사 ○○○ (인)
　　 사내이사 ○○○ (인)
　　 사내이사 ○○○ (인)
　　 사내이사 ○○○ (인)
　　 감　 사 ○○○ (인)

진 술 서

법 인 명	○○주식회사
소 재 지	○○시
회의의 종류	임시주주총회
소 집 일 시	0000 년 00 월 00일
소 집 장 소	○○회의실

　본인은 위 법인의사록의 인증을 촉탁함에 있어서, 위 법인의 (대리인)으로서 위 회의가 적법하게 소집되었으며, 결의의 절차와 내용이 진실에 부합함을 진술합니다.

0000년 00월 00일

위 진술인　○○○

○○시 ○○○

위 본인 ○○○ (인)

주 주 명 부

0000년 00월 00일

주주명	주민등록번호	소유주식수	회의출석	의결찬성	인증촉탁	비 고
	0 - 0051516	0	0	0	0	
	0 - 0072315	0	0	0	0	
	0 - 0052723	0	0	0	0	

총주식수	출석주식수	의결찬성 주식수	인증촉탁 주식수	1주당금액
100,000	100,000	100,000	100,000	10,000

위 주주 명부는 본사에 비치된 주주명부와 대조하여 틀림이 없음을 증명합니다.

0000년 00월 00일

위 진술인   ○○주식회사   (법인인감)

○○시

대표이사 ○○○

위 임 장

수임인	성 명	○○○
	주 소	○○시 ○○구

위의 사람을 본인의 대리인으로 정하여 다음 사서증서의 인증을 촉탁하는 일체의 권한을 위임 합니다

다　음

0000년 00월 00일

위임인	성명 : ○○ 주식회사 주소 : ○○시
위임인	성명 : 000(법인인감) 주소 : ○○시 ○○구 ○○　○
위임인	성명 : ○○○(인인감) 주소 : ○○시 ○○구 ○○　○
위임인	성명 : ○○○(인인감) 주소 : ○○시 ○○구 ○○　○
위임인	
위임인	
위임인	
위임인	
위임인	
위임인	
위임인	
위임인	
위임인	

518

비영리 사단법인 표준정관

제1장 총칙

제1조(명칭) 이 법인은 "사단법인 ○○○○"(이하 "법인"이라 한다)이라 한다.

※ 법인의 명칭을 정하되, 명칭 앞에 "사단법인"이라는 문구를 넣어야 한다. "재단"이라는 명칭이 들어가지 않도록 한다

제2조(목적) 이 법인은 「~~~법」의 규정에 의한 ~~~를 수행함으로써 ~~~함을 목적으로 한다.

제3조(사무소의 소재지) 법인의 주사무소는 ○○시(도) ○○시(군·구) ○○○로 ○○,(○○○동)에 둔다.

※ 법인 사무소의 위치를 구체적으로 정한다.

제4조(사업) 법인은 제2조의 목적을 달성하기 위하여 다음 각호의 사업을 수행한다.

1.
2.
3.
4.
5. 그 밖에 법인의 목적달성에 필요한 사업

※ 법인의 목적을 달성하기 위한 사업을 종목별로 구체적으로 정한다.

제2장 회원

제5조(회원의 자격) ① 법인의 회원은 제2조의 목적과 설립취지에 찬동하여 소정의 가입절차를 마친 자(개인, 단체)로 한다.

② 법인의 회원이 되고자 하는 자는 소정의 회원가입 신고서를 법인에 제출하여야 한다.

③ 회원의 가입회비 등에 관한 세부사항은 총회에서 별도의 규정으로 정한다.

※ 사원의 종류와 자격을 정하고 사원이 되는 절차를 정한다.

※ 가입승인절차를 별도로 두는 등 지나치게 까다롭게 규정하지 말 것.

제6조(회원의 권리) ① 회원은 법인 임원 선거권 및 피선거권을 가지며 총회에 참석하여 법인의 활동에 관한 의견을 제안하고 의결에 참여할 권리를 가진다.

② 회원은 법인의 자료 및 출판물을 제공받으며, 법인운영에 관한 자료를 열람할 수 있다.

제7조(회원의 의무) 회원은 다음 각 호의 의무를 진다.

1. 본회의 정관 및 제규정의 준수

2. 총회 및 이사회의 결의사항 이행

3. 회비 납부

제8조(회원의 탈퇴와 제명) ① 회원은 본인의 의사에 따라 회원탈퇴서를 제출함으로써 자유롭게 탈퇴할 수 있다.

② 회원이 법인의 명예를 손상시키거나 목적 수행에 지장을 초래한 경우 또는 1년 이상 회원의 의무를 준수하지 않은 경우에는 총회의 의결을 거쳐 제명할 수 있다.

③ 탈퇴 및 제명으로 인하여 회원의 자격을 상실한 경우에는 납부한 회비 등에 대한 권리를 요구할 수 없다.

※ 사원은 임의로 탈퇴할 수 있게 정한다.

※ 사원의 제명 등의 징계는 총회 또는 이사회의 의결을 거치도록 정한다.

※ 가입비의 경우 반환하도록 한다.

제3장 임원

제9조(임원의 종류 및 정수) ① 법인은 다음 각 호의 임원을 둔다.

1. 이사장 1인

2. 상임이사 1인

3. 이사 ○인이상 ○○인 이하(이사장, 상임이사를 포함한다)

4. 감사 ○인 이하

※ 임원의 종류와 수를 정하되, 특별한 사유가 없는 한 이사는 5명이상, 감사는 2명 이하로 정하고, 상임이사의 수(임의)를 정한다.

※ 이사의 수에 이사장 또는 상임이사가 포함되는지 명시.

제10조(임원의 선임) ① 법인의 임원은 총회에서 선출한다.

② 임기가 만료된 임원은 임기만료 2개월 이내에 후임자를 선출하여야 하며, 임원이 궐위된 경우에는 궐위된 날부터 2개월 이내에 후임자를 선출하여야 한다.

③ 임원선출이 있을 때에는 임원선출이 있는 날부터 3주 이내에 관할법원에 등기를 마친 후 주무관청에 통보하여야 한다.

④ 임원에 대하여는 보수를 지급하지 아니한다. 다만, 업무수행에 필요한 실비는 지급할 수 있다.

※ 임원은 총회에서 선출하도록 정한다(상임위원은 이사회에서 선임할 수 있다)

※ 임원의 보수에 관해서 정하되, 업무수행에 필요한 실비 이외에 상임임원을 제외한 임원에 대하여는 보수를 지급하지 아니한다.

제11조(임원의 임기) ① 이사의 임기는 3년, 감사의 임기는 2년으로 하며 연임할 수 있다. 단, 보선임원의 임기는 전임자의 남은 임기로 한다.

② 임원은 임기만료 후라도 후임자가 취임할 때까지 임원으로 직무를 수행한다.

※ 법인이 특별한 사유로 인하여 총회를 개최하지 못함으로써 차기 임원을 선출하기 전에 임원의 임기가 만료된 경우의 총회 소집권자 또는 업무의 계속성에 관한 사항을 정한다.

제12조(직무대행) ① 이사장의 사고 또는 궐위 시 이사장이 지정하는 이사가 이사장의 직무를 대행한다. 다만, 지정하지 않은 경우 또는 지정이 불가능한 경우에는 이사회에서 이사 중 호선한다.

② 제1항의 이사회는 이사 중 최연장자가 주재한다.

제13조(임원의 결격사유) 다음 각 호의 어느 하나에 해당하는 자는 임원이 될 수 없다.

1. 피성년후견인 또는 피한정후견인

2. 파산자로서 복권이 되지 아니한 자

3. 법원의 판결 또는 다른 것에 의하여 자격이 상실 또는 정지된 자

4. 금고 이상의 실형의 선고를 받고 그 집행이 종료(집행이 종료된 것으로 보는 경우를 포함한다.)되거나 집행이 면제된 날부터 3년이 지나지 아니한 자

5. 금고 이상의 형이 집행유예선고를 받고 그 유예기간 중에 있는 자

※ 임원의 결격사유 및 임기 중 궐위될 경우의 그 보충방법을 정한다.

제14조(임원의 해임) 임원이 다음 각 호의 어느 하나에 해당하는 행위를 한 때에는 총회의 의결을 거쳐 해임할 수 있다.

1. 본회의 목적에 위배되는 행위

2. 임원간의 분쟁·회계부정 또는 현저한 부당행위

3. 본회의 업무를 방해하는 행위

제15조(상임이사)　① 본 법인의 목적사업을 전담하게 하기 위하여 상임이사를 둘 수 있다.

② 상임이사는 이사회의 의결을 거쳐 이사장이 이사 중에서 선임한다.

제16조(임원의 직무)　① 이사장은 법인을 대표하고 법인의 임무를 통할하며, 총회 및 잇사회의 의장이 된다.

② 상임이사는 상근하며 이사장의 지시를 받아 법인의 사무를 총괄한다.

③ 이사는 이사회에 출석하여 법인의 업무에 관한 사항을 의결하며 이사회 또는 이사장으로부터 위임받은 사항을 처리한다.

④ 감사는 다음 각 호의 직무를 수행한다.

1. 법인의 재산상황을 감사하는 일

2. 총회 및 이사회의 운영과 그 업무에 관한 사항을 감사하는 일

3. 제1호 및 제2호의 감사결과 부정 또는 부당한 점이 있음을 발견한 때에는 이사회 또는 총회에 그 시정을 요구하고 주무관청에게 보고하는 일

4. 제3호의 시정요구 및 보고를 하기 위하여 필요한 때에는 총회 또는 이사회의 소집을 요구하는 일

5. 본회의 재산상황과 업무에 관하여 총회 및 이사회 또는 이사장에게 의견을 진술하는 일

※ 대표자의 직무는 법인을 대표하고 법인의 업무를 총괄하는 것으로 한다.

※ 이사의 직무는 이사회에 출석하여 법인의 업무에 관한 사항을 의결하며 이사회 또는 대표자로부터 위임받은 사항을 처리하는 것으로 한다.

※ 감사의 직무는 위 4항과 같이 정한다.

제4장 총회

제17조(총회의 구성)　총회는 본회의 최고의결기관이며 회원으로 구성된다.

제16조(총회의 구성) 총회는 본회의 최고의결기관으로 회원으로 구성한다. 다만, 제20조 제1호 및 제2호의 규정된 사항을 제외하고는 대의원회에서 의결할 수 있다.

  ※ 총회의 의결사항은 반드시 총회에서 의결

제18조(총회의 구분과 소집) ① 총회는 정기총회와 임시총회로 구분되며, 이사장이 소집한다.

  ② 정기총회는 매 회계연도 개시 1개월 전까지 소집하며, 임시총회는 이사장이 필요하다고 인정할 때에 소집한다.

  ③ 총회의 소집은 이사장이 회의안건 · 일시 · 장소 등을 명기하여 회의 개시 7일 전까지 문서로 각 회원에게 통지하여야 한다.

  ※ 정기총회는 연1회이상 소집한다.

제19조(총회소집의 특례) ① 이사장은 다음 각 호의 어느 하나에 해당하는 소집요구가 있을 때에는 그 소집요구일부터 20일 이내에 총회를 소집하여야 한다.

  1. 재적이사 과반수가 회의목적을 제시하여 소집을 요구한 때

  2. 제16조제3항제4호의 규정에 따라 감사가 소집을 요구한 때

  3. 재적회원 3분의 1이상이 회의의 목적을 제시하여 소집을 요구한 때

  ② 총회 소집권자가 궐위되거나 이를 기피함으로써 7일이상 총회소집이 불가능한 때에는 재적이사 과반수 또는 재적회원 3분의 1이상의 찬성으로 총회를 소집할 수 있다.

  ③ 제2항의 규정에 따른 총회는 출석이사 중 최연장자의 사회아래 그 의장을 선출한다.

제20조(총회의 의결사항) 총회는 다음 각 호의 사항을 의결한다.

  1. 임원의 선출 및 해임에 관한 사항

  2. 본회의 해산 및 정관변경에 관한 사항

  3. 기본재산의 처분 및 취득에 관한 사항

  4. 예산 및 결산의 승인

  5. 사업계획의 승인

  6. 그 밖에 중요사항

  ※ 총회의 의결사항은 위의 제19조와 같이 한다.

제21조(의결정족수) 총회는 정관에서 따로 정하는 사항을 제외하고 재적회원 과반수 출석으로 개회하고 출석회원 과반수의 찬성으로 의결한다.

※ 총회의 의결에 대해서는 서면 또는 대리의결이 가능하다.

※ 가부동수인 경우 의장이 결정하지 말 것.(부결)

제22조(의결제척사유)　회원이 다음 각 호의 어느 하나에 해당하는 때에는 그 의결에 참석하지 못한다.

1. 임원의 선출 및 해임에 있어 자신에 관한 사항을 의결할 때
2. 금전 및 재산의 수수 또는 소송 등에 관련되는 사항으로서 자신과 본회의 이해가 상반될 때

제5장 이사회

제23조(이사회의 구성)　이사회는 이사장과 이사(상임이사를 포함한다)로 구성한다.

제24조(이사회의 소집)　① 이사회는 정기이사회와 임시이사회로 구분한다.

② 정기이사회는 연2회 개최하고 임시이사회는 감사 또는 이사의 3분의 1이상의 요청이 있거나 이사장이 필요하다고 인정하는 때에 소집한다.

③ 이사장은 이사회를 소집하고자 할 때에는 회의개최 7일 전까지 이사 및 감사에게 회의의 목적과 안건, 개최일시 및 장소를 통지하여야 한다. 다만, 긴급하다고 인정되는 정당한 사유가 있을 때에는 그러하지 아니한다.

제25조(이사회의 의결사항)　이사회는 다음 각호의 사항을 심의 · 의결한다.

1. 업무집행에 관한 사항
2. 사업계획의 운영에 관한 사항
3. 예산 · 결산서의 작성에 관한 사항
4. 정관변경안 작성에 관한 사항
5. 보통재산관리에 관한 사항
6. 총회에 부칠 안건에 관한 사항
7. 총회에서 위임받은 사항
8. 정관의 규정에 따라 그 권한에 속하는 사항
9. 그 밖에 본회의 운영상 중요하다고 이사장이 회의에 부치는 사항

※ 이사회의 기능은 위의 제24조와 같이 한다.

제26조(정족수)　이사회는 재적이사 과반수의 출석으로 개회하고 출석이사 과반수의 찬성으로 의결한다.

※ 가부동수인 경우 의장이 결정하지 말 것.(부결)

제27조(서면결의 금지)　이사회의 의결은 서면결의에 의할 수 없다.

> 제27조(서면결의)　① 이사장은 이사회에 부칠 사항 중 경미한 사항 또는 긴급을 요하는 사항에 관하여는 이를 서면으로 의결하도록 할 수 있다. 이 경우에는 이사장은 그 결과를 차기 이사회에 보고하여야 한다.
> 　② 제1항의 서면결의 사항에 대하여 재적이사 과반수가 이사회에 부칠 것을 요구하는 때에는 이사장은 이에 따라야 한다.

제28조(이사회의 의결제척사유)　이사가 다음 각 호의 어느 하나에 해당하는 때에는 그 의결에 참석하지 못한다.

　1. 임원의 선출 및 해임에 있어 자신에 관한 사항을 의결할 때
　2. 금전 및 재산의 수수 또는 소송 등에 관련되는 사항으로서 자신과 본회의 이해가 상반될 때

제6장 재산과 회계

제29조(재산의 구분)　① 법인의 재산은 다음과 같이 기본재산과 운영재산으로 구분한다.

　② 기본재산은 법인의 목적사업 수행에 관계되는 부동산 또는 동산으로서 법인 설립 시 그 설립자가 출연한 재산과 이사회에서 기본재산으로 정한 재산으로 하며, 그 목록과 평가액은 별지1과 같다.

　③ 운영재산은 기본재산 이외의 재산으로 한다.

　※ 기본재산목록은 별지형태로 첨부한다.

제30조(재산의 관리)　① 법인의 기본재산을 매도, 증여, 임대, 교환하거나 담보제공 또는 용도 등을 변경하고자 할 때 또는 의무의 부담이나 권리를 포기하고자 할 때에는 이사회와 총회의 의결을 거쳐야 한다.

　② 법인이 매매, 증여 기타 방법으로 재산을 취득할 때에는 지체 없이 이를 법인의 재산으로 편입해야 한다.

　③ 기본재산의 변경에 관하여는 정관변경에 관한 규정을 준용한다.

　④ 본 법인의 모든 재산의 평가는 취득당시의 가액에 의한다.

제31조(재원)　법인의 유지 및 운영에 필요한 경비의 재원은 다음 각 호와 같다.

　1. 회비

2. 각종 기부금

3. 기본재산으로부터 생기는 과실금

4. 그 외의 수입금

5. 수입을 회원의 이익을 위하여 사용하지 아니하고 법인의 사업목적을 위하여 사용하며 사실상 특정정당 또는 선출직 후보를 지지·지원하는 등 정치활동을 하지 않는다.

6. 인터넷 홈페이지를 통해 연간 기부금 모금액 및 활용실적을 공개한다.

   ※ 법인의 수익금은 사원의 회비 또는 그 외의 재원으로 정하도록 한다.

   ※ 법인의 수익금 중 출자금은 사용하지 않는다.(출연금을 사용)

제32조(회계의 원칙) ① 법인의 회계연도는 정부의 회계연도에 따른다.

② 법인의 회계는 목적사업회계와 수익사업 회계로 구분한다.

③ 법인의 회계는 사업의 경영성과와 수지 상태를 정확하게 파악하기 위하여 모든 회계거래를 발생의 사실에 의하여 기업회계의 원칙에 따라 처리함을 원칙으로 한다.

④ 법인의 회계에 대한 세부사항은 별도의 규정으로 정한다.

   ※ 법인의 회계연도는 정부 회계연도에 따르도록 정한다.

제33조(예산편성 및 결산) ① 법인은 회계연도 1개월 전에 사업계획 및 예산안을 이사회의 의결을 거쳐 총회의 승인을 얻는다.

② 법인은 사업실적 및 결산내용을 해당 회계연도 종료 후 2개월 이내에 이사회의 의결을 거쳐 총회의 승인을 얻는다.

   ※ 법인의 사업계획 및 세입세출예산은 매회계연도 개시 후 2개월 이내에 수립·편성하고, 해당연도의 사업실적서 및 수지결산서는 매회계연도 종료 후 2개월 이내에 작성하도록 정한다.

제34조(회계감사) 감사는 회계감사를 연2회 이상 실시하여야 하고, 감사결과를 이사회에 보고하여야 한다.

   ※ 감사는 반드시 연1회 이상 회계감사를 실시하여야 함.

제35조(임원 등에 대한 재산 대여 금지) 법인의 재산은 본 법인과 다음 각 항에 해당하는 관계가 있는 자에 대하여는 정당한 대가없이 이를 대여하거나 사용하게 할 수 없고, 다음 각 호에 해당하는 자의 경우에도 법인의 목적에 비추어 정당한 사유가 없는 한 정당한 대가 없이 대여하거나 사용하게 할 수 없다.

1. 법인의 설립자

2. 법인의 임원

3. 제1호 및 제2호에 해당하는 자와 민법 제777조의 규정에 의한 친족관계에 있
   는 자 또는 이에 해당하는 자가 임원으로 있는 다른 법인

4. 법인과 재산상 긴밀한 관계가 있는 자

제36조(차입금) 법인이 예산외의 의무부담이나 자금의 차입을 하고자 할 때에는 이
사회의 의결을 거쳐야 한다.

제7장 사무부서

제37조(사무국) ① 이사장의 지시를 받아 본회의 사무를 처리하기 위하영 사무국을
둔다.

② 사무국에 사무국장 1명과 필요한 직원을 둘 수 있다.

③ 사무국장은 이사회의 의결을 거쳐 이사장이 임명하거나 해임한다.

④ 사무국의 조직 및 운영에 관한 사항은 이사회의 의결을 거쳐 별도로 정한다.

제8장 보칙

제38조(법인해산) ① 법인을 해산하고자 할 때에는 총회에서 재적회원 4분의3 이
상의 찬성으로 의결하여 주무관청에 신고하여야 한다.

② 해산 시 남은재산은 유사한 목적을 가진 다른 비영리법인 또는 국가, 지방자
치단체 등에게 귀속하도록 한다.

※ 법인을 해산하고자 할 때에는 총회에서 총사원 4분의 3이상의 찬성으로 의결
하도록 정한다.

※ 법인이 해산할 경우의 남은재산 처분방법에 관하여 정한다.

※ 남은재산은 정관에 지정한 자에게 귀속시키고, 정관에 없는 경우 이사 또는
청산인은 주무관청의 허가를 받아 총회의 결의를 거쳐 유사목적을 위해 처분 가
능하다(민법 80조)

제39조(정관변경) 이 정관을 변경하고자 할 때에는 재적이사 3분의2 이상의 찬성
과 총회에서 재적회원 과반수 출석과 출석회원 3분의2 이상의 찬성으로 의결하

여 주무관청의 허가를 받아야 한다.

※ 법인의 정관을 개정하고자 할 때에는 재적이사 3분의 2의 찬성과 총회에서 재적사원 과반수 출석과 출석사원 3분의 2이상의 결의를 거쳐 주무관청의 허가를 받도록 정한다.

제40조(업무보고) 다음 연도의 사업계획서 및 예산서와 해당연도 사업실적서 및 수지결산서는 회계연도 종료 후 2개월 이내에 주무관청에 보고하여야 한다. 이 경우 재산목록과 업무현황 및 감사결과 보고서도 함께 제출하여야 한다.

제41조(준용규정) 이 정관에 규정되지 아니한 사항은 「민법」 중 사단법인에 관한 규정과 「농림축산식품부장관 및 그 소속청장 소관 비영리법인의 설립 및 감독에 관한 규칙」을 준용한다.

제42조(규칙제정) 이 정관이 정한 것 외에 본회의 운영에 관하여 필요한 사항은 이사회의 의결을 거쳐 규칙으로 정한다.

※ 의사록은 반드시 작성하여야하며 의장 및 출석이사의 기명날인이 있어야 한다. 또한 작성된 의사록은 주된 사무실에 비치하여야 한다.(민법76조)

부칙

제1조(시행일) 이 정관은 주무관청의 허가를 받은 날부터 시행한다.

제2조(경과조치) 이 정관 시행 당시 법인설립을 위하여 발기인 등이 행한 행위는 이 정관에 따라 행한 것으로 본다.

제3조(설립자의 기명날인) 본회를 설립하기 위하여 이 정관을 작성하고 다음과 같이 설립자 전원이 기명날인한다.

정관 작성 시 용어 정비

○ 금치산자, 한정치산사 → 피성년후견인, 피한정후견인으로 변경

○ 영문명칭표기 시 : "한글명칭(영문명칭)"으로 표현

○ 법령의 이름에는 낫표(「」)를 사용

○ 쉬운 언어 표현 사용

  – 영문 표기와 한글 표기를 혼재하여 사용하지 않도록 함

  – 각 호의 1에 →각 호의 어느 하나

  – 국어순화 대상용어 : 기(旣)→이미, 기타(其他)→그 밖에/그 밖의, 내지(乃至)→~부터 ~까지, 당해(當該)→그/해당, 부의하다(附議)→회의에 부치다, 의거(依據)→따라, 익년(翌年)→다음 해/다음 연도, 잔여(殘餘)→남은, 제반(諸般)→모든, 타(他)→다른

비영리 재단법인 표준정관

제1장 총칙

제1조(명칭) 이 법인은 "재단법인 ○○○○"(이하 "법인"이라 한다)이라 한다.
   ※ 법인의 명칭을 정하되, 명칭 앞에 "재단법인"이라는 문구를 넣어야 한다. "사단"이라는 명칭이 들어가지 않도록 한다

제2조(목적) 이 법인은 「~~~법」의 규정에 의한 ~~~를 수행함으로써 ~~~함을 목적으로 한다.

제3조(사무소의 소재지) ①법인의 주사무소는 ○○시(도) ○○시(군·구) ○○○로 ○○,(○○○동)에 둔다.
   ※ 법인 사무소의 위치를 구체적으로 정한다.

제4조(사업) 법인은 제2조의 목적을 달성하기 위하여 다음 각호의 사업을 수행한다.
   1.
   2.
   3.
   4.
   5. 기타 법인의 목적달성에 필요한 사업
   ※ 법인의 목적을 달성하기 위한 사업을 종목별로 구체적으로 정한다.

제5조(무상이익의 원칙) 법인은 목적사업으로 제공하는 이익을 원칙적으로 무상으로 한다. 다만, 그 실비를 수혜자에게 부담시키는 수익사업에 대해서는 이사회의 심의·의결을 거친다.

제6조(수혜평등의 원칙) 법인의 목적사업으로 제공하는 이익은 특히 그 목적을 한정한 경우를 제외하고는 수혜자의 출생지, 출신학교, 직업, 성별, 연령 기타 사회적 신분에 의하여 부당하게 차별되어서는 아니된다.

제2장 재산 및 회계

제7조(재산의 구분) ① 법인의 재산은 기본재산과 운영재산으로 구분하여 관리한

다.

② 기본재산은 법인의 목적사업 수행에 관계되는 부동산 또는 동산으로서 설립자가 출연한 재산과 이사회에서 기본재산으로 정한 재산으로 하며, 그 목록과 평가액은 별지와 같다.

③ 운영재산은 기본재산 이외의 재산으로 한다.

※ 법인의 재산은 기본재산 및 운영재산으로 구분하고, 기본재산은 법인의 목적사업 수행에 관계되는 부동산 또는 동산으로 하되, 그 목록을 정관의 별지에 구체적으로 열거하도록 정한다.

제8조(재산의 관리) ① 법인의 기본재산을 매도 · 증여 · 교환 · 임대 또는 용도를 변경하거나 담보로 제공하거나 의무의 부담, 권리의 포기를 하고자 할 때는 이사회에서 재적이사 3분의2 이상의 의결을 거쳐야 한다.

② 기본재산의 변경에 관하여는 정관변경에 관한 규정을 준용한다.

※ 재산의 관리에 관한 사항을 규정하되, 기본재산을 양도 · 증여 · 교환 또는 담보로 제공하거나 의무를 부담 또는 권리의 포기를 하고자 할 때에는 이사회의 의결을 거치도록 정한다.

제9조(재원) ① 법인은 기본재산 및 보통재산에서 발생한 과실과 수익사업에 의한 수익금, 후원금, 찬조금, 기부금, 기타의 수입을 재원으로 한다.

② 수입을 회원의 이익을 위하여 사용하지 아니하고 사회복지 · 문화 · 예술 · 교육 · 종교 · 자선 · 학술 등 공익을 위하여 사용하며 사실상 특정정당 또는 선출직 후보를 지지 · 지원하는 등 정치활동을 하지 아니한다.

③ 인터넷 홈페이지를 통해 연간 기부금 모금액 및 활용실적을 공개한다.

※ 법인의 유지 및 운영에 필요한 경비는 기본재산의 과실, 사업수입 및 기타의 수입으로 충당하도록 한다.

제10조(회계연도) 법인의 회계연도는 정부의 회계연도에 따른다.

제11조(업무보고) ① 법인은 매 회계연도 개시 1개월 전에 다음 회계연도에 실시할 사업계획 및 수지예산에 관한 서류를 작성하여 이사회의 의결을 거쳐 주무관청에 제출하여야 하며 추가경정에 관한 사항 또한 같다.

② 법인은 사업실적 및 결산보고서를 매 회계연도 종료 후 2개월 이내에 감사의 감사를 받아 이사회의 의결을 거쳐 주무관청에 제출하여야 한다. 이 경우 재산목록과 업무현황 및 감사결과보고서도 함께 제출해야 한다.

※ 법인의 사업계획 및 세입세출예산은 매 회계연도 개시 후 2개월 이내에 수립·편성하고, 당해연도의 사업실적서 및 수지결산서는 회계연도 종료 후 2개월 이내에 작성하도록 정한다.

제12조(세계잉여금) 법인의 매 회계연도 결산잉ㅇ여금은 차임금상환 또는 다음회계연도에 이월 사용하는 것을 제외하고는 이를 기본재산에 편입하거나 이사회의 의결을 거쳐 법인의 목적사업에 사용한다.

※ 매 회계연도의 잉여금은 다음 연도에 이월 사용하는 것을 제외하고는 이를 기본재산에 편입하거나 이사회의 의결에 따라 법인의 목적사업에 사용하도록 정한다.

제13조(임원의 보수) 법인은 임원에 대해서 보수를 지급하지 아니한다. 다만, 업무수행에 필요한 실비를 지급할 수 있다.

※ 임원의 보수에 관하여 정하되, 상임위원을 제외한 임원에 대하여는 보수를 지급하지 아니함을 원칙으로 정한다.

제3장 임원

제14조(임원의 종류와 정수) 법인은 다음 각 호의 임원을 둔다.

1. 이사장 1인

2. 상임이사 1인

※ 법인의 목적사업을 전담하기 위한 상임이사를 둘 수 있다

3. 이사 5인 이상 15인 이하(이사장, 상임이사를 포함한다)

4. 감사 2인 이하

제15조(임원의 임기) ① 이사의 임기는 3년, 감사의 이사는 2년으로 하며 연임할 수 있다. 다만, 보선임원의 임기는 전임자의 남은 임기로 한다.

② 임원은 임기 만료 후라도 후임자가 취임할 때까지 임원으로 직무를 수행한다.

제16조(임원의 선임) ① 임원은 임기만료 1개월 전에 이사회에서 선임한다.

② 이사장은 재적이사 과반수의 찬성을 얻어 선출하고, 상임이사는 이사장이 이사 중에서 임명하되 이사회 참석이사 과반수의 찬성을 얻어 선임하며, 각각 임기는 이사로서의 재임기간으로 한다.

※ 임원은 이사회에서 선출하도록 한다.

제17조(임원의 결격사유) ① 다음 각 호의 어느 하나에 해당하는 자는 법인의 임원이 될 수 없다.

1. 미성년자
2. 피성년후견인 또는 피한정후견인
3. 파산자로서 복권되지 아니한 자
4. 금고 이상의 형을 받고 집행이 종료되거나 집행을 받지 아니하기로 확정된 후 3년이 지나지 아니한 자

② 임원이 제1항 각 호의 어느 하나에 해당하게 된 때에는 자격을 당연히 상실한다.

※ 임원의 결격사유와 상임임원의 겸직 금지에 관한 사항을 규정한다.

제15조(임원의 직무) ① 이사장은 법인을 대표하고 법인의 임무를 통할하며, 총회 및 잇사회의 의장이 된다.

② 상임이사는 상근하며 이사장의 지시를 받아 법인의 사무를 총괄한다.

③ 이사는 이사회에 출석하여 법인의 업무에 관한 사항을 의결하며 이사회 또는 이사장으로부터 위임받은 사항을 처리한다.

④ 감사는 다음 각 호의 직무를 수행한다.

1. 법인의 재산상황을 감사하는 일
2. 이사회의 운영과 그 업무에 관한 사항을 감사하는 일
3. 제1호 및 제2호의 감사결과 부정 또는 부당한 점이 있음을 발견한 때에는 이사회에 그 시정을 요구하고 주무관청에게 보고하는 일
4. 제3호의 시정요구 및 보고를 하기 위하여 필요한 때에는 이사회의 소집을 요구하는 일
5. 그 밖에 이사회 운영과 그 업무에 관한 사항에 대하여 이사회에 참석하여 의견을 진술하는 일

제19조(임원의 해임) 임원이 다음 각 호의 어느 하나에 해당하는 행위를 한 때에는 재적이사 3분의 2이상의 찬성으로 해임할 수 있다.

1. 법인의 목적에 위배되는 행위
2. 임원간의 분쟁 · 회계부정 또는 현저한 부당행위
3. 법인의 업무를 방해하는 행위
4. 법인의 명예나 위신을 손상하거나 품위를 훼손하는 행위

5. 「민법」 및 「농림축산식품부장관 및 그 소속 청장 소관 비영리법인의 설립 및 감독에 관한 규칙」에 의한 감독상의 명령을 정당한 이유없이 이행하지 아니한 때

제20조(이사장의 직무대행) ① 이사장이 궐위 또는 사고 시에는 상임이사가 이사장의 직무를 대행하고, 이사장 및 상임이사이 동시에 궐위 또는 사고인 경우에는 이사 중 최연장자가 이사장의 직무를 대행한다.

② 이사장이 궐위된 때에는 이사장 직무 대행자는 지체없이 이사장 선임절차를 취하여야 한다.

> 제20조(이사장의 직무대행) ① 이사장의 사고시에는 이사장이 지명하는 이사가 이상장의 직무를 대행한다.
> ② 이사장이 궐위되었을 때에는 이사 중에서 연장자 순으로 이사장의 직무를 대행한다.
> ③ 제2항의 규정에 따라 이사장의 직무를 대행하는 이사는 지체없이 이사장 선출의 절차를 밟아야 한다.

제4장 이사회

제21조(이사회의 구성) 이 법인의 최고의결기관으로 이사회를 두며 이사장, 상임이사, 이사로 구성한다.

제22조(이사회의 소집) ① 이사회는 정기이사회와 임시시사회로 구분하며, 이사장이 이를 소집한다.

② 정기이사회는 매 회계연도 개시 1개월 전까지 소집하며, 임시이사회는 이사장이 필요하다고 인정할 때 또는 재적이사 3분의 1이상의 서면요청이 있을 때와 감사의 연서에 의한 요청이 있을 때 소집한다.

③ 이사회의 소집은 이사장이 회의 안건·일시·장소 등을 명기하여 회의 개시 7일 전까지 문서로 각 이사 및 감사에게 통지하여야 한다. 다만, 긴급을 요하는 경우와 이사 전원이 찬성할 때에는 서면이 아닌 기타 다른 방법으로 통지할 수 있다.

④ 이사장은 재적이사 3분의 1이상이 회의안건을 명시하여 소집을 요구한 때와 감사가 연서로 소집을 요구한 날부터 20일 이내에 이사회를 소집하여야 한다.

제23조(이사회의 의결사항) 이사회는 다음 각호의 사항을 심의·의결한다.

1. 정관변경에 관한 사항

2. 법인의 제반규정의 제정 및 개정에 관한 사항

3. 법인의 해산 및 잔여재산의 처분에 관한 사항

4. 임원선출 및 사업부서의 책임자 임명·해임에 관한 사항

5. 사업계획 수립 및 예산·결산에 관한 사항

6. 법인이 설립한 시설장의 임명 및 시설운영에 관한 사항

7. 수익사업에 관한 사항

8. 분사무소 또는 지부의 설치·운영 폐지 등에 관한 사항

9. 기타 법령이나 법인의 정관 또는 규정에 따라 이사회의 권한에 속하는 사항

제24조(이사회의결 제척사유) 임원이 다음 각호의 어느 하나에 해당하는 때에는 그 의결에 참석하지 못한다.

1. 임원의 선출 및 해임에 있어 자신에 관한 사항을 의결할 때

2. 금전 및 재산의 수수 또는 소송 등에 관련되는 사항으로 자신과 법인의 이해 가 상반될 때

제25조(이사회의 개의와 정족수) 이사회는 이 정관에 별도로 규정한 경우를 제외하 고는 재적이사 과반수의 출석으로 개의하고 출석이사 과반수의 찬성으로 의결한 다.

※ 서면결의에 관한 사항을 규정할 수 있다.

제26조(이사회의 회의록) ① 이사회의 의사에 관하여는 회의록을 작성하여야 한다.

② 회의록에는 의사의 경과, 요령 및 결과를 기재하고, 의장과 참석이사가 기명날 인하여야 한다.

③ 이사장은 회의록을 법인의 주된 사무소에 비치하여야 한다.

제5장 사무국

제27조(사무국) ① 법인의 전반에 걸친 집행업무 및 사무를 처리하기 위하여 사무 국을 둔다.

② 사무국에는 본부장 1명과 가타 필요한 직원을 두며, 본부장은 이사회의 동의 를 얻어 이사장이 임명한다.

③ 사무국의 직제 및 운영, 직원의 임용 및 보수 등에 관한 사항은 이사회의 의

결을 거쳐 별도로 정한다.

제6장 수익사업

제28조(수익사업) ① 법인은 제2조의 목적과 제4조의 사업목적을 달성하기 위하여 필요한 때에는 이사회의 의결을 거쳐 그 본질에 반하지 않는 범위에서 수익사업을 할 수 있다.

② 제1항의 수익사업을 경영하기 위하여 이사장은 이사회의 의결을 거쳐 수익사업 부서의 사업종류별로 관리자 또는 책임자를 임명한다.

③ 수익사업은 목적사업과 분리하여 운영한다.

제29조(수익사업의 기금 관리) 수익사업에 의한 이익금은 법인의 목적사업에 충당하거나 이사회의 결의에 따라 특정한 기금으로 적립해야 하고 기타 다른 용도로 일체 사용할 수 없다.

제7장 보칙

제30조(정관변경) 법인의 정관을 변경하고자 할 때에는 재적이사 3분의 2이상의 의결을 거쳐 주무관청의 허가를 받아야 한다.

※ 법인이 정관을 개정하고자 할 때에는 이사회에서 이사 정수의 3분의 2이상의 찬성으로 의결하도록 정한다.

제31조(해산) 법인이 해산하고자 할 때에는 재적이사 3분의 2이상의 의결을 거쳐 주무관청에 해산신고를 하여야 한다.

※ 법인이 해산하고자 할 때에는 이사 정수의 3분의 2이상의 찬성으로 하도록 정한다.

제32조(청산인) 법인의 해산 시 이사장은 당연직 청산인이 된다.

제33조(청산종결의 신고) 청산인은 법인의 청산을 종결한 때에는 그 취지를 등기한 후 주무관청에 신고하여야 한다.

제34조(잔여재산의 처리) 법인이 해산된 때에는 남은 재산은 이사회의 의결을 거쳐 주무관청의 허가를 얻어 국가·지방자치단체 또는 유사한 목적을 가진 다른 비영리법인에 귀속하도록 한다.

제35조(운영규정) 이 정관 시행에 관하여 필요한 사항은 이사회의 의결을 거쳐 별도의 규정으로 정한다.

제36조(준용규정) 이 정관에 규정되지 아니한 사항은 「민법」 중 재단법인에 관한 규정, 「비송사건절차법」과 「농림축산식품부장관 및 그 소속청장 소관 비영리법인의 설립 및 감독에 관한 규칙」을 준용한다.

부칙

제1조(시행일) 이 정관은 주무관청의 허가를 받은 날부터 시행한다.

제2조(경과조치) 이 정관 시행 당시 법인설립을 위하여 발기인 등이 행한 행위는 이 정관에 따라 행한 것으로 본다.

제3조(설립자의 기명날인) 본회를 설립하기 위하여 이 정관을 작성하고 다음과 같이 설립자 전원이 기명날인한다.

협동조합 표준정관례

※ 표준정관례는 정관 작성의 편의를 위해 제공하는 참고 자료로 조합원들의 의견을 수렴하여 협동조합의 취지와 특색이 충분히 반영되도록 작성하여 주시기 바랍니다.

제1장 총칙

제1조(설립과 명칭) 이 조합은 협동조합기본법에 의하여 설립하며, ○○협동조합이라 한다.

조합은 사업분야와 내용, 사업구역, 조합원의 구성 등을 고려하여 다른 협동조합등 및 사회적협동조합등과 구별되는 명칭을 사용하여야 한다.

제2조(목적) ○○협동조합(이하 '조합'이라 한다)은 자주적 · 자립적 · 자치적인 조합 활동을 통하여 ---------- 위하여 ---------- 을 목적으로 한다.

소비자협동조합, 사업자협동조합, 직원협동조합, 다중이해관계자협동조합 등 조합의 유형에 맞는 설립목적을 구체적으로 기재하여야 한다.

제3조(조합의 책무) ① 조합은 조합원 등의 권익 증진을 위하여 교육.훈련 및 정보 제공 등의 활동을 적극적으로 수행한다.

② 조합은 다른 협동조합, 다른 법률에 따른 협동조합, 외국의 협동조합 및 관련 국제기구 등과의 상호 협력, 이해 증진 및 공동사업 개발 등을 위하여 노력한다.

제4조(사무소의 소재지) 조합의 주된 사무소는 ○○시.도에 두며, 규정에 따라 필요한 곳에 지사무소를 둘 수 있다.

제5조(사업구역) 조합의 사업구역은 ○○○로 한다.

사업분야와 내용, 조합원의 자격 등을 고려하여 사업구역을 정하며, 여러 개의 행정구역에 걸쳐 있는 경우에는 이를 모두 적는다.

제6조(공고방법) ① 조합의 공고는 주된 사무소의 게시판(지사무소의 게시판을 포함한다)에 게시하고, 필요하다고 인정하는 때에는 ○○특별시.광역시.특별자치시.도.특별자치도에서 발간되는 일간신문 및 중앙일간지에 게재할 수 있다.

② 제1항의 공고기간은 7일 이상으로 하며, 조합원의 이해에 중대한 영향을 미칠 수 있는 내용에 대하여는 공고와 함께 서면으로 조합원에게 통지하여야 한다.

제7조(통지 및 최고방법) 조합원에 대한 통지 및 최고는 조합원명부에 기재된 주소지로 하고, 통지 및 최고기간은 7일 이상으로 한다. 다만, 조합원이 따로 연락받을 연락처를 지정하였을 때에는 그곳으로 한다.

제8조(공직선거 관여 금지) ① 조합은 공직선거에 있어서 특정 정당을 지지.반대하거나 특정인을 당선되도록 하거나 당선되지 아니하도록 하는 일체의 행위를 하여서는 아니 된다.

② 누구든지 조합을 이용하여 제1항에 따른 행위를 하여서는 아니 된다.

제9조(규약 또는 규정) 조합의 운영 및 사업실시에 관하여 필요한 사항으로서 이 정관으로 정한 것을 제외하고는 규약 또는 규정으로 정할 수 있다.

제2장 조합원

제10조(조합원의 자격) 조합의 설립목적에 동의하고 조합원으로서의 의무를 다하고자 하는 자는 조합원이 될 수 있다.

사업분야와 내용, 사업구역, 조합원의 구성 등을 고려하여 조합의 설립 목적 및 특성에 부합되는 자로 조합원의 자격을 정관으로 제한할 수 있다.

※ 사업자협동조합의 경우

제10조(조합원의 자격) ① 조합의 설립목적에 동의하고 조합원으로서의 의무를 다하

고자 하는 사업자 중 사업구역 안에서 같은 업종(한국표준산업분류 소분류 ○○
○, 세분류 ○○○, 세세분류 ○○○)의 사업을 영위하는 사업자로 한다.

　② 조합은 사업을 원활히 추진하기 위하여 제1항외에 다른 업종(한국표준산업분류
소분류 ○○○, 세분류 ○○○, 세세분류 ○○○)의 사업자를 조합원으로 할
수 있다.

다른 업종의 조합원 비율은 조합의 사업 특성을 고려하여 정할 수 있다.

※ 소비자협동조합의 경우

제10조(조합원의 자격) 조합의 설립목적에 동의하고 조합원으로서의 의무를 다하고
자 하는 자로, 조합의 사업구역 내에 주소나 거소 또는 사업장이 있거나 근무지
를 가진 자는 조합원이 될 수 있다.

조합의 성격을 고려하여 조합원 가입에 제한을 두지 않을 수 있다.

※ 직원협동조합의 경우

제10조(조합원의 자격) 조합의 설립목적에 동의하고 조합원으로서의 의무를 다하고
자 하는 자는 조합원이 될 수 있다. 다만, 이 조합의 직원은 ○개월 이상 계속
근무할 경우 조합원이 될 수 있다.

※ 다중이해관계자협동조합의 경우

제10조(조합원의 자격 및 유형) ① 조합의 설립목적에 동의하고 조합원으로서의 의
무를 다하고자 하는 자는 조합원이 될 수 있다.

　② 조합원의 유형은 다음 각 호와 같다.

　1. 생산자조합원: 조합의 생산활동 등에 함께 참여하는 자

　2. 소비자조합원: 조합의 재화나 서비스를 이용하는 자

　3. 직원조합원: 조합에 고용된 자

　4. 자원봉사자조합원: 조합에 무상으로 필요한 서비스 등을 제공하는 자

　5. 후원자조합원: 조합에 필요한 물품 등을 기부하거나 자금 등을 후원하는 자

위 5가지 중 2 이상의 다양한 유형의 조합원으로 구성되어야 한다.

제11조(조합원의 가입) ① 조합원의 자격을 가진 자가 조합에 가입하고자 할 때에는
가입신청서를 제출하여야 한다.

　② 조합은 제1항에 따른 신청서가 접수되면 신청인의 자격을 확인하고 가입의 가

부를 결정하여 신청서를 접수한 날부터 2주 이내에 신청인에게 서면 또는 전화 등의 방법으로 통지하여야 한다.

③ 제2항의 규정에 따라 가입의 통지를 받은 자는 조합에 가입할 자격을 가지며 납입하기로 한 출자좌수에 대한 금액을 지정한 기일 내에 조합에 납부함으로써 조합원이 된다.

④ 조합은 정당한 사유없이 조합원의 자격을 갖추고 있는 자에 대하여 가입을 거절하거나 가입에 관하여 다른 조합원보다 불리한 조건을 붙일 수 없다.

제12조(조합원의 고지의무) 조합원은 제11조제1항에 따라 제출한 가입신청서의 기재 사항에 변경이 있을 때 또는 조합원의 자격을 상실하였을 때에는 지체 없이 조합에 이를 고지하여야 한다.

제13조(조합원의 책임) 조합원의 책임은 납입한 출자액을 한도로 한다.

제14조(탈퇴) ① 조합원은 탈퇴하고자 하는 날의 ○일 전에 예고하고 조합을 탈퇴할 수 있다.

② 조합원은 다음 각 호의 어느 하나에 해당하는 때에는 당연히 탈퇴된다.

1. 조합원 지위의 양도 등 조합원으로서의 자격을 상실한 경우
2. 사망한 경우
3. 파산한 경우
4. 후견선고를 받은 경우
5. 조합원인 법인이 해산한 경우

그 밖에 필요에 따라 제2항의 사유를 정관에 정할 수 있다.

제15조(제명) ① 조합은 조합원이 다음 각 호의 어느 하나에 해당하면 총회의 의결을 얻어 제명할 수 있다.

1. ○년 이상 계속해서 조합의 시설 또는 사업을 이용하지 아니한 경우
2. 출자금 및 경비의 납입 등 조합에 대한 의무를 이행하지 아니한 경우
3. 조합의 사업과 관련된 법령.행정처분.정관 및 규정을 위반한 경우

4. 고의 또는 중대한 과실로 조합의 사업을 방해하거나 신용을 상실하게 하는 행위를 한 경우

조합의 성질을 고려하여 그 밖에 제명 사유를 추가하여 정할 수 있다.

※ 직원협동조합의 경우
  1. ○년 이상 계속해서 조합의 활동에 참여하지 아니한 경우

② 조합은 제1항에 따라 조합원을 제명하고자 할 때에는 총회 개최 10일 전에 그 조합원에게 제명의 사유를 알리고 총회에서 의견을 진술할 기회를 주어야 한다.
③ 제2항에 따른 의견진술의 기회를 주지 아니하고 행한 총회의 제명 의결은 해당 조합원에게 효력이 없다.
④ 조합은 제명결의가 있었을 때에 제명된 조합원에게 제명이유를 서면으로 통지하여야 한다.

제16조(탈퇴.제명조합원의 지분환급청구권) ① 조합을 탈퇴하거나 조합으로부터 제명된 조합원은 지분의 환급을 청구할 수 있다.
  1. 제14조에 의한 탈퇴의 경우에는 탈퇴조합원의 지분에 해당하는 금액
  2. 제15조에 의한 제명의 경우에는 제명조합원의 출자금에 해당하는 금액

탈퇴 · 제명조합원에 대한 지분 환급의 범위는 정관으로 정하여야 한다.

② 제1항의 지분은 제명 또는 탈퇴한 회계연도 말의 조합의 자산과 부채에 따라 정한다.
③ 조합은 탈퇴 조합원이 조합에 대한 채무를 다 갚을 때까지는 제1항에 따른 지분의 환급을 정지할 수 있다. 다만, 탈퇴하거나 제명된 조합원이 조합에 대하여 채무가 있을 때에는 제1항에 따른 환급금과 상계할 수 있다.
④ 제1항에 따른 청구권은 탈퇴하거나 제명된 날부터 2년간 행사하지 아니하면 소멸된다.
⑤ 제1항에 따른 청구권은 탈퇴하거나 제명된 당시의 회계연도의 다음 회계연도부터 청구할 수 있다.

제17조(탈퇴조합원의 손실액 부담) ① 탈퇴한 조합원의 지분 환급분을 계산할 때 이

조합의 재산으로 그 채무를 다 갚을 수 없는 경우에는 탈퇴한 조합원은 납입의무를 이행하지 아니한 출자액의 범위에서 그가 부담하여야 할 손실액을 납입한다.

② 제1항에 따른 손실액의 납입 청구에 관하여는 제16조제4항을 준용한다.

제3장 출자와 경비부담 및 적립금

제18조(출자) ① 조합원은 ○좌 이상의 출자를 하여야 하며 출자 1좌의 금액은 ○○○원으로 한다.

② 한 조합원의 출자좌수는 총 출자좌수의 100분의 30을 넘어서는 아니 된다.

- 출자 1좌의 금액은 균일하게 정하여야 한다.
- 한 조합원의 출자좌수는 총 출자좌수의 100분의 30의 범위 안에서 정관으로 정할 수 있다.

③ 출자금은 일시에 납입한다. 다만, 불가피할 경우에는 2회로 나누어 납입할 수 있다.

④ 제3항 단서의 경우 출자 제1회의 납입금액은 출자금액의 2분의 1로 하고, 제2회 납입일자는 제1회 출자납입일로부터 6개월 이내로 한다.

⑤ 조합에 납입할 출자금은 조합에 대한 채권과 상계하지 못한다.

⑥ 출자는 현물로도 할 수 있고, 현물출자의 경우 규약이 정하는 바에 따라 출자액을 계산한다. 이 경우 현물출자자는 출자의 납입기일에 출자의 목적인 재산의 전부를 조합 또는 조합에서 지정한 장소에 납입하여야 한다.

제19조(출자증서등의 교부) ① 조합의 이사장은 조합원이 제18조의 규정에 의하여 최초 출자금을 납입한 때 및 조합원이 요구할 때에는 다음 각 호의 사항을 적은 출자증서 또는 출자를 확인할 수 있는 증표에 기명날인하여 조합원에게 발급하여야 한다.

1. 조합의 명칭
2. 조합원의 성명 또는 명칭
3. 조합 가입 연월일
4. 출자금의 납입 연월일

5. 출자금액 또는 출자좌수

6. 발행 연월일

② 조합의 이사장은 매년 정기총회 7일 전까지 조합원의 출자금액 변동상황을 조합원에게 알려주어야 한다. 이 경우 우편, 전자메일, 팩시밀리, 휴대폰 문자 등을 이용하여 통지할 수 있다.

제20조(지분의 범위) 조합의 재산에 대한 조합원의 지분은 다음 각 호와 같다. 다만, 법 제50조제1항에 의한 법정적립금은 지분 범위에 포함되지 아니한다.

1. 조합원이 납입한 출자금

2. 매 회계연도 총회에서 지분으로 확정한 준비금 등(결손금 포함)

지분의 범위는 논란의 소지가 있으므로 정관에 명확히 규정한다.

제21조(지분등의 양도와 취득금지) ① 조합원 지위의 양도 또는 조합원 지분의 양도는 총회의 의결을 받아야 한다.

② 조합원이 아닌 자가 지분을 양수하려고 할 때에는 가입의 예에 따른다.

③ 지분의 양수인은 그 지분에 관하여 양도인의 권리의무를 승계한다.

④ 조합원은 지분을 공유하지 못한다.

⑤ 조합은 조합원의 지분을 취득하거나 이를 질권의 목적으로 하여서는 아니 된다.

제22조(출자금액의 감소의결) ① 조합은 부득이한 사유가 있을 때에는 조합원의 신청에 의하여 출자좌수를 감소할 수 있다.

② 조합은 출자 1좌의 금액 또는 출자좌수의 감소(이하 "출자감소"라 한다)를 총회에서 의결한 경우에는 그 의결을 한 날부터 14일 이내에 대차대조표를 작성한다.

③ 조합은 제1항에 따른 의결을 한 날부터 14일 이내에 채권자에 대하여 이의가 있으면 조합의 주된 사무소에 이를 서면으로 진술하라는 취지를 공고하고, 이미 알고 있는 채권자에게는 개별적으로 최고하여야 한다.

④ 제3항에 따른 이의신청 기간은 30일 이상으로 한다.

⑤ 그 밖의 출자감소 절차와 방법에 관하여는 별도의 규약으로 정할 수 있다.

제23조(출자감소 의결에 대한 채권자의 이의) ① 채권자가 제22조의 이의신청 기간에 출자감소에 관한 의결에 대하여 이의를 신청하지 아니하면 출자감소를 승인한 것으로 본다.

② 채권자가 이의를 신청하면 조합은 채무를 변제하거나 상당한 담보를 제공하여야 한다.

제24조(경비 및 사용료와 수수료) ① 조합은 사업운영을 위하여 조합원 및 조합의 사업을 이용하는 자에게 다음 각 호의 경비 및 사용료와 수수료를 부과 및 징수할 수 있다.

1. 기본회비
2. ○○할 목적으로 ○○에게 징수하는 특별회비
3. ○○사용료
4. ○○수수료

조합이 경비 및 사용료와 수수료를 징수하는 경우에는 그 명목을 구체적으로 명시하여야 한다.

② 제1항에 따른 경비 및 사용료와 수수료의 부과대상, 부과금액, 부과방법, 징수시기와 징수방법은 규약으로 정한다.

③ 조합원은 제1항에 따른 경비 및 사용료와 수수료를 납입할 때 조합에 대한 채권과 상계할 수 없다.

④ 제2항의 부과금에 있어서 조합원등에 대한 부과금액의 산정기준 사항에 변경이 있어도 이미 부과한 금액은 변경하지 못한다.

제25조(과태금) ① 조합은 조합원이 출자금 또는 경비 등의 납입의무를 그 기한까지 이행하지 아니하는 경우에는 과태금을 징수할 수 있다.

조합이 징수할 수 있는 과태금의 명목을 구체적으로 명시하여야 한다.

② 조합원은 제1항에 따른 과태금을 조합에 대한 채권과 상계할 수 없다.

③ 과태금의 금액 및 징수방법은 규약으로 정한다.

제26조(법정적립금) ① 조합은 매 회계연도 결산의 결과 잉여금이 있는 때에는 해

당 회계연도 말 출자금 납입총액의 3배가 될 때까지 잉여금의 100분의 10 이상을 적립하여야 한다.

잉여금의 최저비율은 100분의 10으로 되어 있으나, 정관에서 그 이상으로 정할 수 있다.

② 제1항의 법정적립금은 손실금의 보전에 충당하거나 해산하는 경우 외에는 사용하여서는 아니 된다.

제27조(임의적립금) ① 조합은 매 회계연도의 잉여금에서 제26조에 따른 법정적립금을 빼고 나머지가 있을 때에는 총회에서 결정하는 바에 따라 매 회계연도 잉여금의 100분의 ○○ 이상을 임의적립금으로 적립할 수 있다.

② 임의적립금은 총회에서 결정하는 바에 따라 사업준비금, 사업개발비, 교육 등 특수목적을 위하여 지출할 수 있다.

제4장 총회와 이사회

제28조(총회) ① 조합은 총회를 둔다.

② 총회는 정기총회와 임시총회로 구분한다.

③ 총회는 조합원으로 구성하며, 이사장이 그 의장이 된다.

제29조(대의원총회) ① 조합원의 수가 200인을 초과하는 경우 총회에 갈음할 대의원 총회를 둘 수 있다.

② 대의원은 조합원 중에서 선출한다.

※ 다중이해관계자협동조합의 경우

② 대의원은 조합원 중에서 제10조제2항의 조합원 유형에 따라 각각 선출한다. 다만, 선출할 대의원 수는 이사회에서 정한다.

대의원은 조합원의 유형에 따라 2 이상의 유형으로 구성하여야 한다.

③ 대의원의 의결권 및 선거권은 대리인으로 하여금 행사하게 할 수 없다.

④ 대의원의 정수는 ○○명 이상으로 하며 임기는 ○년으로 한다.

대의원의 정수는 대의원 선출 당시 조합원 총수의 100분의 10 이상이어야 한다. 다만, 그 대의원의 총수가 100명을 초과하는 경우에는 100명으로 할 수 있다.

⑤ 결원으로 인하여 선출된 대의원의 임기는 전임자 임기의 남은 기간으로 한다.

⑥ 대의원은 조합원의 선거를 통하여 선출하며, 선거방법에 관한 사항은 선거관리 규정으로 정한다.

⑦ 대의원총회에 관하여는 총회에 관한 사항을 준용하며, 이 경우 "조합원"은 "대의원"으로 본다.

⑧ 대의원총회는 조합의 합병, 분할 및 해산에 관한 사항은 의결할 수 없다.

제30조(대의원의 의무 및 자격상실) ① 대의원은 성실히 대의원총회에 출석하고, 그 의결에 참여하여야 한다.

② 대의원총회는 대의원이 다음 각 호의 어느 하나에 해당하는 행위를 할 때에는 그 의결로 대의원자격을 상실하게 할 수 있다. 이 경우 해당 대의원에게 서면으로 자격상실 이유를 의결일 7일 전까지 통지하고, 총회 또는 대의원총회에서 의견을 진술할 기회를 주어야 한다.

1. 대의원총회 소집통지서를 받고 정당한 사유 없이 계속하여 3회 이상 출석하지 아니하거나 대의원총회에 출석하여 같은 안건에 대한 의결에 2회 이상 참가하지 아니한 경우

2. 부정한 방법으로 대의원총회의 의사를 방해한 경우

3. 고의 또는 중대한 과실로 이 조합의 명예 또는 신용을 훼손시킨 경우

제31조(정기총회) 정기총회는 매년 1회 회계연도 종료 후 2개월 이내에 이사장이 소집한다.

제32조(임시총회) ① 임시총회는 다음 각 호의 어느 하나에 해당하는 경우에 이사장이 소집한다.

1. 이사장 및 이사회가 필요하다고 인정할 때

2. 조합원이 조합원 5분의 1 이상의 동의를 받아 소집의 목적과 이유를 적은 서면을 제출하여 이사장에게 소집을 청구한 때

3. 감사가 조합의 재산상황이나 업무집행에 부정한 사실이 있는 것을 발견하고 그 내용을 총회에 신속히 보고할 필요가 있다고 인정하여 이사장에게 소집을 청구한 때

② 이사장은 제1항 제2호(제58조 규정에 따른 해임 요구를 포함한다) 및 제3호의 청구를 받으면 정당한 사유가 없는 한 2주 이내에 소집절차를 밟아야 한다.

③ 제1항 제2호 및 제3호의 규정에 의하여 총회의 소집을 청구하였으나 총회를 소집할 자가 없거나 그 청구가 있은 날부터 2주 이내에 이사장이 총회의 소집 절차를 밟지 아니한 때에는 감사가 7일 이내에 소집절차를 밟아야 한다. 이 경우 감사가 의장의 직무를 수행한다.

④ 감사가 제3항의 기한 이내에 총회의 소집절차를 밟지 아니하거나 소집할 수 없는 경우에는 제1항 제2호의 규정에 의하여 총회의 소집을 청구한 조합원의 대표가 이를 소집한다. 이 경우 조합원의 대표가 의장의 직무를 수행한다.

제33조(총회의 소집절차) ① 이사장은 총회 개최 7일 전까지 회의목적 · 안건 · 일시 및 장소를 정하여 우편 또는 전자메일 등으로 각 조합원에게 통지하여야 한다.

② 이사장이 궐위 또는 부득이한 사유로 총회를 소집할 수 없는 때에는 제53조에 서 정하고 있는 순으로 이를 소집한다.

제34조(총회의 의결사항) 다음 각 호의 사항은 총회의 의결을 얻어야 한다.

1. 정관의 변경
2. 규약의 제정과 변경 또는 폐지
3. 임원의 선출과 해임
4. 사업계획 및 예산의 승인
5. 결산보고서(사업보고서, 대차대조표, 손익계산서, 잉여금처분안 또는 손실금 처리안 등을 말한다. 이하 같다)의 승인
6. 감사보고서의 승인
7. 조합의 합병.분할.해산 또는 휴업
8. 조합원의 제명
9. 탈퇴 조합원(제명된 조합원을 포함한다)에 대한 출자금 환급
10. 그 밖에 이사장 또는 이사회가 필요하다고 인정하는 사항

조합은 법령에 반하지 않는 범위에서 총회의결사항을 추가적으로 규정할 수 있다.

제35조(총회의 의사) ① 총회의 의사는 법령상 다른 규정이 있는 경우를 제외하고는 총 조합원 과반수의 출석으로 개회하고 출석조합원 과반수의 찬성으로 의결한다.

② 제1항의 규정에 의한 총회의 개의 정족수 미달로 총회가 유회된 때에는 이사장은 20일 이내에 다시 총회를 소집하여야 한다.

③ 총회는 제33조에 따라 미리 통지한 사항에 한하여 의결할 수 있다. 다만, 긴급을 요하여 총 조합원의 3분의 2이상의 출석과 출석조합원 3분의 2 이상의 찬성이 있는 때에는 그러하지 아니하다.

④ 총회에서 조합과 조합원간의 이익이 상반되는 사항에 대하여 의결을 행할 때에는 해당 조합원은 의결에 참가하지 못한다.

제36조(합병.분할 및 해산등의 의결) 다음 각 호의 사항은 조합원 과반수의 출석과 출석조합원 3분의 2 이상의 찬성으로 의결한다.

1. 정관의 변경
2. 조합의 합병.분할.해산 또는 휴업
3. 조합원의 제명
4. 탈퇴 조합원(제명된 조합원을 포함한다)에 대한 출자금 환급

제37조(의결권 및 선거권) ① 조합원은 출자좌수에 관계없이 각각 1개의 의결권과 선거권을 갖는다.

② 조합원은 대리인으로 하여금 의결권 및 선거권을 행사하게 할 수 있다. 이 경우 그 조합원은 출석한 것으로 본다.

③ 제38조의 자격을 갖춘 대리인이 의결권 또는 선거권을 행사할 때에는 대리권을 증명하는 서면을 의결권 또는 선거권을 행사하기 전에 조합이 정하는 양식에 따라 미리 조합에 제출하여야 한다.

제38조(대리인이 될 자격) 전조 제2항에 따른 대리인은 다른 조합원 또는 본인과

동거하는 가족(조합원의 배우자, 조합원 또는 그 배우자의 직계 존속·비속과 형제자매, 조합원의 직계 존속·비속 및 형제자매의 배우자를 말한다)이어야 하며, 대리인이 대리할 수 있는 조합원의 수는 1인에 한한다.

제39조(총회의 의사록) ① 총회의 의사에 관하여 의사록을 작성하여야 한다.

② 의사록에는 의사의 진행 상황과 그 결과를 적고 의장과 총회에서 선출한 조합원 3인 이상이 기명날인하거나 서명하여야 한다.

제40조(총회의 운영규약) 정관에 규정하는 외에 총회의 운영에 관하여 필요한 사항은 총회운영규약으로 정한다.

제41조(총회의 회기연장) ① 총회의 회기는 총회의 결의에 의하여 연장할 수 있다.

② 제1항의 규정에 의하여 속행된 총회는 제33조제1항의 규정을 적용하지 아니한다.

제42조(이사회) ① 조합에 이사회를 두고, 이사회는 조합의 업무집행을 결정한다.

② 이사회는 이사장 및 이사로서 구성하고 이사장 1인 외 부이사장, 전무이사, 상무이사 등을 둘 수 있다.

이사의 종류 및 명칭은 필요에 따라 달리 정할 수 있다.

③ 이사장은 이사회를 소집하고 그 의장이 된다.

④ 이사회의 소집은 회의일 7일전까지 회의의 목적, 안건, 일시 및 장소를 기재한 서면을 각 이사에게 통지하여야 한다. 다만 긴급을 요하여 이사회 구성원 과반수의 동의가 있을 때에는 소집절차를 생략할 수 있다.

⑤ 이사 3분의 1 이상 또는 감사 전원이 회의목적 사항과 회의 소집이유를 기재한 서류를 제출하고 이사회의 소집을 요구할 수 있다.

⑥ 이사장은 제5항의 요구가 있는 때에는 7일 이내에 이사회를 소집하여야 한다.

제43조(이사회의 의결사항) ① 이사회는 다음 각 호의 사항을 의결한다.

1. 조합의 재산 및 업무집행에 관한 사항
2. 총회의 소집과 총회에 상정할 의안

3. 규정의 제정과 변경 및 폐지

4. 사업계획 및 예산안 작성

5. 간부 직원의 임면 승인

6. 기본자산의 취득과 처분

7. 그 밖에 조합의 운영에 중요한 사항 또는 이사장이 부의하는 사항

- 협동조합기본법 제29조에 규정된 필요적 총회 의결사항은 이사회에 위임할 수 없다.
- 조합은 법령에 반하지 않는 범위에서 조합의 업무집행을 위하여 필요한 사항을 추가적으로 규정할 수 있다.

② 이사회는 제61조 각 호의 사업을 수행하기 위하여 필요한 위원회를 설치 운영할 수 있다.

③ 제2항의 위원회 구성 및 운영에 관하여는 별도 규정으로 정한다.

제44조(이사회의 의사) ① 이사회는 구성원 과반수의 출석으로 개회하고 출석이사 과반수의 찬성으로 의결한다.

② 이사의 개인 이익과 조합의 이익이 상반되는 사항이나 신분에 관련되는 사항에 관하여는 당해이사는 이사회의 의결에 관여할 수 없다.

제45조(이사회의 의사록) 이사회의 의사에 관하여는 의사의 경과와 그 결과를 기재한 의사록을 작성하고 참석 이사 전원이 이에 기명날인하거나 서명하여야 한다.

제5장 임원과 직원

제46조(임원의 정수) ① 조합의 임원으로 이사장 1명을 포함한 3명 이상 ○○명 이내의 이사와 1명 이상 ○명 이내의 감사를 둔다.

※ 다중이해관계자협동조합의 경우

① 조합의 임원으로 이사장 1명을 포함한 3명 이상 ○○명 이내의 이사와 1명 이상 ○명 이내의 감사를 둔다. 다만, 이사는 다양한 이해관계자들로 구성하여야 한다.

② 제1항의 임원 중 이사회의 호선에 의해 상임임원을 둘 수 있다.

제47조(임원의 선임) ① 이사 및 감사는 총회가 조합원 중에서 선출한다. 다만, 이사는 총수의 5분의 1의 범위 내에서, 감사는 총수의 2분의 1의 범위 내에서 이사회의 추천에 따라 조합원 외의 자를 선출할 수 있다.

② 이사장은 이사 중에서 총회에서 선출하고, 부이사장, 전무이사 및 상무이사 등은 이사회가 이사 중에서 호선한다.

- 이사의 종류 및 명칭은 필요에 따라 달리 정할 수 있다.
- 감사는 조합의 업무집행상황, 재산상태, 장부 및 서류 등을 감독하는 것으로 회계지식이 있어야 하며, 중립적인 입장에서 직무를 수행할 수 있는 사람을 선임하여야 한다.

③ 제1항, 제2항의 선거 방법, 절차 등에 관하여는 별도의 선거관리규정으로 정한다.

제48조(선거운동의 제한) ① 누구든지 자기 또는 특정인을 조합의 임원 또는 대의원으로 당선되도록 하거나 당선되지 아니하도록 할 목적으로 다음 각 호의 어느 하나에 해당하는 행위를 할 수 없다.

1. 조합원(조합에 가입신청을 한 자를 포함한다. 이하 이 조에서 같다)이나 그 가족(조합원의 배우자, 조합원 또는 그 배우자의 직계 존속·비속과 형제자매, 조합원의 직계 존속·비속 및 형제자매의 배우자를 말한다. 이하 이 조에서 같다) 또는 조합원이나 그 가족이 설립·운영하고 있는 기관·단체·시설에 대한 다음 각 목의 어느 하나에 해당하는 행위

가. 금전·물품·향응이나 그 밖의 재산상의 이익을 제공하는 행위

나. 공사의 직을 제공하는 행위

다. 금전·물품·향응, 그 밖의 재산상의 이익이나 공사의 직을 제공하겠다는 의사표시 또는 그 제공을 약속하는 행위

2. 후보자가 되지 못하도록 하거나 후보자를 사퇴하게 할 목적으로 후보자가 되려는 사람이나 후보자에게 제1호 각 목에 규정된 행위를 하는 행위

3. 제1호 또는 제2호의 이익이나 직을 제공받거나 그 제공의 의사표시를 승낙하는 행위 또는 그 제공을 요구하거나 알선하는 행위

② 임원 또는 대의원이 되려는 사람은 후보자등록마감일의 다음날부터 선거일 전일까지의 선거운동기간을 제외하고는 선거운동을 위하여 조합원을 호별로 방문하거나 특정 장소에 모이게 할 수 없다.

③ 누구든지 조합의 임원 또는 대의원 선거와 관련하여 연설·벽보, 그 밖의 방법으로 거짓의 사실을 공표하거나 공연히 사실을 적시하여 후보자를 비방할 수 없다.

④ 누구든지 임원 또는 대의원 선거와 관련하여 다음 각 호의 방법 이외의 선거운동을 할 수 없다.

1. 선전 벽보의 부착
2. 선거 공보의 배부
3. 소형 인쇄물의 배부
4. 합동 연설회 또는 공개 토론회의 개최
5. 전화(문자메시지를 포함한다)·팩스·컴퓨터통신(전자우편을 포함한다)을 이용한 지지 호소

제49조(선거관리위원회의 구성.운영) ① 조합의 임원 및 대의원 선거사무를 공정하게 관리하기 위하여 본 조합에 선거관리위원회(이하 "위원회"라 한다)를 둘 수 있다.

② 위원회는 조합원 중에서 이사회의 의결을 거쳐 위원장 1인을 포함한 ○명 이내의 위원으로 구성한다. 이 경우 당해 선거에 임원으로 후보등록한 자는 위원이 될 수 없다.

③ 위원의 위촉기간은 위촉일로부터 ○년으로 하되 위원이 조합원자격을 상실한 때에는 위원의 직을 상실한다.

④ 위원장은 위원회를 대표하고 위원회를 소집하여 이를 주재한다.

⑤ 위원장은 중요한 사항에 대하여는 위원회에 부의하여 처리하여야 하며, 위원회는 구성원 과반수의 출석으로 개의하고 출석자 과반수의 찬성으로 의결한다.

⑥ 위원회는 다음 각 호의 사무를 관장한다.

1. 후보자의 자격심사
2. 선거인 명부의 확정
3. 후보자 추천의 유·무효 판정

4. 선거공보의 작성과 선거운동방법 결정 및 계도

5. 선거관리, 투표관리 및 개표관리

6. 투표의 유·무효의 이의에 대한 판정

7. 선거관련 분쟁의 조정

8. 선거운동 제한규정 위반여부 심사 및 조치

9. 당선인의 확정

10. 그 밖에 선거에 필요한 사항

⑦ 위원회는 의사의 진행상황 및 그 결과를 적은 의사록을 작성하고, 참석위원이 기명날인하여야 한다.

⑧ 위원은 선거관리사무를 행함에 있어 공정을 기하여야 한다.

⑨ 그 밖에 위원회의 기능·구성 및 운영 등에 관하여 필요한 사항은 선거관리규정으로 정할 수 있다.

제50조(임원등의 결격사유) ① 다음 각 호의 어느 하나에 해당하는 자는 이 조합의 임원이 될 수 없다.

1. 피성년후견인

2. 피한정후견인

3. 파산선고를 받고 복권되지 아니한 사람

4. 금고 이상의 실형을 선고받고 그 집행이 끝나거나(집행이 끝난 것으로 보는 경우를 포함한다) 집행이 면제된 날부터 3년이 지나지 아니한 사람

5. 금고 이상의 형의 집행유예를 선고받고 그 유예기간 중에 있거나 유예기간이 끝난 날부터 2년이 지나지 아니한 사람

6. 금고 이상의 형의 선고유예를 받고 그 선고유예기간 중에 있는 사람

7. 법원의 판결 또는 다른 법률에 따라 자격이 상실 또는 정지된 사람

② 제1항 각호의 사유가 발생하면 해당 임원(법인이 조합의 임원인 경우 임원의 직무를 수행하는 사람을 말한다)은 당연히 퇴직한다.

③ 제2항에 따라 퇴직된 임원이 퇴직 전에 관여한 행위는 그 효력을 상실하지 아니한다.

제51조(임원의 임기) ① 임원의 임기는 ○년으로 한다.

② 임원은 연임할 수 있다. 다만, 이사장은 2차에 한하여 연임할 수 있다.

③ 결원으로 인하여 선출된 임원의 임기는 전임자의 임기종료일까지로 한다.

제52조(임직원의 겸직금지) ① 이사장은 다른 조합의 이사장을 겸직할 수 없다.

② 이사장을 포함한 이사와 직원은 감사를 겸직할 수 없다.

③ 조합의 임직원은 국회의원 또는 지방의회의원을 겸직할 수 없다.

④ 임원은 이 조합의 직원을 겸직할 수 없다. 다만, 조합원의 수가 10인 이하인 조합은 해당 기간 동안 그러하지 아니한다.

제53조(이사장 및 이사의 직무) ① 이사장은 조합을 대표하고 이사회의 결정에 따라 조합의 업무를 집행한다.

② 이사는 이사장을 보좌하며 조합의 업무를 집행한다.

③ 이사장이 사고가 있을 때에는 부이사장, 전무이사, 상무이사, 이사, 감사의 순으로 그 직무를 대행하고 해당자가 2인 이상일 경우에는 연장자 순으로 한다.

④ 제3항의 경우와 이사장이 권한을 위임한 경우를 제외하고는 이사장이 아닌 이사는 조합을 대표할 수 없다.

제54조(감사의 직무) ① 감사는 연 ○회 이상 조합의 업무집행 상황, 재산상태, 장부 및 서류 등을 감사하여 총회에 보고하여야 한다. 반기별 감사보고서는 이사회에, 반기별 감사보고서를 종합한 종합감사보고서는 정기총회에 각각 제출하여야 한다.

② 감사는 예고 없이 조합의 장부나 서류를 대조 확인할 수 있다.

③ 감사는 이사장 및 이사가 법령·정관·규약·규정 또는 총회의 의결에 반하여 업무를 집행한 때에는 이사회에 그 시정을 요구하여야 한다.

④ 감사는 총회 또는 이사회에 출석하여 의견을 진술할 수 있다.

⑤ 제1항 및 제2항의 감사보고서 제출에 있어서 감사가 2인 이상인 경우 감사의

의견이 일치하지 아니할 경우에는 각각 의견을 제출할 수 있다.

제55조(감사의 대표권) 조합이 이사장을 포함한 이사와 소송, 계약 등의 법률행위를 하는 때에는 감사가 조합을 대표한다.

제56조(임원의 의무와 책임) ① 임원은 법령과 조합의 정관, 규약, 규정 및 총회와 이사회의 의결을 준수하고 조합을 위하여 성실히 그 직무를 수행하여야 한다.

② 임원이 법령 또는 정관을 위반하거나 그 임무를 게을리하여 조합에 손해를 가한 때에는 연대하여 그 손해를 배상하여야 한다.

③ 임원이 고의 또는 중대한 과실로 그 임무를 게을리하여 제3자에게 손해를 끼친 때에는 제3자에게 연대하여 그 손해를 배상하여야 한다.

④ 제2항 및 제3항의 행위가 이사회의 의결에 의한 것일 때에는 그 의결에 찬성한 이사도 제2항 및 제3항의 책임이 있다.

⑤ 제4항의 의결에 참가한 이사로서 명백한 반대의사를 표시하지 아니한 자는 그 의결에 찬성한 것으로 본다.

⑥ 제2항부터 제5항까지의 규정에 따른 구상권의 행사는 감사 및 이사에 대하여는 이사장이, 이사장에 대하여는 감사가, 전체 임원에 대하여는 조합원 5분의 1 이상의 동의를 받은 조합원 대표가 한다.

제57조(임원의 보수등) ① 임원에 대하여 규정이 정하는 바에 따라 여비 등 조합 업무와 관련된 비용을 실비 범위 내에서 지급할 수 있다.

② 상임임원에 대하여는 규정이 정하는 바에 따라 보수를 지급할 수 있다.

제58조(임원의 해임) ① 조합원은 조합원 5분의 1 이상의 동의로 총회에 임원의 해임을 요구할 수 있다. 이 경우 해임의 사유를 서면으로 조합에 제출하여야 한다.

② 조합은 제1항에 따른 서면 제출이 있을 때에는 총회 개최 10일 전에 해당 임원에게 해임 이유를 서면으로 통보하고, 총회에서 의견을 진술할 기회를 주어야 한다.

제59조(운영의 공개) ① 이사장은 결산결과의 공고 등 운영사항을 적극 공개하여야 한다.

② 이사장은 정관·규약·규정과 총회·이사회의 의사록, 회계장부 및 조합원 명부를 주된 사무소에 비치하여야 한다.

③ 결산보고서는 정기총회 7일 전까지 주된 사무소에 비치하여야 한다.

④ 조합원과 조합의 채권자는 이사장에게 제2항 및 제3항의 서류의 열람 또는 그 사본을 청구할 수 있다.

조합은 조합원의 개인정보보호 등 정당한 사유로 서류의 사본청구를 제한하는 규정을 둘 수 있다.

⑤ 이사장은 제4항의 청구가 있을 때에는 정당한 이유 없이 이를 거부하지 못한다.

⑥ 이사장은 조합원수가 200인 이상이거나 정기총회의 승인을 받은 직전 사업연도의 결산보고서에 적힌 출자금 납입 총액이 30억원 이상일 경우 결산일로부터 3개월 이내에 기획재정부장관이 지정하는 인터넷 사이트에 다음 각 호의 자료를 게재하여야 한다.

1. 정관, 규약, 규정

2. 사업결산 보고서

3. 총회, 대의원총회, 이사회의 활동 상황

4. 사업결과 보고서

사업결과 보고서에 정관 제61조의 필수사업은 반드시 포함되어야 한다.

제60조(직원의 임면등) ① 직원은 이사장이 임면한다. 다만, 간부직원은 이사회의 결의를 거쳐 이사장이 임면한다.

② 직원의 임면, 급여, 기타 직원에 관하여 필요한 사항은 규정으로 정한다.

제6장 사업과 집행

제61조(사업의 종류) ① 이 조합은 그 목적을 달성하기 위하여 다음 각 호의 사업을 할 수 있다.

1. ○○○ 사업

2. ○○○ 사업

3. 조합원과 직원에 대한 상담, 교육.훈련 및 정보제공 사업

4. 조합 간 협력을 위한 사업

5. 조합의 홍보 및 지역사회를 위한 사업

조합의 설립목적을 달성하기 위하여 필요한 사업을 정관으로 정하며, 사업의 종류 중에서 제3호부터 제5호까지의 필수사업은 반드시 포함되어야 한다.

② 조합의 사업은 관계 법령에서 정하는 목적 · 요건 · 절차 · 방법 등에 따라 적법하고 타당하게 시행되어야 한다.

③ 제1항과 제2항에도 불구하고 조합은 「통계법」 제22조제1항에 따라 통계청장이 고시하는 한국표준산업분류에 의한 금융 및 보험업을 영위할 수 없다.

제62조(사업의 이용) 조합은 조합원이 이용하는 데에 지장이 없는 범위에서 다음 각 호의 경우 조합원이 아닌 자에게 사업을 이용하게 할 수 있다.

1. ○○○

2. ○○○

조합원이 아닌 자에게 사업을 이용하게 할 경우 그 조건을 구체적으로 명시하여야 한다.

제63조(사업계획과 수지예산) ① 이사회는 매 회계연도 경과 후 2개월 이내에 해당 연도의 사업계획을 수립하고 동 계획의 집행에 필요한 수지예산을 편성하여 총회의 의결을 받아야 한다.

② 제1항에 따른 사업계획과 예산이 총회에서 확정될 때까지는 전년도 예산에 준하여 가예산을 편성하여 집행할 수 있다. 이 경우 총회의 사후 승인을 받아야 한다.

③ 이사회가 총회에서 확정된 사업계획과 예산을 변경한 때에는 차기 총회에서 사후 변경승인을 받아야 한다.

제7장 회계

제64조(회계연도) 조합의 회계연도는 매년 ○월 ○일부터 ○월 ○일까지로 한다.

제65조(회계) ① 조합의 회계는 일반회계와 특별회계로 구분한다.

② 당해 조합의 사업은 일반회계로 하고, 특별회계는 조합이 특정사업을 운영할 때, 특정자금을 보유하여 운영할 때, 기타 일반회계와 구분 경리할 필요가 있을 때 설치한다.

제66조(특별회계의 설치) 특별회계는 다음 각 호의 사업 또는 자금을 운영하기 위하여 설치한다.

1. ○○사업
2. ○○자금

제67조(결산등) ① 조합은 정기총회일 7일 전까지 결산보고서를 감사에게 제출하여야 한다.

② 조합은 제1항에 따른 결산보고서와 감사의 의견서를 정기총회에 제출하여 승인을 받아야 한다.

제68조(손실금의 보전) 조합은 매 회계연도의 결산 결과 손실금(당기손실금을 말한다)이 발생하면 미처분이월금, 임의적립금, 법정적립금 순으로 이를 보전하고, 보전 후에도 부족이 있을 때에는 이를 다음 회계연도에 이월한다.

제69조(잉여금의 배당 및 이월) ① 조합은 제68조에 따른 손실금의 보전과 제26조 및 제27조의 법정적립금 및 임의적립금 등을 적립한 후에 잔여가 있을 때에는 총회의 결의로 조합원에게 잉여금을 배당할 수 있다.

② 제1항의 배당시 조합원별 배당금의 계산은 조합사업의 이용실적 또는 조합원이 납입한 출자액의 비율에 따라 이를 행한다. 이 경우 잉여배당금은 다음 각 호의 원칙을 준수하여야 한다.

1. 이용실적에 대한 배당은 전체 배당액의 100분의 50 이상이어야 한다.
2. 납입출자액에 대한 배당은 납입출자금의 100분의 10을 초과하여서는 아니 된다.

③ 잉여금배당의 방법, 절차 등은 규약으로 정한다.

④ 조합은 제68조에 따른 손실금의 보전과 제26조 및 제27조에 따른 적립금 적립 및 제1항에 따른 배당을 실시한 후에 잔여가 있을 때에는 총회의 결의로 잉여금을 다음 회계연도에 이월할 수 있다.

제8장 합병·분할 및 해산

제70조(합병과 분할) ① 조합은 합병계약서 또는 분할계획서를 작성한 후 총회의 의결을 얻어 합병 또는 분할할 수 있다.

② 합병 또는 분할로 인하여 존속 또는 새로 설립되는 조합은 합병 또는 분할로 인하여 소멸되는 조합의 권리·의무를 승계한다.

제71조(해산) ① 조합은 다음 각 호의 어느 하나에 해당하는 사유가 발생하였을 때에는 해산하고 해산절차는 민법 등 관련 법령에 의한다.

1. 총회의 의결
2. 합병·분할 또는 파산

② 이사장은 조합이 해산한 때에는 지체 없이 조합원에게 통지하고 공고하여야 한다.

제72조(청산인) ① 조합이 해산한 때에는 파산으로 인한 경우를 제외하고는 이사장이 청산인이 된다. 다만, 총회에서 다른 사람을 청산인으로 선임하였을 경우에는 그에 따른다.

② 청산인은 취임 후 지체 없이 재산상태를 조사하고 재산목록과 대차대조표를 작성하여 재산처분의 방법을 정하여 총회의 승인을 얻어야 한다.

③ 청산사무가 종결된 때에는 청산인은 지체 없이 결산보고서를 작성하여 총회의 승인을 얻어야 한다.

④ 제2항 및 제3항의 경우에 총회를 2회 이상 소집하여도 총회가 구성되지 아니할 때에는 출석 조합원 3분의 2 이상의 찬성이 있으면 총회의 승인이 있은 것으로 본다.

제73조(청산 잔여재산의 처리) ① 조합이 해산 후 채무를 변제하고 청산 잔여재산이 있을 때에는 출자좌수의 비율에 따라 총회가 정한 산정방법에 의하여 이를 조합원에게 분배한다.

② 조합의 청산 잔여재산은 총회에서 정하는 바에 따라 이 조합과 유사한 목적을 가진 비영리법인에 증여할 수 있다.

부칙

이 정관은 ○○○시·도지사의 신고서류 수리가 완료된 날부터 시행한다.

발기인	○	○	○	(인)
발기인	○	○	○	(인)
발기인	○	○	○	(인)
발기인	○	○	○	(인)
발기인	○	○	○	(인)

17. 노동조합설립신고서

■ 노동조합 및 노동관계조정법 시행규칙 [별지 제1호서식]

노동조합 [ ] 설립
[ ] 설립신고사항 변경 신고서

※ [ ]에는 해당되는 곳에 "√" 표시를 하시기 바라며, 색상이 어두운 란은 신청인이 적지 않습니다.   (앞쪽)

접수번호	접수일	처리기간: 3일

명칭		노동조합의 형태	
주된 사무소의 소재지 (전화번호)		조합원 수	명
소속된 연합단체의 명칭		※ 연합단체에 가입하지 않은 경우에는 기재하지 아니합니다.	

대표자	성명		주민등록번호	
	주소		전화번호	
	소속사업장		소속부서 및 직책	
임원	직책	성명	주소	
	직책	성명	주소	

〈연합단체인 경우 그 구성원인 노동조합 관련 사항〉

명칭	조합원 수	주된 사무소의 소재지	임원	
			성명	주소

〈2개 이상의 사업 또는 사업장의 근로자로 구성된 단위노동조합의 경우에는 아래의 기재사항을 작성하시기 바랍니다.〉

사업 또는 사업장별 명칭	대표자 성명	소 재 지	조합원수

〈설립신고사항 변경신고 시 작성 사항〉

변경사항	변경 전	변경 후
변경연월일		
변경사유		

[●] 설립신고
0000 년 00 월 00 일 본인 외 0 명은 ㅇㅇ시 ㅇㅇ구 ㅇㅇ로 ㅇ 에서 노동조합 설립총회를 개최하고 「노동조합 및 노동관계조정법」 제10조제1항 및 같은 법 시행규칙 제2조에 따라 노동조합의 설립을 신고합니다.

0000 년   00 월   00 일
신고인(노동조합 대표자)   (서명 또는 인)

          귀하
[ ] 설립신고사항 변경신고
「노동조합 및 노동관계조정법」 제13조제1항 및 같은 법 시행규칙 제3조에 따라 노동조합 설립신고사항 중 변경사항을 신고합니다.

년   월   일
신고인(노동조합 대표자)   (서명 또는 인)

          귀하

첨부 서류	설립	규약 1부	수수료 없음
	변경	1. 변경사항을 증명할 수 있는 총회 또는 대의원회의 회의록이나 규약 등의 서류 1부 2. 설립신고증(변경신고증을 발급받은 사실이 있는 경우에는 변경신고증)	
비고: 기재란이 부족한 경우에는 별지에 작성하시기 바랍니다.			

(노동조합)

규　　약

0000년 00월 00일 제정

○○노동조합

○○ 노동조합 규약

전   문

○○노동조합은 조합원들의 자주적 단결에 기초하여 근로조건의 유지개선과 종사 근로자들의 경제적, 사회적 지위를 향상시키고 나아가 ㈜○○ 투명한 경영 개혁 실현을 통해 건전한 노사문화 발전에 기여하며, 조합원의 안정된 근로생활과 인간다운 삶을 도모하고자 이 규약을 제정한다.

제 1 장   총 칙

제1조(명칭) 본 노동조합은 ○○노동조합 (이하" 조합 "이라 한다) 이라 칭한다.

제2조(목적) 조합은 조합원이 자주적으로 단결하여 근로조건을 유지 · 개선하고 고용안정 및 복지증진, 경제적.사회적 지위를 향상시키는 것을 목적으로 한다.

제3조(사업) 조합은 그 목적을 달성하기 위하여 다음의 사업을 전개한다.
  1. 노동기본권 확보에 관한사항
  2. 임금 및 근로조건 유지, 개선에 관한 사항
  3. 고용안정에 유지, 개선에 관한 사항
  4. 복지증진에 유지, 개선에 관한 사항
  5. 작업환경개선 및 산업재해에 관한 사항
  6. 성과배분 확립에 유지, 개선에 관한 사항
  7. 조직 확대 및 강화에 관한 사항
  8. 환경 보호 및 공해 배출억제에 관한 사항
  9. 기술 및 교육수준 향상에 관한 사항
  10. 기타 노동문제와 관련된 사항

제4조(주된 사무소) 조합의 사무소는 ○○ ○○시 ○○구 ○○로 ○ 내에 둔다.

제5조(법인) 조합은 법인으로 할 수 있다.

제6조(연합단체) 조합은 상급노동조합단체 회원조합에 가입하는 것은 추후 별도 총
　　회를 통해 정한다.

제 2 장　조 직

제7조(구성) 조합은 ㈜○○에 고용된 근로자 중 조합에 가입된 자로 구성된다. 조합
　　은 필요시 (공장, 지점, 사무소) 단위로 지부를 둘 수 있다.

제8조(조합원 자격취득 및 탈퇴)　① 조합원의 자격은 조합 소정양식의 가입원서를
　　제출, 위원장의 결재와 동시에 발생하며, 위원장은 본 규약에 저촉되지 아니하
　　는 한 가입원서 제출자에 대하여 결재를 거부할 수 없다. 다음 각 호의 자는
　　조합원의 자격을 상실한다.
　1. 퇴직 또는 해고되었을 때.
　2. 노동조합법상 또는 유니온숍 협약체결 시 비조합원의 범위에 해당되었을 때
　3. 제 명
　4. 사 망
　5. 조합원 탈퇴서를 제출하였을 때
　　다만, 노동조합 활동과 관련 해고된 사람이 불복하여 부당노동행위 구제신청
　　또는 소송　　을 제기한 경우 최종 판정이 있을 때까지 조합원 자격을 유지
　　한다.
　② 조합원은 전항의 절차에 따라 조합을 탈퇴할 수 있다.

제 3 장　권리와 의무

제9조(조합원의 권리)　조합원은 이 규약에 정한 권리를 행사할 수 있으며 규약에
　　의하지 아니하고는 권리를 제한받지 아니한다.　다만, 조합비를 납부하지 아니
　　한 조합원은 소정의 규정에 따라 권리의 일부를 제한할 수 있다.

제10조(조합원의 의무) 조합원은 다음 각 호의 의무를 충실히 이행하여야 한다.

1. 조합 내 각급 기관의 결정과 지시에 따를 의무.

2. 규약, 규칙 등에 규정된 사항을 준수할 의무.

3. 규약 및 총회 (대의원대회)에서 결정된 조합비 등을 납부할 의무.

제 4 장   기 구

제11조(기구) 본 조합에 다음 기구를 둔다.

1. 총회

2. 대의원대회

3. 운영위원회

4. 상무집행위원회

5. 선거관리위원회

제 1 절   총 회

제12조(구성 및 소집) ① 총회는 본 조합의 조합원 전원으로 구성한다.

② 정기총회는 매년 12월 위원장이 소집하며, 대의원대회로 갈음 할수 있다.

③ 임시총회는 위원장이 필요하다고 인정하는 경우 또는 조합원 3분의1 이상이 회
   의에 부의할 사항을 명기한 요청서를 제출하였을시 소집한다.

④ 총회의 의장은 위원장 또는 위원장이 지명한 자가 된다.

제13조(소집공고) 총회는 회의개최일 7일 전까지 일시 및 회의장소와 회의에 부의할
   사항을 제시하여 공고하여야 하며, 공고사항을 변경하고자 할 경우 3일간의 공
   고기간을 두어야 한다. (단, 긴급을 요할 경우 2일 이전에 할 수 있다.)

제14조(총회 기능) 총회는 본 조합의 최고 결의기관으로서 다음의 사항을 심의 의결
   한다.

1. 규약 제정과 변경에 관한 사항

2. 임원의 선거와 해임, 징계에 관한 사항

3. 단체협약에 관한 사항

4. 예산 · 결산에 관한 사항

5. 기금의 설치, 관리 처분에 관한 사항

6. 연합단체 설립 및 가입, 탈퇴에 관한 사항

7. 사업보고 및 사업계획안 승인에 관한 사항

8. 조합의 합병 · 분할 · 해산 · 조직형태변경에 관한 사항

9. 연맹파견대의원 선출

10. 특별부과금 결정에 관한 사항

11. 쟁의행위 결의에 관한 사항

12. 기타 중요한 사항

제 2 절 대의원대회

제15조(대의원대회의 기능) 조합은 총회에 갈음하여 대의원대회를 둔다. 단, 대표자
의 선출 및 해임, 조합의 합병 · 분할 · 해산 · 조직형태변경, 연합단체 가입 및
탈퇴, 쟁의행위 는 조합원 총회에서 의결하여야 한다.

제16조(대의원대회의 구성) 대의원대회는 각 선거구에서 조합원이 직접 비밀 무기명
투표로 선출한 대의원으로 구성한다.

제17조(대의원대회의 소집) ① 정기대의원대회는 매년 (○ 월) 중에 위원장이 소집한다.
② 임시대의원대회는 위원장이 필요하다고 인정할 때와 대의원 1/3 이상이 회의 목
적 사항을 제시하고 회의소집 요청이 있을시 위원장이 소집한다.
③ 대의원대회는 회의개최일 7일 전까지 일시 및 회의장소와 회의에 부의할 사항을
제시하여 공고하여야 하며, 공고사항을 변경하고자 할 경우 3일간의 공고기간을
두어야 한다. 단, 긴급을 요할 경우 사유발생 즉시 개최 할 수 있다.

제18조(대의원 선출) ① 대의원은 조합원의 직접 비밀 무기명 투표로 조합원 30명
당 1명을 선출하며, 별도 사업장이 조합원수 10명이상 30명 미만 되는 곳일
경우 대의원 1명을 배정한다.

② 대의원 선거구는 운영위원회에서 조정할 수 있다.

제19조(대의원의 임기) ① 대의원의 임기는 2년으로 하되 차기 대의원 선출 전일까지로 한다.

② 결원 대의원의 보선은 당해 대의원 선출 선거구에서 보선하되 임기는 전임자의 잔임기간으로 한다.

제 3 절   운영위원회

제20조(운영위원회 구성 및 소집) ① 운영위원회는 조합임원과 각 부서부장, 조합총회(대의원대회)에서 선출된 5명 이내의 운영위원으로 구성한다.

② 운영위원회는 다음 각 호의 경우에 소집한다.
 1. 운영위원 3 분의 1 이상이 회의에 부의할 사항을 제시하고 위원장에게 소집을 요구한때
 2. 상무집행위원회의 의결이 있을 때
 3. 위원장이 필요하다고 인정한때

제21조(운영위원회 기능) 운영위원회는 다음 각 호의 사항을 심의 결정한다.
 1. 총회 및 대의원대회의 수임사항
 2. 조합원의 징계 재심 요구권
 3. 각종 위원회 위원 구성에 관한 사항
 4. 각종 규정 제정, 개정
 5. 예산 목간전용 승인
 6. 예비비 사용 승인
 7. 규약 및 규정의 해석
 8. 임원 유고시 임시의장 위촉에 관한 사항
 9. 대의원 선거구 조정에 관한 사항

제 4 절   상무집행위원회

제22조(상무집행위원회 구성과 소집) ① 상무집행위원회는 조합임원과 위원장이 임명하는 각 부장으로 구성한다.

② 상무집행위원회는 위원장이 필요하다고 인정한때와 상무집행위원회 위원 1/3 이상의 요구로 위원장이 소집한다.

제23조(상무집행위원회의 기능) 상무집행위원회는 다음 각 호의 사항을 심의 결정한다.

1. 각종 회의 준비 및 결의사항 집행에 관한 사항
2. 총회, 대의원대회 및 운영위원회 수임사항
3. 조합원 표창 및 징계에 관한 사항
4. 단체교섭 준비에 관한 사항
5. 기타 조합의 유지 관리 및 조합원에 관한 사항

제 5 절   선거관리위원회

제24조(구성, 소집 및 기능) ① 선거관리위원은 운영위원회의 추천으로 위원장이 위촉한 5명 내외의 위원으로 구성한다. 단, 선거관리위원이 선거에 입후보 하거나 특정후보 선거대책업무를 맡을 경우 사직하여야 한다.

② 선거관리 위원장은 선거관리위원 중에서 호선하여 선출한다.

③ 선거관리위원회는 선거일 15일 전까지 선거관리위원장이 소집한다.

④ 선거관리위원회는 선거공고, 후보등록, 선거운동방법, 투개표, 당선인 결정 등 선거 제반업무를 관리한다.

⑤ 선거관리위원의 임기는 3년으로 한다. 단 결원으로 보선된 위원은 전임자의 잔여임기동안 한다.

⑥ 조합은 별도의 선거관리 규정을 둘 수 있다.

제 5 장   임 원

제25조(임원) 본 조합에 다음의 임원을 둔다.

1. 위 원 장 1명

2. 부위원장 약간명

3. 사무국장 1명

4. 회계감사 1명

제26조(임원의 임무) 임원의 임무는 다음과 같다.

1. 위원장

　가. 조합을 대표하고 조합업무의 일체를 총괄한다.

　나. 공문서의 서명인이 된다.

　다. 각종 회의를 소집하며 의장이 된다.

　라. 부장 및 차장, 사무직원을 임면한다.

　마. 조합의 예산집행의 결재권자가 된다.

　바. 조직질서 유지와 조합원의 권익수호에 대한 필요한 조치

　사. 간행물의 발행인이 된다.

2. 부위원장

　가. 위원장을 보좌한다.

　나. 위원장 유고시 위원장 임무를 상근 부위원장이, 상근부위원장이 없을시에는
　최연장 부위원장이 업무를 대행한다.

3. 사무국장

　가. 위원장의 지시를 받아 조합의 제반 업무를 관장한다.

　나. 위원장의 결재에 의하여 예산을 집행하고 기금, 자산 및 현금을 관리하며
　의무금을 수납한다.

　다. 각종 회의의 자료를 작성할 책임과 질의에 응하며 업무에 대하여 보고한
　다.

　라. 회계감사에 응한다.

　마. 각 부.차장 회의를 소집한다.

4. 회계감사

　년 2회이상 회계감사를 행하여 각종 회의에 보고한다.

제27조(임원의 선거) ① 본 조합의 임원은 조합원중에서 선출한다.

② 위원장은 조합원의 직접·비밀·무기명 투표로 선출하며, 재적 조합원 과반수 출

석과 출석조합원 과반수 득표로 당선자를 결정한다. 단, 1차 투표에서 출석조합원 과반수 득표를 얻은 후보가 없을 경우 1, 2위 득표자를 대상으로 결선 투표를 하여 다수의 득표자를 위원장으로 선출한다.

③ 위원장 이외의 임원은 대의원의 직접, 비밀, 무기명 투표로 선출할수 있다.

제28조(임원의 임기) ① 임원의 임기는 3년으로 한다. 단, 결원으로 보선된 임원은 전임자의 잔임기간으로 한다.

② 결원이 발생 시 다음 각호의 절차에 준 한다.

　　가. 위원장이 사표를 제출하거나 사망하였을 경우에는 1개월 이내에 임시 총회를 소집하여 보선한다. 단, 회의소집은 상근 부위원장, 부위원장 중 최연장자 순으로 소집한다.

　　나. 위원장 이외의 임원이 임기 만료 전에 사표를 제출하였을 경우 사표 수리, 결재 종료 후 그 자격을 상실한다.

　　다. 위원장 이외의 임원이 사표를 제출하였을 경우에는 위원장은 운영위원회의 동의를 얻어 직무대리를 임명하고 차기 대의원대회에서 보선한다.

제 6 장　　부서와 업무

제29조(부서의 설치) 조합은 업무집행을 위하여 다음과 같은 부서를 둘 수 있으며 각부에 부장 1 명을 두되 필요에 따라 차장을 둘 수 있다.

1. 총무부
2. 조직부
3. 교육홍보부
4. 조사통계부
5. 쟁의부
6. 복지후생부
7. 여성부

제30조(부서의 업무) 각 부서는 다음과 같은 업무를 관장한다.

1. 총무부 : 문서접수, 발송, 인장보관, 조합비 수납지출 및 재산관리

2. 조직부 : 조합원 가입조직 규율 유지

3. 교육홍보부 : 조합원 교육 및 대내외홍보 업무

4. 조사통계부 : 조합 활동에 필요한 자로수집 통계사무 일체

5. 쟁의부 : 노동쟁의 발생 판단 및 쟁의 행위 업무

6. 복지후생부 : 조합원 복지후생 및 안전보건 사업

7. 여성부 : 여성조합원의 자질향상 및 권익옹호에 관한 사항

제31조(부 · 차장 임무) 각 부장은 담당부서의 업무를 관장하고 차장은 부장을 보좌
한다.

제 7 장   회 의

제32조(성립과 결의) 조합의 각종 회의는 별도규정이 없는 한 재적인원 과반수로 성
립되고, 출석인원 과반수의 찬성으로 의결하며 가부 동수인 경우에는 의장이 결
정한 바에 의한다.

제33조(의장) 본 조합의 각종회의 의장은 위원장이 되며 위원장 유고 시에는 상근
부위원장이, 상근부위원장이 없을시 최연장 부위원장이 이를 대행 한다.

제34조(표결권의 특례) 노동조합이 다음 사항의 조합원에 관하여 의결할 경우에는
그 조합원은 표결권이 없다.

1. 임원의 해임 결의

2. 조합원 징계

제35조(특별결의) ① 조합의 의결사항 중 다음 각 호의 1은 재적조합원(대의원) 과
반수 이상 출석과 출석인원 2/3 이상의 찬성으로 결의한다.

1. 규약의 제정 및 변경

2. 임원의 징계 및 해임

3. 조합의 합병 · 분할 · 해산 및 조직형태 변경

4. 연합단체 설립 및 가입 · 탈퇴

5. 긴급동의 성립
② 임원의 해임, 조합의 합병·분할·해산 및 조직형태변경, 연합단체 설립 및 가
  입·탈퇴는 조합원의 직접·비밀·무기명 투표에 의하여 결정한다.

제 8 장   단체교섭과 쟁의

제36조(요구안 심의) 단체교섭 요구안은 단체교섭위원을 포함하는 상무집행위원회에
  서 작성하여 대의원대회의 심의를 거친다.

제37조(단체교섭 및 체결권) ① 위원장은 조합원을 위하여 사용자 또는 사용자 단체
  와 교섭을 하고 단체협약을 체결할 권한을 갖는다.
② 단체협약 잠정합의안은 총회 또는 대의원대회의 인준을 얻은 다음 체결한다.

제38조(단체교섭위원의 구성 및 소집) 단체교섭위원은 운영위원회의 의견을 들어 위
  원장이 위촉한 사람으로 구성하며 소집은 위원장이 필요하다고 인정할 시 또는
  위원 1/3 이상의 요청이 있을 때 소집한다.

제39조(기능) 단체교섭위원의 임무는 다음과 같다.
  1. 단체교섭 준비 및 진행에 관한 사항
  2. 단체협약 각 조항의 해석과 적용에 관한 사항
  3. 기타 단체교섭에 관한 사항

제40조(쟁의행위) ① 조합은 쟁의발생시 사용자에게 통보하고 노동위원회에 조정을
  신청한다.
② 쟁의행위는 관련법규의 절차에 따라 다음과 같이 실행한다.
  1. 쟁의행위는 전체조합원의 직접, 비밀, 무기명 투표로 재적 조합원 과반수 찬
  성으로 결의한다.
  2. 조합은 제1호의 쟁의행위 찬반투표 결과를 조합게시판에 공고하고, 투표자
  명부 및 투표용지를 쟁의행위 종료 시 까지 보관하며 조합원의 요구가 있을 경
  우 위원장의 승인을 득하여 열람 할 수 있도록 한다.

3. 쟁의행위 결의시 즉시 상급단체에 보고하고 지도를 받는다.

제41조(노사협의위원) ① 노사협의회 근로자측 위원은 운영위원회의 의견을 들어 위
   원장이 위촉한다.
② 위원장은 노사협의회의 노조 측 대표위원이 된다.

제 9 장   재 정

제42조(재정) 본 조합의 재정은 조합원으로부터 매월 징수하는 조합비, 기부금, 특
   별부과금, 기타 사업수입 및 잡수입으로 충당한다.

제43조(조합비) 조합원은 매월 통상급여의 1%를 월 급여에서 공제한다.

제44조(맹비) 본 조합은 상급연맹에 가입하는 경우 소정의 맹비를 납부한다.

제45조(회계년도) ① 본 조합의 회계연도는 매년 1월 1일부터 12월말일 까지로 한
   다.
② 회계연도 개시 전에 예산이 성립되지 아니한 때는 인건비, 공공요금 등 필수 불
   가결한 비용 등은 예년 수준에 맞게 지출할 수 있다.

제46조(예산목간 전용) 예산 목간 전용은 운영위원회의 의결을 얻어야 하며 다만,
   예산과목 전체의 4분의 1이상을 변경하거나 전체 예산액의 20 %이상을 전용할
   경우에는 총회 또는 대의원대회의 의결을 얻어야 한다.

제47조(자산의 처리) 본 조합 자산의 관리 및 처리는 총회(대의원대회)의 결의로서
   집행부(상무집행위원회)에서 이를 집행한다.

제 10 장   규 율

제48조(표창) 조합발전에 공로가 지대한 사람은 상무집행위원회의 의결을 거쳐 위원

장이 표창한다.

제49조 (징계 및 임원 해임) ① 다음 각호에 해당되는 임원 및 조합원이 발생할 시
　는 규정에 따라　징계에 처한다.
　1. 조합의 각종지시, 명령에 불복한 임원 및 조합원
　2.　조직을 교란하여 조합의 명예를 훼손하는 등 반조직 행위를　하는 자
　3.　조합의 업무를 고의로 방해한 자
　4.　조합의 목적달성을 위하여 지켜야 할 비밀을 누설한 자
　5.　규약 및 제 규정을 위반한 자
② 위원장의 해임은 전체 조합원의 직접 비밀, 무기명 투표로 재적조합원 과반수 출
　석과 출석조합원 2/3 이상 찬성으로 결정한다.
③ 위원장을 제외한 임원의 해임은 선출기관에서 행하되, 절차는 위원장 해임과 같
　다.

제50조(징계의 종류) 징계의 종류는 다음과 같다.
　1. 경고
　2. 자격정지(단, 자격정지는 6개월을 초과할 수 없다.)
　3. 제명

제51조(징계재심) ① 징계를 받은 조합원이 그 처분에 불복하는 경우 그 처분이 있
　는 날로 부터 15일 이내에 위원장에게 재심을 청구 할 수 있다.
② 위원장은 제1항의 규정에 의한 청구가 있는 때에는 15일 이내에 운영위원회를
　소집하여야 한다.
③ 재심의 신청으로 징계처분의 효력은 정지하지 않는다.

제 11 장　　해 산

제52조(해산 사유) 조합원은 다음 각 호의 사유에 의하여 해산한다.
　1. 노동조합 및 노동관계 조정법 제28조의 각 호의 1에 해당하는 경우
　2. 회사의 소멸

3. 조합원 3분의 2 이상의 찬성 의결이 있는 경우

제53조(청산) ① 조합이 전조의 규정에 의하여 해산한 때는 해산일로부터 15일 이
내에 위원장은 총회 또는 대의원대회의 승인을 얻어 3명이내의 청산위원을 임
명한다.
② 청산위원회는 조합비 청산(안)을 작성하여 총회(대의원대회)의 의결을 얻어 청산
을 개시한다.

부   칙

제54조(통상관례) 본 규약상의 미비점은 관계법령 및 통상 관례에 따른다.

제55조(규약의 시행) 본 규약은 총회(대의원대회)에서 통과한 날로 부터 효력을 발
생한다.

○○노동조합 선거관리규정

제1장 총 칙

제1조 (제정 근거) 본 규칙은 ○○노동조합규약(이하, '노동조합 규약'이라 한다) 제24조를 근거로 제정한다.

제2조 (명 칭) 본 규칙은 ○○노동조합(이하, '노동조합'이라 한다) 선거관리규정이라 한다.

제3조 (목 적) 본 규칙은 노동조합 임원선거에 있어 공정한 선거관리와 선거과정에서 발생할 수 있는 분쟁을 방지함으로써 조직의 안정과 민주적 발전을 기하는데 그 목적이 있다.

제4조 (적 용) 본 규칙은 노동조합 임원 및 대의원 상급 파견 대의원 선거에 적용한다.

제5조 (선거원칙) 전조의 선거는 소속 조합원의 직접, 비밀, 무기명 투표에 의하여 선거함을 원칙으로 한다. 단, 임원의 보궐선거는 잔여임기를 원칙으로 한다.

제2장 선거권과 피선거권

제6조 (선거권)
  1. 다음 각호에 해당하는 자는 선거권이 없다.
   (1) 조합원이 아닌 자
   (2) 노동조합 규약 제49조에 의해 제명 및 징권 등 징계처분으로 권리행사가 박탈, 제한된 조합원
   (3) 노동조합 규약 제10조의 의무를 다하지 아니한 조합원
제7조 (피선거권) 위원장, 부위원장 선거에 한하여 다음의 자는 피선거권이 없다.
  1. 노동조합규약 제10조 및 제49조 제1항 제2, 3, 4, 5호에 해당하는 자
  2. 조합가입 1년 미만인 자
  3. 위원장 선거에 당선자는 연임할 수 있다.

제3장 선거구와 투표구

제8조 (선거구) 선거관리위원회는 노동조합 사무실을 선거구로 설치하며 이에 대한
  선거를 하여야 한다.
제9조 (투표구)
  1. 임원 및 대의원 선거의 투표구 및 투표소는 노동조합 사무실 및 대의원이 있
    는 사업장을 단위로 설치한다.
  2. 선거관리위원회는 선거공고일 현재 확정된 투표구와 투표소를 지정, 공고해야
    한다.

제4장 선거관리위원회

제10조 (선거관리위원회의 설치) 선거관리위원회는 다음과 같이 설치한다.
  1. 선거관리위원회를 노동조합 사무실 내에 둔다.
제11조 (선거관리위원회의 구성)
  1. 선거관리위원회는 운영위원회에서 선임된 약간명으로 구성하며, 선관위원 회의
    에서 위원장을 선출한다.
  2. 선거관리위원 선임방법은 운영위원회의에서 다수결원칙에 따라 선출 또는 위촉
    승인 하는 방법으로 한다.
제12조 (선거관리위원회의 기능)
  1. 선거관리위원회의 기능은 다음과 같다.
  (1) 선거공고 전반에 관한 사항
  (2) 선거권 및 피선거권자 자격 기준에 관한 사항
  (3) 선거구 및 투표구 확정에 관한 사항
  (4) 선거관련 질의, 회의 및 심의, 판정에 관한 사항
  (5) 당선인 확정, 공포에 관한 사항
  (6) 이의제기에 따른 처리에 관한 사항
  (7) 선거인명부 열람 및 확정에 관한 사항
  (8) 후보자 등록접수, 처리에 관한 사항
  (9) 각종 공고물 부착, 관리에 관한 사항

(10) 투표준비 및 투표관리에 관한 사항

(11) 개표준비 및 개표관리에 관한 사항

(12) 기타 선거관련업무 전반에 관한 사항

제13조 (회 의)

1. 회의는 재적인원 과반수의 출석으로 성립하고 출석위원 과반수 찬성으로 의결하며 가부 동수인 경우에는 위원장이 결정한다.

2. 위원장 유고시에는 위원중 년령순에 따라 최연장자가 위원장 직무를 대행한다.

3. 모든 회의는 회의록을 작성, 비치하고 작성자와 참석위원 모두가 서명, 날인한다.

제14조 (임기 및 해산) 선거관리위원의 임기는 선임일로부터 선거 종료후 5일이내에 해산해야 하며 다만, 선거결과에 대한, 이의처리 종료시 2일이내에 공식 해산한다.

제5장   선거인 명부

제15조 (선거일 명부작성) 노동조합 선거관리위원회는 선거공고일 현재 본규정 제6조의 자격을 갖춘 조합원을 조사하여 선거공고일로부터 3일이내에 2부를 작성하여야 한다.

제16조 (선거인명부 열람) 선거관리위원회는 명부작성 만료일의 다음날로부터 2일간 명부를 열람하게 하되 선거관리위원장은 선거공고시 열람기간과 장소를 공고하여야 한다.

제17조 (이의신청과 결정)

1. 선거권자는 누구든지 선거인 명부에 누락 또는 오기가 있거나 자격이 없는 선거인이 등재되어 있다고 인정할 때에는 열람 기간내에 서면으로 당해 선거관리위원회에 이의를 신청할 수 있다.

2. 1항의 신청이 있을 시, 선거관리위원회는 2일이내에 심사결정하되 신청이 이유가 있다고 결정한 때에는 즉시 선거인 명부를 수정하고 신청인에게 그 결과를 통지하여야 한다.

제18조 (명부의 확정과 효력) 선거인 명부는 선거 5일전에 확정되며 당해 선거에 한하여 효력을 가진다.

제6장 후보자

제19조 (후보자 등록) 선거의 후보가 되고자 하는 자는 선거공고일로부터 등록기간 내에 해당 선거관리위원회에 후보자 등록을 신청하여야 한다.

제20조 (등록기간 공고) 선거관리위원회는 후보자 등록기간을 선거공고일에 공고하여야 한다.

제21조 (등록구비서류) 후보자 등록시 구비하여야 할 서류는 다음과 같다.

1. 후보자 등록 신청서

2. 조합비 납부 확인서

제22조 (등록 접수처리) 선거관리위원회는 후보자등록 신청서를 접수한 때에는 즉시 구비서류를 심사하여 등록 가부를 결정하고 접수, 처리하여야 하다.

제23조(후보자 기호결정) 선거관리위원회는 후보자 마감후 후보자의 경합이 있을 시에는 다음 절차에 의거 기호를 결정해야 한다. 단, 기호결정 추첨은 후보자 본인이 직접 참석하여야하며, 불참시엔 사퇴, 처리한다.

1. 추첨순위 추첨

추첨순위 추첨은 등록순위에 따라 추첨하여 추천순위를 결정한다.

2. 기호추첨

기호추첨은 추첨순위에 따라 추첨하여 기호를 결정한다.

제24조 (선거활동)

1. 등록을 필한 입후보자는 투표 전날까지만 선거운동을 허용하되 선거공고시 선거관리위원회가 지정한 사항외의 방법으로 선거운동을 일체할 수 없다.

2. 선거의 공정을 기하기 위하여 다음 각호의 행위가 있을 경우에는 선거관리위원회의 결의로 선거권을 박탈하며 입후보자였을 경우에는 후보등록 취소와 함께 규약에 따라 징계하여 줄 것을 해당 징계기관에 회부할 수 있다.

(1) 특정 후보자가 당락을 목적으로 조합원에게 금품 또는 음식물을 제공하는 행위와 야외로 초빙 향락을 즐기게 하는 행위

(2) 특정 후보와 노동조합을 비방하는 유인물을 배포하는 중상모략과 인신공격행위

(3) 특정 후보자가 당락을 목적으로 외부세력을 선거에 개입시키는 행위

(4) 선거의 방해 및 조직분열을 목적으로 폭력과 기물파괴를 획책하는 행위

(5) 선거를 빙자해 파벌을 조성하고 노동조합 조직의 분열을 책동하는 행위

(6) 선거공고 또는 시설물을 파괴 훼손시키는 행위

(7) 투.개표소에서 집단적인 난동과 소동을 일으키는 행위

(8) 선거의 제반업무를 고의로 방해하는 행위

제25조 (후보자 사퇴)

1. 등록된 후보자가 후보를 사퇴하고자 할 때에는 선거관리위원회에 사퇴서를 제출하여야 한다.

2. 선거관리위원회가 사퇴서를 접수한 때에는 즉시 수리여부를 심사하여 그 결과를 본인 및 조합원에게 공고, 통지하여야 한다.

3. 본 규정 제23조 단서조항에 해당된 자.

제7장　선거일과 투표

제26조 (선거일 공고) 선거관리위원회는 최소한 선거일 7일이전에 선거공고를 하여야 한다.

제27조 (투표방법) 투표는 직접, 비밀, 무기명에 의한 기표방법으로 한다.

제28조 (투표소의 지정 및 설치) 선거관리위원회는 지정된 투표구 내에 소속 조합원의 집결할 수 있는 노동조합, 또는 지정된 투표소를 지정하여 공고하고 투표소는 비밀이 유지되도록 설치하여야 한다.

제29조 (투표용지)

1. 선거에 필요한 투표용지는 선거일 전일까지 당해 선거관리위원회에서 작성 준비한다.

2. 투표용지는 인명대장에 등록한 선거관리위원회인과 위원장을 날인하여야 한다.

3. 투표용지에 후보자의 기호는 1, 2, 3.번으로 표시하고 성명은 한글로 명시한다.

제30조 (투표용지의 보관) 당해 선거관리위원회는 투표용지를 후보자가 추천하는 참관인 각1명씩의 입회하에 선거권자와 동수인지를 확인한 후 선거관리위원과 참관인이 함께 봉인하여 보관하고 선거일에 개봉하여야한다. 다만, 잔여 투표용지가 있을 때에는 소각처분하여야 한다.

제31조 (투표용지 확인) 투표 개시전에 선거관리위원회 후보자 추천 참관인은 봉함

한 투표용지의 이상유무를 확인하여야 한다.

제32조 (투표실시) 해당 선거관리위원장은 투표를 실시할 때에는 투표개시의 뜻을 선포하고 투표장내에 선거관리위원 과반수 이상이 항시 참석해 있어야 한다.

제33조 (투표함 내부 확인) 해당 선거관리위원회는 투표 개시전에 투표참관인의 참여하에 투표함의 내부 이상 유무를 확인한 후 투표를 실시하여야 한다.

제8장 개표관리

제34조 (개 표)

1. 선거의 개표소는 노동조합 사무실로 지정하여 실시한다.

2. 개표는 파견된 선거관리위원 과반수이상 출석과 참관인이 참여하여 즉시 선거관리위원회 위원장이 개표의 뜻을 선포하고 행한다.

제35조 (무효투표) 무효투표의 구별은 선거관리위원회의 결의로 하되 다음의 투표자는 무효로 한다.

1. 어느 란에도 기표하지 아니한 것

2. 어느 란에 기표 것인지 식별할 수 없는 것

3. 기표외 물형 및 인장으로 표시한 것

4. 기타 선관위가 참관인의 합의하에 무효로 판정한 것

제36조 (개표결과 선포 및 보고)

1. 개표결과는 즉시 선거관리위원회장이 공포해야한다.

2. 공포된 개표결과는 선거관리위원장이 선거록을 작성하며 상급기관 가입시 상급기관에 즉시 보고한다.

제9장 당선과 이의제기

제37조 (당선의 결정)

1. 위원장선거의 당선은 재적 선거권자의 과반수이상 투표와 투표자 과반수이상 찬성 지지를 득표한 당선인으로 결정한다. 다만, 제1차 투표에서 당선자가 없을 때에는 1, 2위 다득표자만 2차 투표를 실시한다. 2차투표에서 과반수이상 득표자가 없을시3차투표를 하고, 3차투표에서 과반수이상 득표자가 없을시 14일이

내에 재선거 공고하여야한다.

  2. 부위원장, 회계감사, 운영위원(대의원)선거 당선은 후보자가 선출정수 보다 많으면 재적 선거권자가 과반수이상의 투표와 휴효투표의 다득표자 순으로 선출정수까지당선자로 결정하며, 후보자가 선출 정수와 동일하거나 미달할 경우는 재적 선거권자 과반수이상의 투표로 득표수와 관계없이 후보자 전원을 당선자로 결정한다.

제38조 (당선인의 확정선포) 선거관리위원회 위원장은 개표가 완료된 즉시 당선자를 확정, 공표하여야한다.

제39조 (이의제기 및 처리) 선거결과에 대하여 이의가 있는 후보자는 선거종료일로부터 3일이내에 선거관리위원회에 이의서를 제출하여야 하며 선거관리위원회는 이의서를 접수한 날로부터 3일 이내에 심사 결정하고 후보자에게 그 결과를 통지하여야 한다.

부   칙

제1조 (통상관례) 본 규칙에 명시되지 않은 사항은 관계법령과 규정 및 단위노조 통상관례에 따라 선거관리위원회 결정에 의한다.

제2조 (선거문서의 보존) 선거일로부터 1년간 보존하여야 한다.

제3조 (개정 및 효력) 본 규칙은 대의원대회 의결로 개정할 수 있으나 관계법령, 노동조합 규약에 위배되는 개정규정은 무효로 한다.

제4조 (시 행) 본 규칙은 통과된 날로부터 시행한다.

0000년 0월 0일

○○노동조합

위 원 장   ○ ○ ○   (서명)

부위원장   ○ ○ ○   (서명)

사무국장   ○ ○ ○   (서명)

회계감사   ○ ○ ○   (서명)

18. 참고 민원서식(사례)

- 정보공개청구서
- 진정서
- 임금대장
- 4대보험 자격취득신고서
- 실업인정신청서(실업급여)
- 취하서
- 합의서
- 출입국 비자(VISA)통합신청서
- 국적취득 신고서
- 산재보험 요양급여신청서
- 산재보험 장해급여청구서
- 감사원 심사청구서
- 중대재해발생보고(산업재해)
- 산업재해조사표(산재발생보고)
- 국가배상법 배상신청서

■ 공공기관의 정보공개에 관한 법률 시행규칙 [별지 제1호의2서식] 정보공개시스템(www.open.go.kr)에서
도 청구할 수 있습니다.

정보공개 청구서

※ 색상이 어두운 칸은 신청인(대리인)이 작성하지 않습니다.

접수번호		접수일	처리기간

청구인	성명(법인 · 단체명 및 대표자 성명)		여권 · 외국인등록번호(외국인의 경우 작성)
	주소(소재지)		사업자(법인 · 단체)등록번호
	전자우편주소	팩스번호	전화번호(또는 휴대전화번호)

청구 내용	
공개 방법	[　]열람 · 시청　　　[　]사본 · 출력물　　　[　]전자파일　　　[　]복제 · 인화물　　　[　]기타(　　　　)
수령 방법	[　]직접 방문　　　[　]우편　　　[　]팩스 전송　　　[　]정보통신망　　　[　]전자우편 등(　　　　)
수수료	[　]감면 대상임　　　　　　　[　]감면 대상 아님
	감면 사유
	※「공공기관의 정보공개에 관한 법률 시행령」 제17조제3항에 따라 수수료 감면 대상에 해당하는 경우에만 적으며,
	감면 사유를 증명할 수 있는 서류를 첨부하시기 바랍니다.

「공공기관의 정보공개에 관한 법률」 제10조제1항 및 같은 법 시행령 제6조제1항에 따라 위와 같이 정보의 공개를 청구합니다.

년　　　월　　　일

청구인　　　　　　　　　　　　　　　　　　　　　(서명 또는 인)

(접수 기관의 장) 귀하

- 접 수 증 -

접수번호	청구인 성명	
접수부서	접수자 성명	(서명 또는 인)

귀하의 청구서는 위와 같이 접수되었습니다.

년　　　월　　　일

접 수 기 관 장 　|　직인　|

유 의 사 항

1. 공개 청구된 공개 대상 정보의 전부 또는 일부가 제3자와 관련이 있다고 인정되는 경우에는 「공공기관의 정보공개에 관한 법률」 제11조제3항에 따라 청구사실이 제3자에게 통지됩니다.
2. 정보공개를 청구한 날로부터 20일이 경과하도록 정보공개 결정이 없는 경우에는 「공공기관의 정보공개에 관한 법률」 제18조부터 제20조까지의 규정에 따라 해당 공공기관에 이의신청을 하거나, 행정심판(서면 또는 온라인 : www.simpan.go.kr) 또는 행정소송을 제기할 수 있습니다.
3. 청구인은 정보공개시스템 및 타 시스템 연계를 통해 통지된 문서를 대외적으로 활용하기 위해 필요한 경우 직인날인의 보완을 요구할 수 있습니다.
4. 본인확인이 필요한 정보를 청구하시는 경우「공공기관의 정보공개에 관한 법률」제10조제1항제2호에 따라 공공기관에서 청구인의 주민등록번호를 추가로 요구할 수 있습니다.

210mm×297mm[백상지 80g/㎡(재활용품)]

민 원 서 류		진 정 서		
처리기한 :				
진 정 인	성 명		주민등록번호	
	주 소			
	연락전화			
	근무기간		담 당 업 무	
피진정인	업 체 명		상시근로자수	명
	소 재 지			
	전화번호			
	대 표 자			

20   .   .   .

위 진정인   (인 또는 서명)

출석요구 희망일시 : 20   .   .   .   시   분

★ 참고사항: 진정인이 여러 명일 경우 성명, 주민등록번호, 전화번호, 금품내역을
   진정서 뒷 면에 첨부하여 주십시오.

○○○년 ○○월분 **임 금 대 장**

상 호 : ○○(주)

20 년 월 일 ~ 20 년 월 일　　20 년 월 일

직종	성명 (입사일)	주민등록번호	1 16	2 3 17	4 18	5 19	6 20	7 21	8 22	9 23	10 24	11 25	12 26	13 27	14 28	15 29	30	31	출근일수 / 일급일금	연장수당 / 휴일수당	야간수당 / 주휴수당	○○수당	월급 / 총액	소득세 / 주민세	건보 / 국연	정요 / 고용	공제액 / 수령액
대표 이사	○○○ 00.00.00																										
임원	○○○ 00.00.00																										
관리 부	○○○ 00.00.00																										
청소 부	○○○ 00.00.00																										
합계																											

■ 고용보험법 시행규칙 [별지 제5호서식]

[ ] 국민연금 사업장가입자 자격취득 신고서   [ ] 건강보험 직장가입자 자격취득 신고서
[ ] 고용보험 근로자 피보험자격취득 신고서   [ ] 산재보험 근로자 자격취득 신고서

※ 제2쪽의 유의사항 및 작성방법을 읽고 작성하기 바라며, 색상이 어두운 난은 신고인이 적지 않습니다.
※ [ ]에는 해당되는 곳에 "√" 표시를 합니다.
※ 같은 사람의 4대 사회보험 각각의 자격취득일 또는 월 소득액(소득월액, 보수월액, 월평균보수액)이 서로 다른 경우 줄을 달리하여 적습니다.

접수번호	접수일	처리기간: 3일(고용·산재보험은 5일)

사업장	사업장관리번호	명칭	단위사업장 명칭	영업소 명칭
	소재지			우편번호( )
	전화번호		팩스번호	

보험사무 대행기관	번호	명칭	하수급인 관리번호(건설공사 등의 미승인 하수급인만 해당함)

구분	성명	주민등록번호 (외국인등록번호· 국내거소신고번호)	국적	체류 자격	대표자 여부	월 소득액 (소득월액· 보수월액· 월평균보수액) (원)	자격 취득일 (YYYY. MM.DD)	국민연금			건강보험					고용보험·산재보험				
								자격 취득 부호	특수 직종 부호	직역연금 부호	보험료 부호	감면 부호	공무원· 교직원	회계명 /부호	직종명 /부호	직종 부호	1주 소정 근로 시간	계약 종료 연월 (계약직만 작성)	보험료 부과구분 (해당자만 작성) 부호 / 사유	일자리 안정자금 지원 신청
1					[ ]예 [ ]아니오			([ ]취득 월 납부 희망)			[건강보험] ([ ]피부양자 신청)					[고용보험]계약직 여부 [신재보험]			[ ]예 [ ]아니오	부호 [ ]예 사유 [ ]아니오	[ ]예 [ ]아니오
2					[ ]예 [ ]아니오			([ ]취득 월 납부 희망)			[건강보험] ([ ]피부양자 신청)					[고용보험]계약직 여부 [신재보험]			[ ]예 [ ]아니오	부호 [ ]예 사유 [ ]아니오	[ ]예 [ ]아니오
3					[ ]예 [ ]아니오			([ ]취득 월 납부 희망)			[ ]건강보험 ([ ]피부양자 신청)					[고용보험]계약직 여부 [신재보험]			[ ]예 [ ]아니오	부호 [ ]예 사유 [ ]아니오	[ ]예 [ ]아니오

위와 같이 자격취득을 신고합니다.

년 월 일

신고인(사용자·대표자) (서명 또는 인)

[ ]보험사무대행기관 (서명 또는 인)

국민연금공단 이사장/국민건강보험공단 이사장/근로복지공단 ○○지역본부(지사)장 귀하

297mm×210mm[백상지(80g/m²) 또는 중질지(80g/m²)]

590   제12장 별첨 18. 참고 민원서식(4대보험 자격취득신고서)

첨부 서류	국민연금 건강보험	임금대장 사본 또는 선원수첩 사본 등 특수직종근로자임을 증명할 수 있는 서류 1부 사장(임)자의 자격을 얻으려는 사람이 재외국민 또는 외국인인 경우에는 다음의 구분에 따른 서류 1부 가. 재외국민: "주민등록법"에 따른 주민등록표 등본 1부 나. 외국인: 외국인등록증 사본, 외국인등록 사실증명, 국내거소신고증 사본("재외동포의 출입국과 법적 지위에 관한 법률, 제2조제3호에 따른 외국국적동포의 경우) 또는 국내거소신고 사실증명("재외동포의 출입국과 법적 지위에 관한 법률, 제2조제3호에 따른 외국국적동포인 경우)에만 제출합니다) 또는 국내거소신고 사실증명에 따른 외국국적동포인 경우)에는 1부
	고용보험 산재보험	
	일자리안정자금 지원 신청	해당 근로자의 주 소정근로시간 등을 적은 서류

	수수료 없음

유의사항

건강보험	1. 피부양자가 있을 때에는 제출의 직장가입자 자격취득 신고서(피부양자가 있는 경우)를 작성해 주시기 바랍니다. 2. 건강보험으로 가입자 또는 피부양자가 신청하는 경우 발급받습니다. 신청하는 가입은 가능합니다. 홈페이지(www.nhis.or.kr), 모바일앱 'M건강보험' 등에서 가능합니다
고용보험 산재보험	1. 임의가입대상인 외국인 및 공무원은 "외국인(공무원) 가입, 가입토록 신청이 "고용보험 가능, 또는 "고용보험과, 제18조제1항에 따라 신청서를 작성해 주시기 바랍니다. 2. "폭이 신고사항을 신고하지 않거나(8)1개월 이내 신고하지 않거나 300만원 이하의 과태료가 부과될 수 있으며, 가짓 신고 등으로에 관한 벌칙, 제50조제1항제3호에 따라 "산업재해보상보험법, 또는 "고용보험법, 제29조제2항제8호에 따라 100만원 이하의 과태료가 부과될 수 있습니다. 실업급여를 부정하게 받은 경우 사업자벌을 받을 수 있습니다.
일자리안정자금 지원 신청	일자리안정자금은 고용노동부장관이 정하는 기준에 해당하는 경우만 신청이 가능하며, 해당 근로자에게 "최저임금법,에 따른 최저임금이 지급되고 있는지 확인하기 위해 필요한 경우에는 해당 근로자의 소정근로시간 등을 확인할 수 있습니다.

작성방법

공통사항	1. 신고대상 가입자 또는 근로자에 건강보험·국민연금·건강보험·고용보험·산재보험 취득 및 고용 여부에 관하여 해당되는 "[ ]"에 "√" 표시를 합니다. 2. 성명 및 주민등록번호(외국인등록번호 또는 국내거소신고번호)란에는 주민등록번호(외국인등록번호·국내거소신고번호·국내거소신고번호를 적습니다. 3. 자격취득일란에는 해당 사업장에 채용일 등을 적습니다. 다만, 국민연금의 경우에는 자격취득 사유가 발생한 날이 속하는 달의 다음 달 15일까지 적습니다. 4. 외국인의 국적 및 체류자격에는 국민연금의 경우에만 내용을 적어 내립니다.
국민연금	1. 특수직종근로자는 해당 근로자가 "광업법, 제조조제2호에 따른 광업에 해당하는 "광업"에 종사하는 어로작업에 종사하는 경우에는 "부양"에 해당하는 부호를 적습니다. 2. 국민연금의 경우 18세 미만인 근로자는 본인이 원하지 않으면 가입하지 않을 수 있습니다. 다만, 본인이 원하는 경우에는 "[ ]취득 희망 여부" 또는 "√" 표시를 합니다. 3. 취득월 납부 희망 여부란은 취득월의 보험료 납부를 희망하는 경우에 "[ ]취득 월 납부 희망"에 "√" 표시를 합니다. 4. "공무원연금법, 군인연금법, 사립학교교직원 연금법, 별정우체국법,에 따른 직역연금 가입자 또는 퇴직연금 등을 받거나 받을 권리를 얻은 자는 사업장가입자로 가입할 수 있습니다.
건강보험	공무원·교직원의 경우에만 회계명, 회계부호, 직종명, 직종부호를 적습니다.
고용보험 산재보험	1. 산재보험 관리번호와 고용보험 관리번호가 다른 경우에는 신고서를 각각 작성하여 합니다(고용보험의 경우에는 당연적용대상인 예술인 및 노무제공자의 경우에는 별도의 서식으로 신고합니다). 2. "월평균보수"란은 연도 중에 월별로 지급이 예상되는 보수총액을 해당년(입사 이후 1년 간 지급이 예상되는 보수총액)으로 나눈 금액을 적습니다. - 근로자의 보수: "소득세법, 제20조에 따른 근로소득에서 같은 법 제12조제3호에 따른 비과세 근로소득을 뺀 금액(연말정산에 따른 갑근세 원천징수 대상 근로소득과 동일) 3. "1주 소정근로시간"은 주 소정근로시간을 입력하는 경우에는 평균 1주 소정근로시간입니다. 4. 피보험자의 계약직 종사자 여부에 대해 "[ ]"에 "√" 표시를 하고, 계약직 종사자인 경우에는 예정된 계약 연도와 월을 적습니다. 근로계약기간이 정해져 있다면 계약 종료일이 속하는 연월을 적습니다. 5. 보험료 부과부호는 해당자만 적습니다(사유코드에는 대상 종사자 부호를 적습니다).
고용보험 산재보험	

자격취득 부호 등

국민연금

[자격취득 부호] 01. 18세 이상 당연취득(「국민연금법」 시행령, 제조호가록·나록 및 제4호가록·나록·다록인 경우를 포함한다)
03. 18세 미만 취득 09. 전입(사업장 통·폐합) 11. 대학강사 12. 60시간 미만 신청 취득(근로자 본인이 원하고 사용자가 동의하는 경우에 작습니다)

[특수직종 부호] 1. 광원 2. 부원

[직역연금 부호] 1. 직역연금(「공무원연금법」, 「군인연금법」, 「사립학교교직원 연금법」, 「별정우체국법」에 따른 연금) 가입자
2. 직역연금(「공무원연금법」, 「군인연금법」, 「사립학교교직원 연금법」, 「별정우체국법」에 따른 연금) 수급권자

건강보험

[자격취득 부호] 00. 최초취득 04. 의료급여 수급권자등에서 제외 05. 직장가입자 자격 06. 직장가입자에서 변경 07. 지역가입자에서 변경 10. 유공자 등 건강보험 적용 신청 13. 기타
14. 거주불명 등록 후 재등록 29. 직장가입자 이중가입

[보험료 감면 부호] 11. 해외근무(전액) 12. 해외근무(반액) 21. 현역 군 입대 22. 상근예비역(현역 입대) 24. 상근예비역(근무) 31. 시설수용(교도소) 32. 시설수용(기타) 41. 섬·벽지
(사업장) 42. 섬·벽지(거주자) 81. 휴직

[직종 부호] 4쪽의 별지 [한국고용직업분류(KECO, 2018) 중 소분류(136개) 직종현황을 참고하여 작습니다.

[보험료 부과구분 부호]

고용보험·산재보험

부호	대상 종사자	산재보험	임금채권부담금	실업급여	고용안정직업능력개발
51	09. 고용보험미가입 외국인근로자 10. 월 60시간 미만 근로자 11. 항운노조원(임금채권부담금 부과대상)	○	○	×	×
52	03. 현장실습생(「산업재해보상보험법」 제23조 제항에 따른 고용노동부장관이 정하는 현장실습생) 13. 항운노조원(임금채권부담금 소송승소)	○	×	×	×
54	22. 자활근로종사자(「국민기초생활보장법」, 제14조의20에 따른 급여의 특례에 해당하는 사람, 차상위계층, 주거·의료·교육급여 수급자)	×	×	×	○
55	05. 국가기관에서 근무하는 청원경찰 06.「선원법」 및 「어선원 및 어선 재해보상보험법」 적용자 07. 해외파견자(「산업재해보상보험법」의 적용을 받지 않는 사람)	×	×	○	○
56	16. 노조전임자(노동조합 등 금품 지급)	×	×	○	×
58	21. 자활근로종사자(생계급여 수급자)	○	×	×	○
60	27. 고용하거나 외국인근로자(임의적용대상)	○	○	×	○

[별지] 한국고용직업분류(KECO, 2018) 중 소분류(136개) 직종현황

0 경영·사무·금융·보험직

01 관리직(임원·부서장)
- 011 의회의원·고위공무원 및 기업 고위임원
- 012 행정·경영·금융·보험 관리자
- 013 전문서비스 관리자
- 014 미용·여행·숙박·음식·경비·청소 관리자
- 015 영업·판매·운송 관리자
- 016 건설·채굴·제조·생산 관리자

02 경영·행정·사무직
- 021 정부·공공행정 전문가
- 022 경영·인사 전문가
- 023 회계·세무·감정 전문가
- 024 광고·조사·상품기획·행사기획 전문가
- 025 정보통신 및 기타 전문 사무원
- 026 경영지원 사무원
- 027 무역·운송·생산·품질 사무원
- 028 회계·경리 사무원
- 029 안내·고객상담·통계·비서·사무보조 및 기타 사무원

03 금융·보험직
- 031 금융·보험 전문가
- 032 금융·보험 사무원
- 033 금융·보험 영업원

1 연구직 및 공학 기술직

11 인문·사회과학 연구직
- 110 인문·사회과학 연구원

12 자연·생명과학 연구직
- 121 자연과학 연구원
- 122 생명과학 연구원

13 정보통신 연구개발직 및 공학기술직
- 131 컴퓨터하드웨어·통신공학 기술자
- 132 컴퓨터시스템 전문가
- 133 소프트웨어 개발자
- 134 데이터·네트워크 및 시스템 운영 전문가
- 135 정보보안 전문가
- 136 통신·방송송출 장비 기사

14 건설·채굴 연구개발직 및 공학기술직
- 140 건설·채굴 연구개발직 및 공학기술직

15 제조 연구개발직 및 공학기술직
- 151 기계·로봇공학 기술자 및 시험원
- 152 금속·재료공학 기술자 및 시험원
- 153 전기·전자공학 기술자 및 시험원
- 154 화학공학 기술자 및 시험원
- 155 에너지·환경공학 기술자 및 시험원
- 156 섬유공학 기술자 및 시험원
- 157 식품공학 기술자 및 시험원

2 교육·법률·사회복지·경찰·소방직 및 군인

21 교육직
- 211 대학 교수 및 강사
- 212 학교 교사
- 213 유치원 교사
- 214 문리·기술·예능 강사
- 215 장학관 및 기타 교육 종사자

22 법률직
- 221 법률 전문가
- 222 법률 사무원

23 사회복지·종교직
- 231 사회복지사 및 상담사
- 232 보육교사 및 기타 사회복지 지원종사자
- 233 성직자 및 기타 종교 종사자

24 경찰·소방·교도직
- 240 경찰관, 소방관 및 교도관

25 군인
- 250 군인

3 보건·의료직

30 보건·의료직
- 301 의사, 한의사 및 치과의사
- 302 수의사
- 303 약사 및 한약사
- 304 간호사
- 305 영양사
- 306 의료기사·치료사·재활사
- 307 보건·의료 종사자

4 예술·디자인·방송·스포츠직

41 예술·디자인·방송직
- 411 작가·통번역가
- 412 기자 및 언론 전문가
- 413 학예사·사서·기록물관리사
- 414 창작·공연 전문가(작가, 연극 제외)
- 415 디자이너
- 416 연극·영화·방송 전문가
- 417 문화·예술 기획자 및 매니저

42 스포츠·레크리에이션직
- 420 스포츠·레크리에이션 종사자

5 미용·여행·숙박·음식·경비·청소직

51 미용·예식 서비스직
- 511 미용 서비스원
- 512 결혼·장례 등 예식 서비스원

52 여행·숙박·오락 서비스직
- 521 여행 서비스원
- 522 항공기·선박·철도 객실승무원
- 523 숙박시설 서비스원
- 524 오락시설 서비스원

53 음식 서비스직
- 531 주방장 및 조리사
- 532 식음료 서비스원

54 경호·경비직
- 541 경호·보안 종사자
- 542 경비원

55 돌봄 서비스직(간병·육아)
- 550 돌봄 서비스 및 기타 개인 서비스직

56 청소 및 기타 개인서비스직
- 561 청소·방역 및 가사 서비스원
- 562 검침·주차관리 및 기타 서비스 단순 종사자

6 영업·판매·운전·운송직

61 영업·판매직
- 611 부동산 컨설턴트 및 중개인
- 612 영업원 및 상품중개인
- 613 텔레마케터
- 614 소매·판매 경영 및 일반 관리 종사자
- 615 매장 계산원 및 매표원
- 616 판매·홍보 및 시연 종사자
- 617 마을 및 기타 판매 단순 종사자

62 운전·운송직
- 621 항공기·선박·철도 조종사 및 관제사
- 622 자동차 운전원
- 623 물품이동 장비 조작원(크레인·호이스트·지게차)
- 624 택배원 및 기타 운송 종사자

7 건설·채굴직

70 건설·채굴직
- 701 건설구조 기능원
- 702 건축마감 기능원
- 703 배관공
- 704 건설·채굴 기계 운전원
- 705 기타 건설·채굴 기능원 및 종사원
- 706 건설·채굴 단순 종사자

8 설치·정비·생산직

81 기계 설치·정비·생산직
- 811 기계장비 설치·정비원(운송장비 제외)
- 812 운송장비 정비원
- 813 금형·공작기계 조작원
- 814 냉난방 설비 조작원
- 815 자동조립라인·산업용로봇 조작원
- 816 기계 조립원(운송장비 제외)
- 817 운송장비 조립원

82 금속·재료 설치·정비·생산직(판금·단조·주조·용접·도장 등)
- 821 금속관련 기계·재료원
- 822 단조·주조원
- 823 판금·단조·주조·용접원
- 824 도장원 및 도금원
- 825 비금속제품 생산기계 조작원

83 전기·전자 설치·정비·생산직
- 831 전공
- 832 전기·전자 기기 설치·수리원
- 833 발전·배전 장치 조작원
- 834 전기·전자 설비 조작원
- 835 전기·전자 부품·제품 생산기계 조작원
- 836 전기·전자 부품·제품 조립원

84 정보통신 설치·정비직
- 841 정보통신기기 설치·수리원
- 842 방송·통신장비 설치·수리원

85 화학·환경 설치·정비·생산직
- 851 석유·화학물 가공장치 조작원
- 852 고무·플라스틱 및 화학제품 생산기계 조작원 및 조립원
- 853 환경관리 장치 조작원

86 섬유·의복 생산직
- 861 섬유 제조·가공 기계 조작원
- 862 패턴사, 재단사 및 재봉사
- 863 의복 제조원 및 수선원
- 864 제화원 기타 섬유·의복 기계 조작원 및 조립원

87 식품 가공·생산직
- 871 제과·제빵원 및 떡제조원
- 872 식품 가공 기능원
- 873 식품 제조 기계 조작원

88 인쇄·목재·공예 및 기타 설치·정비·생산직
- 881 인쇄기계·사진현상기 조작원
- 882 목재·펄프·종이 생산기계 조작원
- 883 가구·목제품 제조·수리원
- 884 공예원 및 악기제조원(귀금속세공원)
- 885 악기·간판 및 기타 제조 종사자

89 제조 단순직
- 890 제조 단순 종사자

9 농림어업직

90 농림어업직
- 901 작물재배 종사자
- 902 낙농·사육 종사자
- 903 임업 종사자
- 904 어업 종사자
- 905 농림어업 단순 종사자

직장가입자 자격취득 신고서(피부양자가 있는 경우)

(5쪽 중 5쪽)

※ 국민건강보험의 피부양자가 있는 경우에 작성합니다.

가입자 성명

가입자·성명		주민등록번호(외국인등록번호·국내거소신고번호)				외국인		
	관계	성명	주민등록번호 (외국인등록번호·국내거소신고번호)	장애인·국가유공자 등·보훈보상대상자		국적	체류자격	체류기간
				종별 부호	등록일 (YYYY.MM.DD)			
피부양자								

위와 같이 직장가입자 자격 취득사항을 신고합니다.

년 월 일

신고인(사용자) (서명 또는 인)

국민건강보험공단 이사장 귀하

첨부 서류	1. 가족관계등록부의 증명서 1부(주민등록표 등본으로「국민건강보험법 시행규칙」제2조제1항 각 호의 요건 충족 여부를 확인할 수 없는 경우에만 제출합니다)	수수료 없음
	2.「장애인복지법」, 제32조에 따라 등록된 장애인,「국가유공자 등 예우 및 지원에 관한 법률」,「국가유공자 등 예우 및 지원에 관한 법률」 제73조 및 제74조에 따른 국가유공자 등(법률 제10141호로 개정되기 전의「국가유공자 등 예우 및 지원에 관한 법률」 제4조제1항제3호부터제2호에 따른 국가유공자 등을 포함한다)으로서 같은 법 지원에 따른 상이등급 판정을 받은 사람과「보훈보상대상자 지원에 관한 법률」에 따른 보훈보상대상자로서 같은 법 제6조에 따른 상이등급 판정을 받은 사람임을 증명할 수 있는 서류 1부(장애인 또는 국가유공자 등 또는 보훈보상대상자의 경우에만 제출합니다)	
	3. 피부양자 자격을 취득하려는 사람이 재외국민 또는 외국인인 경우에는 다음의 구분에 따른 서류 가. 재외국민:「주민등록법」에 따른 주민등록표 등본 1부 나. 외국인: 외국인등록증 사본, 외국인등록 사실증명, 국내거소신고증 사본, 국내거소신고 사실증명, 국내거소신고에 따른 법적 지위에 관한 법률, 제조재조에 따른 외국국적동포의 경우에만 제출합니다) 또는 국내거소신고사실 증명(재외동포의 출입국과 법적 지위에 관한 법률, 제조재조에 따른 외국국적동포의 경우에만 제출합니다) 1부	

유의사항

※ 건강보험 신고는 가입자 또는 피부양자가 신청하는 경우 발급되며, 신청할수 있는 가까운 지사방문, 콜센터(☎1577-1000), 홈페이지(www.nhis.or.kr), 모바일앱 'M건강보험' 등에서 가능합니다.

작성방법

※ 가입자 신고는 건강보험 직장가입자 신청하여 자격취득 신고서에 적어야 합니다.
1. 「관계」는 가입자와의 관계를 적습니다(예 : 배우자, 자녀, 손자·손녀·손녀 이하, 형제자매, 처부모, 사위, 며느리, 증조부모 등).
2. 「성명 및 주민등록번호」는 피부양자의 성명 및 주민등록번호(외국인은 외국인등록번호, 국내거소신고인은 국내거소신고번호) 적습니다.
3. 장애인·국가유공자 등 또는 보훈보상대상자인 경우에는 종별 부호 및 등록일을 적습니다.
[종별 부호] 1. 지체장애인 2. 뇌병변장애인 3. 시각장애인 4. 청각장애인 5. 언어장애인 6. 지적장애인 7. 지체성장애인 8. 정신장애인 9. 신장장애인 10. 심장장애인
11. 호흡기장애인 12. 간 장애인 13. 안면장애인 14. 장루·요루장애인 15. 뇌전증장애인 19. 국가유공자 등 또는 보훈보상대상자
4. 피부양자가 외국인인 경우에는 국적, 체류자격(외국인등록증 적은 내용) 및 체류기간(외국인등록증 발급일부터 출국 예정일까지)을 적습니다.
5. 첨부서류가 있는 경우 첨부서류 유무란에 "○"표시를 합니다.

594 제12장 별첨 18. 참고 민원서식(4대보험 자격취득신고서)

실업인정(국민연금 가입기간 추가 산입)신청서

※ 3쪽의 작성방법을 읽고 1쪽 및 2쪽 모두 작성하기 바라며, [ ]에는 해당되는 곳에 √표를 합니다.　　　　　(3쪽 중 1쪽)

접수번호	접수일시	처리기간　5일

신청인 (수급자격자)	①성명		②주민등록번호	－
	③주소			
	[휴대전화번호(없는 경우 전화번호): 　　　　　　]			

④지정된 출석일(실업인정일)		⑤실업인정대상기간

⑥지급계좌	신규신청[ ] 변　경[ ]	은행명: 계좌번호:　　　　　예금주: ※ 계좌가 압류되어 있다면, "압류방지 전용통장"을 발급받아서 적습니다.

⑦ 실업인정 대상기간 중의 취업사실 등 확인	근로사실 및 소득발생	없음[ ]	
		있음[ ]	근로 또는 소득 내용　[　　　　　　　　　　　] 근로날짜　[　　　　　　　　　　　　　　　] 소득금액　[　　　　　　　　　　　　　　　] 소득예정금액　[　　　　　　　　　　　　]
	사업자등록 (자영업개시)	[ ] 없음　[ ] 있음 (등록일(시작일):　　　사업내용:　　　)	
	산재휴업급여	[ ] 없음　[ ] 있음 (수급기간:　　　　　　　　　　　)	

⑧ 실업인정 대상기간 중의 재취업활동 확인	구직활동	일자	업체명	전화번호	직종	구직방법	구직활동 결과
	자영업 준비활동						
	취업(예정)내역	[ ] 취직 [취직(예정)일:　　　회사명:　　　전화번호:　　　] [ ] 자영업 [시작(예정)일:　　　사업내용:　　　　　　　]					
	구직활동 외 활동사항	내용	[ ] 고용센터 집체교육　　　　[ ] 취업확정자 [ ] 직업지도 참여(취업특강 등)　[ ] 사회봉사활동 참여자 [ ] 집단상담 프로그램　　　　　[ ] 부당해고 구제신청자 [ ] 직업훈련 수강　　　　　　　[ ] 재취업활동 없는 자 [ ] 기타 [　　　　　　　　　　　　　　　　　]				

⑨구직급여 지급 결정 시 통지 방법 ※ 전자우편 등으로 통지 받기를 희망하는 경우	[ ] 휴대전화 문자메시지 [ ] 전자우편(이메일:　　　　　　)

「고용보험법」 제44조제2항 · 제3항 · 제69조의9 · 제77조의5제2항 · 제77조의10제2항, 같은 법 시행령 제63조 · 제66조 · 제93조의2 · 제104조의8제7항 · 제104조의13제8항 및 같은 법 시행규칙 제84조 · 제115조의5 · 제125조의4 · 제125조의10에 따라 위와 같이 실업인정을 신청하며, 위 내용이 사실임을 확인합니다.

　　　　　　　　　　　　　　　　　　　　　　　　　　　　　　　년　　　　월　　　　일

　　　　　　　　　　　　　신청인　　　　　　　　　　　　　　　　　(서명 또는 인)

○○지방고용노동청(지청)장　귀하

☞ 2쪽에 추가 작성란 있습니다.　　　　　※아래의 난은 작성하지 않습니다.

실업인정 유형	[ ] 실업인정일 변경　　[ ] 증명서에 따른 실업인정　[ ] 잠정실업인정 [ ] 해고효력을 다투는 자의 실업인정 [ ] 상병급여 청구와 병행 [ ] 유족의 청구에 따른 실업인정				
지급 사항	처리	실업인정일수		구직급여 산출명세		지급액	
		미지급사유				
결재	담당		팀장		과장	청장 · 지청장	결재연월일
							． ． ．

210mm×297mm[백상지(80g/㎡) 또는 중질지(80g/㎡)]

첨부 서류	1. 수급자격증 1부 2. (상해)진단서, 재직증명서, 근로계약서, 면접확인서, 구직활동 내역서 등 「고용보험법 시행규칙」 제90조에 따른 증명서에 의한 실업인정의 각 해당 사유를 확인할 수 있는 서류(해당하는 경우에만 제출합니다) 1부 3. 「고용보험법 시행규칙」 제91조에 따른 직업능력개발 훈련 등 수강증명서(해당하는 경우에만 제출합니다) 1부	수수료 없음

[국민연금 가입기간 추가 산입 신청]
(구직급여 수급 개시일 기준 만 60세 이상인 사람, 예술인 및 노무제공자 제외)

※ 국민연금 가입기간 추가 산입 신청을 이미 한 경우에는 빈칸으로 둡니다.
※ 국민연금 가입기간 추가 산입을 신청하지 않으려는 경우에는 신청하지 않음에 체크합니다.
※ 국민연금 가입기간 추가 산입은 국민연금공단에 직접 신청할 수도 있습니다.

①구직급여 수급기간에 대한 국민연금 가입기간 추가 산입 신청 여부	[ ] 신청함 [ ] 신청하지 않음
②국민연금 가입기간 추가 산입 신청에 따른 국민연금 보험료 중 본인부담금 납부 고지서 수령 방법	[ ] 우편 [ ] 전자우편 (이메일 주소:)
③국민연금 보험료 중 본인부담금 자동이체 희망 여부(구직급여 수급 계좌에서 자동 출금됩니다.)	[ ] 희망함 [ ] 희망하지 않음
④본인은 국민연금 가입기간 추가 산입을 위한 보험료 지원 대상 파악을 위해 담당 직원이 「국민연금법 시행령」 제25조의2에 따른 재산 또는 소득하는 것에 동의합니다. (고소득자 또는 고액재산가는 지원이 제외됩니다)	[ ] 동의함 [ ] 동의하지 않음

「고용보험법 시행규칙」 제107조의2에 따라 위와 같이 국민연금 가입기간 추가 산입을 신청하고, 국민연금 가입기간 추가 산입을 위한 보험료 지원 대상 파악을 위해 담당 직원이 「국민연금법 시행령」 제25조의2에 따른 재산 또는 소득을 확인하는 것에 동의합니다.

년   월   일

신청인   (서명 또는 인)

○○지방고용노동청(지청)장 귀하

※ 아래 내용은 서식 작성 시 필요한 사항을 안내하는 부분으로 접수 · 보관되지 않습니다.

공지사항

1. 본 민원의 처리결과에 대한 만족도 및 관련 제도 개선에 필요한 의견을 듣기 위해 전화조사를 실시할 수 있습니다.

2. 위 내용이 사실과 다를 경우에는 「고용보험법」 제61조 및 제62조에 따라 구직급여 지급이 중지되고 받은 구직급여액에 상당하는 금액을 반환해야 하며, 그 금액의 2배 또는 5배 이내의 금액을 추가로 징수할 수 있습니다. 또한, 같은 법 제116조에 따라 5년(3년) 이하의 징역 또는 5천만원(3천만원) 이하의 벌금이 부과될 수 있습니다.

☛ 3쪽의 작성방법을 참고하여 1, 2쪽을 작성하기 바랍니다.

작성방법

1. 실업인정 신청서는 매 실업인정일마다 작성합니다.

2. ① · ② · ③란은 모두 적습니다.

3. ⑤란은 이전 실업인정일의 다음 날부터 출석일(실업인정일)까지의 기간을 적습니다.

4. ⑥란은 최초 실업인정 시의 지급계좌를 적으시고, 그 이후부터는 변동사항이 있을 때만 적습니다("압류방지 전용 통장" 발급은 실업인정 업무 담당자에게 문의하기 바랍니다).

5. ⑦란의 근로사실 및 소득발생란 작성방법(아래의 내용을 반드시 확인)

　－ 실업인정 대상기간 중 일(공공근로, 일용, 아르바이트, 예술인, 노무제공자 등 취업형태 구분 없이 모두 작성)을 했거나 소득이 발생했다면 있음을, 없으면 없음을 선택합니다.

　－ 있음을 선택 경우에는 아래 내용에 따라 오른쪽 칸의 내용을 적습니다.

　－ 근로 또는 소득 내용: 어떤 일을 했는지 또는 어떤 일을 해서 소득이 발생했는지 적습니다.(실업인정 대상기간 중에 한 일 또는 발생한 소득만 적습니다)

　－ 근로날짜: 실업인정 대상기간 중 일한 날의 날짜를 모두 적습니다.

　－ 소득금액: 실업인정 대상기간 중 받은 소득의 총액을 적습니다.

　－ 소득예정금액: 실업인정 대상기간 중 일을 했지만 아직 소득이 발생하지 않은 때에는 실업인정 대상기간 중 일을 하고 받기로 예정된 금액을 적습니다.

6. ⑦란 중 사업자등록란에는 본인 명의로 된 사업자등록 또는 별도의 사업자 등록은 하지 않았더라도 자영업을 시작한 경우 그 내용을 적습니다.

7. ⑦란 중 산재휴업급여란은 실업급여를 받고 있는 현재 산업재해로 인한 급여를 받고 있거나 받을 예정이면 적습니다.

8. ⑧란 중 자영업 활동계획란은 자영업계획이 있으신 분만 적습니다.

9. ⑧란 중 취업(예정)내역란은 취직 또는 자영업이 확정된 경우에 적습니다.

유의사항 (국민연금 가입기간 추가 산입 신청)

1. 국민연금 가입기간 추가 산입이란 구직급여 수급자가 국민연금보험료 납부를 희망하는 경우 그 기간을 국민연금 가입기간으로 산입하는 제도로서, 국민연금공단에서 지원 대상 여부를 확인하여 처리 결과를 통보합니다.

2. 구직급여를 지급받은 누적일수가 30일이 될 때마다 1개월 단위로 국민연금보험료를 지원하며, 해당 월의 국민연금보험료 중 신청인이 보험료의 1/4을 부담하면 나머지 보험료인 3/4이 지원됩니다.

처리절차

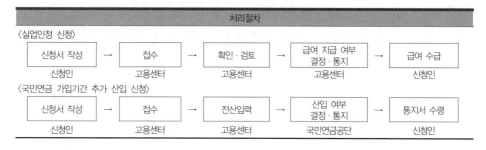

〈실업인정 신청〉

신청서 작성	→	접수	→	확인 · 검토	→	급여 지급 여부 결정 · 통지	→	급여 수급
신청인		고용센터		고용센터		고용센터		신청인

〈국민연금 가입기간 추가 산입 신청〉

신청서 작성	→	접수	→	전산입력	→	산입 여부 결정 · 통지	→	통지서 수령
신청인		고용센터		고용센터		국민연금공단		신청인

취 하 서

1. 당사자
○ 진 정 인
 ‒ 성   명 :
 ‒ 주민등록번호 :
 ‒ 주   소 :
○ 피진정인
 ‒ 성   명 :
 ‒ 소 재 지 :
 ‒ 사 업 장 명 :

2. 취하사유 및 형사처벌에 관한 의사
가. 취하사유 :

나. 형사처벌을 희망하는지 여부 :

다. 기타 : 피신고인에 대한 형사처벌을 희망하지 않을 경우, 향후 이를 철회 할 수
    없고 동 사건에 대하여는 다시 진정이나 고소할 수 없음을 안내받아 알고 있음
    을 확인합니다.

                         20 .   .   .

           취하인 성 명: (서명)
                 연락처:

합 의 서

1. 당 사 자
   가. 근로자
      성　　명 :
      주민번호 :
      주　　소 :
      연 락 처 :
   나. 사업주
      회 사 명 :
      대　　표 :
      소 재 지 :
      연 락 처 :

2. 합의내용
위 근로자가 업무상 사고(현재 산재요양중임) 관련하여 다음과 같이 원만하게 합의
합니다.

△ 합 의 내 용 △

　　　위 사업주는 위 산재사고와 관련하여 발생한 본인부담금 등 산재에서 처리
되지 않는 병원치료비 일체를 지급하기로 한다.

　　　이에 위 근로자는 산재에서 향후 수령할 장해보상금 외에는 위 산재와 관
련하여향후 민·형사 문제 제기 및 추가 합의금, 금품요구 등을 하지 않기로 한다.

3. 위 합의는 당사자가 아무런 강요나 압박 등이 없이 서로 자유로이 협의협상하여
   결정한 것이므로 서로 이를 성실히 이행할 것을 다시확인한다. 만약 어느 일방
   측에서 동 합의사항을 어길시에는 어떠한 민·형사문제를 제기하더라도 감수하
   기로 하고 서명한다.

20　　.　.　.

근로자　　　　　　　　　　(서명)
사업주　　　　　　　　　　(서명)

합 의 취 하 서

사건번호   ○○지방법원 0000○○ 0000

원   고

　　　　성　　명 ○ ○ ○

　　　　주　　소 ○○시 ○○구 ○○로 ○○번길 ○

피   고

　　　　회 사 명 ○○○○

　　　　대　　표 ○ ○ ○

　　　　주　　소   ○○시 ○○구 ○○로 ○○번길 ○○

　　　원고가 주장한 ○○청구의 소에 대하여 원고 및 피고는 다음과 같이 합
의 하였기에 소를 취하합니다.

　　　원고는 피고에 대해 위 소 제기와 관련하여 민·형사상의 일체 책임을 묻
지 않기로 합의하였습니다.

20　　.　　.　　.

　　　　　　　　　　　　　　　　　원고　 성 명　　　　　(서명)
　　　　　　　　　　　　　　　　　피고　 성 명　　　　　(서명)

○○지방법원 판사님 귀하

○○○ 님 귀하

합 의 서

1. 당 사 자
가. 근로자측
      성   명 :
      주민번호 :
      주   소 :
      연 락 처 :
나. 사업주
      회 사 명 :
      대   표 :
      소 재 지 :
      연 락 처 :

2. 합의내용
위 사 소속 근로자   (생년월일   년   월   일)ㅇㅇ. ㅇ. ㅇㅇ. ㅇㅇ 자리에서 ㅇㅇ증상이 발현하여 119구급으로 인근 ㅇㅇ병원에 후송하였으나 상태가 위중 함. 동 상황이 회사 작업과 발생한 것인 지에 대하여 업무상 산재 관련하여 아래와 같이 합의 합니다.

△ 합 의 내 용 △
○ 사업주(회사)측은 이 건을 업무상 산재 건으로 인정하고 산재 인정의견을 개진하는 등 합법적인 방법의 산재승인 되도록 협조의 노력을 다 하기로 한다.

○ 이에 위 근로자측(재해자의 처) 에서는 산재 승인시 지급되는 요양급여 및 보상 외에는 위 사고와 관련하여 향후 사업주를 상대로 민·형사 등 문제 제기 및 합의금, 금품요구 등을 일체 하지 않기로 약속한다.

3. 기 타
위 합의는 당사자가 아무런 강요나 압박 등이 없이 서로 자유로이 협의 협상하여 결정한 것이므로 상호 성실하게 이행할 것을 확약한다. 만약 어느 일방이 동

합의를 어길 시에는 이에 대해 어떠한 민·형사 책임문제를 제기하더라도 감수하기로 하고 서명한다.

0000 년 00 월 00 일

근로자측   (서명)
사 업 주   (서명)

합 의 서

"회사"

    회사명

    주 소

    연락처

"유족대표(재해자의 모)"   **"유족대표(재해자의 처)"**

    성 명   성 명

    주 소   주 소

    연락처   연락처

상기 "회사"과 "유족대표"는 20 . . .자에 발생한 망 ○○○의 재해에 대하여 아래와 같이 합의합니다.

1. "회사"는 상기 재해의 "유족"에게 위로금으로 **일금 ○○○ 만원 (₩000,000,000) (산재보험법에 의한 유족보상 청구권은 동 법령에 의해 유족측이 청구권이 있다)**을 "유족"이 지정한 계좌로 산재보험법 유족보상금과 별개로 향후 동 사망재해와 관련하여 일체의 민·형사 문제제기를 하지 않는 합의가 완전한 이루어진 점에 대한 합의금으로써 지급한다.

2. "유족"은 "회사"가 지급하는 위로금을 수령하고, "유족"은 "유족"을 포함하여 "유족"의 직계존속 및 형제자매 등을 포함하여 그 누구도 상기 재해를 이유로 하여 향후 민·형사상 어떠한 이의를 제기하지 않을 것임을 확인한다.

3. 아울러 본 합의에 따라 "유족"은 상기 사고를 이유로 "회사" 및 "회사 대표자"가 관계 법령상 처벌을 받는 것을 원하지 아니하며, 필요한 경우 "유족"은 "회사" 및 "회사 대표자"의 처벌을 원하지 않음을 서면으로 재차 확인해 줄 것임을 확약한다.

전항은 "회사"와 "유족"의 진정한 의사표시로 착오 또는 본 재해 관계자등 으로부터 사기나 강압이 전혀 없이 평온하게 합의 한 것임을 확인하며, 상기 합의사 항을 후일에 명확히 하기 위해 2부를 작성하여 공증을 받은 후 각각 1부씩 보관한 다.

20 년 월 일

※ 붙임 1. 유족대표 선정서

2. 유족대표 인감증명서

3. 가족관계증명서

4. 유족이 지정한 위로금 수령계좌

회사   **유족대표**

　　　　　(인)   (인)

　　　　　　　　　　　　　　　　　　　　　　　　　　(인)

■ 출입국관리법 시행규칙 [별지 제34호서식]

통합신청서 (신고서)
APPLICATION FORM (REPORT FORM)

▫ 업무선택 SELECT APPLICATION

[ ] 외국인 등록 ALIEN REGISTRATION	[ ] 체류자격외 활동허가 ENGAGE IN ACTIVITIES NOT COVERED BY THE STATUS OF SOJOURN	PHOTO 여권용사진(35mm×45mm) 외국인 등록 및 등록증 재발급 시에만 사진 부착 Photo only for Alien Registration (Reissued)
[ ] 등록증 재발급 REISSUANCE OF REGISTRATION CARD	[ ] 근무처변경·추가허가 / 신고 CHANGE OR ADDITION OF WORKPLACE	
[ ] 체류기간 연장허가 EXTENSION OF SOJOURN PERIOD	[ ] 재입국허가 (단수, 복수) REENTRY PERMIT (SINGLE, MULTIPLE)	
[ ] 체류자격 변경허가 CHANGE OF STATUS OF SOJOURN	[ ] 체류지 변경신고 ALTERATION OF RESIDENCE	
[ ] 체류자격 부여 GRANTING STATUS OF SOJOURN	[ ] 등록사항 변경신고 CHANGE OF INFORMATION ON ALIEN REGISTRATION	

성 명 Name In Full	성 Surname		명 Given names	漢字姓名		성 별 Gender	[ ]남 M [ ]여 F
생년월일 또는 외국인등록번호 Date of Birth or Alien Registration No. (If any)	년 Year	월 Month	일 Day	외국인등록번호 후단 Registration No.		국 적 Nationality/ Others	
여권 번호 Passport No.			여권 발급일자 Passport Issue Date		여권 유효기간 Passport Expiry Date		
대한민국 내 주소 Address In Korea							
전화 번호 Telephone No.				휴대 전화 Cell phone No.			
본국 주소 Address In Home Country					전화 번호 Telephone No.		
근무처 Workplace	원 근무처 Currennt Workplace		사업자등록번호 Business Registration No.		전화 번호 Telephone No.		
	예정 근무처 New Workplace		사업자등록번호 Business Registration No.		전화 번호 Telephone No.		
재입국 신청 기간 Intended Period Of Reentry			이메일 E-Mail				

신청일 Date of application	신청인 서명 또는 인 Signature/Seal

신청인 제출서류	「출입국관리법 시행규칙」 별표 5의2(체류자격외활동허가신청 등 첨부서류)의 체류자격별·신청구분별 첨부서류 참고
담당공무원 확인사항	「출입국관리법 시행규칙」 별표 5의2(체류자격외활동허가신청 등 첨부서류)에 따라 사업자등록증 사본, 법인등기사항전부증명서, 건설업등록증 사본, 주민등록표 등·초본이 첨부서류로 되어 있는 경우

행정정보 공동이용 동의서 (Consent for sharing of administrative information)

본인은 이 건 업무처리와 관련하여 담당 공무원이 「전자정부법」 제36조에 따른 행정정보의 공동이용을 통하여 위의 담당 공무원 확인 사항을 확인하는 것에 동의합니다.   *동의하지 아니하는 경우에는 신청인이 직접 관련 서류를 제출하여야 합니다.
I, the undersigned, hereby consent to allow all documents and information required for the processing of this application to be viewed by the public servant in charge. As specified under E-government Law, article 36. *If you disagree, you will present all related documents yourself.

신청인 Applicant	서명 또는 인 signature/seal	신청인의 배우자 Spouse of applicant	서명 또는 인 signature/seal	신청인의 부 또는 모 Father/Mother of applicant	서명 또는 인 signature/seal

공 용 란 (For Official Use Only)

기본 사항	최초입국일		체류자격		체류기간	
접수 사항	접수일자		접수번호			
허가(신고) 사항	허가(신고) 일자		허가 번호		체류자격	
					체류기간	
결 재	담 당				소 장	
					가 / 부	

수입인지 첨부란(Revenue Stamp Here) / 수수료 면제(exemption) [ ] (면제사유:)	심사 특이사항

210mm×297mm[백상지 80g/㎡(재활용품)]

■ 국적법 시행규칙 [별지 제1호서식]

국적취득 신고서

※ 어두운 난은 적지 마시고 [　]에는 해당되는 곳에 √ 표시를 합니다.　　　　　　　(앞쪽)

접수번호	접수일	접수자	확인자	처리기간	6개월

신고인	국적		출생지(국가 및 도시명)		사 진 3.5cm×4.5cm (모자 벗은 상반신으로 뒤 그림 없이 6개월 이내 촬영한 것)
	성명(한글) 　(한자)		성별	[　]남 [　]여	
	성명(외국명)		생년월일		
	전화번호(휴대폰)		전화번호(자택)		
	전자우편(E-mail)				
	주소				
	예정 등록기준지				

가족	관계	성명	나이	국적	주소

신고사유	[　]인지에 의한 국적 취득(「국적법 시행령」 제2조) (인지일 :　　.　　.　　.)
	[　]재취득(「국적법 시행령」 제15조) (외국 국적 포기일 :　　.　　.　　.)

「국적법 시행령」 제2조 또는 제15조에 따라 신고합니다.

　　　　　　　　　　　　　　　　　　　　　　　　　　년　　　　월　　　　일

　　　　　　　　　　　　　　　신고인
　　　　　　　　　　　　　　　(법정대리인)　　　　　　　　　　(서명 또는 인)

법무부장관 귀하

첨부서류	뒤쪽 참조	수수료 뒤쪽 참조

210mm×297mm[백상지(80g/㎡) 또는 중질지(80g/㎡)]

산 업 재 해 보 상 보 험
요 양 급 여 신 청 서

※ 굵은 선 안은 필수 기재사항이므로 반드시 기재해 주시기 바랍니다.   (앞 면)

접수일자		접수번호		처리기간	7일

	성 명(외국인은 외국인등록증상 영문명 대문자)		주민등록번호(외국인등록번호)		
재 해 자	주 소		휴대전화: 전화번호:		
	재해발생 일 시	□□□□년 □□월 □□일 □□시 □□분	채용일자:	년 월 일	
	출근시간:		퇴근시간:	직 종:	
	보험가입자 (사업주)와 의 관계	사업주여부	[ ] 해당없음 [ ] 실제사업주(동업자포함) [ ] 하수급사업주		
		친인척여부	[ ] 해당 없음 [ ] 배우자 [ ] 부모 [ ] 자녀 [ ] 형제자매 [ ] 기타 친인척( )		

	신청 구분: [ ] 업무상 사고 [ ] 업무상 질병(진폐.CS2 포함) [ ] 출퇴근 재해		
사업장 및 재해 관련 내용	사업장명	사업주명	연락처(☎)
	사업장관리번호 □□□-□□-□□□□□-□ (사업개시번호:)		
	사업장주소		

재해 발생 경위(별지사용 가능)

※ 작성방식: 어디에서(구체적 장소), 무엇을 하기 위해(작업내용, 목적), 무엇을 사용하여(작업도구, 취급물질), 어떻게 하다가(경위, 동작, 움직임), 어떤 이유 때문에 어떻게 재해를 당하였는지 작성하여 주시기 바랍니다.

① 위 재해와 관련하여 교통사고, 음주, 폭행 등의 사유로 경찰서에 신고(접수)된 사실이 있습니까?   [ ]예   [ ]아니오

② 위 재해와 관련하여 119 또는 소방서에 구조구급·재난 신고(접수)된 사실이 있습니까?   [ ]예   [ ]아니오

③ 위 재해와 관련하여 자동차 보험사에 사고를 신고한 사실이 있습니까?   [ ]예   [ ]아니오

목격자가 있는 경우: 성명(   ), 연락처(   ), 재해자와의 관계(   )

재해 발생 후 현재 요양 중인 의료기관 전에 진료(치료) 받은 의료기관

의료기관명: 소재지:

의료기관명: 소재지:

〈 요양급여신청 의료기관 대행 제출 위임(동의)장 〉

본인은 요양급여 신청서를 아래 의료기관이 대행하여 근로복지공단[고용.산재보험토탈서비스(total.kcomwel.or.kr) 포함]에 제출하는 것을 위임·동의합니다.

위임하는 자(신청인)	위임받는 자(의료기관)
(서명 또는 인)	(서명 또는 인)

※ 첨부서류: 산업재해보상보험 요양급여신청 소견서(별지 제3호 서식)

위와 같이 업무상재해 인정 및 요양급여를 신청합니다.

년   월   일

신청인   (서명 또는 인)

대 리 인 ·   (서명 또는 인)

다른 보상	① 본 재해와 동일한 사유로 민법, 기타 법령에 따라 보상 또는 배상금을 수령한 사실이 있습니까? 1. [ ]예 2. [ ]아니오 ② 보상 또는 배상금을 수령한 경우 내역(①에서 "예"라고 체크한 경우에만 작성합니다.)

수령일자	수령금액	지급한 자(기관) 또는 지급처	첨부서류
			①합의서②판결문(또는 결정문)③영수증④기타

안내 사항	① 산업재해보상보험법 시행규칙 제20조 제2항에 따라 **요양급여신청서**가 접수되면 **보험가입자(사업주)**에게 알리고 보험가 입자 의견을 확인하여 신청서를 처리합니다. ② 재해경위 등 주요 사항을 **사실과 달리 기재**하여 보험급여를 지급받은 경우에는 「산업재해보상보험법」제84조에 따라 부 당이득 징수 등의 불이익 처분을 받게 되오니 **사실대로 구체적으로 기재**하셔야 합니다. ③ 사업장관리번호는 근로복지공단 홈페이지(http://www.kcomwel.or.kr)에서 **사업장명 등으로 검색**할 수 있으며, 확인이 어려 운 경우 **가까운 공단** 또는 **콜센터(1588-0075)**에 문의(전화, 방문)하여 도움을 받을 수 있습니다. ④ 요양급여신청서의 진행 상황은 **고용·산재보험 토탈서비스**(http://total.kcomwel.or.kr)에서 **회원가입 또는 휴대폰 인증 후 직접 조회**할 수 있습니다. ⑤ 개인정보 수집·이용·조회는 「산업재해보상보험법」 및 같은 법 시행령에 따라 별도의 동의 절차가 필요 없으며, 「산업재해 보상보험법」제36조 및 같은 법 시행령 제21조에 따른 보험급여 결정에 관한 통지는 개인정보 수집·이용 및 제3자 제 공 동의와 무관하게 통지됨을 알려드립니다. ⑥ 신청인이 대리인을 선임한 경우 대리인은 「대리인 선임 신고서」, 가해자가 있는 경우 「제3자의 행위에 따른 재해발생신 고서」를 제출하여야 합니다.

개인정보 수집·이용 및 제3자 제공 동의

▫ 공단의 부가서비스 홍보와 고객만족 향상을 위한 안내 및 조사 목적으로 귀하의 소중한 개인정보를 이용하고자
하니 아래의 내용을 자세히 읽고 동의 여부를 결정하여 주시기 바랍니다.

[선택] 부가서비스 제공을 위한 개인정보 수집·이용 동의	▫ 동의함 ▫ 동의하지 않음

※ 귀하는 개인정보 이용에 대한 동의를 거부할 권리가 있습니다. 위 동의에 거부하더라도 산재보험 요양급여
신청 및 보험급여 청구에 대한 불이익은 발생하지 않으나, 동의 거부 시 홍보자료 및 홍보물품 수령에 제
한을 받으실 수 있습니다.

이용 목적	이용 항목	이용기간
공단서비스 안내 및 홍보 (문자, 전자우편, 감사편지)	성명, 연락처(일반전화, 휴대전화, 전자우편, 주소), 의료기관명	5년
성명	(서명 또는 인)	

▫ 공단 및 공단과 계약된 수탁기관의 사회심리재활 및 직업재활서비스 제공을 목적으로 귀하의 소중한 개인정보를
이용 및 제3자 제공을 위해 아래의 내용을 자세히 읽고 동의 여부를 결정하여 주시기 바랍니다.

[선택] 재활서비스 제공을 위한 개인정보 수집·이용 및 제3자 제공 동의	▫ 동의함 ▫ 동의하지 않음

※ 귀하는 개인정보 이용 및 제공에 대한 동의를 거부할 권리가 있습니다. 그러나 동의하지 않을 경우 공단
또는 공단과 계약된 **수탁기관**의 **사회심리재활 및 직업재활서비스**에 대한 안내 및 서비스를 제공받지 못할
수 있습니다.

이용 및 제공 목적	이용 및 제공 항목	이용 및 제공 기간
- **사회심리재활**(심리상담, 재활스포츠, 멘토링 · 희망찾기 · 사회적응 · 가족화합프로그램) - **직업재활**(원직복귀지원, 직업훈련, 재취업)	성명, 연락처(일반전화, 휴대전화, 전자우편, 주소), 의료기관명	3년
성명	(서명 또는 인)	

근로복지공단   지역본부(지사)장 귀하

(210mm×297mm, 일반용지 60g/㎡)

산업재해보상보험 요양급여신청 소견서

① 성명(외국인은 영문명)	② 주민등록번호(외국인등록번호)	③ 재해일자
	□□□□□□ - □□□□□□□	□□□□년□□월□□일

④ 재해 후 최초 진료개시	년 월 일 (:) [ ]본원 [ ]타 의료기관( )
⑤ 본원에 최초 도착일시	년 월 일 (:)
⑥ 내원방법	[ ]도보 [ ]구급차 [ ]구급차외 차량 [ ]기타( )
⑦ 재해자가 의료기관에 진술한 재해경위	

⑧ 재해로 인한 최초 증상 (환자가 진술하는 대로)	년 월 일 (:) 최초 발생	⑨ 재해 당시 의식소실([ ]유 [ ]무)
	증상의 내용	

⑩ 현재 환자가 호소하는 증상 (환자의 표현대로)	
⑪ 상병상태에 대한 종합소견 (주요 이학적·도수 검사 등) ※ 상세 소견은 별지 사용 가능	

⑫ 주요검사

[ ]X-Ray [ ]CT [ ]MRI [ ]MRA [ ]심장혈관조영술 [ ]Bone scan [ ]PET
[ ]초음파 [ ]내시경 [ ]관절경 [ ]근(신경)전도 [ ]폐기능 [ ]조직 [ ]적외선체열
[ ]정신상태 [ ]심리학적 [ ]기타 · 특이사항( )

※ 주요소견 기재 또는 결과지 첨부

⑬ 기존(기초)질환

고혈압([ ]유[ ]무) 혈압약([ ]미복용[ ]부정기복용[ ]정기복용) 고지혈증([ ]유[ ]무) 상병관련 가족력([ ]유[ ]무)
당뇨[ ]유[ ]무) 당뇨치료([ ]미복용[ ]약물복용 [ ]인슐린) 결핵([ ]유[ ]무) 간염([ ]유[ ]무)
[ ] 기타 · 특이사항( )

재해 전 본원에서 유사상병으로 치료를 받은 사실 여부	[ ]유 [ ]무
기타 · 특이사항(일시.시술명.부위.의료기관)	

⑭ 상병명과 상병코드

상해코드	주/부/파생	상병코드(KCD기준)	세부상병명(확정진단 병명)

(상해코드) 두부(뇌/두개골/두피), 눈, 귀(내/외부), 안면부, 목, 팔, 손/손가락, 가슴/등, 허리, 엉덩이, 다리, 발/발가락, 복합부위, 순환기관, 호흡기관, 소화기관, 비뇨/생식기관, 신경계통, 복부, 전신, 기타 중에서 상병코드별 하나씩 기재

(주/부/파생) 주상병은 한국표준질병사인분류 지침서에 따라 주된 병태에 해당하는 하나의 상병코드에 대해서만 가능

(상병코드) 확진(최종) 진단명이 한국표준질병사인분류표상 속하는 최하위 코드로 코딩하여야 하고, 병태의 외인을 설명하는 부연코드(대분류 코드가 V, Y, Z인 것)는 산재보험에서는 사용하지 않으므로 상병의 병태에 해당하는 코드로 코딩

(오류예시) 하나의 상병으로 코딩할 수 없는 여러 상병을 하나로 표시하는 것, 질병 또는 손상에 의한 상병인지를 확인하지 않고 한국표준질병사인분류상 대분류 M코드를 손상으로(또는 S코드를 질병으로) 코딩

(210mm×297mm, 일반용지 60g/㎡)

⑮ 입원	예상기간	년 월 일 ~ 년 월 일 (주)
	사 유	[ ]수술 [ ]의식장애 [ ]외.기기고정 [ ]석고붕대고정 [ ]절대안정 [ ]안정 및 보호 [ ]이동불가 [ ]기타
⑯ 통원	예상기간	년 월 일 ~ 년 월 일 (주)
	사 유	
	취업치료 여부(근무 병행치료)	※ 취업치료(근무 병행치료)는 치료받으면서 근무가 가능한 상태를 말함(의학적 판단) [ ] 취업치료가능 [ ] 취업치료 불가능 : 향후 ( )개월 후 가능성 재판단
⑰ 수술	수술여부	[ ]없음 [ ]있음 수술명
	수술(예정)일	년 월 일 수술의료기관 [ ]본원 [ ]타원( )
⑱ 계속 동반 치료가 필요한 기존질환명		
⑲ 집중재활치료의 필요 구분		(※재활인증의료기관에서 제공하는 전문재활치료로서 발병일 또는 수술일로부터 ㉮6개월 이내의 뇌 혈관, ㉯3개월 이내의 척추.견관절.주관절.완관절.수부.고관절.슬관절.족관절.족부질환자, ㉰해당기간 도과했으나 재활치료 효과가 기대되는 사람에게 제공. 단, 염좌, 타박상 등 경미한 상병은 제외) [ ] 일정기간 집중재활치료 곤란 [ ] 3개월 이내 치유 또는 13급 이하의 장해 예상 [ ] 집중재활치료 필요(또는 예정) [ ] 집중재활치료 질환자 아님 [ ] 상태 악화 또는 수술 예정 [ ] 집중재활치료 불필요( )

협진, 병행진료가 필요한 진료과목		심리상담 필요 (개인별 심리상담 지원)	[ ] 필요

전원	전원할 의료기관명: 소재지: 전원사유: ※전원이란 생활근거지 또는 전문적 치료 등을 위해 현재 요양 중인 의료기관에서 다른 의료기관으로 변경하는 것을 말합니다.
	전원(예정)일자 년 월 일

〈첨부서류〉	1. 신청 상병을 확인할 수 있는 각종 검사자료 및 결과지 각1부. 2. 절단, 화상, 좌멸창, 욕창은 환부 칼라사진 3. 정신질환의 경우 진단의 근거를 의학적으로 입증할 수 있는 응급진료 또는 초진기록지 등 의무기 록 및 각종 검사 결과지 각1부.(뇌영상 검사, 뇌파 검사, 심전도 검사, 정신상태 검사, 심리학적 검 사, 갑상선 기능검사 등)

위에 기재한 내용이 사실임을 확인합니다.

년 월 일

의료기관 주소:
전화번호:
팩스번호:
의료기관명: (서명 또는 인)

■ 산재관리의사 여부: [ ]산재관리의사 [ ]해당없음
의사면허번호: 호
전문과목: (전문의: 호)
성 명: (서명 또는 인)

근로복지공단	지역본부(지사)장 귀하
자문의사 소견	

년 월 일 자문의사명 (서명 또는 인)

(210mm×297mm, 일반용지 60g/㎡)

산 업 재 해 보 상 보 험
[ ] 장해급여　　　　　　　　　　　　　청구서
[ ] 합병증 등　　　　　　　　　　　예방관리 신청서

※ 공통란은 모두 기재하시고, 해당 신청란에 [✔] 하고 기재하시기 바랍니다.

접수번호		접수일	처리기간: 10일

산재 근로자	성 명		생년월일 [ ][ ][ ][ ]년 [ ][ ]월 [ ][ ]일
	재해발생일 [ ][ ][ ][ ]년 [ ][ ]월 [ ][ ]일		

수령 계좌	**수령계좌를 변경 하시겠습니까?** [ ] 예　　　[ ] 아니오
	수령희망은행 및 계좌번호:　　　　　　　　　　　　　　(예금주 :　　　　　)
	[ ] 보통계좌
	[ ] 보험급여 전용계좌(희망지킴이-압류금지계좌)

확인 사항	① 재해발생 이전에 업무상의 재해 외의 사유로 장해가 남은 사실이 있습니까?　　[ ] 예　　[ ] 아니오
	※ 허위나 거짓으로 작성하여 보험급여가 과다 지급될 경우에는 부당이득금 강제징수 등 불이익 처분을 받으실 수 있습니다.
	② 이 재해와 동일한 사유로 민법 그 외 법령에 따른 배상 또는 보상을 받았습니까?　[ ] 예　　[ ] 아니오
	※ 배상 또는 보상금을 수령한 경우 그 내역을 작성해 주세요

수령일자	수령금액	지급한 자	첨부서류
			합의서, 판결문(또는 결정문), 영수증, 기타서류

이송비	이송비용 :　　　　　　　원 ｜ 산출내역
	※ 장해진단 및 장해판정을 위한 교통비가 발생한 경우에만 작성하여 주시기 바랍니다.

합병증 등 예방관리	합병증 등 예방관리를 받고자 하는 구체적 부위(또는 상병명)	합병증 등 예방관리 의료기관명
	※ 산업재해보상보험법 제77조에 따라 업무상의 부상 또는 질병이 치유된 사람 중에서 합병증 등 재요양 사유가 발생할 우려가 있는 사람은 산재보험 의료기관에서 그 예방에 필요한 조치를 받을 수 있습니다.	

위 기재내용을 확인하고 위와 같이 (장해급여, 이송비, 합병증등예방관리)를 청구(신청) 합니다.

　　　　　　　　　　　　　　　　　　　　　　　　　　　　　년　　　월　　　일
청 구 인　　　　　　　(서명 또는 인)　☎
대 리 인　　　　　　　(서명 또는 인)　☎

〈장해급여 청구서 및 합병증 등 예방관리 신청서 제출 대행에 대한 동의서〉

본인은 [　]장해급여 청구서, [　]합병증 등 예방관리 신청서를 아래 산재보험 의료기관이 대행하여 근로복지공단 고용.산재보험 토탈서비스(total.kcomwel.or.kr)를 통해 제출하는 것에 동의합니다.

청구인　　　　　　　(서명 또는 인)　　　　의료기관　　　　　　　　　(서명 또는 인)

부가서비스 제공을 위한 개인정보 이용 동의서(선택사항)

공단의 부가서비스 홍보와 고객만족 향상을 위한 안내 목적으로 개인정보를 이용하고자 하니 아래의 내용을 읽고 동의 여부를 결정하여 주시기 바랍니다.

　□ 개인정보 이용 내역

이용 목적	이용 항목	이용기간
홍보문자, 전자우편 전송, 감사편지 발송 등	성명, 연락처(일반전화, 휴대전화), 전자우편 주소)	5년

　※ 위의 개인정보 이용에 대한 동의를 거부할 권리가 있습니다. 이 경우 홍보자료 및 사은품 수령에 제한을 받으실 수 있으며, 위 동의를 거부하더라도 산재보험 요양급여 신청 및 보험급여 청구에 대한 불이익은 발생하지 않습니다.

　개인정보 이용에 동의하십니까? ([ ] 예,　[ ] 아니오)

　　　　　　　　　　　　년　　　월　　　일　　　성명　　　　　　　　(서명 또는 인)

　※ 보험급여 결정에 관한 통지 등 민원접수 처리결과 안내는 「산업재해보상보험법」및 같은 법 시행령, 「민원 처리에 관한 법률」에 따라 본 개인정보 동의와 무관하게 통지됨을 알려드립니다.

근로복지공단　　　　　　지역본부(지사)장 귀하

210mm×297mm(신문용지 54g/㎡)

[별지 제11호 서식] 〈뒷면〉

소음작업 종사 사실 확인서
(소음성 난청 장해급여 청구에 한함)

※ 해당란에 [✔] 하고 기재하시기 바랍니다.

<table>
<tr><td rowspan="10">산재
근로자</td><td colspan="2">성 명</td><td colspan="2"></td></tr>
<tr><td colspan="2">주민등록번호(외국인등록번호)</td><td colspan="2">□□□□□□ - □□□□□□□</td></tr>
<tr><td colspan="2">주 소</td><td colspan="2"></td></tr>
<tr><td colspan="2">진단일 당시 재직(퇴직) 여부</td><td colspan="2">[ ] 재직 중　　　 [ ] 퇴직</td></tr>
<tr><td colspan="2">채용
일자</td><td colspan="2">□□□□년□□월□□일　퇴직
일자　□□□□년□□월□□일</td></tr>
<tr><td colspan="2">출근
시간</td><td>퇴근
시간</td><td>직 종</td></tr>
<tr><td rowspan="4">보험가
입자
(사업주)
와의 관
계</td><td>사업주 여부</td><td colspan="2">[ ] 해당없음
[ ] 실제사업주(동업자포함)　 [ ] 하수급사업주</td></tr>
<tr><td rowspan="2">친인척 여부</td><td colspan="2">[ ] 해당 없음</td></tr>
<tr><td colspan="2">[ ] 배우자　[ ] 부모　[ ] 자녀　　[ ] 형제자매　[ ] 기타 친인척
)</td></tr>
<tr><td colspan="3"></td></tr>
</table>

사업장명		사업주명		연락처(☎)	

사업장관리번호

□□□ - □□ - □□□□□ - □　(사업개시번호:　　　　　　　)

사업장 주소

소음사업장 직력(별지사용가능)

구분	사업장명 (주소)	직종명	근무기간	비고
최종 소음작업장	(　　　　　)		년　월　일부터 년　월　일까지 (　　년　　월)	
과거 소음사업장 직력	(　　　　　)		년　월　일부터 년　월　일까지 (　　년　　월)	
	(　　　　　)		년　월　일부터 년　월　일까지 (　　년　　월)	
	(　　　　　)		년　월　일부터 년　월　일까지 (　　년　　월)	
	(　　　　　)		년　월　일부터 년　월　일까지 (　　년　　월)	

상기 본인은 위와 같이 소음작업에 종사한 사실이 있음을 확인합니다.

년　　　　월　　　　일

청 구 인　　　　　(서명 또는 인)　☎
대 리 인　　　　　(서명 또는 인)　☎

210mm×297mm(신문용지 54g/㎡)

장 해 진 단 서

성 명		생년월일	□□□□년□□월□□일

① 초진일 □□□□년□□월□□일　　② 치유일 □□□□년□□월□□일

※ '초진일'이란 장해의 원인이 되는 상병에 대하여 처음으로 의사의 진찰을 받은 날
※ '치유일'이란 완치된 날 또는 치료효과를 기대할 수 없게 되고 상병 및 증상이 고정된 상태에 이르게 된 날

③ 장해의 원인이 되는 상병명

④ 장해부위

⑤ 기존장해 (질병포함)	재해 발생 이전에 이번 재해 외의 사유로 남은 기존장해 유무:　[　]유　　[　]무
	기존장해가 있는 경우 그 장해상태

⑥ 각종 검사소견 및 치유일까지의 주요치료내용(치료기간, 경과, 수술명, 수술일 포함)

⑦ 장해상태(모든 임상증상 등 장해상태를 상세히 기재, 필요한 경우 도표, 그림으로 표시)

※ '척추 및 사지마비장해', '관절운동장해'의 경우 별지 제12호 서식(나,다,라)의 지체장해용 소견서를 함께 제출할 수 있습니다.

⑧ 향후 단기간(6개월) 이내 악화 또는 재발 가능성 여부에 대한 소견	[　] 있음　　　　[　] 없음
⑨ 장해상태가 동통 등 신경증상인 경우 영구장해 여부에 대한 소견	[　] 비영구　　[　] 영구

⑩ '합병증 예방관리' 필요성에 대한 소견	잔존하는 장해상태 등으로 보아 **향후** 상태가 **악화**되어 재요양 사유가 발생할 우려가 있는지 여부	[　] 있음　　　　[　] 없음
	합병증 등 예방관리가 **필요한지** 여부	[　] 필요　　[　] 필요하지 않음
	합병증 등 예방관리가 필요한 **구체적인 증상 및 사유** (※ 향후 재요양 사유가 발생할 우려가 있고, 합병증 등 예방관리가 필요한 경우에만 작성)	

위와 같이 장해상태 및 합병증 등 예방관리 필요 여부 등을 진단합니다.

　　　　　　　　　　　　　　　　　　　　　　　　　　　　　　　　년

　　월　　일

의료기관명 :　　　　　　　　(서명 또는 인)	■ 산재관리의사 여부 [　]산재관리의사　[　]해당없음
소재지:	의사면허번호:　　　　　　　호
	전 문 과 목:
	의 사 성 명:　　　　　　　(서명 또는 인)

210mm×297mm(신문용지 54g/㎡)

지 체 장 해 용(척추 및 사지마비장해) 소 견 서

| 성 명 | | | 생년월일 □□□□년 □□월 □□일 |

| 척추의 장해 | 기능 | – 척추분절이 골유합술으로 고정된 부위 [ ]
– 하나의 분절에 2회이상 관혈적 수술 [ ]
– 2개 이상의 척추분절에 관혈적 수술 [ ]
– 척추분절에 인공디스크삽입술, 고정술 [ ]
– 척추불안정증 여부 및 부위 [ ] | 변형 | – 압박골절의 부위 및 정도
[부위: , 정도: %]
– 방출성골절, 찬스씨골절, 척추관 침범
골절 등 후 보존적 치료여부: [ ]
– 천추골의 변형 잔존여부: [ ]
– 추체외 골절의 부위: [ ] |
| | 척추 신경근 | – 척추신경근 장해의 운동단위 및 번호: [ ]
– 뚜렷한 근위축 유무: [ ]
– 근전도검사, 특수검사에서 신경증상 유무: [ ]
– 중력을 이기지 못하거나 중력을 제거한 상태에서 능동적 운동가능 여부: [ ]
– 중력저항하에서 능동적 운동가능 여부: [ ] | | |

마비

원인부위

뇌성, 척수성, 말초신경성, 근(육)성, 기타

종 류

지각마비, 운동마비

마 비	반 사	좌				우			
		상 지	하 지	바빈스키 반사	기타 병적 반사	상 지	하 지	바빈스키 반사	기타 병적 반사

기 타

배변, 배뇨장해 : 유(수의적.불수의적 조절), 무

| 일상
동작의
장해 정도 | 보조기 사용상황: 항상, 필요시, 필요 없음 | 사용보조기종류 : |
| | 잡기 (신문지를 뽑아 낼 수 있는 정도)
좌 ( ) 우 ( )
쥐기 (둥글게 한 주간지를 빼낼수 있는 정도)
좌 ( ) 우 ( )
수건을 짜기 ( )
끈을 매기 ( )
숟가락으로 식사하기 좌 ( ) 우 ( )
얼굴에 손바닥을 붙이기 좌 :( ) 우 :( )
바지의 앞자크를 열 수 있는 정도
좌 ( ) 우 ( )
엉덩이에 손이 닿는 정도 좌 ( ) 우 ( )
상의의 입고 벗기(셔츠를 입고 벗는 정도): ( ) | 작은단추 끼우기(와이셔츠를 입고 작은 단추를
잠그는 정도): ( )
일어서기: ( )
걷 기: ( )
계단오르기: ( )
계단내려가기: ( )
한쪽발로 서기 좌: ( ) 우: ( )
※ 보조용구를 사용하지 않은 상태에서
– 혼자서도 잘할수 있는 경우는 ○
– 혼자서 할 수는 있다 하더라도 잘 할 수 없
는 경우는 △
– 혼자서는 전혀 할 수 없는 경우는 × |

| 기타
정신,
신체의
장해 상태 | 언어장해가 있는 경우는 해당란에 ○표
1. 일상대화를 누가 들어도 이해함.
2. 전화에 의한 대화를 가족은 이해할 수 있으나 타인은 이해할 수 없음.
3. 일상대화를 가족은 이해할 수 있으나 타인은 이해할 수 없음.
4. 일상대화를 누가 들어도 이해할 수 없음. |

년 월 일

상기 내용과 같이 진단합니다.

주치의 성명 (서명 또는 인)

210mm×297mm(신문용지 54g/㎡)

지 체 장 해 용(능동 관절운동장해) 소 견 서

| 성 명 | | 생년월일 □□□□년 □□월 □□일 |

부 위			제1지		제2지		제3지		제4지		제5지	
			굽히기	펴기	굽히기	펴기	굽히기	펴기	굽히기	펴기	굽히기	펴기
손(발)지 관절의 능동운동 범위 (AMA식)	중수(족)지 관절 (M.P)	정상범위	60도(30도)	0도(50도)	90도(30도)	0도(40도)	90도(20도)	0도(30도)	90도(10도)	0도(20도)	90도(10도)	0도(10도)
		좌우										
	제1손가락 관절 (P.I.P)	정상범위	80도(30도)	0도(0도)	100도(40도)	0도(0도)	100도(40도)	0도	100도(40)	0도	100도(40도)	0도
		좌우										
	제2손가락 관절 (D.I.P)	정상범위			70도	0도	70도	0도	70도	0도	70도	0도
		좌우										

부위		측정방법	정상범위	운동가능범위		부위	측정방법	정상범위	운동가능범위	
				좌	우				좌	우
팔(다리) 관절의 능동운동 범위 (AMA식)	어깨 관절 (500도)	앞위쪽올리기 / 뒤쪽올리기 / 옆위쪽올리기 / 모으기 / 안쪽돌리기 / 바깥쪽돌리기	150도 / 40도 / 150도 / 30도 / 40도 / 90도			엉덩 관절 (280도)	펴기 / 굽히기 / 모으기 / 벌리기 / 안쪽돌리기 / 바깥쪽돌리기	30도 / 100도 / 20도 / 40도 / 40도 / 50도		
	팔꿈치 관절 (310도)	펴기 / 굽히기 / 안쪽돌리기 / 바깥쪽돌리기	0도 / 150도 / 80도 / 80도			무릎 관절 (150도)	펴기 / 굽히기	0도 / 150도		
	손목관절 (180도)	손등쪽올리기 / 손바닥쪽올리기 / 손목의 요골쪽굽히기 / 손목의 척골쪽굽히기	60도 / 70도 / 20도 / 30도			발목 관절 (110도)	발등쪽굽히기발 / 바닥쪽굽히기 / 안쪽뒤집기 / 바깥쪽뒤집기	20도 / 40도 / 30도 / 20도		
						다리의 단축정도		cm 만곡변형		도

| 인공골두. 인공관절 삽입상태 | | 보조기사용여부 (동요관절) | [ ] 항상 필요
[ ] 수시 필요
[ ] 과중 노동시 필요
[ ] 필요 없음 | 가관절 형성상태 | |
| 측정근거 및 측정사유 | | | | | |

상기 내용과 같이 진단합니다.

년   월   일

주치의 성명   (서명 또는 인)

210mm×297mm(신문용지 54g/㎡)

지 체 장 해 용(수동 관절운동장해) 소 견 서

| 성 명 | 생년월일 | □□□□ 년 □□ 월 □□ 일 |

손(발)지 관절의 능동운동 범위 (AMA식)

부위			제1지		제2지		제3지		제4지		제5지	
			굽히기	펴기	굽히기	펴기	굽히기	펴기	굽히기	펴기	굽히기	펴기
	중수(족)지 관절 (M.P)	정상범위	60도(30도)	0도(50도)	90도(30도)	0도(40도)	90도(20도)	0도(30도)	90도(10도)	0도(20도)	90도(10도)	0도(10도)
		좌우										
	제손가락 관절 (P.I.P)	정상범위	80도(30도)	0도(0도)	100도(40도)	0도(0도)	100도(40도)	0도	100도(40)	0도	100도(40도)	0도
		좌우										
	제2손가락 관절 (D.I.P)	정상범위			70도	0도	70도	0도	70도	0도	70도	0도
		좌우										

부위 세로: 손(발)지 관절의 능동운동 범위 (AMA식)

팔(다리) 관절의 능동운동 범위 (AMA식)

부위	측정방법	정상범위	운동가능범위 좌	운동가능범위 우	부위	측정방법	정상범위	운동가능범위 좌	운동가능범위 우
어깨관절 (500도)	앞위쪽올리기	150도			엉덩관절 (280도)	펴 기	30도		
	뒤쪽올리기	40도				굽히기	100도		
	옆위쪽올리기	150도				모으기	20도		
	모 으 기	30도				벌리기	40도		
	안쪽돌리기	40도				안쪽돌리기	40도		
	바깥쪽돌리기	90도				바깥쪽돌리기	50도		
팔꿈치 관절 (310도)	펴 기	0도			무릎 관절 (150도)	펴 기	0도		
	굽히기	150도				굽히기	150도		
	안쪽돌리기	80도							
	바깥쪽돌리기	80도							
손목관절 (180도)	손등쪽올리기	60도			발목 관절 (110도)	발등쪽굽히기	20도		
	손비닥쪽올리기	70도				발바닥쪽굽히기	40도		
	손목의 요골쪽굽히기	20도				안쪽뒤집기	30도		
	손목의 척골쪽굽히기	30도				바깥쪽뒤집기	20도		
					다리의 단축정도		cm	만곡변형	도

| 인공골두, 인공관절 삽입상태 | | 보조기사용여부 (동요관절) | [ ] 항상 필요 [ ] 수시 필요 [ ] 과중 노동시 필요 [ ] 필요 없음 | 가관절 형성상태 | |
| 측정근거 및 측정사유 | | | | | |

상기 내용과 같이 진단합니다.

년   월   일

주치의   성명   (서명 또는 인)

210mm×297mm(신문용지 54g/m²)

장해급여 일시금 · 연금 선택 확인서

가. 장해급여 지급방법

- 장해등급 제1급~제3급은 연금으로 지급, 제4급~제7급은 일시금·연금 중 선택, 제8급~14급은 일시금으로 지급
- 장해일시금 : 장해등급의 일시금 일수에 치유 당시 평균임금을 곱하여 산정된 금액 지급
- 장해연금 : 장해등급의 연금일수에 산정 당시 평균임금을 곱하여 산정된 금액을 사망 시까지 지급
- 장해연금 선급 : 장해등급 제4급~제7급은 최초 1년분 또는 2년분, 제1급~제3급은 최초 1년분~4년분까지 선급할 수 있으며 연금액 1/2에 해당하는 금액을 미리 지급하고 그 기간은 장해연금액의 50%만 지급
  - 장해일시금을 받고 재요양 이후 장해연금 대상이 되는 경우에는 이미 지급한 장해일시금 지급일수 동안 장해연금을 부지급 혹은 이미 지급한 장해일시금 지급일수의 2배 기간 동안 장해연금 1/2 지급 중 선택

나. 장해급여 수령방법 선택(해당 사항에 체크 및 기재 바랍니다.)

- 장해등급 제4급부터 제7급까지의 경우 장해일시금 또는 장해연금을 선택한 이후에는 변경 불가능
- 장해연금 선급금을 신청한 경우 그 선급기간의 변경 또는 연장 불가능
- 신경.정신장해, 척추신경근장해, 운동범위 제한정도에 따른 관절기능장해, 진폐장해가 남아 장해연금을 수령하는 경우 지급 결정 한 날을 기준으로 2년이 지난 시점에서 장해등급 재판정 실시
  - 재판정에 따른 장해급여는 장해상태가 악화되어 장해등급이 상향된 경우 그에 따라 지급하며, 장해상태가 호전되어 제8급부터 제14급까지에 해당하는 경우 일시금을 선택한 경우보다 수령액이 적어질 수 있음

※ 제4급 ~ 제7급 대상자의 일시금 · 연금 지급일수 비교(연금을 선택하면 아래 시점에 일시금일수와 동일해집니다.)

등급	일시금	연금	일시금과 동일해지는 시점	등급	일시금	연금	일시금과 동일해지는 시점
제4급	1,012일	224일	연금 4.52년 수령	제6급	737일	164일	연금 4.49년 수령
제5급	869일	193일	연금 4.50년 수령	제7급	616일	138일	연금 4.46년 수령

□ 장해등급 제1급부터 제3급까지에 해당하는 경우

장해보상연금의 선급 여부 및 그 기간에 대하여 아래와 같이 확인합니다.
⇒ 선급여부 : 예(　　), 아니오(　　) / 선급하는 경우 그 기간 : (　　)년

□ 장해등급 제4급부터 제7급까지에 해당하는 경우

장해급여 지급방법(연금 또는 일시금 여부), 선급 여부 및 그 기간에 대하여 아래와 같이 확인합니다.
⇒ 장해급여 수령방법 : 일시금/연금 중 택일(　　　　)
⇒ 연금을 선택하는 경우 선급여부 : 예(　　), 아니오(　　) / 선급하는 경우 그 기간 : (　　)년

□ 장해일시금을 받고 재요양 이후 장해등급이 상향되면서 제1급부터 제7급까지에 해당하는 경우

장해급여 지급방법(연금 또는 일시금 여부), 장해일시금 공제방법에 대하여 아래와 같이 확인합니다.
⇒ 장해급여 수령방법(제4급부터 제7급까지) : 일시금/연금 중 택일(　　　　)
⇒ 연금을 선택하는 경우 : 이미 지급한 장해일시금 지급일수에 해당하는 기간이 지난 후 수령(　　),
이미 지급한 장해일시금 지급일수의 2배에 해당하는 기간 동안 장해연금의 1/2을 수령(　　)

본인은 장해급여 일시금 및 연금제도에 대하여 충분히 설명을 듣고 이해하였기에 위와 같이 장해급여 수령방법을 선택 후 자필로 서명.날인합니다.

년　　월　　일
확인자 성명 :　　　　　　　　　　(서명 또는 인)

210mm×297mm(신문용지 54g/㎡)

(별지서식1)

감 사 원 심 사 청 구 서

1. 청구자	주 소 (사무소의 소재지)				
	성 명 (상 호)		전화번호		
	직 업 (업 종)		주민등록번호 (사업자등록번호)		연령
2. 심사를 요하는 대상기관 및 관계자					
3. 심사청구의 대상이 되는 행위의 내용					
4. 심사청구의 취지 및 그 이유					
5. 행정심판(행정심판법외의 타법률에 의한 행정 　심판 절차를 포함) 또는 소송 제기 유무					
6. 관계기관의 처분 또는 행위가 있은 날 또는 　그 처분 또는 행위가 있은 것을 안 날					
7. 대리인 또는 대표자의 성명 및 주소					

　　감사원법 제43조 및 감사원심사규칙 제3조의 규정에 의하여 관계서류를 첨부하여 위와 같이 심사를 청구합니다.

20　　　.　　　.　　　.

청구인　　　　　　　　(인)

　　첨부서류 : 표지포함　　　　매.

감 사 원　　귀중

중대재해발생보고(제조업등)

문서번호 :   201 . . .

수   신 :   ㅇㅇ지방고용노동청 ㅇㅇ지청장

참   조 :   산재예방지도과장(f.a.x 000-000-0000)

1. 사업장개요

사업장명	원청		대표자		소재지		근로자수	명	업종	
	하청							명		

2. 재해자 인적사항

성 명	주민등록번호	소 속	직 종	입사일자	동종경력	재 해 정 도
					년 월	□ 사망(명) □ 부상(명) (치료예상기간 : 일)

3. 재해발생 내용 및 조치현황

일 시		장 소		발생형태		기인물	

ㅇ 사고경위

ㅇ 조치 및 전망

ㅇ 기타 중요한 사항

                             사업장명 :

                             대 표 자 :   (인)

                                   (전화번호 :   담당 :   )

중대재해발생보고(건설업)

문서번호 :   201 ． ． ．

수　신 :　○○지방고용노동청 ○○지청장

참　조 :　산재예방지도과장(f.a.x 000-000-0000)

1. 사업장개요

<table>
<tr><td rowspan="2">사
업
장
명</td><td>원　청
(공동도급)</td><td rowspan="2">(대표 :　　)</td><td>공사금액</td><td>백만원</td><td rowspan="2">기 술
지 도
관 계</td><td>- 지도기관명 :
□ 미계약
□ 해당없음</td></tr>
<tr><td rowspan="2">하　청</td><td>공사기간</td><td></td><td rowspan="2">방 지
계획서
관 계</td><td rowspan="2">□ 대　상
□ 비대상</td></tr>
<tr><td rowspan="2">(대표 :　　)</td><td>근로자수</td><td>명</td></tr>
<tr><td rowspan="2">현
장
명</td><td rowspan="2">(소재지 :　　　　)</td><td>공정율(%)</td><td></td><td rowspan="2">공 사
종 류</td><td rowspan="2"></td></tr>
<tr><td>발 주 처</td><td></td></tr>
<tr><td colspan="7" align="center">최근 1년간 점검받은 실 적</td></tr>
<tr><td>기 관 명</td><td colspan="2"></td><td colspan="2">점검일자</td><td colspan="2"></td></tr>
</table>

※ 공사종류는 형틀공사, 굴착공사, 콘크리트 타설공사, 토공사, 전기공사 등 재해발생 공사 종류를 기재

2. 재해자 인적사항

성 명	주민등록번호	소 속	직 종	입사일자	동종경력	재 해 정 도
					년　월	□ 사망(　명) □ 부상(　명) (치료예상기간 :　일)

3. 재해발생 내용 및 조치현황

일 시		장 소		발생 형태		기인물	

○ 사고경위

○ 조치 및 전망

사업장명 :

대 표 자 :　　　　　　　　　　　　　　　　　　　　　(인)

　　(전화번호 :　　　　담당 :　　　)

산업재해조사표

※ 뒤쪽의 작성방법을 읽고 작성해 주시기 바라며, [ ]에는 해당하는 곳에 √ 표시를 합니다.　　　　(앞쪽)

I. 사업장 정보	①산재관리번호 (사업개시번호)		사업자등록번호		
	②사업장명		③근로자 수		
	④업종		소재지	(　－ 　)	
	⑤재해자가 사 내 수급인 소속 인 경우(건설업 제외)	원도급인 사업장명	⑥재해자가 파견 근로자인 경우	파견사업주 사업장명	
		사업장 산재관리번호 (사업개시번호)		사업장 산재관리번호 (사업개시번호)	
	건설업만 작성	발주자	[ ]민간 [ ]국가·지방자치단체 [ ]공공기관		
		⑦원수급 사업장명			
		⑧원수급 사업장 산재 관리번호(사업개시번호)	공사현장 명		
		⑨공사종류	공정률	%	공사금액 백만원

※ 아래 항목은 재해자별로 각각 작성하되, 같은 재해로 재해자가 여러 명이 발생한 경우에는 별도 서식에 추가로 적습니다.

II. 재해 정보	성명		주민등록번호 (외국인등록번호)		성별	[ ]남　[ ]여
	국적	[ ]내국인 [ ]외국인 [국적:]		⑩체류자격:	⑪직업	
	입사일	년 월 일	⑫같은 종류업무 근속 기간		년 월	
	⑬고용형태	[ ]상용 [ ]임시 [ ]일용 [ ]무급가족종사자 [ ]자영업자 [ ]그 밖의 사항 [ ]				
	⑭근무형태	[ ]정상 [ ]2교대 [ ]3교대 [ ]4교대 [ ]시간제 [ ]그 밖의 사항 [ ]				
	⑮상해종류 (질병명)		⑯상해부위 (질병부위)		⑰휴업 예상일수	휴업 [ ]일
					사망 여부	[ ] 사망

III. 재해 발생 개요 및 원인	⑱ 재해 발생 개요	발생일시	[ ]년 [ ]월 [ ]일 [ ]요일 [ ]시 [ ]분
		발생장소	
		재해관련 작업유형	
		재해발생 당시 상황	
	⑲재해발생원인		

IV. ⑳재발 방지 계획	

※ 위 재발방지 계획 이행을 위한 안전보건교육 및 기술지도 등을 한국산업안 전보건공단에서 무료로 제공하고 있으니 즉시 기술지원 서비스를 받고자 하 는 경우 오른쪽에 √ 표시를 하시기 바랍니다.　　즉시 기술지원 서비스 요청[ ]

작성자 성명
작성자 전화번호　　　　　　　　　작성일　　　년　　월　　일
　　　　　　　　　　　　　　　　사업주　　　　　　　　(서명 또는 인)
　　　　　　　　　　　　근로자대표(재해자)　　　　　　(서명 또는 인)

(　　)지방고용노동청장(지청장) 귀하

재해 분류자 기입란 (사업장에서는 작성하지 않습니다)	발생형태	□□□	기인물	□□□□□
	작업지역·공정	□□□	작업내용	□□□

210mm×297mm[백상지(80g/㎡) 또는 중질지(80g/㎡)]

작 성 방 법

Ⅰ. 사업장 정보

①산재관리번호(사업개시번호): 근로복지공단에 산업재해보상보험 가입이 되어 있으면 그 가입번호를 적고 사업자등록번호 기입란에는 국세청의 사업자등록번호를 적습니다. 다만, 근로복지공단의 산업재해보상보험에 가입이 되어 있지 않은 경우 사업자등록번호만 적습니다.
※ 산재보험 일괄 적용 사업장은 산재관리번호와 사업개시번호를 모두 적습니다.
②사업장명 : 재해자가 사업주와 근로계약을 체결하여 실제로 급여를 받는 사업장명을 적습니다. 파견근로자가 재해를 입은 경우에는 실제적으로 지휘·명령을 받는 사용사업주의 사업장명을 적습니다. [예: 아파트를 건설하는 종합건설업의 하수급 사업장 소속 근로자가 작업 중 재해를 입은 경우 재해자가 실제로 하수급 사업장의 사업주와 근로계약을 체결하였다면 하수급 사업장명을 적습니다.]
③근로자 수: 사업장의 최근 근로자 수를 적습니다(정규직, 일용직·임시직 근로자, 훈련생 등 포함).
④업종: 통계청(www.kostat.go.kr)의 통계분류 항목에서 한국표준산업분류를 참조하여 세세분류(5자리)를 적습니다. 다만, 한국표준산업분류 세세분류를 알 수 없는 경우 아래와 같이 한국표준산업명과 주요 생산품을 추가로 적습니다.
  [예: 제철업, 시멘트제조업, 아파트건설업, 공작기계도매업, 일반화물자동차 운송업, 중식음식점업, 건축물 일반청소업 등]
⑤재해자가 사내 수급인 소속인 경우(건설업 제외): 원도급인 사업장명과 산재관리번호(사업개시번호)를 적습니다.
  ※ 원도급인 사업장이 산재보험 일괄 적용 사업장인 경우에는 원도급인 사업장 산재관리번호와 사업개시번호를 모두 적습니다.
⑥재해자가 파견근로자인 경우: 파견사업주의 사업장명과 산재관리번호(사업개시번호)를 적습니다.
  ※ 파견사업주의 사업장이 산재보험 일괄 적용 사업장인 경우에는 파견사업주의 사업장 산재관리번호와 사업개시번호를 모두 적습니다.
⑦원수급 사업장명: 재해자가 소속되거나 관리되고 있는 사업장이 하수급 사업장인 경우에만 적습니다.
⑧원수급 사업장 산재관리번호(사업개시번호): 원수급 사업장이 산재보험 일괄 적용 사업장인 경우에는 원수급 사업장 산재관리번호와 사업개시번호를 모두 적습니다.
⑨공사 종류, 공정률, 공사금액 : 수급 받은 단위공사에 대한 현황이 아닌 원수급 사업장의 공사 현황을 적습니다.
  가. 공사 종류: 재해 당시 진행 중인 공사 종류를 말합니다. [예: 아파트, 연립주택, 상가, 도로, 공장, 댐, 플랜트시설, 전기공사 등]
  나. 공정률: 재해 당시 건설 현장의 공사 진척도로 전체 공정률을 적습니다.(단위공정률이 아님)

Ⅱ. 재해자 정보

⑩체류자격: 「출입국관리법 시행령」 별표 1에 따른 체류자격(기호)을 적습니다.(예: E-1, E-7, E-9 등)
⑪직업: 통계청(www.kostat.go.kr)의 통계분류 항목에서 한국표준직업분류를 참조하여 세세분류(5자리)를 적습니다. 다만, 한국표준직업분류 세세분류를 알 수 없는 경우 알고 있는 직업명을 적고, 재해자가 평소 수행하는 주요 업무내용 및 직위를 추가로 적습니다.
  [예: 토목감리기술자, 전문간호사, 인사 및 노무사무원, 한식조리사, 철근공, 미장공, 프레스조작원, 선반기조작원, 시내버스운전원, 건물내부청소원 등]
⑫같은 종류 업무 근속기간: 과거 다른 회사의 경력부터 현직 경력(동일·유사 업무 근무경력)까지 합하여 적습니다.(질병의 경우 관련 작업근무기간)
⑬고용형태: 근로자가 사업장 또는 타인과 명시적 또는 내재적으로 체결한 고용계약 형태를 적습니다.
  가. 상용: 고용계약기간을 정하지 않았거나 고용계약기간이 1년 이상인 사람
  나. 임시: 고용계약기간을 정하여 고용된 사람으로서 고용계약기간이 1개월 이상 1년 미만인 사람
  다. 일용: 고용계약기간이 1개월 미만인 사람 또는 매일 고용되어 근로의 대가로 일급 또는 일당제 급여를 받고 일하는 사람
  라. 자영업자: 혼자 또는 그 동업자로서 근로자를 고용하지 않은 사람
  마. 무급가족종사자: 사업주의 가족으로 임금을 받지 않는 사람
  바. 그 밖의 사항: 교육·훈련생 등
⑭근무형태 : 평소 근로자의 작업 수행시간 등 업무를 수행하는 형태를 적습니다.
  가. 정상: 사업장의 정규 업무 개시시각과 종료시각(통상 오전 9시 전후에 출근하여 오후 6시 전후에 퇴근하는 것) 사이에 업무수행하는 것을 말합니다.
  나. 2교대, 3교대, 4교대: 격일제근무, 같은 작업에 2개조, 3개조, 4개조로 순환하면서 업무수행하는 것을 말합니다.
  다. 시간제 : 가목의 '정상' 근무형태에서 규정하고 있는 주당 근무시간보다 짧은 근로시간 동안 업무수행하는 것을 말합니다.
  라. 그 밖의 사항: 고정적인 심야(야간)근무 등을 말합니다.
⑮상해종류(질병명): 재해로 발생된 신체적 특성 또는 상해 형태를 적습니다.
  [예: 골절, 절단, 타박상, 찰과상, 중독·질식, 화상, 감전, 뇌진탕, 고혈압, 뇌졸중, 피부염, 진폐, 수근관증후군 등]
⑯상해부위(질병부위): 재해로 피해가 발생된 신체 부위를 적습니다.
  [예: 머리, 눈, 목, 어깨, 팔, 손, 손가락, 등, 척추, 몸통, 다리, 발, 발가락, 전신, 신체내부기관(소화·신경·순환·호흡배설) 등]
  ※ 상해종류 및 상해부위가 둘 이상이면 상해 정도가 심한 것부터 적습니다.
⑰휴업예상일수: 재해발생일을 제외한 3일 이상의 결근 등으로 회사에 출근하지 못한 일수를 적습니다.(추정 시 의사의 진단소견을 참조)

Ⅲ. 재해발생정보

⑱재해발생 개요: 재해원인의 상세한 분석이 가능하도록 발생일시[년, 월, 일, 요일, 시(24시 기준), 분], 발생 장소(공정 포함), 재해관련 작업유형(누가 어떤 기계·설비를 다루면서 무슨 작업을 하고 있었는지), 재해발생 당시 상황[재해 발생 당시 기계·설비·구조물이나 작업환경 등의 불안전한 상태(예시: 떨어짐, 무너짐 등)와 재해자나 동료 근로자가 어떠한 불안전한 행동(예시: 넘어짐, 끼임 등)을 했는지]을 상세히 적습니다.
  [작성예시]

발생일시	2013년 5월 30일 금요일 14시 30분
발생장소	사출성형부 플라스틱 용기 생산 1팀 사출공정에서
재해관련 작업유형	재해자 000가 사출성형기 2호기에서 플라스틱 용기를 꺼낸 후 금형을 점검하던 중
재해발생 당시 상황	재해자가 점검중임을 모르던 동료 근로자 000가 사출성형기 조작 스위치를 가동하여 금형 사이에 재해자가 끼어 사망하였음

⑲재해발생 원인: 재해가 발생한 사업장에서 재해발생 원인을 인적 요인(무의식 행동, 착오, 피로, 연령, 커뮤니케이션 등), 설비적 요인(기계·설비의 설계상 결함, 방호장치의 불량, 작업표준화의 부족, 점검·정비의 부족 등), 작업·환경적 요인(작업정보의 부적절, 작업자세·동작의 결함, 작업방법의 부적절, 작업환경 조건의 불량 등), 관리적 요인(관리조직의 결함, 규정·매뉴얼의 불비·불철저, 안전교육의 부족, 지도감독의 부족 등)을 적습니다.

Ⅳ. 재발방지계획

⑳ "19. 재해발생 원인"을 토대로 재발방지 계획을 적습니다.

■ 국가배상법 시행규칙 [별지 제8호서식]　　　　　　　　　　　　　　　　　(앞 면)

배 상 신 청 서

접수번호	접수일자	처리기간

신　청　인	성　명 :　　　　　　　　　(인)	생년월일 :
	주　소 :　　　　　　　　　　　　　　　　　(전화번호:　　　　)	
	직　업 :	피해자와의 관계 :
	다음　　　　　에게 국가배상신청에 관한 일체의 권한을 위임함 위임인　성　명 :　　　　　　　(인) 대리인　성　명 :　　　　　　　(인) 생년월일 : 　　　　주　소 :　　　　　　　　(전화번호 :　　　)	
피　해　자	성　명 :	생년월일 :
	주　소 :	
	직　업 :	기왕의 신체상해 :
사 고 개 요 (상세한 것은 별지에 적음)	발생일시 :	
	발생장소 :	
	가해자 소속 :　　　　　　　　　성명 :	
	사고내용 :	

신　청　액	요 양 비	원	장 례 비	원
	휴업배상	원	위 자 료	원
	장해배상	원	재산손해	원
	유족배상	원	기　타	원
	합　계			원

위　사 고 와 관련하여 이미 지급받은 금액	내 역	금 액	지급일자	지급자
사 전 지 급 신　청　액	내 역	금 액	사　　　유	

「국가배상법」제12조에 따라 위와 같이 배상신청을 합니다.

　　　　　　　　　　　　　　　　　　　　　　　　　년　　　　　월　　　　　일

○○지구배상심의회 위원장　귀하

첨 부 서 류	뒷 면 참 조	수 수 료 없 음

210mm×297mm[백상지(80g/㎡) 또는 중질지(80g/㎡)]

첨부서류

배상종류	신청인(대표자) 제출서류	담당공무원 확인사항 (부동의하는 경우 해당서류 제출)
요 양 비	1. 요양비의 내용을 기입한 의사의 증명서 2. 요양 및 이를 치료할 비용의 청구서 및 영수증 등	주민등록등(초)본
휴 업 배 상	월수입액을 증명하는 관계증명서(시장·군수·구 청장과 피해자 근무처의 장의 월수입액 증명서)	1. 주민등록등(초)본 2. 소득금액증명
장 해 배 상	신체장해의 종류를 기입한 의사의 증명서	1. 주민등록등(초)본 2. 소득금액증명
유족배상 및 장례비	1. 사망진단서 2. 가족관계증명서	1. 주민등록등(초)본 2. 소득금액증명
부동산 및 동산 손해배상	수리견적서 또는 수리인 영수증과 그 내역서	1. 주민등록등(초)본 2. 자동차등록원부등본
기타 배상	손해의 내용을 명백히 하는 서류	없 음

행정정보 공동이용 동의서

본인은 이 건 업무처리와 관련하여 「전자정부법」 제36조제1항에 따른 행정정보의 공동이용을 통하여 담당공무원이 위의 담당공무원 확인사항을 확인하는 것에 동의합니다.

신청인(대표자)　　　　　　　　　　　(서명 또는 인)

신청서 제출시 참고사항

1. 신청서는 신청인의 주소지·소재지 또는 배상원인 발생지를 관할하는 지구배상심의회에 제출하여야 합니다.
2. 신청인이 피해자가 아닌 때에는 신청할 권리가 있음을 증명하는 서류를 첨부하여야 합니다.
3. 대리인에 의하여 신청을 하는 때에는 대리인에게 배상신청을 위임하여야 합니다.
4. 신청시 기재란의 지면이 부족한 경우에는 별지를 사용할 수 있습니다.
5. 신청서에는 신청인(대표자) 제출서류와 배상심의회에서 요청이 있는 때에는 추가로 해당서류를 제출하여 주시기 바랍니다.
6. 위의 서류 외에도 손해의 내용을 입증할 수 있는 서류·도면·사진 등을 첨부할 수 있습니다.

처리절차

신청서 작성	→	접 수	→	조 사	→	결 정	→	통 보
신청인		지구배상심의회		지구배상심의회		지구배상심의 회		

불공정거래행위 심사지침

[공정거래위원회예규 제351호]

Ⅰ. 목 적

이 지침은 독점규제및공정거래에관한법률(이하 "법"이라 함) 제23조(불공정거래행위의 금지) 제1항 및 동법시행령 제36조제1항 [별표 1]에서 규정하고 있는「불공정거래행위의 유형 및 기준」을 보다 구체적이고 명확하게 규정함과 아울러 불공정거래행위에 해당될 수 있는 사례를 예시함으로써, 위법성을 심사하는 기준으로 삼는 한편 사업자들의 법위반행위를 예방함에 그 목적이 있다.

Ⅱ. 지침의 적용범위

1. 이 지침은 사업자들의 활동 중에서 공통적이고 대표적인 사항을 중심으로 규정되었으므로 지침에 열거되지 아니한 사항에 해당된다고 해서 법 제23조제1항에 위반되지 않는 것은 아니다. 또한, 특정 행위가 이 지침에서 제시된「법위반에 해당될 수 있는 행위(예시)」에 해당되더라도 위법성 심사결과 공정한 거래를 저해할 우려가 없거나 경미하다고 인정될 경우에는 법 제23조제1항에 위반되지 않을 수 있다.

2. 법 제23조제1항제7호의 부당한 지원행위는 부당한지원행위의심사지침(공정위 예규 제19호)이 적용되므로 이 지침의 규정대상에서 제외한다.

3. 사업자의 행위가 이 지침에서 정하는 불공정거래행위 심사기준에 저촉되지 않더라도 시장지배적 지위남용, 부당한 공동행위, 사업자단체 금지행위 등 다른 금지행위에는 해당될 수 있다. 이 지침에서 규정된 불공정거래행위가 법 제3조의2(시장지배적지위의 남용금지) 위반에도 해당될 경우에는 법 제3조의2를 우선적으로 적용함을 원칙으로 한다.

4. 이 지침은 외국사업자가 국내외에서 행한 계약·결의 또는 기타 행위 등을 통해 국내시장에서 공정한 거래질서를 저해할 우려가 있는 경우에도 적용된다. 이는 외국사업자가 국내에 영업거점을 두고 있는지 또는 그의 거래상대방이 국내사업

자 혹은 소비자인지 여부와 관계없이 적용될 수 있다.

Ⅲ. 위법성심사의 일반원칙

1. 위법성 심사기준

　가. 공정한 거래를 저해할 우려

　(1) 법 제23조제1항에 열거된 개별행위 유형이 법위반에 해당되는지 여부를 판
　　단하는 기준은 당해 행위가 '공정한 거래를 저해할 우려'(이하 "공정거래저해
　　성"이라 함)가 있는지 여부이다.

　(2) 공정거래저해성의 의미

　　(가) 상기의 '공정거래저해성'과 법 제23조제1항각호에 규정된 '부당하게'는
　　그 의미가 동일한 것으로 본다.

　　(나) 공정거래저해성이란 경쟁제한성과 불공정성(unfairness)을 포함하는 개
　　념으로 본다.

　　(다) 경쟁제한성이란 당해 행위로 인해 시장 경쟁의 정도 또는 경쟁사업자
　　(잠재적 경쟁사업자 포함)의 수가 유의미한 수준으로 줄어들거나 줄어들 우
　　려가 있음을 의미한다.

　　(라) 불공정성(unfairness)이란 경쟁수단 또는 거래내용이 정당하지 않음을
　　의미한다. 경쟁수단의 불공정성은 상품 또는 용역의 가격과 질 이외에 바람
　　직하지 않은 경쟁수단을 사용함으로써 정당한 경쟁을 저해하거나 저해할 우
　　려가 있음을 의미한다. 거래내용의 불공정성이라 함은 거래상대방의 자유로
　　운 의사결정을 저해하거나 불이익을 강요함으로써 공정거래의 기반이 침해되
　　거나 침해될 우려가 있음을 의미한다.

　(3) '부당하게'와 '정당한 이유없이'의 구분

　　(가) 공정거래저해성은 그 판단방법과 관련하여 시행령 제36조제1항[별표 1]
　　의 각호에서 다시 '부당하게'와 '정당한 이유없이'로 구체화된다.

　　(나) '부당하게'를 요건으로 하는 행위유형은 당해 행위의 외형이 있다고 하
　　여도 그 사실만으로 공정거래저해성이 있다고 인정되는 것은 아니며, 원칙적
　　으로 경쟁제한성·불공정성(unfairness)과 효율성 증대효과소비자후생 증대
　　효과 등을 비교 형량하여 경쟁제한성·불공정성의 효과가 보다 큰 경우에
　　위법한 것으로 본다. '부당하게'를 요건으로 하는 행위에 대해서는 공정거래

위원회(사무처)가 위법성을 입증할 책임을 부담하는 것으로 본다.

(다) '정당한 이유없이'를 요건으로 하는 행위(공동의 거래거절, 계열회사를 위한 차별, 계속적 염매)에 대해서는 당해 행위의 외형이 있는 경우에는 원칙적으로 공정거래저해성이 있는 것으로 본다. 피심인은 정당한 이유가 있는지에 대해 입증할 책임이 있는 것으로 본다.(대판2000두833판결 취지)

(4) '우려'의 의미

공정한 거래를 저해하는 효과가 실제로 구체적인 형태로 나타나는 경우뿐만 아니라 나타날 가능성이 큰 경우를 의미한다. 또한, 현재는 그 효과가 없거나 미미하더라도 미래에 발생할 가능성이 큰 경우를 포함한다.

나. 위법성의 판단

원칙적으로 공정거래저해성은 당해 행위의 효과를 기준으로 판단한다. 사업자의 의도나 거래상대방의 주관적 예측은 공정거래저해성을 입증하기 위한 정황증거로서의 의미를 갖는다.

2. 안전지대(Safety Zone)의 설정

가. 안전지대의 의미

안전지대란 사업자의 시장점유율 등에 비추어 통상적으로 공정거래저해성이 미미할 것으로 인정되는 경우 불공정거래행위의 외형에 해당되는 행위가 있다고 하더라도 공정거래저해성이 없는 것으로 보아 공정거래위원회가 원칙적으로 심사절차를 개시하지 않는 '심사면제 대상'을 의미한다.

나. 안전지대의 효력

안전지대는 법 제23조제1항의 불공정거래행위(제7호의 부당한 지원행위는 제외)에 한정된다. 안전지대에 해당되는 사업자의 행위라도 공정거래위원회가 동법의 적용을 위한 심사를 개시할 수 없는 것은 아니다. 또한, 안전지대에 해당되지 않는 사업자의 행위라고 하여 자동적으로 위법성이 추정되는 것은 아니다.

다. 안전지대가 적용되는 행위 유형

안전지대는 경쟁제한성 위주로 심사하는 불공정거래행위 유형(이하, '경쟁제한요건 행위'라 한다.)에 대해서 적용되며, 구체적 범위는 이 지침의「Ⅵ. 개별행위 유형별 위법성 심사기준」에서 제시되는 바에 의한다. 상기 행위유형에 대해 안전지대를 적용하는 이유는 사업자의 시장점유율이나 매출액 등이 작을 경우 시장경쟁 상황에 미치는 효과가 미미하기 때문이다. 반면, 불공정성(unfairness) 위주로 심사하는 행위유형에 대해서는 안전지대가 적용되지 아니한다.

3. 경쟁제한성 판단기준

경쟁제한요건 행위의 경쟁제한성은 〈별첨〉「경쟁제한성 판단기준」에 따른다.

Ⅳ. 관련시장 범위획정

1. 법 제23조제1항에 규정된 불공정거래행위의 경쟁제한효과를 분석함에 있어 관련 시장범위 획정은 중요한 의미를 갖는다. 관련시장의 범위가 적정수준보다 넓게 획정될 경우 행위효과가 과소한 것으로 평가될 수 있으며, 반대로 관련시장 범위가 적정수준보다 좁게 획정될 경우에는 행위효과가 과대하게 평가될 수 있기 때문이다. 또한, 안전지대에 속하는지 여부를 판단하기 위해 시장점유율을 산정할 때도 시장범위 획정은 중요한 의미를 갖는다.

2. 관련시장 범위는 거래대상(상품 또는 용역)의 특성, 거래지역, 거래단계, 거래상대방에 따라 획정될 수 있다. 이 때, 거래대상의 특성에 의한 시장획정은 대상 상품 또는 용역의 수요대체성과 공급대체성을 종합적으로 고려하여 판단한다. 또한, 거래지역에 의한 시장획정은 대상 상품 또는 용역에 대해 지역적으로 수요대체성(타 지역으로 수요를 전환할 수 있는지 여부)과 공급대체성(공급이 타 지역에서 당해 지역으로 전환될 수 있는지 여부)이 있는지 여부를 종합적으로 고려하여 판단한다.

3. 상기의 시장범위 획정시 구체적으로 고려하는 사항은「기업결합 심사기준」의 '일정한 거래분야 판단기준'을 준용한다.

Ⅴ. 개별행위 유형별 위법성 심사기준

1. 거래거절

원칙적으로 사업자는 거래를 개시 또는 계속할 것인지 여부와 누구와 거래할 것인지를 자유로이 결정할 수 있다고 할 것이다. 그러나, 거래의 개시나 계속을 거절함으로써 다른 사업자의 사업활동을 현저히 곤란하게 하고 그 결과 당해 시장에서 경쟁의 정도가 감소하거나, 거래거절이 공정거래법상 금지된 행위의 실효성을 확보하기 위한 수단으로 활용될 경우 이는 관련 시장에서 경쟁을 제한하고 시장의 효율성 저하를 초래하게 되므로 금지된다.

가. 공동의 거래거절

> 정당한 이유 없이 자기와 경쟁관계에 있는 다른 사업자와 공동으로 특정사업자에 대하여 거래의 개시를 거절하거나 계속적인 거래관계에 있는 특정사업자에 대하여 거래를 중단하거나 거래하는 상품 또는 용역의 수량이나 내용을 현저히 제한하는 행위를 말한다. (시행령 별표1)

(1) 대상행위

(가) 거래상대방에 대하여 공동으로 거래를 거절하는 행위가 대상이 된다.

(나) 거래거절에는 공급거절과 구입거절, 거래개시의 거절과 거래계속의 거절이 포함된다. 또한, 거래상대방에게 현저히 불리한 거래조건을 제시하거나 거래하는 상품·용역의 수량 또는 내용을 현저히 제한하여 사실상 거래를 거절하는 행위도 포함된다.

(다) 거래거절의 상대방은 특정사업자이다. 따라서, 자기의 생산 또는 판매정책상 합리적 기준을 설정하여 그 기준에 맞지 않는 불특정다수의 사업자와 거래를 거절하는 행위는 원칙적으로 대상이 되지 아니한다.

(라) 사업자가 아닌 거래상대방, 즉 소비자에 대한 거래거절은 대상이 되지 아니한다.

(2) 공동의 거래거절에 해당하는 행위가 법 제19조제1항에 규정된 부당한 공동행위의 요건을 충족하는 경우에는 부당한 공동행위 관련 규정을 우선적으로 적용한다.

(3) 위법성의 판단기준

(가) 공동의 거래거절이 관련 시장에서 경쟁을 제한하는지 여부를 위주로 판단한다. '관련 시장'이라 함은 행위자가 속한 시장 또는 거래거절의 상대방이 속한 시장을 말한다.

(나) 공동의 거래거절을 당한 사업자는 여러 사업자와의 거래개시 또는 계속이 제한되므로 사업활동에 어려움을 겪게 되고 그 결과 정상적인 경쟁이 저해될 가능성이 높다. 따라서 공동의 거래거절은 원칙적으로 경쟁제한성이 있는 것으로 본다.

(다) 그러나, 사업자들이 「정당한 이유」를 소명하였을 경우 그 타당성을 판단하되, 다음과 같이 정당한 이유가 있다고 인정될 경우에는 공정거래저해성이 없는 것으로 볼 수 있다.

① 재고부족이나 거래상대방 사업자의 부도 등 채무불이행 가능성 등으로 인해 공동의 거래거절이 합리적이라고 인정되는 경우

② 특정사업자가 공동의 거래거절을 당하더라도 대체거래선을 용이하게 찾을 수 있는 경우

③ 사업자들이 사전에 당해 사업영위에 합리적이라고 인정되는 거래자격 기준을 정하여 그 기준에 미달되는 사업자와의 거래개시를 거절하는 경우

④ 공동의 거래거절로 인해 발생하는 효율성 증대효과나 소비자후생 증대효과가 경쟁제한효과를 현저히 상회하는 경우

⑤ 공동의 거래거절에 기타 합리적인 사유가 있다고 인정되는 경우 등

(4) 안전지대의 설정

상기의 규정에도 불구하고, 공동의 거래거절을 한 사업자들의 시장점유율 합계가 10%미만인 경우에는 당해 시장에서의 경쟁제한효과가 미미하다고 보아 원칙적으로 심사면제 대상으로 한다. 다만 시장점유율 산정이 사실상 불가능하거나 현저히 곤란한 경우에는 당해 사업자들의 연간매출액 합계액이 50억원 미만인 경우를 심사면제 대상으로 한다.

나. 기타의 거래거절

> 부당하게 특정사업자에 대하여 거래의 개시를 거절하거나 계속적인 거래관계에 있는 특정사업자에 대하여 거래를 중단하거나 거래하는 상품 또는 용역의 수량이나 내용을 현저히 제한하는 행위를 말한다. (시행령 별표1)

(1) 대상행위

(가) 사업자가 단독으로 특정사업자와의 거래를 거절하는 행위가 대상이 된다.

(나) 거래거절에는 공급거절과 구입거절, 거래개시의 거절과 거래계속의 거절이 포함된다. 또한, 거래상대방에게 현저히 불리한 거래조건을 제시하거나 거래하는 상품·용역의 수량 또는 내용을 현저히 제한하여 사실상 거래를 거절하는 행위도 포함된다.

(다) 거래거절의 상대방은 특정사업자이다. 따라서, 자기의 생산 또는 판매 정책상 합리적 기준을 설정하여 그 기준에 맞지 않는 불특정다수의 사업자와의 거래를 거절하는 행위는 원칙적으로 대상이 되지 아니한다.

(라) 사업자가 아닌 거래상대방, 즉 소비자에 대한 거래거절은 대상이 되지 아니한다.

(2) 위법성의 판단기준

(가) 단독의 거래거절이 관련 시장에서 경쟁을 제한하는지 여부를 위주로 판단한다. '관련 시장'이라 함은 행위자가 속한 시장 또는 거래거절의 상대방이 속한 시장을 말한다.

(나) 이때 경쟁제한성이 있는지 여부는 다음 사항을 종합적으로 고려하여 판단한다.

① 거래거절 대상이 되는 물품·용역이 거래상대방의 사업영위에 필수적인지 여부. 대상이 되는 물품·용역이 사업영위에 필수적이지 않다면 경쟁제한성이 낮다고 볼 수 있다.

② 거래거절을 당한 특정사업자가 대체거래선을 용이하게 찾을 수 있는지 여부. 대체거래선을 큰 거래비용 없이 용이하게 찾을 수 있는 경우에는 거래거절의 경쟁제한성이 낮다고 볼 수 있다.

③ 거래거절로 인해 특정사업자의 사업활동이 곤란하게 되고 그 결과 당해 시장에서 경쟁의 정도를 실질적으로 감소시키게 되는지 여부

④ 거래거절로 인해 경쟁사업자(잠재적 경쟁사업자 포함)의 시장진입이 곤란하게 되는지 여부

⑤ 거래거절이 공정거래법에 금지된 행위(재판매가격유지행위, 부당공동행위 등)를 강요하기 위한 수단으로 활용되었는지 여부 등

(다) 경쟁제한성이 있다고 판단되는 경우에도 다음과 같이 거래거절의 합리성이 있다고 인정되는 경우에는 법위반으로 보지 않을 수 있다.

① 생산 또는 재고물량 부족으로 인해 거래상대방이 필요로 하는 물량을

공급할 수 없는 경우

　② 거래상대방의 부도 등 신용결함, 명백한 귀책사유, 자신의 도산위험 등 불가피한 사유가 있고 거래거절 이외에 다른 대응방법으로 대처함이 곤란한 경우

　③ 당해 거래거절로 인해 발생하는 효율성 증대효과나 소비자후생 증대효과가 경쟁제한효과를 현저히 상회하는 경우

　④ 단독의 거래거절에 기타 합리적인 사유가 있다고 인정되는 경우 등

(3) 사업자가 거래상대방에 대해 거래상 지위가 있음을 이용하여 불이익의 일환으로 합리적 이유 없이 '거래거절'을 하거나 거래상대방의 사업활동을 곤란하게 할 목적으로 '거래거절'을 하는 경우에는 거래상 지위남용(불이익제공) 또는 사업활동방해(기타의 사업활동방해)에 해당될 수 있다. 이 경우에는 경쟁제한성 분석이 요구되지 않는다.

(4) 안전지대의 설정

상기의 규정에도 불구하고, 기타의 거래거절을 한 사업자의 시장점유율이 10% 미만인 경우에는 당해 시장에서의 경쟁제한효과가 미미하다고 보아 원칙적으로 심사면제 대상으로 한다. 다만 시장점유율 산정이 사실상 불가능하거나 현저히 곤란한 경우에는 당해 사업자의 연간매출액이 50억원 미만인 경우를 심사면제 대상으로 한다.

(5) 법위반에 해당될 수 있는 행위(예시)

(가) 합리적 이유없이 거래거절이 행해지고 그 결과 당해 시장에서 사업자의 사업활동이 곤란하게 되고 경쟁의 정도가 실질적으로 감소되는 경우

(나) 자기 또는 자기와 밀접한 관계에 있는 사업자와 독점적으로 거래하는 사업자와는 거래하면서 경쟁사업자와도 거래하는 사업자에 대하여는 합리적 이유없이 거래를 중단하거나 제한함으로써 관련 시장에서 경쟁의 감소를 초래하는 행위

(다) 합리적 이유없이 자기로부터 원재료를 공급받는 판매업자나 대리점에게 후방시장에서 자기와 경쟁관계에 있는 사업자에 대해 원재료공급을 거절하게 함으로써 관련 시장에서 경쟁의 감소를 초래하는 행위

(라) 자신이 활동하는 시장에 새로이 진입하고자 하는 특정사업자에 대하여 합리적 이유없이 원재료 공급을 중단하거나 중단하도록 강요함으로써 관련

시장에서 경쟁의 감소를 초래하는 행위

(마) 자기가 공급하는 원재료를 사용하여 완성품을 제조하는 자기와 밀접한 관계가 있는 사업자의 경쟁자를 당해 완성품시장에서 배제하기 위해, 당해 경쟁자에 대하여 종래 공급하고 있던 원재료의 공급을 중단하는 행위

(바) 합리적 이유 없이 원재료 제조업자가 자신의 시장지위를 유지·강화하기 위하여 원재료를 직접 생산·조달하려는 완성품 제조업자에 대해 원재료 공급을 거절하는 행위

(사) 합리적 이유 없이 할인점이나 온라인 판매업자 등 특정한 유형의 판매업자에 대하여 거래를 거절함으로써 거래거절을 당한 사업자가 오프라인 판매업자 등에 비해 경쟁상 열위에 처하게 되는 경우

(아) 자기와 거래하기 위해서는 자기가 지정하는 사업자의 물품·용역을 구입할 것을 의무화하고 그에 응하지 않음을 이유로 거래개시를 거절함으로써 당해 물품·용역 시장에서의 경쟁에 영향을 미치는 행위

2. 차별적 취급

원칙적으로 사업자는 가격 등 거래조건, 거래내용을 자유로이 설정할 수 있다고 할 것이다. 그러나, 사업자가 단독으로 또는 공동으로 거래지역이나 거래상대방에 따라 가격 등 거래조건·거래내용을 차별적으로 설정함으로써 자기가 속한 시장 또는 거래상대방이 속한 시장에서의 정상적인 경쟁을 저해할 경우에는 시장의 효율성 저하를 초래할 수 있으므로 금지된다.

가. 가격차별

> 부당하게 거래지역 또는 거래상대방에 따라 현저하게 유리하거나 불리한 가격으로 거래하는 행위를 말한다. (시행령 별표1)

(1) 대상행위

(가) 거래지역이나 거래상대방에 따른 가격차별이 대상이 된다. 이때, 가격이란 상품 또는 용역의 제공에 대하여 상대방이 실제 지불하는 모든 대가를 말한다. 여기에는 할인율 등 가격에 직접 영향을 미치는 거래조건이 포함된다. 거래의 대상인 상품 또는 용역은 실질적으로 동일한 것이어야 한다.

(나) 가격차별의 대상이 되는 거래상대방은 사업자 또는 소비자이다.

(2) 위법성의 판단기준

　(가) 가격차별이 행위자가 속한 시장 또는 거래상대방이 속한 시장에서의 경쟁을 제한하는지 여부를 위주로 판단한다.

　(나) 이 때, 경쟁제한성이 있는지 여부는 다음 사항을 종합적으로 고려하여 판단한다.

〈행위자가 속한 시장에서의 경쟁제한성〉

　① 행위자가 가격차별로 인해 시장에서의 지위를 유지·강화하거나 할 우려가 있는지 여부

　② 가격차별이 경쟁사업자를 배제하려는 의도하에 이루어졌는지 여부. 새로운 시장에 진입하기 위하여 행해지는 가격차별은 경쟁에 대응하기 위한 수단으로서 경쟁사업자 배제효과는 크지 않은 것으로 볼 수 있다.

　③ 가격차별 정도가 관련 시장에서 경쟁사업자를 배제할 우려가 있거나, 가격차별에 의해 설정된 가격수준이 상품 또는 용역의 제조원가나 매입원가를 하회하는지 여부

　④ 가격차별이 일회성인지 지속적인지 여부 등. 일회성의 가격차별은 경쟁제한효과가 미미하다고 볼 수 있으며 상당기간에 걸쳐 지속적으로 이루어질수록 경쟁제한효과가 커질 수 있다.

〈거래상대방이 속한 시장에서의 경쟁제한성〉

　① 가격차별의 대상이 되는 거래상대방이 속한 시장에서 가격차별로 인해 거래상대방 또는 거래상대방의 경쟁사업자들이 배제되거나 배제될 우려가 있는지 여부

　② 가격차별에 의해 상대적으로 불리한 취급을 받게 되는 거래상대방이 거래처를 쉽게 전환할 수 있는지 여부. 가격차별 대상인 거래상대방이 거래선을 용이하게 전환할 수 있다면 경쟁제한성이 낮다고 볼 수 있다.

　③ 가격차별 정도가 거래상대방의 경쟁사업자를 배제할 우려가 있거나, 가격차별에 의해 설정된 가격수준이 상품 또는 용역의 제조원가나 매입원가를 하회하는지 여부

　④ 가격차별이 일회성인지 지속적인지 여부 등. 일회성의 가격차별은 경쟁제한효과가 미미하다고 볼 수 있으며 상당기간에 걸쳐 지속적으로 이루어질수록 경쟁제한효과가 커질 수 있다.

(다) 경쟁제한성이 있다고 판단되는 경우에도 다음과 같이 가격차별의 합리성이 있다고 인정되는 경우에는 법위반으로 보지 않을 수 있다.

① 가격차별이 거래수량의 다과, 운송비, 거래상대방의 역할, 상품의 부패성 등 요소에 근거하여 한계비용 차이나 시장상황을 반영하는 경우

② 당해 가격차별로 인해 발생하는 효율성 증대효과(가격할인을 받는 사업자의 이익, 경제적 효율성 증대 등)나 소비자후생 증대효과가 경쟁제한효과를 현저히 상회하는 경우

③ 가격차별을 함에 있어 기타 합리적인 사유가 있다고 인정되는 경우 등

(3) 안전지대의 설정

상기의 규정에도 불구하고, 가격차별을 한 사업자의 시장점유율이 10% 미만인 경우에는 당해 시장에서의 경쟁제한효과가 미미하다고 보아 원칙적으로 심사면제 대상으로 한다. 다만 시장점유율 산정이 사실상 불가능하거나 현저히 곤란한 경우에는 당해 사업자의 연간매출액이 50억원 미만인 경우를 심사면제 대상으로 한다.

(4) 법위반에 해당될 수 있는 행위(예시)

(가) 사업자가 경쟁이 심한 지역에서 자신의 시장지위를 강화하기 위해 합리적 이유없이 타 지역에 비해 현저히 낮은 가격을 설정함으로써 당해 지역에서 경쟁사업자를 배제할 우려가 있는 경우

(나) 자신의 시장지위를 강화하기 위하여 자기가 공급하는 2가지 이상의 상품·용역중 시장점유율이 높은 상품·용역과 그렇지 않은 상품·용역을 동시에 구매하는 거래상대방(사업자 및 소비자)에 대해 가격면에서 현저히 유리한 취급을 함으로써 그렇지 않은 상품·용역시장에서의 경쟁을 저해하는 행위

(다) 유력한 사업자가 합리적인 이유없이 특정사업자를 가격면에서 현저히 우대한 결과 특정사업자가 그의 경쟁사업자 보다 경쟁상 우위에 서게 되어 정상적인 경쟁이 저해되는 경우

(라) 과점적 시장구조하에서 용역서비스를 제공하는 사업자가 거래상대방에게 수수료를 부과함에 있어서 매출액 규모, 원가요소 등을 고려하지 않은 채 특정업태에 종사한다는 이유만으로 현저하게 유리 또는 불리한 취급을 하여 경쟁업태에 종사하는 사업자에 비해 경쟁상 우위 또는 열위에 서게 하

는 행위

(마) 시장점유율이 상당한 사업자가 대부분의 거래상대방에 대해서는 구입량에 따라 누진적으로 할인율을 적용하는 반면, 소수의 거래상대방에 대해서는 합리적 이유 없이 구입량과 관계없이 통상 적용하는 최대할인율보다 더 높은 할인율을 획일적으로 적용함으로써 사업자들간의 경쟁력 차이를 초래하는 행위

나. 거래조건차별

> 부당하게 특정사업자에 대하여 수량·품질 등의 거래조건이나 거래내용에 관하여 현저하게 유리하거나 불리한 취급을 하는 행위를 말한다. (시행령 별표1)

(1) 대상행위

(가) 가격 이외의 거래조건을 차별하는 행위가 대상이 된다. 이는 가격이나 가격에 직접 영향을 미치는 조건(예 : 수량할인 등)을 제외한 계약의 이행방법, 대금의 결제조건 등 거래내용면에서의 차별을 말한다.

(나) 거래조건 차별은 특정사업자를 대상으로 하므로 소비자에 대한 차별은 포함되지 않는다. 다만, 차별대상 사업자가 엄격하게 특정될 것을 요하지 않으며, 특정기준을 충족하는 모든 사업자 또는 특정지역에 소재한 모든 사업자에 대한 차별도 특정성이 있는 것으로 본다.

(2) 위법성의 판단기준

(가) 거래조건 차별이 당해 사업자가 속한 시장 또는 거래상대방이 속한 시장에서의 경쟁을 제한하는지 여부를 위주로 판단한다.

(나) 이 때, 경쟁제한성이 있는지 여부 및 법위반으로 보지 않을 수 있는 경우는 가격차별에 준하여 판단한다.

(3) 안전지대의 설정

상기의 규정에도 불구하고, 거래조건 차별을 한 사업자의 시장점유율이 10% 미만인 경우에는 당해 시장에서의 경쟁제한효과가 미미하다고 보아 원칙적으로 심사면제 대상으로 한다. 다만 시장점유율 산정이 사실상 불가능하거나 현저히 곤란한 경우에는 당해 사업자의 연간매출액이 50억원 미만인 경우를 심사면제 대상으로 한다.

(4) 법위반에 해당될 수 있는 행위(예시)

(가) 사업자가 경쟁이 심한 지역에서는 합리적 이유없이 타 지역에 비해 현저히 유리한 대금결제 조건을 설정함으로써 당해 시장에서 경쟁사업자를 배제할 우려가 있는 경우

(나) 사업자가 경쟁사업자의 상품·용역 또는 수입품을 병행 취급하는 대리점(판매업자)에 한하여 합리적 이유없이 자기의 상품·용역의 제공시기, 배송회수, 결제방법 등을 현저하게 불리하게 취급함으로써 당해 대리점의 사업활동을 곤란하게 하거나 대리점간 경쟁을 저해하는 행위

다. 계열회사를 위한 차별

정당한 이유 없이 자기의 계열회사를 유리하게 하기 위하여 가격·수량·품질 등의 거래조건이나 거래내용에 관하여 현저하게 유리하거나 불리하게 하는 행위를 말한다. (시행령 별표1)

(1) 대상행위

(가) 계열회사를 유리하게 하는 가격 등 거래조건·거래내용 등의 차별행위가 대상이 된다.

(나) 차별의 상대방에는 소비자도 포함된다.

(2) 위법성의 판단기준

(가) 경쟁제한성 또는 경제력 집중 우려를 위주로 위법성을 판단하되, 가격 등 거래조건·거래내용 등에 관하여 계열회사에 대해 현저하게 유리하거나 계열회사의 경쟁사업자에 대해 현저하게 불리하게 취급하였을 경우에는 계열회사를 유리하게 하기 위한 행위로 인정하여 원칙적으로 경쟁제한성 또는 경제력 집중 우려가 있는 것으로 본다.

(나) 그러나, 계열회사를 위한 차별취급을 한 사업자가「정당한 이유」를 소명하였을 경우 그 타당성을 판단하되, 다음과 같이 정당한 이유가 있다고 인정될 경우에는 법위반으로 보지 않을 수 있다.

① 당해 행위로 인한 효율성 증대효과나 소비자후생 증대효과가 경쟁제한효과를 현저히 상회하는 경우

② 차별취급을 함에 있어 기타 합리적 사유가 있다고 인정되는 경우 등

(3) 안전지대의 설정

상기의 규정에도 불구하고, 유리한 취급을 받은 계열회사의 시장점유율이 10% 미만인 경우(시장점유율 산정이 사실상 불가능하거나 현저히 곤란한 경우에는 당해 계열회사의 연간매출액이 50억원 미만인 경우)에는 당해 시장에서의 경쟁제한효과가 미미하다고 보아 원칙적으로 심사면제 대상으로 한다. 다만, 경제력 집중의 우려가 있는 경우에는 심사면제 대상이 되지 아니한다.

(4) 법위반에 해당될 수 있는 행위(예시)

(가) 계열회사와 비계열회사의 제품간에 품질이나 거래조건에 있어서 차이가 없음에도 불구하고 정당한 이유없이 계열회사의 제품을 비계열회사의 견적단가 보다 현저히 비싸게 구입한 행위

(나) 사업자가 자기의 계열회사와 비계열회사를 동시에 거래하면서 정당한 이유없이 계열회사에 비해 비계열회사에 대한 결제조건(현금비율, 어음만기일 등)을 현저히 불리하게 하는 행위

(다) 사업자가 자기의 계열회사와 비계열회사에 동시에 임가공을 의뢰하면서 정당한 이유없이 계열회사에 지급하는 임가공단가를 비계열회사의 경우에 비해 현저히 유리하게 지급하는 행위

(라) 계열회사가 경쟁입찰에서 유리한 지위에 설 수 있도록 하기 위해 계열회사의 경쟁사업자에게는 보다 불리한 가격이나 거래조건으로 원재료를 공급하는 행위

라. 집단적 차별

> 집단으로 특정사하업자를 부당하게 차별적으로 취급하여 그 사업자의 사업활동을 현저하게 유리하거나 불리하게 하는 행위를 말한다. (시행령 별표1)

(1) 대상행위

(가) 여러 사업자가 공동으로 특정사업자에 대하여 행해지는 차별취급이 대상이 된다. 부당한 공동행위와 달리 집단적 차별취급은 합의가 없더라도 성립될 수 있으며 차별취급에 참가하는 사업자가 반드시 현실적 또는 잠재적 경쟁관계에 있을 필요는 없다. 또한 실제로 차별행위가 행해져야 한다.

(나) 차별취급에는 가격 등 거래조건, 거래내용 등의 차별이 포함된다.

(다) 차별취급의 상대방은 특정사업자이다. 따라서 불특정다수의 사업자와 소비자는 대상이 되지 아니한다.

(2) 위법성의 판단기준

집단적 차별행위의 위법성은 가격차별 및 거래조건 차별의 경우에 준하여 판단한다. 다만, 집단적 차별은 여러 사업자에 의해서 행해지므로 원칙적으로 가격차별 및 거래조건 차별의 경우에 비해 위법성이 인정될 가능성이 큰 것으로 본다.

(3) 안전지대의 설정

상기의 규정에도 불구하고, 집단적 차별을 한 사업자들의 시장점유율 합계가 10% 미만인 경우에는 당해 시장에서의 경쟁제한효과가 미미하다고 보아 원칙적으로 심사면제 대상으로 한다. 다만 시장점유율 산정이 사실상 불가능하거나 현저히 곤란한 경우에는 당해 사업자들의 연간매출액 합계액이 50억원 미만인 경우를 심사면제 대상으로 한다.

(4) 법위반에 해당될 수 있는 행위(예시)

(가) 복수의 사업자가 특정사업자에 대해 동시에 합리적인 이유없이 가격차별 또는 거래조건 차별 등을 행하는 경우

(나) 합리적 이유없이 복수의 판매업자와 제조업자가 공동으로 판매단계에서 경쟁관계에 있는 특정사업자에 대하여 차별적으로 높은 가격을 책정함으로써 그의 사업활동을 곤란하게 하고 그 결과 당해 시장에서의 경쟁에 영향을 미치는 행위

(다) 복수의 제조업자가 공동으로 덤핑판매를 하거나 온라인판매를 한다는 이유만으로 특정판매업자에 대하여 공급가격을 다른 판매업자에 비하여 비싸게 책정함으로써 사업활동을 현저히 불리하게 하고 다른 판매업자를 경쟁상 우위에 서게 하는 행위

3. 경쟁사업자 배제

사업자가 상품 또는 용역을 현저히 낮은 가격으로 공급함으로써 경쟁사업자를 시장에서 배제시킨 후 독점적 지위를 구축하여 독점가격 책정이 가능해 질 경우, 이는 경쟁을 저해하고 궁극적으로 소비자후생 수준의 저하로 귀결될 수 있으므로 금지된

다. 또한, 사업자가 경쟁사업자를 당해 시장에서 배제할 목적으로 경쟁사업자가 필요로 하는 상품·원재료의 상당량을 고가로 매입할 경우 이는 시장에서의 정상적인 경쟁을 저해하게 되므로 금지된다.

가. 부당염매

> 자기의 상품 또는 용역을 공급함에 있어서 정당한 이유 없이 그 공급에 소요되는 비용보다 현저히 낮은 대가로 계속하여 공급하거나 기타 부당하게 상품 또는 용역을 낮은 대가로 공급함으로써 자기 또는 계열회사의 경쟁사업자를 배제시킬 우려가 있는 행위를 말한다. (시행령 별표1)

(1) 대상행위

(가) 부당염매에는 계속적 염매와 일시적 염매가 있다.

(나) 계속적 염매란 상당기간에 걸쳐 반복해서 공급비용 보다 현저히 낮은 수준으로 상품 또는 용역의 공급이 이루어짐을 말한다. 공급비용 보다 현저히 낮은 수준인지 여부는 제조원가나 매입원가를 기준으로 한다. 제조원가는 재료비, 인건비, 기타 제조경비, 일반관리비를 포함하여 산정한다. 매입원가는 실제 구입가격을 기준으로 하되, 계열회사관계나 제휴관계와 같은 특수한 사정이 존재하는 경우에는 일반사업자간 거래가격을 고려하여 수정된 가격을 기준으로 할 수 있다.

(다) 일시적 염매란 일회 또는 단기간(1주일이내)에 걸쳐 현저히 낮은 대가로 상품 또는 용역의 공급이 이루어짐을 의미한다. 현저히 낮은 대가에 해당되는지 여부는 계속적 염매의 경우와 마찬가지로 제조원가나 매입원가를 기준으로 한다.

(라) 염매의 상대방에는 사업자 뿐만 아니라 소비자도 포함된다.

(마) 부당염매는 유인염매 또는 할인특매와는 구별된다. 유인염매란 사업자가 자신이 취급하는 상품 또는 용역중 소비자에게 잘 알려진 일부 품목에 대해서만 덤핑판매를 하고 나머지 품목에 대해서는 마진율을 종전과 같이 하거나 상향조정하여 판매하는 것을 말한다. 이는 판촉전략의 하나로 경쟁사업자 배제행위와는 구별된다. 한편, 할인특매는 다음과 같은 점에서 부당염매와 구별된다. 첫째, 할인특매는 공시의 방법으로 실시기간이 확정되는 등

기간이 확정적인 점 둘째, 할인특매는 경쟁사업자 배제의도 보다는 계절상품의 처리, 불경기 등 시장상황 변화에 대응하기 위한 경우가 많은 점 등이다.

(2) 위법성의 판단기준

(가) 염매행위가 당해 상품 또는 용역이 거래되는 시장에서 자기 또는 계열회사의 경쟁사업자를 배제시킬 우려(경쟁제한성)가 있는지 여부를 위주로 판단한다. 「경쟁사업자를 배제시킬 우려」란 당해 염매행위로 인해 경쟁사업자가 시장에서 배제될 가능성이 있으면 족하고 실제 경쟁사업자가 시장에서 배제될 것을 요구하지 않는다.

(나) 계속적 염매의 경우, 원칙적으로 경쟁사업자를 배제시킬 우려가 있는 것으로 본다. 그러나, 계속적 염매를 한 사업자들이 「정당한 이유」를 소명하였을 경우 그 타당성을 판단하되, 다음과 같이 정당한 이유가 있다고 인정될 경우에는 법위반으로 보지 않는다.

① 당해 시장에 진입장벽(예 : 규모의 경제, 사업영위 인허가, 거래비용 등)이 없어 계속적 염매로 인해 현재의 경쟁사업자들이 배제되더라도 신규진입자가 잠재적 경쟁사업자로 대두될 수 있는 경우

② 하자가 있는 상품, 유통기한이 임박한 물건, 계절상품 및 재고의 처리를 위하여 제한된 물량의 범위내에서 염매를 하는 경우

③ 수요보다 공급이 현저히 많아 이를 반영하여 염매로 판매하는 경우

④ 신규개점 또는 신규 시장진입에 즈음하여 홍보목적으로 한정된 기간에 걸쳐 염매를 하는 경우

⑤ 파산이나 지급불능사태를 막기 위해 염매를 하거나 파산 또는 지급불능상태에 있는 사업자가 염매를 하는 경우

⑥ 계속적 염매로 인한 효율성 증대효과나 소비자후생 증대효과가 경쟁제한효과를 현저히 상회하는 경우

⑦ 계속적 염매를 함에 있어 기타 합리적인 사유가 있다고 인정되는 경우 등

(다) 일시적 염매의 경우, 당해 상품 또는 용역이 거래되는 시장에서 경쟁사업자를 배제시킬 우려가 있는지 여부를 위주로 판단한다. 이 때, 경쟁사업자 배제 우려가 있는지 여부는 다음 사항을 종합적으로 고려하여 판단한다.

① 염매행위를 하는 동기가 경쟁사업자를 배제하고 시장에서 독과점적 지

위를 구축하는데 있는지 여부

② 당해 염매행위로 인해 경쟁사업자가 사업활동을 유지하기에 현저히 어려움이 있거나 부도 등의 위기에 처할 우려가 있는지 여부

③ 당해 시장의 경쟁구조. 당해 시장에서의 사업자 수가 적고, 집중도가 높을 경우에는 경쟁사업자 배제우려가 클 수 있다.

④ 진입장벽 유무 등. 규모의 경제·사업영위 인허가 등 요소가 없어 당해 시장에 진입하는 데 실질적인 어려움이 없다면 현재의 경쟁사업자가 배제되더라도 신규 진입자가 잠재적 경쟁사업자로 대두되므로 경쟁사업자 배제 우려가 없거나 미미하게 된다.

(라) 일시적 염매의 경쟁사업자 배제우려가 있다고 판단되는 경우에도 다음과 같이 합리성이 있다고 인정되는 경우에는 법위반으로 보지 않을 수 있다.

① 하자가 있는 상품, 유통기한이 임박한 물건, 계절상품 및 재고의 처리를 위하여 제한된 물량의 범위내에서 염매를 하는 경우

② 수요보다 공급이 현저히 많아 이를 반영하여 판매하는 경우

③ 신규개점 또는 신규 시장진입에 즈음하여 홍보목적으로 한정된 기간에 걸쳐 염매를 하는 경우

④ 파산이나 지급불능사태를 막기 위해 염매를 하거나 파산 또는 지급불능상태에 있는 사업자가 염매를 하는 경우

⑤ 일시적 염매로 인한 효율성 증대효과나 소비자후생 증대효과가 경쟁제한효과를 현저히 상회하는 경우

⑥ 일시적 염매를 함에 있어 기타 합리적인 사유가 있다고 인정되는 경우 등

(3) 안전지대의 설정

상기의 규정에도 불구하고, 부당염매를 한 사업자의 시장점유율이 10% 미만인 경우에는 당해 시장에서의 경쟁제한효과가 미미하다고 보아 원칙적으로 심사면제 대상으로 한다. 다만 시장점유율 산정이 사실상 불가능하거나 현저히 곤란한 경우에는 당해 사업자의 연간매출액이 50억원 미만인 경우를 심사면제 대상으로 한다.

(4) 법위반에 해당될 수 있는 행위(예시)

(가) 규모의 경제 등 이유로 당해 시장에의 신규진입이 단기간내 용이하지 않은 상황하에서 경쟁사업자를 퇴출시키기 위한 목적으로 제조원가에 못 미치는 가격으로 계속하여 상품 또는 용역을 공급하는 행위

(나) 시장에서 유력한 사업자가 신규진입을 시도하는 사업자를 저지하기 위해 제조원가를 하회하는 가격으로 상품 또는 용역을 일정기간 계속적으로 판매하는 행위

(다) 합리적 이유없이 공공기관 물품구매입찰에서 사업자가 자신이 타 사업자로부터 공급받는 가격보다 낮은 가격으로 응찰하여 낙찰됨으로써 다년간 공급계약을 체결하고 동 물품을 공급하는 행위

나. 부당고가매입

> 부당하게 상품 또는 용역을 통상거래가격에 비하여 높은 대가로 구입하여 자기 또는 계열회사의 경쟁사업자를 배제시킬 우려가 있는 행위를 말한다. (시행령 별표1)

(1) 대상행위

(가) 통상 거래가격에 비하여 높은 가격으로 상품 또는 용역을 구입하는 행위가 대상이 된다. 통상 거래가격이라 함은 당시의 시장에서 사업자간에 정상적으로 이루어지는 거래에서 적용되는 가격수준을 말한다. 인위적으로 제품이나 원재료의 품귀를 발생시켜 경쟁사업자를 배제할 수 있기 위해서는 매점되는 상품 또는 용역의 물량이 전체 공급량에서 차지하는 비중이 중요하므로, 고가매입이 계속해서 이루어질 필요는 없다.

(나) 고가매입의 상대방은 사업자에 한하며 소비자는 포함되지 않는다.

(2) 위법성의 판단기준

(가) 고가매입이 당해 상품 또는 용역의 품귀를 가져옴으로써 자기 또는 계열회사의 경쟁사업자를 배제시킬 우려(경쟁제한성)가 있는지 여부를 위주로 판단한다.

(나) 이때, 경쟁사업자 배제 우려(경쟁제한성)가 있는지 여부는 다음 사항을 종합적으로 고려하여 판단한다.

① 고가매입의 대상이 되는 상품 또는 용역이 경쟁사업자(잠재적 경쟁사업자 포함)의 사업영위에 필수적인지 여부

② 당해 상품 또는 용역의 수급이 원활한지 여부와 다른 대체재를 용이하게 조달할 수 있는지 여부. 대체재가 존재하더라도 추가비용이 많이 소요되는 경우에는 경쟁사업자 배제우려가 있을 수 있다.

③ 고가매입으로 인해 경쟁사업자들의 사업활동이 곤란하게 되거나 곤란해질 가능성이 있는지 여부 등

(다) 고가매입의 경쟁사업자 배제우려(경쟁제한성)가 있다고 판단되는 경우에도 다음과 같이 합리성이 있다고 인정되는 경우에는 법위반으로 보지 않을 수 있다.

① 사업자가 원재료 등의 품귀가능성에 대비하거나 제품의 안정적 생산확보 등을 위해 불가피한 경우

② 고가매입으로 인한 효율성 증대효과나 소비자후생 증대효과가 경쟁제한효과를 현저히 상회하는 경우

③ 고가매입을 함에 있어 기타 합리적인 사유가 있다고 인정되는 경우 등

(3) 안전지대의 설정

상기의 규정에도 불구하고, 부당고가매입을 한 사업자의 시장점유율이 10% 미만인 경우에는 당해 시장에서의 경쟁제한효과가 미미하다고 보아 원칙적으로 심사면제 대상으로 한다. 다만 시장점유율 산정이 사실상 불가능하거나 현저히 곤란한 경우에는 당해 사업자의 연간매출액이 50억원 미만인 경우를 심사면제 대상으로 한다.

(4) 법위반에 해당될 수 있는 행위(예시)

(가) 합리적 이유없이 제품의 생산·판매에 필수적인 요소를 통상거래가격에 비하여 높은 대가로 매점하여 자기 또는 계열회사의 경쟁사업자가 시장에서 배제될 수 있을 정도로 사업활동을 곤란하게 하는 행위

(나) 신규로 시장에 진입하려는 사업자를 저지하기 위한 목적으로 그 사업자가 필요로 하는 상품 또는 용역을 통상 거래가격 보다 높은 가격으로 매점함으로써 사실상 진입을 곤란하게 하는 행위

4. 부당한 고객유인

소비자가 만족도를 극대화할 수 있기 위해서는 정확한 정보를 바탕으로 저렴하고 품질 좋은 상품 또는 용역을 구입할 수 있어야 할 것이다. 이를 위해 사업자는 자기

가 제공하는 상품 또는 용역의 가격과 품질을 경쟁수단으로 삼아야 할 것이다. 사업자가 부당한 이익제공이나 위계, 거래방해 등의 방법으로 경쟁사업자의 고객을 유인하는 것은 그 경쟁수단이 불공정한 것으로서 시장에서의 바람직한 경쟁질서를 저해하고 소비자가 품질 좋고 저렴한 상품 또는 용역을 선택하는 것을 방해하므로 금지된다.

가. 부당한 이익에 의한 고객유인

> 정상적인 거래관행에 비추어 부당하거나 과대한 이익을 제공 또는 제공할 제의를 하여 경쟁사업자의 고객을 자기와 거래하도록 유인하는 행위를 말한다. (시행령 별표1)

(1) 대상행위

(가) 자기와 거래하도록 하기 위해 경쟁사업자의 고객에게 이익을 제공하거나 제공할 제의를 하는 행위가 대상이 된다. 이때, 경쟁사업자의 고객에는 경쟁사업자와 거래를 한 사실이 있거나 현재 거래관계를 유지하고 있는 고객뿐만 아니라 잠재적으로 경쟁사업자와 거래관계를 형성할 가능성이 있는 고객이 포함된다.

(나) 이익제공 또는 제의의 방법에는 제한이 없으며, 표시·광고를 포함한다. 제공되는 이익에는 리베이트의 제공이나 가격할인 등 고객에게 유리하도록 거래조건의 설정·변경, 판촉지원금 내지 판촉물의 지급, 경쟁사업자의 제품을 자사제품으로 교환하면서 덤으로 자사제품의 과대한 제공 등 적극적 이익제공과 원래 부과되어야 할 요금·비용의 감면, 납부기한 연장, 담보제공 의무나 설정료의 면제 등 소극적 이익제공 등 모든 경제적 이익이 포함된다.

(다) 이익제공(제의)의 상대방에는 소비자 뿐만 아니라 사업자도 포함된다.

(2) 위법성의 판단기준

(가) 이익제공 또는 제공제의가 가격과 품질 등에 의한 바람직한 경쟁질서를 저해하는 불공정한 경쟁수단에 해당되는지 여부를 위주로 판단한다.

(나) 이 때, 불공정한 경쟁수단에 해당되는지 여부는 다음 사항을 종합적으로 고려하여 판단한다.

① 정상적인 거래관행에 비추어 부당하거나 과대한 이익제공(제의)에 해당

되는지 여부. 정상적인 거래관행이란 원칙적으로 해당업계의 통상적인 거래관행을 기준으로 판단하되 구체적 사안에 따라 바람직한 경쟁질서에 부합되는 관행을 의미하며 현실의 거래관행과 항상 일치하는 것은 아니다. 부당한 이익에 해당되는지는 관련 법령에 의해 금지되거나 정상적인 거래관행에 비추어 바람직하지 않은 이익인지 여부로 판단한다. 또한, 과대한 이익에 해당되는지는 정상적인 거래관행에 비추어 통상적인 수준을 넘어서는지 여부로 판단하되, 제공되는 이익이 경품에 해당되는 경우에는「경품류제공에관한불공정거래행위유형및기준(공정위 고시)」에서 허용되는 범위를 초과하는지 여부로 판단한다.

　② 경쟁사업자(잠재적 경쟁사업자 포함)의 고객을 자기와 거래하도록 유인할 가능성이 있는지 여부 등. 이익제공(제의) 사업자가 경쟁사업자의 고객과 실제로 거래하고 있을 필요는 없으며, 객관적으로 고객의 의사결정에 상당한 영향을 미칠 수 있는 가능성이 있으면 유인가능성을 인정할 수 있다.

(다) 이익제공(제의)이 불공정한 경쟁수단에 해당된다고 판단되는 경우에도 다음과 같이 합리성이 있다고 인정되는 경우에는 법위반으로 보지 않을 수 있다.

　① 이익제공(제의)로 인한 효율성 증대효과나 소비자후생 증대효과가 경쟁수단의 불공정성으로 인한 공정거래저해 효과를 현저히 상회하는 경우

　② 부당한 이익제공(제의)을 함에 기타 합리적인 사유가 있다고 인정되는 경우 등

(3) 법위반에 해당될 수 있는 행위(예시)

(가) 자기와 거래하도록 하기 위해 자신의 상품 또는 용역을 구입하는 고객에게 음성적인 리베이트를 지급하거나 지급할 제의를 하는 행위

(나) 「경품류제공에관한불공정거래행위유형및기준(공정위 고시)」에서 허용된 범위를 초과하는 경품(예시 : 소비자경품의 경우 거래가액의 10%, 소비자현상경품의 경우 경품가액이 경품부 상품 또는 용역의 1%를 초과하거나 소비자현상경품의 가액이 100만원을 초과하는 경우)을 제공하는 행위

(다) 경쟁사업자의 고객을 자기와 거래하도록 소개·의뢰·추천하는 자에게 리베이트 등의 이익을 제공하거나 제공하겠다는 제의를 함으로써 고객을 유인하는 행위

〈구체적 예시 〉

① CT 등 특수촬영기기를 갖춘 병원이 기기사용 환자를 의뢰하는 일반
병·의원에게 리베이트를 제공하는 행위

② 출판사가 자사의 서적을 교재로 소개 또는 추천하는 교사에게 리베이
트를 제공하는 행위

③ 제약회사가 자사의 약품채택이나 처방증대를 위하여 병원이나 의사에
게 리베이트 제공, 과다접대 등을 하는 행위

(라) 사업자가 다른 특정사업자로부터 수주하거나 거래를 개시하기 위해 금
품 등 음성적인 경제적 이익을 제공하는 행위

나. 위계에 의한 고객유인

> 부당한 표시·광고 외의 방법으로 자기가 공급하는 상품 또는 용역의 내용이나 거래조건
> 기타 거래에 관한 사항에 관하여 실제보다 또는 경쟁사업자의 것보다 현저히 우량 또는
> 유리한 것으로 고객을 오인시키거나 경쟁사업자의 것이 실제보다 또는 자기의 것보다 현
> 저히 불량 또는 불리한 것으로 고객을 오인시켜 경쟁사업자의 고객을 자기와 거래하도록
> 유인하는 행위를 말한다. (시행령 별표1)

(1) 대상행위

(가) 자기와 거래하도록 하기 위해 경쟁사업자의 고객을 기만 또는 위계의
방법으로 유인하는 행위가 대상이 된다. 이때, 경쟁사업자의 고객에는 경쟁
사업자와 거래를 한 사실이 있거나 현재 거래관계를 유지하고 있는 고객 뿐
만 아니라 잠재적으로 경쟁사업자와 거래관계를 형성할 가능성이 있는 고객
이 포함된다. 또한, 기만 또는 위계는 표시나 광고(표시·광고의공정화에관
한법률 적용) 이외의 방법으로 고객을 오인시키거나 오인시킬 우려가 있는
행위를 말한다.

(나) 상품 또는 용역의 내용이나 거래조건 기타 거래에 관한 사항에 대해 기
만 또는 위계의 방법을 사용한 행위가 대상이 된다. 상품 또는 용역의 내용
에는 품질, 규격, 제조일자, 원산지, 제조방법, 유효기간 등이 포함된다. 거
래조건에는 가격, 수량, 지급조건 등이 포함된다. 기타 거래에 관한 사항에
는 국산품 혹은 수입품인지 여부, 신용조건, 업계에서의 지위, 거래은행, 명

칭 등이 포함된다.

(다) 기만 또는 위계의 상대방은 소비자 뿐만 아니라 사업자도 포함된다.

(2) 위법성의 판단기준

(가) 기만 또는 위계가 가격과 품질 등에 의한 바람직한 경쟁질서를 저해하는 불공정한 경쟁수단에 해당되는지 여부를 위주로 판단한다.

(나) 이때, 불공정한 경쟁수단에 해당되는지 여부는 다음 사항을 종합적으로 고려하여 판단한다.

① 기만 또는 위계가 경쟁사업자(잠재적 경쟁사업자 포함)의 고객을 오인시키거나 오인시킬 우려가 있는지 여부. 오인 또는 오인의 우려는 불특정다수인을 대상으로 하는 표시나 광고의 경우와 달리 거래관계에 놓이게 될 고객의 관점에서 판단하되, 실제로 당해 고객에게 오인의 결과를 발생시켜야 하는 것은 아니며 객관적으로 그의 구매의사결정에 영향을 미칠 가능성이 있으면 충분하다.

② 기만 또는 위계가 고객유인을 위한 수단인지 여부 등. 위계로 인하여 경쟁사업자의 고객이 오인할 우려가 있더라도 그 결과 거래처를 전환하여 자기와 거래할 가능성이 없는 경우에는 단순한 비방에 불과할 뿐 부당한 고객유인에는 해당되지 않는다.

(다) 위계에 의한 고객유인은 그 속성상 합리성 등에 의한 예외를 인정하지 않음을 원칙으로 한다.

(3) 법위반에 해당될 수 있는 행위(예시)

(가) 사업자가 타 사업자 또는 소비자와 거래함에 있어 표시광고 이외의 방법으로 사실과 달리 자기가 공급하는 상품 또는 용역의 가격이나 품질, 성능, AS 조건 등이 경쟁사업자의 것보다 현저히 우수한 것으로 거래상대방을 오인시켜 자기와 거래하도록 하는 행위

(나) 할인판매를 한다고 선전하면서 예상 수요를 충족시키기에 현저히 부족한 수량만을 할인판매 대상으로 하여 고객을 유인하는 행위(미끼 상품)

(다) 사업자가 자신과 경쟁사업자의 영업현황, 제품기능, 기술력 등에 대해 사실과 다른 허위의 비교분석 자료를 작성하여 발주자에게 제출함으로써 당해 사업을 수주하는 행위

(라) 경쟁사업자의 부도 임박·정부지원 대상에서 제외 등의 근거 없는 사실

648

을 유포하여 고객을 자기와 거래하도록 유인하는 행위

(마) 영업사원들이 경쟁사업자의 제품을 근거없이 비방하면서 고객을 유인하는 행위

다. 기타의 부당한 고객유인

경쟁사업자와 그 고객의 거래에 대하여 계약성립의 저지, 계약불이행의 유인 등의 방법으로 거래를 부당하게 방해함으로써 경쟁사업자의 고객을 자기와 거래하도록 유인하는 행위를 말한다. (시행령 별표1)

(1) 대상행위

(가) 경쟁사업자와 고객의 거래를 방해함으로써 자기와 거래하도록 유인하는 행위가 대상이 된다. 거래방해의 수단에는 제한이 없으며, 부당한 이익제공이나 위계를 제외한 모든 수단이 포함된다. 거래방해에는 거래성립의 방해와 거래계속의 방해가 있다.

(나) 거래방해의 상대방은 경쟁사업자 또는 경쟁사업자의 고객이며, 고객에는 사업자와 소비자가 포함된다. 이때, 경쟁사업자의 고객에는 경쟁사업자와 거래를 한 사실이 있거나 현재 거래관계를 유지하고 있는 고객뿐만 아니라 잠재적으로 경쟁사업자와 거래관계를 형성할 가능성이 있는 고객이 포함된다.

(2) 위법성의 판단기준

(가) 거래방해가 바람직한 경쟁질서를 저해하는 불공정한 경쟁수단에 해당되는지 여부를 위주로 판단한다.

(나) 이때, 불공정한 경쟁수단에 해당되는지 여부는 다음 사항을 종합적으로 고려하여 판단한다.

① 거래방해가 고객유인을 위한 수단인지의 여부. 이를 판단하기 위해서는 방해의 동기나 의도, 방해 이후 고객의 거래처 내지 거래량의 변화추이, 경쟁사업자의 시장지위와 경쟁의 정도 등을 고려한다. 거래방해 그 자체가 거래조건의 이점 등 자기의 효율성에 기초할 경우 고객유인의 효과가 있더라도 법위반으로 보지 않는다. 거래방해는 거래를 곤란하게 하는 것으로 족하며, 실제로 경쟁사업자와 고객간의 거래가 불발로 끝나거나 기존의 거래관

계가 종료되었을 것을 요하지 않는다.

　② 거래방해에 의해 경쟁사업자와 거래를 중단시킴으로써 자기와 거래할 가능성이 있는지 여부

(다) 기타의 부당한 고객유인이 불공정한 경쟁수단에 해당된다고 판단되는 경우에도 다음과 같이 합리성이 있다고 인정되는 경우에는 법위반으로 보지 않을 수 있다.

　① 기타의 부당한 고객유인으로 인한 효율성 증대효과나 소비자후생 증대효과가 경쟁수단의 불공정성으로 인한 공정거래저해 효과를 현저히 상회하는 경우

　② 기타의 부당한 고객유인에 합리적인 사유가 있다고 인정되는 경우 등

(3) 법위반에 해당될 수 있는 행위(예시)

(가) 경쟁사업자와 고객간의 거래를 방해하기 위한 목적으로 경쟁사업자와 고객간 계약의 성립을 저지하거나 계약해지를 유도하는 행위

(나) 합리적 이유없이 자신의 시장지위를 이용하여 판매업자에 대해 경쟁사업자의 제품을 매장내의 외진 곳에 진열하도록 강요하는 행위

5. 거래강제

사업자가 거래상대방 또는 자사 직원 등으로 하여금 본인의 의사에 반하여 자기 또는 자기가 지정하는 자의 상품 또는 용역을 구입(판매)하도록 강제하는 행위는 시장에서의 지위를 이용하여 고객을 확보하는 행위로서, 불합리한 수단으로 시장지배력의 확장을 도모하며 소비자의 자율적 선택권을 제약하므로 금지된다.

가. 끼워팔기

거래상대방에 대하여 자기의 상품 또는 용역을 공급하면서 정상적인 거래관행에 비추어 부당하게 다른 상품 또는 용역을 자기 또는 자기가 지정하는 사업자로부터 구입하도록 하는 행위를 말한다. (시행령 별표1)

(1) 대상행위

(가) 서로 다른 별개의 상품 또는 용역을 자기 또는 자기가 지정하는 사업자로부터 구입하도록 하는 행위가 대상이 된다. 이때 끼워팔기의 대상이 '서로

650

다른 별개의 상품 또는 용역'에 해당되는지 여부는 이들이 시장에서 통상 별
도로 거래되는지 여부와 더불어 그 상업적 용도나 기능적 특성, 소비자 인
식태도, 경우에 따라서는 제품통합과 기술혁신의 추세 등을 종합적으로 고려
하여 판단한다.

(나) 끼워팔기를 행하는 주체는 주된 상품(또는 용역)과 종된 상품(또는 용
역)을 동시에 공급할 수도 있고, 자기가 지정하는 제3자로 하여금 종된 상
품(또는 용역)을 공급하게 할 수 있다.

(다) 끼워팔기에는 상품 또는 용역을 판매하는 경우 외에 임대하는 경우도
포함된다.

(라) 거래상대방에는 사업자 뿐만 아니라 소비자가 포함된다.

(2) 위법성의 판단기준

(가) 끼워팔기가 경쟁을 제한하는지 여부를 위주로 판단한다.

(나) 이 때, 경쟁제한성 여부는 다음 사항을 종합적으로 고려하여 판단한다.

① 주된 상품(또는 용역)과 종된 상품(또는 용역)이 별개의 상품(또는 용
역)인지 여부. 이를 판단하기 위해서는 주된 상품(또는 용역)과 종된 상품
(또는 용역)이 밀접불가분한 구성요소인지 여부, 통상적으로 주된 상품(또는
용역)과 짝지워 하나의 단위로 판매 또는 사용되는지 여부, 주된 상품(또는
용역)과 종된 상품(또는 용역)을 별도로 구매하고자 하는 충분한 수요가 있
는 지 여부 등을 고려한다.

② 끼워팔기 하는 사업자가 주된 상품(또는 용역)시장에서 시장력
(market power)이 있는지 여부. 시장력(market power)의 개념 및 이에
대한 판단은 이 지침 Ⅲ. 3. 경쟁제한성 판단 기준에 따른다.

③ 주된 상품(또는 용역)과 종된 상품(또는 용역)을 같이 구입하도록 강제
하는지 여부 등. 강제성이 있는지 여부는 거래상대방의 입장에서 서로 다른
두 상품(또는 용역)을 따로 구입하는 것이 자유로운지를 기준으로 판단한다.
이때, '강제성'은 주된 상품(또는 용역)에 대한 구매자의 거래처 전환가능성
이 적을수록 큰 것으로 보며, 다른 거래처에서 구입할 경우 주된 상품(또는
용역)의 거래거절이나 공급량감소 등 각종 불이익이 예상됨으로 인하여 사실
상 거래처를 전환할 수 없는 경우 등에는 강제성이 인정될 수 있다. 이때
거래상대방이 자기 또는 자기가 지정하는 사업자로부터 실제로 구입하였을

것을 필요로 하지 않는다.

④ 끼워팔기가 정상적인 거래관행에 비추어 부당한지 여부. 정상적인 거래관행에 해당되는지 여부는 당해 시장에서의 통상적인 거래관행을 기준으로 하되, 통상적인 거래관행에 해당된다고 할지라도 끼워팔기에 의해 경쟁제한효과가 발생하는 경우에는 부당한 것으로 본다.

(i) 끼워팔기가 당해 시장에서의 통상적인 거래관행인 경우에는 특별히 장래의 경쟁을 제한하지 않는 한 원칙적으로 정상적인 거래관행에 부합하는 것으로 본다. 반면, 끼워팔기가 당해 시장에서의 통상적인 거래관행이 아닌 경우에는 장래의 경쟁을 촉진하거나 소비자후생을 증대시키지 않는 한 원칙적으로 정상적인 거래관행에 비추어 부당한 것으로 본다.

〈정상적인 거래관행에 부합되는 경우 예시 〉

· 주된 상품(또는 용역)의 기능에 반드시 필요한 상품을 끼워파는 행위 (프린터와 잉크, 자동차와 타이어 등)

· 두 상품(또는 용역)을 따로이 공급하는 것이 기술적으로 매우 곤란하거나 상당한 비용을 요하는 두 상품을 끼워파는 행위

(ii) 끼워팔기가 발생한 거래에서 통상적인 거래관행이 존재하지 않을 경우에는 경쟁제한효과 여부로 판단한다.

⑤ 끼워팔기로 인하여 종된 상품(또는 용역)시장의 경쟁사업자가 배제되거나 배제될 우려가 있는지 여부

(다) 끼워팔기가 경쟁제한성이 있다고 판단되는 경우에도 다음과 같이 합리성이 있다고 인정되는 경우에는 법위반으로 보지 않을 수 있다.

① 끼워팔기로 인한 효율성 증대효과나 소비자후생 증대효과가 경쟁제한효과를 현저히 상회하는 경우

② 끼워팔기를 함에 있어 기타 합리적인 사유가 있다고 인정되는 경우 등

(3) 법위반에 해당될 수 있는 행위(예시)

(가) 인기 있는 상품 또는 용역을 판매하면서 인기 없는 것을 함께 구입하도록 하거나, 신제품을 판매하면서 구제품이나 재고품을 함께 구입하도록 강제함으로써 관련 시장에서 경쟁의 감소를 초래하는 행위

(나) 고가의 기계나 장비를 판매하면서 합리적 이유없이 인과관계가 떨어지는 유지·보수 서비스(유료)를 자기로부터 제공받도록 강제함으로써 관련 시

장에서 경쟁의 감소를 초래하는 행위

(다) 특허권 등 지식재산권자가 라이센스 계약을 체결하면서 다른 상품이나 용역의 구입을 강제함으로써 관련 시장에서 경쟁의 감소를 초래하는 행위

나. 사원판매

> 부당하게 자기 또는 계열회사의 임직원으로 하여금 자기 또는 계열회사의 상품이나 용역을 구입 또는 판매하도록 강제하는 행위를 말한다. (시행령 별표1)

(1) 대상행위

(가) 자기 또는 계열회사의 임직원에게 자기 또는 계열회사의 상품이나 용역을 구입 또는 판매하도록 강제하는 행위가 대상이 된다. 임원이란 이사 · 대표이사 · 업무집행사원 · 감사나 이에 준하는 자 또는 지배인 등 본점이나 지점의 영업전반을 총괄적으로 처리하는 상업사용인을 말한다. 직원이란 계속하여 회사의 업무에 종사하는 자로서 임원 외의 자를 말한다. 임직원에는 정규직, 계약직, 임시직 등 고용의 형태를 묻지 않는다.

(나) 판매영업을 담당하는 임직원에게 판매를 강요하는 행위는 원칙적으로 적용대상이 되지 않는다. 어떤 임직원이 판매영업을 담당하는 자인지 여부는 당해 상품 또는 용역에 관하여 실질적으로 영업 및 그와 밀접하게 관련된 업무를 수행하는지를 기준으로 판단한다. 예컨대, 매장 기타 영업소에서 판매를 담당하는 자, 영업소 외의 장소에서 전기통신의 방법으로 판매를 권유하는 자는 원칙적으로 판매영업을 담당하는 자에 해당되는 것으로 본다.

(2) 위법성의 판단기준

(가) 사원판매가 바람직한 경쟁질서를 저해하는 불공정한 경쟁수단에 해당되는지 여부를 위주로 판단한다.

(나) 이때, 불공정한 경쟁수단에 해당되는지 여부는 다음 사항을 종합적으로 고려하여 판단한다.

① 사업자가 임직원에 대해 자기 또는 계열회사의 상품이나 용역의 구입 또는 판매를 강제하는지 여부. 임직원에게 구입이나 판매를 강제하는 수단에는 제한이 없으며, 사업자측의 구입 · 판매목표량의 설정과 할당, 목표미달시 제재의 유무와 정도 등을 종합적으로 고려하여 강제성의 유무를 판단한다.

（ⅰ） 목표량 미달시 인사고과에서 불이익을 가하거나, 판매목표 미달분을 억지로 구입하도록 하거나, 목표달성 여부를 고용관계의 존속이나 비정규직에서 정규직으로의 전환과 결부시키는 경우에는 원칙적으로 강제성이 인정된다.

（ⅱ） 임직원에게 판매목표를 개인별로 설정한 후 이를 달성시키기 위한 방안으로 판매실적을 체계적으로 관리하고 임원이나 최고경영층에 주기적으로 보고하는 경우에는 원칙적으로 강제성이 인정된다.

（ⅲ） 그러나, 목표량 달성시 상여금 등 인센티브를 제공하는 경우로서 임직원의 판단에 따라 목표량미달과 각종 이익 중에서 선택가능성이 있는 때에는 원칙적으로 강제성이 인정되지 않는다.

（ⅳ） 임직원에게 불이익(사실상 불이익 포함)을 가하지 않고 단순히 자기회사 상품(또는 용역)의 목표를 할당하고 이를 달성할 것을 단순촉구한 행위만으로는 원칙적으로 강제성이 인정되지 않는다.

② 임직원에 대한 구입(또는 판매)강제가 경쟁사업자의 고객(잠재적 고객 포함)을 자기 또는 계열회사와 거래하도록 하기 위한 수단으로 사용되는지 여부 등. 구입(또는 판매)강제로 인하여 임직원이 실제로 상품 또는 용역을 구입하였을 것을 요하지는 않는다.

③ 그밖에 사원판매의 기간이나 목표량의 크기는 위법성 유무에 영향을 미치지 않는다.

(다) 사원판매가 불공정한 경쟁수단에 해당된다고 판단되는 경우에도 다음과 같이 합리성이 있다고 인정되는 경우에는 법위반으로 보지 않을 수 있다. 그러나, 사원판매의 속성상 제한적으로 해석함을 원칙으로 한다.

① 사원판매로 인한 효율성 증대효과나 소비자후생 증대효과가 경쟁수단의 불공정성으로 인한 공정거래저해 효과를 현저히 상회하는 경우

② 부도발생 등 사원판매를 함에 있어 불가피한 사유가 있다고 인정되는 경우 등

(3) 법위반에 해당될 수 있는 행위(예시)

(가) 자기 또는 계열회사의 상품 또는 용역을 임직원에게 일정 수량씩 할당하면서 판매실적을 체계적으로 관리하거나 대금을 임금에서 공제하는 행위

(나) 비영업직 임직원에게 자기 또는 계열회사의 상품 또는 용역의 판매에

관한 판매목표를 설정하고, 미달성시 인사상의 불이익을 가하는 행위

(다) 비영업직 임직원에게 자기 또는 계열회사의 상품 또는 용역의 판매에 관한 판매목표를 설정하고 최고경영자 또는 영업담당 이사에게 주기적으로 그 실적을 보고하고 공식적 계통을 통해 판매독려를 하는 경우

(라) 자신의 계열회사에게 자신이 생산하는 상품 또는 용역의 일정량을 판매하도록 할당하고 당해 계열회사는 임직원에게 협력업체에 대해 판매할 것을 강요하는 행위

다. 기타의 거래강제

> 정상적인 거래관행에 비추어 부당한 조건 등 불이익을 상대방에게 제시하여 자기 또는 자기가 지정하는 사업자와 거래하도록 강제하는 행위를 말한다. (시행령 별표1)

(1) 대상행위

(가) 자기 또는 자기가 지정하는 사업자와 거래하도록 강요하는 행위가 대상이 된다. 이에는 명시적인 강요와 묵시적인 강요, 직접적 강요와 간접적 강요를 포함한다.

(나) 기타의 거래강제는 행위자와 상대방간 거래관계 없이도 성립할 수 있으나, 거래상 지위남용(구입강제)의 경우 행위자와 상대방간 거래관계가 있어야 성립할 수 있다는 점에서 구별된다.

(다) 거래상대방에는 사업자 뿐만 아니라 소비자도 포함된다.

(2) 위법성의 판단기준

(가) 거래강제 행위가 바람직한 경쟁질서를 저해하는 불공정한 경쟁수단에 해당되는지 여부를 위주로 판단한다.

(나) 이때, 불공정한 경쟁수단에 해당되는지 여부는 다음 사항을 종합적으로 고려하여 판단한다.

① 사업자가 거래상대방에 대해 불이익을 줄 수 있는 지위에 있는지 여부

② 당해 불이익이 정상적인 거래관행에 비추어 부당한지 여부. 정상적인 거래관행 해당여부는 당해 업계의 통상적인 거래관행을 기준으로 한다. 정상적인 거래관행에 비추어 부당한 불이익으로는 특별한 사유 없이 주된 거래관계에서 공급량이나 구입량의 축소, 대금지급의 지연, 거래의 중단 또는 미

개시, 판매장려금 축소 등이 있다.

③ 거래상대방에 대해 자기 또는 자기가 지정하는 사업자와 거래하도록 강제하는 효과가 있는지 여부 등. 상대방이 행위자의 요구사항을 자유로이 거부할 수 있는지 여부를 기준으로 강제성 여부를 판단한다. 상대방이 주된 거래관계를 다른 거래처로 전환하기가 용이한 경우에는 강제성이 인정되지 않는다. 반면, 자기 또는 자기가 지정하는 사업자와 거래할 경우 일정한 인센티브를 제공하는 것은 강제성이 없는 것으로 본다.

(다) 기타의 거래강제가 불공정한 경쟁수단에 해당된다고 판단되는 경우에도 다음과 같이 합리성이 있다고 인정되는 경우에는 법위반으로 보지 않을 수 있다. 그러나 기타의 거래강제 속성상 제한적으로 해석함을 원칙으로 한다.

① 기타의 거래강제로 인한 효율성 증대효과나 소비자후생 증대효과가 경쟁수단의 불공정성으로 인한 공정거래저해 효과를 현저히 상회하는 경우

② 기타의 거래강제를 함에 있어 기타 합리적인 사유가 있다고 인정되는 경우 등

(3) 법위반에 해당될 수 있는 행위(예시)

(가) 사업자가 자신의 계열회사의 협력업체에 대해 자기가 공급하는 상품 또는 용역의 판매목표량을 제시하고 이를 달성하지 않을 경우 계열회사와의 거래물량 축소 등 불이익을 가하겠다고 하여 판매목표량 달성을 강제하는 행위

(나) 사업자가 자신의 협력업체에 대해 자신의 상품판매 실적이 부진할 경우 협력업체에서 탈락시킬 것임을 고지하여 사실상 상품판매를 강요하는 행위

6. 거래상 지위의 남용

(1) 금지 이유

사업자가 거래상 우월적 지위가 있음을 이용하여 열등한 지위에 있는 거래상대방에 대해 일방적으로 물품 구입강제 등 각종 불이익을 부과하거나 경영에 간섭하는 것은 경제적 약자를 착취하는 행위로서 거래상대방의 자생적 발전기반을 저해하고 공정한 거래기반을 침해하므로 금지된다. 다만, 거래상 지위 남용행위는 거래상지위가 있는 예외적인 경우에 한하여 민법의 불공정성 판단기준을 사업자간 거래관계에서 완화한 것이므로 거래상지위는 민법이

예상하고 있는 통상적인 협상력의 차이와 비교할 때 훨씬 엄격한 기준으로 판단되어야 한다.

(2) 민사행위 등과의 구별

(가) 거래개시 단계에서 거래상대방이 자신이 거래할 사업자를 선택할 수 있었는지와 계약내용을 인지한 상태에서 자신의 판단하에 거래를 선택하였는지 여부를 기준으로 한다. 만약 거래상대방이 자신이 거래할 사업자를 여러 사업자중 선택할 수 있었고 계약내용을 충분히 인지한 상태에서 자신의 판단에 따라 거래를 개시하였고 계약내용대로 거래가 이루어지고 있다면 이는 공정거래법 적용대상(거래상 지위남용)에 해당되지 않는다. 그렇지 아니하고 계속적 거래를 개시하기 위해 특정사업자와 거래할 수 밖에 없는 경우에는 공정거래법 적용대상(거래상 지위남용)에 해당될 수 있다.

(나) 거래계속 단계에서는 사업자가 거래상대방에 대해 거래상 지위를 가지고 있는지 여부를 기준으로 한다. 사업자가 거래상 지위가 있고 이를 이용하여 각종 불이익을 가한다면 공정거래법 적용대상이 될 수 있다. 그러나, 사업자가 거래상대방에 대해 거래상 지위를 가지지 않는다면 각종 불이익을 가하더라도 이는 공정거래법 적용대상에 해당되지 아니한다.

(다) 또한, 사업자가 거래상대방에 대해 거래상 지위를 갖는다고 하더라도 양 당사자간 권리의무 귀속관계, 채권채무관계(예: 채무불이행, 손해배상청구, 담보권 설정·해지,지체상금 등) 등과 관련하여 계약서 및 관련 법령 내용 등의 해석에 대해 다툼이 있는 경우에는 공정거래법 적용대상이 되지 아니한다.

(3) 거래상 지위 여부

(가) 거래상지위가 인정되기 위해서는 우선, 계속적인 거래관계가 존재하여야 한다.

① 계속적 거래를 하는 경우에는 통상 특화된 자본설비, 인적자원, 기술 등에 대한 투자가 이루어지게 된다. 이렇게 고착화(lock-in) 현상이 발생하면 상대방은 우월적지위에 있게 되어 이를 이용하여 불이익한 거래조건을 제시하는 것이 가능해지고 그 상대방은 이미 투입한 투자 등을 고려하여 불이익한 거래조건 등을 수용할 수 밖에 없는 상황이 된다.

② 계속적 거래관계 여부는 거래관계 유지를 위해 특화된 자본설비, 인적

자원, 기술 등에 대한 투자가 존재하는지 여부를 중점적으로 검토한다. 예를 들어 거래상대방이 거래를 위한 전속적인 설비 등을 가지고 있는 경우에는 거래상지위가 있는 것으로 볼 수 있다.

(나) 거래상지위가 인정되기 위해서는 또한, 일방의 타방에 대한 거래의존도가 상당하여야 한다.

① 거래의존도가 상당하지 않은 경우에는 계속적 거래관계라 하더라도 거래처 등을 변경하여 불이익한 거래조건을 회피할 수 있으므로 거래상지위가 인정되기 어렵다.

② 통상 거래의존도는 일방 사업자의 전체 매출액에서 타방 사업자에 대한 매출이 차지하는 비중을 중심으로 검토한다.

(다) 계속적 거래관계 및 거래의존도를 판단함에 있어 그 구체적인 수준이나 정도는 시장상황, 관련 상품 또는 서비스의 특성 등을 종합적으로 고려하여 판단한다.

(라) 거래상 지위가 인정될 가능성이 있는 거래관계(예시)

· 본사와 협력업체 또는 대리점, 대형소매점과 입점업체, 도시가스사와 지역관리소, 제조업체와 부품납품업체, 지역독점적 공공시설 관리업자와 시설임차사업자, 독점적 공공사업자와 계약업체, 방송사와 방송프로그램 공급사업자 등간 거래관계

· 거래상대방인 판매업자가 특정 사업자가 공급하는 유명상표품을 갖추는 것이 사업운영에 극히 중요한 경우 특정사업자와 판매업자간 거래관계

· 제조업자 또는 판매업자가 사업활동에 필요한 원재료나 부품을 특정 사업자로부터 공급받아야 하는 경우 특정사업자와 제조 또는 판매업자간 거래관계

· 특정 사업자와의 거래가 장기간 계속되고, 거래관계 유지에 대규모 투자가 소요됨으로써 거래상대방이 거래처를 전환할 경우 설비전환이 곤란하게 되는 등 막대한 피해가 우려되는 경우 등

(4) 위법성 판단 일반기준

(가) 거래상지위 남용행위는 사업자가 거래상대방에 대해 거래상지위를 가지고 있는 지 여부, 거래내용의 공정성을 침해하는지 여부, 합리성이 있는 행위인지 여부를 종합적으로 고려하여 판단한다.

(나) 거래상지위 여부는 이 지침의 「Ⅴ. 6. (3) 거래상지위 여부」에서 제시되는 바에 따라 판단한다.

(다) 거래내용의 공정성 여부는 당해 행위를 한 목적, 거래상대방의 예측가능성, 당해업종에서의 통상적인 거래관행, 관련법령 등을 종합적으로 고려하여 판단한다.

(라) 합리성이 있는 행위인지 여부는 당해 행위로 인한 효율성 증대효과나 소비자후생 증대효과가 거래내용의 불공정성으로 인한 공정거래저해 효과를 현저히 상회하는지 여부, 기타 합리적인 사유가 있는 여부 등을 종합적으로 고려하여 판단한다. 다만, 거래상지위 남용행위의 속성상 제한적으로 해석함을 원칙으로 한다.

가. 구입강제

> 거래상대방이 구입할 의사가 없는 상품 또는 용역을 구입하도록 강제하는 행위를 말한다.
> (시행령 별표1)

(1) 대상행위

(가) 사업자가 거래상대방에게 구입의사가 없는 상품 또는 용역을 구입하도록 강제하는 행위가 대상이 된다. 구입요청을 거부하여 불이익을 당하였거나 주위의 사정으로 보아 객관적으로 구입하지 않을 수 없는 사정이 인정되는 경우에는 구입강제가 있는 것으로 본다.

(나) 구입강제의 상대방은 원칙적으로 사업자에 한정되며, 소비자는 포함되지 않는다. 다만, 불특정 다수의 소비자에게 피해를 입힐 우려가 있거나 유사한 위반행위 유형이 계속적·반복적으로 발생하는 등 거래질서와의 관련성이 인정되는 경우에는 그러하지 아니하다. 구입이 강제되는 상품 또는 용역은 사업자 자신의 것일 수도 있고, 다른 사업자의 것일 수도 있다.

(2) 위법성의 판단기준

(가) 구입강제의 위법성은 이 지침의「Ⅴ. 6. (4) 위법성 판단 일반기준」에서 제시되는 바에 따라 판단한다.

(3) 법위반이 주로 문제되는 행위(예시)

(가) 합리적 이유없이 신제품을 출시하면서 대리점에게 재고품 구입을 강요

하는 행위

(나) 합리적 이유없이 계속적 거래관계에 있는 판매업자에게 주문하지도 않은 상품을 임의로 공급하고 반품을 허용하지 않는 행위

(다) 합리적 이유없이 자신과 지속적 거래관계에 있는 사업자에 대해 자기가 지정하는 사업자의 물품용역을 구입할 것을 강요하는 행위

(라) 합리적 이유없이 도·소매업자(또는 대리점)에게 과다한 물량을 할당하고, 이를 거부하거나 소화하지 못하는 경우 할당량을 도·소매업자(또는 대리점)가 구입한 것으로 회계 처리하는 행위

나. 이익제공강요

> 거래상대방에게 자기를 위하여 금전·물품·용역 기타의 경제상 이익을 제공하도록 강요하는 행위를 말한다. (시행령 별표1)

(1) 대상행위

(가) 거래상대방에게 금전·물품 등의 경제상 이익을 제공하도록 강요하는 행위가 대상이 된다. 경제상 이익에는 금전, 유가증권, 물품, 용역을 비롯하여 경제적 가치가 있는 모든 것이 포함된다. 계열회사의 거래상 지위를 이용하여 이익제공을 강요하는 행위도 포함된다. 이익제공강요에는 거래상대방에게 경제상 이익을 제공하도록 적극적으로 요구하는 행위뿐만 아니라 자신이 부담하여야 할 비용을 거래상대방에게 전가하여 소극적으로 경제적 이익을 누리는 행위도 포함된다.

(나) 이익제공 강요의 상대방은 원칙적으로 사업자에 한정되며, 소비자는 포함되지 않는다. 다만, 불특정 다수의 소비자에게 피해를 입힐 우려가 있거나 유사한 위반행위 유형이 계속적·반복적으로 발생하는 등 거래질서와의 관련성이 인정되는 경우에는 그러하지 아니하다.

(2) 위법성의 판단기준

(가) 이익제공강요의 위법성은 이 지침의 「Ⅴ. 6. (4) 위법성 판단 일반기준」에서 제시되는 바에 따라 판단한다.

(3) 법위반에 해당될 수 있는 행위(예시)

(가) 합리적 이유없이 수요측면에서 지배력을 갖는 사업자가 자신이 구입하

는 물량의 일정 비율만큼을 무상으로 제공하도록 요구하는 행위

(나) 합리적 이유없이 사업자가 상품(원재료 포함) 또는 용역 공급업체에 대해 거래와 무관한 기부금 또는 협찬금이나 기타 금품·향응 등을 요구하는 행위

(다) 합리적 이유없이 회원권 시설운영업자가 회원권의 양도양수와 관련하여 실비보다 과다한 명의 개서료를 징수하는 행위

(라) 합리적 이유없이 대형소매점사업자가 수수료매장의 입점업자에 대해 계약서에 규정되지 아니한 입점비, POS 사용료 등 비용을 부담시키는 행위

다. 판매목표강제

> 자기가 공급하는 상품 또는 용역과 관련하여 거래상대방의 거래에 관한 목표를 제시하고 이를 달성하도록 강제하는 행위를 말한다. (시행령 별표1)

  (1) 대상행위

  (가) 사업자가 거래상대방에게 판매목표를 정해주고 이를 달성하도록 강제하는 행위가 대상이 된다. 대상상품 또는 용역은 사업자가 직접 공급하는 것이어야 한다. 대체로 상품의 경우 판매량의 할당이, 용역의 경우 일정수의 가입자나 회원확보가 문제된다. 또한 판매목표 강제는 대리점계약서에 명시적으로 규정된 경우 뿐만 아니라 계약체결 후 구두로 이루어지는 경우도 포함된다.

  (나) 판매목표강제의 상대방은 사업자에 한정되며, 소비자는 포함되지 않는다.

  (2) 위법성의 판단기준

  (가) 판매목표 강제의 위법성은 이 지침의「Ⅴ. 6. (4) 위법성 판단 일반기준」에서 제시되는 바에 따라 판단한다..

  (나) 거래내용의 공정성 판단시 판매목표 달성에 강제성이 있는지 여부를 중점적으로 판단한다. 판매목표의 달성을 '강제'하기 위한 수단에는 제한이 없으며, 목표가 과다한 수준인지, 실제 거래상대방이 목표를 달성하였는지 여부는 강제성 인정에 영향을 미치지 않는다. 목표불이행시 실제로 제재수단이 사용되었을 필요는 없다.

① 목표를 달성하지 못했을 경우 대리점계약의 해지나 판매수수료의 미지급 등 불이익이 부과되는 경우에는 강제성이 인정되나, 거래상대방에게 장려금을 지급하는 등 자발적인 협력을 위한 수단으로 판매목표가 사용되는 경우에는 원칙적으로 강제성이 인정되지 않는다. 다만, 판매장려금이 정상적인 유통마진을 대체하는 효과가 있어 사실상 판매목표를 강제하는 효과를 갖는 경우에는 그러하지 아니하다.

(3) 법위반에 해당될 수 있는 행위(예시)

(가) 자기가 공급하는 상품을 판매하는 사업자 및 대리점에 대하여 판매목표를 설정하고 미달성시 공급을 중단하는 등의 제재를 가하는 행위

(나) 자기가 공급하는 용역을 제공하는 사업자 및 대리점에 대하여 회원이나 가입자의 수를 할당하고 이를 달성하지 못할 경우 대리점계약의 해지나 수수료지급의 중단 등의 제재를 가하는 행위

(다) 대리점이 판매목표량을 달성하지 못하였을 경우 반품조건부 거래임에도 불구하고 반품하지 못하게 하고 대리점이 제품을 인수한 것으로 회계처리하여 추후 대금지급시 공제하는 행위

(라) 대리점이 판매목표량을 달성하지 못하였을 경우 본사에서 대리점을 대신하여 강제로 미판매 물량을 덤핑 판매한 후 발생손실을 대리점의 부담으로 하는 행위

(마) 거래상대방과 상품 또는 용역의 거래단가를 사전에 약정하지 않은 상태에서, 거래상대방의 판매량이 목표에 미달되는 경우에는 목표를 달성하는 경우에 비해 낮은 단가를 적용함으로써 불이익을 주는 행위

라. 불이익제공

> 구입강제, 이익제공강요, 판매목표강제 외의 방법으로 거래상대방에게 불이익이 되도록 거래조건을 설정 또는 변경하거나 그 이행과정에서 불이익을 주는 행위를 말한다. (시행령 별표1)

(1) 대상행위

(가) 거래상대방에게 불이익이 되도록 거래조건을 설정 또는 변경하는 행위

거래상대방에게 일방적으로 불리한 거래조건을 당초부터 설정하였거나 기존

의 거래조건을 불리하게 변경하는 것을 말한다. 거래조건에는 각종의 구속사항, 저가매입 또는 고가판매, 가격(수수료 등 포함) 조건, 대금지급방법 및 시기, 반품, 제품검사방법, 계약해지조건 등 모든 조건이 포함된다.

(나) 거래상대방에게 거래과정에서 불이익을 주는 행위

거래조건을 불이행함은 물론 거래관계에 있어 사실행위를 강요하여 거래상대방에게 불이익이 되도록 하는 행위를 말한다. 불이익제공은 적극적으로 거래상대방에게 불이익이 되는 행위를 하는 작위 뿐만 아니라 소극적으로 자기가 부담해야 할 비용이나 책임 등을 이행하지 않는 부작위에 의해서도 성립할 수 있다. 다만, 불이익이 금전상의 손해인 경우에는 법률상 책임 있는 손해의 존재는 물론 그 범위(손해액)까지 명확하게 확정될 수 있어야 하며 그렇지 않을 경우에는 민사절차에 의해 이 문제가 우선적으로 해결되어야 거래상 지위남용 규정을 적용할 수 있다.

(다) 거래상대방은 원칙적으로 사업자에 한정되며, 소비자는 포함되지 않는다. 다만, 불특정 다수의 소비자에게 피해를 입힐 우려가 있거나 유사한 위반행위 유형이 계속적·반복적으로 발생하는 등 거래질서와의 관련성이 인정되는 경우에는 그러하지 아니하다

(2) 위법성의 판단기준

불이익제공의 위법성은 이 지침의 「Ⅴ. 6. (4) 위법성 판단 일반기준」에서 제시되는 바에 따라 판단한다.

(3) 법위반에 해당될 수 있는 행위(예시)

〈거래조건의 설정·변경〉

(가) 계약서 내용에 관한 해석이 일치하지 않을 경우 '갑'의 일방적인 해석에 따라야 한다는 조건을 설정하고 거래하는 경우

(나) 원가계산상의 착오로 인한 경우 '갑'이 해당 계약금액을 무조건 환수 또는 감액할 수 있다는 조건을 설정하고 거래하는 경우

(다) 계약 유효기간중에 정상적인 거래관행에 비추어 부당한 거래조건을 추가한 새로운 대리점계약을 일방적으로 체결한 행위

(라) 계약서상에 외부기관으로부터 계약단가가 고가라는 지적이 있을 경우 거래상대방이 무조건 책임을 지도록 한다는 조건을 설정하고 거래하는 경우

(마) 계약서에 규정되어 있는 수수료율, 지급대가 수준 등을 일방적으로 거

래상대방에게 불리하게 변경하는 행위

(바) 계약기간중에 자기의 점포 장기임차인에게 광고선전비의 부과기준을 일방적으로 상향조정한 행위

〈불이익 제공〉

(아) 설계용역비를 늦게 지급하고 이에 대한 지연이자를 장기간 지급하지 않아 거래상대방이 사실상 수령을 포기한 경우

(자) 하자보수보증금율을 계약금액의 2%로 약정하였으나, 준공검사시 일방적으로 20%로 상향조정하여 징구한 행위

(차) 반품조건부로 공급한 상품의 반품을 받아주지 아니하여 거래상대방이 사실상 반품을 포기한 경우

(카) 사업자가 자기의 귀책사유로 이행지체가 발생한 경우에도 상당기간 지연이자를 지급하지 않아 거래상대방이 사실상 수령을 포기한 경우

(타) 합리적 이유없이 사업자가 물가변동을 인한 공사비인상 요인을 불인정하거나 자신의 책임으로 인해 추가로 발생한 비용을 불지급하는 행위

(파) 자신의 거래상 지위가 있음을 이용하여 거래상대방에 대해 합리적 이유없이 거래거절을 하여 불이익을 주는 행위(거래상 지위남용성 거래거절)

마. 경영간섭

임직원을 선임 · 해임함에 있어서 자기의 지시 또는 승인을 얻게 하거나 거래상대방의 생산품목 · 시설규모 · 생산량 · 거래내용을 제한함으로써 경영활동을 간섭하는 행위를 말한다.
(시행령 별표1)

(1) 대상행위

임직원을 선임 · 해임함에 있어서 자기의 지시 또는 승인을 얻게 하거나 거래상대방의 생산품목 · 시설규모 · 생산량 · 거래내용을 제한함으로써 경영활동에 간섭하는 행위가 대상이 된다. 거래상대방에는 소비자가 포함되지 않는다.

(2) 위법성의 판단기준

(가) 경영간섭의 위법성은 이 지침의 「V. 6. (4) 위법성 판단 일반기준」에서 제시되는 바에 따라 판단한다.

(나) 의결권의 행사나 채권회수를 위한 간섭으로서 법적 근거가 있거나 합리적인 사유가 있는 경우로서 투자자 또는 채권자로서의 권리를 보호하기 위해 필요하다고 인정되는 경우에는 법위반으로 보시 않을 수 있으며, 당해 수단의 합목적성 및 대체수단의 유무 등을 함께 고려하여야 한다.

① 대리점 등 판매업자에게 상품 또는 용역을 공급하면서 현찰판매 또는 직접판매 의무를 부과하거나 사용방법 등에 관한 설명 및 상담의무를 부과하는 행위는 경영효율성의 제고 또는 상품의 안전성확보 등 정당한 사유가 있는 경우 법위반으로 보지 않는다.

(3) 법위반에 해당될 수 있는 행위(예시)

(가) 합리적 이유없이 대리점의 거래처 또는 판매내역 등을 조사하거나 제품 광고시 자기와 사전합의하도록 요구하는 행위

(나) 금융기관이 채권회수에 아무런 곤란이 없음에도 불구하고 자금을 대출해준 회사의 임원선임 및 기타 경영활동에 대하여 간섭하거나 특정 임원의 선임이나 해임을 대출조건으로 요구하는 행위

(다) 상가를 임대하거나 대리점계약을 체결하면서 당초 계약내용과 달리 취급품목이나 가격, 요금 등에 관하여 지도를 하거나 자신의 허가나 승인을 받도록 하는 행위

(라) 합리적 이유 없이 대리점 또는 협력업체의 업무용 차량 증가를 요구하는 행위

7. 구속조건부거래

사업자가 거래상대방에 대해 자기 또는 계열회사의 경쟁사업자와 거래하지 못하도록 함으로써 거래처선택의 자유를 제한함과 동시에 구매·유통경로의 독점을 통해 경쟁사업자의 시장진입을 곤란하게 한다면 시장에서의 경쟁을 저해하고 궁극적으로 소비자후생의 저하를 초래하게 되므로 금지된다. 또한, 거래상대방에게 거래지역이나 거래처를 제한함으로써 당해 지역 또는 거래처에 대한 독점력을 부여하여 경쟁을 저해하게 된다면 소비자후생의 저하를 초래할 수 있게 되므로 금지된다.

가. 배타조건부거래

부당하게 거래상대방이 자기 또는 계열회사의 경쟁사업자와 거래하지 않는 조건으로 그 거래상대방과 거래하는 행위를 말한다. (시행령 별표1)

(1) 대상행위

(가) 거래상대방이 자기 또는 계열회사의 경쟁사업자와 거래하지 않는 조건으로 그 거래상대방과 거래하는 행위가 대상이 된다.

① 자기 또는 계열회사의 경쟁사업자라 함은 현재 경쟁관계에 있는 사업자 뿐만 아니라 잠재적 경쟁사업자를 포함한다.

② 배타조건의 내용에는 거래상대방에 대해 직접적으로 경쟁사업자와의 거래를 금지하거나 제한하는 것 뿐만 아니라 자신이 공급하는 품목에 대한 경쟁품목을 취급하는 것을 금지 또는 제한하는 것을 포함한다. 따라서 판매업자의 소요물량 전부를 자기로부터 구입하도록 하는 독점공급계약과 제조업자의 판매물량을 전부 자기에게만 판매하도록 하는 독점판매계약도 배타조건부거래의 내용에 포함된다. 또한 경쟁사업자와의 기존거래를 중단하는 경우 뿐만 아니라 신규거래 개시를 하지 않을 것을 조건으로 하는 경우도 포함된다.

③ 배타조건의 형식에는 경쟁사업자와 거래하지 않을 것이 계약서에 명시된 경우 뿐만 아니라 계약서에 명시되지 않더라도 경쟁사업자와 거래시에는 불이익이 수반됨으로써 사실상 구속성이 인정되는 경우가 포함된다. 위반시 거래중단이나 공급량 감소, 채권회수, 판매장려금 지급중지 등 불이익이 가해지는 경우에는 당해 배타조건이 사실상 구속적이라고 인정될 수 있다.

(나) 거래상대방에는 소비자가 포함되지 않으며, 배타조건을 정하는 명칭여하를 불문한다.

(2) 위법성의 판단기준

(가) 배타조건부거래가 관련시장에서의 경쟁을 제한하는지 여부를 위주로 판단한다.

(나) 이때, 경쟁제한성이 있는지 여부는 다음 사항을 종합적으로 고려하여 배타조건부거래가 물품구입처 또는 유통경로 차단, 경쟁수단의 제한을 통해 자기 또는 계열회사의 경쟁사업자(잠재적 경쟁사업자 포함)를 시장에서 배제하거나 배제할 우려가 있는지 여부를 위주로 판단한다.

① 경쟁사업자가 대체적 물품구입처 또는 유통경로를 확보하는 것이 가능한지 여부. 사업자의 배타조건부거래에도 불구하고 경쟁사업자(신규진입자 등 잠재적 경쟁사업자 포함)가 대체적 물품구입처 및 유통경로를 확보하는 것이 용이한 경우에는 경쟁사업자의 시장배제효과가 낮게 된다.

② 당해 행위로 인해 경쟁사업자가 경쟁할 수 있는 수단을 침해받는지 여부.

③ 행위자의 시장점유율 및 업계순위. 행위자가 선도기업이거나 시장점유율이 높을수록 경쟁사업자의 물품구입처 및 유통경로 차단효과가 커질 수 있다.

④ 배타조건부거래 대상이 되는 상대방의 수 및 시장점유율. 배타조건부거래 상대사업자의 숫자가 많고 그 시장점유율이 높을 경우에는 경쟁사업자의 물품구입처 및 유통경로 차단효과가 커질 수 있다.

⑤ 배타조건부거래 실시기간. 실시기간이 단기인 경우에는 경쟁에 미치는 영향이 미미할 것이나 장기인 경우에는 경쟁에 영향을 미칠 수 있게 된다.

⑥ 배타조건부거래의 의도 및 목적. 배타조건부거래가 사업초기에 시장에의 신규진입목적으로 이루어진 경우에는 경쟁사업자의 물품구입처 및 유통경로 차단효과가 낮을 수 있다.

⑦ 배타조건부거래가 거래지역 제한 또는 재판매가격유지행위 등 타 경쟁제한행위와 동시에 이루어졌는지 여부 등. 동시에 이루어졌을 경우에는 행위자의 시장지위 강화효과가 커질 수 있다.

(다) 배타조건부거래의 경쟁제한성이 있다고 판단되는 경우에도 다음과 같이 합리성이 있다고 인정되는 경우에는 법위반으로 보지 않을 수 있다.

① 당해 상품 또는 용역의 기술성전문성 등으로 인해 A/S활동 등에 있어 배타조건부거래가 필수 불가피하다고 인정되는 경우

② 배타조건부거래로 인해 타 브랜드와의 서비스 경쟁촉진 등 소비자후생 증대효과가 경쟁제한효과를 현저히 상회하는 경우

③ 배타조건부거래로 인해 유통업체의 무임승차(특정 유통업자가 판매촉진 노력을 투입하여 창출한 수요에 대하여 다른 유통업자가 그에 편승하여 별도의 판매촉진 노력을 기울이지 않고 판로를 확보하는 행위) 방지, 판매 및 조달비용의 절감 등 효율성 증대효과가 경쟁제한효과를 현저히 상회하는 경

우 등

(3) 안전지대의 설정

상기의 규정에도 불구하고, 배타조건부거래를 한 사업자의 시장점유율이 10% 미만인 경우에는 당해 시장에서의 경쟁제한효과가 미미하다고 보아 원칙적으로 심사면제 대상으로 한다. 다만 시장점유율 산정이 사실상 불가능하거나 현저히 곤란한 경우에는 당해 사업자의 연간매출액이 50억원 미만인 경우를 심사면제 대상으로 한다.

(4) 법위반에 해당될 수 있는 행위(예시)

(가) 경쟁사업자가 유통망을 확보하기 곤란한 상태에서, 시장점유율이 상당한 사업자가 자신의 대리점에 대해 경쟁사업자의 제품을 취급하지 못하도록 함으로써 관련에서의 경쟁을 저해하는 행위

(나) 경쟁사업자가 대체거래선을 찾기 곤란한 상태에서, 대량구매 등 수요측면에서 영향력을 가진 사업자가 거래상대방에 대해 자기 또는 계열회사의 경쟁사업자에게는 공급하지 않는 조건으로 상품이나 용역을 구입함으로써 경쟁의 감소를 초래하는 행위

(다) 시장점유율이 상당한 사업자가 다수의 거래상대방과 업무제휴를 하면서 자기 또는 계열회사의 경쟁사업자와 중복제휴를 하지 않는 조건을 부과함으로써 경쟁의 감소를 초래하는 행위(경쟁사업자가 타 업무제휴 상대방을 찾는 것이 용이하지 않은 경우)

(라) 구입선이 독자적으로 개발한 상품 또는 원재료에 대하여 경쟁사업자에게 판매하지 않는다는 조건으로 구입선과 거래함으로써 경쟁사업자의 생산(또는 판매)활동을 곤란하게 하고 시장에서 경쟁의 감소를 초래하는 행위

(마) 시장점유율이 상당한 사업자가 거래처인 방문판매업자들에 대해 경쟁사업자 제품의 취급증가를 저지하기 위해 자신의 상품판매를 전업으로 하여 줄 것과 경쟁사업자 제품을 취급시에는 자신의 승인을 받도록 의무화하고 이를 어길시에 계약해지를 할 수 있도록 하는 경우

(사) 시장점유율이 상당한 사업자가 자신이 공급하는 상품의 병행수입에 대처하기 위해 자신의 총판에게 병행수입업자와 병행수입품을 취급하고 있는 판매(도매 및 소매)업자에 대해서는 자신이 공급하는 상품을 공급하지 말 것을 지시하는 행위

668

(아) 석유정제업자가 주유소 등 석유판매업자의 의사에 반하여 석유제품전량 구매를 강제하는 등 석유판매업자가 경쟁사업자와 거래하는 행위를 사실상 금지하는 계약을 체결하는 행위

나. 거래지역 또는 거래상대방의 제한

> 상품 또는 용역을 거래함에 있어서 그 거래상대방의 거래지역 또는 거래상대방을 부당하게 구속하는 조건으로 거래하는 행위를 말한다. (시행령 별표1)

(1) 대상행위

(가) 거래상대방의 판매지역을 구속하는 행위가 대상이 된다. 판매지역 구속에는 그 구속의 정도에 따라 거래상대방의 판매책임지역을 설정할 뿐 그 지역외 판매를 허용하는 책임지역제(또는 판매거점제), 판매지역을 한정하지만 복수판매자를 허용하는 개방 지역제한제(open territory), 거래상대방의 판매지역을 할당하고 이를 어길 경우에 제재함으로써 이를 강제하는 엄격한 지역제한제(closed territory)로 구분할 수 있다.

(나) 거래상대방의 거래상대방을 제한하는 행위도 대상이 된다. 거래상대방의 영업대상 또는 거래처를 제한하는 행위이다. 예를 들면 제조업자나 수입업자가 대리점(또는 판매업자)을 가정용 대리점과 업소용 대리점으로 구분하여 서로 상대의 영역을 넘지 못하도록 하거나 대리점이 거래할 도매업자 또는 소매업자를 지정하는 행위 등이 해당된다.

(다) 상기의 구속조건은 사업자가 거래상대방이나 거래지역을 일방적으로 강요할 것을 요하지 않으며, 거래상대방의 요구나 당사자의 자발적인 합의에 의한 것을 포함한다. 조건은 그 형태나 명칭을 묻지 않으며, 거래상대방이 사실상 구속을 받는 것으로 충분하다.

(라) 구속의 대상이 되는 거래상대방에는 소비자가 포함되지 아니한다. 거래지역 제한 또는 거래상대방 제한은 수직적 거래관계에 있는 거래상대방에게 가격 이외의 조건을 구속한다는 점에서 재판매가격유지행위와 구별된다.

(마) 사업자가 자신의 계산과 위험부담하에 위탁매매인에게 판매대상 등을 지정하는 상법상 위탁매매관계는 거래상대방의 판매지역 또는 거래상대방 제한에 해당되지 않는다.

(2) 위법성의 판단기준

(가) 거래지역 또는 거래상대방 제한이 관련시장에서의 경쟁을 제한하는지 여부를 위주로 판단한다.

(나) 이 때, 경쟁제한성이 있는지 여부는 다음 사항을 감안하여 브랜드내 경쟁제한효과와 브랜드간 경쟁촉진효과를 비교형량한 후 판단한다.

① 거래지역 또는 거래상대방 제한의 정도. 책임지역제 또는 개방 지역제한제와 지역제한을 위반하여도 제재가 없는 등 구속성이 엄격하지 않은 지역제한의 경우 원칙적으로 허용된다. 지역제한을 위반하였을 때 제재가 가해지는 등 구속성이 엄격한 지역제한제는 브랜드내 경쟁을 제한하므로 위법성이 문제될 수 있다. 또한 거래상대방 제한의 경우도 거래지역제한의 경우에 준하여 판단한다.

② 당해 상품 또는 용역시장에서 브랜드간 경쟁이 활성화되어 있는지 여부. 타 사업자가 생산하는 상품 또는 용역간 브랜드 경쟁이 활성화되어 있다면 지역제한 및 거래상대방 제한은 유통업자들의 판촉활동에 대한 무임승차 경향 방지와 판촉서비스 증대 등을 통해 브랜드간 경쟁촉진효과를 촉진시킬 수 있다.

③ 행위자의 시장점유율 및 경쟁사업자의 숫자와 시장점유율. 행위자의 시장점유율이 높고 경쟁사업자의 수 및 시장점유율이 낮을수록 브랜드내 경쟁제한효과가 유발되는 정도가 커질 수 있다.

④ 지역제한이 재판매가격유지행위 등 타 불공정행위와 병행하여 행해지거나 재판매가격유지의 수단으로 사용되는지 여부. 병행하여 사용될 경우 경쟁제한효과가 클 수 있다.

⑤ 당해 행위로 인해 소비자의 선택권을 침해하거나 서비스 질 제고 및 가격인하 유인이 축소되는지 여부 등

(다) 경쟁제한성이 있다고 판단되는 경우에도 다음과 같이 거래지역 및 거래상대방 제한의 합리성이 있다고 인정되는 경우에는 법위반으로 보지 않을 수 있다.

① 상기 요인 이외에 거래지역 및 거래상대방 제한의 효율성 증대효과나 소비자후생 증대 효과가 경쟁제한효과를 현저히 상회하는 경우

② 거래지역 및 거래상대방 제한에 기타 합리적인 사유가 있다고 인정되

는 경우 등

(3) 안전지대의 설정

상기의 규정에도 불구하고, 행위 사업자의 시장점유율이 10% 미만인 경우에는 당해 시장에서의 경쟁제한효과가 미미하다고 보아 원칙적으로 심사면제 대상으로 한다. 다만 시장점유율 산정이 사실상 불가능하거나 현저히 곤란한 경우에는 당해 사업자의 연간매출액이 50억원 미만인 경우를 심사면제 대상으로 한다.

(4) 법위반에 해당될 수 있는 행위(예시)

(가) 독과점적 시장구조하에서 시장점유율이 상당한 제조업자가 대리점마다 영업구역을 지정 또는 할당하고, 그 구역 밖에서의 판촉 내지 판매활동을 금지하면서 이를 위반할 경우 계약해지를 할 수 있도록 하는 경우

(나) 독과점적 시장구조하에서 시장점유율이 상당한 제조업자가 대리점을 가정용과 업소용으로 엄격히 구분하고 이를 어길 경우에 대리점 계약을 해지할 수 있도록 하는 행위

(다) 제조업자가 재판매가격유지의 실효성 제고를 위해 도매업자에 대해 그 판매선인 소매업자를 한정하여 지정하고 소매업자에 대해서는 특정 도매업자에게서만 매입하도록 하는 행위

8. 사업활동방해

사업자가 다른 사업자의 기술을 부당하게 이용하거나 인력을 부당하게 유인·채용하거나 거래처의 이전을 부당하게 방해하는 등의 방법으로 다른 사업자의 사업활동을 심히 곤란하게 할 정도로 방해할 경우 가격과 질, 서비스에 의한 경쟁을 저해하는 경쟁수단이 불공정한 행위에 해당되므로 금지된다.

가. 기술의 부당이용

> 다른 사업자의 기술을 부당하게 이용하여 다른 사업자의 사업활동을 심히 곤란하게 할 정도로 방해하는 행위를 말한다. (시행령 별표1)

(1) 대상행위

다른 사업자의 기술을 이용하는 행위가 대상이 된다. 이 때 다른 사업자는

경쟁사업자에 한정되지 않는다. 또한, 다른 사업자의 '기술'이란 특허법 등 관련 법령에 의해 보호되거나 상당한 노력에 의하여 비밀로 유지된 생산방법·판매방법·영업에 관한 사항 등을 의미한다.

(2) 위법성의 판단기준

(가) 기술의 부당이용이 바람직한 경쟁질서를 저해하는 불공정한 경쟁수단에 해당되는지 여부를 위주로 판단한다.

(나) 이때, 불공정한 경쟁수단에 해당되는지 여부는 다음 사항을 종합적으로 고려하여 판단한다.

① 기술이용의 부당성 여부. 이를 판단하기 위해 기술이용의 목적 및 의도, 당해 기술의 특수성, 특허법 등 관련 법령 위반 여부, 통상적인 업계 관행 등이 고려된다.

② 사업활동이 심히 곤란하게 되는지 여부. 단순히 매출액이 감소되었다는 사실만으로는 부족하며, 매출액의 상당한 감소, 거래상대방의 감소 등으로 인해 현재 또는 미래의 사업활동이 상당히 곤란하게 되거나 될 가능성이 있는 경우를 말한다.

(다) 기술의 부당이용이 불공정한 경쟁수단에 해당된다고 판단되더라도 이를 함에 있어 합리적인 사유가 있거나 효율성 증대 및 소비자후생 증대효과가 현저하다고 인정되는 경우에는 법위반으로 보지 않을 수 있다.

(3) 법위반에 해당될 수 있는 행위(예시)

다른 사업자의 기술을 무단으로 이용하여 다른 사업자의 생산이나 판매활동에 심각한 곤란을 야기시키는 행위

나. 인력의 부당유인·채용

다른 사업자의 인력을 부당하게 유인·채용하여 다른 사업자의 사업활동을 심히 곤란하게 할 정도로 방해하는 행위를 말한다. (시행령 별표1)

(1) 대상행위

다른 사업자의 인력을 유인·채용하는 행위가 대상이 된다. 이 때 다른 사업자는 경쟁사업자에 한정되지 않는다.

(2) 위법성의 판단기준

(가) 인력의 부당유인·채용이 바람직한 경쟁질서를 저해하는 불공정한 경쟁수단에 해당되는지 여부를 위주로 판단한다.

(나) 이때, 불공정한 경쟁수단에 해당되는지 여부는 다음 사항을 종합적으로 고려하여 판단한다.

① 인력 유인·채용의 부당성 여부. 이를 판단하기 위해 인력유인 채용의 목적 및 의도, 해당 인력이 사업활동에서 차지하는 비중, 인력유인·채용에 사용된 수단, 통상적인 업계의 관행, 관련 법령 등이 고려된다.

② 사업활동이 심히 곤란하게 되는지 여부. 단순히 매출액이 감소되었다는 사실만으로는 부족하며, 매출액의 상당한 감소, 거래상대방의 감소 등으로 인해 현재 또는 미래의 사업활동이 상당히 곤란하게 되거나 될 가능성이 있는 경우를 말한다.

(다) 인력의 부당유인·채용이 불공정한 경쟁수단에 해당된다고 판단되더라도 이를 함에 있어 합리적인 사유가 있거나 효율성 증대 및 소비자후생 증대효과가 현저하다고 인정되는 경우에는 법위반으로 보지 않을 수 있다.

(3) 법위반에 해당될 수 있는 행위(예시)

(가) 다른 사업자의 핵심인력 상당수를 과다한 이익을 제공하거나 제공할 제의를 하여 스카우트함으로써 당해 사업자의 사업활동이 현저히 곤란하게 되는 경우

(나) 경쟁관계에 있는 다른 사업자의 사업활동 방해 목적으로 핵심인력을 자기의 사업활동에는 필요하지도 않는 핵심인력을 대거 스카우트하여 당해 사업자의 사업활동을 현저히 곤란하게 하는 행위

다. 거래처이전 방해

> 다른 사업자의 거래처이전을 부당하게 방해하여 다른 사업자의 사업활동을 심히 곤란하게 할 정도로 방해하는 행위를 말한다. (시행령 별표1)

(1) 대상행위

거래상대방의 거래처이전을 방해하는 행위가 대상이 된다. 이때 다른 사업자는 경쟁사업자에 한정되지 않는다.

(2) 위법성의 판단기준

(가) 거래처 이전방해가 바람직한 경쟁질서를 저해하는 불공정한 경쟁수단에 해당되는지 여부를 위주로 판단한다.

(나) 이때, 불공정한 경쟁수단에 해당되는지 여부는 다음 사항을 종합적으로 고려하여 판단한다.

① 거래처 이전방해의 부당성 여부. 이를 판단하기 위해 거래처 이전방해의 목적 및 의도, 거래처 이전방해에 사용된 수단, 당해 업계에서의 통상적인 거래관행, 이전될 거래처가 사업영위에서 차지하는 중요성, 관련 법령 등이 고려된다.

② 사업활동이 심히 곤란하게 되는지 여부. 단순히 매출액이 감소되었다는 사실만으로는 부족하며 부도발생 우려, 매출액의 상당한 감소, 거래상대방의 감소 등으로 인해 현재 또는 미래의 사업활동이 현저히 곤란하게 되거나 될 가능성이 있는 경우를 말한다.

(다) 거래처 이전방해가 불공정한 경쟁수단에 해당된다고 판단되더라도 이를 함에 있어 합리적인 사유가 있거나 효율성 증대 및 소비자후생 증대효과가 현저하다고 인정되는 경우에는 법위반으로 보지 않을 수 있다.

(3) 법위반에 해당될 수 있는 행위(예시)

거래처이전 의사를 밝힌 사업자에 대하여 기존에 구입한 물량을 일방적으로 반품처리하거나 담보해제를 해주지 않는 행위

라. 기타의 사업활동방해

> 기술의 부당이용, 인력의 부당유인·채용, 거래처이전 방해 외의 부당한 방법으로 다른 사업자의 사업활동을 심히 곤란하게 할 정도로 방해하는 행위를 말한다. (시행령 별표1)

(1) 대상행위

기타의 방법으로 다른 사업자의 사업활동을 현저히 방해하는 모든 행위가 대상이 된다. 방해의 수단을 묻지 않으며, 자기의 능률이나 효율성과 무관하게 다른 사업자의 사업활동을 방해하는 모든 행위를 포함한다. 이 때 다른 사업자는 경쟁사업자에 한정되지 않는다.

(2) 위법성의 판단기준

(가) 사업활동방해가 바람직한 경쟁질서를 저해하는 불공정한 경쟁수단에 해

674

당되는지 여부를 위주로 판단한다.

(나) 이때, 불공정한 경쟁수단에 해당되는지 여부는 다음 사항을 종합적으로 고려하여 판단한다.

① 사업활동방해의 부당성 여부. 이를 판단하기 위해 사업활동방해의 수단, 당해 수단을 사용한 목적 및 의도, 당해 업계에서의 통상적인 거래관행, 관련 법령 등이 고려된다.

② 사업활동이 심히 곤란하게 되는지 여부. 단순히 매출액이 감소되었다는 사실만으로는 부족하며 부도발생 우려, 매출액의 상당한 감소, 거래상대방의 감소 등으로 인해 현재 또는 미래의 사업활동이 현저히 곤란하게 되거나 될 가능성이 있는 경우를 말한다.

(다) 사업활동방해가 불공정한 경쟁수단에 해당된다고 판단되더라도 이를 함에 있어 합리적인 사유가 있거나 효율성 증대 및 소비자후생 증대효과가 현저하다고 인정되는 경우에는 법위반으로 보지 않을 수 있다.

(3) 법위반에 해당될 수 있는 행위(예시)

(가) 사업영위에 필요한 특정시설을 타 사업자가 이용할 수 없도록 의도적으로 방해함으로써 당해 사업자의 사업활동을 곤란하게 하는 행위

(나) 경쟁사업자의 대리점 또는 소비자에게 경쟁사업자의 도산이 우려된다던지 정부지원대상에서 제외된다는 등의 근거 없는 허위사실을 유포하여 경쟁사업자에게 대리점계약의 해지 및 판매량감소 등을 야기하는 행위

(다) 타 사업자에 대한 근거없는 비방전단을 살포하여 사업활동을 곤란하게 하는 행위

Ⅵ. 재검토기한

공정거래위원회는 「훈령·예규 등의 발령 및 관리에 관한 규정」에 따라 이 고시에 대하여 2016년 1월 1일을 기준으로 매3년이 되는 시점(매 3년째의 12월 31일까지를 말한다)마다 그 타당성을 검토하여 개선 등의 조치를 하여야 한다.

20. 행정안전부 직제규정

행정안전부와 그 소속기관 직제

【참조: 국가법령정보센터】

제1장 총칙

제1조(목적) 이 영은 행정안전부와 그 소속기관의 조직과 직무범위, 그 밖에 필요한 사항을 규정함을 목적으로 한다.

제2조(소속기관) ① 행정안전부장관의 관장 사무를 지원하기 위하여 행정안전부장관 소속으로 지방자치인재개발원ㆍ국가기록원ㆍ정부청사관리본부ㆍ국가민방위재난 안전교육원 및 대통령기록관을 둔다.

② 행정안전부의 소관 사무를 분장하기 위하여 행정안전부장관 소속으로 이북5도를 둔다.

③ 주민등록번호의 변경에 관한 사항을 심사ㆍ의결하기 위하여 「주민등록법」 제7조 의5에 따라 행정안전부에 주민등록번호변경위원회를 둔다.

④ 행정안전부장관의 관장 사무를 지원하기 위하여 「책임운영기관의 설치ㆍ운영에 관한 법률」 제4조 제1항, 같은 법 시행령 제2조 제1항 및 별표 1에 따라 행정 안전부장관 소속의 책임운영기관으로 국립과학수사연구원ㆍ국가정보자원관리원 및 국립재난안전연구원을 둔다.

제2장 행정안전부

제3조(직무) 행정안전부는 국무회의의 서무, 법령 및 조약의 공포, 정부조직과 정원, 상훈, 정부혁신, 행정능률, 전자정부, 정부청사의 관리, 지방자치제도, 지방자치 단체의 사무지원ㆍ재정ㆍ세제, 낙후지역 등 지원, 지방자치단체 간 분쟁조정, 선거ㆍ국민투표의 지원, 안전 및 재난에 관한 정책의 수립ㆍ총괄ㆍ조정, 비상대 비, 민방위, 방재 및 국가의 행정사무로서 다른 중앙행정기관의 소관에 속하지

아니하는 사무를 관장한다.

제4조(하부조직) ① 행정안전부에 운영지원과 · 정부혁신조직실 · 디지털정부국 · 지방
자치분권실 · 지방재정경제실 및 재난안전관리본부를 둔다.

② 장관 밑에 대변인 1명 및 장관정책보좌관 3명을 두고, 차관 밑에 기획조정실
장 · 의정관 · 감사관 및 인사기획관 각 1명을 둔다.

제5조(대변인) ① 대변인 밑에 부대변인을 둔다.

② 대변인은 고위공무원단에 속하는 일반직공무원으로 보하고, 부대변인은 「재난 및
안전관리 기본법 시행령」 별표1의3에 따른 재난 및 사고유형별 재난관리주관기
관 소속 공무원이 겸임한다.

③ 대변인은 다음 사항에 관하여 장관을 보좌한다.

1. 주요 정책에 관한 대국민 홍보계획(온라인 홍보계획을 포함한다)의 수립 · 조정
및 집행

2. 정책 홍보와 관련된 각종 정보 및 상황의 관리

3. 부 내 업무의 대외 발표 사항의 관리

4. 언론취재의 지원 및 보도 내용의 분석 · 대응

5. 온라인대변인 지정 · 운영 등 소셜 미디어 정책소통 총괄 · 점검 및 평가

6. 재난수습상황의 홍보에 관한 사항

④ 부대변인은 소관 재난 · 안전사고 발표업무와 대변인이 지정하는 업무에 관하여
대변인을 보좌한다.

제6조(장관정책보좌관) ① 장관정책보좌관 중 1명은 고위공무원단에 속하는 별정직
공무원으로, 2명은 3급 상당 또는 4급 상당 별정직공무원으로 보한다. 다만,
특별한 사유가 있는 경우에는 고위공무원단에 속하는 일반직공무원 또는 4급
이상 일반직공무원으로 대체할 수 있다.

② 장관정책보좌관은 다음 사항에 관하여 장관을 보좌한다.

1. 행정안전부장관이 지시한 사항의 연구 · 검토

2. 정책과제와 관련된 전문가 · 이해관계자 및 일반국민 등의 국정참여의 촉진과
의견수렴

3. 관계 부처 정책보좌업무 수행기관과의 업무협조

4. 행정안전부장관의 소셜 미디어 메시지 기획 · 운영

제7조(기획조정실장) ① 기획조정실장 밑에 「행정기관의 조직과 정원에 관한 통칙」

제12조에 따른 보좌기관 중 실장·국장을 보좌하는 보좌기관(이하 "정책관등"이라 한다) 3명을 둔다.

② 기획조정실장 및 정책관등 중 2명은 고위공무원단에 속하는 일반직공무원으로, 정책관등 중 1명은 고위공무원단에 속하는 임기제공무원으로 보한다.

③ 기획조정실장은 다음 사항에 관하여 차관을 보좌한다.

1. 부 내 정책연구 및 정책 관련 동향 관리

2. 부 내 정책의 연계와 통합에 관한 사항

3. 부 내 현안 사항과 제도개선 과제의 발굴·추진

4. 부 내 성과평가와 역량평가 제도의 운영·개선 및 총괄

5. 부 내 성과관리계획의 수립 및 정부업무평가 관리 등 대외평가 총괄

6. 부 내 민원제도 개선 및 민원업무(국민신문고 및 국민제안 업무를 포함한다)의 총괄

7. 부 내 고객만족행정의 추진 및 고객관리시스템의 운영·개선

8. 부 내 각종 정책과 계획의 수립·종합·조정 및 주요 현안의 관리

9. 예산의 편성·집행·조정 및 성과관리

10. 국회 및 정당과의 업무 협조

11. 부 내 행정관리 및 조직관리에 관한 사항

12. 부 내 정부혁신 관련 과제 발굴·선정, 추진상황 확인·점검 및 관리

13. 행정안전부 산하기관 현황의 관리

14. 부 내 국가사무 민간위탁에 대한 관리·감독 등 총괄

14의2. 부 내 공무를 수행하는 근로자의 운용 및 관리

15. 국립과학수사연구원 업무의 운영 지원

16. 소관 법령의 관리 및 소송사무의 총괄

17. 법령·조약의 공포 및 관보의 발간

18. 국무회의 및 차관회의 안건의 검토 및 총괄·조정

19. 부 내 규제개혁 업무의 총괄·조정

20. 국가기록원 업무의 지원

21. 부 내 정보화 계획의 총괄·조정 및 추진

22. 부 내 정보화 예산(범정부 차원의 정보화 예산은 제외한다)의 사전 검토 및 조정

23. 부 내 정보자원·정보보안 및 개인정보보호에 관한 사항

24. 부 내 업무관리시스템 등 정보기술을 이용한 업무처리방식의 개선에 관한 사항

25. 부 내 통계업무의 총괄·조정

26. 정부혁신 등 공공행정 분야 국제협력 활동 기획·추진 및 홍보

27. 정부혁신 등 공공행정 분야 행정발전 경험의 수출모델 연구·개발 및 보급

28. 민간과의 협력을 통한 외국 정부·기관에 대한 정책자문

29. 행정안전부 관련 국제기구 및 외국과의 협력 추진에 관한 사항

30. 지방자치단체의 국제협력업무 연구·지원

31. 다른 중앙행정기관의 국제협력 사업 관련 통역·번역 업무 지원

32. 국가비상사태에 대비한 제반계획의 수립

33. 부 내 대테러 활동계획 총괄·조정

34. 부 내 정부연습계획의 수립 및 실시

35. 부 내 직장예비군 및 민방위대의 관리

36. 행정안전부 소관 국가중요시설의 경비·보안 및 방호활동에 대한 지도·감독

37. 산하기관 비상대비업무의 지도·감독

38. 부 내 재난안전상황실 운영

39. 부 내 재난안전관련 계획 총괄·조정

④ 삭제 〈2020. 9. 29.〉

⑤ 삭제 〈2020. 9. 29.〉

⑥ 삭제 〈2020. 9. 29.〉

제8조(의정관) ① 의정관은 고위공무원단에 속하는 일반직공무원으로 보한다.

② 의정관은 다음 사항에 관하여 차관을 보좌한다.

1. 국새, 대통령 직인 및 국무총리 직인과 관인대장의 관리

2. 국무회의·차관회의의 운영 및 국무위원·차관단과 관련된 행사

3. 정부 의전행사 및 관련 제도의 개선

4. 국가 상징의 관리 및 제도개선

5. 국경일 및 법정기념일 제도의 운영

6. 전직대통령 예우 및 기념사업에 관한 사항

7. 정부포상계획의 수립·집행 및 정부포상제도의 연구·개선

8. 포상 기록·통계 및 상훈포탈시스템의 관리

9. 대통령 직접 수여 및 국무총리 전수(傳授) 포상·행사에 관한 사항

10. 국회와의 연락 업무

제9조(감사관) ① 감사관은 고위공무원단에 속하는 일반직공무원으로 보한다.

② 감사관은 다음 사항에 관하여 차관을 보좌한다.

1. 지방자치단체에 대한 감사제도의 운영·조정

2. 행정안전부 자체감사(일상감사를 포함한다) 및 다른 기관에 의한 행정안전부에 대한 감사 결과의 처리

3. 지방자치단체에 대한 정부합동감사·부분감사

4. 행정안전부 청렴시책·행동강령의 수립·운영 및 점검

5. 행정안전부 소속 공무원의 재산등록·선물신고 및 취업제한에 관한 업무

6. 행정안전부 소속 공무원에 대한 징계 의결 요구

7. 주민감사청구제도의 운영

8. 전산기법을 활용한 감사체계의 구축·운영

9. 행정안전부·지방자치단체에 대한 공직기강·직무감찰 업무에 관한 종합계획의 수립·조정 및 추진

10. 행정안전부·지방자치단체 소속 공무원의 비위 관련 진정민원, 사정기관의 첩보, 언론보도 및 행정안전부장관·차관 지시사항 등의 조사·처리

11. 행정안전부·지방자치단체에 대한 공직기강·직무감찰 및 기동감찰반 운영

제10조(인사기획관) ① 인사기획관은 고위공무원단에 속하는 일반직공무원으로 보한다.

② 인사기획관은 다음 사항에 관하여 차관을 보좌한다.

1. 행정안전부 소속 공무원의 인사에 관한 계획의 수립 및 인사 운영에 관한 사항

2. 행정안전부 소속 공무원의 채용·승진·전보 등 임용에 관한 사항

3. 행정안전부 소속 공무원과 지방자치단체 소속 공무원 간의 인사교류에 관한 사항

4. 행정안전부 산하기관의 임원 인사에 관한 사항 및 인사 운영의 지원

5. 행정안전부 소속 공무원의 교육훈련, 상훈, 징계, 근무평정 및 성과상여금 지급에 관한 사항

제11조(운영지원과) ① 운영지원과장은 3급 또는 4급으로 보한다.

② 운영지원과장은 다음 사항을 분장한다.

1. 보안 · 복무

2. 부 내 자원봉사활동, 후생복지 및 각종 행사 등의 후원명칭 사용

3. 부 내 공무원단체에 관한 사항

4. 관인 및 관인대장의 관리

5. 정보공개, 기록물의 관리 및 기록관 운영에 관한 사항

6. 행정안전부 소속 공무원의 급여 · 연금에 관한 사항

7. 자금의 운용 · 회계 및 결산

8. 물품 · 용역 · 공사 등의 계약에 관한 사항

9. 행정안전부 소관 국유재산 및 물품의 관리

10. 그 밖에 부 내 다른 부서의 소관에 속하지 아니하는 사항

제12조(정부혁신조직실) ① 정부혁신조직실에 실장 1명을 두고, 실장 밑에 정책관등 3명을 둔다.

② 실장 및 정책관등 3명은 고위공무원단에 속하는 일반직공무원으로 보한다.

③ 실장은 다음 사항을 분장한다.

1. 정부혁신에 관한 법령의 제정 · 개정 및 종합계획의 수립 · 추진

2. 정부혁신에 관한 국제기구 및 외국정부와의 교류 · 협력

3. 정부혁신 관련 범정부적 네트워크의 구축 및 협의체 운영

4. 정부혁신 관련 과제 발굴 · 선정, 추진상황 확인 · 점검 및 성과 관리 · 평가

5. 정부혁신 관련 교육 · 홍보, 변화관리 및 우수사례 발굴 · 확산

6. 삭제 〈2018. 9. 18.〉

7. 삭제 〈2018. 9. 18.〉

8. 지식행정제도의 운영 · 대외협력

9. 행정의 효율성 향상을 위한 행정기관 간 협업제도 운영 · 개선

10. 행정기관 등의 협업행정 지원에 관한 사항

11. 협업과제 중 시스템 연계 · 통합 및 정보공유 관련 부처 간 업무조정 및 지원

12. 정책연구용역 관리제도 및 시스템의 운영 · 개선

13. 문서 · 관인 및 정책실명제 등 행정업무의 효율적 운영을 위한 제도에 관한 사항

14. 공용차량관리제도의 운영

15. 업무관리시스템 및 정부전자문서유통시스템의 운영ㆍ개선

16. 공공기관의 정보공개 및 원문정보공개 관련 제도 및 정책의 수립

17. 공공기관의 정보공개 운영실태 관련 평가 및 개선권고 등에 관한 사항

18. 정보공개 및 원문정보공개 시스템 운영에 관한 사항

19. 삭제 〈2020. 4. 28.〉

20. 삭제 〈2020. 4. 28.〉

21. 삭제 〈2020. 4. 28.〉

22. 삭제 〈2020. 4. 28.〉

23. 삭제 〈2020. 4. 28.〉

24. 삭제 〈2020. 4. 28.〉

25. 삭제 〈2020. 4. 28.〉

26. 정부의 조직 및 정원 관리에 관한 종합계획의 수립ㆍ조정

27. 조직개편ㆍ기능조정 등에 따른 행정기관 간 인력재배치 및 다수 중앙행정기
    관 관련 직제ㆍ기능의 총괄ㆍ조정

28. 행정기관의 조직과 정원 운영에 대한 총괄ㆍ조정ㆍ관리 및 관련 법령에 대한
    협의

29. 중앙행정기관의 총액인건비제도 운영의 지원

30. 책임운영기관의 조직ㆍ정원 및 제도 관리

31. 공무원 총정원제도의 운영ㆍ총괄 및 중기인력운영계획의 수립

32. 별도정원의 승인ㆍ관리 및 제도의 개선

33. 전문임기제공무원의 정원 관리

34. 행정기관 등의 조직ㆍ기능 및 인력 운영에 관한 분석ㆍ진단 및 평가, 정원감
    사에 관한 사항

35. 조직모형, 조직정책 등의 개발ㆍ운영ㆍ지원에 관한 사항

36. 「국가공무원법」 제22조의2에 따른 직무분석 실시대상 직위 및 방법 등에 대
    한 협의

37. 「국가공무원법」 제23조에 따른 직위의 정급을 실시하는 경우 등에 대한 협의

38. 정부기능분류 모델의 관리ㆍ개선

39. 행정관리 역량평가에 관한 사항

40. 정부위원회의 관리 및 정비 총괄

41. 특별지방행정기관의 조직 및 정원 관리

42. 행정권한의 위임·위탁 및 민간위탁에 관한 사항

43. 행정제도 개선에 관한 종합계획의 수립·총괄·조정 및 행정기관의 행정문화 개선

44. 행정제도 개선 과제의 발굴·개선 및 사후관리 등에 관한 사항

45. 공공서비스 혁신에 관한 제도·정책의 기획·총괄 및 지원

46. 생활공감정책의 추진 및 소관 생활공감정책 관련 모니터단의 구성·운영 및 지원

47. 행정절차제도의 운영 및 개선

48. 국민 맞춤형 서비스 추진 및 총괄·조정

49. 국민의 정책 과정 참여 기획·홍보 및 제도화 연구

50. 국민참여를 통한 공공정책 및 서비스 과제 발굴·관리

51. 온라인 국민 참여 촉진·확산 및 국민디자인단 운영 지원

52. 공무원 제안 제도 및 국민 제안 제도의 운영·개선

53. 민원제도 및 서비스에 관한 기본계획의 수립·시행

54. 민원행정 개선 과제의 발굴·개선 및 행정기관의 민원처리 우수사례의 발굴·확산

55. 민원사무 처리 상황, 운영실태의 확인·점검 및 평가

56. 통합전자민원창구 관리·운영 및 전자민원 공통기반서비스의 개발·보급에 관한 사항

57. 수혜자 맞춤형 행정서비스 제공에 관한 사항

58. 전자증명서에 관한 제도 개선 및 전자증명서 발급·유통에 관한 사항

④ 삭제 〈2020. 9. 29.〉

⑤ 삭제 〈2020. 9. 29.〉

⑥ 삭제 〈2020. 9. 29.〉

제13조(디지털정부국) ① 디지털정부국에 국장 1명을 두고, 국장 밑에 정책관등 1명을 둔다.

② 국장 및 정책관등 1명은 고위공무원단에 속하는 일반직공무원으로 보한다.

③ 국장은 다음 사항을 분장한다.

1. 전자정부 관련 정책의 수립·조정

2. 인공지능 등 디지털 기술을 활용한 전자정부 서비스의 디지털 전환 촉진 관련 정책의 수립·조정

3. 인공지능 등 디지털 기술을 활용한 전자정부 및 공공분야의 디지털 전환 촉진 관련 중장기 기본계획 수립·평가에 관한 사항

4. 전자정부 인력개발 정책의 수립·추진

5. 정보화책임관 협의회의 운영 및 전자정부의 총괄·조정에 관한 사항

6. 「지능정보화 기본법」에 따른 한국지능정보사회진흥원 등 전자정부 관련 전문기관의 관리, 운영 지원에 관한 사항

7. 전자정부서비스의 구축·운영 관련 정책에 관한 사항

8. 전자정부 표준화 정책에 관한 사항

9. 전자정부 정보자원 관리 및 통합에 관한 사항

10. 전자정부 클라우드 서비스 활성화 정책 수립 및 기반조성

11. 전자정부서비스의 민간 개방을 위한 정책 수립 및 기반 조성

12. 전자정부 공동활용 응용 소프트웨어의 개발·보급 및 유지관리에 관한 사항

13. 전자정부 공통서비스 및 공통 기반의 구축·지원

14. 전자정부 사업의 평가 및 성과분석에 관한 사항

15. 전자정부 중복투자 방지에 관한 사항

16. 전자정부 관련 제품의 도입·발주 기준에 관한 사항

17. 전자정부 관련 제품(「지능정보화 기본법」 제58조 제1항에 따라 성능과 신뢰도에 관한 기준이 고시된 정보보호시스템은 제외한다)의 시험·평가에 관한 사항

18. 전자정부 정보기술아키텍처(EA)의 도입·확산 및 정보시스템의 감리에 관한 사항

19. 전자정부 플랫폼(Platform) 구축 및 이용제도에 관한 사항

20. 국가정보자원관리원 업무의 운영 지원

21. 전자정부 대민서비스 관련 보안정책의 수립 및 사이버침해사고의 예방·대응에 관한 사항

22. 전자정부 대민서비스 관련 소프트웨어 개발보안에 관한 사항

23. 전자정부 대민서비스 관련 정보보호 기관·단체의 육성·지원 및 신기술 도입 등에 관한 사항

24. 행정안전부 소관 주요 정보통신 기반시설 보호정책 및 관련 제도의 운영에 관한 사항

25. 행정기관 전자문서의 진본성 확보 및 검증체계의 수립·추진

26. 행정기관 정보보호 인력 양성에 관한 시책의 수립·추진

27. 행정전자인증에 관한 정책의 수립·총괄 및 조정에 관한 사항

28. 행정기관의 정보통신망 및 정보통신서비스에 관한 사항

29. 모바일 기반의 디지털 형태 신분증 도입에 관한 사항

30. 지방자치단체에 대한 공공분야의 인공지능 등 디지털 기술 전환 확산 관련 시책 발굴 및 시행에 관한 사항

31. 지역정보화 정책·사업의 추진 및 지원에 관한 사항

32. 지역정보화 관련 법인·단체의 육성 등에 관한 사항

33. 미래의 지역정보공동체 조성에 관한 사항

34. 행정공간정보체계의 구축, 응용서비스의 개발·확산 및 이용에 관한 사항

35. 지방자치단체 영상정보 통합관제센터 구축·지원에 관한 사항

36. 정보통신 신기술을 활용한 전자정부 추진에 관한 사항

37. 공공분야 디지털 고지·수납체계 구축 및 제도 개선에 관한 사항

38. 전자정부와 관련한 국제교류·국제협력에 관한 사항

39. 전자정부 해외진출 관련 업무의 총괄·조정에 관한 사항

40. 전자정부 관련 해외진출 촉진 및 홍보에 관한 사항

41. 전자정부 관련 국제평가지수 관리에 관한 사항

42. 공공데이터(「공공데이터의 제공 및 이용 활성화에 관한 법률」 제2조 제2호의 공공데이터를 말하며, 이하 이 조에서 같다)의 관리·공유·개방·활용 등에 관한 제도·정책의 연구·개선 및 기본계획의 수립·집행·총괄·조정

43. 공공데이터 구축 및 품질관리·표준화에 관한 사항

44. 공공데이터전략위원회 및 공공데이터제공분쟁조정위원회의 운영에 관한 사항

45. 공공데이터 개방·활용 및 이용 관련 기반 조성에 관한 사항

46. 국가기준정보체계 구축 및 이용 활성화에 관한 사항

47. 행정정보 공유 관련 기본계획 수립 및 평가

48. 행정정보 공유에 관한 법령 및 제도 개선

49. 행정정보 공유를 위한 기관 간 협의·조정

50. 행정정보 공유 활성화에 관한 사항

51. 행정정보 공동이용에 따른 정보보안·개인정보보호 조치에 관한 사항

52. 행정정보 목록 관리 및 공동이용 행정정보 현황조사에 관한 사항

53. 정책정보 등 행정정보 공동이용·유통 기반 구축 계획의 수립 및 시행

54. 행정정보 표준화, 품질관리 등 공동이용을 위한 관리체계 마련 등에 관한 사항

55. 「전자정부법」 제37조에 따른 행정정보 공동이용센터 운영 및 관련 시책 추진

56. 공공분야 개인 맞춤형 데이터 활용 서비스 도입 활성화에 관한 사항

57. 공공데이터 관련 대용량의 정형 또는 비정형의 데이터세트(이하 이 조에서 "공공분야 빅데이터"라 한다)에 관한 제도·정책 및 기본계획의 수립·시행

58. 공공분야 빅데이터에 관한 업무의 총괄·조정 및 지원

59. 공공분야 빅데이터 관련 기반 구축·운영 및 활용을 위한 정책의 수립

60. 공공분야 빅데이터 분석과제 발굴 및 수행

61. 인공지능 기반의 지능형 전자정부 정책 추진에 관한 사항

62. 공공분야 인공지능 기반 서비스 발굴에 관한 사항

63. 공공분야 인공지능 관련 기반 구축 및 운영에 관한 사항

64. 전자정부 관련 재원의 조달·지원 및 사업 추진에 관한 사항

65. 디지털 기술을 이용한 공공분야 업무환경 개선에 관한 사항

66. 정부통합지식행정시스템의 운영·개선

67. 행정의 효율성 향상을 위한 협업시스템의 구축·운영

68. 업무효율성 향상을 위한 스마트워크(smart work)에 관한 사항

69. 모바일 기반 전자정부서비스 및 공통 인프라 구축·운영

70. 삭제 〈2020. 8. 4.〉

71. 삭제 〈2020. 8. 4.〉

72. 삭제 〈2020. 8. 4.〉

73. 삭제 〈2020. 8. 4.〉

74. 삭제 〈2020. 8. 4.〉

75. 삭제 〈2020. 8. 4.〉

76. 삭제 〈2020. 8. 4.〉

77. 삭제 〈2020. 8. 4.〉

78. 삭제 〈2020. 8. 4.〉

79. 삭제 〈2020. 8. 4.〉

80. 삭제 〈2020. 8. 4.〉

81. 삭제 〈2020. 8. 4.〉

④ 삭제 〈2020. 9. 29.〉

제14조(지방자치분권실) ① 지방자치분권실에 실장 1명을 두고, 실장 밑에 정책관등 4명을 둔다.

② 실장 및 정책관등 4명은 고위공무원단에 속하는 일반직공무원으로 보한다.

③ 실장은 다음 사항을 분장한다.

　1. 지방자치 지원행정의 종합·조정 및 여론의 수렴, 국가와 지방자치단체 간 국정협력의 지원

　2. 지방행정 정책에 관한 국제 교류·협력

　3. 지방자치단체 소속 국가공무원의 임용·제청, 국가와 지방자치단체 간 공무원 인사교류의 협의·조정 및 지방자치단체 인사 운영에 대한 지원·권고

　4. 통일에 대비한 자치행정제도에 관한 사항 및 이북5도에 대한 지도·감독

　5. 지방자치단체 평가 관련 제도의 개선 및 운영 총괄

　6. 지방자치단체의 조직문화 및 행정서비스 개선의 지원

　7. 지방자치단체의 생산성 제고 지원

　8. 지방행정종합정보시스템의 구축·운영

　9. 주민등록제도의 개선·지원

　10. 주민등록 정보화사업 추진 및 주민등록전산정보센터의 운영·관리

　11. 인감제도의 연구·개선 및 전산시스템의 관리·운영

　12. 본인서명사실확인제도의 연구·개선 및 전산시스템의 관리·운영

　13. 행정사 제도의 연구·개선 및 운영·지원

　14. 비영리민간단체 지원에 관한 사항

　15. 자원봉사 진흥 및 자원봉사 관련 법·제도의 운영에 관한 사항

　16. 기부금품 모집(「기부금품의 모집 및 사용에 관한 법률」 제4조 제2항 제2호에 따른 재난 관련 기부금품의 모집등록은 제외한다)에 대한 제도의 개선 등에 관한 사항

　17. 주민생활서비스 전달체계의 개선

18. 국민운동단체의 육성·지원 및 관련 제도의 운영

19. 직능경제인 단체의 육성·지원 및 관련 제도의 운영

20. 지방자치단체 거주 외국인 주민의 정착 지원

21. 과거사·민주화 관련 위원회 및 기념사업에 대한 지원·협조

22. 공무원단체 관련 기본정책의 수립·시행 및 관련 제도에 관한 조사·연구

23. 공무원단체에 대한 협력·지원에 관한 사항

24. 공무원단체 운영 현황의 파악 및 대응

25. 공무원직장협의회에 관한 사항

26. 공무원단체 관련 갈등의 조정 및 대응

27. 지방자치제도의 총괄 기획 및 연구·개선

28. 지방분권과 관련된 업무의 총괄·조정

29. 지방자치단체의 조직 및 정원에 관한 제도의 입안·연구 및 조직 정책의 기획·총괄

30. 지방자치단체 기준인건비 제도의 기획·운영 및 중기기본인력운영계획의 수립·지원

31. 지방자치단체 조직의 분석·진단 및 기능분류모델(BRM)의 개발·관리

32. 주민자치센터·주민자치회 등 주민대표기구 운영의 지원 및 발전방안 연구

33. 자치분권 및 지방행정체제 개편 관련 법·제도의 운영에 관한 사항

33의2. 지방자치단체의 공무를 수행하는 근로자 관련 정책에 대한 지원·협조

34. 자치분권 종합계획 및 연도별 시행계획 기획·총괄 및 관련 제도에 대한 지원·협조

35. 지방자치단체 간 분쟁의 조정 및 지방자치단체 간 협력제도의 운영·발전

36. 지방자치단체의 폐지·설치·분할·통합·명칭변경, 관할구역 조정 및 지방행정체제 개편 연구

37. 국가와 지방자치단체 간 사무구분체계의 개선 및 사무배분에 관한 연구·지원

37의2. 자치분권 사전협의제 운영에 관한 사항

38. 지방공무원의 인사·보수·교육훈련·후생복지제도의 연구·개선 및 운영 지원

39. 지방공무원 복무·징계제도(공무원노조 및 직장협의회 분야는 제외한다)의 연

구 · 개선

40. 지방자치단체 인사정보시스템의 관리 및 지방공무원 인사 통계의 작성 · 유지

41. 지방자치단체 균형인사 정책의 평가 · 지원 등에 관한 사항

42. 공직선거 및 국민투표의 지원, 주민소환 · 주민소송 · 주민투표제도의 운영 및 제도개선에 관한 사항

43. 지방의회제도의 연구 · 개선 및 운영 지원

44. 지방자치단체 자치법규제도의 연구 · 개선

45. 지방자치단체 자치법규에 대한 재의 · 제소 등 지원

46. 지방자치단체 조례 · 규칙의 운영 지원

47. 지역사회혁신 종합계획 수립 · 추진 및 관련 법령의 관리

48. 지역사회혁신 활성화를 위한 국내외 협력에 관한 사항

49. 지역 활성화 지원 기금 · 재단의 설치 및 지원시스템의 개발 · 운영

50. 지역사회혁신의 홍보에 관한 사항

51. 지방자치단체의 정부혁신 업무 총괄 · 지원

52. 지방자치단체의 정부혁신 관련 과제 발굴 · 평가, 우수사례 확산 · 전파 및 교육 · 홍보

53. 마을기업 육성에 관한 사항

54. 지역공동체 활성화 모델 기획 · 연구 및 지원

55. 지역공동체 사업 기획 및 추진

55의2. 정보화마을의 기획 · 개선

56. 행정안전부 소관 새마을운동 해외사업의 지원

57. 새마을운동 단체의 육성 및 지원 · 관리

57의2. 「새마을운동조직 육성법」의 개정 및 운영에 관한 사항

57의3. 새마을운동 해외협력사업의 효율적 추진을 위한 협의회 설치 · 운영에 관한 사항

58. 지방자치단체의 사회적경제 활성화 지원

59. 지역사회혁신 네트워크 활성화 추진 및 지역사회혁신 생태계 구축 기반 마련

60. 지역주민 제안 사안의 해결을 위한 협력체계 구축에 관한 사항

61. 지역사회혁신 관련 민간 역량강화를 위한 교육 · 컨설팅 및 대학 · 교육기관과의 협업체계 구축

62. 지역사회혁신을 위한 디지털 기술 확산 방안 마련 및 추진

63. 지역사회혁신 관련 디지털 기술을 활용하는 사회적 기업 등 지원

64. 지역사회혁신 온라인 플랫폼 구축

65. 지역사회혁신을 위한 디지털 기술 분야 민간전문가 등의 네트워크 구축

66. 지역사회혁신을 위한 주민참여 협업프로젝트 총괄 지원

67. 지역 활성화를 위한 유휴(遊休) 공간의 활용에 관한 사항

68. 지역거점별 소통과 협력을 위한 공간 조성에 관한 사항

69. 국가와 지방자치단체 간 지역개발계획의 기획 · 지원

70. 「국가균형발전 특별법」 제2조 제7호에 따른 특수상황지역 및 서해 5도 등 저발전 지역개발사업의 기획 · 지원

71. 접경지역 발전 종합계획의 수립 · 추진

72. 주한미군 공여구역 주변지역 및 평택지역 등 특수지역에 대한 지원

73. 지방자치단체가 관리하는 도로의 정비 및 구조 개선사업의 추진

74. 행정안전부 소관 저탄소 녹색성장 관련 추진사업의 총괄 및 지방자치단체의 저탄소 녹색성장 관련 사업의 협력 · 지원

75. 온천의 개발 · 이용 및 관리에 관한 사항

76. 공중화장실 제도, 옥외 광고물 제도의 운영 및 종합개선대책의 추진

77. 도심 생활여건 개선사업의 지원

78. 자전거이용 활성화 정책의 추진 및 제도개선

79. 생활형 국가 자전거도로 등 자전거 이용시설의 확충 · 정비

80. 자전거의 날 운영 · 안전교육 등 자전거 이용 문화의 확산

81. 도로명주소사업의 총괄 및 조정

82. 도로명주소 안내시설의 구축 · 유지 및 관리 지원

83. 도로명주소 정보화, 전자지도 통합 및 공간정보 보안 관리에 관한 사항

84. 기초구역, 지점번호, 상세주소 및 명예도로명 등의 개선에 관한 사항

④ 삭제 〈2020. 9. 29.〉

⑤ 삭제 〈2020. 9. 29.〉

⑥ 삭제 〈2020. 9. 29.〉

⑦ 삭제 〈2020. 9. 29.〉

제15조(지방재정경제실) ① 지방재정경제실에 실장 1명을 두고, 실장 밑에 정책관등

3명을 둔다.

② 실장 및 정책관등 3명은 고위공무원단에 속하는 일반직공무원으로 보한다.

③ 실장은 다음 사항을 분장한다.

1. 지방재정정책의 총괄·조정 및 지방재정제도의 기획·관리·연구·개선

2. 국가와 지방자치단체 간의 재원 배분에 관한 사항

3. 지방자치단체에 지원한 국고보조금의 교부 및 집행실적 관리에 관한 사항

4. 지방재정부담심의위원회의 운영 및 지원에 관한 사항

5. 성과중심의 지방자치단체 예산의 편성·운용 지원 및 지방재정 통계·정보화 총괄

6. 지방재정 분석·진단·공시제도의 운영 총괄 및 재정건전화에 관한 사항

7. 지방자치단체 채권·채무·기금 및 금고 제도의 운영

8. 「지방자치단체 기금관리기본법」에 따른 지역상생발전기금의 관리 및 개선

9. 자치복권의 발행 및 한국지방재정공제회의 관리 및 운영·지도

10. 지방재정전략회의 및 지방재정 정책자문회의의 관리·운영 및 지도

11. 지방재정 관련 국제협력 업무의 총괄

12. 지방재정 위기경보체계의 구축·운영 및 위기관리대책의 시행에 관한 사항

13. 지방재정의 점검·관리 및 효율화에 관한 사항

14. 지방재정조정제도의 연구·개선 및 운영

15. 지방교부세 제도의 연구·개선 총괄

16. 지방교부세의 산정·배정 및 운영

17. 광역자치단체와 기초자치단체 간의 재정조정제도의 운영 지원

18. 지방자치단체의 예산회계·재무회계·결산 및 계약제도의 운영

19. 지방자치단체의 공유재산 및 물품 관리에 관련된 사항

20. 지방세제에 관한 중장기 정책의 수립·연구 및 세제 개편의 총괄

21. 지방세 확충 방안의 연구·개선

22. 지방세 관련 교육 및 외국의 지방세 제도에 관한 연구

23. 지방세의 중과세·비과세·감면·구제 제도 및 지방세 세목별 제도의 연구· 개선 총괄

24. 지방세와 관련된 지방자치단체 조례의 제정·개정에 대한 지원

25. 지방세와 관련된 법령의 운영, 질의 회신 및 세무 상담

26. 지방세정의 운영 기획 및 운영 기준의 마련

27. 지방세 과세표준 정책의 수립 및 운영

28. 개인지방소득세 및 법인지방소득세 관련 제도의 기획·입안 및 조정

29. 지방세특례제한에 관한 기본계획 수립 및 통보

30. 부동산 과세자료분석 전담기구 운영

31. 부동산 과세자료 관련 정보 및 통계의 생산·관리

32. 지방세 통계 분석 및 지방세 정보화 총괄

33. 지방세 관련 새로운 세원의 발굴·조사 및 연구

34. 지방세입 납부체계의 연구·개선

35. 지방세 징수제도 및 업무개선 등 총괄

36. 지방세 과세자료 관리 제도의 운영

37. 지방세외수입 제도의 연구·개선 및 운영

38. 지방행정제재·부과금 징수에 관한 제도 및 운영 총괄

39. 지방세외수입 통계 관리·분석 및 정보화 총괄

40. 지방자치단체의 지역경제 활성화 및 지방물가관리 정책의 지원

41. 지역경제의 분석 및 지역경제동향·통계와 관련된 사항

42. 행정안전부 소관 일자리창출 총괄 지원

43. 지역고용증대 및 실업대책의 지원

44. 지역공동체 일자리사업 등 지역일자리사업의 추진 및 평가에 관한 사항

45. 지방자치단체의 향토 핵심자원 육성에 관한 사항

46. 지방자치단체에 대한 규제의 발굴·정비

47. 지방자치단체의 기업행정 애로사항 관련 사무의 지원

48. 새마을금고제도의 운영 및 관리·감독

49. 새마을금고의 서민금융지원 및 지역사회공헌사업 추진 지원

50. 대한지방행정공제회의 관리·감독

51. 지역금융 활성화 지원에 관한 사항

52. 지방공기업 및 지방자치단체 출자·출연기관 정책 수립 총괄

53. 지방공기업 및 지방자치단체 출자·출연기관 관련 제도의 연구·운영에 관한 사항

54. 지방공기업에 대한 경영평가 및 경영진단에 관한 사항

55. 지방공기업평가원의 관리 · 감독

56. 지방공기업정책위원회의 운영에 관한 사항

57. 지방자치단체 출연연구원의 운영 지원

④ 삭제 〈2020. 9. 29.〉

⑤ 삭제 〈2020. 9. 29.〉

⑥ 삭제 〈2020. 9. 29.〉

제16조(재난안전관리본부) ① 재난안전관리본부는 안전 및 재난에 관한 정책의 수립 · 총괄 · 조정, 비상대비, 민방위 및 방재 기능을 수행한다.

② 재난안전관리본부에 안전정책실, 재난관리실, 재난협력실 및 비상대비정책국을 둔다.

③ 재난안전관리본부장 밑에 중앙재난안전상황실장 및 안전감찰담당관 각 1명을 둔다.

제17조 삭제 〈2018. 9. 18.〉

제18조(중앙재난안전상황실장) ① 중앙재난안전상황실장은 고위공무원단에 속하는 일반직공무원으로 보한다.

② 중앙재난안전상황실장은 다음 사항에 관하여 재난안전관리본부장을 보좌한다.

1. 재난안전 및 위기상황 종합관리에 관한 사항

2. 재난 상황의 접수 · 파악 · 전파, 상황판단 및 초동보고 등에 관한 사항

3. 재난피해 정보의 수집 · 분석 및 전파

4. 위기징후 분석 · 평가 · 경보발령에 관한 사항

5. 재난위험상황에 관한 정보수집 · 예측 및 분석

6. 상시 모니터링 및 상황전파에 관한 시스템 · 장비의 구축 · 운영에 관한 사항

7. 국내 언론보도 등 재난정보의 수집 · 분석 및 전파

8. 해외 재난정보의 수집 · 분석 및 전파

9. 국방정보통신망 소통 및 비상대비 상황 파악 · 조치에 관한 사항

10. 소산(疏散: 분산시킴) 전(충무 3종사태까지를 말한다) 정부종합상황실 시설 및 장비 운영

제19조(안전감찰담당관) ① 안전감찰담당관은 3급 또는 4급으로 보한다.

② 안전감찰담당관은 다음 사항에 관하여 재난안전관리본부장을 보좌한다.

1. 상시 안전감찰활동 계획의 수립 및 추진

2. 「재난 및 안전관리 기본법」 제77조에 따른 기관경고 및 재난관리책임기관 소속 공무원 등에 대한 징계요구 등에 관한 사항

3. 안전 분야 특별사법경찰제도의 운영

4. 안전 분야 부패 근절에 관한 사항

5. 그 밖에 장관 및 본부장이 안전감찰에 관하여 지시한 사항의 처리

제20조 삭제 〈2018. 9. 18.〉

제21조 삭제 〈2018. 9. 18.〉

제22조(안전정책실) ① 안전정책실에 실장 1명을 두고, 실장 밑에 정책관등 3명을 둔다.

② 실장 및 정책관등 3명은 고위공무원단에 속하는 일반직공무원으로 보한다.

③ 실장은 다음 사항을 분장한다.

1. 안전관리 정책의 기획·총괄·조정 및 「재난 및 안전관리 기본법」 등 관련 법령의 제정·개정에 관한 사항

2. 중앙안전관리위원회(안전정책조정위원회를 포함한다)의 운영

3. 안전 관련 정책에 관한 중앙행정기관 간 조정·지원

4. 중앙행정기관·공공기관의 안전기준 협의·조정

5. 안전기준의 등록·심의 등에 관한 정책 및 계획의 수립·운영

6. 재난 취약분야에 대한 안전관리 체계의 구축 및 운영

7. 유선 및 도선 사업 관련 법령 및 제도의 운영(제도의 운영은 내수면에 관한 사항으로 한정한다)

8. 유선 및 도선 사업의 관리·지도에 관한 사항(내수면에 관한 사항으로 한정한다)

9. 국가 및 지역 안전관리계획의 수립 및 운영

10. 중앙행정기관의 재난 및 안전관리 사업예산의 사전협의 및 사업의 효과성·효율성 평가 등에 관한 사항(재난안전 연구개발 예산에 관하여는 과학기술정보통신부가 수립하는 정부연구개발투자의 방향 및 기준에 필요한 의견을 제시하는 것에 한정한다)

11. 지방자치단체의 재난 및 안전관리 사업예산의 사전검토 등에 관한 사항

12. 소방안전교부세의 배정·운영 및 제도 개선

13. 재난안전 분야 산업의 육성에 관한 정책 수립·조정

14. 재난안전 기술개발 관련 계획의 총괄 및 조정

15. 재난안전 분야 산업의 육성·지원에 관한 사항

16. 국립재난안전연구원의 운영 지원에 관한 사항

17. 재난안전관리본부 소속 공무원의 인사운영에 관한 사항

18. 생활안전정책 총괄·지원

19. 다수 중앙행정기관 관련 복합 안전정책의 조정 및 제도개선

20. 생활안전 취약요인의 실태조사 점검 및 평가

21. 어린이·노인·장애인 보호구역 안전시설 개선사업 총괄·지원

22. 보행안전 및 편의증진 정책기획·제도개선

23. 도로교통사고 예방 여건 조성사업 추진

24. 어린이놀이시설에 대한 안전관리정책 총괄 및 제도개선

25. 어린이 보호구역·도시공원·놀이터 등에 대한 영상정보처리기기의 설치·운
    영에 관한 사항

26. 어린이안전 정책 총괄 및 어린이이용시설 종사자 안전교육에 관한 사항

27. 삭제 〈2018. 9. 18.〉

28. 삭제 〈2018. 9. 18.〉

29. 삭제 〈2018. 9. 18.〉

30. 국민안전의 날 운영에 관한 사항

31. 삭제 〈2018. 9. 18.〉

32. 안전문화 활동 관련 종합계획의 수립 및 제도개선

33. 안전 전문인력 관리·교육훈련 및 안전사고 예방 관련 교육에 관한 사항

34. 국민안전교육 진흥 정책의 기획 및 총괄·조정

35. 국가민방위재난안전교육원의 운영 지원에 관한 사항

36. 승강기 안전관리정책 총괄 및 제도개선

37. 「승강기 안전관리법」 제49조에 따른 승강기사고조사위원회의 사무지원에 관
    한 사항

38. 승강기 안전이용 교육·훈련 및 홍보에 관한 사항

39. 재난관리 예방정책의 기획 및 총괄 조정

40. 재난관리 법령 중 예방 분야의 제정·개정 및 협의·조정과 제도개선에 관한
    사항

41. 재난의 예방 등 홍보 및 재난예방 기법 연구

42. 안전관리전문기관의 안전관리에 필요한 자료의 요구 및 협력체계 구축·운영

43. 재난예방 및 안전관리 분야 담당 종사자 예방안전 교육 총괄·조정

44. 재난관리책임기관의 재난 및 안전관리업무를 담당하는 공무원·직원의 현황 관리

45. 자연재해위험개선지구의 기준설정 및 정비사업의 총괄

46. 재해위험 개선사업에 관한 사항

47. 소하천의 정비에 관한 사항

48. 급경사지 재해예방에 관한 사항

49. 저수지·댐 안전관리 관련 제도의 운영

50. 소규모 공공시설의 정비에 관한 사항

51. 방재시설의 유지·관리 평가에 관한 사항

52. 재해영향평가등의 협의 제도의 운영에 관한 사항

53. 지역안전도 진단 제도의 운영

54. 자연재해저감 종합계획의 운영에 관한 사항

55. 방재기준의 설정 및 운영에 관한 사항

56. 우수(雨水)유출저감시설 기준의 마련 및 우수유출저감대책의 수립·운영

57. 자연재해 저감을 위한 전문교육의 실시 및 방재관리대책 대행제도의 운영

58. 재해경감을 위한 기업의 자율활동 지원에 관한 사항

④ 삭제 〈2020. 9. 29.〉

⑤ 삭제 〈2020. 9. 29.〉

⑥ 삭제 〈2020. 9. 29.〉

제23조(재난관리실) ① 재난관리실에 실장 1명을 두고, 실장 밑에 정책관등 3명을 둔다.

② 실장 및 정책관등 3명은 고위공무원단에 속하는 일반직공무원으로 보한다.

③ 실장은 다음 사항을 분장한다.

1. 재난대비·대응·복구 정책의 기획·총괄·조정

2. 「자연재해대책법」의 개정에 관한 사항

3. 국가재난관리체계 개선에 관한 사항

4. 재난관리체계와 재난의 예방·대비·대응 및 복구에 대한 평가

5. 재난 및 안전관리분야 특별교부세의 배정·운영 및 제도 개선

6. 재난관리기금제도 운영에 관한 사항

7. 방재안전분야 전문인력 양성에 관한 사항

8. 재난대비·대응·복구 등에 관한 홍보 및 방재의 날 운영

9. 자연재해분야 국제협력에 관한 사항

10. 지진·화산재해대책 관련 법령 및 제도의 운영

11. 지진방재종합계획 및 내진보강 기본계획 수립·추진

12. 지진·지진해일 피해 경감을 위한 조사·연구 및 기술개발

13. 국가재난정보통신 관련 정책의 총괄·조정에 관한 사항

14. 재난현장 긴급통신체계의 구축·운영에 관한 사항

15. 재난관련 정보시스템의 총괄·조정 및 구축·운영에 관한 사항

16. 국가재난안전통신망의 구축·운영에 관한 사항

17. 재난관리정보 활용체계 및 서비스제공에 관한 사항

18. 재난관리에 관한 중앙행정기관 간 업무 협의 및 조정

19. 지방자치단체 재난관리역량 강화 지원

20. 삭제 〈2018. 9. 18.〉

21. 재난관리 매뉴얼 총괄·운영 및 평가

22. 국가 재난대비 종합훈련의 기획·평가 총괄

23. 국가 재난대응 분야별 상시 훈련에 관한 사항

24. 재난관리책임기관의 재난안전분야 종사자 교육에 관한 사항

25. 재난분야 매뉴얼에 대한 점검 및 개선방안 수립

26. 중앙재난안전대책본부 운영 및 지역재난안전대책본부 지원(「재난 및 안전관리 기본법」 제3조 제1호 나목에 따른 사회재난 관련 지원은 제외한다)

27. 재난과 관련된 상황분석 및 상황판단회의의 운영(「재난 및 안전관리 기본법」 제3조 제1호 나목에 따른 사회재난 관련 운영은 제외한다)

28. 재난사태의 선포·해제에 관한 사항(「재난 및 안전관리 기본법」 제3조 제1호 나목에 따른 사회재난 관련 사항은 제외한다)

29. 재난 관리대책 수립 및 운영에 관한 사항(「재난 및 안전관리 기본법」 제3조 제1호 나목에 따른 사회재난 관련 사항은 제외한다)

30. 재난 위험정보의 관리 및 활용에 관한 사항(「재난 및 안전관리 기본법」 제3

조 제1호 나목에 따른 사회재난 관련 사항은 제외한다)

31. 기능별 재난대응 활동계획에 관한 사항(「재난 및 안전관리 기본법」 제3조 제1
    호 나목에 따른 사회재난 관련 사항은 제외한다)

32. 재난 유형별 표준대응방법의 개발·보급(「재난 및 안전관리 기본법」 제3조 제
    1호 나목에 따른 사회재난 관련 개발·보급은 제외한다)

33. 삭제 〈2018. 9. 18.〉

34. 재난복구 정책과 대책의 수립·조정·총괄

35. 특별재난지역 선포 건의에 관한 사항

36. 재난 복구계획의 수립 및 복구 예산의 운영·관리

37. 대규모 재해복구사업 및 지구단위종합복구사업의 시행

38. 재난으로 인한 피해 복구사업의 지도·점검 및 관리에 관한 사항

39. 자연재난 복구사업 사전심의제도의 운영

40. 재해복구사업 사후 분석·평가 운영 총괄

41. 재난구호 및 복구비용의 부담기준과 피해액 산정기준의 설정·운영

42. 재난으로 인한 피해의 조사 및 복구 지원

43. 재난구호와 관련 계획의 수립·조정·총괄 및 제도의 운영

44. 이재민 구호 및 재난피해자 심리안정지원에 관한 사항

45. 재난구호 관련 지방자치단체 협력 및 지원에 관한 사항

46. 재난구호 관련 민간단체와 네트워크 구성 및 활용에 관한 사항

47. 재해구호기술 연구·개발에 관한 사항

47의2. 의연금품 제도 운영에 관한 사항

47의3. 재해구호 전문인력의 양성에 관한 사항

47의4. 「기부금품의 모집 및 사용에 관한 법률」 제4조 제2항 제2호에 따른 재난
    관련 기부금품의 모집등록에 관한 사항

48. 풍수해보험 관련 법령 운영 및 재난보험 관련 정책 개발

49. 풍수해 보험 등 재난과 관련된 보험의 개발·보급 및 보험료의 지원

50. 재난관리자원 관리체계 구축 총괄·조정

51. 삭제 〈2018. 9. 18.〉

52. 재난 관련 국내외 민간단체·학회·협회·연구기관 등 유관기관과의 협력체
    계 구축

53. 민간부문의 재난대비 교육·훈련 관리에 관한 사항

54. 민간부문의 안전관리 강화 및 재난대응·수습·복구 활동 지원

55. 재난 관련 민관 협의체 운영

56. 지방자치단체 재난대응 민관협력활동 활성화 지원

④ 삭제 〈2020. 9. 29.〉

⑤ 삭제 〈2020. 9. 29.〉

⑥ 삭제 〈2020. 9. 29.〉

제23조의2(재난협력실) ① 재난협력실에 실장 1명을 두고, 실장 밑에 정책관등 2명을 둔다.

② 실장 및 정책관등 2명은 고위공무원단에 속하는 일반직공무원으로 보한다.

③ 실장은 다음 사항을 분장한다

1. 사회재난 분야 협업정책의 수립 및 총괄·조정

2. 사회재난 분야 관계기관 간 협업체계 구축·지원에 관한 사항

3. 사회재난 대응역량 분석·진단 및 컨설팅

4. 사회재난 대비 기술 컨설팅 및 교육·훈련 지원

5. 사회재난 관리제도에 관한 사항

6. 사회재난 관리역량 강화 교육 및 전문인력 양성

7. 재난 관련 안전점검 및 조치에 관한 사항

8. 정부합동안전점검단 운영, 재난 취약 분야 및 지역에 대한 현장점검 기획·총괄

9. 특정관리대상지역의 지정 및 관리에 관한 사항

10. 긴급 안전점검을 위한 특별사법경찰관리의 운영

11. 안전점검의 날 운영에 관한 사항

12. 물놀이, 지역축제 등에 대한 안전관리대책 추진

13. 재난 및 재난사고 원인 조사·분석 및 관련 기술 개발·보급

14. 정부합동 재난원인조사단 운영 총괄

15. 국립재난안전연구원의 재난원인조사에 관한 지원

16. 재난안전관리본부 내 연구개발사업 기획·관리 및 운영 총괄

17. 재난안전관리 관련 연구기관의 육성 및 지원

18. 예기치 못한 대형·복합재난 대비체계 구축

19. 국가위기관리 대비 중요재난 선정 및 미래위험 예측 · 분석

20. 사회재난 관리대책의 수립 · 조정 및 사전대비 · 대응 총괄

21. 사회재난 분야 표준매뉴얼의 총괄 · 조정 및 승인에 관한 사항

22. 사회재난 분야 실무매뉴얼의 운영에 관한 사항

23. 사회재난 분야 매뉴얼의 작성 및 운영기준에 관한 사항

24. 사회재난 분야 매뉴얼 표준안의 연구 · 개발 및 보급에 관한 사항

25. 사회재난 분야 중앙재난안전대책본부 운영 및 지역재난안전대책본부 지원

26. 사회재난 관련 원인 · 상황분석 등의 판단을 위한 회의의 운영

27. 사회재난 분야 재난사태의 선포 · 해제에 관한 사항

28. 사회재난 유형별 표준대응방법의 개발 · 보급

29. 사회재난 위험정보의 관리 및 활용에 관한 사항

30. 테러 대비 관련 기관 지원 및 테러복구지원본부 설치 · 운영에 관한 사항

31. 국가기반시설 지정 및 취소에 관한 사항

32. 국가기반시설 보호 및 관리 실태 확인 · 점검에 관한 사항

33. 민간 다중이용시설의 위기상황 매뉴얼 작성 및 관리에 관한 사항

34. 사회재난 관련 대책 지원 및 업무 협조

35. 사회재난 발생 시 상황 모니터링 및 전문적 기술 지원

36. 사회재난 기능별 활동계획 수립 및 대응

37. 재난유형별 국가차원의 관계부처 합동 수습지원 계획 수립

38. 재난상황 발생 시 관계부처 합동 수습지원단 파견 · 운영 총괄

39. 구조 · 구급 · 수색 등 지원을 위한 특수 기동 인력의 편성총괄 및 재난현장 파견 관련 관계기관 간 업무협의 · 조정

④ 삭제 〈2020. 9. 29.〉

⑤ 삭제 〈2020. 9. 29.〉

제24조(비상대비정책국) ① 비상대비정책국에 국장 1명을 두며, 국장 밑에 정책관등 1명을 둔다.

② 국장 및 정책관등 1명은 고위공무원단에 속하는 일반직공무원으로 보한다.

③ 국장은 다음 사항을 분장한다.

1. 비상대비 관련 정책의 기획 및 제도개선의 총괄 · 조정

2. 비상대비 지침 및 기본계획의 수립, 중앙행정기관 등의 비상대비계획의 작성

지도 및 점검

3. 전시 관계 법령의 제정·개정 및 예산 편성에 대한 협의

4. 전시 정부기능 유지업무의 종합·조정

5. 비상대비 시행태세의 확인·점검 및 정부합동평가에 관한 사항

6. 국가 동원업무의 총괄·조정

7. 비상대비 비축물자의 관리 및 사용 승인에 관한 사항

8. 비상대비업무 담당자 인사 및 제도의 관리

9. 제1문서고 정부소산시설 및 정보통신시설 운영

10. 비상 시 국가지도통신망 소통·통제

11. 공동이용 비밀의 전자적 관리에 관한 사항

12. 비상대비훈련에 관한 정책의 수립·운영 및 비상대비훈련의 기획·통제·실시 등 훈련에 관한 사항

13. 비상대비업무의 확인·점검·평가계획 수립 및 운영

14. 비상대비 교육에 관한 사항

15. 민방위 계획의 수립·제도개선 및 민방위 업무의 지도·감독

16. 민방위대의 편성 및 교육·훈련에 관한 사항

17. 민방위 사태에서의 민방위대 동원 및 운영에 관한 사항

18. 민방위 시설·장비 및 화생방 업무에 관한 사항

19. 통합방위사태 대비에 관한 사항

20. 비상 시 국민행동요령의 교육 및 홍보에 관한 사항

21. 민방위·재난 경보체계 관련 정책의 수립·총괄, 경보제도의 운영 및 경보망 시설의 관리에 관한 사항

22. 제1·2민방위경보통제소의 운영·관리

④ 삭제 〈2020. 9. 29.〉

제25조(위임규정) ① 「행정기관의 조직과 정원에 관한 통칙」 제12조에 따라 행정안전부에 두는 정책관등의 명칭과 그 소관업무는 행정안전부령으로 정한다. 〈신설 2020. 9. 29.〉

② 「행정기관의 조직과 정원에 관한 통칙」 제12조 제3항 및 제14조 제4항에 따라 행정안전부에 두는 보좌기관 또는 보조기관은 행정안전부에 두는 정원의 범위에서 행정안전부령으로 정한다.

제3장 지방자치인재개발원

제26조(직무) 지방자치인재개발원은 정부의 공무원교육훈련에 관한 정책과 지침에
　　따라 행정안전부 소속 공무원, 자치행정분야 직무에 종사하는 공무원, 지방자치
　　단체에 근무하는 공무원 및 자치행정 관련 민간종사자의 교육훈련에 관한 사무
　　를 관장한다.

제27조(원장) ① 지방자치인재개발원에 원장 1명을 둔다.

② 원장은 고위공무원단에 속하는 일반직공무원으로 보한다.

③ 원장은 행정안전부장관의 명을 받아 소관 사무를 총괄하고, 소속 공무원을 지
　　휘 · 감독한다.

제28조(하부조직) ① 지방자치인재개발원에 기획부 및 교수부를 둔다.

②「행정기관의 조직과 정원에 관한 통칙」제12조 제3항 및 제14조 제4항에 따라
　　지방자치인재개발원에 두는 보좌기관 또는 보조기관은 행정안전부의 소속기관
　　(국립과학수사연구원 · 국가정보자원관리원 및 국립재난안전연구원은 제외한다)에
　　두는 정원의 범위에서 행정안전부령으로 정한다.

제29조(기획부) ① 기획부에 부장 1명을 두고, 부장은 고위공무원단에 속하는 일반
　　직공무원으로 보한다.

② 부장은 다음 사항을 분장한다.

　1. 보안 · 문서 · 관인 · 인사 · 복무의 관리 및 감사

　2. 예산의 편성 · 집행 · 결산, 재산 및 물품의 관리

　3. 청사 및 시설의 유지, 방호 관리

　4. 주요사업계획의 수립 · 조정 및 기획 · 홍보에 관한 사항

　5. 조직 및 정원의 관리

　6. 교육훈련기법 등의 연구 · 개발

　7. 지방공무원교육원에 대한 지원 · 협력 및 민 · 관 교육기관과의 교류 · 협력

　8. 외국공무원 교육, 국제기구 및 외국 교육기관과의 교류 · 협력

　9. 외국어 교육 및 그 밖에 원장이 지정하는 교육과정의 운영

제30조(교수부) ① 교수부에 부장 1명을 두고, 부장은 고위공무원단에 속하는 일반
　　직공무원으로 보한다.

② 부장은 다음 사항을 분장한다.

1. 교육훈련계획의 수립 · 조정 및 심사평가

2. 교육프로그램의 연구 · 개발

3. 교육생 선발 · 등록 및 학적관리

4. 교육생의 생활지도

5. 교재의 편찬 · 발간

6. 교육훈련실적의 유지 및 통계관리

7. 교육훈련보조자료 및 시청각 기자재의 관리 · 운영

8. 교수요원의 관리 및 외부강사 · 지도교수의 선정 · 관리

9. 교육훈련 전산프로그램의 운영 · 관리

10. 교육훈련평가계획의 수립, 시험의 출제 및 채점관리

11. 교육훈련 운영에 대한 분석 · 평가

12. 장기 · 기본 · 전문 · 사이버교육 등 교육훈련과정의 운영

13. 특별교육과정의 운영

14. 전임교수의 관리 · 운영

15. 지방공무원 역량평가 · 교육 운영 및 관련 분야 연구개발에 관한 사항

제4장 국가기록원

제31조(직무) 국가기록원(이하 "기록원"이라 한다)은 기록물관리에 관한 기본정책의 수립 및 제도개선, 공공기록물의 효율적인 수집 · 보존 · 평가 및 활용에 관한 사무를 관장한다.

제32조(원장) ① 기록원에 원장 1명을 둔다.

② 원장은 고위공무원단에 속하는 일반직공무원으로 보한다.

③ 원장은 행정안전부장관의 명을 받아 소관 사무를 총괄하고, 소속 공무원을 지휘 · 감독한다.

제33조(하부조직) ① 기록원에 기록정책부 · 기록관리지원부 및 기록보존서비스부를 둔다.

② 「행정기관의 조직과 정원에 관한 통칙」 제12조 제3항 및 제14조 제4항에 따라 기록원에 두는 보좌기관 또는 보조기관은 행정안전부의 소속기관(국립과학수사

연구원·국가정보자원관리원 및 국립재난안전연구원은 제외한다)에 두는 정원의 범위에서 행정안전부령으로 정한다.

제34조(기록정책부) ① 기록정책부에 부장 1명을 두고, 부장은 고위공무원단에 속하는 일반직공무원으로 보한다.

② 부장은 다음 사항을 분장한다.

1. 보안, 관인의 관리, 문서의 분류·접수·발송·심사 및 관리

2. 기록원 소속 공무원의 임용·복무 및 그 밖의 인사사무

3. 예산편성 및 집행의 총괄·조정

4. 자체감사

5. 회계·용도·결산과 재산 및 물품관리

6. 기록물관리에 관한 국내외 교류·협력

7. 다른 기록물관리기관과의 연계·협조

8. 기록원 내 기록관의 운영 및 관리

9. 기록물관리에 관한 중장기 정책과 제도개선 종합계획의 수립 및 혁신과제 연구

10. 기록원 내 연구개발사업의 기획·관리 및 운영

11. 국가기록관리위원회의 운영

12. 주요업무계획의 수립·조정·평가 및 홍보

13. 기록원 내의 조직진단 및 평가를 통한 조직과 정원의 관리

14. 기록물관리 관련 법령의 운영·정비

15. 기록물관리 표준화 정책 수립 및 기록물관리 표준의 개발·운영

16. 기록물관리 전문인력 수급계획의 수립·운영

17. 삭제 〈2020. 8. 4.〉

18. 기록물관리 관련 통계의 관리에 관한 총괄·지원

19. 기록물 정보화에 관한 정책·기획·예산의 수립·총괄

20. 전자기록물 관리체계의 구축·운영

21. 영구기록물관리기관, 기록관 및 특수기록관의 기록관리시스템의 기획·개발 및 확산

22. 기록문화 확산을 위한 정책 개발 및 추진

제35조(기록관리지원부) ① 기록관리지원부에 부장 1명을 두고, 부장은 고위공무원

단에 속하는 일반직 또는 연구직공무원으로 보한다.

② 부장은 다음 사항을 분장한다.

1. 기록물 수집·분류 및 평가 정책의 수립·총괄·조정

2. 기록물의 생산현황 통보 등 관련 제도의 운영 및 개선

3. 기록물 단위과제, 보존기간 및 분류체계 등의 분석·운영·관리

4. 비밀기록물의 생산·해제 및 재분류에 대한 관리

5. 시청각기록물·행정박물·회의록 및 속기록의 수집·관리

6. 「공공기록물 관리에 관한 법률」 제3조 제1호에 따른 공공기관(이하 이 항에서 "공공기관"이라 한다)의 기록물 생산에 대한 지원 및 기록물의 수집·관리

7. 유출된 국가 중요 기록물의 회수 및 관리

8. 공공기관의 기록물관리 실태 점검 및 평가

9. 기록관 및 특수기록관의 기록관리시스템의 운영·개선

제36조(기록보존서비스부) ① 기록보존서비스부에 부장 1명을 두고, 부장은 고위공무원단에 속하는 일반직 또는 연구직공무원으로 보한다.

② 부장은 다음 사항을 분장한다.

1. 기록물의 인수·정리·등록에 관한 계획의 수립·총괄 및 시행

2. 기록물의 공개·활용 등을 위한 서비스정책의 기획·총괄 및 조정

3. 기록물 기술(記述)정책의 수립·총괄·조정 및 시행

4. 소장 기록물의 콘텐츠 개발 및 관리

5. 소장 기록물의 편찬 및 발간

6. 기록물공개심의회의 운영에 관한 사항

7. 소장 기록물의 공개 여부 심의 및 비공개 기록물의 재분류 정책의 수립·총괄·조정·시행

8. 기록물의 평가 및 폐기와 관련된 정책의 수립·총괄·조정·시행

9. 기록물평가심의회의 운영에 관한 사항

10. 기록정보서비스 체계 구축 및 운영

11. 삭제 〈2020. 8. 4.〉

12. 주요 기록물 전시 또는 시사회의 기획·운영

13. 기록물관리 관련 교육훈련에 관한 사항

14. 기록물 보존정책의 기획 및 보존 관련 업무의 총괄·조정

15. 기록물의 보존 관련 시설 또는 장비의 점검·관리 및 환경기준의 수립

16. 기록물의 보존 서고 배치 및 보존 기록물 관리의 총괄·조정

17. 기록물관리기관에 대한 보안 및 재난 대책의 수립·시행

18. 기록물의 보존 및 복원 기술의 개발 및 확산

19. 기록물의 대국민 온라인 서비스체계 구축·운영 및 관리

20. 대용량 시청각 전자기록물 관리체계 구축 및 개선

21. 영구기록물관리기관의 기록관리시스템의 운영·개선

제37조 삭제 〈2021. 2. 25.〉

제38조(나라기록관, 역사기록관 및 행정기록관) ① 기록원의 기록물 수집·관리 및 전시·열람 등의 사무를 분장하기 위하여 원장 소속으로 나라기록관, 역사기록관 및 행정기록관을 둔다.

② 나라기록관, 역사기록관 및 행정기록관에 관장 각 1명을 둔다.

③ 나라기록관장은 3급 또는 4급이나 연구관으로 보하며, 역사기록관장 및 행정기록관장은 4급 또는 연구관으로 보한다.

④ 관장은 원장의 명을 받아 소관 사무를 총괄하고, 소속 공무원을 지휘·감독한다.

⑤ 「행정기관의 조직과 정원에 관한 통칙」 제12조 제3항 및 제14조 제4항에 따라 나라기록관, 역사기록관 및 행정기록관에 두는 보좌기관 또는 보조기관은 행정안전부의 소속기관(국립과학수사연구원·국가정보자원관리원 및 국립재난안전연구원은 제외한다)에 두는 정원의 범위에서 행정안전부령으로 정한다.

제39조(전문위원) 원장은 필요하다고 인정할 때에는 학식과 경험이 풍부한 사람 중에서 5명 이내의 전문위원을 위촉할 수 있다.

제5장 정부청사관리본부

제40조(직무) 정부청사관리본부(이하 "관리본부"라 한다)는 다음 각 호의 사무를 관장한다.

1. 정부청사의 수급계획 마련

2. 정부청사의 공간디자인 개선

3. 정부청사 건축사업의 기본계획 마련 및 공사 시행

4. 청사관리제도의 조사·연구

5. 공무원 통근차량의 임차 · 운영

6. 정부청사 보안 · 방호 · 방화 업무 수행

6의2. 관리본부 소속 공무를 수행하는 근로자의 운용 및 관리

7. 정부세종청사 · 정부서울청사 · 정부과천청사 · 정부대전청사 · 정부광주지방합동청사 · 정부제주지방합동청사 · 정부대구지방합동청사 · 정부경남지방합동청사 · 정부인천지방합동청사 · 정부춘천지방합동청사 · 정부고양지방합동청사 · 정부충남지방합동청사 및 정부경북지방합동청사의 보수 · 유지 · 관리에 관한 사무

제41조(본부장) ① 관리본부에 본부장 1명을 두고, 본부장 밑에 청사시설기획관 1명을 둔다.

② 본부장 및 청사시설기획관은 고위공무원단에 속하는 일반직공무원으로 보한다.

③ 본부장은 행정안전부장관의 명을 받아 소관 사무를 총괄 · 조정하고, 소속 공무원을 지휘 · 감독한다.

④ 청사시설기획관은 정부청사 건축사업의 계획 · 시공 및 정부청사 관리의 기술적 사항에 관하여 본부장을 보좌한다.

제42조(하부조직) 「행정기관의 조직과 정원에 관한 통칙」 제12조 제3항 및 제14조 제4항에 따라 관리본부에 두는 보좌기관 또는 보조기관은 행정안전부의 소속기관(국립과학수사연구원 · 국가정보자원관리원 및 국립재난안전연구원은 제외한다)에 두는 정원의 범위에서 행정안전부령으로 정한다.

제43조(서울청사관리소) ① 정부서울청사, 정부춘천지방합동청사 및 정부고양지방합동청사의 보수 · 유지 · 관리에 관한 관리본부의 사무를 분장하기 위하여 본부장 소속으로 서울청사관리소를 둔다.

② 서울청사관리소에 소장 1명을 두며, 소장은 고위공무원단에 속하는 일반직공무원으로 보한다.

③ 소장은 본부장의 명을 받아 소관 사무를 총괄하고, 소속 공무원을 지휘 · 감독한다.

④ 「행정기관의 조직과 정원에 관한 통칙」 제12조 제3항 및 제14조 제4항에 따라 서울청사관리소에 두는 보좌기관 또는 보조기관은 행정안전부의 소속기관(국립과학수사연구 · 국가정보자원관리원 및 국립재난안전연구원은 제외한다)에 두는 정원의 범위에서 행정안전부령으로 정한다.

⑤ 정부춘천지방합동청사 및 정부고양지방합동청사의 보수 · 유지 · 관리에 관한 서울

청사관리소의 사무를 분장하기 위하여 서울청사관리소 소장 소속으로 춘천지소 및 고양지소를 둔다.

⑥ 춘천지소 및 고양지소에 지소장 각 1명을 두며, 지소장은 5급으로 보한다.

제44조(과천청사관리소) ① 정부과천청사의 보수·유지·관리에 관한 관리본부의 사무를 분장하기 위하여 본부장 소속으로 과천청사관리소를 둔다.

② 과천청사관리소에 소장 1명을 두며, 소장은 고위공무원단에 속하는 일반직공무원으로 보한다.

③ 삭제 〈2020. 2. 25.〉

④ 소장은 본부장의 명을 받아 소관 사무를 총괄하고, 소속 공무원을 지휘·감독한다.

⑤ 「행정기관의 조직과 정원에 관한 통칙」 제12조 제3항 및 제14조 제4항에 따라 과천청사관리소에 두는 보좌기관 또는 보조기관은 행정안전부의 소속기관(국립과학수사연구원·국가정보자원관리원 및 국립재난안전연구원은 제외한다)에 두는 정원의 범위에서 행정안전부령으로 정한다.

제44조의2(대전청사관리소) ① 정부대전청사, 정부충남지방합동청사 및 정부경북지방합동청사의 보수·유지·관리에 관한 관리본부의 사무를 분장하기 위하여 본부장 소속으로 대전청사관리소를 둔다.

② 대전청사관리소에 소장 1명을 두며, 소장은 고위공무원단에 속하는 일반직공무원으로 보한다.

③ 소장은 본부장의 명을 받아 소관 사무를 총괄하고, 소속 공무원을 지휘·감독한다.

④ 「행정기관의 조직과 정원에 관한 통칙」 제12조 제3항 및 제14조 제4항에 따라 대전청사관리소에 두는 보좌기관 또는 보조기관은 행정안전부의 소속기관(국립과학수사연구원·국가정보자원관리원 및 국립재난안전연구원은 제외한다)에 두는 정원의 범위에서 행정안전부령으로 정한다.

⑤ 정부충남지방합동청사 및 정부경북지방합동청사의 보수·유지·관리에 관한 대전청사관리소의 사무를 분장하기 위하여 대전청사관리소 소장 소속으로 충남지소 및 경북지소를 둔다.

⑥ 충남지소 및 경북지소에 지소장 각 1명을 두며, 지소장은 5급으로 보한다.

제45조(광주청사관리소, 제주청사관리소, 대구청사관리소, 경남청사관리소 및 인천

청사관리소) ① 정부광주지방합동청사, 정부제주지방합동청사, 정부대구지방합동청사, 정부경남지방합동청사 및 정부인천지방합동청사의 보수·유지·관리에 관한 관리본부의 사무를 분장하기 위하여 본부장 소속으로 광주청사관리소, 제주청사관리소, 대구청사관리소, 경남청사관리소 및 인천청사관리소를 둔다.

② 광주청사관리소, 제주청사관리소, 대구청사관리소, 경남청사관리소 및 인천청사관리소에 소장 각 1명을 둔다.

③ 소장은 4급으로 보한다.

④ 소장은 본부장의 명을 받아 소관 사무를 총괄하고, 소속 공무원을 지휘·감독한다.

제6장 국가민방위재난안전교육원

제46조(직무) 국가민방위재난안전교육원(이하 "교육원"이라 한다)은 다음 사무를 관장한다.

　1. 민방위·비상대비·재난 및 안전관리 분야의 직무에 종사하는 공무원 및 민간인 등의 교육훈련에 관한 사항

　2. 민방위·비상대비·재난 및 안전관리 분야의 교육·훈련기법의 연구·개발에 관한 사항

제47조(원장) ① 교육원에 원장 1명을 두며, 원장은 고위공무원단에 속하는 일반직 공무원으로 보한다.

② 원장은 행정안전부장관의 명을 받아 소관 사무를 총괄하고, 소속 공무원을 지휘·감독한다.

제48조(하부조직)「행정기관의 조직과 정원에 관한 통칙」제12조 제3항 및 제14조 제4항에 따라 교육원에 두는 보좌기관 또는 보조기관은 행정안전부의 소속기관(국립과학수사연구원·국가정보자원관리원 및 국립재난안전연구원은 제외한다)에 두는 공무원 정원의 범위에서 행정안전부령으로 정한다.

제6장의2 대통령기록관

제48조의2(직무) 대통령기록관(이하 이 장에서 "기록관"이라 한다)은 「대통령기록물

관리에 관한 법률」 제22조에 따른 사무를 관장한다.

제48조의3(관장) ① 기록관에 관장 1명을 두며, 관장은 고위공무원단에 속하는 일반직·연구직 또는 임기제공무원으로 보한다.

② 관장은 행정안전부장관의 명을 받아 소관 사무를 총괄하고, 소속 공무원을 지휘·감독한다.

제48조의4(하부조직)「행정기관의 조직과 정원에 관한 통칙」 제12조 제3항 및 제14조 제4항에 따라 기록관에 두는 보좌기관 또는 보조기관은 행정안전부의 소속기관(국립과학수사연구원·국가정보자원관리원 및 국립재난안전연구원은 제외한다)에 두는 공무원 정원의 범위에서 행정안전부령으로 정한다.

제7장 이북5도

제49조(직무) 이북5도는 「이북5도 등에 관한 특별조치법」 제4조에 따른 사무를 관장한다.

제8장 주민등록번호변경위원회

제50조(직무) 주민등록번호변경위원회(이하 이 장에서 "변경위원회"라 한다)는 「주민등록법」 제7조의5 제1항의 업무를 수행한다.

제51조(구성) ① 변경위원회는 위원장 1명을 포함한 11명 이내의 위원으로 구성하되, 위원 중 1명은 상임으로 한다.

② 상임위원은 고위공무원단에 속하는 일반직공무원으로 보한다.

제52조(사무국) ① 변경위원회의 사무를 처리하기 위하여 변경위원회에 사무국을 둔다.

② 사무국에 사무국장 1명을 두되, 사무국장은 상임위원이 겸임한다.

③ 사무국장은 위원장의 명을 받아 다음 각 호의 사무를 총괄하고, 소속 공무원을 지휘·감독한다.

  1. 주민등록번호 변경 신청 및 이의 신청에 대한 사실조사, 결과통지 및 기록의 관리

  2. 주민등록번호 변경 관련 사례의 조사 및 분석

3. 주민등록번호 변경 제도의 연구

4. 주민등록번호 변경 제도에 대한 지방자치단체 교육, 지도 및 지원

5. 그 밖에 주민등록 관계 법령에 따라 변경위원회가 처리하는 사항

제9장 국립과학수사연구원

제53조(직무) ① 국립과학수사연구원(이하 이 장에서 "연구원"이라 한다)은 범죄수
   사에 관한 법의학·법화학·이공학분야 등에 대한 과학적 조사·연구·분석·감
   정 및 교육훈련에 관한 사항을 관장한다.

② 연구원은 국가기관 또는 지방자치단체의 요청에 응하여 범죄수사 및 사건사고에
   필요한 해석 및 감정을 할 수 있다.

제54조(하부조직의 설치 등) ① 연구원 하부조직의 설치와 분장사무는 「책임운영기
   관의 설치·운영에 관한 법률」 제15조 제2항에 따라 같은 법 제10조에 따른 기
   본운영규정으로 정한다.

② 「책임운영기관의 설치·운영에 관한 법률」 제16조 제1항 후단에 따라 연구원에
   두는 공무원의 종류별·계급별 정원은 이를 종류별 정원으로 통합하여 행정안전
   부령으로 정하고, 직급별 정원은 같은 법 시행령 제16조 제2항에 따라 같은 법
   제10조에 따른 기본운영규정으로 정한다.

③ 연구원에 두는 고위공무원단에 속하는 공무원으로 보하는 직위의 총수는 행정안
   전부령으로 정한다.

제10장 국가정보자원관리원

제55조(직무) 국가정보자원관리원(이하 "관리원"이라 한다)은 관리원에 입주한 중앙
   행정기관, 지방자치단체 및 공공기관의 정보시스템과 국가정보통신망 등의 안정
   적인 운영, 효율적 통합·구축관리와 보호·보안 등에 관한 사항을 관장한다.

제56조(하부조직의 설치 등) ① 관리원 하부조직의 설치와 분장사무는 「책임운영기
   관의 설치·운영에 관한 법률」 제15조 제2항에 따라 같은 법 제10조에 따른 기
   본운영규정으로 정한다.

② 「책임운영기관의 설치·운영에 관한 법률」 제16조 제1항 후단에 따라 관리원에

두는 공무원의 종류별·계급별 정원은 이를 종류별 정원으로 통합하여 행정안전
부령으로 정하고, 직급별 정원은 같은 법 시행령 제16조 제2항에 따라 같은 법
제10조에 따른 기본운영규정으로 정한다.

③ 관리원에 두는 고위공무원단에 속하는 공무원으로 보하는 직위의 총수는 행정안
전부령으로 정한다.

제11장 국립재난안전연구원

제57조(직무) 국립재난안전연구원(이하 이 장에서 "연구원"이라 한다)은 재난·안전
정책 및 관련 기술의 연구·개발에 관한 사항을 관장한다.

제58조(하부조직의 설치 등) ① 연구원의 하부조직의 설치와 분장사무는 「책임운영
기관의 설치·운영에 관한 법률」 제15조 제2항에 따라 같은 법 제10조에 따른
기본운영규정으로 정한다.

② 「책임운영기관의 설치·운영에 관한 법률」 제16조 제1항 후단에 따라 연구원에
두는 공무원의 종류별·계급별 정원은 이를 종류별 정원으로 통합하여 행정안전
부령으로 정하고, 직급별 정원은 같은 법 시행령 제16조 제2항에 따라 같은 법
제10조에 따른 기본운영규정으로 정한다.

③ 연구원에 두는 고위공무원단에 속하는 공무원으로 보하는 직위의 총수는 행정안
전부령으로 정한다.

제12장 공무원의 정원

제59조(행정안전부에 두는 공무원의 정원) ① 행정안전부에 두는 공무원의 정원은
별표 1과 같다. 다만, 필요한 경우에는 별표 1에 따른 총정원의 7퍼센트를 넘지
않는 범위에서 행정안전부령으로 정원을 따로 정할 수 있다.

② 행정안전부에 두는 정원의 직급별 정원은 행정안전부령으로 정한다. 이 경우 4
급 공무원의 정원(3급 또는 4급 공무원 정원을 포함한다)은 113명을 상한으로
하고, 3급 또는 4급 공무원 정원은 4급 공무원 정원(3급 또는 4급 공무원 정
원을 포함한다)의 3분의 1을 각각 그 상한으로 하고, 4급 또는 5급 공무원 정
원은 5급 공무원 정원(4급 또는 5급 공무원 정원을 포함한다)의 3분의 1을 그

상한으로 한다.

③ 행정안전부에 두는 공무원의 정원 중 1명(5급 1명)은 기획재정부, 1명(5급 1명)은 과학기술정보통신부, 2명(5급 2명)은 농림축산식품부, 5명(5급 5명)은 산업통상자원부, 2명(5급 2명)은 보건복지부, 5명(5급 5명)은 환경부, 2명(5급 2명)은 고용노동부, 6명(5급 6명)은 국토교통부, 2명(5급 2명)은 법제처, 1명(5급 1명)은 국세청, 5명(경정 4명, 경감 1명)은 경찰청, 8명(소방령 5명, 소방경 1명, 소방위 2명)은 소방청, 1명(5급 1명)은 산림청, 1명(5급 1명)은 질병관리청, 4명(5급 4명)은 기상청, 6명(경정 4명, 경감 1명, 경위 1명)은 해양경찰청, 1명(5급 1명)은 원자력안전위원회 소속 공무원으로 각각 충원해야 한다. 이 경우 행정안전부장관은 충원방법 및 절차 등에 관하여 해당 기관의 장과 미리 협의해야 한다.

제60조(전직대통령 비서관 등의 정원) ① 「전직대통령 예우에 관한 법률」 제6조에 따른 전직대통령의 비서관, 서거한 전직대통령의 배우자의 비서관, 전직대통령의 운전기사 및 서거한 전직대통령의 배우자의 운전기사의 정원은 행정안전부 소관 정원으로 하되, 그 수는 별표 2와 같다.

② 전직대통령의 비서관 및 서거한 전직대통령의 배우자의 비서관은 고위공무원단에 속하는 별정직공무원으로 보한다.

제61조(소속기관에 두는 공무원의 정원) ① 행정안전부의 소속기관(국립과학수사연구원, 국가정보자원관리원 및 국립재난안전연구원은 제외한다. 이하 같다)에 두는 공무원의 정원은 별표 3과 같다. 다만, 필요한 경우에는 별표 3에 따른 총정원의 7퍼센트를 넘지 않는 범위에서 행정안전부령으로 정원을 따로 정할 수 있다.

② 행정안전부의 소속기관에 두는 공무원의 소속기관별·직급별 정원은 행정안전부령으로 정한다. 이 경우 4급 공무원의 정원(3급 또는 4급 공무원 정원을 포함한다)은 55명을, 3급 또는 4급 공무원 정원은 4급 공무원의 정원(3급 또는 4급 공무원 정원을 포함한다)의 100분의 15를 각각 그 상한으로 하고, 4급 또는 5급 공무원 정원은 5급 공무원의 정원(4급 또는 5급 공무원 정원을 포함한다)의 100분의 15를 그 상한으로 한다.

③ 행정안전부의 소속기관에 두는 공무원의 정원 중 1명(5급 1명)은 여성가족부, 1명(경감 1명)은 경찰청, 1명(5급 1명)은 금융위원회 소속 공무원으로 각각 충원

하여야 한다. 이 경우 행정안전부장관은 충원방법 및 절차 등에 관하여 해당 기관의 장과 미리 협의하여야 한다.

제62조(개방형직위에 대한 특례) 실·국장급 8개 직위 범위에서 행정안전부령으로 정하는 개방형직위는 임기제공무원으로 보할 수 있다.

제63조(전문직공무원 정원의 배정 및 운영에 대한 특례) ① 「전문직공무원 인사규정」 제2조에 따른 전문직공무원에 대해서는 「행정기관의 조직과 정원에 관한 통칙」 제4조 제2항 제5호, 제4조의2 제2항 제5호, 제8조의2 제1항, 제23조 제1항 및 제24조 제1항에도 불구하고 계급별 정원(과 또는 이에 상당하는 하부조직에 보하는 공무원의 정원은 제외한다)을 통합하여 정할 수 있다. 이 경우 전문직공무원의 직급별 정원(과 또는 이에 상당하는 하부조직에 보하는 공무원의 정원은 제외한다)은 행정안전부령으로 정한다.

② 제1항에 따른 전문직공무원은 안전정책실에 두는 1개 정책관등, 재난관리실에 두는 3개 정책관등, 재난협력실에 두는 1개 정책관등 및 국립과학수사연구원 외에 배정할 수 없다. 이 경우 전문직공무원의 정원을 두는 정책관등 및 과 또는 이에 상당하는 하부조직은 행정안전부령으로 정하되, 전문직공무원을 두는 국립과학수사연구원 소속의 과 또는 이에 상당하는 하부조직은 「책임운영기관의 설치·운영에 관한 법률」 제15조 제2항에 따라 같은 법 제10조에 따른 기본운영규정으로 정한다.

③ 제1항 및 제2항에 따른 전문직공무원 정원의 배정 및 운영에 대해서는 「행정기관의 조직과 정원에 관한 통칙」 제25조 제1항, 제27조 제2항·제3항(같은 조 제1항 본문에 따라 중앙행정기관의 공무원 정원을 소속기관에 배정하는 사항을 포함한다), 제29조의2 및 제31조를 적용하지 아니한다.

제13장 평가대상 조직 및 정원

제64조(평가대상 조직) ① 「행정기관의 조직과 정원에 관한 통칙」 제31조 제1항에 따라 행정안전부와 그 소속기관에 두는 평가대상 조직은 별표 4와 같다.

② 제1항에 따른 평가대상 조직의 구체적인 사항은 행정안전부령으로 정한다.

제14장 한시조직 및 한시정원

제64조의2(차세대지방재정세입정보화추진단) ① 행정안전부 지방재정경제실에 「행정기관의 조직과 정원에 관한 통칙」 제17조의3 제1항 제1호에 따라 2022년 12월 31일까지 존속하는 한시조직으로 차세대지방재정세입정보화추진단을 둔다.

② 차세대지방재정세입정보화추진단에 단장 1명을 두며, 단장은 고위공무원단에 속하는 일반직공무원으로 보한다.

③ 단장은 다음 사항을 분장한다.

  1. 차세대 지방재정 · 지방보조금 및 지방세 · 지방세외수입 정보시스템 구축 사업 계획의 수립 및 시행

  2. 차세대 지방재정 · 지방보조금 및 지방세 · 지방세외수입 정보시스템 구축

  3. 차세대 지방재정 · 지방보조금 및 지방세 · 지방세외수입 정보시스템 관련 유관기관과의 협의 · 조정

④ 차세대지방재정세입정보화추진단에 두는 공무원의 정원은 별표 4의2와 같다.

⑤ 별표 4의2의 직급별 정원은 행정안전부령으로 정한다.

⑥ 「행정기관의 조직과 정원에 관한 통칙」 제12조 제3항 및 제14조 제4항에 따라 차세대지방재정세입정보화추진단에 두는 보조기관 또는 보좌기관은 행정안전부령으로 정한다.

제65조(한시정원) ① 국가에서 지방으로 전환되는 국가균형발전특별회계 사업 등의 관리 업무를 수행하기 위하여 「행정기관의 조직과 정원에 관한 통칙」 제25조 제1항에 따라 2022년 12월 31일까지 별표 5에 따른 한시정원을 행정안전부에 둔다.

② 개인지방소득세의 신고 방식 변경에 관한 업무를 추진하기 위하여 「행정기관의 조직과 정원에 관한 통칙」 제25조 제1항에 따라 2023년 2월 28일까지 별표 5에 따른 한시정원을 행정안전부에 두며, 별표 5의 정원 1명(5급 1명)은 국세청 소속 공무원으로 충원해야 한다. 이 경우 행정안전부장관은 충원 방법 및 절차 등에 관하여 국세청장과 미리 협의해야 한다.

21. 공공기관의 정보공개법

공공기관의 정보공개에 관한 법률 (약칭: 정보공개법)

제1장 총칙

제1조(목적) 이 법은 공공기관이 보유·관리하는 정보에 대한 국민의 공개 청구 및 공공기관의 공개 의무에 관하여 필요한 사항을 정함으로써 국민의 알권리를 보장하고 국정(國政)에 대한 국민의 참여와 국정 운영의 투명성을 확보함을 목적으로 한다.

제2조(정의) 이 법에서 사용하는 용어의 뜻은 다음과 같다.

1. "정보"란 공공기관이 직무상 작성 또는 취득하여 관리하고 있는 문서(전자문서를 포함한다. 이하 같다) 및 전자매체를 비롯한 모든 형태의 매체 등에 기록된 사항을 말한다.

2. "공개"란 공공기관이 이 법에 따라 정보를 열람하게 하거나 그 사본·복제물을 제공하는 것 또는 「전자정부법」 제2조 제10호에 따른 정보통신망(이하 "정보통신망"이라 한다)을 통하여 정보를 제공하는 것 등을 말한다.

3. "공공기관"이란 다음 각 목의 기관을 말한다.

가. 국가기관

1) 국회, 법원, 헌법재판소, 중앙선거관리위원회

2) 중앙행정기관(대통령 소속 기관과 국무총리 소속 기관을 포함한다) 및 그 소속 기관

3) 「행정기관 소속 위원회의 설치·운영에 관한 법률」에 따른 위원회

나. 지방자치단체

다. 「공공기관의 운영에 관한 법률」 제2조에 따른 공공기관

라. 「지방공기업법」에 따른 지방공사 및 지방공단

마. 그 밖에 대통령령으로 정하는 기관

제3조(정보공개의 원칙) 공공기관이 보유·관리하는 정보는 국민의 알권리 보장 등

을 위하여 이 법에서 정하는 바에 따라 적극적으로 공개하여야 한다.

제4조(적용 범위) ① 정보의 공개에 관하여는 다른 법률에 특별한 규정이 있는 경우를 제외하고는 이 법에서 정하는 바에 따른다.

② 지방자치단체는 그 소관 사무에 관하여 법령의 범위에서 정보공개에 관한 조례를 정할 수 있다.

③ 국가안전보장에 관련되는 정보 및 보안 업무를 관장하는 기관에서 국가안전보장과 관련된 정보의 분석을 목적으로 수집하거나 작성한 정보에 대해서는 이 법을 적용하지 아니한다. 다만, 제8조 제1항에 따른 정보목록의 작성·비치 및 공개에 대해서는 그러하지 아니한다.

제2장 정보공개 청구권자와 공공기관의 의무

제5조(정보공개 청구권자) ① 모든 국민은 정보의 공개를 청구할 권리를 가진다.

② 외국인의 정보공개 청구에 관하여는 대통령령으로 정한다.

제6조(공공기관의 의무) ① 공공기관은 정보의 공개를 청구하는 국민의 권리가 존중될 수 있도록 이 법을 운영하고 소관 관계 법령을 정비하며, 정보를 투명하고 적극적으로 공개하는 조직문화 형성에 노력하여야 한다.

② 공공기관은 정보의 적절한 보존 및 신속한 검색과 국민에게 유용한 정보의 분석 및 공개 등이 이루어지도록 정보관리체계를 정비하고, 정보공개 업무를 주관하는 부서 및 담당하는 인력을 적정하게 두어야 하며, 정보통신망을 활용한 정보공개시스템 등을 구축하도록 노력하여야 한다.

③ 행정안전부장관은 공공기관의 정보공개에 관한 업무를 종합적·체계적·효율적으로 지원하기 위하여 통합정보공개시스템을 구축·운영하여야 한다.

④ 공공기관(국회·법원·헌법재판소·중앙선거관리위원회는 제외한다)이 제2항에 따른 정보공개시스템을 구축하지 아니한 경우에는 제3항에 따라 행정안전부장관이 구축·운영하는 통합정보공개시스템을 통하여 정보공개 청구 등을 처리하여야 한다.

⑤ 공공기관은 소속 공무원 또는 임직원 전체를 대상으로 국회규칙·대법원규칙·헌법재판소규칙·중앙선거관리위원회규칙 및 대통령령으로 정하는 바에 따라 이 법 및 정보공개 제도 운영에 관한 교육을 실시하여야 한다.

제6조의2(정보공개 담당자의 의무) 공공기관의 정보공개 담당자(정보공개 청구 대상 정보와 관련된 업무 담당자를 포함한다)는 정보공개 업무를 성실하게 수행하여야 하며, 공개 여부의 자의적인 결정, 고의적인 처리 지연 또는 위법한 공개 거부 및 회피 등 부당한 행위를 하여서는 아니 된다.

제7조(정보의 사전적 공개 등) ① 공공기관은 다음 각 호의 어느 하나에 해당하는 정보에 대해서는 공개의 구체적 범위, 주기, 시기 및 방법 등을 미리 정하여 정보통신망 등을 통하여 알리고, 이에 따라 정기적으로 공개하여야 한다. 다만, 제9조 제1항 각 호의 어느 하나에 해당하는 정보에 대해서는 그러하지 아니하다.

1. 국민생활에 매우 큰 영향을 미치는 정책에 관한 정보
2. 국가의 시책으로 시행하는 공사(工事) 등 대규모 예산이 투입되는 사업에 관한 정보
3. 예산집행의 내용과 사업평가 결과 등 행정감시를 위하여 필요한 정보
4. 그 밖에 공공기관의 장이 정하는 정보

② 공공기관은 제1항에 규정된 사항 외에도 국민이 알아야 할 필요가 있는 정보를 국민에게 공개하도록 적극적으로 노력하여야 한다.

제8조(정보목록의 작성·비치 등) ① 공공기관은 그 기관이 보유·관리하는 정보에 대하여 국민이 쉽게 알 수 있도록 정보목록을 작성하여 갖추어 두고, 그 목록을 정보통신망을 활용한 정보공개시스템 등을 통하여 공개하여야 한다. 다만, 정보목록 중 제9조 제1항에 따라 공개하지 아니할 수 있는 정보가 포함되어 있는 경우에는 해당 부분을 갖추어 두지 아니하거나 공개하지 아니할 수 있다.

② 공공기관은 정보의 공개에 관한 사무를 신속하고 원활하게 수행하기 위하여 정보공개 장소를 확보하고 공개에 필요한 시설을 갖추어야 한다.

제8조의2(공개대상 정보의 원문공개) 공공기관 중 중앙행정기관 및 대통령령으로 정하는 기관은 전자적 형태로 보유·관리하는 정보 중 공개대상으로 분류된 정보를 국민의 정보공개 청구가 없더라도 정보통신망을 활용한 정보공개시스템 등을 통하여 공개하여야 한다.

제3장 정보공개의 절차

제9조(비공개 대상 정보) ① 공공기관이 보유·관리하는 정보는 공개 대상이 된다. 다만, 다음 각 호의 어느 하나에 해당하는 정보는 공개하지 아니할 수 있다.

1. 다른 법률 또는 법률에서 위임한 명령(국회규칙·대법원규칙·헌법재판소규칙·중앙선거관리위원회규칙·대통령령 및 조례로 한정한다)에 따라 비밀이나 비공개 사항으로 규정된 정보

2. 국가안전보장·국방·통일·외교관계 등에 관한 사항으로서 공개될 경우 국가의 중대한 이익을 현저히 해칠 우려가 있다고 인정되는 정보

3. 공개될 경우 국민의 생명·신체 및 재산의 보호에 현저한 지장을 초래할 우려가 있다고 인정되는 정보

4. 진행 중인 재판에 관련된 정보와 범죄의 예방, 수사, 공소의 제기 및 유지, 형의 집행, 교정(矯正), 보안처분에 관한 사항으로서 공개될 경우 그 직무수행을 현저히 곤란하게 하거나 형사피고인의 공정한 재판을 받을 권리를 침해한다고 인정할 만한 상당한 이유가 있는 정보

5. 감사·감독·검사·시험·규제·입찰계약·기술개발·인사관리에 관한 사항이나 의사결정 과정 또는 내부검토 과정에 있는 사항 등으로서 공개될 경우 업무의 공정한 수행이나 연구·개발에 현저한 지장을 초래한다고 인정할 만한 상당한 이유가 있는 정보. 다만, 의사결정 과정 또는 내부검토 과정을 이유로 비공개할 경우에는 제13조 제5항에 따라 통지를 할 때 의사결정 과정 또는 내부검토 과정의 단계 및 종료 예정일을 함께 안내하여야 하며, 의사결정 과정 및 내부검토 과정이 종료되면 제10조에 따른 청구인에게 이를 통지하여야 한다.

6. 해당 정보에 포함되어 있는 성명·주민등록번호 등 「개인정보 보호법」 제2조 제1호에 따른 개인정보로서 공개될 경우 사생활의 비밀 또는 자유를 침해할 우려가 있다고 인정되는 정보. 다만, 다음 각 목에 열거한 사항은 제외한다.

가. 법령에서 정하는 바에 따라 열람할 수 있는 정보

나. 공공기관이 공표를 목적으로 작성하거나 취득한 정보로서 사생활의 비밀 또는 자유를 부당하게 침해하지 아니하는 정보

다. 공공기관이 작성하거나 취득한 정보로서 공개하는 것이 공익이나 개인의 권리 구제를 위하여 필요하다고 인정되는 정보

라. 직무를 수행한 공무원의 성명·직위

마. 공개하는 것이 공익을 위하여 필요한 경우로서 법령에 따라 국가 또는 지방

자치단체가 업무의 일부를 위탁 또는 위촉한 개인의 성명·직업

7. 법인·단체 또는 개인(이하 "법인등"이라 한다)의 경영상·영업상 비밀에 관한 사항으로서 공개될 경우 법인등의 정당한 이익을 현저히 해칠 우려가 있다고 인정되는 정보. 다만, 다음 각 목에 열거한 정보는 제외한다.

    가. 사업활동에 의하여 발생하는 위해(危害)로부터 사람의 생명·신체 또는 건강을 보호하기 위하여 공개할 필요가 있는 정보

    나. 위법·부당한 사업활동으로부터 국민의 재산 또는 생활을 보호하기 위하여 공개할 필요가 있는 정보

8. 공개될 경우 부동산 투기, 매점매석 등으로 특정인에게 이익 또는 불이익을 줄 우려가 있다고 인정되는 정보

② 공공기관은 제1항 각 호의 어느 하나에 해당하는 정보가 기간의 경과 등으로 인하여 비공개의 필요성이 없어진 경우에는 그 정보를 공개 대상으로 하여야 한다.

③ 공공기관은 제1항 각 호의 범위에서 해당 공공기관의 업무 성격을 고려하여 비공개 대상 정보의 범위에 관한 세부 기준(이하 "비공개 세부 기준"이라 한다)을 수립하고 이를 정보통신망을 활용한 정보공개시스템 등을 통하여 공개하여야 한다.

④ 공공기관(국회·법원·헌법재판소 및 중앙선거관리위원회는 제외한다)은 제3항에 따라 수립된 비공개 세부 기준이 제1항 각 호의 비공개 요건에 부합하는지 3년마다 점검하고 필요한 경우 비공개 세부 기준을 개선하여 그 점검 및 개선 결과를 행정안전부장관에게 제출하여야 한다.

제10조(정보공개의 청구방법) ① 정보의 공개를 청구하는 자(이하 "청구인"이라 한다)는 해당 정보를 보유하거나 관리하고 있는 공공기관에 다음 각 호의 사항을 적은 정보공개 청구서를 제출하거나 말로써 정보의 공개를 청구할 수 있다.

1. 청구인의 성명·생년월일·주소 및 연락처(전화번호·전자우편주소 등을 말한다. 이하 이 조에서 같다). 다만, 청구인이 법인 또는 단체인 경우에는 그 명칭, 대표자의 성명, 사업자등록번호 또는 이에 준하는 번호, 주된 사무소의 소재지 및 연락처를 말한다.

2. 청구인의 주민등록번호(본인임을 확인하고 공개 여부를 결정할 필요가 있는 정보를 청구하는 경우로 한정한다)

3. 공개를 청구하는 정보의 내용 및 공개방법

② 제1항에 따라 청구인이 말로써 정보의 공개를 청구할 때에는 담당 공무원 또는 담당 임직원(이하 "담당공무원등"이라 한다)의 앞에서 진술하여야 하고, 담당공무원등은 정보공개 청구조서를 작성하여 이에 청구인과 함께 기명날인하거나 서명하여야 한다.

③ 제1항과 제2항에서 규정한 사항 외에 정보공개의 청구방법 등에 관하여 필요한 사항은 국회규칙·대법원규칙·헌법재판소규칙·중앙선거관리위원회규칙 및 대통령령으로 정한다.

제11조(정보공개 여부의 결정) ① 공공기관은 제10조에 따라 정보공개의 청구를 받으면 그 청구를 받은 날부터 10일 이내에 공개 여부를 결정하여야 한다.

② 공공기관은 부득이한 사유로 제1항에 따른 기간 이내에 공개 여부를 결정할 수 없을 때에는 그 기간이 끝나는 날의 다음 날부터 기산(起算)하여 10일의 범위에서 공개 여부 결정기간을 연장할 수 있다. 이 경우 공공기관은 연장된 사실과 연장 사유를 청구인에게 지체 없이 문서로 통지하여야 한다.

③ 공공기관은 공개 청구된 공개 대상 정보의 전부 또는 일부가 제3자와 관련이 있다고 인정할 때에는 그 사실을 제3자에게 지체 없이 통지하여야 하며, 필요한 경우에는 그의 의견을 들을 수 있다.

④ 공공기관은 다른 공공기관이 보유·관리하는 정보의 공개 청구를 받았을 때에는 지체 없이 이를 소관 기관으로 이송하여야 하며, 이송한 후에는 지체 없이 소관 기관 및 이송 사유 등을 분명히 밝혀 청구인에게 문서로 통지하여야 한다.

⑤ 공공기관은 정보공개 청구가 다음 각 호의 어느 하나에 해당하는 경우로서 「민원 처리에 관한 법률」에 따른 민원으로 처리할 수 있는 경우에는 민원으로 처리할 수 있다.

1. 공개 청구된 정보가 공공기관이 보유·관리하지 아니하는 정보인 경우

2. 공개 청구의 내용이 진정·질의 등으로 이 법에 따른 정보공개 청구로 보기 어려운 경우

제11조의2(반복 청구 등의 처리) ① 공공기관은 제11조에도 불구하고 제10조 제1항 및 제2항에 따른 정보공개 청구가 다음 각 호의 어느 하나에 해당하는 경우에는 정보공개 청구 대상 정보의 성격, 종전 청구와의 내용적 유사성·관련성, 종전 청구와 동일한 답변을 할 수밖에 없는 사정 등을 종합적으로 고려하여 해당

청구를 종결 처리할 수 있다. 이 경우 종결 처리 사실을 청구인에게 알려야 한다.

1. 정보공개를 청구하여 정보공개 여부에 대한 결정의 통지를 받은 자가 정당한 사유 없이 해당 정보의 공개를 다시 청구하는 경우
2. 정보공개 청구가 제11조 제5항에 따라 민원으로 처리되었으나 다시 같은 청구를 하는 경우

② 공공기관은 제11조에도 불구하고 제10조 제1항 및 제2항에 따른 정보공개 청구가 다음 각 호의 어느 하나에 해당하는 경우에는 다음 각 호의 구분에 따라 안내하고, 해당 청구를 종결 처리할 수 있다.

1. 제7조 제1항에 따른 정보 등 공개를 목적으로 작성되어 이미 정보통신망 등을 통하여 공개된 정보를 청구하는 경우: 해당 정보의 소재(所在)를 안내
2. 다른 법령이나 사회통념상 청구인의 여건 등에 비추어 수령할 수 없는 방법으로 정보공개 청구를 하는 경우: 수령이 가능한 방법으로 청구하도록 안내

제12조(정보공개심의회) ① 국가기관, 지방자치단체 및 「공공기관의 운영에 관한 법률」 제5조에 따른 공기업(이하 "국가기관등"이라 한다)은 제11조에 따른 정보공개 여부 등을 심의하기 위하여 정보공개심의회(이하 "심의회"라 한다)를 설치 · 운영한다.

② 심의회는 위원장 1명을 포함하여 5명 이상 7명 이하의 위원으로 구성한다.

③ 심의회의 위원장을 제외한 위원은 소속 공무원, 임직원 또는 외부 전문가로 지명하거나 위촉하되, 그 중 2분의 1은 해당 국가기관등의 업무 또는 정보공개의 업무에 관한 지식을 가진 외부 전문가로 위촉하여야 한다. 다만, 제9조 제1항 제2호 및 제4호에 해당하는 업무를 주로 하는 국가기관은 그 국가기관의 장이 외부 전문가의 위촉 비율을 따로 정하되, 최소한 3분의 1 이상은 외부 전문가로 위촉하여야 한다.

④ 심의회의 위원장은 제3항에 규정된 위원과 같은 자격을 가진 사람 중에서 국가기관등의 장이 지명하거나 위촉한다.

⑤ 심의회의 위원에 대해서는 제23조 제4항 및 제5항을 준용한다.

⑥ 심의회의 운영과 기능 등에 관하여 필요한 사항은 국회규칙 · 대법원규칙 · 헌법재판소규칙 · 중앙선거관리위원회규칙 및 대통령령으로 정한다.

제12조의2(위원의 제척 · 기피 · 회피) ① 심의회의 위원이 다음 각 호의 어느 하나

에 해당하는 경우에는 심의회의 심의에서 제척(除斥)된다.

1. 위원 또는 그 배우자나 배우자이었던 사람이 해당 심의사항의 당사자(당사자가 법인·단체 등인 경우에는 그 임원 또는 직원을 포함한다. 이하 이 호 및 제2호에서 같다)이거나 그 심의사항의 당사자와 공동권리자 또는 공동의무자인 경우

2. 위원이 해당 심의사항의 당사자와 친족이거나 친족이었던 경우

3. 위원이 해당 심의사항에 대하여 증언, 진술, 자문, 연구, 용역 또는 감정을 한 경우

4. 위원이나 위원이 속한 법인 등이 해당 심의사항의 당사자의 대리인이거나 대리인이었던 경우

② 심의회의 심의사항의 당사자는 위원에게 공정한 심의를 기대하기 어려운 사정이 있는 경우에는 심의회에 기피(忌避) 신청을 할 수 있고, 심의회는 의결로 기피 여부를 결정하여야 한다. 이 경우 기피 신청의 대상인 위원은 그 의결에 참여할 수 없다.

③ 위원은 제1항 각 호에 따른 제척 사유에 해당하는 경우에는 심의회에 그 사실을 알리고 스스로 해당 안건의 심의에서 회피(回避)하여야 한다.

④ 위원이 제1항 각 호의 어느 하나에 해당함에도 불구하고 회피신청을 하지 아니하여 심의회 심의의 공정성을 해친 경우 국가기관등의 장은 해당 위원을 해촉하거나 해임할 수 있다.

제13조(정보공개 여부 결정의 통지) ① 공공기관은 제11조에 따라 정보의 공개를 결정한 경우에는 공개의 일시 및 장소 등을 분명히 밝혀 청구인에게 통지하여야 한다.

② 공공기관은 청구인이 사본 또는 복제물의 교부를 원하는 경우에는 이를 교부하여야 한다.

③ 공공기관은 공개 대상 정보의 양이 너무 많아 정상적인 업무수행에 현저한 지장을 초래할 우려가 있는 경우에는 해당 정보를 일정 기간별로 나누어 제공하거나 사본·복제물의 교부 또는 열람과 병행하여 제공할 수 있다.

④ 공공기관은 제1항에 따라 정보를 공개하는 경우에 그 정보의 원본이 더럽혀지거나 파손될 우려가 있거나 그 밖에 상당한 이유가 있다고 인정할 때에는 그 정보의 사본·복제물을 공개할 수 있다.

⑤ 공공기관은 제11조에 따라 정보의 비공개 결정을 한 경우에는 그 사실을 청구인에게 지체 없이 문서로 통지하여야 한다. 이 경우 제9조 제1항 각 호 중 어느 규정에 해당하는 비공개 대상 정보인지를 포함한 비공개 이유와 불복(不服)의 방법 및 절차를 구체적으로 밝혀야 한다.

제14조(부분 공개) 공개 청구한 정보가 제9조 제1항 각 호의 어느 하나에 해당하는 부분과 공개 가능한 부분이 혼합되어 있는 경우로서 공개 청구의 취지에 어긋나지 아니하는 범위에서 두 부분을 분리할 수 있는 경우에는 제9조 제1항 각 호의 어느 하나에 해당하는 부분을 제외하고 공개하여야 한다.

제15조(정보의 전자적 공개) ① 공공기관은 전자적 형태로 보유·관리하는 정보에 대하여 청구인이 전자적 형태로 공개하여 줄 것을 요청하는 경우에는 그 정보의 성질상 현저히 곤란한 경우를 제외하고는 청구인의 요청에 따라야 한다.

② 공공기관은 전자적 형태로 보유·관리하지 아니하는 정보에 대하여 청구인이 전자적 형태로 공개하여 줄 것을 요청한 경우에는 정상적인 업무수행에 현저한 지장을 초래하거나 그 정보의 성질이 훼손될 우려가 없으면 그 정보를 전자적 형태로 변환하여 공개할 수 있다.

③ 정보의 전자적 형태의 공개 등에 필요한 사항은 국회규칙·대법원규칙·헌법재판소규칙·중앙선거관리위원회규칙 및 대통령령으로 정한다.

제16조(즉시 처리가 가능한 정보의 공개) 다음 각 호의 어느 하나에 해당하는 정보로서 즉시 또는 말로 처리가 가능한 정보에 대해서는 제11조에 따른 절차를 거치지 아니하고 공개하여야 한다.

  1. 법령 등에 따라 공개를 목적으로 작성된 정보
  2. 일반국민에게 알리기 위하여 작성된 각종 홍보자료
  3. 공개하기로 결정된 정보로서 공개에 오랜 시간이 걸리지 아니하는 정보
  4. 그 밖에 공공기관의 장이 정하는 정보

제17조(비용 부담) ① 정보의 공개 및 우송 등에 드는 비용은 실비(實費)의 범위에서 청구인이 부담한다.

② 공개를 청구하는 정보의 사용 목적이 공공복리의 유지·증진을 위하여 필요하다고 인정되는 경우에는 제1항에 따른 비용을 감면할 수 있다.

③ 제1항에 따른 비용 및 그 징수 등에 필요한 사항은 국회규칙·대법원규칙·헌법재판소규칙·중앙선거관리위원회규칙 및 대통령령으로 정한다.

제4장 불복 구제 절차

제18조(이의신청) ① 청구인이 정보공개와 관련한 공공기관의 비공개 결정 또는 부분 공개 결정에 대하여 불복이 있거나 정보공개 청구 후 20일이 경과하도록 정보공개 결정이 없는 때에는 공공기관으로부터 정보공개 여부의 결정 통지를 받은 날 또는 정보공개 청구 후 20일이 경과한 날부터 30일 이내에 해당 공공기관에 문서로 이의신청을 할 수 있다.

② 국가기관등은 제1항에 따른 이의신청이 있는 경우에는 심의회를 개최하여야 한다. 다만, 다음 각 호의 어느 하나에 해당하는 경우에는 심의회를 개최하지 아니할 수 있으며 개최하지 아니하는 사유를 청구인에게 문서로 통지하여야 한다.

1. 심의회의 심의를 이미 거친 사항

2. 단순·반복적인 청구

3. 법령에 따라 비밀로 규정된 정보에 대한 청구

③ 공공기관은 이의신청을 받은 날부터 7일 이내에 그 이의신청에 대하여 결정하고 그 결과를 청구인에게 지체 없이 문서로 통지하여야 한다. 다만, 부득이한 사유로 정하여진 기간 이내에 결정할 수 없을 때에는 그 기간이 끝나는 날의 다음 날부터 기산하여 7일의 범위에서 연장할 수 있으며, 연장 사유를 청구인에게 통지하여야 한다.

④ 공공기관은 이의신청을 각하(却下) 또는 기각(棄却)하는 결정을 한 경우에는 청구인에게 행정심판 또는 행정소송을 제기할 수 있다는 사실을 제3항에 따른 결과 통지와 함께 알려야 한다.

제19조(행정심판) ① 청구인이 정보공개와 관련한 공공기관의 결정에 대하여 불복이 있거나 정보공개 청구 후 20일이 경과하도록 정보공개 결정이 없는 때에는 「행정심판법」에서 정하는 바에 따라 행정심판을 청구할 수 있다. 이 경우 국가기관 및 지방자치단체 외의 공공기관의 결정에 대한 감독행정기관은 관계 중앙행정기관의 장 또는 지방자치단체의 장으로 한다.

② 청구인은 제18조에 따른 이의신청 절차를 거치지 아니하고 행정심판을 청구할 수 있다.

③ 행정심판위원회의 위원 중 정보공개 여부의 결정에 관한 행정심판에 관여하는 위원은 재직 중은 물론 퇴직 후에도 그 직무상 알게 된 비밀을 누설하여서는 아

니 된다.

④ 제3항의 위원은 「형법」이나 그 밖의 법률에 따른 벌칙을 적용할 때에는 공무원으로 본다.

제20조(행정소송) ① 청구인이 정보공개와 관련한 공공기관의 결정에 대하여 불복이 있거나 정보공개 청구 후 20일이 경과하도록 정보공개 결정이 없는 때에는 「행정소송법」에서 정하는 바에 따라 행정소송을 제기할 수 있다.

② 재판장은 필요하다고 인정하면 당사자를 참여시키지 아니하고 제출된 공개 청구 정보를 비공개로 열람·심사할 수 있다.

③ 재판장은 행정소송의 대상이 제9조 제1항 제2호에 따른 정보 중 국가안전보장·국방 또는 외교관계에 관한 정보의 비공개 또는 부분 공개 결정처분인 경우에 공공기관이 그 정보에 대한 비밀 지정의 절차, 비밀의 등급·종류 및 성질과 이를 비밀로 취급하게 된 실질적인 이유 및 공개를 하지 아니하는 사유 등을 입증하면 해당 정보를 제출하지 아니하게 할 수 있다.

제21조(제3자의 비공개 요청 등) ① 제11조 제3항에 따라 공개 청구된 사실을 통지받은 제3자는 그 통지를 받은 날부터 3일 이내에 해당 공공기관에 대하여 자신과 관련된 정보를 공개하지 아니할 것을 요청할 수 있다.

② 제1항에 따른 비공개 요청에도 불구하고 공공기관이 공개 결정을 할 때에는 공개 결정 이유와 공개 실시일을 분명히 밝혀 지체 없이 문서로 통지하여야 하며, 제3자는 해당 공공기관에 문서로 이의신청을 하거나 행정심판 또는 행정소송을 제기할 수 있다. 이 경우 이의신청은 통지를 받은 날부터 7일 이내에 하여야 한다.

③ 공공기관은 제2항에 따른 공개 결정일과 공개 실시일 사이에 최소한 30일의 간격을 두어야 한다.

제5장 정보공개위원회 등

제22조(정보공개위원회의 설치) 다음 각 호의 사항을 심의·조정하기 위하여 국무총리 소속으로 정보공개위원회(이하 "위원회"라 한다)를 둔다.
  1. 정보공개에 관한 정책 수립 및 제도 개선에 관한 사항
  2. 정보공개에 관한 기준 수립에 관한 사항

3. 제12조에 따른 심의회 심의결과의 조사·분석 및 심의기준 개선 관련 의견제 시에 관한 사항

4. 제24조제2항 및 제3항에 따른 공공기관의 정보공개 운영실태 평가 및 그 결 과 처리에 관한 사항

5. 정보공개와 관련된 불합리한 제도·법령 및 그 운영에 대한 조사 및 개선권고 에 관한 사항

6. 그 밖에 정보공개에 관하여 대통령령으로 정하는 사항

제23조(위원회의 구성 등) ① 위원회는 성별을 고려하여 위원장과 부위원장 각 1명 을 포함한 11명의 위원으로 구성한다.

② 위원회의 위원은 다음 각 호의 사람이 된다. 이 경우 위원장을 포함한 7명은 공 무원이 아닌 사람으로 위촉하여야 한다.

1. 대통령령으로 정하는 관계 중앙행정기관의 차관급 공무원이나 고위공무원단에 속하는 일반직공무원

2. 정보공개에 관하여 학식과 경험이 풍부한 사람으로서 국무총리가 위촉하는 사 람

3. 시민단체(「비영리민간단체 지원법」 제2조에 따른 비영리민간단체를 말한다)에 서 추천한 사람으로서 국무총리가 위촉하는 사람

③ 위원장·부위원장 및 위원(제2항제1호의 위원은 제외한다)의 임기는 2년으로 하 며, 연임할 수 있다.

④ 위원장·부위원장 및 위원은 정보공개 업무와 관련하여 알게 된 정보를 누설하 거나 그 정보를 이용하여 본인 또는 타인에게 이익 또는 불이익을 주는 행위를 하여서는 아니 된다.

⑤ 위원장·부위원장 및 위원 중 공무원이 아닌 사람은 「형법」이나 그 밖의 법률에 따른 벌칙을 적용할 때에는 공무원으로 본다.

⑥ 위원회의 구성과 의결 절차 등 위원회 운영에 필요한 사항은 대통령령으로 정한 다.

제24조(제도 총괄 등) ① 행정안전부장관은 이 법에 따른 정보공개제도의 정책 수 립 및 제도 개선 사항 등에 관한 기획·총괄 업무를 관장한다.

② 행정안전부장관은 위원회가 정보공개제도의 효율적 운영을 위하여 필요하다고 요 청하면 공공기관(국회·법원·헌법재판소 및 중앙선거관리위원회는 제외한다)의

정보공개제도 운영실태를 평가할 수 있다.

③ 행정안전부장관은 제2항에 따른 평가를 실시한 경우에는 그 결과를 위원회를 거쳐 국무회의에 보고한 후 공개하여야 하며, 위원회가 개선이 필요하다고 권고한 사항에 대해서는 해당 공공기관에 시정 요구 등의 조치를 하여야 한다.

④ 행정안전부장관은 정보공개에 관하여 필요할 경우에 공공기관(국회 · 법원 · 헌법재판소 및 중앙선거관리위원회는 제외한다)의 장에게 정보공개 처리 실태의 개선을 권고할 수 있다. 이 경우 권고를 받은 공공기관은 이를 이행하기 위하여 성실하게 노력하여야 하며, 그 조치 결과를 행정안전부장관에게 알려야 한다.

⑤ 국회 · 법원 · 헌법재판소 · 중앙선거관리위원회 · 중앙행정기관 및 지방자치단체는 그 소속 기관 및 소관 공공기관에 대하여 정보공개에 관한 의견을 제시하거나 지도 · 점검을 할 수 있다.

제25조(자료의 제출 요구) 국회사무총장 · 법원행정처장 · 헌법재판소사무처장 · 중앙선거관리위원회사무총장 및 행정안전부장관은 필요하다고 인정하면 관계 공공기관에 정보공개에 관한 자료 제출 등의 협조를 요청할 수 있다.

제26조(국회에의 보고) ① 행정안전부장관은 전년도의 정보공개 운영에 관한 보고서를 매년 정기국회 개회 전까지 국회에 제출하여야 한다.

② 제1항에 따른 보고서 작성에 필요한 사항은 대통령령으로 정한다.

제27조(위임규정) 이 법 시행에 필요한 사항은 국회규칙 · 대법원규칙 · 헌법재판소규칙 · 중앙선거관리위원회규칙 및 대통령령으로 정한다.

제28조(신분보장) 누구든지 이 법에 따른 정당한 정보공개를 이유로 징계조치 등 어떠한 신분상 불이익이나 근무조건상의 차별을 받지 아니한다.

제29조(기간의 계산) ① 이 법에 따른 기간의 계산은 「민법」에 따른다.

② 제1항에도 불구하고 다음 각 호의 기간은 "일" 단위로 계산하고 첫날을 산입하되, 공휴일과 토요일은 산입하지 아니한다.

 1. 제11조 제1항 및 제2항에 따른 정보공개 여부 결정기간

 2. 제18조 제1항, 제19조 제1항 및 제20조 제1항에 따른 정보공개 청구 후 경과한 기간

 3. 제18조 제3항에 따른 이의신청 결정기간

22. 근로기준법

근로기준법

제1장 총칙

제1조(목적) 이 법은 헌법에 따라 근로조건의 기준을 정함으로써 근로자의 기본적
생활을 보장, 향상시키며 균형 있는 국민경제의 발전을 꾀하는 것을 목적으로
한다.

제2조(정의) ① 이 법에서 사용하는 용어의 뜻은 다음과 같다.

1. "근로자"란 직업의 종류와 관계없이 임금을 목적으로 사업이나 사업장에 근로를
제공하는 사람을 말한다.

2. "사용자"란 사업주 또는 사업 경영 담당자, 그 밖에 근로자에 관한 사항에 대하
여 사업주를 위하여 행위하는 자를 말한다.

3. "근로"란 정신노동과 육체노동을 말한다.

4. "근로계약"이란 근로자가 사용자에게 근로를 제공하고 사용자는 이에 대하여 임
금을 지급하는 것을 목적으로 체결된 계약을 말한다.

5. "임금"이란 사용자가 근로의 대가로 근로자에게 임금, 봉급, 그 밖에 어떠한 명
칭으로든지 지급하는 모든 금품을 말한다.

6. "평균임금"이란 이를 산정하여야 할 사유가 발생한 날 이전 3개월 동안에 그
근로자에게 지급된 임금의 총액을 그 기간의 총일수로 나눈 금액을 말한다. 근
로자가 취업한 후 3개월 미만인 경우도 이에 준한다.

7. "1주"란 휴일을 포함한 7일을 말한다.

8. "소정(所定)근로시간"이란 제50조, 제69조 본문 또는 「산업안전보건법」 제139조
제1항에 따른 근로시간의 범위에서 근로자와 사용자 사이에 정한 근로시간을 말
한다.

9. "단시간근로자"란 1주 동안의 소정근로시간이 그 사업장에서 같은 종류의 업무
에 종사하는 통상 근로자의 1주 동안의 소정근로시간에 비하여 짧은 근로자를

말한다.

② 제1항제6호에 따라 산출된 금액이 그 근로자의 통상임금보다 적으면 그 통상임금액을 평균임금으로 한다.

제3조(근로조건의 기준) 이 법에서 정하는 근로조건은 최저기준이므로 근로 관계 당사자는 이 기준을 이유로 근로조건을 낮출 수 없다.

제4조(근로조건의 결정) 근로조건은 근로자와 사용자가 동등한 지위에서 자유의사에 따라 결정하여야 한다.

제5조(근로조건의 준수) 근로자와 사용자는 각자가 단체협약, 취업규칙과 근로계약을 지키고 성실하게 이행할 의무가 있다.

제6조(균등한 처우) 사용자는 근로자에 대하여 남녀의 성(性)을 이유로 차별적 대우를 하지 못하고, 국적·신앙 또는 사회적 신분을 이유로 근로조건에 대한 차별적 처우를 하지 못한다.

제7조(강제 근로의 금지) 사용자는 폭행, 협박, 감금, 그 밖에 정신상 또는 신체상의 자유를 부당하게 구속하는 수단으로써 근로자의 자유의사에 어긋나는 근로를 강요하지 못한다.

제8조(폭행의 금지) 사용자는 사고의 발생이나 그 밖의 어떠한 이유로도 근로자에게 폭행을 하지 못한다.

제9조(중간착취의 배제) 누구든지 법률에 따르지 아니하고는 영리로 다른 사람의 취업에 개입하거나 중간인으로서 이익을 취득하지 못한다.

제10조(공민권 행사의 보장) 사용자는 근로자가 근로시간 중에 선거권, 그 밖의 공민권(公民權) 행사 또는 공(公)의 직무를 집행하기 위하여 필요한 시간을 청구하면 거부하지 못한다. 다만, 그 권리 행사나 공(公)의 직무를 수행하는 데에 지장이 없으면 청구한 시간을 변경할 수 있다.

제11조(적용 범위) ① 이 법은 상시 5명 이상의 근로자를 사용하는 모든 사업 또는 사업장에 적용한다. 다만, 동거하는 친족만을 사용하는 사업 또는 사업장과 가사(家事) 사용인에 대하여는 적용하지 아니한다.

② 상시 4명 이하의 근로자를 사용하는 사업 또는 사업장에 대하여는 대통령령으로 정하는 바에 따라 이 법의 일부 규정을 적용할 수 있다.

③ 이 법을 적용하는 경우에 상시 사용하는 근로자 수를 산정하는 방법은 대통령령으로 정한다.

제12조(적용 범위) 이 법과 이 법에 따른 대통령령은 국가, 특별시·광역시·도, 시·군·구, 읍·면·동, 그 밖에 이에 준하는 것에 대하여도 적용된다.

제13조(보고, 출석의 의무) 사용자 또는 근로자는 이 법의 시행에 관하여 고용노동부장관·「노동위원회법」에 따른 노동위원회(이하 "노동위원회"라 한다) 또는 근로감독관의 요구가 있으면 지체 없이 필요한 사항에 대하여 보고하거나 출석하여야 한다.

제14조(법령 주요 내용 등의 게시) ① 사용자는 이 법과 이 법에 따른 대통령령의 주요 내용과 취업규칙을 근로자가 자유롭게 열람할 수 있는 장소에 항상 게시하거나 갖추어 두어 근로자에게 널리 알려야 한다.

② 사용자는 제1항에 따른 대통령령 중 기숙사에 관한 규정과 제99조 제1항에 따른 기숙사규칙을 기숙사에 게시하거나 갖추어 두어 기숙(寄宿)하는 근로자에게 널리 알려야 한다.

제2장 근로계약

제15조(이 법을 위반한 근로계약) ① 이 법에서 정하는 기준에 미치지 못하는 근로조건을 정한 근로계약은 그 부분에 한정하여 무효로 한다.

② 제1항에 따라 무효로 된 부분은 이 법에서 정한 기준에 따른다.

제16조(계약기간) 근로계약은 기간을 정하지 아니한 것과 일정한 사업의 완료에 필요한 기간을 정한 것 외에는 그 기간은 1년을 초과하지 못한다.

제17조(근로조건의 명시) ① 사용자는 근로계약을 체결할 때에 근로자에게 다음 각 호의 사항을 명시하여야 한다. 근로계약 체결 후 다음 각 호의 사항을 변경하는 경우에도 또한 같다.

1. 임금
2. 소정근로시간
3. 제55조에 따른 휴일
4. 제60조에 따른 연차 유급휴가
5. 그 밖에 대통령령으로 정하는 근로조건

② 사용자는 제1항제1호와 관련한 임금의 구성항목·계산방법·지급방법 및 제2호부터 제4호까지의 사항이 명시된 서면(「전자문서 및 전자거래 기본법」 제2조 제

1호에 따른 전자문서를 포함한다)을 근로자에게 교부하여야 한다. 다만, 본문에 따른 사항이 단체협약 또는 취업규칙의 변경 등 대통령령으로 정하는 사유로 인하여 변경되는 경우에는 근로자의 요구가 있으면 그 근로자에게 교부하여야 한다.

제18조(단시간근로자의 근로조건) ① 단시간근로자의 근로조건은 그 사업장의 같은 종류의 업무에 종사하는 통상 근로자의 근로시간을 기준으로 산정한 비율에 따라 결정되어야 한다.

② 제1항에 따라 근로조건을 결정할 때에 기준이 되는 사항이나 그 밖에 필요한 사항은 대통령령으로 정한다.

③ 4주 동안(4주 미만으로 근로하는 경우에는 그 기간)을 평균하여 1주 동안의 소정근로시간이 15시간 미만인 근로자에 대하여는 제55조와 제60조를 적용하지 아니한다. 〈개정 2008. 3. 21.〉

제19조(근로조건의 위반) ① 제17조에 따라 명시된 근로조건이 사실과 다를 경우에 근로자는 근로조건 위반을 이유로 손해의 배상을 청구할 수 있으며 즉시 근로계약을 해제할 수 있다.

② 제1항에 따라 근로자가 손해배상을 청구할 경우에는 노동위원회에 신청할 수 있으며, 근로계약이 해제되었을 경우에는 사용자는 취업을 목적으로 거주를 변경하는 근로자에게 귀향 여비를 지급하여야 한다.

제20조(위약 예정의 금지) 사용자는 근로계약 불이행에 대한 위약금 또는 손해배상액을 예정하는 계약을 체결하지 못한다.

제21조(전차금 상계의 금지) 사용자는 전차금(前借金)이나 그 밖에 근로할 것을 조건으로 하는 전대(前貸)채권과 임금을 상계하지 못한다.

제22조(강제 저금의 금지) ① 사용자는 근로계약에 덧붙여 강제 저축 또는 저축금의 관리를 규정하는 계약을 체결하지 못한다.

② 사용자가 근로자의 위탁으로 저축을 관리하는 경우에는 다음 각 호의 사항을 지켜야 한다.

 1. 저축의 종류·기간 및 금융기관을 근로자가 결정하고, 근로자 본인의 이름으로 저축할 것

 2. 근로자가 저축증서 등 관련 자료의 열람 또는 반환을 요구할 때에는 즉시 이에 따를 것

제23조(해고 등의 제한) ① 사용자는 근로자에게 정당한 이유 없이 해고, 휴직, 정직, 전직, 감봉, 그 밖의 징벌(懲罰)(이하 "부당해고등"이라 한다)을 하지 못한다.

② 사용자는 근로자가 업무상 부상 또는 질병의 요양을 위하여 휴업한 기간과 그 후 30일 동안 또는 산전(産前)·산후(産後)의 여성이 이 법에 따라 휴업한 기간과 그 후 30일 동안은 해고하지 못한다. 다만, 사용자가 제84조에 따라 일시보상을 하였을 경우 또는 사업을 계속할 수 없게 된 경우에는 그러하지 아니하다.

제24조(경영상 이유에 의한 해고의 제한) ① 사용자가 경영상 이유에 의하여 근로자를 해고하려면 긴박한 경영상의 필요가 있어야 한다. 이 경우 경영 악화를 방지하기 위한 사업의 양도·인수·합병은 긴박한 경영상의 필요가 있는 것으로 본다.

② 제1항의 경우에 사용자는 해고를 피하기 위한 노력을 다하여야 하며, 합리적이고 공정한 해고의 기준을 정하고 이에 따라 그 대상자를 선정하여야 한다. 이 경우 남녀의 성을 이유로 차별하여서는 아니 된다.

③ 사용자는 제2항에 따른 해고를 피하기 위한 방법과 해고의 기준 등에 관하여 그 사업 또는 사업장에 근로자의 과반수로 조직된 노동조합이 있는 경우에는 그 노동조합(근로자의 과반수로 조직된 노동조합이 없는 경우에는 근로자의 과반수를 대표하는 자를 말한다. 이하 "근로자대표"라 한다)에 해고를 하려는 날의 50일 전까지 통보하고 성실하게 협의하여야 한다.

④ 사용자는 제1항에 따라 대통령령으로 정하는 일정한 규모 이상의 인원을 해고하려면 대통령령으로 정하는 바에 따라 고용노동부장관에게 신고하여야 한다.

⑤ 사용자가 제1항부터 제3항까지의 규정에 따른 요건을 갖추어 근로자를 해고한 경우에는 제23조 제1항에 따른 정당한 이유가 있는 해고를 한 것으로 본다.

제25조(우선 재고용 등) ① 제24조에 따라 근로자를 해고한 사용자는 근로자를 해고한 날부터 3년 이내에 해고된 근로자가 해고 당시 담당하였던 업무와 같은 업무를 할 근로자를 채용하려고 할 경우 제24조에 따라 해고된 근로자가 원하면 그 근로자를 우선적으로 고용하여야 한다.

② 정부는 제24조에 따라 해고된 근로자에 대하여 생계안정, 재취업, 직업훈련 등 필요한 조치를 우선적으로 취하여야 한다.

제26조(해고의 예고) 사용자는 근로자를 해고(경영상 이유에 의한 해고를 포함한다)하려면 적어도 30일 전에 예고를 하여야 하고, 30일 전에 예고를 하지 아니하였을 때에는 30일분 이상의 통상임금을 지급하여야 한다. 다만, 다음 각 호의 어느 하나에 해당하는 경우에는 그러하지 아니하다.

1. 근로자가 계속 근로한 기간이 3개월 미만인 경우
2. 천재·사변, 그 밖의 부득이한 사유로 사업을 계속하는 것이 불가능한 경우
3. 근로자가 고의로 사업에 막대한 지장을 초래하거나 재산상 손해를 끼친 경우로서 고용노동부령으로 정하는 사유에 해당하는 경우

제27조(해고사유 등의 서면통지) ① 사용자는 근로자를 해고하려면 해고사유와 해고시기를 서면으로 통지하여야 한다.

② 근로자에 대한 해고는 제1항에 따라 서면으로 통지하여야 효력이 있다.

③ 사용자가 제26조에 따른 해고의 예고를 해고사유와 해고시기를 명시하여 서면으로 한 경우에는 제1항에 따른 통지를 한 것으로 본다.

제28조(부당해고등의 구제신청) ① 사용자가 근로자에게 부당해고등을 하면 근로자는 노동위원회에 구제를 신청할 수 있다.

② 제1항에 따른 구제신청은 부당해고등이 있었던 날부터 3개월 이내에 하여야 한다.

제29조(조사 등) ① 노동위원회는 제28조에 따른 구제신청을 받으면 지체 없이 필요한 조사를 하여야 하며 관계 당사자를 심문하여야 한다.

② 노동위원회는 제1항에 따라 심문을 할 때에는 관계 당사자의 신청이나 직권으로 증인을 출석하게 하여 필요한 사항을 질문할 수 있다.

③ 노동위원회는 제1항에 따라 심문을 할 때에는 관계 당사자에게 증거 제출과 증인에 대한 반대심문을 할 수 있는 충분한 기회를 주어야 한다.

④ 제1항에 따른 노동위원회의 조사와 심문에 관한 세부절차는 「노동위원회법」에 따른 중앙노동위원회(이하 "중앙노동위원회"라 한다)가 정하는 바에 따른다.

제30조(구제명령 등) ① 노동위원회는 제29조에 따른 심문을 끝내고 부당해고등이 성립한다고 판정하면 사용자에게 구제명령을 하여야 하며, 부당해고등이 성립하지 아니한다고 판정하면 구제신청을 기각하는 결정을 하여야 한다.

② 제1항에 따른 판정, 구제명령 및 기각결정은 사용자와 근로자에게 각각 서면으로 통지하여야 한다.

③ 노동위원회는 제1항에 따른 구제명령(해고에 대한 구제명령만을 말한다)을 할 때에 근로자가 원직복직(原職復職)을 원하지 아니하면 원직복직을 명하는 대신 근로자가 해고기간 동안 근로를 제공하였더라면 받을 수 있었던 임금 상당액 이상의 금품을 근로자에게 지급하도록 명할 수 있다.

④ 노동위원회는 근로계약기간의 만료, 정년의 도래 등으로 근로자가 원직복직(해고 이외의 경우는 원상회복을 말한다)이 불가능한 경우에도 제1항에 따른 구제명령이나 기각결정을 하여야 한다. 이 경우 노동위원회는 부당해고등이 성립한다고 판정하면 근로자가 해고기간 동안 근로를 제공하였더라면 받을 수 있었던 임금 상당액에 해당하는 금품(해고 이외의 경우에는 원상회복에 준하는 금품을 말한다)을 사업주가 근로자에게 지급하도록 명할 수 있다.

제31조(구제명령 등의 확정) ① 「노동위원회법」에 따른 지방노동위원회의 구제명령이나 기각결정에 불복하는 사용자나 근로자는 구제명령서나 기각결정서를 통지받은 날부터 10일 이내에 중앙노동위원회에 재심을 신청할 수 있다.

② 제1항에 따른 중앙노동위원회의 재심판정에 대하여 사용자나 근로자는 재심판정서를 송달받은 날부터 15일 이내에 「행정소송법」의 규정에 따라 소(訴)를 제기할 수 있다.

③ 제1항과 제2항에 따른 기간 이내에 재심을 신청하지 아니하거나 행정소송을 제기하지 아니하면 그 구제명령, 기각결정 또는 재심판정은 확정된다.

제32조(구제명령 등의 효력) 노동위원회의 구제명령, 기각결정 또는 재심판정은 제31조에 따른 중앙노동위원회에 대한 재심 신청이나 행정소송 제기에 의하여 그 효력이 정지되지 아니한다.

제33조(이행강제금) ① 노동위원회는 구제명령(구제명령을 내용으로 하는 재심판정을 포함한다. 이하 이 조에서 같다)을 받은 후 이행기한까지 구제명령을 이행하지 아니한 사용자에게 2천만원 이하의 이행강제금을 부과한다.

② 노동위원회는 제1항에 따른 이행강제금을 부과하기 30일 전까지 이행강제금을 부과·징수한다는 뜻을 사용자에게 미리 문서로써 알려 주어야 한다.

③ 제1항에 따른 이행강제금을 부과할 때에는 이행강제금의 액수, 부과 사유, 납부기한, 수납기관, 이의제기방법 및 이의제기기관 등을 명시한 문서로써 하여야 한다.

④ 제1항에 따라 이행강제금을 부과하는 위반행위의 종류와 위반 정도에 따른 금액,

부과·징수된 이행강제금의 반환절차, 그 밖에 필요한 사항은 대통령령으로 정한다.

⑤ 노동위원회는 최초의 구제명령을 한 날을 기준으로 매년 2회의 범위에서 구제명령이 이행될 때까지 반복하여 제1항에 따른 이행강제금을 부과·징수할 수 있다. 이 경우 이행강제금은 2년을 초과하여 부과·징수하지 못한다.

⑥ 노동위원회는 구제명령을 받은 자가 구제명령을 이행하면 새로운 이행강제금을 부과하지 아니하되, 구제명령을 이행하기 전에 이미 부과된 이행강제금은 징수하여야 한다.

⑦ 노동위원회는 이행강제금 납부의무자가 납부기한까지 이행강제금을 내지 아니하면 기간을 정하여 독촉을 하고 지정된 기간에 제1항에 따른 이행강제금을 내지 아니하면 국세 체납처분의 예에 따라 징수할 수 있다.

⑧ 근로자는 구제명령을 받은 사용자가 이행기한까지 구제명령을 이행하지 아니하면 이행기한이 지난 때부터 15일 이내에 그 사실을 노동위원회에 알려줄 수 있다.

제33조(이행강제금) ① 노동위원회는 구제명령(구제명령을 내용으로 하는 재심판정을 포함한다. 이하 이 조에서 같다)을 받은 후 이행기한까지 구제명령을 이행하지 아니한 사용자에게 3천만원 이하의 이행강제금을 부과한다.

② 노동위원회는 제1항에 따른 이행강제금을 부과하기 30일 전까지 이행강제금을 부과·징수한다는 뜻을 사용자에게 미리 문서로써 알려 주어야 한다.

③ 제1항에 따른 이행강제금을 부과할 때에는 이행강제금의 액수, 부과 사유, 납부기한, 수납기관, 이의제기방법 및 이의제기기관 등을 명시한 문서로써 하여야 한다.

④ 제1항에 따라 이행강제금을 부과하는 위반행위의 종류와 위반 정도에 따른 금액, 부과·징수된 이행강제금의 반환절차, 그 밖에 필요한 사항은 대통령령으로 정한다.

⑤ 노동위원회는 최초의 구제명령을 한 날을 기준으로 매년 2회의 범위에서 구제명령이 이행될 때까지 반복하여 제1항에 따른 이행강제금을 부과·징수할 수 있다. 이 경우 이행강제금은 2년을 초과하여 부과·징수하지 못한다.

⑥ 노동위원회는 구제명령을 받은 자가 구제명령을 이행하면 새로운 이행강제금을 부과하지 아니하되, 구제명령을 이행하기 전에 이미 부과된 이행강제금은 징수하여야 한다.

⑦ 노동위원회는 이행강제금 납부의무자가 납부기한까지 이행강제금을 내지 아니하면 기간을 정하여 독촉을 하고 지정된 기간에 제1항에 따른 이행강제금을 내지 아니하면 국세 체납처분의 예에 따라 징수할 수 있다.

⑧ 근로자는 구제명령을 받은 사용자가 이행기한까지 구제명령을 이행하지 아니하면 이행기한이 지난 때부터 15일 이내에 그 사실을 노동위원회에 알려줄 수 있다.

제34조(퇴직급여 제도) 사용자가 퇴직하는 근로자에게 지급하는 퇴직급여 제도에 관하여는 「근로자퇴직급여 보장법」이 정하는 대로 따른다.

제35조 삭제 〈2019. 1. 15.〉

제36조(금품 청산) 사용자는 근로자가 사망 또는 퇴직한 경우에는 그 지급 사유가 발생한 때부터 14일 이내에 임금, 보상금, 그 밖의 모든 금품을 지급하여야 한다. 다만, 특별한 사정이 있을 경우에는 당사자 사이의 합의에 의하여 기일을 연장할 수 있다.

제37조(미지급 임금에 대한 지연이자) ① 사용자는 제36조에 따라 지급하여야 하는 임금 및 「근로자퇴직급여 보장법」 제2조 제5호에 따른 급여(일시금만 해당된다)의 전부 또는 일부를 그 지급 사유가 발생한 날부터 14일 이내에 지급하지 아니한 경우 그 다음 날부터 지급하는 날까지의 지연 일수에 대하여 연 100분의 40 이내의 범위에서 「은행법」에 따른 은행이 적용하는 연체금리 등 경제 여건을 고려하여 대통령령으로 정하는 이율에 따른 지연이자를 지급하여야 한다. 〈개정 2010. 5. 17.〉

② 제1항은 사용자가 천재·사변, 그 밖에 대통령령으로 정하는 사유에 따라 임금 지급을 지연하는 경우 그 사유가 존속하는 기간에 대하여는 적용하지 아니한다.

제38조(임금채권의 우선변제) ① 임금, 재해보상금, 그 밖에 근로 관계로 인한 채권은 사용자의 총재산에 대하여 질권(質權)·저당권 또는 「동산·채권 등의 담보에 관한 법률」에 따른 담보권에 따라 담보된 채권 외에는 조세·공과금 및 다른 채권에 우선하여 변제되어야 한다. 다만, 질권·저당권 또는 「동산·채권 등의 담보에 관한 법률」에 따른 담보권에 우선하는 조세·공과금에 대하여는 그러하지 아니하다.

② 제1항에도 불구하고 다음 각 호의 어느 하나에 해당하는 채권은 사용자의 총재산에 대하여 질권·저당권 또는 「동산·채권 등의 담보에 관한 법률」에 따른 담보권에 따라 담보된 채권, 조세·공과금 및 다른 채권에 우선하여 변제되어야

한다.

1. 최종 3개월분의 임금

2. 재해보상금

제39조(사용증명서) ① 사용자는 근로자가 퇴직한 후라도 사용 기간, 업무 종류, 지위와 임금, 그 밖에 필요한 사항에 관한 증명서를 청구하면 사실대로 적은 증명서를 즉시 내주어야 한다.

② 제1항의 증명서에는 근로자가 요구한 사항만을 적어야 한다.

제40조(취업 방해의 금지) 누구든지 근로자의 취업을 방해할 목적으로 비밀 기호 또는 명부를 작성·사용하거나 통신을 하여서는 아니 된다.

제41조(근로자의 명부) ① 사용자는 각 사업장별로 근로자 명부를 작성하고 근로자의 성명, 생년월일, 이력, 그 밖에 대통령령으로 정하는 사항을 적어야 한다. 다만, 대통령령으로 정하는 일용근로자에 대해서는 근로자 명부를 작성하지 아니할 수 있다. 〈개정 2021. 1. 5.〉

② 제1항에 따라 근로자 명부에 적을 사항이 변경된 경우에는 지체 없이 정정하여야 한다.

제42조(계약 서류의 보존) 사용자는 근로자 명부와 대통령령으로 정하는 근로계약에 관한 중요한 서류를 3년간 보존하여야 한다.

제3장 임금

제43조(임금 지급) ① 임금은 통화(通貨)로 직접 근로자에게 그 전액을 지급하여야 한다. 다만, 법령 또는 단체협약에 특별한 규정이 있는 경우에는 임금의 일부를 공제하거나 통화 이외의 것으로 지급할 수 있다.

② 임금은 매월 1회 이상 일정한 날짜를 정하여 지급하여야 한다. 다만, 임시로 지급하는 임금, 수당, 그 밖에 이에 준하는 것 또는 대통령령으로 정하는 임금에 대하여는 그러하지 아니하다.

제43조의2(체불사업주 명단 공개) ① 고용노동부장관은 제36조, 제43조, 제51조의3, 제52조 제2항 제2호, 제56조에 따른 임금, 보상금, 수당, 그 밖의 모든 금품(이하 "임금등"이라 한다)을 지급하지 아니한 사업주(법인인 경우에는 그 대표자를 포함한다. 이하 "체불사업주"라 한다)가 명단 공개 기준일 이전 3년 이내

임금등을 체불하여 2회 이상 유죄가 확정된 자로서 명단 공개 기준일 이전 1년 이내 임금등의 체불총액이 3천만원 이상인 경우에는 그 인적사항 등을 공개할 수 있다. 다만, 체불사업주의 사망·폐업으로 명단 공개의 실효성이 없는 경우 등 대통령령으로 정하는 사유가 있는 경우에는 그러하지 아니하다.

② 고용노동부장관은 제1항에 따라 명단 공개를 할 경우에 체불사업주에게 3개월 이상의 기간을 정하여 소명 기회를 주어야 한다.

③ 제1항에 따른 체불사업주의 인적사항 등에 대한 공개 여부를 심의하기 위하여 고용노동부에 임금체불정보심의위원회(이하 이 조에서 "위원회"라 한다)를 둔다. 이 경우 위원회의 구성·운영 등 필요한 사항은 고용노동부령으로 정한다.

④ 제1항에 따른 명단 공개의 구체적인 내용, 기간 및 방법 등 명단 공개에 필요한 사항은 대통령령으로 정한다.

제43조의3(임금등 체불자료의 제공) ① 고용노동부장관은 「신용정보의 이용 및 보호에 관한 법률」 제25조 제2항 제1호에 따른 종합신용정보집중기관이 임금등 체불자료 제공일 이전 3년 이내 임금등을 체불하여 2회 이상 유죄가 확정된 자로서 임금등 체불자료 제공일 이전 1년 이내 임금등의 체불총액이 2천만원 이상인 체불사업주의 인적사항과 체불액 등에 관한 자료(이하 "임금등 체불자료"라 한다)를 요구할 때에는 임금등의 체불을 예방하기 위하여 필요하다고 인정하는 경우에 그 자료를 제공할 수 있다. 다만, 체불사업주의 사망·폐업으로 임금등 체불자료 제공의 실효성이 없는 경우 등 대통령령으로 정하는 사유가 있는 경우에는 그러하지 아니하다.

② 제1항에 따라 임금등 체불자료를 받은 자는 이를 체불사업주의 신용도·신용거래 능력 판단과 관련한 업무 외의 목적으로 이용하거나 누설하여서는 아니 된다.

③ 제1항에 따른 임금등 체불자료의 제공 절차 및 방법 등 임금등 체불자료의 제공에 필요한 사항은 대통령령으로 정한다.

제44조(도급 사업에 대한 임금 지급) ① 사업이 한 차례 이상의 도급에 따라 행하여지는 경우에 하수급인(下受給人)(도급이 한 차례에 걸쳐 행하여진 경우에는 수급인을 말한다)이 직상(直上) 수급인(도급이 한 차례에 걸쳐 행하여진 경우에는 도급인을 말한다)의 귀책사유로 근로자에게 임금을 지급하지 못한 경우에는 그 직상 수급인은 그 하수급인과 연대하여 책임을 진다. 다만, 직상 수급인의 귀책사유가 그 상위 수급인의 귀책사유에 의하여 발생한 경우에는 그 상위 수급

인도 연대하여 책임을 진다.

② 제1항의 귀책사유 범위는 대통령령으로 정한다.

제44조의2(건설업에서의 임금 지급 연대책임) ① 건설업에서 사업이 2차례 이상 「건설산업기본법」 제2조 제11호에 따른 도급(이하 "공사도급"이라 한다)이 이루어진 경우에 같은 법 제2조 제7호에 따른 건설사업자가 아닌 하수급인이 그가 사용한 근로자에게 임금(해당 건설공사에서 발생한 임금으로 한정한다)을 지급하지 못한 경우에는 그 직상 수급인은 하수급인과 연대하여 하수급인이 사용한 근로자의 임금을 지급할 책임을 진다.

② 제1항의 직상 수급인이 「건설산업기본법」 제2조 제7호에 따른 건설사업자가 아닌 때에는 그 상위 수급인 중에서 최하위의 같은 호에 따른 건설사업자를 직상 수급인으로 본다.

제44조의3(건설업의 공사도급에 있어서의 임금에 관한 특례) ① 공사도급이 이루어진 경우로서 다음 각 호의 어느 하나에 해당하는 때에는 직상 수급인은 하수급인에게 지급하여야 하는 하도급 대금 채무의 부담 범위에서 그 하수급인이 사용한 근로자가 청구하면 하수급인이 지급하여야 하는 임금(해당 건설공사에서 발생한 임금으로 한정한다)에 해당하는 금액을 근로자에게 직접 지급하여야 한다.

1. 직상 수급인이 하수급인을 대신하여 하수급인이 사용한 근로자에게 지급하여야 하는 임금을 직접 지급할 수 있다는 뜻과 그 지급방법 및 절차에 관하여 직상 수급인과 하수급인이 합의한 경우

2. 「민사집행법」 제56조 제3호에 따른 확정된 지급명령, 하수급인의 근로자에게 하수급인에 대하여 임금채권이 있음을 증명하는 같은 법 제56조 제4호에 따른 집행증서, 「소액사건심판법」 제5조의7에 따라 확정된 이행권고결정, 그 밖에 이에 준하는 집행권원이 있는 경우

3. 하수급인이 그가 사용한 근로자에 대하여 지급하여야 할 임금채무가 있음을 직상 수급인에게 알려주고, 직상 수급인이 파산 등의 사유로 하수급인이 임금을 지급할 수 없는 명백한 사유가 있다고 인정하는 경우

② 「건설산업기본법」 제2조 제10호에 따른 발주자의 수급인(이하 "원수급인"이라 한다)으로부터 공사도급이 2차례 이상 이루어진 경우로서 하수급인(도급받은 하수급인으로부터 재하도급 받은 하수급인을 포함한다. 이하 이 항에서 같다)이 사용한 근로자에게 그 하수급인에 대한 제1항제2호에 따른 집행권원이 있는 경우

에는 근로자는 하수급인이 지급하여야 하는 임금(해당 건설공사에서 발생한 임금으로 한정한다)에 해당하는 금액을 원수급인에게 직접 지급할 것을 요구할 수 있다. 원수급인은 근로자가 자신에 대하여 「민법」 제404조에 따른 채권자대위권을 행사할 수 있는 금액의 범위에서 이에 따라야 한다.

③ 직상 수급인 또는 원수급인이 제1항 및 제2항에 따라 하수급인이 사용한 근로자에게 임금에 해당하는 금액을 지급한 경우에는 하수급인에 대한 하도급 대금 채무는 그 범위에서 소멸한 것으로 본다.

제45조(비상시 지급) 사용자는 근로자가 출산, 질병, 재해, 그 밖에 대통령령으로 정하는 비상(非常)한 경우의 비용에 충당하기 위하여 임금 지급을 청구하면 지급기일 전이라도 이미 제공한 근로에 대한 임금을 지급하여야 한다.

제46조(휴업수당) ① 사용자의 귀책사유로 휴업하는 경우에 사용자는 휴업기간 동안 그 근로자에게 평균임금의 100분의 70 이상의 수당을 지급하여야 한다. 다만, 평균임금의 100분의 70에 해당하는 금액이 통상임금을 초과하는 경우에는 통상임금을 휴업수당으로 지급할 수 있다.

② 제1항에도 불구하고 부득이한 사유로 사업을 계속하는 것이 불가능하여 노동위원회의 승인을 받은 경우에는 제1항의 기준에 못 미치는 휴업수당을 지급할 수 있다.

제47조(도급 근로자) 사용자는 도급이나 그 밖에 이에 준하는 제도로 사용하는 근로자에게 근로시간에 따라 일정액의 임금을 보장하여야 한다.

제48조(임금대장) 사용자는 각 사업장별로 임금대장을 작성하고 임금과 가족수당 계산의 기초가 되는 사항, 임금액, 그 밖에 대통령령으로 정하는 사항을 임금을 지급할 때마다 적어야 한다.

제48조(임금대장 및 임금명세서) ① 사용자는 각 사업장별로 임금대장을 작성하고 임금과 가족수당 계산의 기초가 되는 사항, 임금액, 그 밖에 대통령령으로 정하는 사항을 임금을 지급할 때마다 적어야 한다.

② 사용자는 임금을 지급하는 때에는 근로자에게 임금의 구성항목·계산방법, 제43조제1항 단서에 따라 임금의 일부를 공제한 경우의 내역 등 대통령령으로 정하는 사항을 적은 임금명세서를 서면(「전자문서 및 전자거래 기본법」 제2조제1호에 따른 전자문서를 포함한다)으로 교부하여야 한다.

제49조(임금의 시효) 이 법에 따른 임금채권은 3년간 행사하지 아니하면 시효로 소

멸한다.

제4장 근로시간과 휴식

제50조(근로시간) ① 1주 간의 근로시간은 휴게시간을 제외하고 40시간을 초과할 수 없다.

② 1일의 근로시간은 휴게시간을 제외하고 8시간을 초과할 수 없다.

③ 제1항 및 제2항에 따라 근로시간을 산정하는 경우 작업을 위하여 근로자가 사용자의 지휘·감독 아래에 있는 대기시간 등은 근로시간으로 본다.

제51조(3개월 이내의 탄력적 근로시간제) ① 사용자는 취업규칙(취업규칙에 준하는 것을 포함한다)에서 정하는 바에 따라 2주 이내의 일정한 단위기간을 평균하여 1주 간의 근로시간이 제50조 제1항의 근로시간을 초과하지 아니하는 범위에서 특정한 주에 제50조 제1항의 근로시간을, 특정한 날에 제50조 제2항의 근로시간을 초과하여 근로하게 할 수 있다. 다만, 특정한 주의 근로시간은 48시간을 초과할 수 없다.

② 사용자는 근로자대표와의 서면 합의에 따라 다음 각 호의 사항을 정하면 3개월 이내의 단위기간을 평균하여 1주 간의 근로시간이 제50조 제1항의 근로시간을 초과하지 아니하는 범위에서 특정한 주에 제50조 제1항의 근로시간을, 특정한 날에 제50조 제2항의 근로시간을 초과하여 근로하게 할 수 있다. 다만, 특정한 주의 근로시간은 52시간을, 특정한 날의 근로시간은 12시간을 초과할 수 없다.

1. 대상 근로자의 범위

2. 단위기간(3개월 이내의 일정한 기간으로 정하여야 한다)

3. 단위기간의 근로일과 그 근로일별 근로시간

4. 그 밖에 대통령령으로 정하는 사항

③ 제1항과 제2항은 15세 이상 18세 미만의 근로자와 임신 중인 여성 근로자에 대하여는 적용하지 아니한다.

④ 사용자는 제1항 및 제2항에 따라 근로자를 근로시킬 경우에는 기존의 임금 수준이 낮아지지 아니하도록 임금보전방안(賃金補塡方案)을 강구하여야 한다.

제51조의2(3개월을 초과하는 탄력적 근로시간제) ① 사용자는 근로자대표와의 서면 합의에 따라 다음 각 호의 사항을 정하면 3개월을 초과하고 6개월 이내의 단위기간을 평균하여 1주간의 근로시간이 제50조 제1항의 근로시간을 초과하지 아

니하는 범위에서 특정한 주에 제50조 제1항의 근로시간을, 특정한 날에 제50조 제2항의 근로시간을 초과하여 근로하게 할 수 있다. 다만, 특정한 주의 근로시간은 52시간을, 특정한 날의 근로시간은 12시간을 초과할 수 없다.

1. 대상 근로자의 범위
2. 단위기간(3개월을 초과하고 6개월 이내의 일정한 기간으로 정하여야 한다)
3. 단위기간의 주별 근로시간
4. 그 밖에 대통령령으로 정하는 사항

② 사용자는 제1항에 따라 근로자를 근로시킬 경우에는 근로일 종료 후 다음 근로일 개시 전까지 근로자에게 연속하여 11시간 이상의 휴식 시간을 주어야 한다. 다만, 천재지변 등 대통령령으로 정하는 불가피한 경우에는 근로자대표와의 서면 합의가 있으면 이에 따른다.

③ 사용자는 제1항제3호에 따른 각 주의 근로일이 시작되기 2주 전까지 근로자에게 해당 주의 근로일별 근로시간을 통보하여야 한다.

④ 사용자는 제1항에 따른 근로자대표와의 서면 합의 당시에는 예측하지 못한 천재지변, 기계 고장, 업무량 급증 등 불가피한 사유가 발생한 때에는 제1항제2호에 따른 단위기간 내에서 평균하여 1주간의 근로시간이 유지되는 범위에서 근로자대표와의 협의를 거쳐 제1항제3호의 사항을 변경할 수 있다. 이 경우 해당 근로자에게 변경된 근로일이 개시되기 전에 변경된 근로일별 근로시간을 통보하여야 한다.

⑤ 사용자는 제1항에 따라 근로자를 근로시킬 경우에는 기존의 임금 수준이 낮아지지 아니하도록 임금항목을 조정 또는 신설하거나 가산임금 지급 등의 임금보전방안(賃金補塡方案)을 마련하여 고용노동부장관에게 신고하여야 한다. 다만, 근로자대표와의 서면합의로 임금보전방안을 마련한 경우에는 그러하지 아니하다.

⑥ 제1항부터 제5항까지의 규정은 15세 이상 18세 미만의 근로자와 임신 중인 여성 근로자에 대해서는 적용하지 아니한다.

제51조의3(근로한 기간이 단위기간보다 짧은 경우의 임금 정산) 사용자는 제51조 및 제51조의2에 따른 단위기간 중 근로자가 근로한 기간이 그 단위기간보다 짧은 경우에는 그 단위기간 중 해당 근로자가 근로한 기간을 평균하여 1주간에 40시간을 초과하여 근로한 시간 전부에 대하여 제56조 제1항에 따른 가산임금을 지급하여야 한다.

제52조(선택적 근로시간제) ① 사용자는 취업규칙(취업규칙에 준하는 것을 포함한다)에 따라 업무의 시작 및 종료 시각을 근로자의 결정에 맡기기로 한 근로자에 대하여 근로자대표와의 서면 합의에 따라 다음 각 호의 사항을 정하면 1개월(신상품 또는 신기술의 연구개발 업무의 경우에는 3개월로 한다) 이내의 정산기간을 평균하여 1주간의 근로시간이 제50조제1항의 근로시간을 초과하지 아니하는 범위에서 1주 간에 제50조제1항의 근로시간을, 1일에 제50조제2항의 근로시간을 초과하여 근로하게 할 수 있다.

1. 대상 근로자의 범위(15세 이상 18세 미만의 근로자는 제외한다)
2. 정산기간
3. 정산기간의 총 근로시간
4. 반드시 근로하여야 할 시간대를 정하는 경우에는 그 시작 및 종료 시각
5. 근로자가 그의 결정에 따라 근로할 수 있는 시간대를 정하는 경우에는 그 시작 및 종료 시각
6. 그 밖에 대통령령으로 정하는 사항

② 사용자는 제1항에 따라 1개월을 초과하는 정산기간을 정하는 경우에는 다음 각 호의 조치를 하여야 한다.

1. 근로일 종료 후 다음 근로일 시작 전까지 근로자에게 연속하여 11시간 이상의 휴식 시간을 줄 것. 다만, 천재지변 등 대통령령으로 정하는 불가피한 경우에는 근로자대표와의 서면 합의가 있으면 이에 따른다.
2. 매 1개월마다 평균하여 1주간의 근로시간이 제50조제1항의 근로시간을 초과한 시간에 대해서는 통상임금의 100분의 50 이상을 가산하여 근로자에게 지급할 것. 이 경우 제56조 제1항은 적용하지 아니한다.

제53조(연장 근로의 제한) ① 당사자 간에 합의하면 1주 간에 12시간을 한도로 제50조의 근로시간을 연장할 수 있다.

② 당사자 간에 합의하면 1주 간에 12시간을 한도로 제51조 및 제51조의2의 근로시간을 연장할 수 있고, 제52조 제1항 제2호의 정산기간을 평균하여 1주 간에 12시간을 초과하지 아니하는 범위에서 제52조 제1항의 근로시간을 연장할 수 있다.

③ 상시 30명 미만의 근로자를 사용하는 사용자는 다음 각 호에 대하여 근로자대표와 서면으로 합의한 경우 제1항 또는 제2항에 따라 연장된 근로시간에 더하여

1주 간에 8시간을 초과하지 아니하는 범위에서 근로시간을 연장할 수 있다.

1. 제1항 또는 제2항에 따라 연장된 근로시간을 초과할 필요가 있는 사유 및 그 기간

2. 대상 근로자의 범위

④ 사용자는 특별한 사정이 있으면 고용노동부장관의 인가와 근로자의 동의를 받아 제1항과 제2항의 근로시간을 연장할 수 있다. 다만, 사태가 급박하여 고용노동부장관의 인가를 받을 시간이 없는 경우에는 사후에 지체 없이 승인을 받아야 한다.

⑤ 고용노동부장관은 제4항에 따른 근로시간의 연장이 부적당하다고 인정하면 그 후 연장시간에 상당하는 휴게시간이나 휴일을 줄 것을 명할 수 있다.

⑥ 제3항은 15세 이상 18세 미만의 근로자에 대하여는 적용하지 아니한다.

⑦ 사용자는 제4항에 따라 연장 근로를 하는 근로자의 건강 보호를 위하여 건강검진 실시 또는 휴식시간 부여 등 고용노동부장관이 정하는 바에 따라 적절한 조치를 하여야 한다.

 [법률 제15513호(2018. 3. 20.) 부칙 제2조의 규정에 의하여 이 조 제3항 및 제6항은 2022년 12월 31일까지 유효함.]

제54조(휴게) ① 사용자는 근로시간이 4시간인 경우에는 30분 이상, 8시간인 경우에는 1시간 이상의 휴게시간을 근로시간 도중에 주어야 한다.

② 휴게시간은 근로자가 자유롭게 이용할 수 있다.

  제55조(휴일) ① 사용자는 근로자에게 1주에 평균 1회 이상의 유급휴일을 보장하여야 한다.

② 사용자는 근로자에게 대통령령으로 정하는 휴일을 유급으로 보장하여야 한다. 다만, 근로자대표와 서면으로 합의한 경우 특정한 근로일로 대체할 수 있다.

[시행일] 제55조제2항의 개정규정은 다음 각 호의 구분에 따른 날부터 시행한다.

1. 상시 300명 이상의 근로자를 사용하는 사업 또는 사업장, 「공공기관의 운영에 관한 법률」 제4조에 따른 공공기관, 「지방공기업법」 제49조 및 같은 법 제76조에 따른 지방공사 및 지방공단, 국가 · 지방자치단체 또는 정부투자기관이 자본금의 2분의 1 이상을 출자하거나 기본재산의 2분의 1 이상을 출연한 기관 · 단체와 그 기관 · 단체가 자본금의 2분의 1 이상을 출자하거나 기본재산의 2분의 1 이상을 출연한 기관 · 단체, 국가 및 지방자치단체의 기관: 2020년 1월 1일

2. 상시 30명 이상 300명 미만의 근로자를 사용하는 사업 또는 사업장: 2021년 1월 1일

3. 상시 5인 이상 30명 미만의 근로자를 사용하는 사업 또는 사업장: 2022년 1월 1일

제56조(연장·야간 및 휴일 근로) ① 사용자는 연장근로(제53조·제59조 및 제69조 단서에 따라 연장된 시간의 근로를 말한다)에 대하여는 통상임금의 100분의 50 이상을 가산하여 근로자에게 지급하여야 한다.

② 제1항에도 불구하고 사용자는 휴일근로에 대하여는 다음 각 호의 기준에 따른 금액 이상을 가산하여 근로자에게 지급하여야 한다.

1. 8시간 이내의 휴일근로: 통상임금의 100분의 50

2. 8시간을 초과한 휴일근로: 통상임금의 100분의 100

③ 사용자는 야간근로(오후 10시부터 다음 날 오전 6시 사이의 근로를 말한다)에 대하여는 통상임금의 100분의 50 이상을 가산하여 근로자에게 지급하여야 한다.

제57조(보상 휴가제) 사용자는 근로자대표와의 서면 합의에 따라 제51조의3, 제52조 제2항 제2호 및 제56조에 따른 연장근로·야간근로 및 휴일근로 등에 대하여 임금을 지급하는 것을 갈음하여 휴가를 줄 수 있다.

제58조(근로시간 계산의 특례) ① 근로자가 출장이나 그 밖의 사유로 근로시간의 전부 또는 일부를 사업장 밖에서 근로하여 근로시간을 산정하기 어려운 경우에는 소정근로시간을 근로한 것으로 본다. 다만, 그 업무를 수행하기 위하여 통상적으로 소정근로시간을 초과하여 근로할 필요가 있는 경우에는 그 업무의 수행에 통상 필요한 시간을 근로한 것으로 본다.

② 제1항 단서에도 불구하고 그 업무에 관하여 근로자대표와의 서면 합의를 한 경우에는 그 합의에서 정하는 시간을 그 업무의 수행에 통상 필요한 시간으로 본다.

③ 업무의 성질에 비추어 업무 수행 방법을 근로자의 재량에 위임할 필요가 있는 업무로서 대통령령으로 정하는 업무는 사용자가 근로자대표와 서면 합의로 정한 시간을 근로한 것으로 본다. 이 경우 그 서면 합의에는 다음 각 호의 사항을 명시하여야 한다.

1. 대상 업무

2. 사용자가 업무의 수행 수단 및 시간 배분 등에 관하여 근로자에게 구체적인 지시를 하지 아니한다는 내용

3. 근로시간의 산정은 그 서면 합의로 정하는 바에 따른다는 내용

④ 제1항과 제3항의 시행에 필요한 사항은 대통령령으로 정한다.

제59조(근로시간 및 휴게시간의 특례) ① 「통계법」 제22조 제1항에 따라 통계청장이 고시하는 산업에 관한 표준의 중분류 또는 소분류 중 다음 각 호의 어느 하나에 해당하는 사업에 대하여 사용자가 근로자대표와 서면으로 합의한 경우에는 제53조 제1항에 따른 주(週) 12시간을 초과하여 연장근로를 하게 하거나 제54조에 따른 휴게시간을 변경할 수 있다.

1. 육상운송 및 파이프라인 운송업. 다만, 「여객자동차 운수사업법」 제3조 제1항 제1호에 따른 노선(路線) 여객자동차운송사업은 제외한다.

2. 수상운송업

3. 항공운송업

4. 기타 운송관련 서비스업

5. 보건업

② 제1항의 경우 사용자는 근로일 종료 후 다음 근로일 개시 전까지 근로자에게 연속하여 11시간 이상의 휴식 시간을 주어야 한다.

제60조(연차 유급휴가) ① 사용자는 1년간 80퍼센트 이상 출근한 근로자에게 15일의 유급휴가를 주어야 한다.

② 사용자는 계속하여 근로한 기간이 1년 미만인 근로자 또는 1년간 80퍼센트 미만 출근한 근로자에게 1개월 개근 시 1일의 유급휴가를 주어야 한다.

③ 삭제 〈2017. 11. 28.〉

④ 사용자는 3년 이상 계속하여 근로한 근로자에게는 제1항에 따른 휴가에 최초 1년을 초과하는 계속 근로 연수 매 2년에 대하여 1일을 가산한 유급휴가를 주어야 한다. 이 경우 가산휴가를 포함한 총 휴가 일수는 25일을 한도로 한다.

⑤ 사용자는 제1항부터 제4항까지의 규정에 따른 휴가를 근로자가 청구한 시기에 주어야 하고, 그 기간에 대하여는 취업규칙 등에서 정하는 통상임금 또는 평균임금을 지급하여야 한다. 다만, 근로자가 청구한 시기에 휴가를 주는 것이 사업 운영에 막대한 지장이 있는 경우에는 그 시기를 변경할 수 있다.

⑥ 제1항 및 제2항을 적용하는 경우 다음 각 호의 어느 하나에 해당하는 기간은 출

근한 것으로 본다.

1. 근로자가 업무상의 부상 또는 질병으로 휴업한 기간

2. 임신 중의 여성이 제74조 제1항부터 제3항까지의 규정에 따른 휴가로 휴업한 기간

3. 「남녀고용평등과 일·가정 양립 지원에 관한 법률」 제19조 제1항에 따른 육아휴직으로 휴업한 기간

⑦ 제1항·제2항 및 제4항에 따른 휴가는 1년간(계속하여 근로한 기간이 1년 미만인 근로자의 제2항에 따른 유급휴가는 최초 1년의 근로가 끝날 때까지의 기간을 말한다) 행사하지 아니하면 소멸된다. 다만, 사용자의 귀책사유로 사용하지 못한 경우에는 그러하지 아니하다.

제61조(연차 유급휴가의 사용 촉진) ① 사용자가 제60조 제1항·제2항 및 제4항에 따른 유급휴가(계속하여 근로한 기간이 1년 미만인 근로자의 제60조 제2항에 따른 유급휴가는 제외한다)의 사용을 촉진하기 위하여 다음 각 호의 조치를 하였음에도 불구하고 근로자가 휴가를 사용하지 아니하여 제60조제7항 본문에 따라 소멸된 경우에는 사용자는 그 사용하지 아니한 휴가에 대하여 보상할 의무가 없고, 제60조제7항 단서에 따른 사용자의 귀책사유에 해당하지 아니하는 것으로 본다.

1. 제60조제7항 본문에 따른 기간이 끝나기 6개월 전을 기준으로 10일 이내에 사용자가 근로자별로 사용하지 아니한 휴가 일수를 알려주고, 근로자가 그 사용 시기를 정하여 사용자에게 통보하도록 서면으로 촉구할 것

2. 제1호에 따른 촉구에도 불구하고 근로자가 촉구를 받은 때부터 10일 이내에 사용하지 아니한 휴가의 전부 또는 일부의 사용 시기를 정하여 사용자에게 통보하지 아니하면 제60조제7항 본문에 따른 기간이 끝나기 2개월 전까지 사용자가 사용하지 아니한 휴가의 사용 시기를 정하여 근로자에게 서면으로 통보할 것

② 사용자가 계속하여 근로한 기간이 1년 미만인 근로자의 제60조 제2항에 따른 유급휴가의 사용을 촉진하기 위하여 다음 각 호의 조치를 하였음에도 불구하고 근로자가 휴가를 사용하지 아니하여 제60조제7항 본문에 따라 소멸된 경우에는 사용자는 그 사용하지 아니한 휴가에 대하여 보상할 의무가 없고, 같은 항 단서에 따른 사용자의 귀책사유에 해당하지 아니하는 것으로 본다. 〈신설 2020. 3. 31.〉

1. 최초 1년의 근로기간이 끝나기 3개월 전을 기준으로 10일 이내에 사용자가 근로자별로 사용하지 아니한 휴가 일수를 알려주고, 근로자가 그 사용 시기를 정하여 사용자에게 통보하도록 서면으로 촉구할 것. 다만, 사용자가 서면 촉구한 후 발생한 휴가에 대해서는 최초 1년의 근로기간이 끝나기 1개월 전을 기준으로 5일 이내에 촉구하여야 한다.

2. 제1호에 따른 촉구에도 불구하고 근로자가 촉구를 받은 때부터 10일 이내에 사용하지 아니한 휴가의 전부 또는 일부의 사용 시기를 정하여 사용자에게 통보하지 아니하면 최초 1년의 근로기간이 끝나기 1개월 전까지 사용자가 사용하지 아니한 휴가의 사용 시기를 정하여 근로자에게 서면으로 통보할 것. 다만, 제1호 단서에 따라 촉구한 휴가에 대해서는 최초 1년의 근로기간이 끝나기 10일 전까지 서면으로 통보하여야 한다.

제62조(유급휴가의 대체) 사용자는 근로자대표와의 서면 합의에 따라 제60조에 따른 연차 유급휴가일을 갈음하여 특정한 근로일에 근로자를 휴무시킬 수 있다.

제63조(적용의 제외) 이 장과 제5장에서 정한 근로시간, 휴게와 휴일에 관한 규정은 다음 각 호의 어느 하나에 해당하는 근로자에 대하여는 적용하지 아니한다.

1. 토지의 경작ㆍ개간, 식물의 식재(植栽)ㆍ재배ㆍ채취 사업, 그 밖의 농림 사업

2. 동물의 사육, 수산 동식물의 채취ㆍ포획ㆍ양식 사업, 그 밖의 축산, 양잠, 수산 사업

3. 감시(監視) 또는 단속적(斷續的)으로 근로에 종사하는 사람으로서 사용자가 고용노동부장관의 승인을 받은 사람

4. 대통령령으로 정하는 업무에 종사하는 근로자

제5장 여성과 소년

제64조(최저 연령과 취직인허증) ① 15세 미만인 사람(「초ㆍ중등교육법」에 따른 중학교에 재학 중인 18세 미만인 사람을 포함한다)은 근로자로 사용하지 못한다. 다만, 대통령령으로 정하는 기준에 따라 고용노동부장관이 발급한 취직인허증(就職認許證)을 지닌 사람은 근로자로 사용할 수 있다.

② 제1항의 취직인허증은 본인의 신청에 따라 의무교육에 지장이 없는 경우에는 직종(職種)을 지정하여서만 발행할 수 있다.

③ 고용노동부장관은 거짓이나 그 밖의 부정한 방법으로 제1항 단서의 취직인허증을 발급받은 사람에게는 그 인허를 취소하여야 한다.

제65조(사용 금지) ① 사용자는 임신 중이거나 산후 1년이 지나지 아니한 여성(이하 "임산부"라 한다)과 18세 미만자를 도덕상 또는 보건상 유해·위험한 사업에 사용하지 못한다.

② 사용자는 임산부가 아닌 18세 이상의 여성을 제1항에 따른 보건상 유해·위험한 사업 중 임신 또는 출산에 관한 기능에 유해·위험한 사업에 사용하지 못한다.

③ 제1항 및 제2항에 따른 금지 직종은 대통령령으로 정한다.

제66조(연소자 증명서) 사용자는 18세 미만인 사람에 대하여는 그 연령을 증명하는 가족관계기록사항에 관한 증명서와 친권자 또는 후견인의 동의서를 사업장에 갖추어 두어야 한다.

제67조(근로계약) ① 친권자나 후견인은 미성년자의 근로계약을 대리할 수 없다.

② 친권자, 후견인 또는 고용노동부장관은 근로계약이 미성년자에게 불리하다고 인정하는 경우에는 이를 해지할 수 있다.

③ 사용자는 18세 미만인 사람과 근로계약을 체결하는 경우에는 제17조에 따른 근로조건을 서면(「전자문서 및 전자거래 기본법」 제2조 제1호에 따른 전자문서를 포함한다)으로 명시하여 교부하여야 한다.

제68조(임금의 청구) 미성년자는 독자적으로 임금을 청구할 수 있다.

제69조(근로시간) 15세 이상 18세 미만인 사람의 근로시간은 1일에 7시간, 1주에 35시간을 초과하지 못한다. 다만, 당사자 사이의 합의에 따라 1일에 1시간, 1주에 5시간을 한도로 연장할 수 있다.

제70조(야간근로와 휴일근로의 제한) ① 사용자는 18세 이상의 여성을 오후 10시부터 오전 6시까지의 시간 및 휴일에 근로시키려면 그 근로자의 동의를 받아야 한다.

② 사용자는 임산부와 18세 미만자를 오후 10시부터 오전 6시까지의 시간 및 휴일에 근로시키지 못한다. 다만, 다음 각 호의 어느 하나에 해당하는 경우로서 고용노동부장관의 인가를 받으면 그러하지 아니하다.

1. 18세 미만자의 동의가 있는 경우
2. 산후 1년이 지나지 아니한 여성의 동의가 있는 경우
3. 임신 중의 여성이 명시적으로 청구하는 경우

③ 사용자는 제2항의 경우 고용노동부장관의 인가를 받기 전에 근로자의 건강 및 모성 보호를 위하여 그 시행 여부와 방법 등에 관하여 그 사업 또는 사업장의 근로자대표와 성실하게 협의하여야 한다.

제71조(시간외근로) 사용자는 산후 1년이 지나지 아니한 여성에 대하여는 단체협약이 있는 경우라도 1일에 2시간, 1주에 6시간, 1년에 150시간을 초과하는 시간외근로를 시키지 못한다.

제72조(갱내근로의 금지) 사용자는 여성과 18세 미만인 사람을 갱내(坑內)에서 근로시키지 못한다. 다만, 보건·의료, 보도·취재 등 대통령령으로 정하는 업무를 수행하기 위하여 일시적으로 필요한 경우에는 그러하지 아니하다.

제73조(생리휴가) 사용자는 여성 근로자가 청구하면 월 1일의 생리휴가를 주어야 한다.

제74조(임산부의 보호) ① 사용자는 임신 중의 여성에게 출산 전과 출산 후를 통하여 90일(한 번에 둘 이상 자녀를 임신한 경우에는 120일)의 출산전후휴가를 주어야 한다. 이 경우 휴가 기간의 배정은 출산 후에 45일(한 번에 둘 이상 자녀를 임신한 경우에는 60일) 이상이 되어야 한다.

② 사용자는 임신 중인 여성 근로자가 유산의 경험 등 대통령령으로 정하는 사유로 제1항의 휴가를 청구하는 경우 출산 전 어느 때 라도 휴가를 나누어 사용할 수 있도록 하여야 한다. 이 경우 출산 후의 휴가 기간은 연속하여 45일(한 번에 둘 이상 자녀를 임신한 경우에는 60일) 이상이 되어야 한다.

③ 사용자는 임신 중인 여성이 유산 또는 사산한 경우로서 그 근로자가 청구하면 대통령령으로 정하는 바에 따라 유산·사산 휴가를 주어야 한다. 다만, 인공 임신중절 수술(「모자보건법」 제14조 제1항에 따른 경우는 제외한다)에 따른 유산의 경우는 그러하지 아니하다.

④ 제1항부터 제3항까지의 규정에 따른 휴가 중 최초 60일(한 번에 둘 이상 자녀를 임신한 경우에는 75일)은 유급으로 한다. 다만, 「남녀고용평등과 일·가정 양립 지원에 관한 법률」 제18조에 따라 출산전후휴가급여 등이 지급된 경우에는 그 금액의 한도에서 지급의 책임을 면한다.

⑤ 사용자는 임신 중의 여성 근로자에게 시간외근로를 하게 하여서는 아니 되며, 그 근로자의 요구가 있는 경우에는 쉬운 종류의 근로로 전환하여야 한다.

⑥ 사업주는 제1항에 따른 출산전후휴가 종료 후에는 휴가 전과 동일한 업무 또는

동등한 수준의 임금을 지급하는 직무에 복귀시켜야 한다.

⑦ 사용자는 임신 후 12주 이내 또는 36주 이후에 있는 여성 근로자가 1일 2시간의 근로시간 단축을 신청하는 경우 이를 허용하여야 한다. 다만, 1일 근로시간이 8시간 미만인 근로자에 대하여는 1일 근로시간이 6시간이 되도록 근로시간 단축을 허용할 수 있다.

⑧ 사용자는 제7항에 따른 근로시간 단축을 이유로 해당 근로자의 임금을 삭감하여서는 아니 된다.

⑨ 제7항에 따른 근로시간 단축의 신청방법 및 절차 등에 필요한 사항은 대통령령으로 정한다.

제74조(임산부의 보호) ① 사용자는 임신 중의 여성에게 출산 전과 출산 후를 통하여 90일(한 번에 둘 이상 자녀를 임신한 경우에는 120일)의 출산전후휴가를 주어야 한다. 이 경우 휴가 기간의 배정은 출산 후에 45일(한 번에 둘 이상 자녀를 임신한 경우에는 60일) 이상이 되어야 한다.

② 사용자는 임신 중인 여성 근로자가 유산의 경험 등 대통령령으로 정하는 사유로 제1항의 휴가를 청구하는 경우 출산 전 어느 때 라도 휴가를 나누어 사용할 수 있도록 하여야 한다. 이 경우 출산 후의 휴가 기간은 연속하여 45일(한 번에 둘 이상 자녀를 임신한 경우에는 60일) 이상이 되어야 한다.

③ 사용자는 임신 중인 여성이 유산 또는 사산한 경우로서 그 근로자가 청구하면 대통령령으로 정하는 바에 따라 유산·사산 휴가를 주어야 한다. 다만, 인공 임신중절 수술(「모자보건법」 제14조제1항에 따른 경우는 제외한다)에 따른 유산의 경우는 그러하지 아니하다.

④ 제1항부터 제3항까지의 규정에 따른 휴가 중 최초 60일(한 번에 둘 이상 자녀를 임신한 경우에는 75일)은 유급으로 한다. 다만, 「남녀고용평등과 일·가정 양립 지원에 관한 법률」 제18조에 따라 출산전후휴가급여 등이 지급된 경우에는 그 금액의 한도에서 지급의 책임을 면한다.

⑤ 사용자는 임신 중의 여성 근로자에게 시간외근로를 하게 하여서는 아니 되며, 그 근로자의 요구가 있는 경우에는 쉬운 종류의 근로로 전환하여야 한다.

⑥ 사업주는 제1항에 따른 출산전후휴가 종료 후에는 휴가 전과 동일한 업무 또는 동등한 수준의 임금을 지급하는 직무에 복귀시켜야 한다.

⑦ 사용자는 임신 후 12주 이내 또는 36주 이후에 있는 여성 근로자가 1일 2시간

의 근로시간 단축을 신청하는 경우 이를 허용하여야 한다. 다만, 1일 근로시간
이 8시간 미만인 근로자에 대하여는 1일 근로시간이 6시간이 되도록 근로시간
단축을 허용할 수 있다.

⑧ 사용자는 제7항에 따른 근로시간 단축을 이유로 해당 근로자의 임금을 삭감하여
서는 아니 된다.

⑨ 사용자는 임신 중인 여성 근로자가 1일 소정근로시간을 유지하면서 업무의 시작
및 종료 시각의 변경을 신청하는 경우 이를 허용하여야 한다. 다만, 정상적인
사업 운영에 중대한 지장을 초래하는 경우 등 대통령령으로 정하는 경우에는 그
러하지 아니하다.

⑩ 제7항에 따른 근로시간 단축의 신청방법 및 절차, 제9항에 따른 업무의 시작 및
종료 시각 변경의 신청방법 및 절차 등에 관하여 필요한 사항은 대통령령으로
정한다.

제74조의2(태아검진 시간의 허용 등) ① 사용자는 임신한 여성근로자가 「모자보건
법」 제10조에 따른 임산부 정기건강진단을 받는데 필요한 시간을 청구하는 경우
이를 허용하여 주어야 한다.

② 사용자는 제1항에 따른 건강진단 시간을 이유로 그 근로자의 임금을 삭감하여서
는 아니 된다.

제75조(육아 시간) 생후 1년 미만의 유아(乳兒)를 가진 여성 근로자가 청구하면 1일
2회 각각 30분 이상의 유급 수유 시간을 주어야 한다.

제6장 안전과 보건

제76조(안전과 보건) 근로자의 안전과 보건에 관하여는 「산업안전보건법」에서 정하
는 바에 따른다.

제6장의2 직장 내 괴롭힘의 금지

제76조의2(직장 내 괴롭힘의 금지) 사용자 또는 근로자는 직장에서의 지위 또는 관
계 등의 우위를 이용하여 업무상 적정범위를 넘어 다른 근로자에게 신체적·정
신적 고통을 주거나 근무환경을 악화시키는 행위(이하 "직장 내 괴롭힘"이라 한

다)를 하여서는 아니 된다.

제76조의3(직장 내 괴롭힘 발생 시 조치) ① 누구든지 식상 내 괴롭힘 발생 사실을 알게 된 경우 그 사실을 사용자에게 신고할 수 있다.

② 사용자는 제1항에 따른 신고를 접수하거나 직장 내 괴롭힘 발생 사실을 인지한 경우에는 지체 없이 그 사실 확인을 위한 조사를 실시하여야 한다.

③ 사용자는 제2항에 따른 조사 기간 동안 직장 내 괴롭힘과 관련하여 피해를 입은 근로자 또는 피해를 입었다고 주장하는 근로자(이하 "피해근로자등"이라 한다)를 보호하기 위하여 필요한 경우 해당 피해근로자등에 대하여 근무장소의 변경, 유급휴가 명령 등 적절한 조치를 하여야 한다. 이 경우 사용자는 피해근로자등의 의사에 반하는 조치를 하여서는 아니 된다.

④ 사용자는 제2항에 따른 조사 결과 직장 내 괴롭힘 발생 사실이 확인된 때에는 피해근로자가 요청하면 근무장소의 변경, 배치전환, 유급휴가 명령 등 적절한 조치를 하여야 한다.

⑤ 사용자는 제2항에 따른 조사 결과 직장 내 괴롭힘 발생 사실이 확인된 때에는 지체 없이 행위자에 대하여 징계, 근무장소의 변경 등 필요한 조치를 하여야 한다. 이 경우 사용자는 징계 등의 조치를 하기 전에 그 조치에 대하여 피해근로자의 의견을 들어야 한다.

⑥ 사용자는 직장 내 괴롭힘 발생 사실을 신고한 근로자 및 피해근로자등에게 해고나 그 밖의 불리한 처우를 하여서는 아니 된다.

제76조의3(직장 내 괴롭힘 발생 시 조치) ① 누구든지 직장 내 괴롭힘 발생 사실을 알게 된 경우 그 사실을 사용자에게 신고할 수 있다.

② 사용자는 제1항에 따른 신고를 접수하거나 직장 내 괴롭힘 발생 사실을 인지한 경우에는 지체 없이 당사자 등을 대상으로 그 사실 확인을 위하여 객관적으로 조사를 실시하여야 한다.

③ 사용자는 제2항에 따른 조사 기간 동안 직장 내 괴롭힘과 관련하여 피해를 입은 근로자 또는 피해를 입었다고 주장하는 근로자(이하 "피해근로자등"이라 한다)를 보호하기 위하여 필요한 경우 해당 피해근로자등에 대하여 근무장소의 변경, 유급휴가 명령 등 적절한 조치를 하여야 한다. 이 경우 사용자는 피해근로자등의 의사에 반하는 조치를 하여서는 아니 된다.

④ 사용자는 제2항에 따른 조사 결과 직장 내 괴롭힘 발생 사실이 확인된 때에는

피해근로자가 요청하면 근무장소의 변경, 배치전환, 유급휴가 명령 등 적절한 조치를 하여야 한다.

⑤ 사용자는 제2항에 따른 조사 결과 직장 내 괴롭힘 발생 사실이 확인된 때에는 지체 없이 행위자에 대하여 징계, 근무장소의 변경 등 필요한 조치를 하여야 한다. 이 경우 사용자는 징계 등의 조치를 하기 전에 그 조치에 대하여 피해근로자의 의견을 들어야 한다.

⑥ 사용자는 직장 내 괴롭힘 발생 사실을 신고한 근로자 및 피해근로자등에게 해고나 그 밖의 불리한 처우를 하여서는 아니 된다.

⑦ 제2항에 따라 직장 내 괴롭힘 발생 사실을 조사한 사람, 조사 내용을 보고받은 사람 및 그 밖에 조사 과정에 참여한 사람은 해당 조사 과정에서 알게 된 비밀을 피해근로자등의 의사에 반하여 다른 사람에게 누설하여서는 아니 된다. 다만, 조사와 관련된 내용을 사용자에게 보고하거나 관계 기관의 요청에 따라 필요한 정보를 제공하는 경우는 제외한다.

제7장 기능 습득

제77조(기능 습득자의 보호) 사용자는 양성공, 수습, 그 밖의 명칭을 불문하고 기능의 습득을 목적으로 하는 근로자를 혹사하거나 가사, 그 밖의 기능 습득과 관계 없는 업무에 종사시키지 못한다.

제8장 재해보상

제78조(요양보상) ① 근로자가 업무상 부상 또는 질병에 걸리면 사용자는 그 비용으로 필요한 요양을 행하거나 필요한 요양비를 부담하여야 한다.

② 제1항에 따른 업무상 질병과 요양의 범위 및 요양보상의 시기는 대통령령으로 정한다.

제79조(휴업보상) ① 사용자는 제78조에 따라 요양 중에 있는 근로자에게 그 근로자의 요양 중 평균임금의 100분의 60의 휴업보상을 하여야 한다.

② 제1항에 따른 휴업보상을 받을 기간에 그 보상을 받을 사람이 임금의 일부를 지급받은 경우에는 사용자는 평균임금에서 그 지급받은 금액을 뺀 금액의 100분

의 60의 휴업보상을 하여야 한다.

③ 휴업보상의 시기는 대통령령으로 정한다.

제80조(장해보상) ① 근로자가 업무상 부상 또는 질병에 걸리고, 완치된 후 신체에 장해가 있으면 사용자는 그 장해 정도에 따라 평균임금에 별표에서 정한 일수를 곱한 금액의 장해보상을 하여야 한다.

② 이미 신체에 장해가 있는 사람이 부상 또는 질병으로 인하여 같은 부위에 장해가 더 심해진 경우에 그 장해에 대한 장해보상 금액은 장해 정도가 더 심해진 장해등급에 해당하는 장해보상의 일수에서 기존의 장해등급에 해당하는 장해보상의 일수를 뺀 일수에 보상청구사유 발생 당시의 평균임금을 곱하여 산정한 금액으로 한다.

③ 장해보상을 하여야 하는 신체장해 등급의 결정 기준과 장해보상의 시기는 대통령령으로 정한다.

제81조(휴업보상과 장해보상의 예외) 근로자가 중대한 과실로 업무상 부상 또는 질병에 걸리고 또한 사용자가 그 과실에 대하여 노동위원회의 인정을 받으면 휴업보상이나 장해보상을 하지 아니하여도 된다.

제82조(유족보상) ① 근로자가 업무상 사망한 경우에는 사용자는 근로자가 사망한 후 지체 없이 그 유족에게 평균임금 1,000일분의 유족보상을 하여야 한다.

② 제1항에서의 유족의 범위, 유족보상의 순위 및 보상을 받기로 확정된 사람이 사망한 경우의 유족보상의 순위는 대통령령으로 정한다.

제83조(장례비) 근로자가 업무상 사망한 경우에는 사용자는 근로자가 사망한 후 지체 없이 평균임금 90일분의 장례비를 지급하여야 한다.

제84조(일시보상) 제78조에 따라 보상을 받는 근로자가 요양을 시작한 지 2년이 지나도 부상 또는 질병이 완치되지 아니하는 경우에는 사용자는 그 근로자에게 평균임금 1,340일분의 일시보상을 하여 그 후의 이 법에 따른 모든 보상책임을 면할 수 있다.

제85조(분할보상) 사용자는 지급 능력이 있는 것을 증명하고 보상을 받는 사람의 동의를 받으면 제80조, 제82조 또는 제84조에 따른 보상금을 1년에 걸쳐 분할보상을 할 수 있다.

제86조(보상 청구권) 보상을 받을 권리는 퇴직으로 인하여 변경되지 아니하고, 양도나 압류하지 못한다.

제87조(다른 손해배상과의 관계) 보상을 받게 될 사람이 동일한 사유에 대하여「민법」이나 그 밖의 법령에 따라 이 법의 재해보상에 상당한 금품을 받으면 그 가액(價額)의 한도에서 사용자는 보상의 책임을 면한다.

제88조(고용노동부장관의 심사와 중재) ① 업무상의 부상, 질병 또는 사망의 인정, 요양의 방법, 보상금액의 결정, 그 밖에 보상의 실시에 관하여 이의가 있는 자는 고용노동부장관에게 심사나 사건의 중재를 청구할 수 있다.

② 제1항의 청구가 있으면 고용노동부장관은 1개월 이내에 심사나 중재를 하여야 한다.

③ 고용노동부장관은 필요에 따라 직권으로 심사나 사건의 중재를 할 수 있다.

④ 고용노동부장관은 심사나 중재를 위하여 필요하다고 인정하면 의사에게 진단이나 검안을 시킬 수 있다.

⑤ 제1항에 따른 심사나 중재의 청구와 제2항에 따른 심사나 중재의 시작은 시효의 중단에 관하여는 재판상의 청구로 본다.

제89조(노동위원회의 심사와 중재) ① 고용노동부장관이 제88조 제2항의 기간에 심사 또는 중재를 하지 아니하거나 심사와 중재의 결과에 불복하는 자는 노동위원회에 심사나 중재를 청구할 수 있다.

② 제1항의 청구가 있으면 노동위원회는 1개월 이내에 심사나 중재를 하여야 한다.

제90조(도급 사업에 대한 예외) ① 사업이 여러 차례의 도급에 따라 행하여지는 경우의 재해보상에 대하여는 원수급인(元受給人)을 사용자로 본다.

② 제1항의 경우에 원수급인이 서면상 계약으로 하수급인에게 보상을 담당하게 하는 경우에는 그 수급인도 사용자로 본다. 다만, 2명 이상의 하수급인에게 똑같은 사업에 대하여 중복하여 보상을 담당하게 하지 못한다.

③ 제2항의 경우에 원수급인이 보상의 청구를 받으면 보상을 담당한 하수급인에게 우선 최고(催告)할 것을 청구할 수 있다. 다만, 그 하수급인이 파산의 선고를 받거나 행방이 알려지지 아니하는 경우에는 그러하지 아니하다.

제91조(서류의 보존) 사용자는 재해보상에 관한 중요한 서류를 재해보상이 끝나지 아니하거나 제92조에 따라 재해보상 청구권이 시효로 소멸되기 전에 폐기하여서는 아니 된다.

제92조(시효) 이 법의 규정에 따른 재해보상 청구권은 3년간 행사하지 아니하면 시효로 소멸한다.

제9상 취업규칙

제93조(취업규칙의 작성·신고) 상시 10명 이상의 근로자를 사용하는 사용자는 다음 각 호의 사항에 관한 취업규칙을 작성하여 고용노동부장관에게 신고하여야 한다. 이를 변경하는 경우에도 또한 같다.

1. 업무의 시작과 종료 시각, 휴게시간, 휴일, 휴가 및 교대 근로에 관한 사항
2. 임금의 결정·계산·지급 방법, 임금의 산정기간·지급시기 및 승급(昇給)에 관한 사항
3. 가족수당의 계산·지급 방법에 관한 사항
4. 퇴직에 관한 사항
5. 「근로자퇴직급여 보장법」 제4조에 따라 설정된 퇴직급여, 상여 및 최저임금에 관한 사항
6. 근로자의 식비, 작업 용품 등의 부담에 관한 사항
7. 근로자를 위한 교육시설에 관한 사항
8. 출산전후휴가·육아휴직 등 근로자의 모성 보호 및 일·가정 양립 지원에 관한 사항
9. 안전과 보건에 관한 사항
9의2. 근로자의 성별·연령 또는 신체적 조건 등의 특성에 따른 사업장 환경의 개선에 관한 사항
10. 업무상과 업무 외의 재해부조(災害扶助)에 관한 사항
11. 직장 내 괴롭힘의 예방 및 발생 시 조치 등에 관한 사항
12. 표창과 제재에 관한 사항
13. 그 밖에 해당 사업 또는 사업장의 근로자 전체에 적용될 사항

제94조(규칙의 작성, 변경 절차) ① 사용자는 취업규칙의 작성 또는 변경에 관하여 해당 사업 또는 사업장에 근로자의 과반수로 조직된 노동조합이 있는 경우에는 그 노동조합, 근로자의 과반수로 조직된 노동조합이 없는 경우에는 근로자의 과반수의 의견을 들어야 한다. 다만, 취업규칙을 근로자에게 불리하게 변경하는 경우에는 그 동의를 받아야 한다.

② 사용자는 제93조에 따라 취업규칙을 신고할 때에는 제1항의 의견을 적은 서면을

첨부하여야 한다.

제95조(제재 규정의 제한) 취업규칙에서 근로자에 대하여 감급(減給)의 제재를 정할 경우에 그 감액은 1회의 금액이 평균임금의 1일분의 2분의 1을, 총액이 1임금지급기의 임금 총액의 10분의 1을 초과하지 못한다.

제96조(단체협약의 준수) ① 취업규칙은 법령이나 해당 사업 또는 사업장에 대하여 적용되는 단체협약과 어긋나서는 아니 된다.

② 고용노동부장관은 법령이나 단체협약에 어긋나는 취업규칙의 변경을 명할 수 있다.

제97조(위반의 효력) 취업규칙에서 정한 기준에 미달하는 근로조건을 정한 근로계약은 그 부분에 관하여는 무효로 한다. 이 경우 무효로 된 부분은 취업규칙에 정한 기준에 따른다.

제10장 기숙사

제98조(기숙사 생활의 보장) ① 사용자는 사업 또는 사업장의 부속 기숙사에 기숙하는 근로자의 사생활의 자유를 침해하지 못한다.

② 사용자는 기숙사 생활의 자치에 필요한 임원 선거에 간섭하지 못한다.

제99조(규칙의 작성과 변경) ① 부속 기숙사에 근로자를 기숙시키는 사용자는 다음 각 호의 사항에 관하여 기숙사규칙을 작성하여야 한다.

 1. 기상(起床), 취침, 외출과 외박에 관한 사항
 2. 행사에 관한 사항
 3. 식사에 관한 사항
 4. 안전과 보건에 관한 사항
 5. 건설물과 설비의 관리에 관한 사항
 6. 그 밖에 기숙사에 기숙하는 근로자 전체에 적용될 사항

② 사용자는 제1항에 따른 규칙의 작성 또는 변경에 관하여 기숙사에 기숙하는 근로자의 과반수를 대표하는 자의 동의를 받아야 한다.

③ 사용자와 기숙사에 기숙하는 근로자는 기숙사규칙을 지켜야 한다.

제100조(부속 기숙사의 설치·운영 기준) 사용자는 부속 기숙사를 설치·운영할 때 다음 각 호의 사항에 관하여 대통령령으로 정하는 기준을 충족하도록 하여야 한다.

1. 기숙사의 구조와 설비

2. 기숙사의 설치 장소

3. 기숙사의 주거 환경 조성

4. 기숙사의 면적

5. 그 밖에 근로자의 안전하고 쾌적한 주거를 위하여 필요한 사항

제100조의2(부속 기숙사의 유지관리 의무) 사용자는 제100조에 따라 설치한 부속 기숙
　사에 대하여 근로자의 건강 유지, 사생활 보호 등을 위한 조치를 하여야 한다.

제11장 근로감독관 등

제101조(감독 기관) ① 근로조건의 기준을 확보하기 위하여 고용노동부와 그 소속
　기관에 근로감독관을 둔다.

　② 근로감독관의 자격, 임면(任免), 직무 배치에 관한 사항은 대통령령으로 정한다.

제102조(근로감독관의 권한) ① 근로감독관은 사업장, 기숙사, 그 밖의 부속 건물을
　현장조사하고 장부와 서류의 제출을 요구할 수 있으며 사용자와 근로자에 대하
　여 심문(尋問)할 수 있다.

② 의사인 근로감독관이나 근로감독관의 위촉을 받은 의사는 취업을 금지하여야 할
　질병에 걸릴 의심이 있는 근로자에 대하여 검진할 수 있다.

③ 제1항 및 제2항의 경우에 근로감독관이나 그 위촉을 받은 의사는 그 신분증명서
　와 고용노동부장관의 현장조사 또는 검진지령서(檢診指令書)를 제시하여야 한다.

④ 제3항의 현장조사 또는 검진지령서에는 그 일시, 장소 및 범위를 분명하게 적어
　야 한다.

⑤ 근로감독관은 이 법이나 그 밖의 노동 관계 법령 위반의 죄에 관하여 「사법경찰
　관리의 직무를 행할 자와 그 직무범위에 관한 법률」에서 정하는 바에 따라 사법
　경찰관의 직무를 수행한다.

제103조(근로감독관의 의무) 근로감독관은 직무상 알게 된 비밀을 엄수하여야 한다.
　근로감독관을 그만 둔 경우에도 또한 같다.

제104조(감독 기관에 대한 신고) ① 사업 또는 사업장에서 이 법 또는 이 법에 따
　른 대통령령을 위반한 사실이 있으면 근로자는 그 사실을 고용노동부장관이나
　근로감독관에게 통보할 수 있다.

② 사용자는 제1항의 통보를 이유로 근로자에게 해고나 그 밖에 불리한 처우를 하지 못한다.

제105조(사법경찰권 행사자의 제한) 이 법이나 그 밖의 노동 관계 법령에 따른 현장조사, 서류의 제출, 심문 등의 수사는 검사와 근로감독관이 전담하여 수행한다. 다만, 근로감독관의 직무에 관한 범죄의 수사는 그러하지 아니하다.

제106조(권한의 위임) 이 법에 따른 고용노동부장관의 권한은 대통령령으로 정하는 바에 따라 그 일부를 지방고용노동관서의 장에게 위임할 수 있다.

제12장 벌칙

제107조(벌칙)제7조, 제8조, 제9조, 제23조 제2항 또는 제40조를 위반한 자는 5년 이하의 징역 또는 5천만원 이하의 벌금에 처한다.

제108조(벌칙) 근로감독관이 이 법을 위반한 사실을 고의로 묵과하면 3년 이하의 징역 또는 5년 이하의 자격정지에 처한다.

제109조(벌칙) ① 제36조, 제43조, 제44조, 제44조의2, 제46조, 제51조의3, 제52조 제2항 제2호, 제56조, 제65조, 제72조 또는 제76조의3 제6항을 위반한 자는 3년 이하의 징역 또는 3천만원 이하의 벌금에 처한다.

② 제36조, 제43조, 제44조, 제44조의2, 제46조, 제51조의3, 제52조 제2항 제2호 또는 제56조를 위반한 자에 대하여는 피해자의 명시적인 의사와 다르게 공소를 제기할 수 없다.

제110조(벌칙) 다음 각 호의 어느 하나에 해당하는 자는 2년 이하의 징역 또는 2천만원 이하의 벌금에 처한다.

 1. 제10조, 제22조 제1항, 제26조, 제50조, 제51조의2 제2항, 제52조 제2항 제1호, 제53조 제1항·제2항, 같은 조 제4항 본문·제7항, 제54조, 제55조, 제59조 제2항, 제59조 제2항, 제60조 제1항·제2항·제4항 및 제5항, 제64조 제1항, 제69조, 제70조 제1항·제2항, 제71조, 제74조 제1항부터 제5항까지, 제75조, 제78조부터 제80조까지, 제82조, 제83조 및 제104조 제2항을 위반한 자

 2. 제53조 제5항에 따른 명령을 위반한 자

제111조(벌칙)제31조 제3항에 따라 확정되거나 행정소송을 제기하여 확정된 구제명

령 또는 구제명령을 내용으로 하는 재심판정을 이행하지 아니한 자는 1년 이하의 징역 또는 1천만원 이하의 벌금에 처한다.

제112조(고발) ① 제111조의 죄는 노동위원회의 고발이 있어야 공소를 제기할 수 있다.

② 검사는 제1항에 따른 죄에 해당하는 위반행위가 있음을 노동위원회에 통보하여 고발을 요청할 수 있다.

제113조(벌칙) 제45조를 위반한 자는 1천만원 이하의 벌금에 처한다.

제114조(벌칙) 다음 각 호의 어느 하나에 해당하는 자는 500만원 이하의 벌금에 처한다.

1. 제6조, 제16조, 제17조, 제20조, 제21조, 제22조 제2항, 제47조, 제53조 제4항 단서, 제67조 제1항·제3항, 제70조 제3항, 제73조, 제74조 제6항, 제77조, 제94조, 제95조, 제100조 및 제103조를 위반한 자

2. 제96조 제2항에 따른 명령을 위반한 자

제115조(양벌규정) 사업주의 대리인, 사용인, 그 밖의 종업원이 해당 사업의 근로자에 관한 사항에 대하여 제107조, 제109조부터 제111조까지, 제113조 또는 제114조의 위반행위를 하면 그 행위자를 벌하는 외에 그 사업주에게도 해당 조문의 벌금형을 과(科)한다. 다만, 사업주가 그 위반행위를 방지하기 위하여 해당 업무에 관하여 상당한 주의와 감독을 게을리하지 아니한 경우에는 그러하지 아니하다.

제116조(과태료) ① 다음 각 호의 어느 하나에 해당하는 자에게는 500만원 이하의 과태료를 부과한다.

1. 제13조에 따른 고용노동부장관, 노동위원회 또는 근로감독관의 요구가 있는 경우에 보고 또는 출석을 하지 아니하거나 거짓된 보고를 한 자

2. 제14조, 제39조, 제41조, 제42조, 제48조, 제66조, 제74조 제7항, 제91조, 제93조, 제98조 제2항 및 제99조를 위반한 자

3. 제51조의2 제5항에 따른 임금보전방안을 신고하지 아니한 자

4. 제102조에 따른 근로감독관 또는 그 위촉을 받은 의사의 현장조사나 검진을 거절, 방해 또는 기피하고 그 심문에 대하여 진술을 하지 아니하거나 거짓된 진술을 하며 장부·서류를 제출하지 아니하거나 거짓 장부·서류를 제출한 자

② 제1항에 따른 과태료는 대통령령으로 정하는 바에 따라 고용노동부장관이 부과·

징수한다.

③ 삭제 〈2009. 5. 21.〉

④ 삭제 〈2009. 5. 21.〉

⑤ 삭제 〈2009. 5. 21.〉

23. 민원처리법

민원 처리에 관한 법률 (약칭: 민원처리법)

제1장 총칙

제1조(목적) 이 법은 민원 처리에 관한 기본적인 사항을 규정하여 민원의 공정하고 적법한 처리와 민원행정제도의 합리적 개선을 도모함으로써 국민의 권익을 보호함을 목적으로 한다.

제2조(정의) 이 법에서 사용하는 용어의 뜻은 다음과 같다.

1. "민원"이란 민원인이 행정기관에 대하여 처분 등 특정한 행위를 요구하는 것을 말하며, 그 종류는 다음 각 목과 같다.

가. 일반민원

1) 법정민원: 법령·훈령·예규·고시·자치법규 등(이하 "관계법령등"이라 한다)에서 정한 일정 요건에 따라 인가·허가·승인·특허·면허 등을 신청하거나 장부·대장 등에 등록·등재를 신청 또는 신고하거나 특정한 사실 또는 법률관계에 관한 확인 또는 증명을 신청하는 민원

2) 질의민원: 법령·제도·절차 등 행정업무에 관하여 행정기관의 설명이나 해석을 요구하는 민원

3) 건의민원: 행정제도 및 운영의 개선을 요구하는 민원

4) 기타민원: 법정민원, 질의민원, 건의민원 및 고충민원 외에 행정기관에 단순한 행정절차 또는 형식요건 등에 대한 상담·설명을 요구하거나 일상생활에서 발생하는 불편사항에 대하여 알리는 등 행정기관에 특정한 행위를 요구하는 민원

나. 고충민원: 「부패방지 및 국민권익위원회의 설치와 운영에 관한 법률」 제2조 제5호에 따른 고충민원

2. "민원인"이란 행정기관에 민원을 제기하는 개인·법인 또는 단체를 말한다. 다만, 행정기관(사경제의 주체로서 제기하는 경우는 제외한다), 행정기관과 사법

(私法)상 계약관계(민원과 직접 관련된 계약관계만 해당한다)에 있는 자, 성명·주소 등이 불명확한 자 등 대통령령으로 정하는 자는 제외한다.

3. "행정기관"이란 다음 각 목의 자를 말한다.

　가. 국회·법원·헌법재판소·중앙선거관리위원회의 행정사무를 처리하는 기관, 중앙행정기관(대통령 소속 기관과 국무총리 소속 기관을 포함한다. 이하 같다)과 그 소속 기관, 지방자치단체와 그 소속 기관

　나. 공공기관

　　1)「공공기관의 운영에 관한 법률」제4조에 따른 법인·단체 또는 기관

　　2)「지방공기업법」에 따른 지방공사 및 지방공단

　　3) 특별법에 따라 설립된 특수법인

　　4)「초·중등교육법」·「고등교육법」 및 그 밖의 다른 법률에 따라 설치된 각급 학교

　　5) 그 밖에 대통령령으로 정하는 법인·단체 또는 기관

　다. 법령 또는 자치법규에 따라 행정권한이 있거나 행정권한을 위임 또는 위탁 받은 법인·단체 또는 그 기관이나 개인

4. "처분"이란 「행정절차법」 제2조 제2호의 처분을 말한다.

5. "복합민원"이란 하나의 민원 목적을 실현하기 위하여 관계법령등에 따라 여러 관계 기관(민원과 관련된 단체·협회 등을 포함한다. 이하 같다) 또는 관계 부서의 인가·허가·승인·추천·협의 또는 확인 등을 거쳐 처리되는 법정민원을 말한다.

6. "다수인관련민원"이란 5세대(世帶) 이상의 공동이해와 관련되어 5명 이상이 연명으로 제출하는 민원을 말한다.

7. "전자민원창구"란 「전자정부법」 제9조에 따라 설치된 전자민원창구를 말한다.

8. "무인민원발급창구"란 행정기관의 장이 행정기관 또는 공공장소 등에 설치하여 민원인이 직접 민원문서를 발급받을 수 있도록 하는 전자장비를 말한다.

제3조(적용 범위) ① 민원에 관하여 다른 법률에 특별한 규정이 있는 경우를 제외하고는 이 법에서 정하는 바에 따른다.

② 제2조 제3호 가목의 국회·법원·헌법재판소·중앙선거관리위원회의 행정사무를 처리하는 기관에 대해서는 제36조 제3항, 제37조, 제38조, 제39조 제2항부터 제6항까지 및 제42조를 적용하지 아니한다.

제4조(민원 처리 담당자의 의무) 민원을 처리하는 담당자는 담당 민원을 신속·공정·친절·적법하게 처리하여야 한다

제5조(민원인의 권리와 의무) ① 민원인은 행정기관에 민원을 신청하고 신속·공정·친절·적법한 응답을 받을 권리가 있다.

② 민원인은 민원을 처리하는 담당자의 적법한 민원처리를 위한 요청에 협조하여야 하고, 행정기관에 부당한 요구를 하거나 다른 민원인에 대한 민원 처리를 지연시키는 등 공무를 방해하는 행위를 하여서는 아니 된다.

제6조(민원 처리의 원칙) ① 행정기관의 장은 관계법령등에서 정한 처리기간이 남아 있다거나 그 민원과 관련 없는 공과금 등을 미납하였다는 이유로 민원 처리를 지연시켜서는 아니 된다. 다만, 다른 법령에 특별한 규정이 있는 경우에는 그에 따른다.

② 행정기관의 장은 법령의 규정 또는 위임이 있는 경우를 제외하고는 민원 처리의 절차 등을 강화하여서는 아니 된다.

제7조(정보 보호) 행정기관의 장은 민원 처리와 관련하여 알게 된 민원의 내용과 민원인 및 민원의 내용에 포함되어 있는 특정인의 개인정보 등이 누설되지 아니하도록 필요한 조치를 강구하여야 하며, 수집된 정보가 민원 처리의 목적 외의 용도로 사용되지 아니하도록 하여야 한다.

제2장 민원의 처리

제1절 민원의 신청 및 접수 등

제8조(민원의 신청) 민원의 신청은 문서(「전자정부법」 제2조 제7호에 따른 전자문서를 포함한다. 이하 같다)로 하여야 한다. 다만, 기타민원은 구술(口述) 또는 전화로 할 수 있다.

제9조(민원의 접수) ① 행정기관의 장은 민원의 신청을 받았을 때에는 다른 법령에 특별한 규정이 있는 경우를 제외하고는 그 접수를 보류하거나 거부할 수 없으며, 접수된 민원문서를 부당하게 되돌려 보내서는 아니 된다.

② 행정기관의 장은 민원을 접수하였을 때에는 해당 민원인에게 접수증을 내주어야 한다. 다만, 기타민원과 민원인이 직접 방문하지 아니하고 신청한 민원 및 처리

기간이 '즉시'인 민원 등 대통령령으로 정하는 경우에는 접수증 교부를 생략할 수 있다.

③ 제1항 및 제2항에 따른 민원의 접수 등에 필요한 사항은 대통령령으로 정한다.

제10조(불필요한 서류 요구의 금지) ① 행정기관의 장은 민원을 접수·처리할 때에 민원인에게 관계법령등에서 정한 구비서류 외의 서류를 추가로 요구하여서는 아니 된다.

② 행정기관의 장은 동일한 민원서류 또는 구비서류를 복수로 받는 경우에는 특별한 사유가 없으면 원본과 함께 그 사본의 제출을 허용하여야 한다.

③ 행정기관의 장은 민원을 접수·처리할 때에 다음 각 호의 어느 하나에 해당하는 경우에는 민원인에게 관련 증명서류 또는 구비서류의 제출을 요구할 수 없으며, 그 민원을 처리하는 담당자가 직접 이를 확인·처리하여야 한다.

  1. 민원인이 소지한 주민등록증·여권·자동차운전면허증 등 행정기관이 발급한 증명서로 그 민원의 처리에 필요한 내용을 확인할 수 있는 경우

  2. 해당 행정기관의 공부(公簿) 또는 행정정보로 그 민원의 처리에 필요한 내용을 확인할 수 있는 경우

  3. 「전자정부법」 제36조 제1항에 따른 행정정보의 공동이용을 통하여 그 민원의 처리에 필요한 내용을 확인할 수 있는 경우

④ 행정기관의 장은 원래의 민원의 내용 변경 또는 갱신 신청을 받았을 때에는 특별한 사유가 없으면 이미 제출되어 있는 관련 증명서류 또는 구비서류를 다시 요구하여서는 아니 된다.

제10조의2(민원인의 요구에 의한 본인정보 공동이용) ① 민원인은 행정기관이 컴퓨터 등 정보처리능력을 지닌 장치에 의하여 처리가 가능한 형태로 본인에 관한 행정정보를 보유하고 있는 경우 민원을 접수·처리하는 기관을 통하여 행정정보 보유기관의 장에게 본인에 관한 증명서류 또는 구비서류 등의 행정정보(법원의 재판사무·조정사무 및 그 밖에 이와 관련된 사무에 관한 정보는 제외한다)를 본인의 민원 처리에 이용되도록 제공할 것을 요구할 수 있다. 이 경우 민원을 접수·처리하는 기관의 장은 민원인에게 관련 증명서류 또는 구비서류의 제출을 요구할 수 없으며, 행정정보 보유기관의 장으로부터 해당 정보를 제공받아 민원을 처리하여야 한다.

② 제1항에 따른 요구를 받은 행정정보 보유기관의 장은 다음 각 호의 어느 하나에

해당하는 법률의 규정에도 불구하고 해당 정보를 컴퓨터 등 정보처리능력을 지 닌 장치에 의하여 처리가 가능한 형태로 본인 또는 본인이 지정한 민원처리기관 에 지체 없이 제공하여야 한다. 다만, 「개인정보 보호법」 제35조제4항에 따른 제한 또는 거절의 사유에 해당하는 경우에는 그러하지 아니하다.

1. 「전자정부법」 제39조

2. 「국세기본법」 제81조의13

3. 「관세법」 제116조

4. 「지방세기본법」 제86조

5. 「가족관계의 등록 등에 관한 법률」 제13조

6. 「부동산등기법」 제109조의2

7. 「주민등록법」 제30조

8. 「공간정보의 구축 및 관리 등에 관한 법률」 제76조

9. 「자동차관리법」 제69조

10. 「건축법」 제32조

11. 「상업등기법」 제21조

12. 그 밖에 제1호부터 제11호까지의 규정과 유사한 규정으로서 대통령령으로 정 하는 법률의 관련 규정

③ 행정안전부장관은 제1항 및 제2항에 따라 민원인이 행정정보 보유기관의 장에게 요구할 수 있는 본인에 관한 행정정보의 종류를 보유기관의 장과 협의하여 정하 고, 이를 국민에게 공표하여야 한다.

④ 행정안전부장관은 「전자정부법」 제37조에 따른 행정정보 공동이용센터를 통하여 안전하고 신뢰할 수 있는 방법으로 같은 법 제2조제13호에 따른 정보시스템을 연계하는 등 해당 행정정보의 위조·변조·훼손·유출 또는 오용·남용을 방지 하여야 한다.

⑤ 행정기관의 장은 제1항부터 제3항까지의 규정에 따라 컴퓨터 등 정보처리능력을 지닌 장치에 의하여 처리가 가능한 형태로 행정정보를 제공하는 경우에는 다른 법률에도 불구하고 수수료를 감면할 수 있다.

⑥ 민원인은 제1항에 따라 본인에 관한 행정정보의 공동이용을 요구하는 경우 다음 각 호의 어느 하나에 해당하는 방법으로 해당 행정정보가 본인에 관한 것임을 증명하여야 한다.

1. 「전자정부법」제10조에 따른 민원인의 본인 확인 방법

2. 행정기관이 보유하고 있는 지문 등의 생체정보를 이용하는 방법

3. 「주민등록법」제35조제2호, 「도로교통법」제137조제5항, 「여권법」제23조의2
제2항에 따라 신분증명서의 진위를 확인하는 방법

⑦ 제1항에 따라 다른 기관으로부터 행정정보를 제공받아 이용하는 행정기관의 장은
해당 행정정보가 위조·변조·훼손·유출 또는 오용·남용되지 아니하도록 적절
한 보안대책을 마련하여야 하며, 행정안전부장관은 이에 대한 실태를 점검할 수
있다.

⑧ 제1항부터 제5항까지 및 제7항의 규정에 따른 본인에 관한 행정정보의 요구방
법, 해당 행정정보의 제공방법·제공기준, 종류 및 그 세부유형, 수수료, 보안
대책 및 실태점검 등에 필요한 사항은 국회규칙, 대법원규칙, 헌법재판소규칙,
중앙선거관리위원회규칙 및 대통령령으로 정한다.

제11조(장애인 등에 대한 편의제공) 행정기관의 장은 민원의 신청 및 접수·처리 과
정에서 장애인, 임산부, 노약자 등에 대한 편의를 제공하기 위하여 노력하여야
한다.

제12조(민원실의 설치) 행정기관의 장은 민원을 신속히 처리하고 민원인에 대한 안
내와 상담의 편의를 제공하기 위하여 민원실을 설치할 수 있다.

제13조(민원편람의 비치 등 신청편의의 제공) 행정기관의 장은 민원실(민원실이 설
치되지 아니한 기관의 경우에는 문서의 접수·발송을 주관하는 부서를 말한다)
에 민원의 신청에 필요한 사항을 게시(인터넷 등을 통한 게시를 포함한다)하거
나 편람을 비치하는 등 민원인에게 민원 신청의 편의를 제공하여야 한다.

제14조(다른 행정기관 등을 이용한 민원의 접수·교부) ① 행정기관의 장은 민원인
의 편의를 위하여 그 행정기관이 접수하고 처리결과를 교부하여야 할 민원을 다
른 행정기관이나 특별법에 따라 설립되고 전국적 조직을 가진 법인 중 대통령령
으로 정하는 법인으로 하여금 접수·교부하게 할 수 있다.

② 제1항에 따른 접수·교부의 절차 및 접수·처리·교부 기관 간 송부방법 등에
필요한 사항은 대통령령으로 정한다.

③ 제1항에 따라 민원을 접수·교부하는 법인의 임직원은 「형법」이나 그 밖의 법률
에 따른 벌칙을 적용할 때에는 공무원으로 본다.

제15조(정보통신망을 이용한 다른 행정기관 소관 민원의 접수·교부) ① 행정기관의

장은 정보통신망을 이용하여 다른 행정기관 소관의 민원을 접수·교부할 수 있는 경우에는 이를 직접 접수·교부할 수 있다.

② 제1항에 따라 접수·교부할 수 있는 민원의 종류는 행정안전부장관이 관계 중앙행정기관의 장과 협의를 거쳐 결정·고시한다.

제16조(민원문서의 이송) ① 행정기관의 장은 접수한 민원이 다른 행정기관의 소관인 경우에는 접수된 민원문서를 지체 없이 소관 기관에 이송하여야 한다.

② 제1항에 따른 민원문서의 이송 절차 및 방법 등에 필요한 사항은 대통령령으로 정한다.

제2절 민원의 처리기간·처리방법 등

제17조(법정민원의 처리기간 설정·공표) ① 행정기관의 장은 법정민원을 신속히 처리하기 위하여 행정기관에 법정민원의 신청이 접수된 때부터 처리가 완료될 때까지 소요되는 처리기간을 법정민원의 종류별로 미리 정하여 공표하여야 한다.

② 행정기관의 장은 제1항에 따른 처리기간을 정할 때에는 접수기관·경유기관·협의기관(다른 기관과 사전협의가 필요한 경우만 해당한다) 및 처분기관 등 각 기관별로 처리기간을 구분하여 정하여야 한다.

③ 행정기관의 장은 제1항 및 제2항에 따른 처리기간을 민원편람에 수록하여야 한다.

제18조(질의민원 등의 처리기간 등) 질의민원·건의민원·기타민원 및 고충민원의 처리기간 및 처리절차 등에 관하여는 대통령령으로 정한다.

제19조(처리기간의 계산) ① 민원의 처리기간을 5일 이하로 정한 경우에는 민원의 접수시각부터 "시간" 단위로 계산하되, 공휴일과 토요일은 산입(算入)하지 아니한다. 이 경우 1일은 8시간의 근무시간을 기준으로 한다.

② 민원의 처리기간을 6일 이상으로 정한 경우에는 "일" 단위로 계산하고 첫날을 산입하되, 공휴일과 토요일은 산입하지 아니한다.

③ 민원의 처리기간을 주·월·연으로 정한 경우에는 첫날을 산입하되, 「민법」 제159조부터 제161조까지의 규정을 준용한다.

제20조(관계 기관·부서 간의 협조) ① 민원을 처리하는 주무부서는 민원을 처리할 때 관계 기관·부서의 협조가 필요한 경우에는 민원을 접수한 후 지체 없이 그

민원의 처리기간 내에서 회신기간을 정하여 협조를 요청하여야 하며, 요청받은 기관·부서는 그 회신기간 내에 이를 처리하여야 한다.

② 협조를 요청받은 기관·부서는 제1항에 따른 회신기간 내에 그 민원을 처리할 수 없는 특별한 사정이 있는 경우에는 그 회신기간의 범위에서 한 차례만 기간을 연장할 수 있다.

③ 협조를 요청받은 기관·부서가 제2항에 따라 기간을 연장하려는 경우에는 제1항에 따른 회신기간이 끝나기 전에 그 연장사유·처리진행상황 및 회신예정일 등을 협조를 요청한 민원 처리 주무부서에 통보하여야 한다.

제21조(민원 처리의 예외) 행정기관의 장은 접수된 민원(법정민원을 제외한다. 이하 이 조에서 같다)이 다음 각 호의 어느 하나에 해당하는 경우에는 그 민원을 처리하지 아니할 수 있다. 이 경우 그 사유를 해당 민원인에게 통지하여야 한다.

1. 고도의 정치적 판단을 요하거나 국가기밀 또는 공무상 비밀에 관한 사항
2. 수사, 재판 및 형집행에 관한 사항 또는 감사원의 감사가 착수된 사항
3. 행정심판, 행정소송, 헌법재판소의 심판, 감사원의 심사청구, 그 밖에 다른 법률에 따라 불복구제절차가 진행 중인 사항
4. 법령에 따라 화해·알선·조정·중재 등 당사자 간의 이해 조정을 목적으로 행하는 절차가 진행 중인 사항
5. 판결·결정·재결·화해·조정·중재 등에 따라 확정된 권리관계에 관한 사항
6. 감사원이 감사위원회의의 결정을 거쳐 행하는 사항
7. 각급 선거관리위원회의 의결을 거쳐 행하는 사항
8. 사인 간의 권리관계 또는 개인의 사생활에 관한 사항
9. 행정기관의 소속 직원에 대한 인사행정상의 행위에 관한 사항

제22조(민원문서의 보완·취하 등) ① 행정기관의 장은 접수한 민원문서에 보완이 필요한 경우에는 상당한 기간을 정하여 지체 없이 민원인에게 보완을 요구하여야 한다.

② 민원인은 해당 민원의 처리가 종결되기 전에는 그 신청의 내용을 보완하거나 변경 또는 취하할 수 있다. 다만, 다른 법률에 특별한 규정이 있거나 그 민원의 성질상 보완·변경 또는 취하할 수 없는 경우에는 그러하지 아니하다.

③ 제1항에 따른 민원문서의 보완 절차 및 방법 등에 필요한 사항은 대통령령으로 정한다.

제23조(반복 및 중복 민원의 처리) ① 행정기관의 장은 민원인이 동일한 내용의 민원(법정민원을 제외한다. 이하 이 조에서 같다)을 정당한 사유 없이 3회 이상 반복하여 제출한 경우에는 2회 이상 그 처리결과를 통지하고, 그 후에 접수되는 민원에 대하여는 종결처리할 수 있다.

② 행정기관의 장은 민원인이 2개 이상의 행정기관에 제출한 동일한 내용의 민원을 다른 행정기관으로부터 이송받은 경우에도 제1항을 준용하여 처리할 수 있다.

③ 행정기관의 장은 제1항 및 제2항에 따른 동일한 내용의 민원인지 여부에 대하여는 해당 민원의 성격, 종전 민원과의 내용적 유사성·관련성 및 종전 민원과 동일한 답변을 할 수 밖에 없는 사정 등을 종합적으로 고려하여 결정하여야 한다.

제24조(다수인관련민원의 처리) ① 다수인관련민원을 신청하는 민원인은 연명부(連名簿)를 원본으로 제출하여야 한다.

② 행정기관의 장은 다수인관련민원이 발생한 경우에는 신속·공정·적법하게 해결될 수 있도록 조치하여야 한다.

③ 다수인관련민원의 효율적인 처리와 관리에 필요한 사항은 대통령령으로 정한다.

제25조(민원심사관의 지정) ① 행정기관의 장은 민원 처리상황의 확인·점검 등을 위하여 소속 직원 중에서 민원심사관을 지정하여야 한다.

② 제1항에 따른 민원심사관의 업무 등에 필요한 사항은 대통령령으로 정한다.

제26조(처리민원의 사후관리) 행정기관의 장은 처리한 민원에 대하여 민원인의 만족 여부 및 개선사항 등을 조사하여 업무에 반영할 수 있다.

제3절 민원 처리결과의 통지 등

제27조(처리결과의 통지) ① 행정기관의 장은 접수된 민원에 대한 처리를 완료한 때에는 그 결과를 민원인에게 문서로 통지하여야 한다. 다만, 기타민원의 경우와 통지에 신속을 요하거나 민원인이 요청하는 등 대통령령으로 정하는 경우에는 구술 또는 전화로 통지할 수 있다.

② 행정기관의 장은 제1항에 따라 민원의 처리결과를 통지할 때에 민원의 내용을 거부하는 경우에는 거부 이유와 구제절차를 함께 통지하여야 한다.

③ 행정기관의 장은 제1항에 따른 민원의 처리결과를 허가서·신고필증·증명서 등의 문서(「전자정부법」 제2조 제7호에 따른 전자문서 및 같은 조 제8호에 따른

전자화문서는 제외한다)로 민원인에게 직접 교부할 필요가 있는 때에는 그 민원인 또는 그 위임을 받은 자임을 확인한 후에 이를 교부하여야 한다.

제28조(무인민원발급창구를 이용한 민원문서의 발급) ① 행정기관의 장은 무인민원발급창구를 통하여 민원문서(다른 행정기관 소관의 민원문서를 포함한다)를 발급할 수 있다.

② 제1항에 따라 민원문서를 발급하는 경우에는 다른 법률에도 불구하고 수수료를 감면할 수 있다.

③ 제1항에 따라 발급할 수 있는 민원문서의 종류는 행정안전부장관이 관계 행정기관의 장과의 협의를 거쳐 결정·고시한다.

제29조(민원수수료 등의 납부방법) 행정기관의 장은 민원인의 편의를 위하여 민원인이 현금·수입인지·수입증지 외의 다양한 방법으로 민원 처리에 따른 수수료 등을 납부할 수 있도록 조치하여야 한다.

제4절 법정민원

제30조(사전심사의 청구 등) ① 민원인은 법정민원 중 신청에 경제적으로 많은 비용이 수반되는 민원 등 대통령령으로 정하는 민원에 대하여는 행정기관의 장에게 정식으로 민원을 신청하기 전에 미리 약식의 사전심사를 청구할 수 있다.

② 행정기관의 장은 제1항에 따라 사전심사가 청구된 법정민원이 다른 행정기관의 장과의 협의를 거쳐야 하는 사항인 경우에는 미리 그 행정기관의 장과 협의하여야 한다.

③ 행정기관의 장은 사전심사 결과를 민원인에게 문서로 통지하여야 하며, 가능한 것으로 통지한 민원의 내용에 대하여는 민원인이 나중에 정식으로 민원을 신청한 경우에도 동일하게 결정을 내릴 수 있도록 노력하여야 한다. 다만, 민원인의 귀책사유 또는 불가항력이나 그 밖의 정당한 사유로 이를 이행할 수 없는 경우에는 그러하지 아니하다.

④ 행정기관의 장은 제1항에 따른 사전심사 제도를 효율적으로 운영하기 위하여 필요한 법적·제도적 장치를 마련하여 시행하여야 한다.

제31조(복합민원의 처리) ① 행정기관의 장은 복합민원을 처리할 주무부서를 지정하고 그 부서로 하여금 관계 기관·부서 간의 협조를 통하여 민원을 한꺼번에 처

리하게 할 수 있다.

② 제1항에 따른 복합민원의 처리 방법 및 절차 등에 필요한 사항은 대통령령으로 정한다.

제32조(민원 1회방문 처리제의 시행) ① 행정기관의 장은 복합민원을 처리할 때에 그 행정기관의 내부에서 할 수 있는 자료의 확인, 관계 기관·부서와의 협조 등에 따른 모든 절차를 담당 직원이 직접 진행하도록 하는 민원 1회방문 처리제를 확립함으로써 불필요한 사유로 민원인이 행정기관을 다시 방문하지 아니하도록 하여야 한다.

② 행정기관의 장은 제1항에 따른 민원 1회방문 처리에 관한 안내와 상담의 편의를 제공하기 위하여 민원 1회방문 상담창구를 설치하여야 한다.

③ 제1항에 따른 민원 1회방문 처리제는 다음 각 호의 절차에 따라 시행한다.

1. 제2항에 따른 민원 1회방문 상담창구의 설치·운영

2. 제33조에 따른 민원후견인의 지정·운영

3. 복합민원을 심의하기 위한 실무기구의 운영

4. 제3호의 실무기구의 심의결과에 대한 제34조에 따른 민원조정위원회의 재심의(再審議)

5. 행정기관의 장의 최종 결정

제33조(민원후견인의 지정·운영) 행정기관의 장은 민원 1회방문 처리제의 원활한 운영을 위하여 민원 처리에 경험이 많은 소속 직원을 민원후견인으로 지정하여 민원인을 안내하거나 민원인과 상담하게 할 수 있다.

제34조(민원조정위원회의 설치·운영) ① 행정기관의 장은 다음 각 호의 사항을 심의하기 위하여 민원조정위원회를 설치·운영하여야 한다.

1. 장기 미해결 민원, 반복 민원 및 다수인관련민원에 대한 해소·방지 대책

2. 거부처분에 대한 이의신청

3. 민원처리 주무부서의 법규적용의 타당성 여부와 제32조 제3항 제4호에 따른 재심의

4. 그 밖에 대통령령으로 정하는 사항

② 제1항의 민원조정위원회의 구성 및 운영 등에 필요한 사항은 대통령령으로 정한다.

제35조(거부처분에 대한 이의신청) ① 법정민원에 대한 행정기관의 장의 거부처분에

불복하는 민원인은 그 거부처분을 받은 날부터 60일 이내에 그 행정기관의 장에게 문서로 이의신청을 할 수 있다.

② 행정기관의 장은 이의신청을 받은 날부터 10일 이내에 그 이의신청에 대하여 인용 여부를 결정하고 그 결과를 민원인에게 지체 없이 문서로 통지하여야 한다. 다만, 부득이한 사유로 정하여진 기간 이내에 인용 여부를 결정할 수 없을 때에는 그 기간의 만료일 다음 날부터 기산(起算)하여 10일 이내의 범위에서 연장할 수 있으며, 연장 사유를 민원인에게 통지하여야 한다.

③ 민원인은 제1항에 따른 이의신청 여부와 관계없이 「행정심판법」에 따른 행정심판 또는 「행정소송법」에 따른 행정소송을 제기할 수 있다.

④ 제1항에 따른 이의신청의 절차 및 방법 등에 필요한 사항은 대통령령으로 정한다.

제3장 민원제도의 개선 등

제36조(민원처리기준표의 고시 등) ① 행정안전부장관은 민원인의 편의를 위하여 관계법령등에 규정되어 있는 민원의 처리기관, 처리기간, 구비서류, 처리절차, 신청방법 등에 관한 사항을 종합한 민원처리기준표를 작성하여 관보에 고시하고 「전자정부법」 제9조 제3항에 따른 통합전자민원창구(이하 "통합전자민원창구"라 한다)에 게시하여야 한다.

② 행정기관의 장은 관계법령등의 제정·개정 또는 폐지 등으로 제1항에 따라 고시된 민원처리기준표를 변경할 필요가 있으면 즉시 그 내용을 행정안전부장관에게 통보하여야 하며, 행정안전부장관은 그 내용을 관보에 고시하고 통합전자민원창구에 게시한 후 제1항에 따른 민원처리기준표에 반영하여야 한다.

③ 행정안전부장관은 민원의 간소화를 위하여 필요하다고 인정하는 경우에는 관계 행정기관의 장에게 관계법령등에 규정되어 있는 처리기간, 구비서류, 처리절차, 신청방법 등의 개정을 요청할 수 있다.

제37조(민원처리기준표의 조정 등) ① 행정안전부장관은 제36조에 따라 민원처리기준표를 작성·고시할 때에 민원의 간소화를 위하여 필요하다고 인정하는 경우에는 관계 행정기관의 장과 협의를 거쳐 관계법령등이 개정될 때까지 잠정적으로 관계법령등에 규정되어 있는 처리기간과 구비서류를 줄이거나 처리절차·신청방

법을 변경할 수 있다.

② 행정기관의 장은 제1항에 따라 민원처리기준표가 조정·고시된 경우에는 이에 따라 민원을 처리하여야 하며, 중앙행정기관의 장은 민원처리기준표의 조정 또는 변경된 내용에 따라 관계법령등을 지체 없이 개정·정비하여야 한다.

제38조(민원행정 및 제도개선 계획 등) ① 행정안전부장관은 매년 민원행정 및 제도개선에 관한 기본지침을 작성하여 행정기관의 장에게 통보하여야 한다.

② 행정기관의 장은 제1항에 따른 기본지침에 따라 그 기관의 특성에 맞는 민원행정 및 제도개선 계획을 수립·시행하여야 한다.

제39조(민원제도의 개선) ① 행정기관의 장은 민원제도에 대한 개선안을 발굴·개선하도록 노력하여야 한다.

② 행정기관의 장은 제1항에 따라 개선한 내용을 대통령령으로 정하는 바에 따라 행정안전부장관에게 통보하여야 한다.

③ 행정기관의 장과 민원을 처리하는 담당자는 민원제도에 대한 개선안을 행정안전부장관 또는 그 민원의 소관 행정기관의 장에게 제출할 수 있다.

④ 행정안전부장관은 제3항에 따라 제출받은 개선안을 검토하여 필요한 경우에는 그 소관 행정기관의 장에게 통보하여 검토하도록 하여야 한다.

⑤ 제3항 및 제4항에 따라 개선안을 제출·통보받은 소관 행정기관의 장은 그 수용 여부를 결정하여야 하며, 행정안전부장관은 행정기관의 장이 수용하지 아니하기로 한 사항 중 개선할 필요성이 있다고 인정되는 사항에 대하여는 소관 행정기관의 장에게 개선을 권고할 수 있다.

⑥ 행정기관의 장이 제5항에 따라 행정안전부장관으로부터 권고 받은 사항을 수용하지 아니하는 경우 행정안전부장관은 제40조에 따른 민원제도개선조정회의에 심의를 요청할 수 있다.

제40조(민원제도개선조정회의) ① 여러 부처와 관련된 민원제도 개선사항을 심의·조정하기 위하여 국무총리 소속으로 민원제도개선조정회의(이하 "조정회의"라 한다)를 둔다.

② 조정회의는 여러 부처와 관련된 민원제도 개선사항, 제39조 제6항에 따른 심의 요청 사항 등 대통령령으로 정하는 사항을 심의·조정한다.

③ 조정회의의 구성·운영과 그 밖에 필요한 사항은 대통령령으로 정한다.

제41조(민원의 실태조사 및 간소화) ① 중앙행정기관의 장은 매년 그 기관이 관장하

는 민원의 처리 및 운영 실태를 조사하여야 한다.

② 중앙행정기관의 장은 제1항에 따른 조사 결과에 따라 소관 민원의 구비서류, 처리절차 등의 간소화 방안을 마련하여야 한다.

제42조(확인·점검·평가 등) ① 행정안전부장관은 효과적인 민원행정 및 제도의 개선을 위하여 필요하다고 인정할 때에는 행정기관에 대하여 민원의 개선 상황과 운영 실태를 확인·점검·평가할 수 있다.

② 행정안전부장관은 제1항에 따른 확인·점검·평가 결과 민원의 개선에 소극적이거나 이행 상태가 불량하다고 판단되는 경우 국무총리에게 이를 시정하기 위하여 필요한 조치를 건의할 수 있다.

제43조(행정기관의 협조) 행정기관의 장은 이 법에 따라 행정안전부장관이 실시하는 민원 관련 자료수집과 민원제도 개선사업에 적극 협조하여야 한다.

제44조(민원행정에 관한 여론 수집) ① 행정안전부장관은 행정기관의 민원 처리에 관하여 필요한 경우 국민들의 여론을 수집하여 민원행정제도 및 그 운영의 개선에 반영할 수 있다.

② 제1항에 따른 여론 수집에 필요한 사항은 대통령령으로 정한다.

제45조(국민제안의 처리) ① 중앙행정기관의 장, 지방자치단체의 장 등 대통령령으로 정하는 행정기관의 장은 정부시책이나 행정제도 및 그 운영의 개선에 관한 국민제안을 접수·처리하여야 한다.

② 제1항에 따른 국민제안의 운영 및 절차 등에 필요한 사항은 대통령령으로 정한다.

24. 행정조사기본법

최신 법령 정보는 법제처 국가법령정보센터에서 실시간 인터넷 검색 확인이 가능합니다.

행정조사기본법

제1장 총칙

제1조(목적) 이 법은 행정조사에 관한 기본원칙·행정조사의 방법 및 절차 등에 관한 공통적인 사항을 규정함으로써 행정의 공정성·투명성 및 효율성을 높이고, 국민의 권익을 보호함을 목적으로 한다.

제2조(정의) 이 법에서 사용하는 용어의 정의는 다음과 같다.

1. "행정조사"란 행정기관이 정책을 결정하거나 직무를 수행하는 데 필요한 정보나 자료를 수집하기 위하여 현장조사·문서열람·시료채취 등을 하거나 조사대상자에게 보고요구·자료제출요구 및 출석·진술요구를 행하는 활동을 말한다.

2. "행정기관"이란 법령 및 조례·규칙(이하 "법령등"이라 한다)에 따라 행정권한이 있는 기관과 그 권한을 위임 또는 위탁받은 법인·단체 또는 그 기관이나 개인을 말한다.

3. "조사원"이란 행정조사업무를 수행하는 행정기관의 공무원·직원 또는 개인을 말한다.

4. "조사대상자"란 행정조사의 대상이 되는 법인·단체 또는 그 기관이나 개인을 말한다.

제3조(적용범위) ① 행정조사에 관하여 다른 법률에 특별한 규정이 있는 경우를 제외하고는 이 법으로 정하는 바에 따른다.

② 다음 각 호의 어느 하나에 해당하는 사항에 대하여는 이 법을 적용하지 아니한다.

1. 행정조사를 한다는 사실이나 조사내용이 공개될 경우 국가의 존립을 위태롭게 하거나 국가의 중대한 이익을 현저히 해칠 우려가 있는 국가안전보장·통일 및

외교에 관한 사항

2. 국방 및 안전에 관한 사항 중 다음 각 목의 어느 하나에 해당하는 사항

가. 군사시설 · 군사기밀보호 또는 방위사업에 관한 사항

나.「병역법」·「예비군법」·「민방위기본법」·「비상대비자원 관리법」에 따른 징집 · 소집 · 동원 및 훈련에 관한 사항

3.「공공기관의 정보공개에 관한 법률」제4조 제3항의 정보에 관한 사항

4.「근로기준법」제101조에 따른 근로감독관의 직무에 관한 사항

5. 조세 · 형사 · 행형 및 보안처분에 관한 사항

6. 금융감독기관의 감독 · 검사 · 조사 및 감리에 관한 사항

7.「독점규제 및 공정거래에 관한 법률」,「표시 · 광고의 공정화에 관한 법률」,「하도급거래 공정화에 관한 법률」,「가맹사업거래의 공정화에 관한 법률」,「방문판매 등에 관한 법률」,「전자상거래 등에서의 소비자보호에 관한 법률」,「약관의 규제에 관한 법률」및「할부거래에 관한 법률」에 따른 공정거래위원회의 법률위반행위 조사에 관한 사항

③ 제2항에도 불구하고 제4조(행정조사의 기본원칙), 제5조(행정조사의 근거) 및 제28조(정보통신수단을 통한 행정조사)는 제2항 각 호의 사항에 대하여 적용한다.

제4조(행정조사의 기본원칙) ① 행정조사는 조사목적을 달성하는데 필요한 최소한의 범위 안에서 실시하여야 하며, 다른 목적 등을 위하여 조사권을 남용하여서는 아니 된다.

② 행정기관은 조사목적에 적합하도록 조사대상자를 선정하여 행정조사를 실시하여야 한다.

③ 행정기관은 유사하거나 동일한 사안에 대하여는 공동조사 등을 실시함으로써 행정조사가 중복되지 아니하도록 하여야 한다.

④ 행정조사는 법령등의 위반에 대한 처벌보다는 법령등을 준수하도록 유도하는 데 중점을 두어야 한다.

⑤ 다른 법률에 따르지 아니하고는 행정조사의 대상자 또는 행정조사의 내용을 공표하거나 직무상 알게 된 비밀을 누설하여서는 아니된다.

⑥ 행정기관은 행정조사를 통하여 알게 된 정보를 다른 법률에 따라 내부에서 이용하거나 다른 기관에 제공하는 경우를 제외하고는 원래의 조사목적 이외의 용도로 이용하거나 타인에게 제공하여서는 아니 된다.

제5조(행정조사의 근거) 행정기관은 법령등에서 행정조사를 규정하고 있는 경우에 한하여 행정조사를 실시할 수 있다. 다만, 조사대상자의 자발적인 협조를 얻어 실시하는 행정조사의 경우에는 그러하지 아니하다.

제2장 조사계획의 수립 및 조사대상의 선정

제6조(연도별 행정조사운영계획의 수립 및 제출) ① 행정기관의 장은 매년 12월말까지 다음 연도의 행정조사운영계획을 수립하여 국무조정실장에게 제출하여야 한다. 다만, 행정조사운영계획을 제출해야 하는 행정기관의 구체적인 범위는 대통령령으로 정한다.

② 행정기관의 장이 행정조사운영계획을 수립하는 때에는 제4조에 따른 행정조사의 기본원칙에 따라야 한다.

③ 제1항에 따른 행정조사운영계획에는 조사의 종류·조사방법·공동조사 실시계획·중복조사 방지계획, 그 밖에 대통령령으로 정하는 사항이 포함되어야 한다.

④ 국무조정실장은 행정기관의 장이 제출한 행정조사운영계획을 검토한 후 그에 대한 보완을 요청할 수 있다. 이 경우 행정기관의 장은 특별한 사정이 없는 한 이에 응하여야 한다.

제7조(조사의 주기) 행정조사는 법령등 또는 행정조사운영계획으로 정하는 바에 따라 정기적으로 실시함을 원칙으로 한다. 다만, 다음 각 호 중 어느 하나에 해당하는 경우에는 수시조사를 할 수 있다.

1. 법률에서 수시조사를 규정하고 있는 경우
2. 법령등의 위반에 대하여 혐의가 있는 경우
3. 다른 행정기관으로부터 법령등의 위반에 관한 혐의를 통보 또는 이첩받은 경우
4. 법령등의 위반에 대한 신고를 받거나 민원이 접수된 경우
5. 그 밖에 행정조사의 필요성이 인정되는 사항으로서 대통령령으로 정하는 경우

제8조(조사대상의 선정) ① 행정기관의 장은 행정조사의 목적, 법령준수의 실적, 자율적인 준수를 위한 노력, 규모와 업종 등을 고려하여 명백하고 객관적인 기준에 따라 행정조사의 대상을 선정하여야 한다.

② 조사대상자는 조사대상 선정기준에 대한 열람을 행정기관의 장에게 신청할 수 있

다.

③ 행정기관의 장이 제2항에 따라 열람신청을 받은 때에는 다음 각 호의 어느 하나에 해당하는 경우를 제외하고 신청인이 조사대상 선정기준을 열람할 수 있도록 하여야 한다.

 1. 행정기관이 당해 행정조사업무를 수행할 수 없을 정도로 조사활동에 지장을 초래하는 경우

 2. 내부고발자 등 제3자에 대한 보호가 필요한 경우

④ 제2항 및 제3항에 따른 행정조사 대상 선정기준의 열람방법이나 그 밖에 행정조사 대상 선정기준의 열람에 관하여 필요한 사항은 대통령령으로 정한다.

제3장 조사방법

제9조(출석 · 진술 요구) ① 행정기관의 장이 조사대상자의 출석 · 진술을 요구하는 때에는 다음 각 호의 사항이 기재된 출석요구서를 발송하여야 한다.

 1. 일시와 장소

 2. 출석요구의 취지

 3. 출석하여 진술하여야 하는 내용

 4. 제출자료

 5. 출석거부에 대한 제재(근거 법령 및 조항 포함)

 6. 그 밖에 당해 행정조사와 관련하여 필요한 사항

② 조사대상자는 지정된 출석일시에 출석하는 경우 업무 또는 생활에 지장이 있는 때에는 행정기관의 장에게 출석일시를 변경하여 줄 것을 신청할 수 있으며, 변경신청을 받은 행정기관의 장은 행정조사의 목적을 달성할 수 있는 범위 안에서 출석일시를 변경할 수 있다.

③ 출석한 조사대상자가 제1항에 따른 출석요구서에 기재된 내용을 이행하지 아니하여 행정조사의 목적을 달성할 수 없는 경우를 제외하고는 조사원은 조사대상자의 1회 출석으로 당해 조사를 종결하여야 한다.

제10조(보고요구와 자료제출의 요구) ① 행정기관의 장은 조사대상자에게 조사사항에 대하여 보고를 요구하는 때에는 다음 각 호의 사항이 포함된 보고요구서를 발송하여야 한다.

1. 일시와 장소

2. 조사의 목적과 범위

3. 보고하여야 하는 내용

4. 보고거부에 대한 제재(근거법령 및 조항 포함)

5. 그 밖에 당해 행정조사와 관련하여 필요한 사항

② 행정기관의 장은 조사대상자에게 장부·서류나 그 밖의 자료를 제출하도록 요구하는 때에는 다음 각 호의 사항이 기재된 자료제출요구서를 발송하여야 한다.

1. 제출기간

2. 제출요청사유

3. 제출서류

4. 제출서류의 반환 여부

5. 제출거부에 대한 제재(근거 법령 및 조항 포함)

6. 그 밖에 당해 행정조사와 관련하여 필요한 사항

제11조(현장조사) ① 조사원이 가택·사무실 또는 사업장 등에 출입하여 현장조사를 실시하는 경우에는 행정기관의 장은 다음 각 호의 사항이 기재된 현장출입조사서 또는 법령등에서 현장조사시 제시하도록 규정하고 있는 문서를 조사대상자에게 발송하여야 한다.

1. 조사목적

2. 조사기간과 장소

3. 조사원의 성명과 직위

4. 조사범위와 내용

5. 제출자료

6. 조사거부에 대한 제재(근거 법령 및 조항 포함)

7. 그 밖에 당해 행정조사와 관련하여 필요한 사항

② 제1항에 따른 현장조사는 해가 뜨기 전이나 해가 진 뒤에는 할 수 없다. 다만, 다음 각 호의 어느 하나에 해당하는 경우에는 그러하지 아니하다.

1. 조사대상자(대리인 및 관리책임이 있는 자를 포함한다)가 동의한 경우

2. 사무실 또는 사업장 등의 업무시간에 행정조사를 실시하는 경우

3. 해가 뜬 후부터 해가 지기 전까지 행정조사를 실시하는 경우에는 조사목적의 달성이 불가능하거나 증거인멸로 인하여 조사대상자의 법령등의 위반 여부를 확

인할 수 없는 경우

③ 제1항 및 제2항에 따라 현장조사를 하는 조사원은 그 권한을 나타내는 증표를 지니고 이를 조사대상자에게 내보여야 한다.

제12조(시료채취) ① 조사원이 조사목적의 달성을 위하여 시료채취를 하는 경우에는 그 시료의 소유자 및 관리자의 정상적인 경제활동을 방해하지 아니하는 범위 안에서 최소한도로 하여야 한다.

② 행정기관의 장은 제1항에 따른 시료채취로 조사대상자에게 손실을 입힌 때에는 대통령령으로 정하는 절차와 방법에 따라 그 손실을 보상하여야 한다.

제13조(자료등의 영치) ① 조사원이 현장조사 중에 자료·서류·물건 등(이하 이 조에서 "자료등"이라 한다)을 영치하는 때에는 조사대상자 또는 그 대리인을 입회시켜야 한다.

② 조사원이 제1항에 따라 자료등을 영치하는 경우에 조사대상자의 생활이나 영업이 사실상 불가능하게 될 우려가 있는 때에는 조사원은 자료등을 사진으로 촬영하거나 사본을 작성하는 등의 방법으로 영치에 갈음할 수 있다. 다만, 증거인멸의 우려가 있는 자료등을 영치하는 경우에는 그러하지 아니하다.

③ 조사원이 영치를 완료한 때에는 영치조서 2부를 작성하여 입회인과 함께 서명날인하고 그중 1부를 입회인에게 교부하여야 한다.

④ 행정기관의 장은 영치한 자료등이 다음 각 호의 어느 하나에 해당하는 경우에는 이를 즉시 반환하여야 한다.

 1. 영치한 자료등을 검토한 결과 당해 행정조사와 관련이 없다고 인정되는 경우

 2. 당해 행정조사의 목적의 달성 등으로 자료등에 대한 영치의 필요성이 없게 된 경우

제14조(공동조사) ① 행정기관의 장은 다음 각 호의 어느 하나에 해당하는 행정조사를 하는 경우에는 공동조사를 하여야 한다.

 1. 당해 행정기관 내의 2 이상의 부서가 동일하거나 유사한 업무분야에 대하여 동일한 조사대상자에게 행정조사를 실시하는 경우

 2. 서로 다른 행정기관이 대통령령으로 정하는 분야에 대하여 동일한 조사대상자에게 행정조사를 실시하는 경우

② 제1항 각 호에 따른 사항에 대하여 행정조사의 사전통지를 받은 조사대상자는 관계 행정기관의 장에게 공동조사를 실시하여 줄 것을 신청할 수 있다. 이 경우

조사대상자는 신청인의 성명·조사일시·신청이유 등이 기재된 공동조사신청서
를 관계 행정기관의 장에게 제출하여야 한다.

③ 제2항에 따라 공동조사를 요청받은 행정기관의 장은 이에 응하여야 한다.

④ 국무조정실장은 행정기관의 장이 제6조에 따라 제출한 행정조사운영계획의 내용
을 검토한 후 관계 부처의 장에게 공동조사의 실시를 요청할 수 있다.

⑤ 그 밖에 공동조사에 관하여 필요한 사항은 대통령령으로 정한다.

제15조(중복조사의 제한) ① 제7조에 따라 정기조사 또는 수시조사를 실시한 행정기
관의 장은 동일한 사안에 대하여 동일한 조사대상자를 재조사 하여서는 아니 된
다. 다만, 당해 행정기관이 이미 조사를 받은 조사대상자에 대하여 위법행위가
의심되는 새로운 증거를 확보한 경우에는 그러하지 아니하다.

② 행정조사를 실시할 행정기관의 장은 행정조사를 실시하기 전에 다른 행정기관에
서 동일한 조사대상자에게 동일하거나 유사한 사안에 대하여 행정조사를 실시하
였는지 여부를 확인할 수 있다.

③ 행정조사를 실시할 행정기관의 장이 제2항에 따른 사실을 확인하기 위하여 행정
조사의 결과에 대한 자료를 요청하는 경우 요청받은 행정기관의 장은 특별한 사
유가 없는 한 관련 자료를 제공하여야 한다.

제4장 조사실시

제16조(개별조사계획의 수립) ① 행정조사를 실시하고자 하는 행정기관의 장은 제17
조에 따른 사전통지를 하기 전에 개별조사계획을 수립하여야 한다. 다만, 행정
조사의 시급성으로 행정조사계획을 수립할 수 없는 경우에는 행정조사에 대한
결과보고서로 개별조사계획을 갈음할 수 있다.

② 제1항에 따른 개별조사계획에는 조사의 목적·종류·대상·방법 및 기간, 그 밖
에 대통령령으로 정하는 사항이 포함되어야 한다.

제17조(조사의 사전통지) ① 행정조사를 실시하고자 하는 행정기관의 장은 제9조에
따른 출석요구서, 제10조에 따른 보고요구서·자료제출요구서 및 제11조에 따른
현장출입조사서(이하 "출석요구서등"이라 한다)를 조사개시 7일 전까지 조사대상
자에게 서면으로 통지하여야 한다. 다만, 다음 각 호의 어느 하나에 해당하는
경우에는 행정조사의 개시와 동시에 출석요구서등을 조사대상자에게 제시하거나

행정조사의 목적 등을 조사대상자에게 구두로 통지할 수 있다.

1. 행정조사를 실시하기 전에 관련 사항을 미리 통지하는 때에는 증거인멸 등으로 행정조사의 목적을 달성할 수 없다고 판단되는 경우

2. 「통계법」 제3조 제2호에 따른 지정통계의 작성을 위하여 조사하는 경우

3. 제5조 단서에 따라 조사대상자의 자발적인 협조를 얻어 실시하는 행정조사의 경우

② 행정기관의 장이 출석요구서등을 조사대상자에게 발송하는 경우 출석요구서등의 내용이 외부에 공개되지 아니하도록 필요한 조치를 하여야 한다.

제18조(조사의 연기신청) ① 출석요구서등을 통지받은 자가 천재지변이나 그 밖에 대통령령으로 정하는 사유로 인하여 행정조사를 받을 수 없는 때에는 당해 행정조사를 연기하여 줄 것을 행정기관의 장에게 요청할 수 있다.

② 제1항에 따라 연기요청을 하고자 하는 자는 연기하고자 하는 기간과 사유가 포함된 연기신청서를 행정기관의 장에게 제출하여야 한다.

③ 행정기관의 장은 제2항에 따라 행정조사의 연기요청을 받은 때에는 연기요청을 받은 날부터 7일 이내에 조사의 연기 여부를 결정하여 조사대상자에게 통지하여야 한다.

제19조(제3자에 대한 보충조사) ① 행정기관의 장은 조사대상자에 대한 조사만으로는 당해 행정조사의 목적을 달성할 수 없거나 조사대상이 되는 행위에 대한 사실 여부 등을 입증하는 데 과도한 비용 등이 소요되는 경우로서 다음 각 호의 어느 하나에 해당하는 경우에는 제3자에 대하여 보충조사를 할 수 있다.

1. 다른 법률에서 제3자에 대한 조사를 허용하고 있는 경우

2. 제3자의 동의가 있는 경우

② 행정기관의 장은 제1항에 따라 제3자에 대한 보충조사를 실시하는 경우에는 조사개시 7일 전까지 보충조사의 일시·장소 및 보충조사의 취지 등을 제3자에게 서면으로 통지하여야 한다.

③ 행정기관의 장은 제3자에 대한 보충조사를 하기 전에 그 사실을 원래의 조사대상자에게 통지하여야 한다. 다만, 제3자에 대한 보충조사를 사전에 통지하여서는 조사목적을 달성할 수 없거나 조사목적의 달성이 현저히 곤란한 경우에는 제3자에 대한 조사결과를 확정하기 전에 그 사실을 통지하여야 한다.

④ 원래의 조사대상자는 제3항에 따른 통지에 대하여 의견을 제출할 수 있다.

제20조(자발적인 협조에 따라 실시하는 행정조사) ① 행정기관의 장이 제5조 단서에 따라 조사대상자의 자발적인 협조를 얻어 행정조사를 실시하고자 하는 경우 조사대상자는 문서·전화·구두 등의 방법으로 당해 행정조사를 거부할 수 있다.

② 제1항에 따른 행정조사에 대하여 조사대상자가 조사에 응할 것인지에 대한 응답을 하지 아니하는 경우에는 법령등에 특별한 규정이 없는 한 그 조사를 거부한 것으로 본다.

③ 행정기관의 장은 제1항 및 제2항에 따른 조사거부자의 인적 사항 등에 관한 기초자료는 특정 개인을 식별할 수 없는 형태로 통계를 작성하는 경우에 한하여 이를 이용할 수 있다.

제21조(의견제출) ① 조사대상자는 제17조에 따른 사전통지의 내용에 대하여 행정기관의 장에게 의견을 제출할 수 있다.

② 행정기관의 장은 제1항에 따라 조사대상자가 제출한 의견이 상당한 이유가 있다고 인정하는 경우에는 이를 행정조사에 반영하여야 한다.

제22조(조사원 교체신청) ① 조사대상자는 조사원에게 공정한 행정조사를 기대하기 어려운 사정이 있다고 판단되는 경우에는 행정기관의 장에게 당해 조사원의 교체를 신청할 수 있다.

② 제1항에 따른 교체신청은 그 이유를 명시한 서면으로 행정기관의 장에게 하여야 한다.

③ 제1항에 따른 교체신청을 받은 행정기관의 장은 즉시 이를 심사하여야 한다.

④ 행정기관의 장은 제1항에 따른 교체신청이 타당하다고 인정되는 경우에는 다른 조사원으로 하여금 행정조사를 하게 하여야 한다.

⑤ 행정기관의 장은 제1항에 따른 교체신청이 조사를 지연할 목적으로 한 것이거나 그 밖에 교체신청에 타당한 이유가 없다고 인정되는 때에는 그 신청을 기각하고 그 취지를 신청인에게 통지하여야 한다.

제23조(조사권 행사의 제한) ① 조사원은 제9조부터 제11조까지에 따라 사전에 발송된 사항에 한하여 조사대상자를 조사하되, 사전통지한 사항과 관련된 추가적인 행정조사가 필요할 경우에는 조사대상자에게 추가조사의 필요성과 조사내용 등에 관한 사항을 서면이나 구두로 통보한 후 추가조사를 실시할 수 있다.

② 조사대상자는 법률·회계 등에 대하여 전문지식이 있는 관계 전문가로 하여금

행정조사를 받는 과정에 입회하게 하거나 의견을 진술하게 할 수 있다.

③ 조사대상자와 조사원은 조사과정을 방해하지 아니하는 범위 안에서 행정조사의 과정을 녹음하거나 녹화할 수 있다. 이 경우 녹음·녹화의 범위 등은 상호 협의하여 정하여야 한다.

④ 조사대상자와 조사원이 제3항에 따라 녹음이나 녹화를 하는 경우에는 사전에 이를 당해 행정기관의 장에게 통지하여야 한다.

제24조(조사결과의 통지) 행정기관의 장은 법령등에 특별한 규정이 있는 경우를 제외하고는 행정조사의 결과를 확정한 날부터 7일 이내에 그 결과를 조사대상자에게 통지하여야 한다.

제5장 자율관리체제의 구축 등

제25조(자율신고제도) ① 행정기관의 장은 법령등에서 규정하고 있는 조사사항을 조사대상자로 하여금 스스로 신고하도록 하는 제도를 운영할 수 있다.

② 행정기관의 장은 조사대상자가 제1항에 따라 신고한 내용이 거짓의 신고라고 인정할 만한 근거가 있거나 신고내용을 신뢰할 수 없는 경우를 제외하고는 그 신고내용을 행정조사에 갈음할 수 있다.

제26조(자율관리체제의 구축) ① 행정기관의 장은 조사대상자가 자율적으로 행정조사사항을 신고·관리하고, 스스로 법령준수사항을 통제하도록 하는 체제(이하 "자율관리체제"라 한다)의 기준을 마련하여 고시할 수 있다.

② 다음 각 호의 어느 하나에 해당하는 자는 제1항에 따른 기준에 따라 자율관리체제를 구축하여 대통령령으로 정하는 절차와 방법에 따라 행정기관의 장에게 신고할 수 있다.

  1. 조사대상자

  2. 조사대상자가 법령등에 따라 설립하거나 자율적으로 설립한 단체 또는 협회

③ 국가와 지방자치단체는 행정사무의 효율적인 집행과 법령등의 준수를 위하여 조사대상자의 자율관리체제 구축을 지원하여야 한다.

제27조(자율관리에 대한 혜택의 부여) 행정기관의 장은 제25조에 따라 자율신고를 하는 자와 제26조에 따라 자율관리체제를 구축하고 자율관리체제의 기준을 준수한 자에 대하여는 법령등으로 규정한 바에 따라 행정조사의 감면 또는 행정·

세제상의 지원을 하는 등 필요한 혜택을 부여할 수 있다.

제6장 보칙

제28조(정보통신수단을 통한 행정조사) ① 행정기관의 장은 인터넷 등 정보통신망을 통하여 조사대상자로 하여금 자료의 제출 등을 하게 할 수 있다.

② 행정기관의 장은 정보통신망을 통하여 자료의 제출 등을 받은 경우에는 조사대상자의 신상이나 사업비밀 등이 유출되지 아니하도록 제도적·기술적 보안조치를 강구하여야 한다.

제29조(행정조사의 점검과 평가) ① 국무조정실장은 행정조사의 효율성·투명성 및 예측가능성을 제고하기 위하여 각급 행정기관의 행정조사 실태, 공동조사 실시 현황 및 중복조사 실시 여부 등을 확인·점검하여야 한다.

② 국무조정실장은 제1항에 따른 확인·점검결과를 평가하여 대통령령으로 정하는 절차와 방법에 따라 국무회의와 대통령에게 보고하여야 한다.

③ 국무조정실장은 제1항에 따른 확인·점검을 위하여 각급 행정기관의 장에게 행정조사의 결과 및 공동조사의 현황 등에 관한 자료의 제출을 요구할 수 있다.

④ 행정조사의 확인·점검 대상 행정기관과 행정조사의 확인·점검 및 평가절차에 관한 사항은 대통령령으로 정한다.

25. 행정심판법

행정심판법

제1장 총칙

제1조(목적) 이 법은 행정심판 절차를 통하여 행정청의 위법 또는 부당한 처분(處分)이나 부작위(不作爲)로 침해된 국민의 권리 또는 이익을 구제하고, 아울러 행정의 적정한 운영을 꾀함을 목적으로 한다.

제2조(정의) 이 법에서 사용하는 용어의 뜻은 다음과 같다.

1. "처분"이란 행정청이 행하는 구체적 사실에 관한 법집행으로서의 공권력의 행사 또는 그 거부, 그 밖에 이에 준하는 행정작용을 말한다.
2. "부작위"란 행정청이 당사자의 신청에 대하여 상당한 기간 내에 일정한 처분을 하여야 할 법률상 의무가 있는데도 처분을 하지 아니하는 것을 말한다.
3. "재결(裁決)"이란 행정심판의 청구에 대하여 제6조에 따른 행정심판위원회가 행하는 판단을 말한다.
4. "행정청"이란 행정에 관한 의사를 결정하여 표시하는 국가 또는 지방자치단체의 기관, 그 밖에 법령 또는 자치법규에 따라 행정권한을 가지고 있거나 위탁을 받은 공공단체나 그 기관 또는 사인(私人)을 말한다.

제3조(행정심판의 대상) ① 행정청의 처분 또는 부작위에 대하여는 다른 법률에 특별한 규정이 있는 경우 외에는 이 법에 따라 행정심판을 청구할 수 있다.

② 대통령의 처분 또는 부작위에 대하여는 다른 법률에서 행정심판을 청구할 수 있도록 정한 경우 외에는 행정심판을 청구할 수 없다.

제4조(특별행정심판 등) ① 사안(事案)의 전문성과 특수성을 살리기 위하여 특히 필요한 경우 외에는 이 법에 따른 행정심판을 갈음하는 특별한 행정불복절차(이하 "특별행정심판"이라 한다)나 이 법에 따른 행정심판 절차에 대한 특례를 다른 법률로 정할 수 없다.

② 다른 법률에서 특별행정심판이나 이 법에 따른 행정심판 절차에 대한 특례를 정한 경우에도 그 법률에서 규정하지 아니한 사항에 관하여는 이 법에서 정하는 바에 따른다.

③ 관계 행정기관의 장이 특별행정심판 또는 이 법에 따른 행정심판 절차에 대한 특례를 신설하거나 변경하는 법령을 제정·개정할 때에는 미리 중앙행정심판위원회와 협의하여야 한다.

제5조(행정심판의 종류) 행정심판의 종류는 다음 각 호와 같다.

1. 취소심판: 행정청의 위법 또는 부당한 처분을 취소하거나 변경하는 행정심판

2. 무효등확인심판: 행정청의 처분의 효력 유무 또는 존재 여부를 확인하는 행정심판

3. 의무이행심판: 당사자의 신청에 대한 행정청의 위법 또는 부당한 거부처분이나 부작위에 대하여 일정한 처분을 하도록 하는 행정심판

제2장 심판기관

제6조(행정심판위원회의 설치) ① 다음 각 호의 행정청 또는 그 소속 행정청(행정기관의 계층구조와 관계없이 그 감독을 받거나 위탁을 받은 모든 행정청을 말하되, 위탁을 받은 행정청은 그 위탁받은 사무에 관하여는 위탁한 행정청의 소속 행정청으로 본다. 이하 같다)의 처분 또는 부작위에 대한 행정심판의 청구(이하 "심판청구"라 한다)에 대하여는 다음 각 호의 행정청에 두는 행정심판위원회에서 심리·재결한다.

1. 감사원, 국가정보원장, 그 밖에 대통령령으로 정하는 대통령 소속기관의 장

2. 국회사무총장·법원행정처장·헌법재판소사무처장 및 중앙선거관리위원회사무총장

3. 국가인권위원회, 그 밖에 지위·성격의 독립성과 특수성 등이 인정되어 대통령령으로 정하는 행정청

② 다음 각 호의 행정청의 처분 또는 부작위에 대한 심판청구에 대하여는 「부패방지 및 국민권익위원회의 설치와 운영에 관한 법률」에 따른 국민권익위원회(이하 "국민권익위원회"라 한다)에 두는 중앙행정심판위원회에서 심리·재결한다.

1. 제1항에 따른 행정청 외의 국가행정기관의 장 또는 그 소속 행정청

2. 특별시장·광역시장·특별자치시장·도지사·특별자치도지사(특별시·광역시·특별자치시·도 또는 특별자치도의 교육감을 포함한다. 이하 "시·도지사"라 한다) 또는 특별시·광역시·특별자치시·도·특별자치도(이하 "시·도"라 한다)의 의회(의장, 위원회의 위원장, 사무처장 등 의회 소속 모든 행정청을 포함한다)

3. 「지방자치법」에 따른 지방자치단체조합 등 관계 법률에 따라 국가·지방자치단체·공공법인 등이 공동으로 설립한 행정청. 다만, 제3항제3호에 해당하는 행정청은 제외한다.

③ 다음 각 호의 행정청의 처분 또는 부작위에 대한 심판청구에 대하여는 시·도지사 소속으로 두는 행정심판위원회에서 심리·재결한다.

1. 시·도 소속 행정청

2. 시·도의 관할구역에 있는 시·군·자치구의 장, 소속 행정청 또는 시·군·자치구의 의회(의장, 위원회의 위원장, 사무국장, 사무과장 등 의회 소속 모든 행정청을 포함한다)

3. 시·도의 관할구역에 있는 둘 이상의 지방자치단체(시·군·자치구를 말한다)·공공법인 등이 공동으로 설립한 행정청

④ 제2항제1호에도 불구하고 대통령령으로 정하는 국가행정기관 소속 특별지방행정기관의 장의 처분 또는 부작위에 대한 심판청구에 대하여는 해당 행정청의 직근 상급행정기관에 두는 행정심판위원회에서 심리·재결한다.

제7조(행정심판위원회의 구성) ① 행정심판위원회(중앙행정심판위원회는 제외한다. 이하 이 조에서 같다)는 위원장 1명을 포함하여 50명 이내의 위원으로 구성한다. 〈개정 2016. 3. 29.〉

② 행정심판위원회의 위원장은 그 행정심판위원회가 소속된 행정청이 되며, 위원장이 없거나 부득이한 사유로 직무를 수행할 수 없거나 위원장이 필요하다고 인정하는 경우에는 다음 각 호의 순서에 따라 위원이 위원장의 직무를 대행한다.

1. 위원장이 사전에 지명한 위원

2. 제4항에 따라 지명된 공무원인 위원(2명 이상인 경우에는 직급 또는 고위공무원단에 속하는 공무원의 직무등급이 높은 위원 순서로, 직급 또는 직무등급도 같은 경우에는 위원 재직기간이 긴 위원 순서로, 재직기간도 같은 경우에는 연장자 순서로 한다)

③ 제2항에도 불구하고 제6조 제3항에 따라 시·도지사 소속으로 두는 행정심판위

원회의 경우에는 해당 지방자치단체의 조례로 정하는 바에 따라 공무원이 아닌 위원을 위원장으로 정할 수 있다. 이 경우 위원장은 비상임으로 한다.

④ 행정심판위원회의 위원은 해당 행정심판위원회가 소속된 행정청이 다음 각 호의 어느 하나에 해당하는 사람 중에서 성별을 고려하여 위촉하거나 그 소속 공무원 중에서 지명한다.

1. 변호사 자격을 취득한 후 5년 이상의 실무 경험이 있는 사람
2. 「고등교육법」 제2조 제1호부터 제6호까지의 규정에 따른 학교에서 조교수 이상으로 재직하거나 재직하였던 사람
3. 행정기관의 4급 이상 공무원이었거나 고위공무원단에 속하는 공무원이었던 사람
4. 박사학위를 취득한 후 해당 분야에서 5년 이상 근무한 경험이 있는 사람
5. 그 밖에 행정심판과 관련된 분야의 지식과 경험이 풍부한 사람

⑤ 행정심판위원회의 회의는 위원장과 위원장이 회의마다 지정하는 8명의 위원(그중 제4항에 따른 위촉위원은 6명 이상으로 하되, 제3항에 따라 위원장이 공무원이 아닌 경우에는 5명 이상으로 한다)으로 구성한다. 다만, 국회규칙, 대법원규칙, 헌법재판소규칙, 중앙선거관리위원회규칙 또는 대통령령(제6조제3항에 따라 시·도지사 소속으로 두는 행정심판위원회의 경우에는 해당 지방자치단체의 조례)으로 정하는 바에 따라 위원장과 위원장이 회의마다 지정하는 6명의 위원(그 중 제4항에 따른 위촉위원은 5명 이상으로 하되, 제3항에 따라 공무원이 아닌 위원이 위원장인 경우에는 4명 이상으로 한다)으로 구성할 수 있다.

⑥ 행정심판위원회는 제5항에 따른 구성원 과반수의 출석과 출석위원 과반수의 찬성으로 의결한다.

⑦ 행정심판위원회의 조직과 운영, 그 밖에 필요한 사항은 국회규칙, 대법원규칙, 헌법재판소규칙, 중앙선거관리위원회규칙 또는 대통령령으로 정한다.

제8조(중앙행정심판위원회의 구성) ① 중앙행정심판위원회는 위원장 1명을 포함하여 70명 이내의 위원으로 구성하되, 위원 중 상임위원은 4명 이내로 한다.

② 중앙행정심판위원회의 위원장은 국민권익위원회의 부위원장 중 1명이 되며, 위원장이 없거나 부득이한 사유로 직무를 수행할 수 없거나 위원장이 필요하다고 인정하는 경우에는 상임위원(상임으로 재직한 기간이 긴 위원 순서로, 재직기간이 같은 경우에는 연장자 순서로 한다)이 위원장의 직무를 대행한다.

③ 중앙행정심판위원회의 상임위원은 일반직공무원으로서 「국가공무원법」 제26조의5
에 따른 임기제공무원으로 임명하되, 3급 이상 공무원 또는 고위공무원단에 속
하는 일반직공무원으로 3년 이상 근무한 사람이나 그 밖에 행정심판에 관한 지
식과 경험이 풍부한 사람 중에서 중앙행정심판위원회 위원장의 제청으로 국무총
리를 거쳐 대통령이 임명한다.

④ 중앙행정심판위원회의 비상임위원은 제7조 제4항 각 호의 어느 하나에 해당하는
사람 중에서 중앙행정심판위원회 위원장의 제청으로 국무총리가 성별을 고려하
여 위촉한다. 〈개정 2016. 3. 29.〉

⑤ 중앙행정심판위원회의 회의(제6항에 따른 소위원회 회의는 제외한다)는 위원장,
상임위원 및 위원장이 회의마다 지정하는 비상임위원을 포함하여 총 9명으로
구성한다.

⑥ 중앙행정심판위원회는 심판청구사건(이하 "사건"이라 한다) 중 「도로교통법」에 따
른 자동차운전면허 행정처분에 관한 사건(소위원회가 중앙행정심판위원회에서
심리 · 의결하도록 결정한 사건은 제외한다)을 심리 · 의결하게 하기 위하여 4명
의 위원으로 구성하는 소위원회를 둘 수 있다.

⑦ 중앙행정심판위원회 및 소위원회는 각각 제5항 및 제6항에 따른 구성원 과반수
의 출석과 출석위원 과반수의 찬성으로 의결한다.

⑧ 중앙행정심판위원회는 위원장이 지정하는 사건을 미리 검토하도록 필요한 경우에
는 전문위원회를 둘 수 있다.

⑨ 중앙행정심판위원회, 소위원회 및 전문위원회의 조직과 운영 등에 필요한 사항은
대통령령으로 정한다.

제9조(위원의 임기 및 신분보장 등) ① 제7조 제4항에 따라 지명된 위원은 그 직에
재직하는 동안 재임한다.

② 제8조 제3항에 따라 임명된 중앙행정심판위원회 상임위원의 임기는 3년으로 하
며, 1차에 한하여 연임할 수 있다.

③ 제7조 제4항 및 제8조 제4항에 따라 위촉된 위원의 임기는 2년으로 하되, 2차
에 한하여 연임할 수 있다. 다만, 제6조 제1항 제2호에 규정된 기관에 두는 행
정심판위원회의 위촉위원의 경우에는 각각 국회규칙, 대법원규칙, 헌법재판소규
칙 또는 중앙선거관리위원회규칙으로 정하는 바에 따른다.

④ 다음 각 호의 어느 하나에 해당하는 사람은 제6조에 따른 행정심판위원회(이하

"위원회"라 한다)의 위원이 될 수 없으며, 위원이 이에 해당하게 된 때에는 당연히 퇴직한다.

1. 대한민국 국민이 아닌 사람
2. 「국가공무원법」 제33조 각 호의 어느 하나에 해당하는 사람

⑤ 제7조 제4항 및 제8조 제4항에 따라 위촉된 위원은 금고(禁錮) 이상의 형을 선고받거나 부득이한 사유로 장기간 직무를 수행할 수 없게 되는 경우 외에는 임기 중 그의 의사와 다르게 해촉(解囑)되지 아니한다.

제10조(위원의 제척·기피·회피) ① 위원회의 위원은 다음 각 호의 어느 하나에 해당하는 경우에는 그 사건의 심리·의결에서 제척(除斥)된다. 이 경우 제척결정은 위원회의 위원장(이하 "위원장"이라 한다)이 직권으로 또는 당사자의 신청에 의하여 한다.

1. 위원 또는 그 배우자나 배우자이었던 사람이 사건의 당사자이거나 사건에 관하여 공동 권리자 또는 의무자인 경우
2. 위원이 사건의 당사자와 친족이거나 친족이었던 경우
3. 위원이 사건에 관하여 증언이나 감정(鑑定)을 한 경우
4. 위원이 당사자의 대리인으로서 사건에 관여하거나 관여하였던 경우
5. 위원이 사건의 대상이 된 처분 또는 부작위에 관여한 경우

② 당사자는 위원에게 공정한 심리·의결을 기대하기 어려운 사정이 있으면 위원장에게 기피신청을 할 수 있다.

③ 위원에 대한 제척신청이나 기피신청은 그 사유를 소명(疏明)한 문서로 하여야 한다. 다만, 불가피한 경우에는 신청한 날부터 3일 이내에 신청 사유를 소명할 수 있는 자료를 제출하여야 한다.

④ 제척신청이나 기피신청이 제3항을 위반하였을 때에는 위원장은 결정으로 이를 각하한다.

⑤ 위원장은 제척신청이나 기피신청의 대상이 된 위원에게서 그에 대한 의견을 받을 수 있다.

⑥ 위원장은 제척신청이나 기피신청을 받으면 제척 또는 기피 여부에 대한 결정을 하고, 지체 없이 신청인에게 결정서 정본(正本)을 송달하여야 한다.

⑦ 위원회의 회의에 참석하는 위원이 제척사유 또는 기피사유에 해당되는 것을 알게 되었을 때에는 스스로 그 사건의 심리·의결에서 회피할 수 있다. 이 경우 회피

하고자 하는 위원은 위원장에게 그 사유를 소명하여야 한다.

⑧ 사건의 심리·의결에 관한 사무에 관여하는 위원 아닌 직원에게도 제1항부터 제7항까지의 규정을 준용한다.

제11조(벌칙 적용 시의 공무원 의제) 위원 중 공무원이 아닌 위원은 「형법」과 그 밖의 법률에 따른 벌칙을 적용할 때에는 공무원으로 본다.

제12조(위원회의 권한 승계) ① 당사자의 심판청구 후 위원회가 법령의 개정·폐지 또는 제17조 제5항에 따른 피청구인의 경정 결정에 따라 그 심판청구에 대하여 재결할 권한을 잃게 된 경우에는 해당 위원회는 심판청구서와 관계 서류, 그 밖의 자료를 새로 재결할 권한을 갖게 된 위원회에 보내야 한다.

② 제1항의 경우 송부를 받은 위원회는 지체 없이 그 사실을 다음 각 호의 자에게 알려야 한다.

  1. 행정심판 청구인(이하 "청구인"이라 한다)
  2. 행정심판 피청구인(이하 "피청구인"이라 한다)
  3. 제20조 또는 제21조에 따라 심판참가를 하는 자(이하 "참가인"이라 한다)

제3장 당사자와 관계인

제13조(청구인 적격) ① 취소심판은 처분의 취소 또는 변경을 구할 법률상 이익이 있는 자가 청구할 수 있다. 처분의 효과가 기간의 경과, 처분의 집행, 그 밖의 사유로 소멸된 뒤에도 그 처분의 취소로 회복되는 법률상 이익이 있는 자의 경우에도 또한 같다.

② 무효등확인심판은 처분의 효력 유무 또는 존재 여부의 확인을 구할 법률상 이익이 있는 자가 청구할 수 있다.

③ 의무이행심판은 처분을 신청한 자로서 행정청의 거부처분 또는 부작위에 대하여 일정한 처분을 구할 법률상 이익이 있는 자가 청구할 수 있다.

제14조(법인이 아닌 사단 또는 재단의 청구인 능력) 법인이 아닌 사단 또는 재단으로서 대표자나 관리인이 정하여져 있는 경우에는 그 사단이나 재단의 이름으로 심판청구를 할 수 있다.

제15조(선정대표자) ① 여러 명의 청구인이 공동으로 심판청구를 할 때에는 청구인들 중에서 3명 이하의 선정대표자를 선정할 수 있다.

② 청구인들이 제1항에 따라 선정대표자를 선정하지 아니한 경우에 위원회는 필요하다고 인정하면 청구인들에게 선정대표자를 선정할 것을 권고할 수 있다.

③ 선정대표자는 다른 청구인들을 위하여 그 사건에 관한 모든 행위를 할 수 있다. 다만, 심판청구를 취하하려면 다른 청구인들의 동의를 받아야 하며, 이 경우 동의받은 사실을 서면으로 소명하여야 한다.

④ 선정대표자가 선정되면 다른 청구인들은 그 선정대표자를 통해서만 그 사건에 관한 행위를 할 수 있다.

⑤ 선정대표자를 선정한 청구인들은 필요하다고 인정하면 선정대표자를 해임하거나 변경할 수 있다. 이 경우 청구인들은 그 사실을 지체 없이 위원회에 서면으로 알려야 한다.

제16조(청구인의 지위 승계) ① 청구인이 사망한 경우에는 상속인이나 그 밖에 법령에 따라 심판청구의 대상에 관계되는 권리나 이익을 승계한 자가 청구인의 지위를 승계한다.

② 법인인 청구인이 합병(合倂)에 따라 소멸하였을 때에는 합병 후 존속하는 법인이나 합병에 따라 설립된 법인이 청구인의 지위를 승계한다.

③ 제1항과 제2항에 따라 청구인의 지위를 승계한 자는 위원회에 서면으로 그 사유를 신고하여야 한다. 이 경우 신고서에는 사망 등에 의한 권리·이익의 승계 또는 합병 사실을 증명하는 서면을 함께 제출하여야 한다.

④ 제1항 또는 제2항의 경우에 제3항에 따른 신고가 있을 때까지 사망자나 합병 전의 법인에 대하여 한 통지 또는 그 밖의 행위가 청구인의 지위를 승계한 자에게 도달하면 지위를 승계한 자에 대한 통지 또는 그 밖의 행위로서의 효력이 있다.

⑤ 심판청구의 대상과 관계되는 권리나 이익을 양수한 자는 위원회의 허가를 받아 청구인의 지위를 승계할 수 있다.

⑥ 위원회는 제5항의 지위 승계 신청을 받으면 기간을 정하여 당사자와 참가인에게 의견을 제출하도록 할 수 있으며, 당사자와 참가인이 그 기간에 의견을 제출하지 아니하면 의견이 없는 것으로 본다.

⑦ 위원회는 제5항의 지위 승계 신청에 대하여 허가 여부를 결정하고, 지체 없이 신청인에게는 결정서 정본을, 당사자와 참가인에게는 결정서 등본을 송달하여야 한다.

⑧ 신청인은 위원회가 제5항의 지위 승계를 허가하지 아니하면 결정서 정본을 받은 날부터 7일 이내에 위원회에 이의신청을 할 수 있다.

제17조(피청구인의 적격 및 경정) ① 행정심판은 처분을 한 행정청(의무이행심판의 경우에는 청구인의 신청을 받은 행정청)을 피청구인으로 하여 청구하여야 한다. 다만, 심판청구의 대상과 관계되는 권한이 다른 행정청에 승계된 경우에는 권한을 승계한 행정청을 피청구인으로 하여야 한다.

② 청구인이 피청구인을 잘못 지정한 경우에는 위원회는 직권으로 또는 당사자의 신청에 의하여 결정으로써 피청구인을 경정(更正)할 수 있다.

③ 위원회는 제2항에 따라 피청구인을 경정하는 결정을 하면 결정서 정본을 당사자(종전의 피청구인과 새로운 피청구인을 포함한다. 이하 제6항에서 같다)에게 송달하여야 한다.

④ 제2항에 따른 결정이 있으면 종전의 피청구인에 대한 심판청구는 취하되고 종전의 피청구인에 대한 행정심판이 청구된 때에 새로운 피청구인에 대한 행정심판이 청구된 것으로 본다.

⑤ 위원회는 행정심판이 청구된 후에 제1항 단서의 사유가 발생하면 직권으로 또는 당사자의 신청에 의하여 결정으로써 피청구인을 경정한다. 이 경우에는 제3항과 제4항을 준용한다.

⑥ 당사자는 제2항 또는 제5항에 따른 위원회의 결정에 대하여 결정서 정본을 받은 날부터 7일 이내에 위원회에 이의신청을 할 수 있다.

제18조(대리인의 선임) ① 청구인은 법정대리인 외에 다음 각 호의 어느 하나에 해당하는 자를 대리인으로 선임할 수 있다.

1. 청구인의 배우자, 청구인 또는 배우자의 사촌 이내의 혈족
2. 청구인이 법인이거나 제14조에 따른 청구인 능력이 있는 법인이 아닌 사단 또는 재단인 경우 그 소속 임직원
3. 변호사
4. 다른 법률에 따라 심판청구를 대리할 수 있는 자
5. 그 밖에 위원회의 허가를 받은 자

② 피청구인은 그 소속 직원 또는 제1항제3호부터 제5호까지의 어느 하나에 해당하는 자를 대리인으로 선임할 수 있다.

③ 제1항과 제2항에 따른 대리인에 관하여는 제15조 제3항 및 제5항을 준용한다.

제18조의2(국선대리인) ① 청구인이 경제적 능력으로 인해 대리인을 선임할 수 없는 경우에는 위원회에 국선대리인을 선임하여 줄 것을 신청할 수 있다.

② 위원회는 제1항의 신청에 따른 국선대리인 선정 여부에 대한 결정을 하고, 지체 없이 청구인에게 그 결과를 통지하여야 한다. 이 경우 위원회는 심판청구가 명백히 부적법하거나 이유 없는 경우 또는 권리의 남용이라고 인정되는 경우에는 국선대리인을 선정하지 아니할 수 있다.

③ 국선대리인 신청절차, 국선대리인 지원 요건, 국선대리인의 자격·보수 등 국선대리인 운영에 필요한 사항은 국회규칙, 대법원규칙, 헌법재판소규칙, 중앙선거관리위원회규칙 또는 대통령령으로 정한다.

제19조(대표자 등의 자격) ① 대표자·관리인·선정대표자 또는 대리인의 자격은 서면으로 소명하여야 한다.

② 청구인이나 피청구인은 대표자·관리인·선정대표자 또는 대리인이 그 자격을 잃으면 그 사실을 서면으로 위원회에 신고하여야 한다. 이 경우 소명 자료를 함께 제출하여야 한다.

제20조(심판참가) ① 행정심판의 결과에 이해관계가 있는 제3자나 행정청은 해당 심판청구에 대한 제7조 제6항 또는 제8조 제7항에 따른 위원회나 소위원회의 의결이 있기 전까지 그 사건에 대하여 심판참가를 할 수 있다.

② 제1항에 따른 심판참가를 하려는 자는 참가의 취지와 이유를 적은 참가신청서를 위원회에 제출하여야 한다. 이 경우 당사자의 수만큼 참가신청서 부본을 함께 제출하여야 한다.

③ 위원회는 제2항에 따라 참가신청서를 받으면 참가신청서 부본을 당사자에게 송달하여야 한다.

④ 제3항의 경우 위원회는 기간을 정하여 당사자와 다른 참가인에게 제3자의 참가신청에 대한 의견을 제출하도록 할 수 있으며, 당사자와 다른 참가인이 그 기간에 의견을 제출하지 아니하면 의견이 없는 것으로 본다.

⑤ 위원회는 제2항에 따라 참가신청을 받으면 허가 여부를 결정하고, 지체 없이 신청인에게는 결정서 정본을, 당사자와 다른 참가인에게는 결정서 등본을 송달하여야 한다.

⑥ 신청인은 제5항에 따라 송달을 받은 날부터 7일 이내에 위원회에 이의신청을 할 수 있다.

제21조(심판참가의 요구) ① 위원회는 필요하다고 인정하면 그 행정심판 결과에 이해관계가 있는 제3자나 행정청에 그 사건 심판에 참가할 것을 요구할 수 있다.

② 제1항의 요구를 받은 제3자나 행정청은 지체 없이 그 사건 심판에 참가할 것인지 여부를 위원회에 통지하여야 한다.

제22조(참가인의 지위) ① 참가인은 행정심판 절차에서 당사자가 할 수 있는 심판 절차상의 행위를 할 수 있다.

② 이 법에 따라 당사자가 위원회에 서류를 제출할 때에는 참가인의 수만큼 부본을 제출하여야 하고, 위원회가 당사자에게 통지를 하거나 서류를 송달할 때에는 참가인에게도 통지하거나 송달하여야 한다.

③ 참가인의 대리인 선임과 대표자 자격 및 서류 제출에 관하여는 제18조, 제19조 및 이 조 제2항을 준용한다.

제4장 행정심판 청구

제23조(심판청구서의 제출) ① 행정심판을 청구하려는 자는 제28조에 따라 심판청구서를 작성하여 피청구인이나 위원회에 제출하여야 한다. 이 경우 피청구인의 수만큼 심판청구서 부본을 함께 제출하여야 한다.

② 행정청이 제58조에 따른 고지를 하지 아니하거나 잘못 고지하여 청구인이 심판청구서를 다른 행정기관에 제출한 경우에는 그 행정기관은 그 심판청구서를 지체 없이 정당한 권한이 있는 피청구인에게 보내야 한다.

③ 제2항에 따라 심판청구서를 보낸 행정기관은 지체 없이 그 사실을 청구인에게 알려야 한다.

④ 제27조에 따른 심판청구 기간을 계산할 때에는 제1항에 따른 피청구인이나 위원회 또는 제2항에 따른 행정기관에 심판청구서가 제출되었을 때에 행정심판이 청구된 것으로 본다.

제24조(피청구인의 심판청구서 등의 접수ㆍ처리) ① 피청구인이 제23조 제1항ㆍ제2항 또는 제26조 제1항에 따라 심판청구서를 접수하거나 송부받으면 10일 이내에 심판청구서(제23조 제1항ㆍ제2항의 경우만 해당된다)와 답변서를 위원회에 보내야 한다. 다만, 청구인이 심판청구를 취하한 경우에는 그러하지 아니하다.

② 피청구인은 처분의 상대방이 아닌 제3자가 심판청구를 한 경우에는 지체 없이

처분의 상대방에게 그 사실을 알려야 한다. 이 경우 심판청구서 사본을 함께 송달하여야 한다.

③ 피청구인이 제1항 본문에 따라 심판청구서를 보낼 때에는 심판청구서에 위원회가 표시되지 아니하였거나 잘못 표시된 경우에도 정당한 권한이 있는 위원회에 보내야 한다.

④ 피청구인은 제1항 본문에 따라 답변서를 보낼 때에는 청구인의 수만큼 답변서 부본을 함께 보내되, 답변서에는 다음 각 호의 사항을 명확하게 적어야 한다.

  1. 처분이나 부작위의 근거와 이유

  2. 심판청구의 취지와 이유에 대응하는 답변

  3. 제2항에 해당하는 경우에는 처분의 상대방의 이름·주소·연락처와 제2항의 의무 이행 여부

⑤ 제2항과 제3항의 경우에 피청구인은 송부 사실을 지체 없이 청구인에게 알려야 한다.

⑥ 중앙행정심판위원회에서 심리·재결하는 사건인 경우 피청구인은 제1항에 따라 위원회에 심판청구서 또는 답변서를 보낼 때에는 소관 중앙행정기관의 장에게도

제25조(피청구인의 직권취소등) ① 제23조 제1항·제2항 또는 제26조 제1항에 따라 심판청구서를 받은 피청구인은 그 심판청구가 이유 있다고 인정하면 심판청구의 취지에 따라 직권으로 처분을 취소·변경하거나 확인을 하거나 신청에 따른 처분(이하 이 조에서 "직권취소등"이라 한다)을 할 수 있다. 이 경우 서면으로 청구인에게 알려야 한다.

② 피청구인은 제1항에 따라 직권취소등을 하였을 때에는 청구인이 심판청구를 취하한 경우가 아니면 제24조 제1항 본문에 따라 심판청구서·답변서를 보낼 때 직권취소등의 사실을 증명하는 서류를 위원회에 함께 제출하여야 한다.

제26조(위원회의 심판청구서 등의 접수·처리) ① 위원회는 제23조 제1항에 따라 심판청구서를 받으면 지체 없이 피청구인에게 심판청구서 부본을 보내야 한다.

② 위원회는 제24조 제1항 본문에 따라 피청구인으로부터 답변서가 제출되면 답변서 부본을 청구인에게 송달하여야 한다.

제27조(심판청구의 기간) ① 행정심판은 처분이 있음을 알게 된 날부터 90일 이내에 청구하여야 한다.

② 청구인이 천재지변, 전쟁, 사변(事變), 그 밖의 불가항력으로 인하여 제1항에서

정한 기간에 심판청구를 할 수 없었을 때에는 그 사유가 소멸한 날부터 14일 이내에 행정심판을 청구할 수 있다. 다만, 국외에서 행정심판을 청구하는 경우에는 그 기간을 30일로 한다.

③ 행정심판은 처분이 있었던 날부터 180일이 지나면 청구하지 못한다. 다만, 정당한 사유가 있는 경우에는 그러하지 아니하다.

④ 제1항과 제2항의 기간은 불변기간(不變期間)으로 한다.

⑤ 행정청이 심판청구 기간을 제1항에 규정된 기간보다 긴 기간으로 잘못 알린 경우 그 잘못 알린 기간에 심판청구가 있으면 그 행정심판은 제1항에 규정된 기간에 청구된 것으로 본다.

⑥ 행정청이 심판청구 기간을 알리지 아니한 경우에는 제3항에 규정된 기간에 심판청구를 할 수 있다.

⑦ 제1항부터 제6항까지의 규정은 무효등확인심판청구와 부작위에 대한 의무이행심판청구에는 적용하지 아니한다.

제28조(심판청구의 방식) ① 심판청구는 서면으로 하여야 한다.

② 처분에 대한 심판청구의 경우에는 심판청구서에 다음 각 호의 사항이 포함되어야 한다.

  1. 청구인의 이름과 주소 또는 사무소(주소 또는 사무소 외의 장소에서 송달받기를 원하면 송달장소를 추가로 적어야 한다)
  2. 피청구인과 위원회
  3. 심판청구의 대상이 되는 처분의 내용
  4. 처분이 있음을 알게 된 날
  5. 심판청구의 취지와 이유
  6. 피청구인의 행정심판 고지 유무와 그 내용

③ 부작위에 대한 심판청구의 경우에는 제2항제1호·제2호·제5호의 사항과 그 부작위의 전제가 되는 신청의 내용과 날짜를 적어야 한다.

④ 청구인이 법인이거나 제14조에 따른 청구인 능력이 있는 법인이 아닌 사단 또는 재단이거나 행정심판이 선정대표자나 대리인에 의하여 청구되는 것일 때에는 제2항 또는 제3항의 사항과 함께 그 대표자·관리인·선정대표자 또는 대리인의 이름과 주소를 적어야 한다.

⑤ 심판청구서에는 청구인·대표자·관리인·선정대표자 또는 대리인이 서명하거나

날인하여야 한다.

제29조(청구의 변경) ① 청구인은 청구의 기초에 변경이 없는 범위에서 청구의 취지나 이유를 변경할 수 있다.

② 행정심판이 청구된 후에 피청구인이 새로운 처분을 하거나 심판청구의 대상인 처분을 변경한 경우에는 청구인은 새로운 처분이나 변경된 처분에 맞추어 청구의 취지나 이유를 변경할 수 있다.

③ 제1항 또는 제2항에 따른 청구의 변경은 서면으로 신청하여야 한다. 이 경우 피청구인과 참가인의 수만큼 청구변경신청서 부본을 함께 제출하여야 한다.

④ 위원회는 제3항에 따른 청구변경신청서 부본을 피청구인과 참가인에게 송달하여야 한다.

⑤ 제4항의 경우 위원회는 기간을 정하여 피청구인과 참가인에게 청구변경 신청에 대한 의견을 제출하도록 할 수 있으며, 피청구인과 참가인이 그 기간에 의견을 제출하지 아니하면 의견이 없는 것으로 본다.

⑥ 위원회는 제1항 또는 제2항의 청구변경 신청에 대하여 허가할 것인지 여부를 결정하고, 지체 없이 신청인에게는 결정서 정본을, 당사자 및 참가인에게는 결정서 등본을 송달하여야 한다.

⑦ 신청인은 제6항에 따라 송달을 받은 날부터 7일 이내에 위원회에 이의신청을 할 수 있다.

⑧ 청구의 변경결정이 있으면 처음 행정심판이 청구되었을 때부터 변경된 청구의 취지나 이유로 행정심판이 청구된 것으로 본다.

제30조(집행정지) ① 심판청구는 처분의 효력이나 그 집행 또는 절차의 속행(續行)에 영향을 주지 아니한다.

② 위원회는 처분, 처분의 집행 또는 절차의 속행 때문에 중대한 손해가 생기는 것을 예방할 필요성이 긴급하다고 인정할 때에는 직권으로 또는 당사자의 신청에 의하여 처분의 효력, 처분의 집행 또는 절차의 속행의 전부 또는 일부의 정지(이하 "집행정지"라 한다)를 결정할 수 있다. 다만, 처분의 효력정지는 처분의 집행 또는 절차의 속행을 정지함으로써 그 목적을 달성할 수 있을 때에는 허용되지 아니한다.

③ 집행정지는 공공복리에 중대한 영향을 미칠 우려가 있을 때에는 허용되지 아니한다.

④ 위원회는 집행정지를 결정한 후에 집행정지가 공공복리에 중대한 영향을 미치거나 그 정지사유가 없어진 경우에는 직권으로 또는 당사자의 신청에 의하여 집행정지 결정을 취소할 수 있다.

⑤ 집행정지 신청은 심판청구와 동시에 또는 심판청구에 대한 제7조 제6항 또는 제8조 제7항에 따른 위원회나 소위원회의 의결이 있기 전까지, 집행정지 결정의 취소신청은 심판청구에 대한 제7조 제6항 또는 제8조 제7항에 따른 위원회나 소위원회의 의결이 있기 전까지 신청의 취지와 원인을 적은 서면을 위원회에 제출하여야 한다. 다만, 심판청구서를 피청구인에게 제출한 경우로서 심판청구와 동시에 집행정지 신청을 할 때에는 심판청구서 사본과 접수증명서를 함께 제출하여야 한다.

⑥ 제2항과 제4항에도 불구하고 위원회의 심리·결정을 기다릴 경우 중대한 손해가 생길 우려가 있다고 인정되면 위원장은 직권으로 위원회의 심리·결정을 갈음하는 결정을 할 수 있다. 이 경우 위원장은 지체 없이 위원회에 그 사실을 보고하고 추인(追認)을 받아야 하며, 위원회의 추인을 받지 못하면 위원장은 집행정지 또는 집행정지 취소에 관한 결정을 취소하여야 한다.

⑦ 위원회는 집행정지 또는 집행정지의 취소에 관하여 심리·결정하면 지체 없이 당사자에게 결정서 정본을 송달하여야 한다.

제31조(임시처분) ① 위원회는 처분 또는 부작위가 위법·부당하다고 상당히 의심되는 경우로서 처분 또는 부작위 때문에 당사자가 받을 우려가 있는 중대한 불이익이나 당사자에게 생길 급박한 위험을 막기 위하여 임시지위를 정하여야 할 필요가 있는 경우에는 직권으로 또는 당사자의 신청에 의하여 임시처분을 결정할 수 있다.

② 제1항에 따른 임시처분에 관하여는 제30조 제3항부터 제7항까지를 준용한다. 이 경우 같은 조 제6항 전단 중 "중대한 손해가 생길 우려"는 "중대한 불이익이나 급박한 위험이 생길 우려"로 본다.

③ 제1항에 따른 임시처분은 제30조 제2항에 따른 집행정지로 목적을 달성할 수 있는 경우에는 허용되지 아니한다.

제5장 심리

제32조(보정) ① 위원회는 심판청구가 적법하지 아니하나 보정(補正)할 수 있다고 인정하면 기간을 정하여 청구인에게 보정할 것을 요구할 수 있다. 다만, 경미한 사항은 직권으로 보정할 수 있다.

② 청구인은 제1항의 요구를 받으면 서면으로 보정하여야 한다. 이 경우 다른 당사자의 수만큼 보정서 부본을 함께 제출하여야 한다.

③ 위원회는 제2항에 따라 제출된 보정서 부본을 지체 없이 다른 당사자에게 송달하여야 한다.

④ 제1항에 따른 보정을 한 경우에는 처음부터 적법하게 행정심판이 청구된 것으로 본다.

⑤ 제1항에 따른 보정기간은 제45조에 따른 재결 기간에 산입하지 아니한다.

제33조(주장의 보충) ① 당사자는 심판청구서·보정서·답변서·참가신청서 등에서 주장한 사실을 보충하고 다른 당사자의 주장을 다시 반박하기 위하여 필요하면 위원회에 보충서면을 제출할 수 있다. 이 경우 다른 당사자의 수만큼 보충서면 부본을 함께 제출하여야 한다.

② 위원회는 필요하다고 인정하면 보충서면의 제출기한을 정할 수 있다.

③ 위원회는 제1항에 따라 보충서면을 받으면 지체 없이 다른 당사자에게 그 부본을 송달하여야 한다.

제34조(증거서류 등의 제출) ① 당사자는 심판청구서·보정서·답변서·참가신청서·보충서면 등에 덧붙여 그 주장을 뒷받침하는 증거서류나 증거물을 제출할 수 있다.

② 제1항의 증거서류에는 다른 당사자의 수만큼 증거서류 부본을 함께 제출하여야 한다.

③ 위원회는 당사자가 제출한 증거서류의 부본을 지체 없이 다른 당사자에게 송달하여야 한다.

제35조(자료의 제출 요구 등) ① 위원회는 사건 심리에 필요하면 관계 행정기관이 보관 중인 관련 문서, 장부, 그 밖에 필요한 자료를 제출할 것을 요구할 수 있다.

② 위원회는 필요하다고 인정하면 사건과 관련된 법령을 주관하는 행정기관이나 그 밖의 관계 행정기관의 장 또는 그 소속 공무원에게 위원회 회의에 참석하여 의견을 진술할 것을 요구하거나 의견서를 제출할 것을 요구할 수 있다.

③ 관계 행정기관의 장은 특별한 사정이 없으면 제1항과 제2항에 따른 위원회의 요구에 따라야 한다.

④ 중앙행정심판위원회에서 심리·재결하는 심판청구의 경우 소관 중앙행정기관의 장은 의견서를 제출하거나 위원회에 출석하여 의견을 진술할 수 있다.

제36조(증거조사) ① 위원회는 사건을 심리하기 위하여 필요하면 직권으로 또는 당사자의 신청에 의하여 다음 각 호의 방법에 따라 증거조사를 할 수 있다.

1. 당사자나 관계인(관계 행정기관 소속 공무원을 포함한다. 이하 같다)을 위원회의 회의에 출석하게 하여 신문(訊問)하는 방법

2. 당사자나 관계인이 가지고 있는 문서·장부·물건 또는 그 밖의 증거자료의 제출을 요구하고 영치(領置)하는 방법

3. 특별한 학식과 경험을 가진 제3자에게 감정을 요구하는 방법

4. 당사자 또는 관계인의 주소·거소·사업장이나 그 밖의 필요한 장소에 출입하여 당사자 또는 관계인에게 질문하거나 서류·물건 등을 조사·검증하는 방법

② 위원회는 필요하면 위원회가 소속된 행정청의 직원이나 다른 행정기관에 촉탁하여 제1항의 증거조사를 하게 할 수 있다.

③ 제1항에 따른 증거조사를 수행하는 사람은 그 신분을 나타내는 증표를 지니고 이를 당사자나 관계인에게 내보여야 한다.

④ 제1항에 따른 당사자 등은 위원회의 조사나 요구 등에 성실하게 협조하여야 한다.

제37조(절차의 병합 또는 분리) 위원회는 필요하면 관련되는 심판청구를 병합하여 심리하거나 병합된 관련 청구를 분리하여 심리할 수 있다.

제38조(심리기일의 지정과 변경) ① 심리기일은 위원회가 직권으로 지정한다.

② 심리기일의 변경은 직권으로 또는 당사자의 신청에·의하여 한다.

③ 위원회는 심리기일이 변경되면 지체 없이 그 사실과 사유를 당사자에게 알려야 한다.

④ 심리기일의 통지나 심리기일 변경의 통지는 서면으로 하거나 심판청구서에 적힌 전화, 휴대전화를 이용한 문자전송, 팩시밀리 또는 전자우편 등 간편한 통지 방법(이하 "간이통지방법"이라 한다)으로 할 수 있다.

제39조(직권심리) 위원회는 필요하면 당사자가 주장하지 아니한 사실에 대하여도 심리할 수 있다.

제40조(심리의 방식) ① 행정심판의 심리는 구술심리나 서면심리로 한다. 다만, 당사자가 구술심리를 신청한 경우에는 서면심리만으로 결정할 수 있다고 인정되는 경우 외에는 구술심리를 하여야 한다.

② 위원회는 제1항 단서에 따라 구술심리 신청을 받으면 그 허가 여부를 결정하여 신청인에게 알려야 한다.

③ 제2항의 통지는 간이통지방법으로 할 수 있다.

제41조(발언 내용 등의 비공개) 위원회에서 위원이 발언한 내용이나 그 밖에 공개되면 위원회의 심리·재결의 공정성을 해칠 우려가 있는 사항으로서 대통령령으로 정하는 사항은 공개하지 아니한다.

제42조(심판청구 등의 취하) ① 청구인은 심판청구에 대하여 제7조 제6항 또는 제8조 제7항에 따른 의결이 있을 때까지 서면으로 심판청구를 취하할 수 있다.

② 참가인은 심판청구에 대하여 제7조 제6항 또는 제8조 제7항에 따른 의결이 있을 때까지 서면으로 참가신청을 취하할 수 있다.

③ 제1항 또는 제2항에 따른 취하서에는 청구인이나 참가인이 서명하거나 날인하여야 한다.

④ 청구인 또는 참가인은 취하서를 피청구인 또는 위원회에 제출하여야 한다. 이 경우 제23조 제2항부터 제4항까지의 규정을 준용한다.

⑤ 피청구인 또는 위원회는 계속 중인 사건에 대하여 제1항 또는 제2항에 따른 취하서를 받으면 지체 없이 다른 관계 기관, 청구인, 참가인에게 취하 사실을 알려야 한다.

제6장 재결

제43조(재결의 구분) ① 위원회는 심판청구가 적법하지 아니하면 그 심판청구를 각하(却下)한다.

② 위원회는 심판청구가 이유가 없다고 인정하면 그 심판청구를 기각(棄却)한다.

③ 위원회는 취소심판의 청구가 이유가 있다고 인정하면 처분을 취소 또는 다른 처분으로 변경하거나 처분을 다른 처분으로 변경할 것을 피청구인에게 명한다.

④ 위원회는 무효등확인심판의 청구가 이유가 있다고 인정하면 처분의 효력 유무 또는 처분의 존재 여부를 확인한다.

⑤ 위원회는 의무이행심판의 청구가 이유가 있다고 인정하면 지체 없이 신청에 따른 처분을 하거나 처분을 할 것을 피청구인에게 명한다.

제43조의2(조정) ① 위원회는 당사자의 권리 및 권한의 범위에서 당사자의 동의를 받아 심판청구의 신속하고 공정한 해결을 위하여 조정을 할 수 있다. 다만, 그 조정이 공공복리에 적합하지 아니하거나 해당 처분의 성질에 반하는 경우에는 그러하지 아니하다.

② 위원회는 제1항의 조정을 함에 있어서 심판청구된 사건의 법적·사실적 상태와 당사자 및 이해관계자의 이익 등 모든 사정을 참작하고, 조정의 이유와 취지를 설명하여야 한다.

③ 조정은 당사자가 합의한 사항을 조정서에 기재한 후 당사자가 서명 또는 날인하고 위원회가 이를 확인함으로써 성립한다.

④ 제3항에 따른 조정에 대하여는 제48조부터 제50조까지, 제50조의2, 제51조의 규정을 준용한다.

제44조(사정재결) ① 위원회는 심판청구가 이유가 있다고 인정하는 경우에도 이를 인용(認容)하는 것이 공공복리에 크게 위배된다고 인정하면 그 심판청구를 기각하는 재결을 할 수 있다. 이 경우 위원회는 재결의 주문(主文)에서 그 처분 또는 부작위가 위법하거나 부당하다는 것을 구체적으로 밝혀야 한다.

② 위원회는 제1항에 따른 재결을 할 때에는 청구인에 대하여 상당한 구제방법을 취하거나 상당한 구제방법을 취할 것을 피청구인에게 명할 수 있다.

③ 제1항과 제2항은 무효등확인심판에는 적용하지 아니한다.

제45조(재결 기간) ① 재결은 제23조에 따라 피청구인 또는 위원회가 심판청구서를 받은 날부터 60일 이내에 하여야 한다. 다만, 부득이한 사정이 있는 경우에는 위원장이 직권으로 30일을 연장할 수 있다.

② 위원장은 제1항 단서에 따라 재결 기간을 연장할 경우에는 재결 기간이 끝나기 7일 전까지 당사자에게 알려야 한다.

제46조(재결의 방식) ① 재결은 서면으로 한다.

② 제1항에 따른 재결서에는 다음 각 호의 사항이 포함되어야 한다.

 1. 사건번호와 사건명
 2. 당사자·대표자 또는 대리인의 이름과 주소
 3. 주문

4. 청구의 취지

5. 이유

6. 재결한 날짜

③ 재결서에 적는 이유에는 주문 내용이 정당하다는 것을 인정할 수 있는 정도의 판단을 표시하여야 한다.

제47조(재결의 범위) ① 위원회는 심판청구의 대상이 되는 처분 또는 부작위 외의 사항에 대하여는 재결하지 못한다.

② 위원회는 심판청구의 대상이 되는 처분보다 청구인에게 불리한 재결을 하지 못한다.

제48조(재결의 송달과 효력 발생) ① 위원회는 지체 없이 당사자에게 재결서의 정본을 송달하여야 한다. 이 경우 중앙행정심판위원회는 재결 결과를 소관 중앙행정기관의 장에게도 알려야 한다.

② 재결은 청구인에게 제1항 전단에 따라 송달되었을 때에 그 효력이 생긴다.

③ 위원회는 재결서의 등본을 지체 없이 참가인에게 송달하여야 한다.

④ 처분의 상대방이 아닌 제3자가 심판청구를 한 경우 위원회는 재결서의 등본을 지체 없이 피청구인을 거쳐 처분의 상대방에게 송달하여야 한다.

제49조(재결의 기속력 등) ① 심판청구를 인용하는 재결은 피청구인과 그 밖의 관계 행정청을 기속(羈束)한다.

② 재결에 의하여 취소되거나 무효 또는 부존재로 확인되는 처분이 당사자의 신청을 거부하는 것을 내용으로 하는 경우에는 그 처분을 한 행정청은 재결의 취지에 따라 다시 이전의 신청에 대한 처분을 하여야 한다.

③ 당사자의 신청을 거부하거나 부작위로 방치한 처분의 이행을 명하는 재결이 있으면 행정청은 지체 없이 이전의 신청에 대하여 재결의 취지에 따라 처분을 하여야 한다.

④ 신청에 따른 처분이 절차의 위법 또는 부당을 이유로 재결로써 취소된 경우에는 제2항을 준용한다.

⑤ 법령의 규정에 따라 공고하거나 고시한 처분이 재결로써 취소되거나 변경되면 처분을 한 행정청은 지체 없이 그 처분이 취소 또는 변경되었다는 것을 공고하거나 고시하여야 한다.

⑥ 법령의 규정에 따라 처분의 상대방 외의 이해관계인에게 통지된 처분이 재결로써

취소되거나 변경되면 처분을 한 행정청은 지체 없이 그 이해관계인에게 그 처분이 취소 또는 변경되었다는 것을 알려야 한다.

제50조(위원회의 직접 처분) ① 위원회는 피청구인이 제49조 제3항에도 불구하고 처분을 하지 아니하는 경우에는 당사자가 신청하면 기간을 정하여 서면으로 시정을 명하고 그 기간에 이행하지 아니하면 직접 처분을 할 수 있다. 다만, 그 처분의 성질이나 그 밖의 불가피한 사유로 위원회가 직접 처분을 할 수 없는 경우에는 그러하지 아니하다. 〉

② 위원회는 제1항 본문에 따라 직접 처분을 하였을 때에는 그 사실을 해당 행정청에 통보하여야 하며, 그 통보를 받은 행정청은 위원회가 한 처분을 자기가 한 처분으로 보아 관계 법령에 따라 관리·감독 등 필요한 조치를 하여야 한다.

제50조의2(위원회의 간접강제) ① 위원회는 피청구인이 제49조 제2항(제49조 제4항에서 준용하는 경우를 포함한다) 또는 제3항에 따른 처분을 하지 아니하면 청구인의 신청에 의하여 결정으로 상당한 기간을 정하고 피청구인이 그 기간 내에 이행하지 아니하는 경우에는 그 지연기간에 따라 일정한 배상을 하도록 명하거나 즉시 배상을 할 것을 명할 수 있다.

② 위원회는 사정의 변경이 있는 경우에는 당사자의 신청에 의하여 제1항에 따른 결정의 내용을 변경할 수 있다.

③ 위원회는 제1항 또는 제2항에 따른 결정을 하기 전에 신청 상대방의 의견을 들어야 한다.

④ 청구인은 제1항 또는 제2항에 따른 결정에 불복하는 경우 그 결정에 대하여 행정소송을 제기할 수 있다.

⑤ 제1항 또는 제2항에 따른 결정의 효력은 피청구인인 행정청이 소속된 국가·지방자치단체 또는 공공단체에 미치며, 결정서 정본은 제4항에 따른 소송제기와 관계없이 「민사집행법」에 따른 강제집행에 관하여는 집행권원과 같은 효력을 가진다. 이 경우 집행문은 위원장의 명에 따라 위원회가 소속된 행정청 소속 공무원이 부여한다.

⑥ 간접강제 결정에 기초한 강제집행에 관하여 이 법에 특별한 규정이 없는 사항에 대하여는 「민사집행법」의 규정을 준용한다. 다만, 「민사집행법」 제33조(집행문부여의 소), 제34조(집행문부여 등에 관한 이의신청), 제44조(청구에 관한 이의의 소) 및 제45조(집행문부여에 대한 이의의 소)에서 관할 법원은 피청구인의 소재

지를 관할하는 행정법원으로 한다.

제51조(행정심판 재청구의 금지) 심판청구에 대한 재결이 있으면 그 재결 및 같은 처분 또는 부작위에 대하여 다시 행정심판을 청구할 수 없다.

제7장 전자정보처리조직을 통한 행정심판 절차의 수행

제52조(전자정보처리조직을 통한 심판청구 등) ① 이 법에 따른 행정심판 절차를 밟는 자는 심판청구서와 그 밖의 서류를 전자문서화하고 이를 정보통신망을 이용하여 위원회에서 지정·운영하는 전자정보처리조직(행정심판 절차에 필요한 전자문서를 작성·제출·송달할 수 있도록 하는 하드웨어, 소프트웨어, 데이터베이스, 네트워크, 보안요소 등을 결합하여 구축한 정보처리능력을 갖춘 전자적 장치를 말한다. 이하 같다)을 통하여 제출할 수 있다.

② 제1항에 따라 제출된 전자문서는 이 법에 따라 제출된 것으로 보며, 부본을 제출할 의무는 면제된다.

③ 제1항에 따라 제출된 전자문서는 그 문서를 제출한 사람이 정보통신망을 통하여 전자정보처리조직에서 제공하는 접수번호를 확인하였을 때에 전자정보처리조직에 기록된 내용으로 접수된 것으로 본다.

④ 전자정보처리조직을 통하여 접수된 심판청구의 경우 제27조에 따른 심판청구 기간을 계산할 때에는 제3항에 따른 접수가 되었을 때 행정심판이 청구된 것으로 본다.

⑤ 전자정보처리조직의 지정내용, 전자정보처리조직을 이용한 심판청구서 등의 접수와 처리 등에 관하여 필요한 사항은 국회규칙, 대법원규칙, 헌법재판소규칙, 중앙선거관리위원회규칙 또는 대통령령으로 정한다.

제53조(전자서명등) ① 위원회는 전자정보처리조직을 통하여 행정심판 절차를 밟으려는 자에게 본인(本人)임을 확인할 수 있는 「전자서명법」 제2조 제2호에 따른 전자서명(서명자의 실지명의를 확인할 수 있는 것을 말한다)이나 그 밖의 인증 (이하 이 조에서 "전자서명등"이라 한다)을 요구할 수 있다.

② 제1항에 따라 전자서명등을 한 자는 이 법에 따른 서명 또는 날인을 한 것으로 본다.

③ 전자서명등에 필요한 사항은 국회규칙, 대법원규칙, 헌법재판소규칙, 중앙선거관

리위원회규칙 또는 대통령령으로 정한다.

제54조(전자정보처리조직을 이용한 송달 등) ① 피청구인 또는 위원회는 제52조 제
1항에 따라 행정심판을 청구하거나 심판참가를 한 자에게 전자정보처리조직과
그와 연계된 정보통신망을 이용하여 재결서나 이 법에 따른 각종 서류를 송달할
수 있다. 다만, 청구인이나 참가인이 동의하지 아니하는 경우에는 그러하지 아
니하다.

② 제1항 본문의 경우 위원회는 송달하여야 하는 재결서 등 서류를 전자정보처리조
직에 입력하여 등재한 다음 그 등재 사실을 국회규칙, 대법원규칙, 헌법재판소
규칙, 중앙선거관리위원회규칙 또는 대통령령으로 정하는 방법에 따라 전자우편
등으로 알려야 한다.

③ 제1항에 따른 전자정보처리조직을 이용한 서류 송달은 서면으로 한 것과 같은
효력을 가진다.

④ 제1항에 따른 서류의 송달은 청구인이 제2항에 따라 등재된 전자문서를 확인한
때에 전자정보처리조직에 기록된 내용으로 도달한 것으로 본다. 다만, 제2항에
따라 그 등재사실을 통지한 날부터 2주 이내(재결서 외의 서류는 7일 이내)에
확인하지 아니하였을 때에는 등재사실을 통지한 날부터 2주가 지난 날(재결서
외의 서류는 7일이 지난 날)에 도달한 것으로 본다.

⑤ 서면으로 심판청구 또는 심판참가를 한 자가 전자정보처리조직의 이용을 신청한
경우에는 제52조·제53조 및 이 조를 준용한다.

⑥ 위원회, 피청구인, 그 밖의 관계 행정기관 간의 서류의 송달 등에 관하여는 제
52조·제53조 및 이 조를 준용한다.

⑦ 제1항 본문에 따른 송달의 방법이나 그 밖에 필요한 사항은 국회규칙, 대법원규
칙, 헌법재판소규칙, 중앙선거관리위원회규칙 또는 대통령령으로 정한다.

제8장 보칙

제55조(증거서류 등의 반환) 위원회는 재결을 한 후 증거서류 등의 반환 신청을 받
으면 신청인이 제출한 문서·장부·물건이나 그 밖의 증거자료의 원본(原本)을
지체 없이 제출자에게 반환하여야 한다.

제56조(주소 등 송달장소 변경의 신고의무) 당사자, 대리인, 참가인 등은 주소나 사

무소 또는 송달장소를 바꾸면 그 사실을 바로 위원회에 서면으로 또는 전자정보처리조직을 통하여 신고하여야 한다. 제54조 제2항에 따른 전자우편주소 등을 바꾼 경우에도 또한 같다.

제57조(서류의 송달) 이 법에 따른 서류의 송달에 관하여는 「민사소송법」 중 송달에 관한 규정을 준용한다.

제58조(행정심판의 고지) ① 행정청이 처분을 할 때에는 처분의 상대방에게 다음 각 호의 사항을 알려야 한다.

1. 해당 처분에 대하여 행정심판을 청구할 수 있는지

2. 행정심판을 청구하는 경우의 심판청구 절차 및 심판청구 기간

② 행정청은 이해관계인이 요구하면 다음 각 호의 사항을 지체 없이 알려 주어야 한다. 이 경우 서면으로 알려 줄 것을 요구받으면 서면으로 알려 주어야 한다.

1. 해당 처분이 행정심판의 대상이 되는 처분인지

2. 행정심판의 대상이 되는 경우 소관 위원회 및 심판청구 기간

제59조(불합리한 법령 등의 개선) ① 중앙행정심판위원회는 심판청구를 심리 · 재결할 때에 처분 또는 부작위의 근거가 되는 명령 등(대통령령 · 총리령 · 부령 · 훈령 · 예규 · 고시 · 조례 · 규칙 등을 말한다. 이하 같다)이 법령에 근거가 없거나 상위 법령에 위배되거나 국민에게 과도한 부담을 주는 등 크게 불합리하면 관계 행정기관에 그 명령 등의 개정 · 폐지 등 적절한 시정조치를 요청할 수 있다. 이 경우 중앙행정심판위원회는 시정조치를 요청한 사실을 법제처장에게 통보하여야 한다.

② 제1항에 따른 요청을 받은 관계 행정기관은 정당한 사유가 없으면 이에 따라야 한다.

제60조(조사 · 지도 등) ① 중앙행정심판위원회는 행정청에 대하여 다음 각 호의 사항 등을 조사하고, 필요한 지도를 할 수 있다.

1. 위원회 운영 실태

2. 재결 이행 상황

3. 행정심판의 운영 현황

② 행정청은 이 법에 따른 행정심판을 거쳐 「행정소송법」에 따른 항고소송이 제기된 사건에 대하여 그 내용이나 결과 등 대통령령으로 정하는 사항을 반기마다 그 다음 달 15일까지 해당 심판청구에 대한 재결을 한 중앙행정심판위원회 또는

제6조 제3항에 따라 시·도지사 소속으로 두는 행정심판위원회에 알려야 한다.

③ 제6조 제3항에 따라 시·도지사 소속으로 두는 행정심판위원회는 중앙행정심판 위원회가 요청하면 제2항에 따라 수집한 자료를 제출하여야 한다.

제61조(권한의 위임) 이 법에 따른 위원회의 권한 중 일부를 국회규칙, 대법원규칙, 헌법재판소규칙, 중앙선거관리위원회규칙 또는 대통령령으로 정하는 바에 따라 위원장에게 위임할 수 있다.

26. 행정절차법

행정절차법

제1장 총칙

제1절 목적, 정의 및 적용 범위 등

제1조(목적) 이 법은 행정절차에 관한 공통적인 사항을 규정하여 국민의 행정 참여
　　를 도모함으로써 행정의 공정성·투명성 및 신뢰성을 확보하고 국민의 권익을
　　보호함을 목적으로 한다.

제2조(정의) 이 법에서 사용하는 용어의 뜻은 다음과 같다.

　1. "행정청"이란 다음 각 목의 자를 말한다.

　　가. 행정에 관한 의사를 결정하여 표시하는 국가 또는 지방자치단체의 기관

　　나. 그 밖에 법령 또는 자치법규(이하 "법령등"이라 한다)에 따라 행정권한을
　　　가지고 있거나 위임 또는 위탁받은 공공단체 또는 그 기관이나 사인(私人)

　2. "처분"이란 행정청이 행하는 구체적 사실에 관한 법 집행으로서의 공권력의 행
　　사 또는 그 거부와 그 밖에 이에 준하는 행정작용(行政作用)을 말한다.

　3. "행정지도"란 행정기관이 그 소관 사무의 범위에서 일정한 행정목적을 실현하
　　기 위하여 특정인에게 일정한 행위를 하거나 하지 아니하도록 지도, 권고, 조언
　　등을 하는 행정작용을 말한다.

　4. "당사자등"이란 다음 각 목의 자를 말한다.

　　가. 행정청의 처분에 대하여 직접 그 상대가 되는 당사자

　　나. 행정청이 직권으로 또는 신청에 따라 행정절차에 참여하게 한 이해관계인

　5. "청문"이란 행정청이 어떠한 처분을 하기 전에 당사자등의 의견을 직접 듣고
　　증거를 조사하는 절차를 말한다.

　6. "공청회"란 행정청이 공개적인 토론을 통하여 어떠한 행정작용에 대하여 당사

자등, 전문지식과 경험을 가진 사람, 그 밖의 일반인으로부터 의견을 널리 수렴하는 절차를 말한다.

7. "의견제출"이란 행정청이 어떠한 행정작용을 하기 전에 당사자등이 의견을 제시하는 절차로서 청문이나 공청회에 해당하지 아니하는 절차를 말한다.

8. "전자문서"란 컴퓨터 등 정보처리능력을 가진 장치에 의하여 전자적인 형태로 작성되어 송신·수신 또는 저장된 정보를 말한다.

9. "정보통신망"이란 전기통신설비를 활용하거나 전기통신설비와 컴퓨터 및 컴퓨터 이용기술을 활용하여 정보를 수집·가공·저장·검색·송신 또는 수신하는 정보통신체제를 말한다.

제3조(적용 범위) ① 처분, 신고, 행정상 입법예고, 행정예고 및 행정지도의 절차(이하 "행정절차"라 한다)에 관하여 다른 법률에 특별한 규정이 있는 경우를 제외하고는 이 법에서 정하는 바에 따른다.

② 이 법은 다음 각 호의 어느 하나에 해당하는 사항에 대하여는 적용하지 아니한다.

1. 국회 또는 지방의회의 의결을 거치거나 동의 또는 승인을 받아 행하는 사항

2. 법원 또는 군사법원의 재판에 의하거나 그 집행으로 행하는 사항

3. 헌법재판소의 심판을 거쳐 행하는 사항

4. 각급 선거관리위원회의 의결을 거쳐 행하는 사항

5. 감사원이 감사위원회의의 결정을 거쳐 행하는 사항

6. 형사(刑事), 행형(行刑) 및 보안처분 관계 법령에 따라 행하는 사항

7. 국가안전보장·국방·외교 또는 통일에 관한 사항 중 행정절차를 거칠 경우 국가의 중대한 이익을 현저히 해칠 우려가 있는 사항

8. 심사청구, 해양안전심판, 조세심판, 특허심판, 행정심판, 그 밖의 불복절차에 따른 사항

9. 「병역법」에 따른 징집·소집, 외국인의 출입국·난민인정·귀화, 공무원 인사 관계 법령에 따른 징계와 그 밖의 처분, 이해 조정을 목적으로 하는 법령에 따른 알선·조정·중재(仲裁)·재정(裁定) 또는 그 밖의 처분 등 해당 행정작용의 성질상 행정절차를 거치기 곤란하거나 거칠 필요가 없다고 인정되는 사항과 행정절차에 준하는 절차를 거친 사항으로서 대통령령으로 정하는 사항

제4조(신의성실 및 신뢰보호) ① 행정청은 직무를 수행할 때 신의(信義)에 따라 성실히 하여야 한다.

② 행정청은 법령등의 해석 또는 행정청의 관행이 일반적으로 국민들에게 받아들여
졌을 때에는 공익 또는 제3자의 정당한 이익을 현저히 해칠 우려가 있는 경우
를 제외하고는 새로운 해석 또는 관행에 따라 소급하여 불리하게 처리하여서는
아니 된다.

제5조(투명성) ① 행정청이 행하는 행정작용은 그 내용이 구체적이고 명확하여야 한
다.

② 행정작용의 근거가 되는 법령등의 내용이 명확하지 아니한 경우 상대방은 해당
행정청에 그 해석을 요청할 수 있으며, 해당 행정청은 특별한 사유가 없으면 그
요청에 따라야 한다.

③ 행정청은 상대방에게 행정작용과 관련된 정보를 충분히 제공하여야 한다.

제2절 행정청의 관할 및 협조

제6조(관할) ① 행정청이 그 관할에 속하지 아니하는 사안을 접수하였거나 이송받은
경우에는 지체 없이 이를 관할 행정청에 이송하여야 하고 그 사실을 신청인에게
통지하여야 한다. 행정청이 접수하거나 이송받은 후 관할이 변경된 경우에도 또
한 같다.

② 행정청의 관할이 분명하지 아니한 경우에는 해당 행정청을 공통으로 감독하는 상
급 행정청이 그 관할을 결정하며, 공통으로 감독하는 상급 행정청이 없는 경우
에는 각 상급 행정청이 협의하여 그 관할을 결정한다.

제7조(행정청 간의 협조) 행정청은 행정의 원활한 수행을 위하여 서로 협조하여야
한다.

제8조(행정응원) ① 행정청은 다음 각 호의 어느 하나에 해당하는 경우에는 다른 행
정청에 행정응원(行政應援)을 요청할 수 있다.

 1. 법령등의 이유로 독자적인 직무 수행이 어려운 경우
 2. 인원·장비의 부족 등 사실상의 이유로 독자적인 직무 수행이 어려운 경우
 3. 다른 행정청에 소속되어 있는 전문기관의 협조가 필요한 경우
 4. 다른 행정청이 관리하고 있는 문서(전자문서를 포함한다. 이하 같다)·통계 등
 행정자료가 직무 수행을 위하여 필요한 경우
 5. 다른 행정청의 응원을 받아 처리하는 것이 보다 능률적이고 경제적인 경우

② 제1항에 따라 행정응원을 요청받은 행정청은 다음 각 호의 어느 하나에 해당하는 경우에는 응원을 거부할 수 있다.
  1. 다른 행정청이 보다 능률적이거나 경제적으로 응원할 수 있는 명백한 이유가 있는 경우
  2. 행정응원으로 인하여 고유의 직무 수행이 현저히 지장받을 것으로 인정되는 명백한 이유가 있는 경우
③ 행정응원은 해당 직무를 직접 응원할 수 있는 행정청에 요청하여야 한다.
④ 행정응원을 요청받은 행정청은 응원을 거부하는 경우 그 사유를 응원을 요청한 행정청에 통지하여야 한다.
⑤ 행정응원을 위하여 파견된 직원은 응원을 요청한 행정청의 지휘·감독을 받는다. 다만, 해당 직원의 복무에 관하여 다른 법령등에 특별한 규정이 있는 경우에는 그에 따른다.
⑥ 행정응원에 드는 비용은 응원을 요청한 행정청이 부담하며, 그 부담금액 및 부담방법은 응원을 요청한 행정청과 응원을 하는 행정청이 협의하여 결정한다.

제3절 당사자등

제9조(당사자등의 자격) 다음 각 호의 어느 하나에 해당하는 자는 행정절차에서 당사자등이 될 수 있다.
  1. 자연인
  2. 법인, 법인이 아닌 사단 또는 재단(이하 "법인등"이라 한다)
  3. 그 밖에 다른 법령등에 따라 권리·의무의 주체가 될 수 있는 자
제10조(지위의 승계) ① 당사자등이 사망하였을 때의 상속인과 다른 법령등에 따라 당사자등의 권리 또는 이익을 승계한 자는 당사자등의 지위를 승계한다.
② 당사자등인 법인등이 합병하였을 때에는 합병 후 존속하는 법인등이나 합병 후 새로 설립된 법인등이 당사자등의 지위를 승계한다.
③ 제1항 및 제2항에 따라 당사자등의 지위를 승계한 자는 행정청에 그 사실을 통지하여야 한다.
④ 처분에 관한 권리 또는 이익을 사실상 양수한 자는 행정청의 승인을 받아 당사자등의 지위를 승계할 수 있다.

⑤ 제3항에 따른 통지가 있을 때까지 사망자 또는 합병 전의 법인등에 대하여 행정청이 한 통지는 제1항 또는 제2항에 따라 당사자등의 지위를 승계한 자에게도 효력이 있다.

제11조(대표자) ① 다수의 당사자등이 공동으로 행정절차에 관한 행위를 할 때에는 대표자를 선정할 수 있다.

② 행정청은 제1항에 따라 당사자등이 대표자를 선정하지 아니하거나 대표자가 지나치게 많아 행정절차가 지연될 우려가 있는 경우에는 그 이유를 들어 상당한 기간 내에 3인 이내의 대표자를 선정할 것을 요청할 수 있다. 이 경우 당사자등이 그 요청에 따르지 아니하였을 때에는 행정청이 직접 대표자를 선정할 수 있다.

③ 당사자등은 대표자를 변경하거나 해임할 수 있다.

④ 대표자는 각자 그를 대표자로 선정한 당사자등을 위하여 행정절차에 관한 모든 행위를 할 수 있다. 다만, 행정절차를 끝맺는 행위에 대하여는 당사자등의 동의를 받아야 한다.

⑤ 대표자가 있는 경우에는 당사자등은 그 대표자를 통하여서만 행정절차에 관한 행위를 할 수 있다.

⑥ 다수의 대표자가 있는 경우 그중 1인에 대한 행정청의 행위는 모든 당사자등에게 효력이 있다. 다만, 행정청의 통지는 대표자 모두에게 하여야 그 효력이 있다.

제12조(대리인) ① 당사자등은 다음 각 호의 어느 하나에 해당하는 자를 대리인으로 선임할 수 있다.

1. 당사자등의 배우자, 직계 존속·비속 또는 형제자매
2. 당사자등이 법인등인 경우 그 임원 또는 직원
3. 변호사
4. 행정청 또는 청문 주재자(청문의 경우만 해당한다)의 허가를 받은 자
5. 법령등에 따라 해당 사안에 대하여 대리인이 될 수 있는 자

② 대리인에 관하여는 제11조 제3항·제4항 및 제6항을 준용한다.

제13조(대표자·대리인의 통지) ①당사자등이 대표자 또는 대리인을 선정하거나 선임하였을 때에는 지체 없이 그 사실을 행정청에 통지하여야 한다. 대표자 또는 대리인을 변경하거나 해임하였을 때에도 또한 같다.

② 제1항에도 불구하고 제12조 제1항 제4호에 따라 청문 주재자가 대리인의 선임을 허가한 경우에는 청문 주재자가 그 사실을 행정청에 통지하여야 한다.

제4절 송달 및 기간·기한의 특례

제14조(송달) ① 송달은 우편, 교부 또는 정보통신망 이용 등의 방법으로 하되, 송달받을 자(대표자 또는 대리인을 포함한다. 이하 같다)의 주소·거소(居所)·영업소·사무소 또는 전자우편주소(이하 "주소등"이라 한다)로 한다. 다만, 송달받을 자가 동의하는 경우에는 그를 만나는 장소에서 송달할 수 있다.

② 교부에 의한 송달은 수령확인서를 받고 문서를 교부함으로써 하며, 송달하는 장소에서 송달받을 자를 만나지 못한 경우에는 그 사무원·피용자(被傭者) 또는 동거인으로서 사리를 분별할 지능이 있는 사람(이하 이 조에서 "사무원등"이라 한다)에게 문서를 교부할 수 있다. 다만, 문서를 송달받을 자 또는 그 사무원등이 정당한 사유 없이 송달받기를 거부하는 때에는 그 사실을 수령확인서에 적고, 문서를 송달할 장소에 놓아둘 수 있다.

③ 정보통신망을 이용한 송달은 송달받을 자가 동의하는 경우에만 한다. 이 경우 송달받을 자는 송달받을 전자우편주소 등을 지정하여야 한다.

④ 다음 각 호의 어느 하나에 해당하는 경우에는 송달받을 자가 알기 쉽도록 관보, 공보, 게시판, 일간신문 중 하나 이상에 공고하고 인터넷에도 공고하여야 한다.

  1. 송달받을 자의 주소등을 통상적인 방법으로 확인할 수 없는 경우

  2. 송달이 불가능한 경우

⑤ 행정청은 송달하는 문서의 명칭, 송달받는 자의 성명 또는 명칭, 발송방법 및 발송 연월일을 확인할 수 있는 기록을 보존하여야 한다.

제15조(송달의 효력 발생) ① 송달은 다른 법령등에 특별한 규정이 있는 경우를 제외하고는 해당 문서가 송달받을 자에게 도달됨으로써 그 효력이 발생한다.

② 제14조 제3항에 따라 정보통신망을 이용하여 전자문서로 송달하는 경우에는 송달받을 자가 지정한 컴퓨터 등에 입력된 때에 도달된 것으로 본다.

③ 제14조 제4항의 경우에는 다른 법령등에 특별한 규정이 있는 경우를 제외하고는 공고일부터 14일이 지난 때에 그 효력이 발생한다. 다만, 긴급히 시행하여야 할 특별한 사유가 있어 효력 발생 시기를 달리 정하여 공고한 경우에는 그에 따른다.

제16조(기간 및 기한의 특례) ① 천재지변이나 그 밖에 당사자등에게 책임이 없는 사유로 기간 및 기한을 지킬 수 없는 경우에는 그 사유가 끝나는 날까지 기간의 진행이 정지된다.

② 외국에 거주하거나 체류하는 자에 대한 기간 및 기한은 행정청이 그 우편이나 통신에 걸리는 일수(日數)를 고려하여 정하여야 한다.

제2장 처분

제1절 통칙

제17조(처분의 신청) ① 행정청에 처분을 구하는 신청은 문서로 하여야 한다. 다만, 다른 법령등에 특별한 규정이 있는 경우와 행정청이 미리 다른 방법을 정하여 공시한 경우에는 그러하지 아니하다.

② 제1항에 따라 처분을 신청할 때 전자문서로 하는 경우에는 행정청의 컴퓨터 등에 입력된 때에 신청한 것으로 본다.

③ 행정청은 신청에 필요한 구비서류, 접수기관, 처리기간, 그 밖에 필요한 사항을 게시(인터넷 등을 통한 게시를 포함한다)하거나 이에 대한 편람을 갖추어 두고 누구나 열람할 수 있도록 하여야 한다.

④ 행정청은 신청을 받았을 때에는 다른 법령등에 특별한 규정이 있는 경우를 제외하고는 그 접수를 보류 또는 거부하거나 부당하게 되돌려 보내서는 아니 되며, 신청을 접수한 경우에는 신청인에게 접수증을 주어야 한다. 다만, 대통령령으로 정하는 경우에는 접수증을 주지 아니할 수 있다.

⑤ 행정청은 신청에 구비서류의 미비 등 흠이 있는 경우에는 보완에 필요한 상당한 기간을 정하여 지체 없이 신청인에게 보완을 요구하여야 한다.

⑥ 행정청은 신청인이 제5항에 따른 기간 내에 보완을 하지 아니하였을 때에는 그 이유를 구체적으로 밝혀 접수된 신청을 되돌려 보낼 수 있다.

⑦ 행정청은 신청인의 편의를 위하여 다른 행정청에 신청을 접수하게 할 수 있다. 이 경우 행정청은 다른 행정청에 접수할 수 있는 신청의 종류를 미리 정하여 공시하여야 한다.

⑧ 신청인은 처분이 있기 전에는 그 신청의 내용을 보완·변경하거나 취하(取下)할

수 있다. 다만, 다른 법령등에 특별한 규정이 있거나 그 신청의 성질상 보완·변경하거나 취하할 수 없는 경우에는 그러하지 아니하다.

제18조(다수의 행정청이 관여하는 처분) 행정청은 다수의 행정청이 관여하는 처분을 구하는 신청을 접수한 경우에는 관계 행정청과의 신속한 협조를 통하여 그 처분이 지연되지 아니하도록 하여야 한다.

제19조(처리기간의 설정·공표) ① 행정청은 신청인의 편의를 위하여 처분의 처리기간을 종류별로 미리 정하여 공표하여야 한다.

② 행정청은 부득이한 사유로 제1항에 따른 처리기간 내에 처분을 처리하기 곤란한 경우에는 해당 처분의 처리기간의 범위에서 한 번만 그 기간을 연장할 수 있다.

③ 행정청은 제2항에 따라 처리기간을 연장할 때에는 처리기간의 연장 사유와 처리 예정 기한을 지체 없이 신청인에게 통지하여야 한다.

④ 행정청이 정당한 처리기간 내에 처리하지 아니하였을 때에는 신청인은 해당 행정청 또는 그 감독 행정청에 신속한 처리를 요청할 수 있다.

⑤ 제1항에 따른 처리기간에 산입하지 아니하는 기간에 관하여는 대통령령으로 정한다.

제20조(처분기준의 설정·공표) ① 행정청은 필요한 처분기준을 해당 처분의 성질에 비추어 되도록 구체적으로 정하여 공표하여야 한다. 처분기준을 변경하는 경우에도 또한 같다.

② 제1항에 따른 처분기준을 공표하는 것이 해당 처분의 성질상 현저히 곤란하거나 공공의 안전 또는 복리를 현저히 해치는 것으로 인정될 만한 상당한 이유가 있는 경우에는 처분기준을 공표하지 아니할 수 있다.

③ 당사자등은 공표된 처분기준이 명확하지 아니한 경우 해당 행정청에 그 해석 또는 설명을 요청할 수 있다. 이 경우 해당 행정청은 특별한 사정이 없으면 그 요청에 따라야 한다.

제21조(처분의 사전 통지) ① 행정청은 당사자에게 의무를 부과하거나 권익을 제한하는 처분을 하는 경우에는 미리 다음 각 호의 사항을 당사자등에게 통지하여야 한다.

1. 처분의 제목
2. 당사자의 성명 또는 명칭과 주소
3. 처분하려는 원인이 되는 사실과 처분의 내용 및 법적 근거

4. 제3호에 대하여 의견을 제출할 수 있다는 뜻과 의견을 제출하지 아니하는 경우의 처리방법

   5. 의견제출기관의 명칭과 주소

   6. 의견제출기한

   7. 그 밖에 필요한 사항

② 행정청은 청문을 하려면 청문이 시작되는 날부터 10일 전까지 제1항 각 호의 사항을 당사자등에게 통지하여야 한다. 이 경우 제1항제4호부터 제6호까지의 사항은 청문 주재자의 소속·직위 및 성명, 청문의 일시 및 장소, 청문에 응하지 아니하는 경우의 처리방법 등 청문에 필요한 사항으로 갈음한다.

③ 제1항제6호에 따른 기한은 의견제출에 필요한 기간을 10일 이상으로 고려하여 정하여야 한다.

④ 다음 각 호의 어느 하나에 해당하는 경우에는 제1항에 따른 통지를 하지 아니할 수 있다.

   1. 공공의 안전 또는 복리를 위하여 긴급히 처분을 할 필요가 있는 경우

   2. 법령등에서 요구된 자격이 없거나 없어지게 되면 반드시 일정한 처분을 하여야 하는 경우에 그 자격이 없거나 없어지게 된 사실이 법원의 재판 등에 의하여 객관적으로 증명된 경우

   3. 해당 처분의 성질상 의견청취가 현저히 곤란하거나 명백히 불필요하다고 인정될 만한 상당한 이유가 있는 경우

⑤ 처분의 전제가 되는 사실이 법원의 재판 등에 의하여 객관적으로 증명된 경우 등 제4항에 따른 사전 통지를 하지 아니할 수 있는 구체적인 사항은 대통령령으로 정한다. 〈신설 2014. 1. 28.〉

⑥ 제4항에 따라 사전 통지를 하지 아니하는 경우 행정청은 처분을 할 때 당사자등에게 통지를 하지 아니한 사유를 알려야 한다. 다만, 신속한 처분이 필요한 경우에는 처분 후 그 사유를 알릴 수 있다.

⑦ 제6항에 따라 당사자등에게 알리는 경우에는 제24조를 준용한다.

제22조(의견청취) ① 행정청이 처분을 할 때 다음 각 호의 어느 하나에 해당하는 경우에는 청문을 한다.

   1. 다른 법령등에서 청문을 하도록 규정하고 있는 경우

   2. 행정청이 필요하다고 인정하는 경우

3. 다음 각 목의 처분 시 제21조 제1항 제6호에 따른 의견제출기한 내에 당사자 등의 신청이 있는 경우

　가. 인허가 등의 취소

　나. 신분·자격의 박탈

　다. 법인이나 조합 등의 설립허가의 취소

② 행정청이 처분을 할 때 다음 각 호의 어느 하나에 해당하는 경우에는 공청회를 개최한다.

1. 다른 법령등에서 공청회를 개최하도록 규정하고 있는 경우

2. 해당 처분의 영향이 광범위하여 널리 의견을 수렴할 필요가 있다고 행정청이 인정하는 경우

3. 국민생활에 큰 영향을 미치는 처분으로서 대통령령으로 정하는 처분에 대하여 대통령령으로 정하는 수 이상의 당사자등이 공청회 개최를 요구하는 경우

③ 행정청이 당사자에게 의무를 부과하거나 권익을 제한하는 처분을 할 때 제1항 또는 제2항의 경우 외에는 당사자등에게 의견제출의 기회를 주어야 한다.

④ 제1항부터 제3항까지의 규정에도 불구하고 제21조 제4항 각 호의 어느 하나에 해당하는 경우와 당사자가 의견진술의 기회를 포기한다는 뜻을 명백히 표시한 경우에는 의견청취를 하지 아니할 수 있다.

⑤ 행정청은 청문·공청회 또는 의견제출을 거쳤을 때에는 신속히 처분하여 해당 처분이 지연되지 아니하도록 하여야 한다.

⑥ 행정청은 처분 후 1년 이내에 당사자등이 요청하는 경우에는 청문·공청회 또는 의견제출을 위하여 제출받은 서류나 그 밖의 물건을 반환하여야 한다.

제23조(처분의 이유 제시) ① 행정청은 처분을 할 때에는 다음 각 호의 어느 하나에 해당하는 경우를 제외하고는 당사자에게 그 근거와 이유를 제시하여야 한다.

1. 신청 내용을 모두 그대로 인정하는 처분인 경우

2. 단순·반복적인 처분 또는 경미한 처분으로서 당사자가 그 이유를 명백히 알 수 있는 경우

3. 긴급히 처분을 할 필요가 있는 경우

② 행정청은 제1항제2호 및 제3호의 경우에 처분 후 당사자가 요청하는 경우에는 그 근거와 이유를 제시하여야 한다.

제24조(처분의 방식) ① 행정청이 처분을 할 때에는 다른 법령등에 특별한 규정이

있는 경우를 제외하고는 문서로 하여야 하며, 전자문서로 하는 경우에는 당사자 등의 동의가 있어야 한다. 다만, 신속히 처리할 필요가 있거나 사안이 경미한 경우에는 말 또는 그 밖의 방법으로 할 수 있다. 이 경우 당사자가 요청하면 지체 없이 처분에 관한 문서를 주어야 한다.

② 처분을 하는 문서에는 그 처분 행정청과 담당자의 소속·성명 및 연락처(전화번호, 팩스번호, 전자우편주소 등을 말한다)를 적어야 한다.

제25조(처분의 정정) 행정청은 처분에 오기(誤記), 오산(誤算) 또는 그 밖에 이에 준하는 명백한 잘못이 있을 때에는 직권으로 또는 신청에 따라 지체 없이 정정하고 그 사실을 당사자에게 통지하여야 한다.

제26조(고지) 행정청이 처분을 할 때에는 당사자에게 그 처분에 관하여 행정심판 및 행정소송을 제기할 수 있는지 여부, 그 밖에 불복을 할 수 있는지 여부, 청구절차 및 청구기간, 그 밖에 필요한 사항을 알려야 한다.

제2절 의견제출 및 청문

제27조(의견제출) ① 당사자등은 처분 전에 그 처분의 관할 행정청에 서면이나 말로 또는 정보통신망을 이용하여 의견제출을 할 수 있다.

② 당사자등은 제1항에 따라 의견제출을 하는 경우 그 주장을 입증하기 위한 증거자료 등을 첨부할 수 있다.

③ 행정청은 당사자등이 말로 의견제출을 하였을 때에는 서면으로 그 진술의 요지와 진술자를 기록하여야 한다.

④ 당사자등이 정당한 이유 없이 의견제출기한까지 의견제출을 하지 아니한 경우에는 의견이 없는 것으로 본다.

제27조의2(제출 의견의 반영 등) ① 행정청은 처분을 할 때에 당사자등이 제출한 의견이 상당한 이유가 있다고 인정하는 경우에는 이를 반영하여야 한다.

② 행정청은 당사자등이 제출한 의견을 반영하지 아니하고 처분을 한 경우 당사자등이 처분이 있음을 안 날부터 90일 이내에 그 이유의 설명을 요청하면 서면으로 그 이유를 알려야 한다. 다만, 당사자등이 동의하면 말, 정보통신망 또는 그 밖의 방법으로 알릴 수 있다.

제28조(청문 주재자) ① 행정청은 소속 직원 또는 대통령령으로 정하는 자격을 가진 사람 중에서 청문 주재자를 공정하게 선정하여야 한다.

② 행정청은 청문이 시작되는 날부터 7일 전까지 청문 주재자에게 청문과 관련한 필요한 자료를 미리 통지하여야 한다.

③ 청문 주재자는 독립하여 공정하게 직무를 수행하며, 그 직무 수행을 이유로 본인의 의사에 반하여 신분상 어떠한 불이익도 받지 아니한다.

④ 제1항에 따라 대통령령으로 정하는 사람 중에서 선정된 청문 주재자는 「형법」이나 그 밖의 다른 법률에 따른 벌칙을 적용할 때에는 공무원으로 본다.

제29조(청문 주재자의 제척 · 기피 · 회피) ① 청문 주재자가 다음 각 호의 어느 하나에 해당하는 경우에는 청문을 주재할 수 없다.

 1. 자신이 당사자등이거나 당사자등과 「민법」 제777조 각 호의 어느 하나에 해당하는 친족관계에 있거나 있었던 경우

 2. 자신이 해당 처분과 관련하여 증언이나 감정(鑑定)을 한 경우

 3. 자신이 해당 처분의 당사자등의 대리인으로 관여하거나 관여하였던 경우

 4. 자신이 해당 처분업무를 직접 처리하거나 처리하였던 경우

 5. 자신이 해당 처분업무를 처리하는 부서에 근무하는 경우. 이 경우 부서의 구체적인 범위는 대통령령으로 정한다.

② 청문 주재자에게 공정한 청문 진행을 할 수 없는 사정이 있는 경우 당사자등은 행정청에 기피신청을 할 수 있다. 이 경우 행정청은 청문을 정지하고 그 신청이 이유가 있다고 인정할 때에는 해당 청문 주재자를 지체 없이 교체하여야 한다.

③ 청문 주재자는 제1항 또는 제2항의 사유에 해당하는 경우에는 행정청의 승인을 받아 스스로 청문의 주재를 회피할 수 있다.

제30조(청문의 공개) 청문은 당사자가 공개를 신청하거나 청문 주재자가 필요하다고 인정하는 경우 공개할 수 있다. 다만, 공익 또는 제3자의 정당한 이익을 현저히 해칠 우려가 있는 경우에는 공개하여서는 아니 된다.

제31조(청문의 진행) ① 청문 주재자가 청문을 시작할 때에는 먼저 예정된 처분의 내용, 그 원인이 되는 사실 및 법적 근거 등을 설명하여야 한다.

② 당사자등은 의견을 진술하고 증거를 제출할 수 있으며, 참고인이나 감정인 등에게 질문할 수 있다.

③ 당사자등이 의견서를 제출한 경우에는 그 내용을 출석하여 진술한 것으로 본다.

④ 청문 주재자는 청문의 신속한 진행과 질서유지를 위하여 필요한 조치를 할 수 있다.

⑤ 청문을 계속할 경우에는 행정청은 당사자등에게 다음 청문의 일시 및 장소를 서면으로 통지하여야 하며, 당사자등이 동의하는 경우에는 전자문서로 통지할 수 있다. 다만, 청문에 출석한 당사자등에게는 그 청문일에 청문 주재자가 말로 통지할 수 있다.

제32조(청문의 병합·분리) 행정청은 직권으로 또는 당사자의 신청에 따라 여러 개의 사안을 병합하거나 분리하여 청문을 할 수 있다.

제33조(증거조사) ① 청문 주재자는 직권으로 또는 당사자의 신청에 따라 필요한 조사를 할 수 있으며, 당사자등이 주장하지 아니한 사실에 대하여도 조사할 수 있다.

② 증거조사는 다음 각 호의 어느 하나에 해당하는 방법으로 한다.

1. 문서·장부·물건 등 증거자료의 수집
2. 참고인·감정인 등에 대한 질문
3. 검증 또는 감정·평가
4. 그 밖에 필요한 조사

③ 청문 주재자는 필요하다고 인정할 때에는 관계 행정청에 필요한 문서의 제출 또는 의견의 진술을 요구할 수 있다. 이 경우 관계 행정청은 직무 수행에 특별한 지장이 없으면 그 요구에 따라야 한다.

제34조(청문조서) ① 청문 주재자는 다음 각 호의 사항이 적힌 청문조서(聽聞調書)를 작성하여야 한다.

1. 제목
2. 청문 주재자의 소속, 성명 등 인적사항
3. 당사자등의 주소, 성명 또는 명칭 및 출석 여부
4. 청문의 일시 및 장소
5. 당사자등의 진술의 요지 및 제출된 증거
6. 청문의 공개 여부 및 공개하거나 제30조 단서에 따라 공개하지 아니한 이유
7. 증거조사를 한 경우에는 그 요지 및 첨부된 증거
8. 그 밖에 필요한 사항

② 당사자등은 청문조서의 내용을 열람·확인할 수 있으며, 이의가 있을 때에는 그

정정을 요구할 수 있다.

제34조의2(청문 주재자의 의견서) 청문 주재자는 다음 각 호의 사항이 적힌 청문 주재자의 의견서를 작성하여야 한다.

1. 청문의 제목

2. 처분의 내용, 주요 사실 또는 증거

3. 종합의견

4. 그 밖에 필요한 사항

제35조(청문의 종결) ① 청문 주재자는 해당 사안에 대하여 당사자등의 의견진술, 증거조사가 충분히 이루어졌다고 인정하는 경우에는 청문을 마칠 수 있다.

② 청문 주재자는 당사자등의 전부 또는 일부가 정당한 사유 없이 청문기일에 출석하지 아니하거나 제31조 제3항에 따른 의견서를 제출하지 아니한 경우에는 이들에게 다시 의견진술 및 증거제출의 기회를 주지 아니하고 청문을 마칠 수 있다.

③ 청문 주재자는 당사자등의 전부 또는 일부가 정당한 사유로 청문기일에 출석하지 못하거나 제31조 제3항에 따른 의견서를 제출하지 못한 경우에는 10일 이상의 기간을 정하여 이들에게 의견진술 및 증거제출을 요구하여야 하며, 해당 기간이 지났을 때에 청문을 마칠 수 있다. 〈개정 2019. 12. 10.〉

④ 청문 주재자는 청문을 마쳤을 때에는 청문조서, 청문 주재자의 의견서, 그 밖의 관계 서류 등을 행정청에 지체 없이 제출하여야 한다.

제35조의2(청문결과의 반영) 행정청은 처분을 할 때에 제35조 제4항에 따라 받은 청문조서, 청문 주재자의 의견서, 그 밖의 관계 서류 등을 충분히 검토하고 상당한 이유가 있다고 인정하는 경우에는 청문결과를 반영하여야 한다.

제36조(청문의 재개) 행정청은 청문을 마친 후 처분을 할 때까지 새로운 사정이 발견되어 청문을 재개(再開)할 필요가 있다고 인정할 때에는 제35조 제4항에 따라 받은 청문조서 등을 되돌려 보내고 청문의 재개를 명할 수 있다. 이 경우 제31조 제5항을 준용한다.

제37조(문서의 열람 및 비밀유지) ① 당사자등은 청문의 통지가 있는 날부터 청문이 끝날 때까지 행정청에 해당 사안의 조사결과에 관한 문서와 그 밖에 해당 처분과 관련되는 문서의 열람 또는 복사를 요청할 수 있다. 이 경우 행정청은 다른 법령에 따라 공개가 제한되는 경우를 제외하고는 그 요청을 거부할 수 없다.

② 행정청은 제1항의 열람 또는 복사의 요청에 따르는 경우 그 일시 및 장소를 지정할 수 있나.

③ 행정청은 제1항 후단에 따라 열람 또는 복사의 요청을 거부하는 경우에는 그 이유를 소명(疏明)하여야 한다.

④ 제1항에 따라 열람 또는 복사를 요청할 수 있는 문서의 범위는 대통령령으로 정한다.

⑤ 행정청은 제1항에 따른 복사에 드는 비용을 복사를 요청한 자에게 부담시킬 수 있다.

⑥ 누구든지 청문을 통하여 알게 된 사생활이나 경영상 또는 거래상의 비밀을 정당한 이유 없이 누설하거나 다른 목적으로 사용하여서는 아니 된다.

제3절 공청회

제38조(공청회 개최의 알림) 행정청은 공청회를 개최하려는 경우에는 공청회 개최 14일 전까지 다음 각 호의 사항을 당사자등에게 통지하고 관보, 공보, 인터넷 홈페이지 또는 일간신문 등에 공고하는 등의 방법으로 널리 알려야 한다. 다만, 공청회 개최를 알린 후 예정대로 개최하지 못하여 새로 일시 및 장소 등을 정한 경우에는 공청회 개최 7일 전까지 알려야 한다. 〈개정 2019. 12. 10.〉

1. 제목
2. 일시 및 장소
3. 주요 내용
4. 발표자에 관한 사항
5. 발표신청 방법 및 신청기한
6. 정보통신망을 통한 의견제출
7. 그 밖에 공청회 개최에 필요한 사항

제38조의2(전자공청회) ① 행정청은 제38조에 따른 공청회와 병행하여서만 정보통신망을 이용한 공청회(이하 "전자공청회"라 한다)를 실시할 수 있다.

② 행정청은 전자공청회를 실시하는 경우 의견제출 및 토론 참여가 가능하도록 적절한 전자적 처리능력을 갖춘 정보통신망을 구축·운영하여야 한다.

③ 전자공청회를 실시하는 경우에는 누구든지 정보통신망을 이용하여 의견을 제출하

거나 제출된 의견 등에 대한 토론에 참여할 수 있다.

④ 제1항부터 제3항까지에서 규정한 사항 외에 전자공청회의 실시 방법 및 절차에 관하여 필요한 사항은 대통령령으로 정한다.

제38조의3(공청회의 주재자 및 발표자의 선정) ① 행정청은 해당 공청회의 사안과 관련된 분야에 전문적 지식이 있거나 그 분야에 종사한 경험이 있는 사람으로서 대통령령으로 정하는 자격을 가진 사람 중에서 공청회의 주재자를 선정한다.

② 공청회의 발표자는 발표를 신청한 사람 중에서 행정청이 선정한다. 다만, 발표를 신청한 사람이 없거나 공청회의 공정성을 확보하기 위하여 필요하다고 인정하는 경우에는 다음 각 호의 사람 중에서 지명하거나 위촉할 수 있다.

　1. 해당 공청회의 사안과 관련된 당사자등

　2. 해당 공청회의 사안과 관련된 분야에 전문적 지식이 있는 사람

　3. 해당 공청회의 사안과 관련된 분야에 종사한 경험이 있는 사람

③ 행정청은 공청회의 주재자 및 발표자를 지명 또는 위촉하거나 선정할 때 공정성이 확보될 수 있도록 하여야 한다.

④ 공청회의 주재자, 발표자, 그 밖에 자료를 제출한 전문가 등에게는 예산의 범위에서 수당 및 여비와 그 밖에 필요한 경비를 지급할 수 있다.

제39조(공청회의 진행) ① 공청회의 주재자는 공청회를 공정하게 진행하여야 하며, 공청회의 원활한 진행을 위하여 발표 내용을 제한할 수 있고, 질서유지를 위하여 발언 중지 및 퇴장 명령 등 행정안전부장관이 정하는 필요한 조치를 할 수 있다. 〈개정 2013. 3. 23., 2014. 11. 19., 2017. 7. 26.〉

② 발표자는 공청회의 내용과 직접 관련된 사항에 대하여만 발표하여야 한다.

③ 공청회의 주재자는 발표자의 발표가 끝난 후에는 발표자 상호간에 질의 및 답변을 할 수 있도록 하여야 하며, 방청인에게도 의견을 제시할 기회를 주어야 한다.

제39조의2(공청회 및 전자공청회 결과의 반영) 행정청은 처분을 할 때에 공청회, 전자공청회 및 정보통신망 등을 통하여 제시된 사실 및 의견이 상당한 이유가 있다고 인정하는 경우에는 이를 반영하여야 한다.

제39조의3(공청회의 재개최) 행정청은 공청회를 마친 후 처분을 할 때까지 새로운 사정이 발견되어 공청회를 다시 개최할 필요가 있다고 인정할 때에는 공청회를 다시 개최할 수 있다.

제3장 신고

제40조(신고) ① 법령등에서 행정청에 일정한 사항을 통지함으로써 의무가 끝나는 신고를 규정하고 있는 경우 신고를 관장하는 행정청은 신고에 필요한 구비서류, 접수기관, 그 밖에 법령등에 따른 신고에 필요한 사항을 게시(인터넷 등을 통한 게시를 포함한다)하거나 이에 대한 편람을 갖추어 두고 누구나 열람할 수 있도록 하여야 한다.
② 제1항에 따른 신고가 다음 각 호의 요건을 갖춘 경우에는 신고서가 접수기관에 도달된 때에 신고 의무가 이행된 것으로 본다.
  1. 신고서의 기재사항에 흠이 없을 것
  2. 필요한 구비서류가 첨부되어 있을 것
  3. 그 밖에 법령등에 규정된 형식상의 요건에 적합할 것
③ 행정청은 제2항 각 호의 요건을 갖추지 못한 신고서가 제출된 경우에는 지체 없이 상당한 기간을 정하여 신고인에게 보완을 요구하여야 한다.
④ 행정청은 신고인이 제3항에 따른 기간 내에 보완을 하지 아니하였을 때에는 그 이유를 구체적으로 밝혀 해당 신고서를 되돌려 보내야 한다.

제4장 행정상 입법예고

제41조(행정상 입법예고) ① 법령등을 제정·개정 또는 폐지(이하 "입법"이라 한다)하려는 경우에는 해당 입법안을 마련한 행정청은 이를 예고하여야 한다. 다만, 다음 각 호의 어느 하나에 해당하는 경우에는 예고를 하지 아니할 수 있다.
  1. 신속한 국민의 권리 보호 또는 예측 곤란한 특별한 사정의 발생 등으로 입법이 긴급을 요하는 경우
  2. 상위 법령등의 단순한 집행을 위한 경우
  3. 입법내용이 국민의 권리·의무 또는 일상생활과 관련이 없는 경우
  4. 단순한 표현·자구를 변경하는 경우 등 입법내용의 성질상 예고의 필요가 없거나 곤란하다고 판단되는 경우
  5. 예고함이 공공의 안전 또는 복리를 현저히 해칠 우려가 있는 경우
② 삭제 〈2002. 12. 30.〉

③ 법제처장은 입법예고를 하지 아니한 법령안의 심사 요청을 받은 경우에 입법예고를 하는 것이 적당하다고 판단할 때에는 해당 행정청에 입법예고를 권고하거나 직접 예고할 수 있다.

④ 입법안을 마련한 행정청은 입법예고 후 예고내용에 국민생활과 직접 관련된 내용이 추가되는 등 대통령령으로 정하는 중요한 변경이 발생하는 경우에는 해당 부분에 대한 입법예고를 다시 하여야 한다. 다만, 제1항 각 호의 어느 하나에 해당하는 경우에는 예고를 하지 아니할 수 있다.

⑤ 입법예고의 기준·절차 등에 관하여 필요한 사항은 대통령령으로 정한다.

제42조(예고방법) ① 행정청은 입법안의 취지, 주요 내용 또는 전문(全文)을 다음 각 호의 구분에 따른 방법으로 공고하여야 하며, 추가로 인터넷, 신문 또는 방송 등을 통하여 공고할 수 있다.

1. 법령의 입법안을 입법예고하는 경우: 관보 및 법제처장이 구축·제공하는 정보시스템을 통한 공고

2. 자치법규의 입법안을 입법예고하는 경우: 공보를 통한 공고

② 행정청은 대통령령을 입법예고하는 경우 국회 소관 상임위원회에 이를 제출하여야 한다.

③ 행정청은 입법예고를 할 때에 입법안과 관련이 있다고 인정되는 중앙행정기관, 지방자치단체, 그 밖의 단체 등이 예고사항을 알 수 있도록 예고사항을 통지하거나 그 밖의 방법으로 알려야 한다.

④ 행정청은 제1항에 따라 예고된 입법안에 대하여 전자공청회 등을 통하여 널리 의견을 수렴할 수 있다. 이 경우 제38조의2 제2항부터 제4항까지의 규정을 준용한다.

⑤ 행정청은 예고된 입법안의 전문에 대한 열람 또는 복사를 요청받았을 때에는 특별한 사유가 없으면 그 요청에 따라야 한다.

⑥ 행정청은 제5항에 따른 복사에 드는 비용을 복사를 요청한 자에게 부담시킬 수 있다.

제43조(예고기간) 입법예고기간은 예고할 때 정하되, 특별한 사정이 없으면 40일(자치법규는 20일) 이상으로 한다.

제44조(의견제출 및 처리) ① 누구든지 예고된 입법안에 대하여 의견을 제출할 수 있다.

② 행정청은 의견접수기관, 의견제출기간, 그 밖에 필요한 사항을 해당 입법안을 예고할 때 함께 공고하여야 한다.

③ 행정청은 해당 입법안에 대한 의견이 제출된 경우 특별한 사유가 없으면 이를 존중하여 처리하여야 한다.

④ 행정청은 의견을 제출한 자에게 그 제출된 의견의 처리결과를 통지하여야 한다.

⑤ 제출된 의견의 처리방법 및 처리결과의 통지에 관하여는 대통령령으로 정한다.

제45조(공청회) ① 행정청은 입법안에 관하여 공청회를 개최할 수 있다.

② 공청회에 관하여는 제38조, 제38조의2, 제38조의3, 제39조 및 제39조의2를 준용한다.

제5장 행정예고

제46조(행정예고) ① 행정청은 정책, 제도 및 계획(이하 "정책등"이라 한다)을 수립·시행하거나 변경하려는 경우에는 이를 예고하여야 한다. 다만, 다음 각 호의 어느 하나에 해당하는 경우에는 예고를 하지 아니할 수 있다.

  1. 신속하게 국민의 권리를 보호하여야 하거나 예측이 어려운 특별한 사정이 발생하는 등 긴급한 사유로 예고가 현저히 곤란한 경우

  2. 법령등의 단순한 집행을 위한 경우

  3. 정책등의 내용이 국민의 권리·의무 또는 일상생활과 관련이 없는 경우

  4. 정책등의 예고가 공공의 안전 또는 복리를 현저히 해칠 우려가 상당한 경우

② 제1항에도 불구하고 법령등의 입법을 포함하는 행정예고는 입법예고로 갈음할 수 있다.

③ 행정예고기간은 예고 내용의 성격 등을 고려하여 정하되, 특별한 사정이 없으면 20일 이상으로 한다.

제46조의2(행정예고 통계 작성 및 공고) 행정청은 매년 자신이 행한 행정예고의 실시 현황과 그 결과에 관한 통계를 작성하고, 이를 관보·공보 또는 인터넷 등의 방법으로 널리 공고하여야 한다.

제47조(예고방법 등) ① 행정청은 정책등안(案)의 취지, 주요 내용 등을 관보·공보나 인터넷·신문·방송 등을 통하여 공고하여야 한다.

② 행정예고의 방법, 의견제출 및 처리, 공청회 및 전자공청회에 관하여는 제38조,

제38조의2, 제38조의3, 제39조, 제39조의2, 제39조의3, 제42조(제1항·제2항 및 제4항은 제외한다), 제44조 제1항부터 제3항까지 및 제45조 제1항을 준용한다. 이 경우 "입법안"은 "정책등안"으로, "입법예고"는 "행정예고"로, "처분을 할 때"는 "정책등을 수립·시행하거나 변경할 때"로 본다.

제6장 행정지도

제48조(행정지도의 원칙) ① 행정지도는 그 목적 달성에 필요한 최소한도에 그쳐야 하며, 행정지도의 상대방의 의사에 반하여 부당하게 강요하여서는 아니 된다.

② 행정기관은 행정지도의 상대방이 행정지도에 따르지 아니하였다는 것을 이유로 불이익한 조치를 하여서는 아니 된다.

제49조(행정지도의 방식) ① 행정지도를 하는 자는 그 상대방에게 그 행정지도의 취지 및 내용과 신분을 밝혀야 한다.

② 행정지도가 말로 이루어지는 경우에 상대방이 제1항의 사항을 적은 서면의 교부를 요구하면 그 행정지도를 하는 자는 직무 수행에 특별한 지장이 없으면 이를 교부하여야 한다.

제50조(의견제출) 행정지도의 상대방은 해당 행정지도의 방식·내용 등에 관하여 행정기관에 의견제출을 할 수 있다.

제51조(다수인을 대상으로 하는 행정지도) 행정기관이 같은 행정목적을 실현하기 위하여 많은 상대방에게 행정지도를 하려는 경우에는 특별한 사정이 없으면 행정지도에 공통적인 내용이 되는 사항을 공표하여야 한다.

제7장 국민참여의 확대

제52조(국민참여 확대 노력) 행정청은 행정과정에 국민의 참여를 확대하기 위하여 다양한 참여방법과 협력의 기회를 제공하도록 노력하여야 한다.

[종전 제52조는 제54조로 이동]

제53조(전자적 정책토론) ① 행정청은 국민에게 영향을 미치는 주요 정책 등에 대하여 국민의 다양하고 창의적인 의견을 널리 수렴하기 위하여 정보통신망을 이용한 정책토론(이하 이 조에서 "전자적 정책토론"이라 한다)을 실시할 수 있다.

② 행정청은 효율적인 전자적 정책토론을 위하여 과제별로 한시적인 토론 패널을 구성하여 해당 토론에 참여시킬 수 있다. 이 경우 패널의 구성에 있어서는 공정성 및 객관성이 확보될 수 있도록 노력하여야 한다.

③ 행정청은 전자적 정책토론이 공정하고 중립적으로 운영되도록 하기 위하여 필요한 조치를 할 수 있다.

④ 토론 패널의 구성, 운영방법, 그 밖에 전자적 정책토론의 운영을 위하여 필요한 사항은 대통령령으로 정한다.

[종전 제53조는 제55조로 이동]

제8장 보칙

제54조(비용의 부담) 행정절차에 드는 비용은 행정청이 부담한다. 다만, 당사자등이 자기를 위하여 스스로 지출한 비용은 그러하지 아니하다.

[제52조에서 이동, 종전 제54조는 제56조로 이동]

제55조(참고인 등에 대한 비용 지급) ① 행정청은 행정절차의 진행에 필요한 참고인이나 감정인 등에게 예산의 범위에서 여비와 일당을 지급할 수 있다.

② 제1항에 따른 비용의 지급기준 등에 관하여는 대통령령으로 정한다.

[제53조에서 이동]

제56조(협조 요청 등) 행정안전부장관(제4장의 경우에는 법제처장을 말한다)은 이 법의 효율적인 운영을 위하여 노력하여야 하며, 필요한 경우에는 그 운영 상황과 실태를 확인할 수 있고, 관계 행정청에 관련 자료의 제출 등 협조를 요청할 수 있다.

27. 행정기본법

행정기본법

제1장 총칙

제1절 목적 및 정의 등

제1조(목적) 이 법은 행정의 원칙과 기본사항을 규정하여 행정의 민주성과 적법성을 확보하고 적정성과 효율성을 향상시킴으로써 국민의 권익 보호에 이바지함을 목적으로 한다.

제2조(정의) 이 법에서 사용하는 용어의 뜻은 다음과 같다.

1. "법령등"이란 다음 각 목의 것을 말한다.

가. 법령: 다음의 어느 하나에 해당하는 것

　1) 법률 및 대통령령 · 총리령 · 부령

　2) 국회규칙 · 대법원규칙 · 헌법재판소규칙 · 중앙선거관리위원회규칙 및 감사원규칙

　3) 1) 또는 2)의 위임을 받아 중앙행정기관(「정부조직법」 및 그 밖의 법률에 따라 설치된 중앙행정기관을 말한다. 이하 같다)의 장이 정한 훈령 · 예규 및 고시 등 행정규칙

나. 자치법규: 지방자치단체의 조례 및 규칙

2. "행정청"이란 다음 각 목의 자를 말한다.

가. 행정에 관한 의사를 결정하여 표시하는 국가 또는 지방자치단체의 기관

나. 그 밖에 법령등에 따라 행정에 관한 의사를 결정하여 표시하는 권한을 가지고 있거나 그 권한을 위임 또는 위탁받은 공공단체 또는 그 기관이나 사인(私人)

3. "당사자"란 처분의 상대방을 말한다.

4. "처분"이란 행정청이 구체적 사실에 관하여 행하는 법 집행으로서 공권력의 행사 또는 그 거부와 그 밖에 이에 준하는 행정작용을 말한다.

5. "제재처분"이란 법령등에 따른 의무를 위반하거나 이행하지 아니하였음을 이유로 당사자에게 의무를 부과하거나 권익을 제한하는 처분을 말한다. 다만, 제30조 제1항 각 호에 따른 행정상 강제는 제외한다.

제3조(국가와 지방자치단체의 책무) ① 국가와 지방자치단체는 국민의 삶의 질을 향상시키기 위하여 적법절차에 따라 공정하고 합리적인 행정을 수행할 책무를 진다.

② 국가와 지방자치단체는 행정의 능률과 실효성을 높이기 위하여 지속적으로 법령등과 제도를 정비·개선할 책무를 진다.

제4조(행정의 적극적 추진) ① 행정은 공공의 이익을 위하여 적극적으로 추진되어야 한다.

② 국가와 지방자치단체는 소속 공무원이 공공의 이익을 위하여 적극적으로 직무를 수행할 수 있도록 제반 여건을 조성하고, 이와 관련된 시책 및 조치를 추진하여야 한다.

③ 제1항 및 제2항에 따른 행정의 적극적 추진 및 적극행정 활성화를 위한 시책의 구체적인 사항 등은 대통령령으로 정한다.

제5조(다른 법률과의 관계) ① 행정에 관하여 다른 법률에 특별한 규정이 있는 경우를 제외하고는 이 법에서 정하는 바에 따른다.

② 행정에 관한 다른 법률을 제정하거나 개정하는 경우에는 이 법의 목적과 원칙, 기준 및 취지에 부합되도록 노력하여야 한다.

제2절 기간의 계산

제6조(행정에 관한 기간의 계산) ① 행정에 관한 기간의 계산에 관하여는 이 법 또는 다른 법령등에 특별한 규정이 있는 경우를 제외하고는 「민법」을 준용한다.

② 법령등 또는 처분에서 국민의 권익을 제한하거나 의무를 부과하는 경우 권익이 제한되거나 의무가 지속되는 기간의 계산은 다음 각 호의 기준에 따른다. 다만, 다음 각 호의 기준에 따르는 것이 국민에게 불리한 경우에는 그러하지 아니하다.

1. 기간을 일, 주, 월 또는 연으로 정한 경우에는 기간의 첫날을 산입한다.

2. 기간의 말일이 토요일 또는 공휴일인 경우에도 기간은 그 날로 만료한다.

제7조(법령등 시행일의 기간 계산) 법령등(훈령·예규·고시·지침 등을 포함한다. 이하 이 조에서 같다)의 시행일을 정하거나 계산할 때에는 다음 각 호의 기준에 따른다.

1. 법령등을 공포한 날부터 시행하는 경우에는 공포한 날을 시행일로 한다.

2. 법령등을 공포한 날부터 일정 기간이 경과한 날부터 시행하는 경우 법령등을 공포한 날을 첫날에 산입하지 아니한다.

3. 법령등을 공포한 날부터 일정 기간이 경과한 날부터 시행하는 경우 그 기간의 말일이 토요일 또는 공휴일인 때에는 그 말일로 기간이 만료한다.

제2장 행정의 법 원칙

제8조(법치행정의 원칙) 행정작용은 법률에 위반되어서는 아니 되며, 국민의 권리를 제한하거나 의무를 부과하는 경우와 그 밖에 국민생활에 중요한 영향을 미치는 경우에는 법률에 근거하여야 한다.

제9조(평등의 원칙) 행정청은 합리적 이유 없이 국민을 차별하여서는 아니 된다.

제10조(비례의 원칙) 행정작용은 다음 각 호의 원칙에 따라야 한다.

1. 행정목적을 달성하는 데 유효하고 적절할 것

2. 행정목적을 달성하는 데 필요한 최소한도에 그칠 것

3. 행정작용으로 인한 국민의 이익 침해가 그 행정작용이 의도하는 공익보다 크지 아니할 것

제11조(성실의무 및 권한남용금지의 원칙) ① 행정청은 법령등에 따른 의무를 성실히 수행하여야 한다.

② 행정청은 행정권한을 남용하거나 그 권한의 범위를 넘어서는 아니 된다.

제12조(신뢰보호의 원칙) ① 행정청은 공익 또는 제3자의 이익을 현저히 해칠 우려가 있는 경우를 제외하고는 행정에 대한 국민의 정당하고 합리적인 신뢰를 보호하여야 한다.

② 행정청은 권한 행사의 기회가 있음에도 불구하고 장기간 권한을 행사하지 아니하여 국민이 그 권한이 행사되지 아니할 것으로 믿을 만한 정당한 사유가 있는

경우에는 그 권한을 행사해서는 아니 된다. 다만, 공익 또는 제3자의 이익을 현저히 해칠 우려가 있는 경우는 예외로 한다.

제13조(부당결부금지의 원칙) 행정청은 행정작용을 할 때 상대방에게 해당 행정작용과 실질적인 관련이 없는 의무를 부과해서는 아니 된다.

제3장 행정작용

제1절 처분

제14조(법 적용의 기준) ① 새로운 법령등은 법령등에 특별한 규정이 있는 경우를 제외하고는 그 법령등의 효력 발생 전에 완성되거나 종결된 사실관계 또는 법률관계에 대해서는 적용되지 아니한다.

② 당사자의 신청에 따른 처분은 법령등에 특별한 규정이 있거나 처분 당시의 법령등을 적용하기 곤란한 특별한 사정이 있는 경우를 제외하고는 처분 당시의 법령등에 따른다.

③ 법령등을 위반한 행위의 성립과 이에 대한 제재처분은 법령등에 특별한 규정이 있는 경우를 제외하고는 법령등을 위반한 행위 당시의 법령등에 따른다. 다만, 법령등을 위반한 행위 후 법령등의 변경에 의하여 그 행위가 법령등을 위반한 행위에 해당하지 아니하거나 제재처분 기준이 가벼워진 경우로서 해당 법령등에 특별한 규정이 없는 경우에는 변경된 법령등을 적용한다.

제15조(처분의 효력) 처분은 권한이 있는 기관이 취소 또는 철회하거나 기간의 경과 등으로 소멸되기 전까지는 유효한 것으로 통용된다. 다만, 무효인 처분은 처음부터 그 효력이 발생하지 아니한다.

제16조(결격사유) ① 자격이나 신분 등을 취득 또는 부여할 수 없거나 인가, 허가, 지정, 승인, 영업등록, 신고 수리 등(이하 "인허가"라 한다)을 필요로 하는 영업 또는 사업 등을 할 수 없는 사유(이하 이 조에서 "결격사유"라 한다)는 법률로 정한다.

② 결격사유를 규정할 때에는 다음 각 호의 기준에 따른다.

  1. 규정의 필요성이 분명할 것
  2. 필요한 항목만 최소한으로 규정할 것

3. 대상이 되는 자격, 신분, 영업 또는 사업 등과 실질적인 관련이 있을 것

4. 유사한 다른 제도와 균형을 이룰 것

제17조(부관) ① 행정청은 처분에 재량이 있는 경우에는 부관(조건, 기한, 부담, 철회권의 유보 등을 말한다. 이하 이 조에서 같다)을 붙일 수 있다.

② 행정청은 처분에 재량이 없는 경우에는 법률에 근거가 있는 경우에 부관을 붙일 수 있다.

③ 행정청은 부관을 붙일 수 있는 처분이 다음 각 호의 어느 하나에 해당하는 경우에는 그 처분을 한 후에도 부관을 새로 붙이거나 종전의 부관을 변경할 수 있다.

1. 법률에 근거가 있는 경우

2. 당사자의 동의가 있는 경우

3. 사정이 변경되어 부관을 새로 붙이거나 종전의 부관을 변경하지 아니하면 해당 처분의 목적을 달성할 수 없다고 인정되는 경우

④ 부관은 다음 각 호의 요건에 적합하여야 한다.

1. 해당 처분의 목적에 위배되지 아니할 것

2. 해당 처분과 실질적인 관련이 있을 것

3. 해당 처분의 목적을 달성하기 위하여 필요한 최소한의 범위일 것

제18조(위법 또는 부당한 처분의 취소) ① 행정청은 위법 또는 부당한 처분의 전부나 일부를 소급하여 취소할 수 있다. 다만, 당사자의 신뢰를 보호할 가치가 있는 등 정당한 사유가 있는 경우에는 장래를 향하여 취소할 수 있다.

② 행정청은 제1항에 따라 당사자에게 권리나 이익을 부여하는 처분을 취소하려는 경우에는 취소로 인하여 당사자가 입게 될 불이익을 취소로 달성되는 공익과 비교·형량(衡量)하여야 한다. 다만, 다음 각 호의 어느 하나에 해당하는 경우에는 그러하지 아니하다.

1. 거짓이나 그 밖의 부정한 방법으로 처분을 받은 경우

2. 당사자가 처분의 위법성을 알고 있었거나 중대한 과실로 알지 못한 경우

제19조(적법한 처분의 철회) ① 행정청은 적법한 처분이 다음 각 호의 어느 하나에 해당하는 경우에는 그 처분의 전부 또는 일부를 장래를 향하여 철회할 수 있다.

1. 법률에서 정한 철회 사유에 해당하게 된 경우

2. 법령등의 변경이나 사정변경으로 처분을 더 이상 존속시킬 필요가 없게 된 경

우

3. 중대한 공익을 위하여 필요한 경우

② 행정청은 제1항에 따라 처분을 철회하려는 경우에는 철회로 인하여 당사자가 입게 될 불이익을 철회로 달성되는 공익과 비교·형량하여야 한다.

제20조(자동적 처분) 행정청은 법률로 정하는 바에 따라 완전히 자동화된 시스템(인공지능 기술을 적용한 시스템을 포함한다)으로 처분을 할 수 있다. 다만, 처분에 재량이 있는 경우는 그러하지 아니하다.

제21조(재량행사의 기준) 행정청은 재량이 있는 처분을 할 때에는 관련 이익을 정당하게 형량하여야 하며, 그 재량권의 범위를 넘어서는 아니 된다.

제22조(제재처분의 기준) ① 제재처분의 근거가 되는 법률에는 제재처분의 주체, 사유, 유형 및 상한을 명확하게 규정하여야 한다. 이 경우 제재처분의 유형 및 상한을 정할 때에는 해당 위반행위의 특수성 및 유사한 위반행위와의 형평성 등을 종합적으로 고려하여야 한다.

② 행정청은 재량이 있는 제재처분을 할 때에는 다음 각 호의 사항을 고려하여야 한다.

1. 위반행위의 동기, 목적 및 방법

2. 위반행위의 결과

3. 위반행위의 횟수

4. 그 밖에 제1호부터 제3호까지에 준하는 사항으로서 대통령령으로 정하는 사항

제23조(제재처분의 제척기간) ① 행정청은 법령등의 위반행위가 종료된 날부터 5년이 지나면 해당 위반행위에 대하여 제재처분(인허가의 정지·취소·철회, 등록말소, 영업소 폐쇄와 정지를 갈음하는 과징금 부과를 말한다. 이하 이 조에서 같다)을 할 수 없다.

② 다음 각 호의 어느 하나에 해당하는 경우에는 제1항을 적용하지 아니한다.

1. 거짓이나 그 밖의 부정한 방법으로 인허가를 받거나 신고를 한 경우

2. 당사자가 인허가나 신고의 위법성을 알고 있었거나 중대한 과실로 알지 못한 경우

3. 정당한 사유 없이 행정청의 조사·출입·검사를 기피·방해·거부하여 제척기간이 지난 경우

4. 제재처분을 하지 아니하면 국민의 안전·생명 또는 환경을 심각하게 해치거나

해칠 우려가 있는 경우

③ 행정청은 제1항에도 불구하고 행정심판의 재결이나 법원의 판결에 따라 제재처분이 취소·철회된 경우에는 재결이나 판결이 확정된 날부터 1년(합의제행정기관은 2년)이 지나기 전까지는 그 취지에 따른 새로운 제재처분을 할 수 있다.

④ 다른 법률에서 제1항 및 제3항의 기간보다 짧거나 긴 기간을 규정하고 있으면 그 법률에서 정하는 바에 따른다.

제2절 인허가의제

제24조(인허가의제의 기준) ① 이 절에서 "인허가의제"란 하나의 인허가(이하 "주된 인허가"라 한다)를 받으면 법률로 정하는 바에 따라 그와 관련된 여러 인허가(이하 "관련 인허가"라 한다)를 받은 것으로 보는 것을 말한다.

② 인허가의제를 받으려면 주된 인허가를 신청할 때 관련 인허가에 필요한 서류를 함께 제출하여야 한다. 다만, 불가피한 사유로 함께 제출할 수 없는 경우에는 주된 인허가 행정청이 별도로 정하는 기한까지 제출할 수 있다.

③ 주된 인허가 행정청은 주된 인허가를 하기 전에 관련 인허가에 관하여 미리 관련 인허가 행정청과 협의하여야 한다.

④ 관련 인허가 행정청은 제3항에 따른 협의를 요청받으면 그 요청을 받은 날부터 20일 이내(제5항 단서에 따른 절차에 걸리는 기간은 제외한다)에 의견을 제출하여야 한다. 이 경우 전단에서 정한 기간(민원 처리 관련 법령에 따라 의견을 제출하여야 하는 기간을 연장한 경우에는 그 연장한 기간을 말한다) 내에 협의 여부에 관하여 의견을 제출하지 아니하면 협의가 된 것으로 본다.

⑤ 제3항에 따라 협의를 요청받은 관련 인허가 행정청은 해당 법령을 위반하여 협의에 응해서는 아니 된다. 다만, 관련 인허가에 필요한 심의, 의견 청취 등 절차에 관하여는 법률에 인허가의제 시에도 해당 절차를 거친다는 명시적인 규정이 있는 경우에만 이를 거친다.

제25조(인허가의제의 효과) ① 제24조 제3항·제4항에 따라 협의가 된 사항에 대해서는 주된 인허가를 받았을 때 관련 인허가를 받은 것으로 본다.

② 인허가의제의 효과는 주된 인허가의 해당 법률에 규정된 관련 인허가에 한정된다.

제26조(인허가의제의 사후관리 등) ① 인허가의제의 경우 관련 인허가 행정청은 관련 인허가를 직접 한 것으로 보아 관계 법령에 따른 관리 · 감독 등 필요한 조치를 하여야 한다.

② 주된 인허가가 있은 후 이를 변경하는 경우에는 제24조 · 제25조 및 이 조 제1항을 준용한다.

③ 이 절에서 규정한 사항 외에 인허가의제의 방법, 그 밖에 필요한 세부 사항은 대통령령으로 정한다.

제3절 공법상 계약

제27조(공법상 계약의 체결) ① 행정청은 법령등을 위반하지 아니하는 범위에서 행정목적을 달성하기 위하여 필요한 경우에는 공법상 법률관계에 관한 계약(이하 "공법상 계약"이라 한다)을 체결할 수 있다. 이 경우 계약의 목적 및 내용을 명확하게 적은 계약서를 작성하여야 한다.

② 행정청은 공법상 계약의 상대방을 선정하고 계약 내용을 정할 때 공법상 계약의 공공성과 제3자의 이해관계를 고려하여야 한다.

제4절 과징금

제28조(과징금의 기준) ① 행정청은 법령등에 따른 의무를 위반한 자에 대하여 법률로 정하는 바에 따라 그 위반행위에 대한 제재로서 과징금을 부과할 수 있다.

② 과징금의 근거가 되는 법률에는 과징금에 관한 다음 각 호의 사항을 명확하게 규정하여야 한다.

1. 부과 · 징수 주체
2. 부과 사유
3. 상한액
4. 가산금을 징수하려는 경우 그 사항
5. 과징금 또는 가산금 체납 시 강제징수를 하려는 경우 그 사항

제29조(과징금의 납부기한 연기 및 분할 납부) 과징금은 한꺼번에 납부하는 것을 원칙으로 한다. 다만, 행정청은 과징금을 부과받은 자가 다음 각 호의 어느 하나

에 해당하는 사유로 과징금 전액을 한꺼번에 내기 어렵다고 인정될 때에는 그 납부기한을 연기하거나 분할 납부하게 할 수 있으며, 이 경우 필요하다고 인정하면 담보를 제공하게 할 수 있다.

1. 재해 등으로 재산에 현저한 손실을 입은 경우
2. 사업 여건의 악화로 사업이 중대한 위기에 처한 경우
3. 과징금을 한꺼번에 내면 자금 사정에 현저한 어려움이 예상되는 경우
4. 그 밖에 제1호부터 제3호까지에 준하는 경우로서 대통령령으로 정하는 사유가 있는 경우

제5절 행정상 강제

제30조(행정상 강제) ① 행정청은 행정목적을 달성하기 위하여 필요한 경우에는 법률로 정하는 바에 따라 필요한 최소한의 범위에서 다음 각 호의 어느 하나에 해당하는 조치를 할 수 있다.

1. 행정대집행: 의무자가 행정상 의무(법령등에서 직접 부과하거나 행정청이 법령 등에 따라 부과한 의무를 말한다. 이하 이 절에서 같다)로서 타인이 대신하여 행할 수 있는 의무를 이행하지 아니하는 경우 법률로 정하는 다른 수단으로는 그 이행을 확보하기 곤란하고 그 불이행을 방치하면 공익을 크게 해칠 것으로 인정될 때에 행정청이 의무자가 하여야 할 행위를 스스로 하거나 제3자에게 하게 하고 그 비용을 의무자로부터 징수하는 것
2. 이행강제금의 부과: 의무자가 행정상 의무를 이행하지 아니하는 경우 행정청이 적절한 이행기간을 부여하고, 그 기한까지 행정상 의무를 이행하지 아니하면 금전급부의무를 부과하는 것
3. 직접강제: 의무자가 행정상 의무를 이행하지 아니하는 경우 행정청이 의무자의 신체나 재산에 실력을 행사하여 그 행정상 의무의 이행이 있었던 것과 같은 상태를 실현하는 것
4. 강제징수: 의무자가 행정상 의무 중 금전급부의무를 이행하지 아니하는 경우 행정청이 의무자의 재산에 실력을 행사하여 그 행정상 의무가 실현된 것과 같은 상태를 실현하는 것
5. 즉시강제: 현재의 급박한 행정상의 장해를 제거하기 위한 경우로서 다음 각

목의 어느 하나에 해당하는 경우에 행정청이 곧바로 국민의 신체 또는 재산에
실력을 행사하여 행정목적을 달성하는 것

가. 행정청이 미리 행정상 의무 이행을 명할 시간적 여유가 없는 경우

나. 그 성질상 행정상 의무의 이행을 명하는 것만으로는 행정목적 달성이 곤란
한 경우

② 행정상 강제 조치에 관하여 이 법에서 정한 사항 외에 필요한 사항은 따로 법률
로 정한다.

③ 형사(刑事), 행형(行刑) 및 보안처분 관계 법령에 따라 행하는 사항이나 외국인
의 출입국 · 난민인정 · 귀화 · 국적회복에 관한 사항에 관하여는 이 절을 적용하
지 아니한다.

제31조(이행강제금의 부과) ① 이행강제금 부과의 근거가 되는 법률에는 이행강제금
에 관한 다음 각 호의 사항을 명확하게 규정하여야 한다. 다만, 제4호 또는 제
5호를 규정할 경우 입법목적이나 입법취지를 훼손할 우려가 크다고 인정되는
경우로서 대통령령으로 정하는 경우는 제외한다.

1. 부과 · 징수 주체

2. 부과 요건

3. 부과 금액

4. 부과 금액 산정기준

5. 연간 부과 횟수나 횟수의 상한

② 행정청은 다음 각 호의 사항을 고려하여 이행강제금의 부과 금액을 가중하거나
감경할 수 있다.

1. 의무 불이행의 동기, 목적 및 결과

2. 의무 불이행의 정도 및 상습성

3. 그 밖에 행정목적을 달성하는 데 필요하다고 인정되는 사유

③ 행정청은 이행강제금을 부과하기 전에 미리 의무자에게 적절한 이행기간을 정하
여 그 기한까지 행정상 의무를 이행하지 아니하면 이행강제금을 부과한다는 뜻
을 문서로 계고(戒告)하여야 한다.

④ 행정청은 의무자가 제3항에 따른 계고에서 정한 기한까지 행정상 의무를 이행하
지 아니한 경우 이행강제금의 부과 금액 · 사유 · 시기를 문서로 명확하게 적어
의무자에게 통지하여야 한다.

⑤ 행정청은 의무자가 행정상 의무를 이행할 때까지 이행강제금을 반복하여 부과할 수 있다. 다만, 의무자가 의무를 이행하면 새로운 이행강제금의 부과를 즉시 중지하되, 이미 부과한 이행강제금은 징수하여야 한다.

⑥ 행정청은 이행강제금을 부과받은 자가 납부기한까지 이행강제금을 내지 아니하면 국세강제징수의 예 또는 「지방행정제재·부과금의 징수 등에 관한 법률」에 따라 징수한다.

제32조(직접강제) ① 직접강제는 행정대집행이나 이행강제금 부과의 방법으로는 행정상 의무 이행을 확보할 수 없거나 그 실현이 불가능한 경우에 실시하여야 한다.

② 직접강제를 실시하기 위하여 현장에 파견되는 집행책임자는 그가 집행책임자임을 표시하는 증표를 보여 주어야 한다.

③ 직접강제의 계고 및 통지에 관하여는 제31조 제3항 및 제4항을 준용한다.

제33조(즉시강제) ① 즉시강제는 다른 수단으로는 행정목적을 달성할 수 없는 경우에만 허용되며, 이 경우에도 최소한으로만 실시하여야 한다.

② 즉시강제를 실시하기 위하여 현장에 파견되는 집행책임자는 그가 집행책임자임을 표시하는 증표를 보여 주어야 하며, 즉시강제의 이유와 내용을 고지하여야 한다.

제6절 그 밖의 행정작용

제34조(수리 여부에 따른 신고의 효력) 법령등으로 정하는 바에 따라 행정청에 일정한 사항을 통지하여야 하는 신고로서 법률에 신고의 수리가 필요하다고 명시되어 있는 경우(행정기관의 내부 업무 처리 절차로서 수리를 규정한 경우는 제외한다)에는 행정청이 수리하여야 효력이 발생한다.

제35조(수수료 및 사용료) ① 행정청은 특정인을 위한 행정서비스를 제공받는 자에게 법령으로 정하는 바에 따라 수수료를 받을 수 있다.

② 행정청은 공공시설 및 재산 등의 이용 또는 사용에 대하여 사전에 공개된 금액이나 기준에 따라 사용료를 받을 수 있다.

③ 제1항 및 제2항에도 불구하고 지방자치단체의 경우에는 「지방자치법」에 따른다.

제7절 처분에 대한 이의신청 및 재심사

제36조(처분에 대한 이의신청) ① 행정청의 처분(「행정심판법」 제3조에 따라 같은 법에 따른 행정심판의 대상이 되는 처분을 말한다. 이하 이 조에서 같다)에 이의가 있는 당사자는 처분을 받은 날부터 30일 이내에 해당 행정청에 이의신청을 할 수 있다.

② 행정청은 제1항에 따른 이의신청을 받으면 그 신청을 받은 날부터 14일 이내에 그 이의신청에 대한 결과를 신청인에게 통지하여야 한다. 다만, 부득이한 사유로 14일 이내에 통지할 수 없는 경우에는 그 기간을 만료일 다음 날부터 기산하여 10일의 범위에서 한 차례 연장할 수 있으며, 연장 사유를 신청인에게 통지하여야 한다.

③ 제1항에 따라 이의신청을 한 경우에도 그 이의신청과 관계없이 「행정심판법」에 따른 행정심판 또는 「행정소송법」에 따른 행정소송을 제기할 수 있다.

④ 이의신청에 대한 결과를 통지받은 후 행정심판 또는 행정소송을 제기하려는 자는 그 결과를 통지받은 날(제2항에 따른 통지기간 내에 결과를 통지받지 못한 경우에는 같은 항에 따른 통지기간이 만료되는 날의 다음 날을 말한다)부터 90일 이내에 행정심판 또는 행정소송을 제기할 수 있다.

⑤ 다른 법률에서 이의신청과 이에 준하는 절차에 대하여 정하고 있는 경우에도 그 법률에서 규정하지 아니한 사항에 관하여는 이 조에서 정하는 바에 따른다.

⑥ 제1항부터 제5항까지에서 규정한 사항 외에 이의신청의 방법 및 절차 등에 관한 사항은 대통령령으로 정한다.

⑦ 다음 각 호의 어느 하나에 해당하는 사항에 관하여는 이 조를 적용하지 아니한다.

1. 공무원 인사 관계 법령에 따른 징계 등 처분에 관한 사항
2. 「국가인권위원회법」 제30조에 따른 진정에 대한 국가인권위원회의 결정
3. 「노동위원회법」 제2조의2에 따라 노동위원회의 의결을 거쳐 행하는 사항
4. 형사, 행형 및 보안처분 관계 법령에 따라 행하는 사항
5. 외국인의 출입국 · 난민인정 · 귀화 · 국적회복에 관한 사항
6. 과태료 부과 및 징수에 관한 사항

제37조(처분의 재심사) ① 당사자는 처분(제재처분 및 행정상 강제는 제외한다. 이하 이 조에서 같다)이 행정심판, 행정소송 및 그 밖의 쟁송을 통하여 다툴 수 없게 된 경우(법원의 확정판결이 있는 경우는 제외한다)라도 다음 각 호의 어느 하나에 해당하는 경우에는 해당 처분을 한 행정청에 처분을 취소·철회하거나 변경하여 줄 것을 신청할 수 있다.

  1. 처분의 근거가 된 사실관계 또는 법률관계가 추후에 당사자에게 유리하게 바뀐 경우
  2. 당사자에게 유리한 결정을 가져다주었을 새로운 증거가 있는 경우
  3. 「민사소송법」 제451조에 따른 재심사유에 준하는 사유가 발생한 경우 등 대통령령으로 정하는 경우

② 제1항에 따른 신청은 해당 처분의 절차, 행정심판, 행정소송 및 그 밖의 쟁송에서 당사자가 중대한 과실 없이 제1항 각 호의 사유를 주장하지 못한 경우에만 할 수 있다.

③ 제1항에 따른 신청은 당사자가 제1항 각 호의 사유를 안 날부터 60일 이내에 하여야 한다. 다만, 처분이 있은 날부터 5년이 지나면 신청할 수 없다.

④ 제1항에 따른 신청을 받은 행정청은 특별한 사정이 없으면 신청을 받은 날부터 90일(합의제행정기관은 180일) 이내에 처분의 재심사 결과(재심사 여부와 처분의 유지·취소·철회·변경 등에 대한 결정을 포함한다)를 신청인에게 통지하여야 한다. 다만, 부득이한 사유로 90일(합의제행정기관은 180일) 이내에 통지할 수 없는 경우에는 그 기간을 만료일 다음 날부터 기산하여 90일(합의제행정기관은 180일)의 범위에서 한 차례 연장할 수 있으며, 연장 사유를 신청인에게 통지하여야 한다.

⑤ 제4항에 따른 처분의 재심사 결과 중 처분을 유지하는 결과에 대해서는 행정심판, 행정소송 및 그 밖의 쟁송수단을 통하여 불복할 수 없다.

⑥ 행정청의 제18조에 따른 취소와 제19조에 따른 철회는 처분의 재심사에 의하여 영향을 받지 아니한다.

⑦ 제1항부터 제6항까지에서 규정한 사항 외에 처분의 재심사의 방법 및 절차 등에 관한 사항은 대통령령으로 정한다.

⑧ 다음 각 호의 어느 하나에 해당하는 사항에 관하여는 이 조를 적용하지 아니한다.

1. 공무원 인사 관계 법령에 따른 징계 등 처분에 관한 사항

2. 「노동위원회법」 제2조의2에 따라 노동위원회의 의결을 거쳐 행하는 사항

3. 형사, 행형 및 보안처분 관계 법령에 따라 행하는 사항

4. 외국인의 출입국·난민인정·귀화·국적회복에 관한 사항

5. 과태료 부과 및 징수에 관한 사항

6. 개별 법률에서 그 적용을 배제하고 있는 경우

제4장 행정의 입법활동 등

제38조(행정의 입법활동) ① 국가나 지방자치단체가 법령등을 제정·개정·폐지하고
자 하거나 그와 관련된 활동(법률안의 국회 제출과 조례안의 지방의회 제출을
포함하며, 이하 이 장에서 "행정의 입법활동"이라 한다)을 할 때에는 헌법과 상
위 법령을 위반해서는 아니 되며, 헌법과 법령등에서 정한 절차를 준수하여야
한다.

② 행정의 입법활동은 다음 각 호의 기준에 따라야 한다.

1. 일반 국민 및 이해관계자로부터 의견을 수렴하고 관계 기관과 충분한 협의를
거쳐 책임 있게 추진되어야 한다.

2. 법령등의 내용과 규정은 다른 법령등과 조화를 이루어야 하고, 법령등 상호
간에 중복되거나 상충되지 아니하여야 한다.

3. 법령등은 일반 국민이 그 내용을 쉽고 명확하게 이해할 수 있도록 알기 쉽게
만들어져야 한다.

③ 정부는 매년 해당 연도에 추진할 법령안 입법계획(이하 "정부입법계획"이라 한
다)을 수립하여야 한다.

④ 행정의 입법활동의 절차 및 정부입법계획의 수립에 관하여 필요한 사항은 정부의
법제업무에 관한 사항을 규율하는 대통령령으로 정한다.

제39조(행정법제의 개선) ① 정부는 권한 있는 기관에 의하여 위헌으로 결정되어
법령이 헌법에 위반되거나 법률에 위반되는 것이 명백한 경우 등 대통령령으로
정하는 경우에는 해당 법령을 개선하여야 한다.

② 정부는 행정 분야의 법제도 개선 및 일관된 법 적용 기준 마련 등을 위하여 필
요한 경우 대통령령으로 정하는 바에 따라 관계 기관 협의 및 관계 전문가 의

견 수렴을 거쳐 개선조치를 할 수 있으며, 이를 위하여 현행 법령에 관한 분석을 실시할 수 있다.

제40조(법령해석) ① 누구든지 법령등의 내용에 의문이 있으면 법령을 소관하는 중앙행정기관의 장(이하 "법령소관기관"이라 한다)과 자치법규를 소관하는 지방자치단체의 장에게 법령해석을 요청할 수 있다.

② 법령소관기관과 자치법규를 소관하는 지방자치단체의 장은 각각 소관 법령등을 헌법과 해당 법령등의 취지에 부합되게 해석·집행할 책임을 진다.

③ 법령소관기관이나 법령소관기관의 해석에 이의가 있는 자는 대통령령으로 정하는 바에 따라 법령해석업무를 전문으로 하는 기관에 법령해석을 요청할 수 있다.

④ 법령해석의 절차에 관하여 필요한 사항은 대통령령으로 정한다.

박 말 호

朴 末 浩, Park Mal Ho
안평초, 내서중, 창원고 졸업(1985)
노동부 근무(1987.2.10. ~ 2010.6.30.)
전) 근로감독관, 노동부본부 직장협의회부회장
행정사 박말호 사무소 대표(2016.4.1. ~)
대한행정사회 교수
현) 대통령자문헌법기관 민주평화통일자문회의 위원
　　법무부 청소년범죄예방위원
　　창원지방검찰청 국민소통옴부즈만
　　노사발전재단 전문강사

행정사무 실무기초

초판발행	2023년 2월 26일
지은이	박말호
펴낸이	안종만 · 안상준
편 집	정수정
기획/마케팅	손준호
표지디자인	BEN STORY
제 작	고철민 · 조영환
펴낸곳	(주)**박영사**
	서울특별시 금천구 가산디지털2로 53, 210호(가산동, 한라시그마밸리)
	등록 1959.3.11. 제300-1959-1호(倫)
전 화	02)733-6771
fax	02)736-4818
e-mail	pys@pybook.co.kr
homepage	www.pybook.co.kr
ISBN	979-11-303-1556-0 93350

정 가   35,000원